MATCHING
SUPPLY WITH DEMAND
AN INTRODUCTION TO OPERATIONS MANAGEMENT

运营管理
供需匹配的视角

（第4版）(FOURTH EDITION)

[美] 杰拉德·卡桑（Gérard Cachon）
克里斯蒂安·特维施（Christian Terwiesch） 著

许淑君 译

中国人民大学出版社
·北京·

Business Administration Classics
工商管理经典译丛·运营管理系列

译者序

根据 2021 财年第四季度财报，苹果公司因芯片短缺等供应链问题损失了约 60 亿美元。芯片供应受限叠加新冠疫情成为全球汽车和电子产业供应链最为突出的难题。航运业严重受堵则使全球供应链遭受前所未有的巨大打击与极大压力。从汽车、运动鞋、运动器材到阿斯麦光刻机上的各种零部件都面临短缺和延误问题，全球供应链出现新瓶颈，甚至断裂。虽然不确定性是供应链的常态，但自新冠疫情以来暴露的不确定性更大、更不可预见以及更具持续性。毫不夸张地说，供应链的供需匹配从微观层面到宏观层面都成为共同目标。

在这一背景下，翻译沃顿商学院杰拉德·卡桑和克里斯蒂安·特维施两位全球知名教授合著的《运营管理：供需匹配的视角》（第 4 版）一书，既让我非常兴奋，更使我压力巨大。该书自 21 世纪初以来就成为全球商学院广泛采用的教材，其突出特点是抛开大多数运营管理教学用书的框架，从供需匹配视角讨论运营管理问题。离开供需匹配追求传统的质量水平和效率都是脆弱的。

具体来说，本书的独特之处在于：

第一，别出心裁的体系框架。本书首先从组织流程的角度分析运营管理；在估计运营管理的人力因素和批量决策对绩效的影响后，将运营管理与财务结果导向相联系，引导运营管理者关注各决策对财务结果的影响路径；再从质量管理到精细生产，分析流程控制的手段与工具；接着分析变化性对等待时间和生产率的影响；在项目管理、预测后给出应对不确定性的模型和快速响应策略，最后回到总的供应链协调。从总体到局部再到总体，突破单个企业的限制在供应链范围内探讨供需匹配问题。

第二，联系实际进行分析讨论。本书中有大量的企业案例，让理论分析落实到企业的具体管理实践中，能够很好地激发读者的兴趣与思考。本书对一些企业运营管理的分析和介绍不是局限在某一部分，而是尽可能将一个企业的多个问题在不同分析部分都作系统性论述。一方面增加了分析的层次性；另一方面能够让读者对企业运营管理形成系统思维。本书还提供了大量图表，使读者身临其境。

第三，扎实有效的基础训练。本书深入浅出地给出了运营管理的模型工具。在理论模型的导入和计算方面，本书既给出实例，又给出理论模型的灵活应用说明，以加强读者对理论模型的理解。这不仅有利于加强在校学生的基础训练，而且有利于业界人士和其他读者快速学习并加以应用。

在本书付梓之际，全球运营管理的变革不断加速，如数字化增强了供应链柔性/弹性，新能源汽车的数字化程度显著提高，富士康采用人工智能与软件即服务（SaaS）来模拟与评估供应链风险，华为的全球物流智能运营平台通过大数据分析预测实现风险预警等，这些让人们对供需匹配的未来充满期待。麦肯锡研究发现，基于人工智能的供应链管理系统能使物流成本降低 15%，使服务水平提高 65%，并通过数据收集和共享提高供应链韧性、保证透明度以应对挑战。这些实践都是对本书的最好说明。

非常荣幸能够独自承担本书的翻译工作，但因水平有限，在措辞达意、专业传神方面恐有不及，敬请各位读者批评指正，邮件请发：shinehus@mail.shufe.edu.cn。

感谢中国人民大学出版社编辑的大力支持与帮助，他们高效率和高质量的工作保证了本书的出版。

许淑君
上海财经大学商学院

前　言

本书将介绍我们对于运营管理课程基本知识的认识和观点。本书适用于各种层次的学生，从学习运营管理入门课程的大学新生到 MBA、EMBA 学员甚至是博士生。

"具体问题具体分析"是我们写作《运营管理：供需匹配的视角》一书的指导思想。"具体问题"是指本书的大部分内容都是从一个具体公司的角度来编写的，将讨论置于真实的情境中，内容变得生动起来。公司和产品比数字和公式更容易被人们记住。我们选择了各种各样的公司，有大有小，它们代表服务业、制造业和零售业等。显然，尽管不具有完全的代表性，但我们相信，这些案例结合起来可以提供当今运营管理问题的现实图景。

"具体分析"意味着我们不希望仅仅为了智力练习而将公式和模型提供给学生练习数学。我们认为，即使是在严格的学术环境中，专业培训也需要那些学生能够在实践中运用的工具和策略。我们通过演示如何在现实的运营环境中从头到尾应用我们的模型来实现这一点。此外，我们讨论每个模型/策略在实施中面临的挑战，以便学生知道如何将理论运用于实践。

要全面实现"具体问题具体分析"还必须坚持"真正的简单"原则。不要担心，"真正的简单"并不意味着没有任何严谨的分析，恰恰相反，对我们来说，"真正的简单"意味着使很难的分析变得容易学习。这对于运营管理至关重要。我们的目标是培养商业领袖而不是战略家，因此，我们需要学生能够快速掌握模型的用法，这样他们就有时间去解决更关键的问题，也就是说，如何使运营管理为组织提供可持续的竞争优势和卓越的客户服务。陷入细节、公式和分析的学生并不能完全获得他们在未来职业生涯中所需要的有价值的见解。

我们如何追求"真正的简单"呢？首先，我们认识到并不是每个学习本课程的学生都有工科/数学背景，因此，我们尽可能少地使用数学符号，以提供许多真实世界的例子，并坚持一致的术语和措辞。其次，我们为每个分析提供不同层次的细节。例如，通过一个具体例子描述每一个小分析步骤，然后在计算步骤中总结整个过程，最后，提供实例以加强学习。我们承认，鉴于本书的定量复杂性，"简单得多"可能比"真正的简单"更准确，但我们希望学生会惊喜地发现，他们的分析能力比自己想象的还要强。

2002—2003 学年沃顿商学院的运营管理核心课程首次推出了"供需匹配"课程的最初版本，在过去的 16 年里我们从沃顿商学院和国外的许多学生、高管和同事那里得到了反馈。

杰拉德·卡桑

克里斯蒂安·特维施

目 录

第1章
引 言

　　经济学的一个重要假定是通过价格调节实现供需匹配：如果供不应求，那么价格上涨；如果供过于求，那么价格降低。尽管经济学家可能会支持该理论，但业界管理者往往并不认同。他们看到出现过多的需求就想到收入损失，而如果供应过多则意味着资源浪费。他们深知供需匹配极难，且需要更多工具，而不仅仅是价格。

　　请考虑以下这些实例：

　　● 2017 年特斯拉开始交付一款深受顾客欢迎的电动汽车 Model 3。虽然它希望能尽快达到每周 5 000 辆的产量，但事实是产能远远落后于这一目标。与此同时超过 50 万名已订车的顾客在翘首以盼他们的 Model 3。

　　● 在纽约，一个出租车牌照（大多数城市的监管要求）的交易价格曾经一度超过 100 万美元。随着优步（Uber）和来福车（Lyft）等新型出行服务平台的出现，这一价格已经大幅下降。这些出行服务平台能够成功的原因之一就是它们拥有能够在顾客需要时提供更多出租车这一灵活性。

　　● 德国汉堡市有一幢设计独特的世界级音乐厅——易北爱乐音乐厅。该音乐厅项目建设经费因种种原因达到了惊人的程度。2005 年当地政府计划投资 1.86 亿欧元建设经费，于 2009 年建成开业。然而，最终的支出高达 7.89 亿欧元，且直到 2016 年才完工。

　　● 30 岁的约翰·维米尔晚上 10 点因皮疹到布朗克斯一家急诊室就诊。8 个多小时后，他被发现死在候诊室。事实上，德国各地急诊室诊治前的等候时间都在两小时以上，这严重地延误了对患者的救治时机。

　　● GoPro 公司推出了一款备受瞩目的消费类无人机 Karma。遗憾的是，推出仅一个月后，GoPro 公司就被迫召回该款无人机，因为该款无人机存在一个危险的故障可能会导致失去动力而坠落。召回三个月后，GoPro 公司再度向市场推出 Karma，但前述质量缺陷使 Karma 错过了假期这一关键销售期。

这些实例有一个共同点——供需错配，要么在时间上错配，要么在数量上错配。

本书正是关于公司如何设计它们的运营，以更好地实现供需匹配。我们的目的很简单：通过更好地实现供需匹配，获得相对于竞争对手的显著竞争优势。一个公司如果构建本书中的严格模型，实施相应的运营战略，就可以实现更好的供需匹配。

为了在一定程度上缓和对经济理论的挑战，我们承认，通过调整价格来缓解供需错配是可能的。例如，特斯拉 Model 3 的实际市场价格确实在上涨。实际价格超过标价的情形随处可见。但这样的价格调整在特斯拉的控制之外，特斯拉也没有从中得到额外的好处。换句话说，我们认为价格调整恰恰是问题的表现，而不是合理供需匹配的结果。此外，在许多情况下，价格调整不可能实现供需匹配，如从需求产生到实现供给之间的时间太短，或者市场上买方或卖方太少。

为什么供需匹配很困难？简单地讲，或者因为需求有变动，可预测或不可预测，或者因为供应是不灵活的。一般情况下，组织具有合理的资源量（人员、产品和/或设备），但大多数组织发现它们经常处于资源在错误的地点、错误的时间和/或以错误的数量配置的困境。此外，在不同地点或时间转移资源的成本很高，导致供应缺乏灵活性。例如，医生不愿意在各个医院之间来回奔波，零售商无法迅速将商品从一地运输到另一地。尽管本质上不可能总是达到供需的完美匹配，但成功的公司一直在为这一目标努力。

表 1-1 提供了我们将在本书中讨论的行业案例，并描述了它们在供需匹配过程中所面对的挑战。以航空旅行为例（表 1-1 中最后一列），过去 20 年中，大多数美国大型航空公司能够将其飞机上座率从 70%~75% 提高到 80% 以上。乘客可能会为此恼火，因为如此高的上座率意味着登机过程更为拥挤，客舱也更拥挤，在航班上也更容易被撞到，但提高上座率对航空公司的收益至关重要。多搭乘一名乘客，只会增加很少的航空公司运营成本，相对地，收益将显著增加，给定成本系数，只要载客率提高几个百分点，利润就可实现两倍甚至三倍增长。

表 1-1　供需错配的示例

	零售	铁矿石工厂	急诊室	起搏器	航空旅行
供应	消费类电子产品	铁矿石	医疗服务	医疗设备	具体航班上的座位
需求	消费者购买新的视频系统	钢厂	对医疗服务的紧急需求	心脏外科医生需要在确切的时间和位置安装起搏器	具体的旅行时间和目的地

续表

	零售	铁矿石工厂	急诊室	起搏器	航空旅行
供过于求	库存成本高；库存周转慢	价格下降	医生、护士和基础设施未充分利用	起搏器处于库存状态	座位空耗
供不应求	损失获利机会；消费者不满意	价格上升	急诊室的拥挤和延误；救护车的潜在限制	损失利润（通常与医疗风险无关）	超额预订；乘客必须改乘其他航班（利润损失）
供需匹配的措施	预测；快速响应	如果价格降得太低，生产设施将被关闭	派专人预测需求；制定优先权	配送系统在不同的地点存有起搏器	动态定价；预订政策
管理的重要性	消费类电子产品零售的单位库存成本经常超过净利润	价格是如此具有竞争力，以至于重点在于降低供应成本	延误治疗或转移与死亡有关	大多数产品（价值 2 万美元）在销售人员的行李箱中等待 4～5 个月才能被售出使用	大约 30% 的座位空耗；座位利用率增加 1%～2% 就会增加公司利润
参考	第 2 章，组织的流程观点；第 14 章，应对需求不确定性：报童模型；第 15 章，按订单装配、按订单生产和基于反应性产能的快速响应	第 3 章，理解供应过程：评估流程能力；第 4 章，估计和降低劳动力成本	第 9 章，变化性及其对流程绩效的影响：等待时间问题；第 10 章，变化性对流程绩效的影响：生产率损失	第 16 章，供应链服务水平和提前期：最大库存水平订货模型	第 18 章，基于产能控制的收益管理

这说明了一个关键问题：即使运营方面看似很小的改进也可以对公司盈利产生显著影响。因此，改善供需匹配关系是公司管理至关重要的职责。

表 1-1 中的示例来自众多的行业：医疗保健服务业、设备制造业、零售业及重工业。供需错配对于每个行业都会产生严重影响，每个行业都需要具体方法来改进和管理其运营。

总之，我们坚信有效的运营管理将对供需进行高效匹配。那些认真设计运营系统并积极采用运营管理工具的组织将拥有比竞争对手更显著的绩效优势。本书对那些利润微薄的激烈竞争行业中的公司尤其有益。

1.1　学习目标和框架

在本书中，我们将组织视为必须将其产品供应与产品需求相匹配的实体。我们将介绍一些定量模型和定性策略，它们统称为"运营管理工具"。所谓定量模型，是指一些数学方程或公式，输入相关数据（如需求预测、加工率等）会得出数字结果。该数字可以指导管理者该做什么（要采购多少存货、要多少护士提供服务等），或告知管理者相关的绩效测量情况（如客户等待服务的平均时间、急诊室中的平均患者数等）。定性策略是指指导性原则，如提高生产设施的柔性，减少提供的产品种类，服务客户的优先顺序，等等。下一节将简要介绍本书涵盖的主要模型和策略。简单来说，本书的目标就是教给学生如何以及何时运用运营管理工具。

正如运营管理有不同的形式一样，它们也可以以不同的方式应用：

1. 运营管理工具可用来确保尽可能有效地使用资源，即获得最大的效益。
2. 运营管理工具可用于多个竞争目标，以实现理想的平衡。
3. 运营管理工具可用于重新设计或重组运营系统，以便同时多维度提高绩效。

多种工具互为补充。换句话说，我们不是仅关注定量模型，也不是仅关注定性策略。没有分析模型，很容易陷入策略空谈；没有策略，很容易迷失在战术模型的细节中。本书是为高级战略经理或咨询顾问提供严格的运营管理训练。

我们将把运营工具应用于各种公司环境中——从服装到医疗保健，从呼叫中心到起搏器，从滑板车到铁矿石。由于不存在标准的运营环境，我们需要研究许多不同的环境特征。因此，并不存在一个适用于所有公司的工具。通过展示各种工具和分析它们的利弊，学生将获得无论他们遇到何种公司环境都能够应用这些知识的能力。

下面考虑如何将运营工具应用于呼叫中心。呼叫中心的一个普遍问题是找到适当数量的客服代表接听来电。雇用的客服代表越多，呼叫电话等待的可能性就越小，服务水平越高。劳动力成本是呼叫中心成本的最大部分，显然更多的在线客服代表将增加每次呼叫服务的成本。

运营管理工具的第一个用途是确保资源尽可能得到有效使用。我们不妨应用标杆管理法与其他三个呼叫中心进行对照。图 1-1 清晰地给出了三个竞争对手的绩效：竞争对手 A 的响应时间更短但成本更高；竞争对手 B 的响应时间更长但成本更低；令人惊讶的是，竞争对手 C 在成本和服务水平上均胜过我们。怎么会这样？

竞争对手 C 的呼叫中心的运营一定比我们做得更好。换句话说，我们的运营存在效率低下或浪费的环节。在这种情况下，我们需要利用工具将公司向图 1-1 所示的边界移动。这个边界是包括了所有在左下角标杆公司的一条线，也就是说，没有公司在现有的边界之外。如果优质服务是我们业务战略的重要部分，我们就不能在服务水平上打折扣。我们可以设定一个在不超过 10 秒甚至更短的时间内至少处理 90％ 来电的服务水平目标。一旦设定这个目标，在满足该服务水平的情形下，应该使用定量工具来确保劳动力成本尽可能低，如此使我们至少处于高效率的边界。

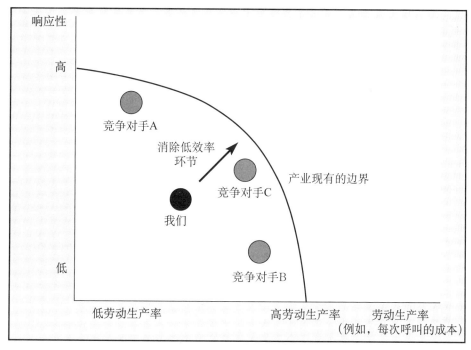

图 1-1　通过消除低效局部改进运营

运营管理工具的第二个用途是在竞争目标之间找到适当的平衡，比如高服务水平和低成本之间，如图 1-2 所示。这里，我们需要量化等待成本和劳动力成本，然后找出这两个目标之间最有利可图的平衡点。

逼近效率的边界并在边界找到合适的位置无疑很重要，但真正优秀的公司并不会止步于此。运营管理工具的第三个用途是从根本上质疑当前系统本身的设计。例如，一个呼叫中心可能会考虑并购另一个呼叫中心以获取规模经济，或者，一个呼叫中心可以考虑投资开发一项新技术以缩短呼叫等待时间。

如此一来，一个公司就推动边界达到了以前认为不可能的新边界（见图 1-3），该公司就能够实现更高的响应性和更高的劳动生产率。但遗憾的是，很少有免费的午餐：我们提高了客户服务水平和劳动生产率，但打破这个边界通常需要投入一些时间和努力。因此，我们需要使用工具量化可实现的改进，以此决定我们的努力是否合理。我们可以很容易地告诉该公司，一项技术投资可以缩短通话时间，有利于实现更快的服务速度和更高的劳动生产率。但该项投资是否值得？我们的目标是培训管理者，使他们能够想出"高见"，并通过严谨的分析支持他们的观点。

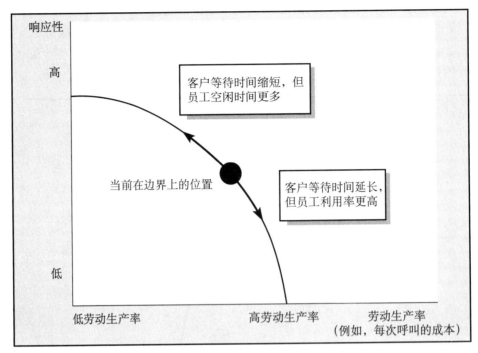

图 1-2　在劳动生产率与响应性之间的权衡

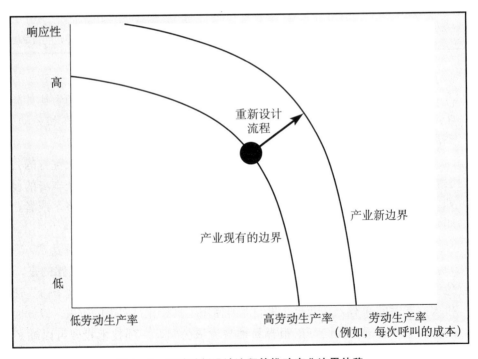

图 1-3　通过重新设计流程等推动产业边界外移

1.2 本书的结构

本书大致可分为六个相互密切关联的部分。

第 2~6 章分析业务流程（完成服务或生产商品的方法和流程）。在大多数情况下，这些章都不考虑服务时间、生产时间、需求到达率、质量等方面的变化。其目标是在给定可用资源的条件下通过组织业务流程实现最大化产出。

第 7~8 章关注质量，包括具体的质量管理定量分析方法（第 7 章）和完善质量管理的一般原则（第 8 章）。

第 9~10 章将变化性引入业务流程分析中。第 9 章讨论了变化性如何导致等待，第 10 章举例说明了变化性如何导致需求丧失。

第 11~12 章讨论排程。第 11 章介绍了不同的排程方法，第 12 章重点介绍了单个大型项目排程的复杂性。

第 13~16 章讨论库存控制、信息管理和流程柔性，主要内容包括需求预测、库存数量、绩效度量和响应时间。

第 17~19 章以几个战略主题结尾，包括降低风险、通过价格调整影响需求以及协调供应链的方法。

下面是每章的内容摘要：

● 第 2 章定义流程，介绍基本流程绩效度量，并提供一个用于描述流程特征的框架（产品-流程矩阵）。介绍利特尔法则（Little's Law），这是理解业务流程以及运营管理和财务会计之间联系的基本公式。

● 第 3 章从管理者（而不是工程师）角度介绍流程分析工具：如何确定流程能力以及如何计算流程利用率。

● 第 4 章着眼于装配运营，特别关注劳动力成本，这是极其重要的绩效指标。它经常影响选址决策（考虑当前与离岸外包有关的话题）。尤其是在服务运营中，选址将影响公司的盈亏。我们给出了劳动量、劳动利用率和空闲时间等的度量方法，还介绍了生产线平衡的概念。

● 第 5 章研究准备时间和准备成本（经济订货批量（EOQ）模型）。其关键问题是产品种类对生产绩效产生的影响。

● 第 6 章将详细的流程分析与公司关键财务绩效指标（例如投资回报率）联系起来。通过本章，我们会发现改进流程将有助于提升组织的财务绩效。

● 第 7 章详细介绍质量管理工具，包括统计过程控制、六西格玛和稳健性设计。

● 第 8 章介绍丰田如何通过其举世闻名的丰田生产方式这一综合生产策略实现高质量和低成本。

● 第 9 章探讨变化性对流程的影响。正如我们在呼叫中心中讨论的那样，变化性可能导致较长的客户等待时间，成为所有服务组织中的主要难题。我们讨论了组织应如何在最小化产能投资（如客服代表）与使客户获得良好服务体验之间进行权衡。

● 第10章继续讨论变化性及其对服务质量的影响。正如我们在急诊医疗环境下讨论的那样，变化性经常会导致由于产能不足而不得不拒绝需求的情况。这具有重大影响，特别是在医疗卫生领域。

● 第11章通过讨论与排队（应该按什么顺序满足排队中的需求者？）和排程（我们应提前向客户承诺供应量吗？）相关的决策来延续等待时间的讨论主题。

● 第12章探讨项目管理，其流程为单一的、有些独特的项目（如轮船、新建筑或人造卫星）而设计。

● 第13章介绍基于预测技术来进行规划以满足未来需求的工具。虽然我们无法预测未来，但我们应该尝试从过去实现的需求中学习尽可能多的东西。

● 第14章重点介绍只有唯一一个供应机会的季节性商品管理。报童模型允许管理者努力在供应过多和供应不足之间寻求正确的平衡。

● 第15章在上一章的基础上进行了延伸，允许在销售旺季中提供额外的供应。这种"反应性产能"使公司能够更好应对早期季节性商品销售信息。

● 第16章通过介绍提前期继续讨论库存管理问题。最大库存水平订货模型用于选择补货量以达到目标可用库存水平（例如库存概率）。

● 第17章重点介绍众多风险集中策略以改善供应链中的库存管理，例如，地点集中、产品集中、通用设计、延迟差异化（也称为推迟）和产能集中。

● 第18章介绍收益管理。特别关注采用设置预订限制条件和超额预订，以便在固定供应的情况下更好地实现供需匹配。

● 第19章指出牛鞭效应是供应链有效运作的关键问题，为公司提高供应链绩效提供了协调策略。

有些章被设计为"入门级"，也就是说，这些章可以独立于其他章阅读。有些章则需要对其他章的一些知识有所了解。表1-2总结了各章的内容并指出了必要的提前阅读章。

表1-2　各章摘要及前提阅读章

章	管理问题	关键的定性框架	关键定性工具	提前阅读章
第2章　组织的流程观点	在高水平上理解业务流程；流程绩效度量，库存、流程时间和单位时间产出	产品-流程矩阵；关注流程	利特尔法则，库存周转次数和库存成本	无
第3章　理解供应过程：评估流程能力	理解流程细节	流程图；发现和消除瓶颈	计算流程能力和利用率	第2章
第4章　估计和降低劳动力成本	劳动力成本	生产线平衡；劳动分工	计算劳动力成本、劳动利用率；最小化空闲时间	第2、3章

续表

章	管理问题	关键的定性框架	关键定性工具	提前阅读章节
第 5 章 批量生产和其他流程中断：准备时间和经济订货批量模型	准备时间和准备成本；管理产品种类	实现平稳的流程；确定准备和订购频率	EOQ 模型；确定批量	第 2、3 章
第 6 章 运营与财务之间的联系	流程改进以提高公司绩效	资本回报率（ROIC）	计算 ROIC	第 2、3 章
第 7 章 质量与统计过程控制	定义和提高质量	统计过程控制；六西格玛	计算流程能力；创建控制图	无
第 8 章 精细生产与丰田生产方式	流程改进以获取竞争优势	精细生产；丰田生产方式	无	无
第 9 章 变化性及其对流程绩效的影响：等待时间问题	服务流程中的等待时间	理解拥堵；合并服务能力	等待时间公式	无
第 10 章 变化性对流程绩效的影响：生产率损失	服务流程中的需求损失	服务缓冲的作用；合并	厄兰损失公式；需求转移的可能性	第 9 章
第 11 章 基于需求优先级进行排程	如何设置优先级和如何保留能力	优先级规则和预约系统	先到先服务；最短处理时间（SPT）规则	第 9 章
第 12 章 项目管理	项目完成时间	关键路径	关键路径分析	第 2、3 章
第 13 章 预测	如何使用过去的需求数据预测未来需求的实现	时间序列预测	指数平滑/需求模式	无
第 14 章 应对需求不确定性：报童模型	季节性商品的库存水平决策	改进预测流程	预测需求；用报童模型选择库存数量和评估绩效指标	无
第 15 章 按订单装配、按订单生产和基于反应性产能的快速响应	如何使用反应性产能来减少供需错配成本	更好的需求信息的价值；按订单装配和按订单生产策略	反应性产能模型	第 14 章
第 16 章 供应链服务水平和提前期：最大库存水平订货模型	具有大量补货的库存管理	提前期对绩效的影响；如何选择合适的目标函数	用最大库存水平订货模型管理库存和评估绩效	强烈推荐第 14 章
第 17 章 降低和规避不确定性的风险集中策略	如何更好地设计供应链或产品或服务，以完善供需匹配	量化、降低、避免和规避不确定性	报童模型和最大库存水平订货模型	第 14、16 章
第 18 章 基于产能控制的收益管理	固定供应下的需求管理	预留能力给高价值客户；接受比可用能力更多的预留	预订限制/保护水平模型；超额预订模型	第 14 章
第 19 章 供应链协调	如何管理整个供应链中的需求变化和库存	牛鞭效应；供应链合同	供应链合同模型	第 14 章

第2章
组织的流程观点

如果业务流程是即时的且可以迅速提供任意数量的供应以满足需求，那么供需匹配将是容易的。思考这些问题："为什么业务流程不是即时的?""是什么约束了业务流程创造更多供应?"对于这些问题的理解是运营管理的核心。要回答这些问题，我们需要详细研究业务流程的实际工作方式。在本章中，我们介绍流程分析的一些基础概念。本章的主要思想是，一家公司仅靠创造出优质的产品和服务是不够的，公司还必须设计和改进提供这些产品和服务的业务流程。

为了更熟悉组织的流程观点，我们现在详细了解一个特定业务背后的运营情况，以费城长老会医院介入放射科为例。

2.1 费城长老会医院

介入放射学是放射学的一个附属专业领域，它使用先进的成像技术（例如实时X射线、超声波、计算机断层扫描和磁共振成像）执行微创手术。

在过去的几十年中，因为种种原因，介入放射手术已开始取代越来越多的标准"开放式外科手术"。介入放射手术不是在手术室中进行，而是在血管造影室中进行。尽管手术高度专业化，但这些手术室的运营成本并不比传统手术室更贵。与传统外科手术相比，介入手术通常更安全，病人的恢复时间也大大缩短。此外，放射科医生通常能够治疗无法接受常规手术治疗的疾病，例如晚期肝癌。

我们可能没有去过介入放射科血管造影室，但在我们生活的某个时刻，许多人（即使不是大多数人）曾去过医院的放射科。从患者的角度来看，在患者回家或返回病房前，需要完成以下步骤。在流程分析中，我们将这些步骤称为活动：

- 患者挂号。
- 咨询医生，签字同意。
- 准备手术（手术室准备、患者准备）。
- 进行手术。
- 撤去设备。
- 在血管造影室外的病房恢复。
- 复诊。

图 2-1 是这些步骤的图形表示，称为甘特图（以亨利·甘特（Henry Gantt）的名字命名）。它提供了一些有用的信息。

首先，通过甘特图，我们可以看到流程中各步骤及其持续时间，也称为活动时间或处理时间。持续时间直接与相应条块的长度相对应。其次，甘特图还说明了各种流程活动之间的依赖关系。例如，只有在患者到达并挂号后，医生才能问诊。相比之下，血管造影室的准备可以与医生的咨询并行进行。

你可能在项目管理的环境中看到过甘特图。与流程分析不同，项目管理通常与一个项目的完成有关（有关项目管理的更多详细内容，请参见第 12 章）。最著名的项目管理概念是关键路径（critical path）。关键路径由所有那些一旦被拖延就将导致项目整体完成时间延迟的活动组成。在此案例中，关键路径上某活动的拖延将延长患者在放射科血管造影室中的停留时间。

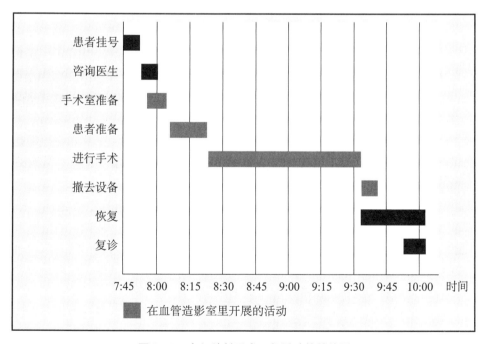

图 2-1　介入放射手术一般活动的甘特图

除了图 2-1 的甘特图中描述的八个步骤之外，大多数人还会想到就医过程中的另一项活动：等待。严格来说，等待并不是一个真正的活动，因为它不会为流程增加任何价值，但等待经常出现。这对患者来说很烦人，并且会使医院部门的管理复杂化。因此，等待时间在运营管理中扮演着重要角色。图2-2显示患者在12：30到达医院时的实际活动持续时间，以及患者到达血管造影室前需要等待的时间。

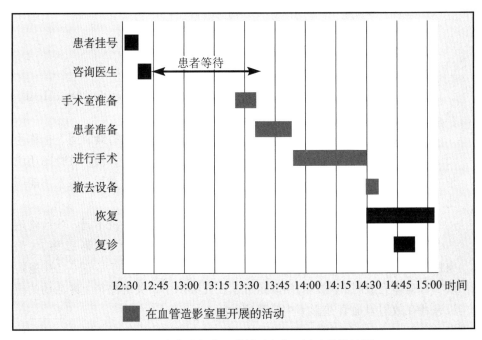

图2-2 患者进行介入放射手术实际活动的甘特图

为什么会有等待时间呢？等待——用医学术语来说为停留时间——是供需错配的表现。如果供应没有限制，我们到医院的诊疗时间将减少为图2-2（关键路径）中显示的活动时间。试想一下，当你去一家医院时，那里的所有护士、技术人员、医生和医院管理者都将只照顾你！

鉴于很少有人有能力获得整个医院的独享服务，因此，更重要的是要更广泛地看待医院的运营，而不仅仅是以患者的自我中心视角看待服务过程。从医院的角度来看，有很多患者在此过程中"流动"。

介入放射流程所需的人员和设备要面对很多患者，而不只是一个患者。我们将流程中的这些元素称为流程资源（process resources）。例如，从护士的角度来看其在介入放射科的工作。显然，护士把介入放射医疗看作一项重复性的工作，而不是一次特殊工作。护士的一些工作涉及与患者的直接互动，而其他工作则是患者看不见的，这包括血管造影室的准备以及病历保存等各个方面。

考虑到工作的重复性，护士以及医生、技术人员和医院管理者将介入放射医疗视为一个流程，而不是一个项目。他们一整天看着很多患者来来去去。许多医院，包括费城长老会医院，都有一个"患者日志"，记录了患者何时到达病房。该患者日志描述了当天的需求情况。表2-1显示了12月2日的患者日志。

表 2-1 12 月 2 日的患者日志

序号	患者姓名	到达时间	指定手术室
1		7：35	主手术室
2		7：45	
3		8：10	
4		9：30	主手术室
5		10：15	主手术室
6		10：30	主手术室
7		11：05	
8		12：35	主手术室
9		14：30	主手术室
10		14：35	
11		14：40	

许多到达的患者可能是提前预约的。我们在这里的分析着重于患者到达介入放射科后会发生什么情况。可以进行单个对象的独立分析，查看从寻求诊断开始到患者到达的过程。

鉴于介入放射科的资源必须在 12 月 2 日服务于 11 个患者，因此介入放射科基本上需要根据图 2-2 的甘特图所示的活动重复完成 11 次，这就依次导致等待时间。当两个患者"竞争"相同的有限资源时，就会出现等待时间。具体由以下两个示例说明。

首先，一个典型患者的关键路径大约需要 2 小时。还要注意，我们要在 10 小时的工作时间内照顾 11 个患者。因此，我们将不得不一次照顾几个患者。如果我们拥有无限的资源——护士、医生、血管造影室等，这将不是问题，但我们拥有的资源是有限的，如果两个患者的甘特图同时请求相同的资源，则会导致等待时间。例如，患者 2 可能需要在医生给患者 1 手术时进行咨询。还请注意，将患者 1、4、5、6、8 和 9 分配到指定的同一手术室（介入放射科有一个主手术室和一个用于较简单手术的第二手术室），因此他们可能争夺同一资源。

导致等待时间的第二个因素在于许多活动的不确定性。一些患者在实际手术中所花费的时间会比其他患者长得多。例如，患者 1 在该过程中花费了 1 小时 50 分钟，而患者 9 在该过程中花费了 2 小时 30 分钟（见图 2-3）。极端情况下，如患者 5，该患者拒绝签署同意书，在 15 分钟后退出流程。

这种不确定性对于资源是不利的，因为它使资源在一天中的某些时候严重短缺，而在其他时候又被闲置。图 2-4 总结了 12 月 2 日在什么时候使用血管造影室。

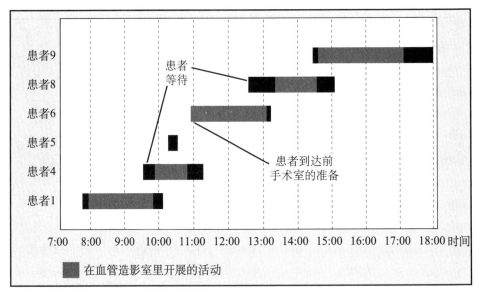

图 2-3　患者待在介入放射科的时间（仅包括在主手术室），包括手术室准备时间

图 2-4　主手术室的使用情况

到目前为止，我们已经建立了关于介入放射科流程的两种视角：

● 图 2-1 总结了理想状态下患者停留的视角。从患者视角看，供需错配意味着存在需求（患者）等待供应（资源）的情况。

● 从资源视角看（见图 2-4），供需错配时，这些资源有时会严重短缺，有时又处于闲置状态。

由于这两种视角本质上是同一事物的两个方面，因此我们有兴趣将这两种视角结合在一起。这是流程分析的基本思想。

2.2　流程绩效的三个度量指标

从总体上讲，可以将流程视为"黑箱"，它使用资源（劳动力和资金）将输入（inputs）（未诊断的患者、原材料、未服务的客户）转换为输出（outputs）（已诊断的患者、成品、已服务的客户），如图 2-6 所示。第 3 章将详细说明如何构造类似图 2-6 的图，我们称这些图为流程图。在分析商品和服务的供应流程时，我们首先定义分析单位。

对于介入放射科这个案例，我们选择患者作为我们的流程单元（flow unit）。

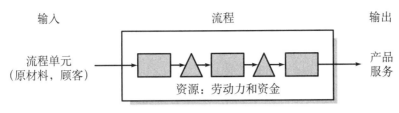

图 2-5　组织的流程观点

选择的流程单元通常取决于供应过程中处理的产品或服务的类型，例如，汽车厂的车辆、航空公司的乘客或啤酒厂的啤酒。

流程单元顾名思义，即在整个流程中流动，从输入开始，最后作为输出离开流程。在定义了适当的流程单元后，接下来我们可以基于三个基本流程绩效度量指标来评估流程：

● 流程中所包含的流程单元数称为库存（inventory）（在生产环境中则称为在制品，Work-in-Process，WIP）。我们的关注点不仅限于生产过程，库存也可以表示保险索赔的基数或美国国税局（IRS）纳税申报表中的数量。我们需要在流程中确定库存的原因有多种，我们将在下面进行更详细的讨论。很多人可能对这种措辞感到不舒服，即介入放射科的库存是一组患者。

● 一个流程单元通过整个流程所花费的时间称为流程时间（flow time）。流程时间要考虑流程单元可能需要等待处理的时间，因为流程中还有其他流程单元（库存）可能争夺相同的资源。在服务环境或对延迟敏感的情况下，流程时间是特别重要的绩效度量指标，如按订单生产，生产仅在客户订单到达时才开始。在放射科，患者可能会在意流程时间：它是患者从到达介入放射科到回家或再回到其他科室所花费的时间。

● 最后，将流程输出的速率以流程单元/流程时间来表示，例如每天处理的流程单元数称为单位时间产出（flow rate）或生产率（throughput rate）。流程可以产生供应的最大速率称为流程能力（capacity）。12 月 2 日，介入放射科的生产率为每天 11 个患者。

表 2-2 提供了一些流程示例及其相应的单位时间产出、库存水平和流程时间。

表 2-2　几个单位时间产出、库存水平和流程时间的例子

	美国移民	香槟行业	MBA 项目	大型电脑生产公司
流程单元	申请移民	香槟瓶数	MBA 学生	电脑
单位时间产出（生产率）	批准或拒绝的签证：每年 630 万份申请	每年 2.6 亿瓶	每年 600 名学生	每天 5 000 台
流程时间	平均流程时间：7.6 个月	在地窖平均时间：3.46 年	2 年	10 天
库存	未决申请：400 万份	9 亿瓶	1 200 名在校 MBA 学生	50 000 台电脑

　　你可能会有些生气，因为我们暂时放弃了供需错配的想法。此外，到目前为止我们还没有讨论利润，但是请注意增加最大单位时间产出（能力）可以避免出现供不应求的情况。从利润的角度来看，如果流程受能力约束（capacity-constrained），那么较高的单位时间产出就直接转化为更多的收入（你可以更快地生产一个单位，从而可以生产更多的单位）。如果有足够的需求，你可以售出生产的其他产品。

　　更短的流程时间减少了需求发生与供应实现之间的延迟时间。因此，更短的流程时间通常有助于减少供需错配。在许多行业中，更短的流程时间导致了额外的销量和/或更高的价格，这从更广泛的角度让管理者对缩短流程时间更感兴趣。

　　较低的库存会导致较少的营运资金需求以及许多质量优势，我们将在本书后面对此进行介绍。较高的库存与更长的流程时间直接相关。因此，库存的减少也会导致流程时间的减少。库存是供需错配的最明显标志，我们现在将对其进行详细讨论。

2.3　利特尔法则

　　会计师将库存视为资产，但从运营角度来看，库存通常应视为负债。这不是在跟会计师唱反调。按照会计师对资产的定义，库存应该是资产负债表上的资产，但是在通常意义上，资产一词的意思是"拥有的东西"，而字典将负债定义为"对自己不利的东西"。从这个意义上讲，库存显然是一种负债。这点在诸如医院服务中最明显，医院候诊室中的患者显然不能计入医疗保健系统的资产中。

　　让我们再次回到介入放射科。即使没有很多医学专业知识，我们也可以从某些资源中快速找到哪些患者当前正在接受治疗，哪些患者正在等待资源以便能够得到治疗。同样，如果我们快速浏览一个工厂，我们也可以确定库存的哪些部分用作原材料，哪些是在制品，哪些是产成品。

　　然而，单单参观一遍具体的流程，比如洗碗机工厂或介入放射科的流程，并不会使我们对基础运营有比较好的了解，我们只会对流程有个简单的印象。遗憾的是，正是这种简单的印象构成了大多数管理（会计）报告的基础：资产负债表将库存分为三类（原材料、在制品、成品）；医院管理者通常会区分术前和术后患者。但是，这并不能告诉我们为什么这些库存会存在！因此，静态方法既无助于我们分析业务流程（为什么有库存），也无助于我们改进业务流程（这是不是合理的库存量）。

　　现在，想象一下，我们不是简单地访问一下医院，而是愿意多停留一段时间。我们一大早就到了，知道介入放射科没有过夜的患者之后，我们便开始记录患者的到达或离开情况。换句话说，我们收集有关患者流入和流出的数据。

在结束整个过程时，我们可以绘制类似于图 2-6 的图。两条曲线中的上面一条曲线显示了进入该科室的患者累计数。曲线开始于原点（7：00）且患者为零。如果有过夜患者，我们将会在这里记录最初的患者数。两条曲线中下面一条曲线表示离开该科室的患者累计数。图 2-6 显示到中午 12 点，有 7 个患者到达，其中 5 个患者已经离开。

在任何给定的时刻，上曲线和下曲线之间的垂直距离对应于介入放射科的患者数，或者抽象地说是库存水平。我们虽然这一天不在介入放射科，但可以通过比较累计流入量和流出量来跟踪库存水平。例如，中午 12 点的库存是两个患者。

我们还可以查看两条曲线之间的水平距离。如果患者以与进入时相同的顺序离开介入放射科，则水平距离将测量每个患者在介入放射科所花的确切时间。一般而言，鉴于患者的停留时间可能会不同，且患者不一定会完全按照他们进入时的顺序离开科室，因此，两条曲线之间的平均距离就是患者在此科室所花费的平均时间。

图 2-6 包含了我们在上文讨论的三个基本流程绩效度量指标：单位时间产出（两条曲线的斜率）、库存（两条曲线间的垂直距离）和流程时间（两条曲线间的水平距离）。

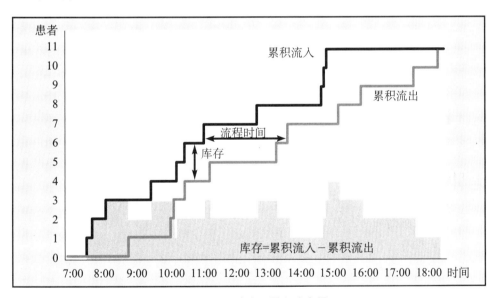

图 2-6　累计流入量和流出量

基于图表或患者日志，我们现在可以计算 12 月 2 日的这些绩效度量指标。我们已经知道单位时间产出为 11 个患者/天。

接下来考虑库存。全天的库存变化反映患者流入量和流出量之间的差值。一种简单的方法是对一天中每个时刻的库存量（例如每 5 分钟）进行计数，然后取均值。对于 12 月 2 日，按此计算得出的平均库存为 2.076 个患者。

接下来考虑流程时间，即患者在科室中花费的时间。为了计算，我们需要将每个患者离开介入放射科的时间添加到表 2-1 的患者日志中。到达和离开介入放射科的时间之差就是给定患者的流程时间，这又使我们能够计算出所有患者的平均流程时间，如表 2-3 所示。我们可以轻松地计算出，在 12 月 2 日，平均流程时间为 2 小时 4 分钟 33 秒，即 2.076 小时。

表 2-3 平均流程时间的计算

序号	患者姓名	到达时间	离开时间	流程时间
1		7：35	8：50	1 小时 15 分钟
2		7：45	10：05	2 小时 20 分钟
3		8：10	10：10	2 小时
4		9：30	11：15	1 小时 45 分钟
5		10：15	10：30	15 分钟
6		10：30	13：35	3 小时 5 分钟
7		11：05	13：15	2 小时 10 分钟
8		12：35	15：05	2 小时 30 分钟
9		14：30	18：10	3 小时 40 分钟
10		14：35	15：45	1 小时 10 分钟
11		14：40	17：20	2 小时 40 分钟
			平均流程时间	2 小时 4 分钟 33 秒

此时，你可能会问："平均库存总是与一定的平均流程时间相等吗？"对这个问题的答案是否定的。但是此例中，平均库存为 2.076 个患者而平均流程时间为 2.076 小时也并非巧合。

要审视库存和流程时间之间的关系，让我们回顾一下三个绩效度量指标：单位时间产出、流程时间和库存：

- 单位时间产出＝11 个患者/天，等于每小时 1 个患者。
- 流程时间＝2.076 小时。
- 库存＝2.076 个患者。

尽管库存和流程时间不是必须相等，实际上也很少相等，但它们以另一种形式相互联系。我们将这种关系称为"利特尔法则"（以约翰·D. C. 利特尔（John D. C. Little）命名）。

平均库存＝平均单位时间产出×平均流程时间　　　（利特尔法则）

许多人认为这种关系是微不足道的，但是，事实并非如此。对于一般情况（包括其他让人头痛的问题，如变化性），它的证明是相当复杂的，并且该公式的数学证明也是最近才完成的。

当另外两个指标已知时，利特尔法则可用于找到第三个绩效度量指标。如果你想找出放射科的患者等待胸部 X 射线检查的时间，则可以执行以下操作：

1. 在一天中的几个随机时间点清点患者的库存，从而为你提供平均库存。假设这个数字是 7 个患者：4 个在候诊室，2 个已经移步到手术室前等待，1 个在手术室。

2. 数一数手术单的数量或任何显示当天有多少患者接受了治疗的其他记录。这是当天的输出。假设在 8 小时里接诊了 60 名患者，我们可以说平均单位时间产出为 60/8＝7.5 个患者/小时。

3. 使用利特尔法则计算平均流程时间＝平均库存/平均单位时间产出＝7/7.5＝0.933 小时＝56 分钟。这告诉我们，从患者进入放射科到完成胸部 X 射线检查平均需要 56 分钟。请注意，如果不是通过利特尔法则计算，你就必须通过如表 2-3 那样收集所有的数据来得到平均流程时间，这将会很烦琐。

利特尔法则何时成立？简短的回答是它总是成立的。例如，利特尔法则不取决于流程单元（例如患者）的服务顺序。（还记得你的会计类别中的先进先出（FIFO）和后进先出（LIFO）吗？但是，该顺序可能会影响具体流程单元的流程时间。例如，早上第一个到达的患者的流程时间与服务顺序有关，但顺序不会影响所有流程单元的平均流程时间。）此外，利特尔法则并不依赖于随机性，也与患者数或每个患者需要花费多长时间没有关系，重要的是平均单位时间服务的患者数和平均流程时间。

利特尔法则除了直接应用于平均流程时间的计算外，还用于库存成本的计算以及库存周转次数的（间接）计算中。下一节将对此进行讨论。

2.4 库存周转次数和库存成本

用物理单位作为流程单元（作为库存度量指标）可能是度量库存最直观的方法。这可以是汽车零售商的车辆数、医院的患者数或炼油厂的石油吨位数。

但是，物理单位不一定是度量不同产品总库存量的最佳方法：如果拥有 2 000 单位库存，其中 1 000 个是回形针，其余 1 000 台是电脑，那么这种度量几乎没有价值。在此类情况下，库存通常以某种货币单位进行度量，如价值 500 万美元的库存。

以通用货币单位度量库存便于对不同产品的库存进行汇总。这就是美国总库存以美元为单位进行记录的原因。为了说明货币化流程单元的概念，请考虑美国大型零售商科尔百货（Kohl's Corp）的库存。对科尔百货库存的度量不能用苏打水、玩具、衣服和卫生纸等物理单位，而是要看该商店以货币形式将商品价值转化为销售额的流程，这样才能以货币形式进行评估。

从科尔百货的资产负债表中可以轻松看出，公司持有的库存价值为 37.95 亿美元（见表 2-4）。基于流程单元为“每一美元”，我们可以单位时间产出度量科尔百货的运营绩效。

表 2-4　摘自科尔百货和沃尔玛的财务报表（2016）　　　　单位：百万美元

科尔百货	
收入	18 686
销货成本	11 944
库存	3 795
净收入	556
沃尔玛	
收入	482 130
销货成本	360 984
库存	44 469
净收入	14 694

资料来源：10-K 文件。

　　直接的方法是将"收入"作为流程产出。然而，科尔百货的毛利率夸大了这一数值，也就是说，根据当前的会计惯例，1 美元的销售额以收入美元度量，而 1 美元的库存以成本美元度量。因此，单位时间产出的最恰当度量是按照销售商品的成本，或简称销货成本（COGS）。

　　有了单位时间产出和库存这两个指标，我们可以用利特尔法则来计算最初似乎只能人工度量的指标：平均每个流程单元（1 美元）在科尔百货的系统中花费了多长时间转变为销售额，流程单元又在何时产生利润？这与流程时间的定义相符。

单位时间产出＝销货成本＝119.44 亿美元/年

库存＝37.95 亿美元

　　因此，我们可以通过利特尔法则计算平均流程时间为：

$$平均流程时间 = \frac{库存}{单位时间产出} = \frac{37.95 \text{ 亿美元}}{119.44 \text{ 亿美元 / 年}} = 0.3177 \text{ 年} = 115.97 \text{ 天}$$

　　我们发现，科尔百货平均需要 116 天才能将 1 美元的投资转换为 1 美元的可望盈利的收入。

　　此计算提出了另一种反映库存的方式，即供应天数（days of supply）。我们可以说科尔百货的流程中拥有可供 116 天周转的库存。换句话说，我们在科尔百货看到的商品在科尔百货供应链上平均要花费 116 天。

　　或者，可以说科尔百货的库存每年周转次数是：

$$\frac{365 \text{ 天 / 年}}{116 \text{ 天 / 次}} = 3.15 \text{ 次 / 年}$$

这个指标称为库存周转次数（inventory turns）。库存周转次数是零售业和其他供应链运营中的常见测量指标。

　　为了进一步说明利特尔法则的这种应用，请考虑科尔百货的竞争对手之一沃尔玛。重复上述相同的计算过程，我们得到有关沃尔玛的下列数据：

销货成本＝3 609.84 亿美元/年

库存＝444.69 亿美元

$$平均流程时间 = \frac{444.69\ 亿美元}{3\ 609.84\ 亿美元 / 年} = 0.123\ 年 = 44.96\ 天$$

$$库存周转次数 = \frac{365\ 天 / 年}{44.96\ 天 / 次} = 8.12\ 次 / 年$$

如此，我们发现沃尔玛能够实现比科尔百货高得多的库存周转次数。表 2-5 总结了零售业不同业态的库存周转次数数据。表 2-5 还提供了零售业不同业态的毛利率信息（请牢记这些，当你下次为购买新沙发或手表讨价还价时，可以用上这些信息!）。

表 2-5　零售业的库存周转次数和利润率

零售业	公司	年库存周转次数	毛利率
服装和配饰	GAP	5.40	36.3%
目录邮购	Lands'End	2.34	43.3%
百货店	梅西百货	2.89	39.4%
药品专卖店	CVS	10.07	16.3%
食品店	克罗格	11.40	22.4%
娱乐、玩具/游戏店	玩具反斗城	3.00	35.6%
家具/设备店	Bed Bath & Beyond	2.63	37.5%
珠宝	蒂芙尼	0.70	62.2%
消费类电子产品：收音机、电视机	百思买	6.16	24.0%
综合店	沃尔玛	8.12	24.6%
电子商务	亚马逊	7.70	35.1%

库存需要大量的财务投资。此外，库存持有成本大大高于单纯的财务持有成本。原因如下：

- 库存可能已过时（考虑微处理器的年持有成本）。
- 库存可能有物理损耗（保存新鲜玫瑰一年的成本将超出你的想象）。
- 库存可能会消失（比如被盗窃或发生缩减）。
- 库存需要储存空间和其他间接成本（包括保险、安保、不动产等）。
- 等待时间增加导致的其他较不明显的库存成本（这将在第 9 章中的利特尔法则部分讨论）和质量下降导致的库存成本（这将在第 8 章中加以讨论）。

给定每年的库存成本（例如每年 20%）以及如上所计算的库存周转次数，我们可以计算这个流程（或这条供应链）中产生的单位库存成本。为此，我们将年持有成本除以一年中库存周转次数：

$$单位库存成本 = \frac{年库存成本}{年库存周转次数}$$

例如，一家公司的年库存成本为 20%，年库存周转次数是 6 次，那么单位库存成本为：

$$\frac{20\%}{6} \approx 3.33\%$$

以科尔百货为例（前面我们计算其库存周转次数是每年 3.15 次），假设每年的持有成本为 20％，则单位库存成本为 $\frac{20\%}{3.15} = 6.35\%$ 。计算步骤 2.1 总结了单位库存成本的计算方法。

计算步骤 2.1

　　计算库存周转次数和单位库存成本：

　　第 1 步：从资产负债表中找出库存价值。

　　第 2 步：从利润表中查找销货成本（COGS）而不是销售额！

　　第 3 步：计算库存周转次数：

$$库存周转次数 = \frac{销货成本（COGS）}{库存}$$

　　第 4 步：计算单位库存成本：

$$单位库存成本 = \frac{年库存成本}{年库存周转次数}$$

　　注意：年库存成本需要考虑库存占用资金成本、折旧成本及公司认为与库存相关的其他成本（例如，储存、被盗）。

　　我们不妨再看看零售行业。请考虑一家消费类电子产品的零售商，其年库存成本为 30％（主要由资金占用和过时所致）。假设该零售商的年库存周转次数为 6 次（请参阅表 2-5 中百思买的数据），我们得出的单位库存成本为 30％/ 6＝5％。考虑该零售商货架上的一台电视机，该电视机现在售价为 300 美元，零售商的购入价为 200 美元。根据计算，我们知道零售商每售出一台这样的电视机，就会产生 200 美元×5％＝10 美元的库存成本。为了更好地理解这个数字，请看图 2-7。

　　图 2-7 绘制了消费类电子产品零售商的毛利率和库存周转次数之间的关系（Gaur，Fisher，Raman，2005）。注意，此图并不表示存在因果关系，也就是说，并不意味着如果一个公司毛利率提高，其库存周转次数将自动下降。图 2-7 显示的是给定一系列产品在特定竞争环境不变的情形下的毛利率情况。我们有两个有趣的发现：

　　● 零售商可以决定专门经营那些周转非常缓慢而利润率高的产品。例如，Radio Shack 以其高利润率闻名，它持有种类繁多而周转缓慢的产品，产品的年周转次数仅为一次或两次。相比之下，百思买则出售非常受欢迎的商品，这使该公司面临更激烈的竞争和更低的毛利率。

　　● 对于给定的毛利率，我们观察到库存周转次数的显著差异。例如，毛利率为 15％时库存周转次数可以在 4～9 次之间变化。请看图 2-7 中的零售商 A，假设所有零售商的年持有成本为 30％，由于零售商 A 的年库存周转次数为 4.5 次，因此零售商 A 的单位库存成本为 6.67％。现在将其与竞争对手零售商 B 进行比较，后者每年库存周转次数为 8 次，这样零售商 B 的单位库存成本为 3.75％，这在单位

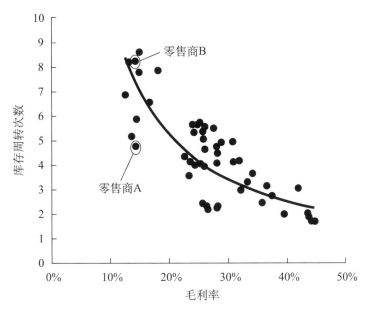

图 2-7　库存周转次数与毛利率之间的关系

资料来源：Gaur，Fisher and Raman，2005.

库存成本上优于零售商 A 近 3 个百分点。鉴于该行业的净利润约为销售额的 2%，这样的成本优势决定了零售商在盈利和破产之间的差异。

2.5　持有库存的五个原因

　　虽然只要我们知道平均流程时间和平均单位时间产出，就可以利用利特尔法则计算出流程中的平均库存，但利特尔法则无法回答我们前面提出的问题：为什么流程中必须有库存？为了理解流程对库存的需要，我们不能仅采用黑箱的方法从外部审视流程，而要更细致地研究流程。

　　从图 2-6 可见，库存反映了流程的流入量与流出量之差。在理想运营状况下，我们预想图 2-6 的流入线与流出线是两条相同的直线。遗憾的是，现实世界中很少有这样的直线——它们之间的距离为零。De Groote（1994）讨论了持有库存的五个原因，也就是流入线与流出线不同的原因：（1）流程单元在流程中花费的时间；（2）季节性需求；（3）规模经济；（4）流程中各环节的不连续；（5）随机需求。根据持有库存的原因，为库存指定不同的名称：渠道库存、季节性库存、周转库存、保险库存/缓冲区和安全库存。应当指出，这五个原因不一定是相互排斥的，实际上，持有库存的原因通常不止一个。

渠道库存

　　持有库存的第一个原因反映了一个流程单元在流程中从输入转换为输出要花费

的时间，即使没有资源限制，患者仍然需要在介入放射科花费一些时间，这时所花费的时间就是关键路径的长度。我们这个流程运作的基本库存称为渠道库存（pipeline inventory）。

为简单起见，我们假设每个患者必须在介入放射科中花费确定的1.5小时而无须等待所需资源，并且每小时都有一个患者到达。在此情况下，我们如何计算渠道库存呢？

答案是应用利特尔法则计算。因为我们知道三个绩效度量指标中的两个，即平均流程时间和平均单位时间产出，所以我们可以算出第三个（在这种情况下为库存）：平均单位时间产出为每小时1个患者，平均流程时间为1.5小时，则平均库存为：

平均库存＝1个患者/小时×1.5小时＝1.5个患者

这是经过这些增值活动的患者数。图2-8对此进行了说明。

有时，你可能会听到管理者声称："我们需要在流程中实现零库存。"如果我们将库存＝0代入利特尔法则，则直接结果是库存为零的流程也是平均单位时间产出为零的流程（除非我们的流程时间为零，否则这意味着该流程对流程单元没有任何作用）。因此，只要在一个流程单元上需要花费最少的时间完成操作，该过程就会产生渠道库存。如同没有患者就不会有医院，如果没有一些流程在工作，工厂就谈不上在运营！

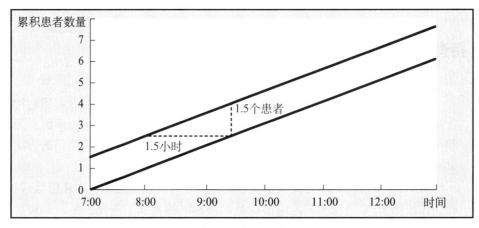

图2-8　渠道库存

利特尔法则还告诉我们减少渠道库存的最佳方法。由于运用降低平均单位时间产出的方法（假设还能够满足需求和利润要求的话）通常不是理想的选择，减少渠道库存的唯一方法就是减少平均流程时间。

季节性库存

当产能不变且需求发生变化时，季节性库存就产生了。举两个例子来说明持有库存的第二个原因。金宝汤公司（Campbell Soup）在1月的鸡肉面条浓汤销量比一年中其他月份都要多，这主要不是因为天气寒冷，而是因为金宝汤在 1 月对鸡肉面条浓汤进行了打折促销。6 月是销量第二大的月份，因为金宝汤在 7 月要提价。

由于预估到 1 月销量会很大，金宝汤提前几个月就开始生产并提高了库存。金宝汤也可以晚几个月开始生产而无须那么大的库存量，但如此一来，到冬天再组织满足 1 月促销所需的产能（设备和劳动力）就会太过昂贵，而且这些产能在 1 月底不再需要时又必须去除。

换句话说，只要增减产能的成本很高，企业就倾向于适应销售的需要而平滑生产，从而产生了季节性库存。

季节性库存的极端情况常见于农业和食品加工业。由于收获的季节特性，美国中西部的制糖企业需要在六周多一点的时间内收集所有用于制糖的原料。这样，在收获季节结束时，一个大型制糖企业（平均来看）已经堆积了约 100 万吨甜菜，这些甜菜堆将占地 67 英亩[*]。

由于食品加工业运营属于资本密集型，因此流程的规模应定义为收集 132.5 万吨甜菜和储存近 100 万吨库存，以使生产工厂能够连续生产运作直到下一个收获季节。如图 2-9 所示，生产过程和产品的输出几乎不变，而除了收获季节外，原材料的投入为零。

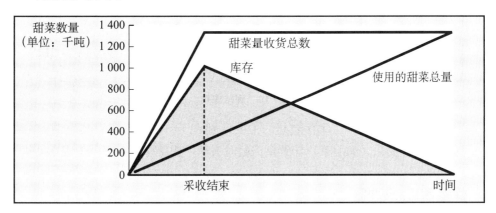

图 2-9 季节性库存——制糖业

周转库存

在本书中，我们会遇到的许多情况是在给定的时间内集中处理多个流程单元是经济的，可以利用运营中的规模经济优势。

运输过程中的规模经济为持有库存的第三个原因提供了一个很好的例子。无论卡车是空载还是满载，驾驶员固定金额的费用，卡车磨损折旧相当大程度取决于行驶的里程，而不是卡车的载重。换句话说，每辆卡车在运输时产生的固定成本与载货数量无关。为了分摊固定成本的压力，尽量将卡车装满，从而可将固定成本分摊

---

[*] 1 英亩≈4 050 平方米。

给最大运输量。

在许多情况下，这确实是一个明智的决定，但是卡车经常运载的货量通常多于可及时出售的货量，因此，要花一段时间才能卖掉整个卡车的货量。这段时间内就会有库存。此类库存称为周转库存（cycle inventory），它反映了运输过程遵循特定的装运周期这一事实（例如每周装运一次）。

图2-10绘制了介入放射科手术过程中所需的简易托盘的库存水平。如我们所见，存在"大量"的托盘流入，而流出量则相对平稳。产生这些托盘库存的原因与订单管理工作有关，因为医院每周只下一次订单。

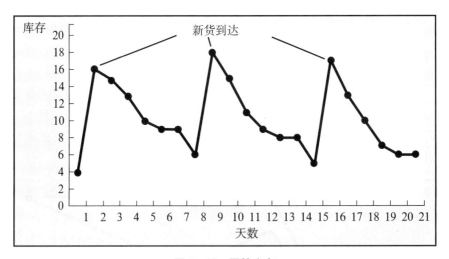

图 2-10　周转库存

周转库存和季节性库存之间的主要区别在于：季节性库存是由需求变化（如汤）或供应变化（如甜菜）导致供需暂时失衡，周转库存则产生于成本动机。

保险库存/缓冲区

流程各步骤之间的库存可用作缓冲区。库存缓冲区的存在让各环节彼此独立运作管理成为可能。例如，考虑一家服装厂的两名工人，假设第一名工人将衣领缝在衬衫上，第二名工人缝纽扣，两个步骤之间的缓冲区是一堆带领子但没有纽扣的衬衫。由于该缓冲区的存在，第一名工人可以暂停工作（例如因休息、修理缝纫机或更换缝纫线的颜色而暂停工作），这不影响第二名工人连续工作。换句话说，即使前面的工序可能无法在给定的时间内提供供应，缓冲区也可以作为下道工序的供应来源来应对单位时间产出的变化。

汽车装配线是生产过程缓冲区的另一个示例，该过程使用缓冲区将与生产车辆有关的各个工位分离。在没有这种缓冲区的情况下，任何一个工位的中断都会导致上游和下游所有其他工位的中断。想象一个传递水桶灭火的消防队列：由于任意相邻的两个消防员之间都没有缓冲区，没有人可以在不停止整个过程的情况下休息。

安全库存

持有库存的最后一个原因可能是最明显也最具挑战性的：随机需求。随机需求提醒我们需要注意区分实际需求不同于预测需求。也就是说，相对于需求预测，我们通常会面临需求变化。请注意，这与可预测的需求变化（称为季节性需求）不同，例如 1 月的金宝汤鸡肉面条浓汤的销售激增就是一种可预测的需求变化。此外，随机需求可能与季节性需求同时存在：从季节性角度可以知道 1 月的销售额高于其他月份的销售额（季节性需求），并且围绕这一已知的需求预测可能会有相当幅度的变化（随机需求）。

对于零售商和制造商来说，随机需求都是特别重要的问题。比如书商要确定某书的订购数量。书商对需求有预测，但最多只能预测市场需求的平均数。如果订得太多，书商就会面临库存积压；订得太少，又会带来销售损失。正如我们将在第 14 章中讨论的那样，对随机需求造成的损失进行权衡可以控制损失，但不能消除损失（除非预测误差为零）。

作为结果，库存被看作规避潜在需求不确定性的一种方法。例如，如果一家书店销售诸如报纸或杂志之类生命周期很短的商品，这可能就是书商一次性决策问题。如果我们考虑一个具有较长产品生命周期的商品（例如儿童读物），那么书商将能够或多或少在不同的时间补充订购图书。

图 2 - 11 是费城长老会医院的血库安全库存示意图。尽管一个月内血液库存的详细流入量和消耗量会有所不同，但医院总是保有几天的血液库存。鉴于血液很快过期，该医院尽可能在满足要求的设施中保留少量库存，然后由红十字会的区域性血库进行补充。

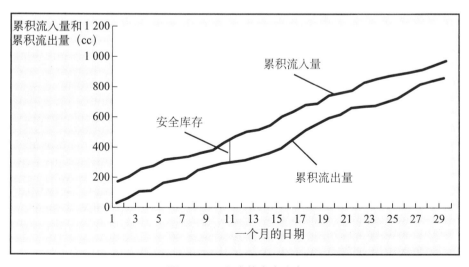

图 2 - 11　血库的安全库存

2.6　产品-流程矩阵

商品或服务的供应流程可采用许多种不同的形式。一些采用高度自动化，而另一些则主要是手工进行。一些流程类似于著名的福特装配线，而另一些流程则更像当地自行车厂装配车间。运营管理方面的实证研究调研了数千个流程，确定了五组或类别的流程。在这五个大类中，流程的变量都很相似，例如它们提供的产品种类或它们提供的年产量。表 2-6 描述了这些不同类型的流程。

表 2-6　流程类型及其特性

	实例	产品种类	产量（单位/年）
单件生产	·设计公司 ·商用打印机 ·一级方程式赛车	多 （大于 100）	低 （1~100）
批量生产	·制衣 ·面包房 ·半导体晶圆	中等 （10~100）	中等 （100~100 000）
工人控制节奏的生产线	·汽车装配 ·电脑装配	中等 （1~50）	高 （1 万~100 万）
机器控制节奏的生产线	·大量汽车装配	少 （1~10）	高 （1 万~100 万）
连续生产	·造纸 ·石化 ·食品加工	少 （1~10）	非常高

通过观察许多行业的演变，Hayes 和 Wheelwright（1979）观察到一种有趣的模式，他们将其称为产品-流程矩阵（见图 2-12）。产品-流程矩阵揭示：在产品整个生命周期中，它们最初都是在手工作坊式流程（job shop process）中生产，随着产品产量的增加，产品的生产流程将从矩阵的左上角移至右下角。

例如，第一批汽车就是采用手工作坊式流程生产出来的：一次生产一种产品。大多数汽车都是独一无二的，不仅具有不同的颜色或组件，而且它们在尺寸、车身形状及许多其他方面也有所不同。亨利·福特（Henry Ford）首创装配线生产后，汽车生产流程就沿对角线发生了重大转变。相较于在作坊里生产很多不同的产品，福特没有在车间生产多种产品，而是在一条装配线上生产了成千上万辆汽车。

请注意，产品-流程矩阵中的斜对角以外的区域（左下角和右上角）为空白区域，这表明采用手工作坊式流程进行大量生产是不经济的（很难想象现在每年在美国销售的数百万辆新车都是采用与戈特利布·戴姆勒（Gottlieb Daimler）生产第一辆汽车相同的方式手工生产），而如果采用装配线方式每年仅生产少量产品也是没有意义的。

我们相信，很少有公司（任何公司）会愚蠢到采用手工作坊式流程生产大量产

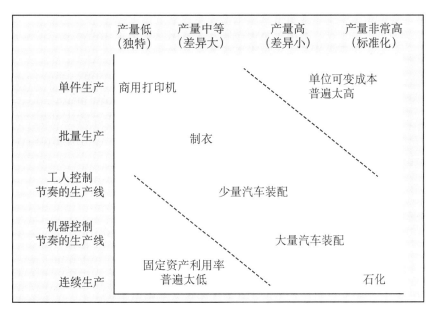

图 2-12　产品-流程矩阵

资料来源：Hayes and Wheelwright (1979)．

品。识别流程类型并对照产品-流程矩阵对流程管理很有帮助。产品-流程矩阵的作用有两个不同的方面：

1. 相似的流程类型往往会有相似的问题。例如，正如我们将在第 4 章中讨论的那样，装配线方式需要进行生产线平衡（一些工人比其他一些工人更努力）。批量生产流程往往对客户需求的响应速度很慢（请参阅第 5 章）。

因此，一旦知道了流程类型，就可以快速确定流程可能面临的问题类型以及最合适的解决方法。

2. 各行业向图 2-13 右下角 "自然漂移" 这一特性使你能够预测特定行业的流程发展趋势。以眼科手术为例，直到 20 世纪 80 年代眼科手术还是在大型医院进行的。那时候，大医院的眼科医生要做不同的眼科手术。15 年后，这种情况发生了巨大变化，出现了许多高度专业的眼科诊所，其中大多数专注于某一类特定的眼科手术。这些诊所每年的手术量很大，由于手术量大和病例种类少，这些诊所得以高效率运行。

2.7　小　结

在本章中，我们强调要根据公司提供的产品以及公司供应这些产品的流程来考察公司的运营的重要性。对于供需错配的问题，审视流程尤为重要。从产品的角度来看，供需错配表现为等待时间。从流程的角度来看，供需错配则表现为库存的形式。

对于任何流程，我们都可以定义三个基本绩效度量指标：库存、流程时间和单位时间产出。这三个度量指标以利特尔法则相互关联，该法则指出平均库存等于平均流程时间与平均单位时间产出的乘积。

只要知道其中的两个变量，就可以利用利特尔法则计算出第三个变量。这对于度量流程时间特别重要，因为流程时间在实践中常常很难直接观察到。

与流程时间相关的一个度量指标是库存周转次数。库存周转次数表示一个流程单元从输入转换为输出的快慢。它是许多行业的重要基准，尤其是零售行业。库存周转次数也是计算供应一个单位产品的相关库存成本的基础。

2.8　延伸阅读

De Groote（1994）以一篇非常优雅的笔记，描述了库存的基本作用。这篇笔记以及 De Groote 的许多其他笔记和文章，对运营管理采取了非常"精益"的观点，更像传统的经济学而不是工程学。

Gaur、Fisher 和 Raman（2005）对零售绩效进行了广泛的研究。他们提出了各种经营指标，包括库存周转次数，并展示了它们如何与财务绩效指标相联系。

Hayes 和 Wheelwright（1979）的文章被广泛认为是将运营方面与商业战略联系起来的开拓性文章。Hayes、Wheelwright 和 Clark（1988）的工作确立了运营是企业竞争优势的关键来源。

2.9　实战练习

下面的问题将有助于测试你对本章的理解。在每个问题之后，我们在方括号中显示相关章节信息。

附录 E 中有带" * "标记的问题的答案。

Q2.1*（戴尔）一台戴尔电脑总成本的百分之多少是库存成本？假设戴尔年库存成本的 40% 是库存融资成本、仓库空间成本和报废成本。换句话说，在戴尔一整年的库存中，一个价值 100 美元的组件需要花费 40 美元的库存成本。2001 年戴尔的 10-k 文件报告显示，该公司拥有 4 亿美元的库存和 264.42 亿美元的销货成本。[2.4]

Q2.2（航空公司）考虑一家小型航空公司的行李托运。数据显示，上午 9 时至 10 时，255 名乘客办理登机手续。此外，通过对排队等候的乘客人数进行统计，机场管理部门发现，等待办理登机手续的平均乘客数为 35 人。平均每人要花多长时间排队？[2.3]

Q2.3（库存成本）一家生产医疗设备的制造公司报告去年的销售额为 6 000 万美元。同年年底，该公司拥有价值 2 000 万美元的准备出货设备库存。

a. 假设每单位的库存价值（基于销货成本）为 1 000 美元，售价为每单位 2 000 美元，那么公司的库存周转速度有多快？公司每年的库存成本为 25%。也就是说，在假设的情况下，每单位 1 000 美元的库存正好存放一年，有 250 美元的库存成本。[2.4]

b. 从绝对量来看，1 000 美元的产品的价值库存成本是多少？[2.4]

Q2.4（服装零售）一家大型时装目录零售商报告称，去年其收入为 1 亿美元。平均而言，在同一年，该公司的仓库中有价值 500 万美元的库存。假设库存的价值是基于销货成本来计算的，并且零售商对所有产品都有 100% 的加价。

a. 零售商每年周转库存多少次？[2.4]

b. 公司每年有 40% 的库存成本。也就是说，假设一件 100 美元销货成本的产品存放一年，有 40 美元的库存成本。一件 30 美元销货成本的产品的库存成本是多少？你可以假设库存周转与价格无关。[2.4]

Q2.5（拉维拉）拉维拉是意大利阿尔卑斯山上的一个村庄。由于它在瑞士、德国、奥地利和意大利的滑雪者中非常受欢迎，所以它的床位总是在冬季被预订，而村庄能接待平均 1 200 名滑雪者。滑雪者平均在拉维拉待 10 天。

a. 平均每天有多少名新滑雪者来到拉维拉？[2.3]

b. 对村庄里最大的酒店所做的一项研究表明，滑雪者在第一天每人平均花费 50 美元，之后的每一天在当地餐馆平均每人花费 30 美元。该研究预测，由于酒店价格上涨，2003—2004 赛季滑雪者的平均停留时间将减少到 5 天。当地餐馆的收入与去年（滑雪者待 10 天）相比变化是多少？假设酒店继续被预订一空！[2.3]

Q2.6（高速公路）当你开车回家过节时，你总是无法忘记利特尔法则。你注意到你的平均行驶速度大约是每小时 60 英里。此外，来自 WXPN 交通直升机的交通报告称，在一段 0.25 英里的高速公路上，平均有 24 辆车行驶。这条高速公路每小时的车流量是多少？[2.3]

Q2.7（工业烘焙流程）Strohrmann，宾夕法尼亚州的一家大型面包店，正在设计一种新的面包生产流程，并将这些面包卖给几家食品杂货连锁店。烤面包需要 12 分钟。需要多大的烤箱才能使公司每小时生产 4 000 个面包（以可以同时烘烤的面包数量来衡量）？[2.3]

Q2.8（Mt. Kinley 咨询）Mt. Kinley 是一家战略咨询公司，它把顾问分为三类：助理、经理和合伙人。在过去的 20 年里，该公司的规模一直处于稳定状态，错过了 20 世纪 90 年代的增长机会，但也没有遭受在 21 世纪初的衰退中需要缩减规模。具体来说，该公司有——而且预计将有——200 名助理、60 名经理和 20 名合伙人。

Mt. Kinley 的工作环境竞争相当激烈。在做了 4 年的助理工作后，顾问"要么升职，要么出局"，也就是说，要么成为经理，要么被公司解雇。同样，6 年后，经理要么成为合伙人，要么被解雇。该公司招募 MBA 毕业生作为助理顾问；不招聘经理或合伙人级别的人员。合伙人会在公司再待 10 年（总共 20 年）。

a. Mt. Kinley 每年要招聘多少新的 MBA 毕业生？[2.3]

b. Mt. Kinley 的新员工成为合伙人的概率有多大（而不是 4 年或 10 年后被解雇）？[2.3]

Q2.9（美国主要零售商）下表显示了美国两大零售商开市客和沃尔玛的财务数据（2004 年）。

	开市客（单位：百万美元）	沃尔玛（单位：百万美元）
库存	3 643	29 447
销售额（净）	48 106	286 103
销货成本	41 651	215 493

资料来源：Compustat, WRDS.

假设两家公司的年平均持有成本为 30%（也就是说，花 10 美元购买一件商品的持有成本为 3 美元）。

a. 一件商品在卖出之前，平均在开市客的库存中停留多少天？假设商店一年 365 天营业。[2.4]

b. 平均来说，一件 5 美元（销货成本）的家用清洁剂，开市客比沃尔玛库存成本低多少？假设两家公司的家用清洁剂的单位成本是相同的，价格和库存周转次数相互独立。[2.4]

Q2.10（麦当劳）以下数据取自麦当劳和 Wendy's 2003 年的财务报表。数字的单位是百万美元。

	麦当劳	Wendy's
库存	129.4	54.4
收入	17 140.5	3 148.9
销货成本	11 943.7	1 634.6
毛利	5 196.8	1 514.4

资料来源：Example adopted from an About.com article（http://beginnersinvest.about.com/cs/investinglessons/1/blles3mcwen.htm）. Financial figures taken from Morningstar.com.

a. 2003 年麦当劳的库存周转次数是多少？Wendy's 的库存周转次数是多少？[2.4]

b. 假设麦当劳和 Wendy's 每份超值套餐的成本为 3 美元（销货成本），每份的售价都为 4 美元。假设两家公司的库存成本为每年 30%。与 Wendy's 相比，麦当劳每份超值套餐大约节省多少库存成本？你可以认为库存周转次数与价格无关。[2.4]

Q2.11（BCH）BCH 是英国的一家大型咨询公司，拥有 400 名咨询人员，级别为"助理"。平均而言，一名顾问会在助理级别上工作两年。在此之后，30% 的顾问被提升为"业务经理"，其余 70% 的人不得不离开公司。

为了将咨询人员维持在平均 400 名的水平，BCH 每年需要雇用多少名助理级别的新顾问？[2.3]

Q2.12（克罗格）以下是克罗格 2012 年的财务信息（单位：百万美元）：

	克罗格
库存	6 244
收入	95 751
销货成本	76 858

a. 2012 年克罗格的库存周转次数是多少？［2.4］

如果你想测试自己对某一部分的理解，以下是按章节分类的问题：

［2.3］：Q2.2，Q2.5，Q2，6，Q2.7，Q2.8，Q2.11。

［2.4］：Q2.1，Q2.3，Q2.4，Q2.9，Q2.10，Q2.12。

第3章

理解供应过程：评估流程能力

在供需匹配的努力中，一个重要的衡量标准是流程在给定单位时间内的最大产出，即流程能力（process capacity）。为确定一个运营系统的流程能力，需要进一步详细地分析运营系统。具体来说，我们需要理解运营系统中的不同活动以及这些活动是如何满足需求的。

在本章中，你将学习如何进行流程分析。与第2章不同，在第2章中我们将运营系统视为一个黑箱，仅关注绩效度量指标，如库存、流程时间和单位时间产出，这一章将重点关注更详细的基础过程。

尽管增加了详细信息，本章（和本书）并不是从一个工程师的角度来进行分析的。实际上，在本章中，你将学习如何使用相对应的技术和复杂的操作并将它们简化到适合管理分析的程度。这包括准备一个流程图、确定流程能力和识别瓶颈，计算各个流程步骤的利用率以及计算其他几个绩效指标。

我们将以 Circored 工厂为例进行分析。这是一家德国工程公司 Lurgi AG 和美国铁矿石生产商 Cleveland Cliffs 合资的工厂。Circored 工厂将铁矿石（以铁矿粉的形式）转化为直接还原铁（DRI）压块。铁矿石从南美的矿山运到 Circored 工厂，经过转化后的铁压块再被运送到美国的多家钢厂。

Circored 工厂流程非常适合作为本章学习的实例。它的基础流程很复杂，一定程度讲许多方面是工艺流程的杰作（详情请参阅 Terwiesch, Loch (2002)）。乍看之下，该流程是如此复杂，以至于在没有工科和冶金学背景的情况下，似乎无法理解它的基础流程活动。这种具有挑战性的流程使我们能够演示如何使用流程分析来"驯服野兽"，并创建流程管理上有用的视图，避免任何不必要的技术细节。

3.1　如何绘制流程图

开始进行一个运营系统分析的最佳方法就是绘制流程图（process flow dia-gram）。流程图是描述流程的图形化方式，它将帮助我们将案例分析或流程改进项目中收集的信息结构化。在讨论如何绘制流程图之前，我们首先要考虑如何获取有关流程的相关信息的方法。

总体上，Circored 工厂由大量铁矿石库存（输入）、工厂本身（资源）和大量的成品铁压块库存（输出）组成。很大程度上，这与经济学和管理学科采取的黑箱方法类似。Circored 工厂如图 3-1 所示 。

图 3-1　Circored 工厂一览

资料来源：© Gerard Cachon/Terwiesch and Loch 2002.

为理解基础流程的具体细节，我们可以查阅工厂的工程说明书。工程师对整个流程中各个步骤描述及其发挥的作用都感兴趣。这些描述（说明书）通常被用于工厂的实际建造。图 3-2 是 Circored 工厂建造中的众多图纸之一。

很遗憾，这很难加深我们对 Circored 工厂流程的理解。就像这张照片一样，这只是静态的：它只是强调了这些设备，但我们很难理解铁矿石在整个流程中是如何流动的。在某种程度上，流程图就像一张医院的建筑图纸，我们借此可以了解患者在医院里看病的流程。

为了掌握这一复杂流程，我们将视角从工厂的访客（图 3-1 中的照片）或建造工厂的工程师（图 3-2 中的图纸）移动到铁矿石本身，看看铁矿石在整个流程中是如何流动的。我们将一吨、一磅或一个单位的铁矿石定义为我们的流程单元，把自己"看作"一单位铁矿石来一次流程中的旅行。这类似于一个在医院的患者，

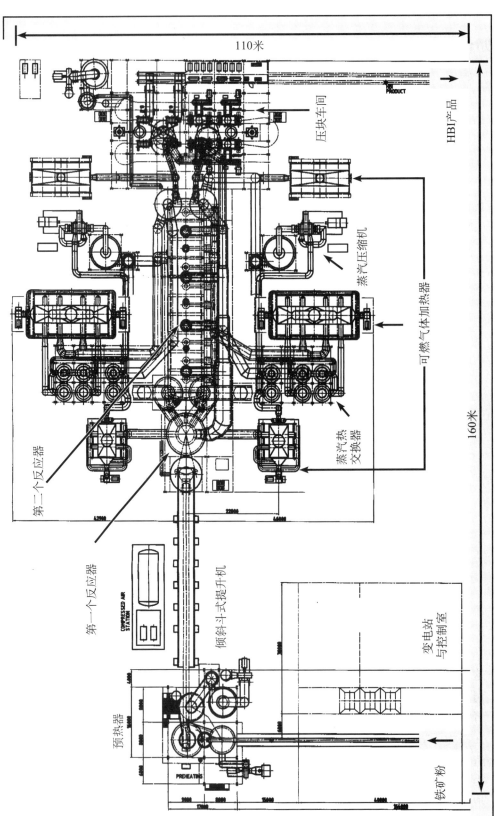

图 3-2 工程图

资料来源： Terwiesch and Loch 2002.

而不是从医院的视角看待流程。具体地，我们定义一吨铁矿石作为流程单位。

　　为绘制流程图，我们首先聚焦在需要详细分析的流程的那部分，也就是说，我们需要定义流程边界（process boundaries）和适当的详细程度。流程边界设置在哪里取决于我们正在从事的项目是什么。例如，在医院运营系统中，一个关乎患者等待时间的项目可能需要观察患者在等待时的情况（如挂号、等待时间、护士接待等）。在这个项目中，患者与医生的接触将超出分析的范围，但另一个与手术质量有关的项目会更详细地研究医生治疗患者的流程，它可能忽略检查环节，或者对其简单处理。

　　流程以一个个流程单元的形式运行，流程单元是流程中的实体（如医院中的患者、汽车厂中的汽车、保险公司的保险理赔申请）。流程图由方框、三角形和箭头组成（见图 3-3）。方框代表流程活动，这是运营为流程单元增值的地方。根据我们需要的详细程度，一个流程步骤本身也可以是一个流程（子流程）。

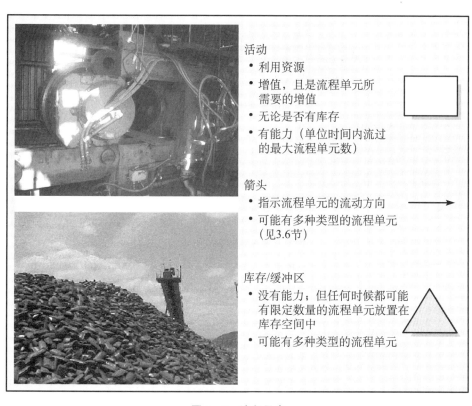

图 3-3　流程元素

资料来源：© Gérard Cachon/Terwiesch and Loch 2002.

　　三角形表示存放库存的等待区域或缓冲区（buffers）。不同于流程步骤，库存本身不增加价值，因此，流程单元不必在库存方面花费时间，但是，如前一章所述，有很多原因导致流程单元可能会花时间在库存上，即使库存并不会增加更多价值。

　　方框和三角形之间的箭头表示流程单元在整个流程中走过的路线。如果流程中有不同的流程单元采用不同的路线，则对不同的路线使用不同的颜色会有助于分析。本章末尾给出了一个示例。

在 Circored 工厂中，流程单元在此流程中遇到的第一个步骤是预热，在那里将铁矿粉（具有大颗粒沙子的质地）干燥并加热。加热是通过输入高压空气来实现的，从底部吹入预热器（preheater）的高速气流使矿石"流态化"，这意味着混合的空气-矿石（"沙尘暴"）在系统中循环，就好像流体一样，同时被加热到大约 850℃～900℃。

但是，从管理的角度来看，我们并不真正关心预热器中的温度或预热器中发生的化学反应。对我们而言，预热器是一种从初始库存中接收铁矿石并对其进行处理的资源。为了记录流程单元到目前为止的经历，我们创建了一个类似于图 3-4 的图。

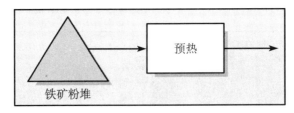

图 3-4　流程图的第一个步骤

一台大型斗式提升机将矿石从预热器运到第二个流程步骤，即闭锁式料斗（lock hoppers）。闭锁式料斗由三个大容器组成，由双隔离阀组隔开，它们的作用是使矿石从富氧环境过渡到氢气环境中。

在闭锁式料斗之后，矿石进入循环流化床反应器（circulating fluid bed reactor）或第一个反应器（first reactor），在此处开始实际的还原过程。还原过程要求矿石在反应器中停留 15 分钟，反应器最多可容纳 28 吨矿石。

第一次还原后，物料流入固定式流化床反应器（stationary fluid bed reactor）或第二个反应器（second reactor）中。第二次反应约需 4 小时。该反应器的大小相当于中等两居室大小，在任何给定的时间都能容纳 400 吨热铁矿石。我们将图 3-4 扩展为图 3-5。

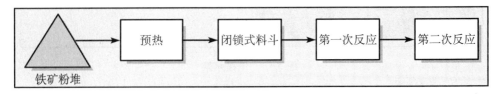

图 3-5　流程图

此时有两点值得注意：

● 创建图 3-5 时，我们决定省略斗式提升机。对于什么时候应该省略一个小步骤以及何时必须在流程图中包括一个步骤，尚无明确的规定。合理的经验法则是仅包括可能影响流程或流程经济性的那些步骤。斗式提升机价格便宜，流程单元在其上花费的时间很少，并且此步骤永远不会成为流程的约束，因此，它不包含在我们的流程图中。

● 反应步骤使用了方框而不是三角形，尽管它们中有大量矿石，也就是说确实有库存。还原步骤是必要的、增值的步骤，没有哪个流程单元可以离开系统而无须在反应器中花费时间。这就是我们在这里选择方框而不是三角形的原因。

继第二个反应器之后，还原的铁进入闪蒸加热器（flash heater），其中高速氢气流将 DRI 运送至装置顶部，同时将其重新加热至 685℃。

在闪蒸加热器之后，DRI 进入泄压系统（pressure let-down system），即卸料器（discharger）。当材料通过卸料器时，氢气逐渐被惰性气体氮气替代。开始时，通过倒转闭锁式料斗将压力和氢气除去。氢气传感器确保离开此步骤的物料不含氢气，因此可以安全地压块。

这三台压块（briquetting）机中的每一台都包含两个彼此相对转动的轮子，每个轮子的表面都带有一半压块的负极。倒入 DRI 从顶部压到车轮上，压成团块或铁条，然后将其移动到一大堆成品库存中。

这样就完成了流程单元通过工厂的整个过程。生成的流程图显示了流程单元在流程中所经历的过程，如图 3-6 所示。

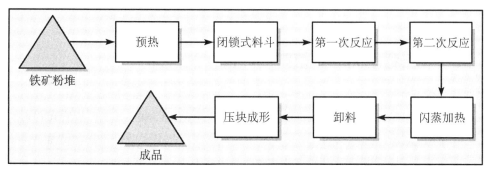

图 3-6　Circored 工厂的完整流程图

在绘制流程图时，箭头、方框和三角形的大小与位置没有任何特殊含义。例如，在图 3-6 中，我们选择了流程图的 "U形" 布局，否则我们将不得不以更大的开本出版这本书。

在没有任何空间限制的情况下，为诸如 Circored 工厂的流程绘制流程图的最简单方法就是画一条长线。但是，我们应该记住，还有更复杂的流程。例如，具有多种流程单元的流程或多次访问一种而且是同一种资源的流程单元。本章的结尾将对此进一步讨论。

绘制流程图的另一种选择是保持与流程的物理布局更接近。这样，对于通常根据工程图（见图 3-2）工作的工程师和操作者来说，流程图将看起来很熟悉，并且当你 "实地" 访问流程时，它可能会帮助你找到解决方法。图 3-7 说明了这种方法。

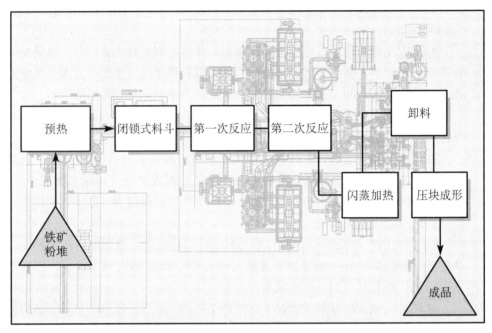

图 3 - 7　Circored 工厂的完整流程图

3.2　瓶颈、流程能力和单位时间产出（生产率）

从供应的角度来看，出现的最重要的问题是，Circored 工厂流程可以在给定的单位时间内（例如一天）供应多少直接还原铁。此衡量我们也称作流程能力。能力不仅可以在整个流程级别进行衡量，还可以在构成流程的各个资源的级别进行衡量。正如我们定义流程能力一样，我们将资源能力定义为资源在给定的单位时间内可以生产的最大数量。

请注意，流程能力衡量流程能够生产多少而不是流程实际生产多少。例如，考虑故障或其他外部事件导致流程完全无法运行的一天。它的能力将不受此影响，但是单位时间产出将减少到零。这类似于你的汽车，它能够以每小时 130 英里（能力）的速度行驶，但通常，或者更好的是，希望以每小时 65 英里（单位时间产出）的速度行驶。

由于流程单元的生产完成要求流程单元访问流程中的每个资源，因此总流程能力由能力最小的资源决定，我们将该资源称为瓶颈（bottleneck），它是整个流程链中最薄弱的环节，而且，众所周知，一条链的强度与其最薄弱的环节一样强。更正式地说，我们可以将流程能力表示为：

流程能力＝min｛资源 1 的能力，…，资源 n 的能力｝

这里总共有 n 个资源。流程实际产生的数量不仅取决于其供应的能力（流程能力），还取决于对其输出的需求以及输入的可获得性。与能力一样，需求和可用输入应以速率（单位时间的流程单元）进行度量。我们的流程单元为一吨矿石，因此我们可以按每小时矿石吨数定义可用的输入量和需求量。

可用输入量、需求量和流程能力的组合得出了流程单元实际流过的速率，称为单位时间产出：

单位时间产出＝min（可用输入量，需求量，流程能力）

如果需求低于供应（有足够的可用输入且流程具有足够的能力），则流程将以需求的速率生产而与流程能力无关。我们称这种情况为需求约束（demand-constrained）。请注意，在此定义中，需求还包括任何可能的库存囤积要求。例如，尽管对金宝汤鸡肉面条浓汤的需求可能低于 11 月的加工能力，但如果管理层决定囤积成品库存以准备 1 月的高销量，则该流程不会受到需求的限制。因此，在我们的分析中，需求指的是给定时间流程中所需要的一切。

如果需求超过供应，则该流程受到供应约束（supply-constrained）。根据约束产品供应的因素，该流程受输入约束或能力约束。

图 3-8 总结了流程能力和单位时间产出的概念以及需求与供应受约束流程的概念。在供应约束流程的情况下，要有足够的输入。因此，供应约束反映了能力约束。

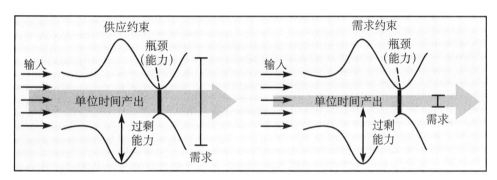

图 3-8　供应约束（左图）和需求约束（右图）流程

要了解如何发现流程中的瓶颈并由此确定流程能力，请考虑 Circored 工厂的每种资源。请注意，所有数字都是指流程输出的吨数。流程单元的实际物理重量可能会在流程中发生变化。

找到瓶颈类似于犯罪故事中侦探的工作。每种活动都是一种"可能的瓶颈"，从某种意义上说，它都可能会限制整个流程的供应：

● 预热器每小时可处理 120 吨。

● 闭锁式料斗每小时可处理 110 吨。

● 反应步骤的分析有些复杂：我们首先观察到在任何给定时刻，第一个反应器最多可容纳 28 吨重铁，鉴于铁矿石需要在反应器中停留 15 分钟，我们可以使用利特尔法则（请参阅第 2 章）来确定可以流经反应器的最大铁矿石量（在反应器中耗时 15 分钟）是：

28 吨＝单位时间产出×0.25 小时⇒单位时间产出＝112 吨/小时

因此，第一个反应器的能力为每小时 112 吨。注意，这种情况下较短的反应时间将转化为较高的能力。

- 我们可以对第二个反应器应用类似的逻辑，该反应器最多可容纳 400 吨：

$$400 \text{吨} = \text{单位时间产出} \times 4 \text{小时} \Rightarrow \text{单位时间产出} = 100 \text{吨/小时}$$

因此，第二个反应器的能力（通过资源的最大可能单位时间产出）为每小时 100 吨。

- 闪蒸加热器每小时可处理 135 吨。
- 卸料器的能力为每小时 118 吨。
- 三台压块机的每台每小时能力为 55 吨。由于压块机共同形成一种资源，因此压块机的能力为 3×55 吨/小时＝165 吨/小时。

表 3 - 1 总结了每个流程步骤的能力。

表 3 - 1　能力计算

流程步骤	计算	能力
预热		120 吨/小时
闭锁式料斗		110 吨/小时
第一次反应	利特尔法则：单位时间产出＝28 吨/0.25 小时	112 吨/小时
第二次反应	利特尔法则：单位时间产出＝400 吨/4 小时	100 吨/小时
闪蒸加热		135 吨/小时
释热		118 吨/小时
压块成型	包括三台机器：3×55 吨/小时	165 吨/小时
整个流程	基于瓶颈，即第二次反应	100 吨/小时

按照上述逻辑，我们现在可以将第二个反应器确定为 Circored 工厂流程的瓶颈。总的流程能力是每种资源的最小能力（所有单位都是吨/小时）：

$$\text{流程能力} = \min\{120, 110, 112, 100, 135, 118, 165\} = 100$$

3.3　形成一定数量的供应需要多长时间

在许多情况下，我们需要计算形成一定数量的供应所需的时间。例如，在"Circored 工厂"案例中，我们可能会问：该工厂生产 10 000 吨需要多长时间？一旦确定了流程的单位时间产出，该计算就相当简单了。令 X 为我们想要满足的供应量。那么，

$$\text{满载 } X \text{ 个单位的时间} = \frac{X}{\text{单位时间产出}}$$

为了回答我们的问题，有

$$\text{生产 10 000 吨需要的时间} = \frac{10\,000 \text{吨}}{100 \text{吨/小时}} = 100 \text{小时}$$

请注意，此计算假设流程已经在生产，也就是说，我们的 10 000 吨中的第一个单元立即从流程中产出。如果流程开始为空，则需要第一个流程单元流经流程的时间。第 4 章提供了该情况的计算。

请注意，在前面的公式中我们使用单位时间产出，在本例中为能力，因为系统受供应约束。但是，如果我们的系统受需求约束，那么单位时间产出将等于需求率。

3.4　流程利用率和能力利用率

鉴于 Circored 工厂流程的首创性质，其运作的第一年非常困难。除了各种技术难题外，对产品（还原铁）的需求也不尽如人意，因为工厂的客户（钢厂）必须确信 Circored 工厂流程所生产的是钢厂所需的高质量产品。

除去定期维护和检查时间之类的细节，该工厂的设计目标是实现每年 876 000 吨的流程能力（100 吨/小时×24 小时/天×365 天/年，见上文），对铁矿石的年需求量只有 657 000 吨。因此，需求与潜在供应（流程能力）之间存在错配。

量化这种错配的一种常见绩效度量方法是利用率（utilization）。我们将流程的利用率定义为：

利用率＝单位时间产出/能力

利用率是相对于以全速运行（能力）可以实际生产多少量的一种度量。这与以每小时 65 英里（单位时间产出）的速度行驶的汽车的示例相符，尽管它能够以每小时 130 英里（能力）的速度行驶：汽车利用了其潜力的 65/130＝50％。

利用率与能力一样，可以在流程级别或资源级别定义。例如，流程的利用率是单位时间产出除以流程能力。特定资源的利用率是单位时间产出除以该资源的能力。

对于 Circored 工厂案例，利用率是：

利用率＝每年 657 000 吨/每年 876 000 吨＝0.75＝75％

通常有几个原因可能导致流程无法以 100％的利用率进行生产：

● 如果需求少于供应，则该流程通常不会以满负荷运行，只会以需求的速率生产。

● 如果流程输入的供给不足，则该流程将无法满负荷运行。

● 如果一个或几个流程步骤仅具有有限的可用性（如遇维护和故障），则该流程在运行时可能会满负荷运行，但是会进入不产生任何输出的阶段。

假定瓶颈是能力最小的资源，并且流经所有资源的单位时间产出相同，则瓶颈是利用率最高的资源。

对于 Circored 工厂，表 3-2 提供了相应的利用率。请注意，只有一个流程单元的流程中的所有资源都具有相同的单位时间产出，这等于整个流程的单位时间产出。在这种情况下，每年的单位时间产出为 657 000 吨。

表 3-2 Circored 工厂流程步骤的利用率（包括停机时间）

流程步骤	计算	利用率
预热	657 000 吨/年/（120 吨/小时×8 760 小时/年）	62.5%
闭锁式料斗	657 000 吨/年/（110 吨/小时×8 760 小时/年）	68.2%
第一次反应	657 000 吨/年/（112 吨/小时×8 760 小时/年）	67.0%
第二次反应	657 000 吨/年/（100 吨/小时×8 760 小时/年）	75.0%
闪蒸加热	657 000 吨/年/（135 吨/小时×8 760 小时/年）	55.6%
卸料	657 000 吨/年/（118 吨/小时×8 760 小时/年）	63.6%
压块成形	657 000 吨/年/（165 吨/小时×8 760 小时/年）	45.5%
整个流程	657 000 吨/年/（100 吨/小时×8 760 小时/年）	75.0%

在资本密集型行业中，度量设备利用率尤为普遍。鉴于有限的需求和可用性问题，Circored 工厂流程中的瓶颈并未以 100% 的利用率运行。我们可以通过绘制利用率概况以图形方式总结我们的计算，如图 3-9 所示。

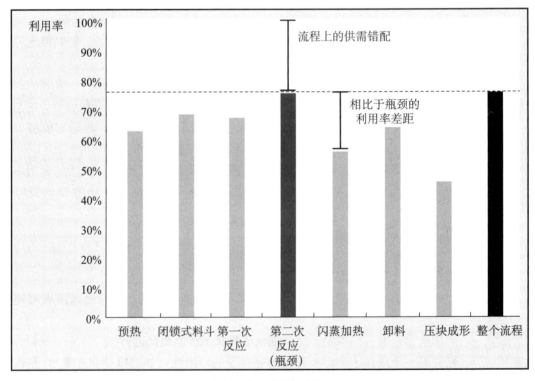

图 3-9 利用率对比

通常会跟踪利用率，但这是一个绩效指标，应谨慎处理。特别要强调的是，大多数企业的目标是使利润最大化而不是使利用率最大化。如图 3-9 所示，在 Circored 工厂案例中，有两个原因导致单个资源可能无法实现 100% 的利用率，从而存在过剩能力。

● 首先，假设没有资源可以实现比瓶颈更高的利用率，那么除瓶颈以外的每个流程步骤都会相对于瓶颈存在利用率缺口。

● 其次，鉴于该流程可能并不总是受能力约束，而是受输入或需求约束，甚至瓶颈也可能没有得到 100% 的利用。在这种情况下，流程中的每个资源都有过剩产能，对应于单位时间产出和瓶颈能力之间的差异。

请注意，如果有足够的市场需求和充分的资源可用性，第二个原因就会消失。在这种情况下，只有瓶颈才能达到 100% 的利用率水平。如果 100% 利用 Circored 工厂中的瓶颈，我们将获得每年 87.6 万吨的总单位时间产出，或相当于每小时 100 吨。表 3-3 汇总了这种情况下的最终利用率。

表 3-3　Circored 工厂流程步骤的利用率（假设无限需求且没有停机时间）

流程步骤	计算	利用率
预热	100/120	83.3%
闭锁式料斗	100/110	90.9%
第一次反应	100/112	89.3%
第二次反应	100/100	100.0%
闪蒸加热	100/135	74.1%
卸料	100/118	84.7%
压块成形	100/165	60.6%
整个流程	100/100	100.0%

3.5　工作负荷和隐含利用率

考虑到我们定义利用率（单位时间产出与能力之比）的方式，利用率永远不会超过 100%。因此，利用率仅包含有关过剩能力的信息，在这种情况下，利用率严格低于 100%。相比之下，我们无法从利用率中推断出有多少需求超出了流程能力，这就是为什么我们需要采取其他措施。

我们将资源的隐含利用率（implied utilization）定义为：

隐含利用率＝需求/能力

隐含利用率反映了流经资源的需求与资源可以提供的能力之间的错配。有时将"可能流经资源的需求"称为工作负荷（workload）。因此，也可以说资源的隐含利用率等于其工作负荷除以其能力。

假设对 Circored 工厂矿石的需求将增加到每年 1 095 000 吨（每小时 125 吨）。表 3-4 计算了 Circored 工厂资源的隐含利用率的最终水平。

表 3 - 4　Circored 工厂流程步骤的隐含利用率（假设需求为每小时 125 吨且没有停机时间）

流程步骤	计算	隐含利用率	利用率
预热	125/120	104.2%	83.3%
闭锁式料斗	125/110	113.6%	90.9%
第一次反应	125/112	111.6%	89.3%
第二次反应	125/100	125.0%	100.0%
闪蒸加热	125/135	92.6%	74.1%
卸料	125/118	105.9%	84.7%
压块成形	125/165	75.8%	60.6%
整个流程	125/100	125.0%	100.0%

表中的几点值得进一步讨论：

● 与利用率不同，隐含利用率可以超过 100%。任何超过 100% 的部分都表明资源没有可用的能力来满足需求。

● 资源的隐含利用率高于 100% 的事实并不会使其成为瓶颈。如表 3 - 4 所示，可能有几种隐含利用率高于 100% 的资源。但是，在此流程中只有一个瓶颈！这就是隐含利用率最高的资源。在 Circored 工厂案例中，第二个反应器毫不奇怪就是瓶颈。谈论一个流程有几个瓶颈是否有意义？没有！鉴于我们只能以每小时 100 吨（第一个反应器的能力）的速度运行 Circored 工厂流程，因此矿石以每小时 100 吨的速度流经流程的每个资源。尽管有几个资源的隐含利用率高于 100%，但除第二个反应器以外的所有资源都具有过剩能力（表 3 - 4 中它们的利用率低于 100%），这就是我们不将其称为瓶颈的原因。

● 话虽如此，重要的是要牢记，在流程能力扩展的情况下，有必要向其他资源（而不只是瓶颈）增加能力。实际上，根据利润和增加能力成本，我们可以为隐含利用率高于 100% 的所有资源增加额外的能力。换句话说，一旦我们增加了当前瓶颈的能力，我们的新流程（带有新的瓶颈）仍然可能受到能力约束，这是为其他资源增加能力的理由。

3.6　多种流程单元

准备流程图时，选择合适的流程单元是必不可少的步骤。就到目前为止我们讨论的示例而言，这看起来相对简单，但是在许多情况下，你会遇到需要更多考虑的选择。两种最常见的复杂情形是：

● 流程中移动的单元流被分解为多个流。例如，在组装环境中，在检查步骤之后，好的单元会继续进行下一个流程步骤，而坏的单元则需要返工。

● 流程单元有多种类型，例如代表不同的顾客类型。在急诊室，危及生命的病例与不太复杂的病例的流程不同。

选择流程单元时的关键问题是，你必须能够根据所选的流程单元表达所有需求和能力。例如，在 Circored 工厂案例中，我们选择一吨铁矿石作为流程单元。因此，我们必须用矿石吨数来表达每种资源的能力和需求。考虑到该流程仅是铁矿石，因此流程单元的选择是直接的。但是，请考虑以下涉及多个产品或顾客类型的示例。就业验证机构从咨询公司和律师事务所收到简历，要求其核实应聘者提供的信息。

图 3-10 显示了该机构的流程图。请注意，尽管三种顾客类型在流程（归档和发送确认信）中共享第一步和最后一步，但它们在其他步骤上有所不同：

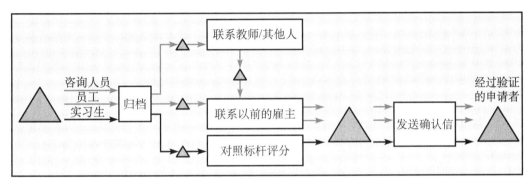

图 3-10　多产品的流程图

● 对于实习职位，该机构提供有关候选人当前就读的法学院/商学院以及以前在高等教育机构中的信息，并尽可能提供有关申请者的课程选择和所获荣誉的信息。

● 对于职员职位，该机构联系以前的雇主并分析这些雇主的推荐信。

● 对于咨询/律师职位，该机构除了联系以前的雇主，还尝试致电前主管和/或同事，并分析这些雇主的推荐信。

从需求角度来看，此过程每小时接收 3 个咨询人员、11 个员工和 4 个实习生的申请。表 3-5 提供了每小时处理申请的每个活动的能力。鉴于每个活动的工作负荷以及所有能力都可以用"每小时申请数"表示，因此尽管存在多种类型的申请，我们仍可以选择"一份申请"作为流程单元。

流程分析的下一步就是找到瓶颈。在这种情况下，产品组合（product mix）（流经一个流程的不同类型的顾客）会使情况变得复杂，例如，流程步骤"联系其他人"可能需要很长的处理时间，导致此活动的能力较低。但是，如果此活动的工作负荷（每小时申请数）也很低，那么可能这不是问题。

为了找到瓶颈并确定多产品情况下的能力，我们需要将每个活动的能力与其需求进行比较。分析在表 3-5 中给出。

表 3-5　在多产品情况下寻找瓶颈

	活动时间（分钟/份申请）	员工人数	可用能力	工作负荷（份申请/小时）				隐含利用率
				咨询人员	员工	实习生	总计	
归档	3	1	1/3 份申请/分钟 =20 份申请/小时	3	11	4	18	18/20= 90%
联系其他人	20	2	2/20 份申请/分钟 =6 份申请/小时	3	0	0	3	3/6= 50%
联系以前的雇主	15	3	3/15 份申请/分钟 =12 份申请/小时	3	11	0	14	14/12= 117%
评分/学校分析	8	2	2/8 份申请/分钟 =15 份申请/小时	0	0	4	4	4/15= 27%
发送确认信	2	1	1/2 份申请/分钟 =30 份申请/小时	3	11	4	18	18/30= 60%

　　如表 3-5 所示，要计算对给定活动的需求，重要的是要记住，所有产品类型都要求进行某些活动（如填写申请书），而其他活动（如联系教师和以前的同事）则是某一产品类型的要求。查看流程图可以清楚地看出这一点。

　　为完成我们的分析，将每个活动的需求除以形成每个活动的隐含利用率的能力，这使我们能够找到最繁忙的资源。在这个案例中，最繁忙的资源是"联系以前的雇主"，因此这是我们的瓶颈。当隐含利用率超过 100% 时，该流程将受到能力约束。

　　流程单元"一份申请"使我们能够评估此流程中每个活动的隐含利用率，但这不是唯一的方法。另外，我们可以将流程单元定义为"一小时的工作量"。这看起来像一个奇怪的流程单元，但是它比"一份申请"更有优势。在解释其优势之前，让我们弄清楚如何复制我们的分析，然后得出这种新流程单元的隐含利用率。

　　和以前一样，我们需要根据流程单元定义需求和能力。就能力而言，每个工人每小时都有"60 分钟的工作时间"（按定义，我们每个人都可以！），因此，一个活动的能力为工人人数×60 分钟。例如，"联系其他人"有两个员工，因此其能力为 2×60=120 分钟，每个员工提供 60 分钟的工作时间，两个人可以提供 120 分钟的工作时间。

　　现在转向需求。每小时处理 11 份员工申请，每份申请需要 3 分钟。因此，申请审核需要 11×3=33 分钟。现在，我们知道了如何用"工作时间"来表达需求和能力，每个活动的隐含利用率再次成为活动所要求的数量与活动能力的比例。表 3-6 总结了这些计算，正如我们期望的那样，该方法产生的隐含利用率与将"一份申请"作为流程单元的方法相同。

　　因此，如果"一份申请"和"一小时的工作量"给出了相同的答案，那么我们应该如何在这些方法中进行选择？在这种情况下，你可能使用最直观的方法（可能是"一份申请"，至少最初是这样），因为它们都允许我们评估隐含利用率，但是其实"一小时的工作量"方法更可靠。为了解释原因，假设需要花 3 分钟提交员工申请，花 5 分钟提交咨询人员申请和花 2 分钟提交实习生申请。在这种情况下，如果将流程单元定义为"一份申请"，就会遇到麻烦——使用该流程单元，我们无法表明文件审核活动的能力！如果我们仅收到实习生申请，则每小时可处理 60/2＝30 份申请。如果我们仅收到咨询人员申请，则每小时只能处理 60/5＝12 份申请。每小时可以处理的归档申请数量取决于申请类型的组合！"一小时的工作量"流程单元完全解决了该问题——无论将何种申请类型组合发送给归档，一个员工每小时都有 60 分钟的工作时间进行归档。同样，对于给定的申请类型组合，我们还可以根据工作时间来评估归档的工作负荷（见表 3-6）。

表 3-6　以"一小时的工作量"为流程单元，找出多产品情况下的瓶颈

	活动时间（分钟/份申请）	员工人数	可用能力（分钟/小时）	工作负荷（分钟/小时）				隐含利用率
				咨询人员	员工	实习生	总计	
归档	3	1	60	3×3	11×3	4×3	54	54/60＝90％
联系其他人	20	2	120	3×20	0	0	60	60/120＝50％
联系以前的雇主	15	3	180	3×15	11×15	0	210	210/180＝117％
评分/学校分析	8	2	120	0	0	4×8	32	32/120＝27％
发送确认信	2	1	60	3×2	11×2	4×2	36	36/60＝60％

总而言之，选择一个流程单元，你可以根据该流程单元表达所有的需求和能力。"工作时间"（或"工作小时""工作天数"等）方法的优点是，即使有多种类型的产品或顾客在流程中流动，也可以执行此操作。

那么，流程分析的下一步是什么？我们已经得出结论，流程受到能力约束，因为"联系以前的雇主"的隐含利用率大于 100％，这是瓶颈。鉴于这是唯一隐含利用率大于 100％ 的活动，如果我们要为这一流程增加能力，"联系以前的雇主"应该是第一选择——在当前情况下，他们根本没有足够的能力来处理当前的顾客组合。请注意，如果顾客组合发生变化，则这种情况可能会发生变化。例如，如果我们开始收到较少的员工申请（必须通过"联系雇主"这一环节）和更多的实习生申请（不通过"联系雇主"这一环节），那么"联系雇主"的工作负荷将会减少，导致其隐含利用率也下降。当然，流程所要求的需求变化可能会改变流程中哪种资源成为瓶颈。

虽然已经能够得出对我们的分析有用的结论，但在处理多种类型的产品或顾客时，应该谨慎，不要得出太多结论。为了说明一些潜在的复杂性，请考虑以下示例。在美国主要机场的国际到达区域，每分钟有 15 名乘客到达，其中 10 名是美国公民或永久居民，5 名是访客。

入境流程的组织如下。乘客下飞机并通过自动扶梯到达入境大厅。自动扶梯每分钟可运送多达 100 名乘客。乘自动扶梯，乘客必须经过入境处。对于美国公民或

永久居民（每分钟可接待 10 人）和访客（每分钟可接待 3 人），存在不同的独立入境处。经过入境处后，所有乘客都可以提行李。行李处理处（把行李从飞机上拿下来开始到将行李移到传送带上为止）每分钟可接待 10 人。最后，所有乘客都要经过海关，每分钟可接待 20 人。

我们在表 3-7 中计算隐含利用率。请注意，在评估隐含利用率时，即使我们知道（或通过计算发现）不可能每分钟 15 人到达行李处理处（入境处能力不足），我们仍假设行李处理处的需求为 10 名美国公民和 5 名访客。之所以这样做，是因为我们想将每种资源的潜在需求与其评估隐含利用率的能力进行比较。因此，我们可以独立于其他资源来评估每种资源的隐含利用率。

如表 3-7 所示，瓶颈是入境处，因为它的隐含利用率最高。此外，由于其隐含利用率大于 100%，因此该过程受到了供应约束。鉴于供应过少，我们预期会排队。最终，这些排队将结束，因为到达乘客的需求率将在某个时刻降到能力以下（否则，排队将继续，我们知道这不会在机场无限期发生）。但是，在乘客到达率高于能力时，排队会在哪里形成？这个问题的答案取决于我们如何确定工作的优先级。

表 3-7　计算机场实例中的隐含利用率

资源	对美国公民或永久居民的需求（人/分钟）	访客需求（人/分钟）	能力（人/分钟）	隐含利用率
自动扶梯	10	5	100	15/100＝15%
入境处：美国公民或永久居民	10	0	10	10/10＝100%
入境处：访客	0	5	3	5/3＝167%
行李处理处	10	5	10	15/10＝150%
海关	10	5	20	15/20＝75%

自动扶梯有足够的能力，因此无须在此处做出优先选择的决定。在入境处，有足够的能力接待 10 名美国公民和 3 名访客。因此，可以将 13 人转移到行李处理处，但是行李处理处只能接待 10 人。假设我们优先考虑美国公民。在这种情况下，所有美国公民都将不间断地进行行李处理，并且访客将按每分钟 3 人的速度排成一列。当然，在入境处前还会有很多访客，因为每分钟只能接待 3 名访客，而每分钟会到达 5 名访客。使用此优先级方案，此流程的流出量将为每分钟 10 名美国公民。但是，如果我们给予访客充分的行李处理优先权，那么类似的分析表明，美国公民在行李处理处前排成一列，访客在入境处前排成一列。流出量为 7 名美国公民和 3 名访客。

该流程的操作者可能会抱怨，即使将访客放在首位，流出的美国公民与访客的比率（7∶3）与流入比率（2∶1）也不匹配。如果我们坚持让这些比率是匹配的，那么最好的办法是让 6 名美国公民和 3 名访客外流——考虑到入境处的能力，我们每分钟不能接待超过 3 名访客，因此 2∶1 的约束意味着我们每分钟可以"输出"不超过 6 名美国公民。在这种情况下，公平肯定是有代价的——我们每分钟可以输出 10 人，但是公平约束将我们限制为每分钟 9 人。在保持公平约束的基础上改善此输出，我们应该在瓶颈即访客入境处增加更多的能力。

3.7 小 结

图 3-11 以图形方式总结了主要步骤。计算步骤 3.1 和计算步骤 3.2 总结了分别对一种流程单元和多种流程单元进行相应计算所需的步骤。

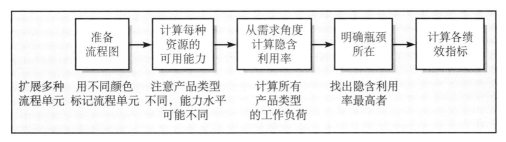

图 3-11 流程分析总结

计算步骤 3.1

用一种流程单元进行基本流程分析的步骤：

1. 发现每种资源的能力；如果有多种执行相同活动的资源，将它们的能力相加。
2. 具有最低能力的资源称为瓶颈。它的能力决定了整个流程的能力（流程能力）。
3. 单位时间产出是：

$$单位时间产出 = \min\{可用输入量，需求量，流程能力\}$$

4. 流程利用率的计算：

$$利用率 = \frac{单位时间产出}{能力}$$

每种资源的使用情况都是类似的。

任何流程分析都应从创建流程图开始。这对于多种流程单元的情况尤为重要，因为它们的流动通常更为复杂。

接下来，我们需要确定该流程的瓶颈。如果仅存在一种流程单元，这就是能力最低的资源。但是，对于更一般的情况，我们需要一些其他的分析。具体来说，如果存在产品组合，我们必须计算每种资源的需求能力（工作负荷），然后将其与可用能力进行比较。这对应于计算隐含利用率，我们将瓶颈确定为隐含利用率最高的资源。

最后，一旦发现瓶颈，就可以计算各绩效指标。与上一章一样，我们对找到单位时间产出感兴趣。单位时间产出还使我们能够计算流程利用率以及跨资源利用率情况。在许多行业中，尤其是资本密集型行业，利用率本身虽然不一定是业务目标，却是重要的衡量指标。

计算步骤 3.2

用多种流程单元进行基本流程分析的步骤：

1. 对于每种资源，计算其可产生的分钟数：60（分钟/小时）×资源池内的资源数。

2. 创建流程图，说明流程单元如何通过该流程；使用多种颜色来表示不同流程单元的流动。

3. 创建一个表，说明每种流程单元在每种资源上消耗了多少工作负荷：

● 表中的行对应于流程中的资源。

● 表中的列对应于不同类型的流程单元。

● 表中的每个单元格都应该包含以下元素之一：如果流程单元未访问对应资源，为 0；否则，每小时所需的相应流程单元×流程时间。

4. 将所有流程单元中的每种资源的工作负荷相加。

5. 计算每种资源的隐含利用率：

$$隐含利用率 = \frac{步骤 4 结果}{步骤 1 结果}$$

隐含利用率最高的资源即为瓶颈。

注：上述方法基于表 3-6，也即流程单元是"一小时的工作量"。

3.8　实战练习

下面的问题将有助于测试你对本章的理解。在每个问题之后，我们在方括号中显示相关章节信息。

附录 E 中有带"＊"标记的问题的答案。

Q3.1＊（一种流程单元的流程分析）考虑由三种资源组成的流程：

资源	处理时间（分钟/单位）	工人人数
1	10	2
2	6	1
3	16	3

瓶颈是什么？流程能力是多少？如果需求是每小时 8 单位，单位时间产出是多少？[3.2] 如果需求是每小时 8 单位，那么每种资源的利用率是多少？[3.4]

Q3.2＊（多种流程单元的流程分析）考虑一个由 5 种资源组成的流程，每天运行 8 小时。该流程适用于三种不同的产品——A，B 和 C：

资源	工人人数	A 的处理时间（分钟/单位）	B 的处理时间（分钟/单位）	C 的处理时间（分钟/单位）
1	2	5	5	5
2	2	3	4	5
3	1	15	0	0
4	1	0	3	3
5	2	6	6	6

　　三种不同产品的需求量如下：产品 A，40 单位/天；产品 B，50 单位/天；产品 C，60 单位/天。

　　瓶颈是什么？假设必须以上述组合方式满足需求（每 4 单位 A 对应 5 单位 B 和 6 单位 C），每种流程单元的单位时间产出是多少？[3.6]

　　Q3.3（蔓越莓）International Cranberry Uncooperative（ICU）与 National Cranberry Cooperative（NCC）是竞争对手。在 ICU，卡车以每小时 150 桶的速度运送蔓越莓，然后以每小时 100 桶的速度连续加工。卡车在早上 6 点至下午 2 点的 8 小时内以统一的速度到达。假设卡车足够小，以便蔓越莓的交付可以视为一个连续的流入。第一辆卡车在早上 6 点到达并立即卸货，因此处理工作从早上 6 点开始。ICU 的箱子最多能装 200 桶蔓越莓。如果一辆卡车来了，而箱子已经满了，卡车必须等待，直到箱子还有空间。

　　a. 在任何给定时间内在卡车上等待卸货的蔓越莓的最大桶数是多少？[3.3]

　　b. 卡车什么时候停止等待？[3.3]

　　c. 箱子什么时候变成空的？[3.3]

　　d. ICU 正考虑在常规劳动力之外使用季节性工人来帮助加工蔓越莓。当季节性工人工作时，加工速度增加到每小时 125 桶。季节性工人将在上午 10 点开始工作，当卡车停止等待时结束工作。ICU 将在什么时候使用这些季节性工人完成蔓越莓的加工？[3.3]

　　Q3.4（Western Pennsylvania Milk Company）Western Pennsylvania Milk Company 目前以每小时 5 000 加仑的固定速度生产牛奶。该公司的客户要求每天供应 100 000 加仑的牛奶。这种需求一般从早上 8 点到下午 6 点。如果没有牛奶供应，客户就会等待，直到生产出足够的牛奶来满足客户的需求。

　　该公司从早上 8 点开始生产，成品库存为 25 000 加仑。在一天结束时，在所有需求都得到满足之后，工厂继续生产，直到成品库存恢复到 25 000 加仑。

　　在回答下列问题时，请将卡车/牛奶视为一个连续的流动过程。首先画一个图表，说明库存牛奶和一天中有多少牛奶被"延迟交货"。

　　a. 客户在一天中的什么时候将不得不开始等待其需求被满足？[3.3]

　　b. 客户什么时候会停止等待？[3.3]

c. 假设牛奶是用卡车装载的，每辆卡车装载 1 250 加仑。等待的卡车的最大数量是多少？[3.3]

d. 假设工厂每辆等待的卡车每小时收费 50 美元，一天的等候时间总收费是多少？[3.3]

Q3.5* （百吉饼店）假设一家百吉饼店出售三种按照下面所列的流程图生产的百吉饼。我们假设需求是每天 180 个百吉饼，其中有 30 个烤蔬菜百吉饼、110 个蔬菜百吉饼和 40 个奶油芝士百吉饼。假设工作日是 10 小时，并且每种资源配备了一个工人。

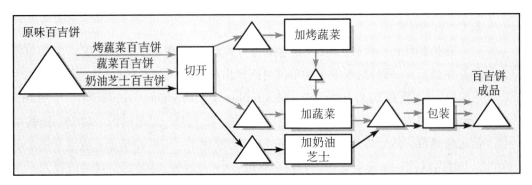

此外，我们假设处理时间如下：

	切开	加烤蔬菜	加蔬菜	加奶油芝士	包装
活动时间（分钟/个百吉饼）	3	10	5	4	2

处理时间与在某种资源上加工哪种类型的百吉饼无关（例如，切开一个蔬菜百吉饼花的时间与切开一个奶油芝士百吉饼花的时间是一样的）。

a. 该流程中的瓶颈是什么？[3.6]

b. 假设产品组合保持不变，这个过程 1 小时能生产多少产品？[3.6]

Q3.6 （Valley Forge Income Tax Advice，VF）VF 是一家小型会计公司，帮助个人准备年度所得税报表。每年 12 月，VF 都会向顾客发出一份简短的调查，要求他们提供准备税务报表所需的信息。基于 24 年的经验，VF 将其业务分为以下几组：

- 第一组（新顾客，简单）：占总数的 15%。
- 第二组（新顾客，复杂）：占总数的 5%。
- 第三组（老顾客，简单）：占总数的 50%。
- 第四组（老顾客，复杂）：占总数的 30%。

这里，"简单"与"复杂"指的是顾客收入情况的复杂性。

为了准备所得税报表，VF 需要完成以下一系列活动。处理时间（需要执行哪些活动）取决于纳税报表属于哪一组。在每个所得税报表中，以下所有处理时间都以分钟表示。

组号	准备文件	启动会议	准备	高级会计师审核	撰写报告
1	20	30	120	20	50
2	40	90	300	60	80
3	20	无会议	80	5	30
4	40	无会议	200	30	60

活动由以下三人执行：

- 行政支持人员：准备文件和撰写报告。
- 高级会计师（同时也是责任人）：启动会议，并审核。
- 初级会计师：准备。

假设三个人每天都工作 8 小时，每月工作 20 天。对于以下问题，假设产品组合如上所述。假设每个月收到 50 份所得税报表。

a. 这三个人中哪一个是瓶颈？［3.6］

b. 高级会计师的（隐含）利用率是多少？初级会计师呢？行政支持人员呢？［3.6］

c. 你被要求分析四组顾客中哪一组顾客最有价值。哪些因素会影响这个问题的答案？［3.6］

d. 如果一个新的文字处理系统将编写所得税报表的时间减少 50%，VF 的流程能力将如何改变？［3.6］

Q3.7（洗车流程）CC Car Wash 提供洗车服务。下表描述了公司提供的服务、具体的服务时间以及每项服务所需的资源：

服务	说明	处理时间	资源使用
A. 清洗	车辆外部的清洗与擦干	10 分钟	1 台自动清洗机
B. 打蜡	车辆外部打蜡	10 分钟	1 台自动打蜡机
C. 车轮清洗	所有车轮的仔细清洗	7 分钟	1 名员工
D. 内部清洗	车辆内部的仔细清洗	20 分钟	1 名员工

公司为顾客提供以下套餐：

- 套餐 1：只包括洗车服务（服务 A）。
- 套餐 2：包括洗车和打蜡（服务 A 和服务 B）。
- 套餐 3：洗车、打蜡、车轮清洗（服务 A、B、C）。
- 套餐 4：所有四项服务（服务 A、B、C、D）。

CC Car Wash 每天有固定的 40 名顾客到店（你可以忽略任何变化的影响）。在这些顾客中，40% 的人购买套餐 1，15% 的人购买套餐 2，15% 的人购买套餐 3，30% 的人购买套餐 4。在一天内，组合不会发生变化。公司每天营业 12 小时。

a. 做车轮清洗服务的员工的隐含利用率是多少？［3.6］

b. 哪种资源的隐含利用率最高？［3.6］

CC Car Wash 预计明年夏天需求将增加到每天 80 名顾客。随着需求的增加，需求组合预计也会发生变化：30% 的人购买套餐 1，10% 的人购买套餐 2，10% 的人购买套餐 3，50% 的人购买套餐 4。公司将额外安装 1 台清洗机来做服务 A。

c. 在这个过程中会出现什么新的瓶颈？［3.6］

d. 一天有多少顾客得不到服务？哪些顾客会等待？解释你的推理！［3.6］

Q3.8（星巴克）在最后一次期末考试的前一天，在结束了通宵学习后，四位学生决定在校园内的星巴克喝杯咖啡。他们早上 8 点半到达，发现队伍排得很长，这让他们感到沮丧。

幸运的是，对这些学生来说，一位星巴克的主管正好在他们的正前方。从她那里，他们了解到以下关于这家星巴克的情况：

I. 有三种员工类型：

● 只有一个收银员，负责处理所有订单、准备非饮料食品、磨咖啡和倒滴滤咖啡。

● 只有一个冷冻饮料操作者准备混合饮料和冰饮料。

● 只有一个浓缩咖啡饮料操作者，专门制作浓缩咖啡、拿铁和热饮。

II. 通常有四种类型的顾客：

● 滴滤咖啡顾客只点滴滤咖啡。这需要收银员 20 秒的时间来倒咖啡。

● 混合饮料和冰饮料需要使用搅拌机。准备这些饮料平均需要冷冻饮料操作者 2 分钟的时间。

● 浓缩咖啡顾客点的饮料要使用浓缩咖啡和/或蒸牛奶。平均来说，这些饮料需要浓缩咖啡机 1 分钟的时间。

● 磨粉咖啡顾客购买星巴克多种全豆咖啡中的一种，然后在店里按照自己的要求磨成粉。这总共需要收银员 1 分钟的时间（40 秒磨碎整粒咖啡豆，20 秒倒咖啡）。

III. 从早上 7 点（商店开门）到上午 10 点（早高峰结束），顾客按以下速度到达，上午 10 点以后没有顾客到达：

● 滴滤咖啡顾客：每小时 25 人。

● 混合饮料和冰饮料顾客：每小时 20 人。

● 浓缩咖啡顾客：每小时 70 人。

● 磨粉咖啡顾客：每小时 5 人。

IV. 平均每位顾客在收银员那里点单和付款的时间为 20 秒。

V. 大约 25% 的顾客点餐，每笔交易都需要额外增加收银员 20 秒的时间。

在排队等候时，学生们反思这些事实，然后回答以下问题：

a. 冷冻饮料操作者的隐含利用率是多少？［3.6］

b. 哪种资源的隐含利用率最高？［3.6］

从他们与主管的谈话中，学生们了解到星巴克正在考虑对所有的烤饼进行促销（半价！），市场调查预测这将使点餐的顾客比例增加到 30%（顾客整体到达率不会改变）。然而，这位主管担心这将影响顾客的等待时间。

c. 作为这种促销的结果，隐含利用率水平将如何变化？［3.6］

Q3.9（巴黎机场）一位热情的学生金姆·欧普穆正坐在从费城飞往巴黎的航班上。金姆回想起她从运营课程中获得的知识有助于她解释进入费城国际机场的 A 航站楼出发区之前所经历的漫长等待时间。航空公司代表向金姆解释，在 A 航站楼有四种乘客类型：

● 有经验的短途乘客（短途国际旅行目的地是墨西哥和大西洋的各个岛屿）：这些乘客在网上办理登机手续，他们不与任何服务人员交谈，也不在自助服务台花时间。

● 有经验的长途乘客：这些乘客要花 3 分钟和服务人员交谈。

● 没有经验的短途乘客：这些乘客在自助服务台停留两分钟；然而，他们不需要服务人员注意。

● 没有经验的长途乘客：这些乘客需要与服务人员交谈 5 分钟。

乘客在网上办理登机手续，或与服务人员交谈，或使用自助服务台后，必须通过安检，在那里不管他们是什么类型的乘客都需要花 0.5 分钟。根据历史数据，机场能够估计费城国际机场 A 航站楼不同类型乘客的到达率：

● 有经验的短途乘客：每小时 100 人。

● 有经验的长途乘客：每小时 80 人。

● 没有经验的短途乘客：每小时 80 人。

● 没有经验的长途乘客：每小时 40 人。

这个航站楼有 4 个安检站、6 个安检人员和 3 个电子票务服务站。乘客从下午 4 点到 8 点到达，在下午 4 点之前整个系统都是闲置的，晚上 8 点之后没有乘客到达。所有工作人员都必须值班，直到最后一名乘客完全通过系统（例如通过安检）。

a. 每种资源的隐含利用率是多少？［3.6］

b. 最后一名乘客什么时候通过系统？注意：如果某一类型的乘客需要等待某种资源，不需要该资源服务的乘客可以绕过等待的乘客！［3.6］

c. 金姆是一位有经验的长途乘客，她在下午 6 点到达机场，试图尽快办理登机手续。她在接受安检前要等多久？［3.6］

d. 航空公司考虑播放一个教育节目，提供有关机场登机手续的信息。对乘客的调查显示，80% 没有经验的乘客（短途或长途）随后会成为有经验的乘客（新的到达率为 164 名有经验的短途乘客，112 名有经验的长途乘客，16 名没有经验的短途乘客，8 名没有经验的长途乘客）。那么，最后一名乘客什么时候通过系统？［3.6］

如果你想测试自己对某一部分的理解，以下是按章节分类的问题：

[3.2]：Q1。

[3.3]：Q3，Q4。

[3.4]：Q1。

[3.6]：Q2，Q5，Q6，Q7，Q8，Q9。

第4章
估计和降低劳动力成本

任何流程的目标都应该是创造价值（赚取利润），而不是最大限度地利用流程中涉及的每种资源。换句话说，我们不应只为了提高利用率而试图生产超出市场需求或流程中下游资源需求的产品。资源（劳动力资源或资本设备）的未充分利用提供了改进流程的机会。这种改进可以采取几种形式，包括：

● 如果我们可以减少某个流程步骤中的过剩能力，则整个流程将变得更有效率（对于相同的输出，成本更低）。

● 如果我们可以利用未充分利用的流程步骤中的能力来增加瓶颈步骤中的能力，则整个流程能力就会提高。如果流程受到能力约束，则会导致更高的单位时间产出。

在本章，我们讨论如何实现这种流程改进。具体而言，我们讨论生产线平衡的概念，该概念力求避免一个流程步骤提供的内容与下一流程步骤（称为下游流程步骤）所要求的内容之间的不匹配。从这个意义上说，生产线平衡试图在流程本身内匹配供需。

我们使用 Novacruz 公司来说明生产线平衡的概念，并介绍许多通用的流程分析术语。Novacruz 公司是一种高端滑板车的生产商，这种滑板车名为 Xootr，如图 4-1 所示。

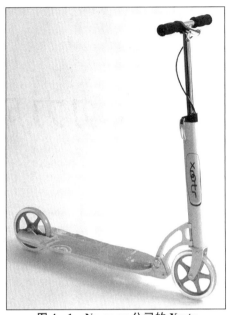

图 4-1　Novacruz 公司的 Xootr

资料来源：©Karl Ulrich/Reprinted with permission from Xootr LLC. All rights reserved.

4.1 分析装配操作

随着滑板车（尤其是高端滑板车）的普及，Novacruz 公司在组织生产流程方面面临严峻的挑战。尽管 3 月初对公司的产品需求还不超过每周 100 辆滑板车，但后来需求急剧增长，很快在秋天达到了每周 1 200 辆滑板车。这种需求轨迹如图 4-2 所示。

首先考虑 3 月，在此期间 Novacruz 公司每周面临 125 辆滑板车的需求。这时，装配流程由 3 名工人（资源）完成，如图 4-3 所示。

3 名工人进行以下活动。在活动 1 中，装配总共 80 个零件中的 30 个零件，包括前叉、转向支架和 T 型手柄。鉴于装配操作的复杂性，每辆滑板车大约需要 13 分钟才能完成此装配活动。我们将 13 分钟/辆称为处理时间（processing time）。根据上下文，我们还将处理时间称为活动时间（activity time）或服务时间（service time）。请注意，在当前流程中，每个活动仅配备一名工人。

在活动 2 中，第一名工人装配车轮、制动器和与转向有关的其他零件。第二名工人也装配踏板。此步骤稍快一些，其处理时间为每辆 11 分钟。滑板车由第三名工人完成，该工人擦拭产品，贴上贴花和胶带，并进行最终的功能测试。每辆滑板车的处理时间约为 8 分钟。

为了确定执行同一活动的单个资源或一组资源的能力，我们定义：

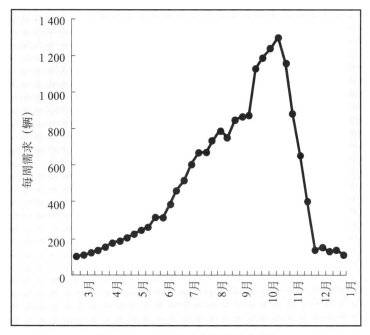

图 4 - 2 Xootr 的生命周期需求曲线

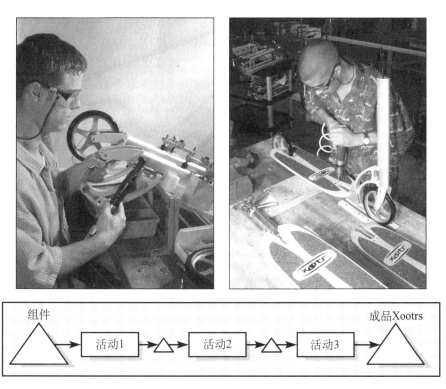

图 4 - 3 目前的流程布局

$$能力 = \frac{资源数量}{处理时间}$$

这很直观，能力与工人人数成正比。

例如，对于由第一名工人执行的活动 1，我们可以得到：

$$能力 = \frac{1}{13 \text{分钟／辆}} = 0.076\ 9 \text{辆／分钟}$$

我们可以改写为：

$$0.076\ 9 \text{辆／分钟} \times 60 \text{分钟／小时} = 4.6 \text{辆／小时}$$

同样，我们可以计算出第二名工人的能力为每小时 5.45 辆滑板车，以及第三名工人的能力为每小时 7.5 辆滑板车。

如上一章所述，我们将瓶颈定义为能力最小的资源。在这种情况下，瓶颈是第一个资源，因此流程能力为每小时装配 4.6 辆滑板车。

4.2　从空流程开始处理 X 个单位的时间

想象一下，Novacruz 公司收到了一个非常重要的 100 辆滑板车的紧急订单，这将被赋予最高优先级。进一步假设该订单是清晨到达的，并且当前库存中没有滑板车，既没有在制品库存，也没有成品库存（FGI）。完成此订单需要多长时间？

由于面临大量的滑板车订单，我们将尝试在系统中生产尽可能多的滑板车。我们受到能力约束，而流程的单位时间产出则取决于瓶颈能力（每 13 分钟一辆滑板车）。两个后续流程单元完成之间的时间称为流程的周期时间（cycle time），我们将在下一节中更正式地加以定义。

我们不能简单地将生产 100 辆滑板车的时间计算为 100 辆滑板车／（0.076 9 辆滑板车／分钟）=1 300 分钟，因为该计算假定系统以瓶颈速度生产，即每 13 分钟生产一辆滑板车。但是，只有在系统"启动并运行"后才是这种情况。换句话说，假设系统在一天开始时是空的（没有在制品库存），第一辆滑板车花费的时间甚至超过 13 分钟。多长时间取决于生产线的节奏。

当前的系统称为工人控制节奏的生产线（worker-paced line），每名工人都可以按照自己的节奏工作：如果第一名工人在下一名工人准备接收零件之前完成了工作，则第一名工人将完成的工作放到工人之间的库存中。最终，工人需要遵守瓶颈速度，否则，瓶颈之前的库存将无处可放。但是，这个问题与在系统中移动的第一个单元无关，因此，第一辆滑板车通过系统的时间为 13+11+8=32 分钟。更普遍地，有

通过空的工人控制节奏的处理时间＝所有处理时间之和

如图 4-4 所示，可以用机器控制节奏的流程代替工人控制节奏的流程。在机器控制节奏的流程中，第一个单元通过系统，所有步骤也必须以相同的速度运行。因此，如果使用机器控制节奏的流程，则第一辆 Xootr 将在 3×13 分钟后生产，因

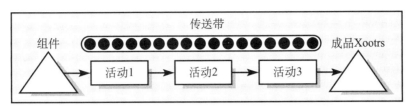

图 4-4　一个由机器控制节奏的流程布局

注：传送带仅用于示意说明。

为传送带在所有三个流程步骤中都具有相同的速度（只有一条传送带，因此必须按照最慢的步骤）。更普遍地，有

$$\text{通过空的机器控制} \atop \text{节奏的处理时间} = \text{序列中的} \atop \text{资源数量} \times \text{瓶颈步骤的} \atop \text{处理时间}$$

现在返回到工人控制节奏的流程中。在等待第一辆滑板车 32 分钟之后，只需再花 13 分钟，第二辆滑板车就生产出来了。以此类推，我们每隔 13 分钟会获得 1 辆滑板车。因此，在 32 分钟后生产滑板车 1，在 32＋13＝45 分钟后生产滑板车 2，在 32＋(2×13)＝58 分钟后生产滑板车 3，在 32＋(3×13)＝71 分钟后生产滑板车 4，以此类推。

更正式地说，我们可以编写以下公式：

从空流程开始完成 X 个单位

$$\text{所需的时间} = \text{资源数量} \times \text{瓶颈处理时间}$$

你可能想知道是否需要特别注意完成第一个单元的时间与其余单元之间的时间差。在这种情况下，因为滑板车的数量相对较少，所以每一个单元都很重要。但是，想一下诸如蔓越莓加工线之类的连续流程，假设你想知道生产 5 吨蔓越莓需要多长时间。1 个蔓越莓重 1 克，那么 5 吨等于 500 万个蔓越莓。生产 500 万个蔓越莓需要多长时间？严格来说，我们先看一下第一个蔓越莓流过系统所花的时间，再加上剩余的 4 999 999 个蔓越莓的时间。我们可以忽略第一个蔓越莓来简化计算：

$$\text{用连续流程完成 } X \text{ 个单位的时间} = \text{空流程时间} + \frac{X}{\text{单位时间产出}}$$

计算步骤 4.1 总结了从空系统开始完成 X 个单位的时间。

计算步骤 4.1

从空流程开始处理 X 个单位的时间：

1. 找出流程单元通过空系统所需的时间：

• 在工人控制节奏的生产线上，这是处理时间的总和。

• 在机器控制节奏的生产线上，这是周期时间×工位数。

2. 计算流程能力（参见前面的方法）。由于我们尽可能快地生产 X 个单位，我们受到能力约束，因此，有

$$\text{单位时间产出} = \text{流程能力}$$

3. 从空系统开始完成 X 个单位的时间是：

$$从空系统开始完成 X 个单位的时间＝空流程时间＋\frac{X-1}{单位时间产出}$$

注：如果流程是连续的，我们可以使用"X"代替。

4.3　劳动量和空闲时间

劳动力成本在 Xootr 生产中的作用是什么？首先让我们看一下 Xootr 装配中涉及的实际劳动量。为此，我们将劳动量（labor content）定义为 3 名工人的处理时间之和。在这种情况下，我们计算的劳动量为：

$$劳动量＝劳动力处理时间总和$$
$$＝13 分钟/辆＋11 分钟/辆＋8 分钟/辆$$
$$＝32 分钟/辆$$

32 分钟/辆反映了一辆滑板车的生产投入了多少劳动力。我们可以将这种度量可视化：假设在 Xootr 上附有一张纸条，每名工人都会在这张纸条上写下在 Xootr 上工作所花费的时间。纸条上输入的所有数字的总和即为劳动量。

假设装配工的平均时薪是每小时 12 美元（因此是每分钟 0.20 美元），那么劳动力总成本是否应为 32 分钟/辆×0.20 美元/分钟＝6.40 美元/辆？答案是明确的不！原因是，劳动量是一种以流程单元为视角的度量，但不反映有关流程实际运行方式的任何信息。

举例说明，假设我们将为活动 2 雇用另一名工人。由于工人 2 对流程的总体输出来说不是约束，所以这可能不是明智的选择（这就是我们将其称为说明性示例的原因）。劳动量将如何变化？一点也不变！生产滑板车仍需要 32 分钟劳动，但是我们刚刚将日薪提高了 33%，这显然应该反映在我们的直接劳动力成本中。

为了正确地计算直接劳动力成本，我们需要研究两种方法：

- 每单位时间生产的滑板车的数量（单位时间产出）。
- 我们在同一时期内支付的工资金额。

上面，我们发现该流程每小时可生产 4.6 辆滑板车，或每周 161 辆滑板车（我们假设该流程每周运行 35 小时）。鉴于当前需求为每周 125 辆滑板车，因此我们的需求为每周 125 辆滑板车。

现在，我们可以将直接劳动力成本计算为：

$$直接劳动力成本＝\frac{每单位时间总工资}{单位时间产出}＝\frac{每周工资}{每周生产的滑板车数}$$

$$＝\frac{3×12 美元/小时×35 小时/周}{125 辆/周}＝\frac{1\,260 美元/周}{125 辆/周}$$

$$＝10.08 美元/辆$$

为什么这个数字比我们根据直接劳动量计算出的数字高得多? 因为工人不是花费 100% 的时间去工作，他们工作的时间比例是平均劳动利用率 (average labor utilization)。

$$平均劳动利用率 = \frac{劳动量 \times 单位时间产出}{工人人数}$$

$$= \frac{(32 分钟 / (60 分钟/小时)) \times 3.57 辆/小时}{3} = 63.5\%$$

请注意，上式中的单位要保持一致——如果单位时间产出以每小时为单位，则劳动量必须以小时为单位而不是以分钟为单位。为了解释该公式，请注意，分子是每小时必须完成的工时数: 每小时达到 3.57 辆滑板车，每辆滑板车需要 32/60 小时的工作时间。为了使这些数字更易于使用，请想象一下一家诊所，每小时有 4 个患者到诊所，每个患者都需要 1/2 小时的医生照顾，这意味着诊所每小时需要花费 4 × 1/2 = 2 小时的时间陪同患者。分母是可以提供的最大工时数: 3 名工人每小时可以付出 1 小时的努力，总共他们可以工作 3 小时。如果诊所有 3 位医生，那么他们也可以进行总共 3 小时的工作。因此，所需工作量与可提供的最大工作量之比为平均劳动利用率，所需时间仅为劳动时间的一部分。滑板车为 63.5%，而诊所为 2/3 = 67%。

思考平均劳动利用率的另一种方法是考虑工人不工作的时间，我们将其称为空闲时间 (idle time)。在这种情况下，有两个空闲时间源:

● 该流程无法生产比瓶颈更多的产品。在这种情况下，这意味着每 13 分钟生产一辆滑板车。但是，如果我们考虑工人 3，该工人在一辆滑板车上只需要花费 8 分钟，这意味着每制造一辆滑板车他就有 5 分钟的空闲时间。

● 如果该流程受到需求约束，那么即使瓶颈也无法充分发挥作用，因此也会出现空闲时间。假设需求为每周 125 辆滑板车，即 3.57 辆/小时，或每 16.8 分钟生产一辆滑板车，则 3 名工人每制造一辆滑板车，就会有 3.8 分钟的空闲时间。

这反映了平均劳动利用率概况和未充分利用的原因，我们在第 3 章中讨论了 Circored 工厂流程未充分利用情况。

请注意，该计算假设劳动力成本是固定的。如果可以将工作日从当前的 7 小时缩短到 5 小时 25 分钟 (每天 25 辆滑板车×每 13 分钟生产一辆滑板车)，我们将消除第二种空闲时间。

更正式地，定义如下:

$$周期时间 = \frac{1}{单位时间产出}$$

周期时间提供了一种替代方法，用来衡量流程输出的速度。由于我们每 16.8 分钟生产一辆滑板车，因此周期时间为 16.8 分钟。与上面的直观操作类似，我们现在可以将工人 i 的空闲时间定义如下:

$$单个工人的空闲时间 = 周期时间 - 该工人的处理时间$$

请注意，此公式假定每个活动都只配备一名工人。空闲时间衡量的是工人每生产一单位产出有多少非生产时间。表 4 - 1 汇总了这些计算。

表 4 - 1　空闲时间的基本计算

	工人 1	工人 2	工人 3
处理时间	13 分钟/辆	11 分钟/辆	8 分钟/辆
能力	1/13 辆/分钟 ＝4.62 辆/小时	1/11 辆/分钟 ＝5.45 辆/小时	1/8 辆/分钟 ＝7.5 辆/小时
流程能力	min {4.62 辆/小时，5.45 辆/小时，7.5 辆/小时} ＝4.62 辆/小时		
单位时间产出	需求＝125 辆/周＝3.57 辆/小时 单位时间产出＝min {需求，流程能力} ＝3.57 辆/小时		
周期时间	1/3.57 小时/辆＝16.8 分钟/辆		
空闲时间	16.8 分钟/辆 －13 分钟/辆 ＝3.8 分钟/辆	16.8 分钟/辆 －11 分钟/辆 ＝5.8 分钟/辆	16.8 分钟/辆 －8 分钟/辆 ＝8.8 分钟/辆
劳动利用率	3.57/4.62＝77%	3.57/5.45＝65.5%	3.57/7.5＝47.6%

　　如果将所有工人的空闲时间加起来，我们将得出生产每一辆滑板车所产生的总空闲时间：

$$3.8＋5.8＋8.8＝18.4 （分钟/辆）$$

　　现在，应用每小时 12 美元的工资，我们得到的是仅根据直接劳动量（每辆滑板车 6.40 美元）最初预期的劳动力成本与上面计算的实际直接劳动力成本之间的差额。

　　现在，我们可以使用有关空闲时间的信息进行评估：

$$平均劳动利用率＝\frac{劳动量}{劳动量＋工人的总空闲时间}$$

$$＝\frac{32 \text{ 分钟/辆}}{32 \text{ 分钟/辆}＋18.4 \text{ 分钟/辆}}＝63.5\%$$

　　计算平均劳动利用率的另一种方法是平均 3 名工人的劳动利用率水平：

$$平均劳动利用率＝\frac{1}{3}×（劳动利用率_1＋劳动利用率_2＋劳动利用率_3）＝63.4\%$$

其中，劳动利用率 i 表示第 i 个工人的劳动利用率。

　　计算步骤 4.2 总结了与我们的劳动力成本分析相关的计算，它包括可能有多名工人从事相同的活动。

计算步骤 4.2

　　劳动力成本计算小结

　　1. 计算所有资源的能力；具有最低能力的资源是瓶颈（请参阅前面的方法），并决定流程能力。

　　2. 计算单位时间产出＝min {可用输入量，需求量，流程能力}；然后计算：

$$周期时间＝\frac{1}{单位时间产出}$$

3. 评估总工资，这是在单位时间内支付给所有工人的总工资。

4. 直接劳动力成本为：

$$直接劳动力成本 = \frac{单位时间总工资}{单位时间产出}$$

5. 平均劳动利用率为：

$$平均劳动利用率 = \frac{劳动量 \times 单位时间产出}{工人人数}$$

6. 资源 i 上所有工人的空闲时间为：

$$\begin{matrix}资源\,i\,上所有工人的\\空闲时间\end{matrix} = 周期时间 \times \begin{matrix}资源\,i\,上\\工人数量\end{matrix} - \begin{matrix}资源\,i\,上\\的处理时间\end{matrix}$$

7. 平均劳动利用率也可写为：

$$平均劳动利用率 = \frac{劳动量}{劳动量 + 工人的总空闲时间}$$

4.4 通过生产线平衡增加能力

比较表 4-1 中的劳动利用率水平，可以发现工人之间存在很大的不平衡：工人 1 的劳动利用率为 77%，而工人 3 的劳动利用率仅约为工人 1 的一半多（准确说是 47.6%）。流程中的不平衡会在一个步骤可以提供的内容与后续步骤所需的内容之间产生不匹配。生产线平衡（line balancing）是减少这种不平衡的方法，它可以：

- 通过更好利用各种资源（在这种情况下为劳动力）来提高流程效率。
- 通过将工人从未充分利用的资源重新分配到瓶颈，或将工作从瓶颈重新分配给未充分利用的资源，从而提高流程的能力（而无须增加更多资源）。

基于当前每周 125 辆滑板车的需求以及所有 3 名工人每周 35 小时的固定成本这一假设，生产线平衡既不会改变单位时间产出（流程受需求限制），也不会改变直接劳动力成本（假设每周固定 35 小时），这种情况随着 Novacruz 公司需求的快速增长而改变。

现在来看 5 月的一周，如图 4-2 所示，市场对 Xootr 的需求已达到每周 200 辆滑板车的水平。因此，该流程不再受需求约束，但现在受能力约束，特别是现在该流程受到工人 1 的限制，该工人每 13 分钟可生产一辆滑板车，而市场对滑板车的需求为每 10.5 分钟生产一辆滑板车（200 辆/35 小时 = 5.714 辆/小时）。

鉴于工人 1 是系统的约束，现在消除了该工人的所有空闲时间，并将其劳动利用率提高到 100%。但是，工人 2 和工人 3 仍然有空闲时间：

- 现在，基于工人 1，单位时间产出已增加到每 13 分钟生产 1 辆滑板车或每分钟生产 1/13 辆滑板车（1/13 × 60 × 35 = 161.5 辆，即每周生产 161.5 辆滑板车）。

● 工人 2 每 11 分钟可生产 1 辆滑板车，即每分钟生产 1/11 辆滑板车。因此，该工人的劳动利用率为单位时间产出/能力$_2$＝（1/13）/（1/11）＝11/13＝84.6%。

● 工人 3 每 8 分钟可生产 1 辆滑板车。因此，该工人的劳动利用率为（1/13）/（1/8）＝61.5%。

请注意，需求的增加不仅提高了工人的劳动利用率（现在的平均劳动利用率为（1/3）×(100%＋84.6%＋61.5%)＝82%），而且将直接劳动力成本降低了：

$$直接劳动力成本＝\frac{单位时间总工资}{单位时间产出}＝\frac{每周工资}{每周产出}$$

$$＝\frac{3×12 美元/小时×35 小时/周}{161.5 辆/周}＝\frac{1\,260 美元/周}{161.5 辆/周}$$

$$＝7.80 美元/辆$$

现在，回到生产线平衡的想法。生产线平衡试图在三个流程步骤中平均（公平地！）分配生产滑板车所需的工作量。

在理想情况下，可以只考虑装配一辆滑板车的工作量，我们称为劳动量（32 分钟/辆滑板车），将其平均分配给 3 名工人，因此，每名工人装配每辆滑板车要花费 32/3 分钟，我们将达到一个完美的生产线平衡；也就是说，每个部件的处理时间相同，为 10.67 分钟/辆滑板车。

遗憾的是，在大多数流程中，不可能平均地划分工作。特别是，流程的基础活动通常由不容易分解的任务（tasks）集合组成。在我们的案例中，对这三个活动的任务结构的详细分析如表 4-2 所示。

表 4-2　任务时间

工人	任务	任务时间（秒）
	准备刹车线	30
	移动刹车线	25
	装配垫圈	100
	放置前叉，穿刹车线	66
	装配内六角螺钉	114
	拧紧螺母	49
工人 1	安装刹车片、弹簧、枢轴螺栓	66
	插入前轮	100
	插入轴螺栓	30
	拧紧轴螺栓	43
	拧紧刹车枢轴螺栓	51
	装配手柄盖	118
		合计：792

续表

工人	任务	任务时间（秒）
	装配制动杆和刹车线	110
	整理固定刹车线	59
	放置第一根骨架	33
	插入车轴和夹板	96
工人 2	插入后轮	135
	放置第二根骨架和脚踏板	84
	贴上脚踏板胶带	56
	插入脚踏板紧固件	75
		合计：648
	检查并擦拭	95
	贴上贴花和标签	20
	放入袋中	43
工人 3	组装纸箱	114
	放入 Xootr 和使用手册	94
	封箱	84
		合计：450

例如，考虑工人 1 的最后一个任务（装配手柄盖），每辆滑板车花费 118 秒。每辆滑板车的这 118 秒工作只能全部转移给另一名工人。此外，我们不能随意移动此任务，因为将"装配手柄盖"任务移到"封箱"任务之后显然是不可行的。

我们可以将 118 秒从工人 1 移到工人 2。在这种情况下，工人 1 现在的处理时间为 674 秒，而工人 2（将成为新瓶颈）的处理时间是 766 秒。整体流程能力得到提高，我们将生产更多的滑板车，平均劳动利用率将接近 100%。

我们可以做得更好吗？在本书中，我们仅考虑给出任务顺序的情况。如果我们可以对某些任务重新排序，则生产线平衡会变得更加复杂。例如，没有技术上的原因导致工人 2 的倒数第二个任务（贴上胶带）无法与后续任务（插入甲板紧固件）切换。存在一些简单的算法和启发式方法，可以在更复杂的设置中支持生产线平衡。但是，那些讨论将使我们脱离对管理问题的关注。

即使我们将自己限制在保持任务顺序不变的生产线平衡解决方案上，我们也可以进一步改进上面的 766 秒周期时间。请记住，生产线平衡的"黄金标准"，即劳动量在所有资源上的平均分配，建议的处理时间为 10.66 分钟/辆或 640 秒/辆。

将"装配手柄盖"任务从工人 1 移到工人 2 显然是朝这个方向迈出的重要一步。然而，现在在工人 2 的 126 秒（766－640）要多于均衡的工作量。如果我们将工人的最后两个任务（贴上脚踏板胶带，插入脚踏板紧固件）并将相应的 56＋75＝131 秒移到工人 3，则可以改善这种情况。

新的处理时间如下：

- 工人 1：674 秒（792－118）。
- 工人 2：635 秒（648＋118－56－75）。
- 工人 3：581 秒（450＋56＋75）。

这是最优的吗？不是！我们可以重复类似的计算，并将工作从工人 1 移到工人

2（拧紧刹车枢轴螺栓，51 秒），再从工人 2 移到工人 3（放置第二根骨架和甲板，84 秒）。现在得出的（最终）处理时间是：

- 工人 1：623 秒（674－51）。
- 工人 2：602 秒（635＋51－84）。
- 工人 3：665 秒（581＋84）。

为了确保途中没有"丢失"任何工作，我们可以将三个新的处理时间加起来，并获得与以前相同的劳动量（1 890 秒）。由此产生的平均劳动利用率将提高到：

$$平均劳动利用率＝\frac{劳动量}{劳动量＋总空闲时间}＝\frac{1\ 890}{1\ 890＋42＋63＋0}＝94.7\%$$

我们基于实现生产线平衡的流程改进在经济方面具有可观的意义。基于新的瓶颈（工人 3），可看到我们以每 665 秒生产一辆 Xootr，因此流程能力为（1/665）×3 600×35＝189.5 辆/周。因此，与不平衡生产线（161.5 辆/周）相比，我们的流程能力（和单位时间产出）提高了 17%（28 辆滑板车），而没有增加每周的劳动力支出成本。此外，我们已将直接劳动力成本降低至 6.65 美元/辆。

图 4 - 5 通过对比不平衡生产线（之前）和平衡生产线（之后）的周期时间和任务分配，总结了生产线平衡的思想。

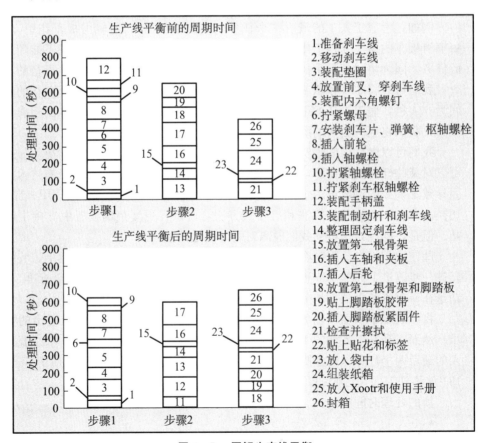

图 4 - 5　图解生产线平衡

4.5　扩大到更大规模

如图 4-2 所示，市场对 Xootr 的需求在接下来的六个月内急剧增加，到 7 月已达到每周 700 辆的水平。为了维持供需之间的合理匹配，Novacruz 公司必须进一步提高其流程能力（供应）。

为了将工人控制节奏的生产线的流程能力从每周 189.5 辆滑板车（请参见上面的 3 名工人的平衡生产线）增加到每周 700 辆滑板车，需要增加额外的工人。尽管装配 Xootr 涉及的基本步骤保持不变，但我们有几种选择来规划新的大批量流程：

● 使用完全相同的布局和人员配备计划，我们可以复制现在平衡的流程，并增加更多的工人。

● 我们可以在这三个流程步骤中增加另外的工人，这将增加这些步骤的能力，从而导致更高的整体流程能力。

● 我们可以将目前由 3 名工人执行的工作进行细分，进而增加每个步骤的专业化程度（减少处理时间和提高产能）。

我们将快速介绍这三种方法的计算。图 4-6 是相应的流程图。

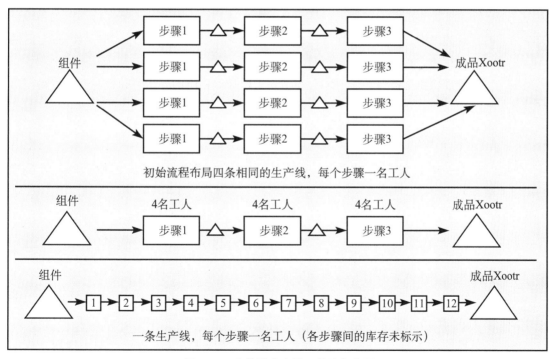

图 4-6　大批量生产的三种流程布局

通过复制生产线来扩大产能

由于整个操作的能力随复制次数线性增长，我们可以简单地添加该流程的三个复制，以获得新的总能力，即 4×189.5 辆/周$=758$ 辆/周。

这种方法的优点是它允许组织获益于其初始流程布局中收集的知识。尽管这种方法不一定是最有效的对工人分配装配任务的方式，但它使三个流程步骤中的工人比例保持恒定（总计：4 名工人执行步骤 1，4 名工人执行步骤 2，4 名工人执行步骤 3）。

或者，我们可以添加两个复制，每周获得 568.5 辆滑板车的流程能力，补充剩余的 131.5 辆滑板车（每周 $700 - 568.5$ 辆滑板车），并增加加班时间。假设将在加班中生产的 131.5 辆滑板车分散在三条生产线上，则每条生产线必须每周生产 $131.5 / 3 = 43.83$ 辆滑板车，相当于每周加班 8.1 小时（43.83/5.41）。

在可以加班的前提下，平均劳动利用率将保持 94.7% 不变。

通过有选择地增加工人来增加产能

第一种方法假设每个流程步骤的工人人数相同，但这种人员配备不一定是最佳的。具体来说，我们观察到（在重新平衡之后）第三步是瓶颈（665 秒）。与前两个步骤相比，有必要在这一步增加更多的工人。

假设将每个资源的能力定义为工人人数除以相应的处理时间，我们可以得到以下公式：

$$所需产能 = \frac{工人人数}{处理时间}$$

对步骤 1，此计算结果为（每周 35 小时 700 辆滑板车，即每秒 0.005 56 辆滑板车）：

$$0.005\,56 \text{ 辆/秒} = \frac{工人人数}{623 \text{ 秒/辆}}$$

因此，满足当前需求的工人人数为 $0.005\,56 \times 623 = 3.46$ 名工人。鉴于我们不能雇用半名工人（并且暂时不考虑加班），这意味着我们必须在步骤 1 雇用 4 名工人。以同样的方式，我们发现需要在步骤 2 雇用 3.34 名工人，在步骤 3 雇用 3.69 名工人。

我们需要为三个步骤中的每个步骤总共雇用 4 名工人，这一事实反映了我们在上面已经实现的良好平衡。如果我们根据初始数字（工人 1、工人 2 和工人 3 分别为 792 秒、648 秒、450 秒，见表 4-2）进行类似的计算，则将获得以下信息：

- 在步骤 1 中，我们将雇用 $0.005\,56 \times 792 = 4.4$ 名工人。
- 在步骤 2 中，我们将雇用 $0.005\,56 \times 648 = 3.6$ 名工人。
- 在步骤 3 中，我们将雇用 $0.005\,56 \times 450 = 2.5$ 名工人。

我们观察到，这为处理时间较长的活动分配额外资源的人员配备（步骤 1 为 5 名工人，步骤 2 为 4 名工人，步骤 3 为 3 名工人）提供了一种替代的生产线平衡方式。

还要注意，如果我们仅复制了不平衡生产线，则必须添加四个复制，而不是平衡生产线的三个复制（步骤 1 需要 5 次）。生产线平衡讨论了工人每秒的工作量，这在单个工人层面上看起来像"吹毛求疵"，但在总体层面上可以节省大量的直接劳动力成本。

在本书的多个地方，我们将讨论丰田生产方式的基本思想，而生产线平衡是其中的重要因素。本着丰田生产方式的精神，空闲时间被认为是浪费（在日本称为Muda），因此应尽可能地从流程中消除。

通过进一步专业化任务来提高产能

与前两种增加产能的方法不同，第三种方法从根本上改变了将各个任务分配给工人的方式。正如我们在对生产线平衡的讨论中指出的那样，我们可以将每个活动视为一组单独的任务。如果我们提高工人的专业化水平，现在让每名工人仅负责一个或两个任务（与之前由 5~10 个任务组成的活动相对），我们将能够缩短处理时间，从而提高生产线的流程能力。

具体来说，我们从根据需求确定目标周期时间开始分析。我们希望每周生产 700 辆滑板车，即每小时生产 20 辆滑板车或每 3 分钟生产一辆滑板车。每 3 分钟生产一辆 Xootr 需要多少工人？

这个问题的答案实际上相当复杂。复杂的原因如下。如果不知道一名工人将负责哪些任务，我们就无法计算这名工人的能力，同时，我们无法将任务分配给工人，因为不知道有多少工人。

为了解决这些问题，我们从在以前的方法中获得的人员配置开始分析，即整条生产线有 12 名工人。表 4 - 3 显示了我们如何在这 12 名工人之间分配装配 Xootr 的任务。

表 4 - 3　加强专业化程度后的处理时间和任务分配

工人	任务	任务时间（秒）
工人 1	准备刹车线	30
	移动刹车线	25
	装配垫圈	100
		合计：155

续表

工人	任务	任务时间（秒）
工人 2	放置前叉，穿刹车线	66
	装配内六角螺钉	114
		合计：180
工人 3	拧紧螺母	49
	安装刹车片、弹簧、枢轴螺栓	66
		合计：115
工人 4	插入前轮	100
	插入轴螺栓	30
	拧紧轴螺栓	43
		合计：173
工人 5	拧紧刹车枢轴螺栓	51
	装配手柄盖	118
		合计：169
工人 6	装配制动杆和刹车线	110
	整理固定刹车线	59
		合计：169
工人 7	放置第一根骨架	33
	插入车轴和夹板	96
		合计：129
工人 8	插入后轮	135
		合计：135
工人 9	放置第二根骨架和脚踏板	84
	贴上脚踏板胶带	56
		合计：140
工人 10	插入脚踏板紧固件	75
	检查并擦拭	95
		合计：170
工人 11	贴上贴花和标签	20
	放入袋中	43
	组装纸箱	114
		合计：177
工人 12	放入 Xootr 和使用手册	94
	封箱	84
		合计：178
	总劳动量	1 890

按照这种方法，单个工人需要完成的工作量减少到最多 180 秒。我们将此数字称为控制范围（span of control）。由于这种控制范围比以前的方法的劳动量（665秒）少得多，因此工人将能够在无须大量培训的情况下执行任务。由于专业化可以提高学习速度，工人还可能更快地改进他们的处理时间。

这种方法的缺点是它对平均劳动利用率的负面影响。考虑一下平均劳动利用率：

$$平均劳动利用率 = \frac{劳动量}{劳动量+工人的总空闲时间}$$

$$= \frac{1\,890}{1\,890+25+0+65+7+11+11+51+45+40+10+3+2}$$

$$= 87.5\%$$

请注意，3 名工人的平均劳动利用率为 94.7%（平衡后）。因此，专业化（较小的控制范围）使生产线平衡实质上更加复杂，如图 4-7 所示。

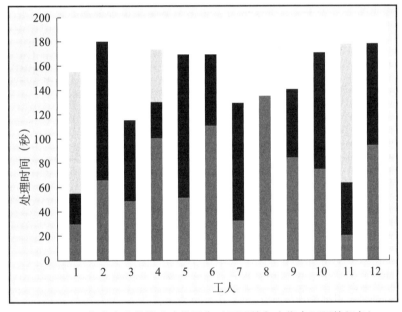

图 4-7 高度专业化的生产线平衡（不同的灰度代表不同的任务）

可以根据任务的粒度找到劳动利用率下降的原因以及由此导致的生产线平衡性下降。由于不可能进一步分解各个任务，因此将一个任务从一名工人移到另一名工人变得相对重要。例如，当我们平衡 3 名工人的流程时，将每辆滑板车 51 秒的任务移到另一步骤，仅占该步骤工作量（每辆滑板车 674 秒）的 8%。但是在 12 个步骤的流程中，相对于每辆滑板车 169 秒的工作量，移动相同的 51 秒的任务现在占了 30%。因此，很难进一步改进对工人的任务分配。

如果我们做"相反推论"，就可以更好地理解生产线平衡随着专业化程度的提高而变得越来越困难的观点：随着专业化程度的降低，生产线平衡变得更加容易。要理解这一点，请考虑由一名工人完成流程中所有任务的情况。相应的劳动利用率将是 100％（假设有足够的需求来让至少一名工人忙碌）。根据定义，该工人也将成为瓶颈。

让一个资源执行流程的所有活动的想法称为工作单元。一个工作单元的流程图如图 4 - 8 所示。由于一名工人在一个工作单元上的处理时间与劳动量相同，因此每个工作单元的能力为每秒 1/1 890 辆滑板车，或者每小时 1.904 8 辆滑板车，或者每周 66.67 辆滑板车。已经有 11 个工作单元能够满足每周 700 辆 Xootr 的需求。换句话说，工作单元带来的平衡性的改进将使我们进一步提高效率。

这种方法的缺点是需要一名工人掌握超过 30 分钟的控制范围，这需要训练有素的操作员。此外，Novacruz 公司发现使用 12 人团队合作生产线以及专业化程度的相应提高大大减少了处理时间。

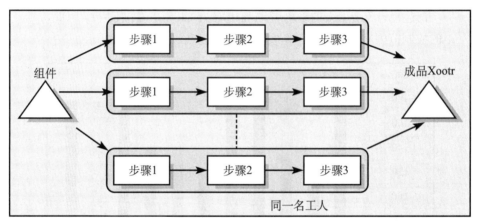

图 4 - 8　并行工作单元（仅显示三个工作单元）

4.6　小　结

在本章，我们介绍了生产线平衡的概念。生产线平衡试图消除流程中的空闲时间，从而提高劳动利用率。乍一看，生产线平衡似乎与"吹毛求疵"和"精打细算"类似，但重要的是要了解生产线平衡在运营中所扮演的管理角色。具体来说，了解以下三个管理优势非常重要：

●首先，虽然谈论美元总是比谈论美分更诱人，但在许多行业中，美分确实很重要。考虑例如计算机行业，所有计算机制造商均从同一供应商处购买处理器、磁盘驱动器、光学设备等，因此，尽管相对于计算机的购买价格，一台计算机上 10 美元的劳动力成本似乎很低，但那 10 美元在我们的管理控制之下，而其他大多数成本则由市场环境决定。

●其次，本着丰田生产方式的精神，空闲时间是浪费，因此构成了丰田生产方式中被称为浪费的时间。浪费/空闲时间的问题在于：它不仅增加了生产成本，还可能隐藏许多其他问题。例如，工人可能会使用空闲时间来完成或返工在分配的处理时间内无法完成的任务。虽然这不会导致直接的、自费的成本，但可以避免问题出现，当问题浮出水面时，可以解决。

● 最后，上面讨论的计算机制造商在装配过程中 10 美元的劳动力成本似乎很低，但计算机所涉及的劳动力成本比 10 美元高得多。计算机制造商的采购成本在某种程度上是计算机制造商的供应商的劳动力成本。如果"汇总"通向计算机的整个价值链中的所有业务，我们会发现劳动力成本相当可观。对于汽车行业，这种想法在图 4-9 中得到了说明：虽然对于汽车公司来说，劳动力成本似乎只是成本的一小部分，但 70% 的采购成本包括了来自供应商、次级供应商等的劳动力装配成本。如果我们观察价值链中的所有成本（从汽车公司到其第五级供应商），我们会发现汽车供应链中约 1/4 的成本是劳动力成本。这种观察的结果是，仅内部改进运营是不够的，还需要在整个供应商网络中推广这种改进，因为这是最大的改进机会所在。供应商发展的概念是丰田生产方式的另一个基本概念。

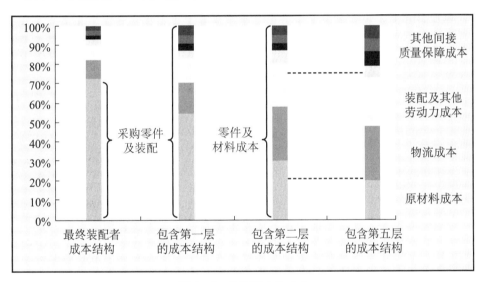

图 4-9　供应链中的成本

资料来源：Whitney 2004.

除了以上三点之外，生产线平衡还说明了运营管理的一个重要特性——从管理的角度来看，运营管理非常吸引人。生产线平衡可改善单位劳动力成本（生产率），并且不需要进行任何财务投资！为了提高劳动生产率，我们通常会尝试自动装配零件，这将降低单位劳动力成本，但同时需要更高的资本投资。如果我们在德国或法国等高薪国家（地区）开展业务，最有可能采用这种方法。相比之下，我们可以尝试在很少或没有自动化的情况下运作流程，但是在该流程上要投入大量的劳动时间。如果我们将流程转移到低薪国家（地区），例如中国、印度尼西亚，则这种方法将更有可能实现。

这种张力如图 4-10 所示。图 4-10 的横轴显示了在制造过程中的资产收益率。高收益是可取的，这可以通过使用很少的自动化和大量的劳动力来实现。纵轴表示劳动生产率，如果该流程是高度自动化的，则劳动生产率将最大化。如图 4-10 所示，维度之间存在一种张力（权衡），可以通过有效边界的形式看到。关于自动化水平的变化将使流程在边界上移或下移。一个维度与另一个维度进行了交换。

相比之下，图 4-10 中的生产线平衡效果却大不相同。生产线平衡无须任何额外投资即可提高劳动生产率。在某种程度上，生产线平衡允许公司使用生产设备消除一些当前未充分利用的资源，同时还减少了所需的资产量。因此，从战略的角度来看，沿着技术前沿的一个简单的一维定位问题现在成为另一个维度。公司不应该简单地按照既定流程来寻求良好的战略地位，而应该尝试提高其流程能力并同时在两个绩效维度上进行改进。

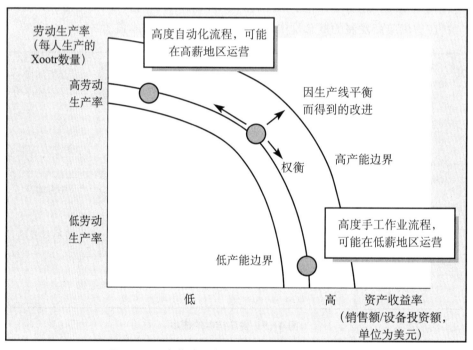

图 4-10　在劳动生产率与资本收益率之间的权衡

4.7　延伸阅读

Bartholdi 和 Eisenstein（1996）提出了装配链（bucket brigade）的概念，它对应于自平衡的生产线运营。在这个概念中，工人在工位之间移动，并遵循相对简单的决策规则来决定下一步应该执行哪个任务。

Whitney（2004）提出了机械装配设计和生产的系统方法。他的书介绍了装配和装配自动化的机械和经济模型。该书采用了装配的系统观点，包括产品架构的概念、基于特征的设计、装配的计算机模型、机械约束分析、装配顺序分析、公差、装配的系统级设计和准时生产方法，以及装配自动化的经济学。

4.8　实战练习

下面的问题将有助于测试你对本章的理解。在每个问题之后，我们在方括号中显示相关节信息。

附录 E 中有带 "＊" 标记的问题的答案。

Q4.1＊（空系统，劳动利用率）考虑一个由 3 个资源组成的流程，这些资源位于工人控制节奏的生产线上，工资为每小时 10 美元。假设对该产品有无限的需求。

资源	处理时间（分钟）	工人人数
1	10	2
2	6	1
3	16	3

a. 从空系统开始完成 100 个单位需要多长时间？［4.2］
b. 平均劳动量是多少？［4.3］
c. 平均劳动利用率是多少？［4.3］
d. 直接劳动力成本是多少？［4.4］

Q4.2（给工人分配任务）考虑以下 6 个任务必须分配给传送带控制节奏的装配线上的 4 名工人（机器控制节奏的生产线）。每名工人必须至少完成一个任务。

	完成任务的时间（秒）
任务 1	30
任务 2	25
任务 3	35
任务 4	40
任务 5	15
任务 6	30

当前传送带控制节奏的装配线以如下方式给工人分配任务：
- 工人 1：任务 1。
- 工人 2：任务 2。
- 工人 3：任务 3、任务 4。
- 工人 4：任务 5、任务 6。

a. 当前这条生产线的能力是多少？[4.1]

b. 现在假设任务的分配是为了最大化生产线的能力，满足以下条件：（1）一名工人只能执行两个相邻的操作；（2）所有任务都需要按数字顺序完成。现在这条生产线的能力是多少？[4.4]

c. 现在假设任务的分配是为了最大化生产线的能力，并且任务可按任何顺序完成。可以达到的最大能力是多少？[4.4]

Q4.3（Power Toys）Power Toys 公司生产一种小型遥控玩具卡车，在传送带上有 9 个工位。在目前的流程布局下，每个工位分配一名工人。工位及处理时间汇总如下表所示：

工位	任务	处理时间（秒）
1	装配电池组	75
2	插入遥控接收器	85
3	插入芯片	90
4	装配前车轴	65
5	装配后车轴	70
6	安装电动机	55
7	将电池组与电动机连接	80
8	将发动机与后车轴连接	65
9	装配塑料外壳	80

a. 这个流程的瓶颈是什么？[4.1]

b. 装配线每小时生产多少辆玩具卡车？[4.1]

c. 如果每名工人每小时工资 15 美元，那么在当前的流程中，每辆玩具卡车的直接劳动力成本是多少？[4.4]

d. 如果工作被安排在一个工作单元中，每辆玩具卡车的直接劳动力成本是多少（也就是说，一名工人完成所有的工作）？假设处理时间保持不变（没有专门化的好处）。[4.5]

e. 工位 2 的工人的劳动利用率是多少？[4.1]

由于预测值大幅下降，工厂管理层决定将工人人数从每班 9 人减少到 6 人。假设：上表中的 9 个任务不能分割；以最有效的方式将 9 个任务分配给这 6 名工人；如果一名工人负责两个任务，那么两个任务必须相邻（一名工人不能同时处理任务 1 和任务 3，除非该工人同时处理任务 2）。

f. 你将如何把 9 个任务分配给这 6 名工人？[4.4]

g. 现在这条生产线的能力是多少（以每小时的玩具卡车数量计算）？[4.4]

Q4.4（12 个任务分配给 4 名工人）考虑以下任务必须分配给传送带控制节奏的装配线上的 4 名工人（机器控制节奏的生产线）。每名工人必须至少完成一个任务。需求是无限的。

	完成任务的时间（秒）
任务 1	30
任务 2	25
任务 3	15
任务 4	20
任务 5	15
任务 6	20
任务 7	50
任务 8	15
任务 9	20
任务 10	25
任务 11	15
任务 12	20

当前传送带控制节奏的装配线以如下方式给工人分配任务：

- 工人 1：任务 1、任务 2、任务 3。
- 工人 2：任务 4、任务 5、任务 6。
- 工人 3：任务 7、任务 8、任务 9。
- 工人 4：任务 10、任务 11、任务 12。

a. 当前这条生产线的能力是多少？[4.1]

b. 直接劳动量是多少？[4.3]

c. 平均劳动利用率是多少（不考虑任何短暂的影响，如在休息或换班前清空生产线）？[4.3]

d. 从生产空系统开始完成 100 个单位需要多长时间？[4.2]

这家公司正在雇用第五名工人。假设任务被分配给 5 名工人，以最大化生产线的能力，满足以下条件：一名工人只能执行两个相邻的操作；所有任务都需要按数字顺序完成。

e. 现在这条生产线的能力是多少？[4.4]

再一次，假设公司雇用了第五名工人。进一步假设任务的分配是为了最大化生产线的能力，并且任务可按任何顺序完成。

f. 可以达到的最大能力是多少？[4.4]

g. 每小时生产 72 件产品时，工人人数最少是多少？假设任务可以按照一开始的描述分配给工人（任务不能按其他顺序完成）。[4.4]

Q4.5（Geneva Watch）Geneva Watch 公司生产手表，在传送带上有 6 个工位。每个工位有 1 名工人，执行以下任务：

工位	任务	处理时间（秒）
A：准备 1	热焊连接镜面和环形凹槽	14
	检查环形凹槽	26
	清洁调节孔	10
	在环形凹槽上安装调节按钮	18
	A 的总时间	68
B：准备 2	检查调节按钮的转动情况	23
	清洁环形凹槽	12
	在环形凹槽上安装模块	25
	B 的总时间	60
C：安装电池	在模块上安装电池夹	20
	将电池夹热焊到模块上	15
	在模块上安装两节电池	22
	检查调节按钮	13
	C 的总时间	70
D：装上镶边	装上镶边	45
	检查镶边	13
	D 的总时间	58
E：准备包装	外观检查	20
	最终测试	55
	E 的总时间	75
F：检查包装	将表和垫布放进展示盒中	20
	将盖子盖在展示盒底座上	14
	将用户手册和盒子一起放进外包装	30
	F 的总时间	64

6 名工人从早上 8 点开始工作，一直工作到下午 4 点。下午 4 点，没有新的手表零件进入工位 A，传送带继续工作，直到所有在制品处理完毕并离开工位 F。因此，每天早上工人都从空系统开始工作。

a. 这个流程的瓶颈是什么？［4.1］

b. 装配线每小时生产多少块手表（忽略第一块手表下线所需的时间）？［4.1］

c. 这条传送带上的工序的直接劳动量是多少？［4.3］

d. 工位 B 的工人的劳动利用率是多少（忽略第一块手表下线所需的时间）？［4.1］

e. 工位 C 的工人在 1 小时内有多少分钟的空闲时间（忽略第一块手表下线所需的时间）？［4.3］

f. 一天内装配线处理 193 块手表的时间是多少（分钟）？［4.2］

Q4.6（Yoggo 软饮）亚洲一家小型私营公司正在生产自有品牌的 Yoggo 软饮。一条机器控制节奏的生产线将软饮装入塑料瓶，然后将塑料瓶包装进每盒 10 瓶的盒子里。机器控制节奏的生产线包括以下四个步骤：（1）灌装机用 1 秒填满瓶子；（2）覆盖机花 3 秒盖上瓶盖；（3）贴标机用 5 秒将一个标签贴到一个瓶子上；（4）包装机用 4 秒将一个瓶子放入盒子里。当一个盒子装满了 10 个瓶子，一名照看包装机的工人移开装满的盒子，用一个空盒子取代它。假设工人将一个装满的盒子移开并换上一个空盒子的时间可以忽略不计，因此不影响这条生产线的能力。在步骤 3 有两台贴标机，每个流程交替使用瓶子，也就是说，第一台机器处理瓶子 1、瓶子 3、瓶子 5……第二台机器处理瓶子 2、瓶子 4、瓶子 6……数据汇总如下表所示：

流程步骤	机器数量	每个瓶子所需时间（秒）
装瓶	1	1
盖上瓶盖	1	3
贴标签	2	5
包装	1	4

a. 机器控制节奏的生产线的流程能力（单位：瓶/小时）是多少？[4.1]

b. 这个流程的瓶颈是什么？[4.1]

c. 如果在流程中增加一台相同的贴标机，流程能力将增加多少（以瓶/小时计算）？[4.1]

d. 如果需求是 60 箱/小时，包装机的隐含利用率是多少？回想一下，一个盒子由 10 个瓶子组成。[4.1]

Q4.7（Atlas）Atlas 公司是一家玩具自行车制造公司，该公司生产的是某环法自行车赛冠军所骑的自行车的 5 英寸缩小版。Atlas 公司的装配线由 7 个工位组成，每个工位执行一个步骤。工位及处理时间总结如下：

- 步骤 1（30 秒）：将车架的塑料管切成合适的尺寸。
- 步骤 2（20 秒）：把管子放在一起。
- 步骤 3（35 秒）：将车架粘在一起。
- 步骤 4（25 秒）：清洗车架。
- 步骤 5（30 秒）：将油漆喷涂在车架上。
- 步骤 6（45 秒）：组装车轮。
- 步骤 7（40 秒）：将所有其他零件装配到车架上。

在目前的流程布局下，工人分配到的工位如下所示：

- 工人 1：步骤 1、步骤 2。
- 工人 2：步骤 3、步骤 4。
- 工人 3：步骤 5。
- 工人 4：步骤 6。
- 工人 5：步骤 7。

a. 这个流程的瓶颈是什么？[4.1]

b. 这条装配线以完工单位/小时计的生产能力是多少？[4.1]

c. 工人 4 的劳动利用率是多少？（忽略第一个和最后一个单位的生产）[4.1]

d. 从空流程开始完成 100 个单位的生产需要多长时间？[4.2]

e. 如果不考虑第一个和最后一个单位的生产，工人的平均劳动利用率是多少？

[4.3]

f. 假设工人的工资是每小时 15 美元。自行车的直接劳动力成本是多少？
[4.4]

g. 根据顾问的建议，Atlas 公司决定在工人之间重新分配任务，以实现最大的流程能力。如果一名工人负责两个任务，那么两个任务必须相邻。另外，假设步骤的顺序不能更改。通过这种重新分配，以每小时为单位可以实现的最大能力是多少？[4.4]

h. 同样，假设工资为每小时 15 美元。如果一名工人完成所有 7 个步骤，直接劳动力成本是多少？你可以忽略专业化带来的好处、调整准备时间或质量问题等。[4.5]

i. 由于预测到需求将减少，管理层已决定解雇一名工人。如果工作是分配给 4 名工人：（1）任务不能被分割；（2）如果一名工人负责两个任务，那么两个任务必须相邻；（3）以最有效的方式分配任务；（4）每一步只能由一名工人完成。生产线的新能力是多少（以完成单位/小时计）？[4.5]

Q4.8（手套设计挑战）一个女式名牌手套制造商雇用了一组学生来重新设计其制造单元。他们收集了以下信息。制造流程包括四个活动：（1）面料裁剪；（2）染色；（3）用特定设计的机器缝合；（4）包装。处理时间如下表所示。手套通过传送带在活动之间移动，传送带调节工作流程（机器控制节奏的生产线）。

流程步骤	机器数量	每只手套所用时间（分钟）
裁剪	1	2
染色	1	4
缝合	1	3
包装	1	5

a. 生产线的流程能力（单位：只/小时）是多少？[4.1]

b. 下列哪个陈述是正确的？[4.1]

ⅰ. 通过减少染色时间，流程能力提高。

ⅱ. 如果缝合时间增加到 5 分钟/只，流程能力保持不变，但"通过空的机器控制节奏的处理时间"增加。

ⅲ. 通过减少包装时间，流程能力提高。

ⅳ. 通过减少裁剪时间，流程能力提高。

c. 如果需求是 10 只/小时，包装机的隐含利用率是多少？[4.1]

d. 手套的流程时间是多少？[4.1]

Q4.9（工人控制节奏的生产线）下图描述了一个五步生产、工人控制节奏的耳机制造流程。耳机是用来配合 iPods 和 DVD 播放器使用的。步骤 1 是工人将金属条弯曲成弧形。在步骤 2 中，金属弧安装在一个塑料套筒上。在步骤 3 中，耳机被安装在金属和塑料条的末端。在步骤 4 中，将电线焊接到耳机上。步骤 5 涉及一个特别设计的包装单元。工厂运转了几个小时后，经理检查工厂，他对降低劳动力成本特别感兴趣。他注意到这一流程受到能力约束，整个流程在 1 小时内生产 36 个耳机。U1～U5 分别表示步骤 1 到步骤 5 的劳动利用率。目前，每个步骤都有一名工人，其劳动利用率如下：U1＝4/30，U2＝4/15，U3＝4/5，U4＝1，U5＝2/5。

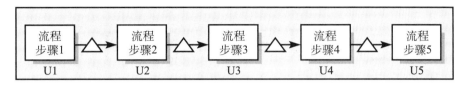

根据所给的数据和信息，回答以下问题。

a. 步骤 5 的能力是多少？[4.1]

b. 哪一步是瓶颈？[4.1]

c. 哪个流程步骤的能力最大？[4.1]

d. 如果工资是每人每小时 36 美元，那么手套的直接劳动力成本是多少？[4.4]

如果你想测试自己对某一部分的理解，以下是按章节分类的问题：

[4.1]：Q4.2a, Q4.3abe, Q4.4a, Q4.5abd, Q4.6, Q4.7abc, Q4.8, Q4.9abc。

[4.2]：Q4.1a, Q4.4d, Q4.5f, Q4.7d。

[4.3]：Q4.1bc, Q4.4bc, Q4.5ce, Q4.7e。

[4.4]：Q4.1d, Q4.2bc, Q4.3cfg, Q4.4efg, Q4.7f, Q4.9d。

[4.5]：Q4.3d, Q4.7hi。

第5章
批量生产和其他流程中断：准备时间和经济订货批量模型

到目前为止，我们已考虑一个流程单元始终以固定的时间间隔进入流程，一个流程单元始终以固定的时间间隔退出流程，其中固定的时间间隔称为流程周期时间。例如，在第4章的滑板车示例中，周期时间为3分钟，这样就可以每周生产700辆滑板车。

在理想流程中，3分钟的周期时间意味着每个资源每3分钟间隔接收一个流程单元作为输入，每3分钟间隔装配一个流程输出单元。如此平稳和持续的单元流动是任何运营管理者的梦想，但实际上不太可行。在流程中断的多种原因中，最重要的原因是准备时间以及处理时间或质量水平的变化性。本章的重点是准备，这是批量流程运营的重要特征。

为了讨论准备，我们返回到 Xootr 生产过程。我们考虑使用计算机数控铣床（CNC），该铣床负责为每辆 Xootr 制造两种类型的零件——转向支架和两根骨架（见图 5-1）。转向支架将 Xootr 的脚踏板连接到转向柱，骨架帮助脚踏板支撑骑手的重量。一旦铣床开始生产这些零件，它就可以相当快地生产它们。但是，在开始生产每种零件之前，需要大量的准备时间或转换时间。我们的主要目标是了解此类准备如何影响流程的三个绩效度量指标：库存、单位时间产出和流程时间。

图 5 - 1　铣床（左）和转向支架组件（右）

5.1　准备对能力的影响

要评估铣床的能力，我们需要更多信息。具体地，一旦生产零件，铣床就可以每分钟一个的速度生产转向支架，并可以每分钟两个的速度生产骨架。回想一下，每辆 Xootr 需要一个转向支架和两根骨架。此外，需要一小时来准备铣床以开始生产转向支架，还需要一小时来准备以开始生产骨架。尽管在那些准备时间内没有任何零件生产，但如果说在那段时间也没有发生任何情况是非常不正确的。铣床操作员正在忙于校准铣床，以便生产出所需的零件。

从直觉上讲，以下生产过程应与这两个部分一起使用：准备机器以制造转向支架，制造一些转向支架；准备机器以制造骨架，制造一些骨架。最后重复此准备和生产运行序列。我们称此重复序列为生产周期（production cycle）。一个生产周期紧接另一个生产周期，并且所有生产周期"看起来都相同"，因为它们具有相同的准备和生产运行。

因为零件是分批生产的，所以我们称为批量生产过程。尽管"批量"的含义很明显，但是提供精确的定义很有用：

　　　　批量（batch）是流程单元的集合。

在整个分析过程中，我们假设批量是连续生产的。也就是说，一旦完成一批的生产，就开始下一批的生产，并且所有批量都包含相同数量和类型的流程单元。

给定批量是流程单元的集合，对于 Xootr 我们需要定义流程单元。每辆 Xootr 需要一个转向支架和两根骨架，因此，假设流程单元是一个"组件集"，每个组件集均由这三个部分组成。每个生产周期都会生产一批组件集。

有人可能会问为什么我们没有将流程单元定义为两种零件中的一种。例如，我们可以将生产运行中制造的转向支架称为一批转向支架。但是，我们的兴趣并不在于制造转向支架或骨架的能力。我们关心组件集的能力，因为每辆 Xootr 都需要一个组件集。出于分析目的，将流程单元定义为组件集并根据一批组件集进行思考更有意义。

由于资源处于准备模式时不产生任何输出，因此可以很直观地看出频繁的准备会导致能力降低。要了解准备如何减少流程的能力，请参考图 5-2。由于在准备过程中资源上什么也没有产生，因此资源准备的频率越高，其能力就越低。如上所述，图 5-2 示例中的铣床具有以下处理时间/准备时间：

- 生产一个转向支架单元（每辆 Xootr 有一个）需要 1 分钟。
- 从生产转向支架到生产骨架，需要 60 分钟才能完成铣床的转换（准备时间）。
- 生产一根骨架需要 0.5 分钟；因为 Xootr 中有两根骨架，所以转换成每对骨架需要 1 分钟。
- 最后，需要 60 分钟才能将铣床转换回生产转向支架。

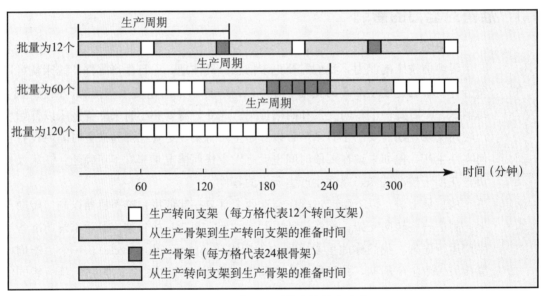

图 5-2　准备时间对能力的影响（1）

现在考虑改变批量大小对能力的影响。回想一下，我们将能力定义为流程可以运行的最大单位时间产出。如果每批小批量生产 12 个组件集，则我们每生产 12 个组件集总共要花费两小时的准备时间（一小时来准备转向支架的生产，一小时来准备骨架的生产）。正常生产会浪费这两小时的准备时间。

可以通过增加批量大小来提高资源的能力。如果每生产 60 个组件集机器准备一次，则准备的降低能力的影响可以分散到 60 个组件集上。具体来说，对于 60 个组件集的批量大小，铣床每分钟可以生产 0.25 个组件集。表 5-1 总结了批量大小为 12 个、60 个和 120 个组件集的能力计算。

表 5-1 准备对能力的影响

批量大小（个）	完成一个批量的时间（分钟）	能力（个组件集/分钟）
12	60 分钟（准备生产转向支架） +12 分钟（生产转向支架） +60 分钟（准备生产骨架） +12 分钟（生产骨架） 144 分钟	12/144＝0.083 3
60	60 分钟（准备生产转向支架） +60 分钟（生产转向支架） +60 分钟（准备生产骨架） +60 分钟（生产骨架） 240 分钟	60/240＝0.25
120	60 分钟（准备生产转向支架） +120 分钟（生产转向支架） +60 分钟（准备生产骨架） +120 分钟（生产骨架） 360 分钟	120/360＝0.333

概括表 5-1 中的计算，我们可以使用准备作为批量大小的函数来计算资源的能力：

$$给定批量大小的能力＝\frac{批量大小}{准备时间＋批量大小×处理时间}$$

基本上，上面的公式将“非生产性”的准备时间分布在批处理单元上。要使用该公式，我们需要精确地了解批量大小、准备时间和处理时间的含义。

● 批量大小是在一个周期中生产的流程单元数量（在流程重复之前，见图 5-2）。

● 准备时间包括批量生产中的所有准备（生产周期中的所有准备）。在这种情况下，准备时间 S＝60 分钟＋60 分钟＝120 分钟。它还可以包括与批量生产相关的任何其他非生产时间。例如，如果每个批量的生产需要 10 分钟的工人休息时间，则将其包括在内。其他“准备时间”可以包括计划的维护时间或强制性的空闲时间（在该时间内，机器实际上什么都没有发生——既没有生产也没有准备生产）。

● 处理时间包括在铣床上生产一个完整的输出流程单元所需的所有生产时间。在这种情况下，处理时间包括 1 分钟/个的转向支架以及两次 0.5 分钟/根的骨架。因此，每个组件集处理时间 P＝1 分钟＋2×0.5 分钟＝2 分钟。请注意，即使在 2 分钟的单个时间段内没有实际生产任何组件集，处理时间也为 2 分钟。由于准备的原因，一个组件集的处理时间分为两个周期，每个周期为 1 分钟，这两个周期可以相隔相当长的时间。然而，从计算铣床在使用给定批量大小时的能力角度来看，每个组件集是连续生产还是在一段时间内间断生产并不重要，重要的是每个组件集总共需 2 分钟。

根据这些定义，假设我们以 100 个组件集的批量大小生产。在这种情况下，我们的能力是：

$$能力（批量=100）=\frac{批量大小}{准备时间+批量大小×处理时间}$$

$$=\frac{100\ 个组件集}{120\ 分钟+100\ 个组件集×（2\ 分钟/个组件集）}$$

$$=0.312\ 5\ 个组件集/分钟$$

无论选择多大的批量大小，我们都无法比单位时间内生产 p 个产品的速度更快地生产产品。因此，$1/p$ 可以认为是该流程可以实现的最大能力，如图 5-3 所示。

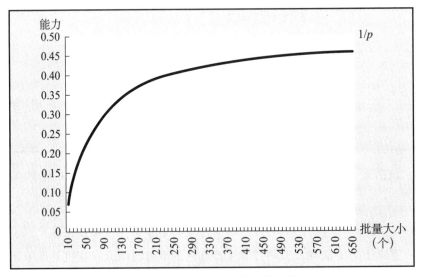

图 5-3　能力是批量大小的函数

5.2　批量生产和库存之间的相互作用

考虑到大批量增加能力的理想效果，为什么不选择尽可能大的批量以最大化能力呢？从能力的角度来看，大批量是理想的选择，但它们通常需要更高水平的库存，无论是在流程内还是在成品水平。保持单位时间产出恒定，我们可以根据利特尔法则推断出如此高的库存水平会导致更长的流程时间。这就是批量流程运营通常不能很快响应客户的订单的原因。

下例说明了批量生产和库存之间的相互作用。考虑一家汽车制造商在同一条装配线上生产面包车和旅行车。为简单起见，假设两个车型的需求相同，每个车型每天需要 400 辆。在最终装配之前的流程中，金属冲压步骤的特点是准备时间特别长。为了实现高水平的生产能力，工厂要进行大批量生产，面包车要花 8 周的时间，旅行车要花 8 周的时间，以此类推。

生产计划导致面包车和旅行车的大批量产出，但是客户对面包车和旅行车的需求保持恒定（可以这样说）。因此，大批量生产会导致供需错配。

为了实现此计划，除了生产足以满足 8 周需求的产品外，该公司还需要生产足够的汽车以满足在生产其他类型汽车的 8 周后的需求。假设每周 5 天，这意味着当面包车生产完成时，有 400 辆/天×5 天/周×8 周＝16 000 辆面包车。在制造旅行车的 8 周中，16 000 辆面包车以每周 2 000 辆的固定速率出售。平均而言，库存有 8 000 辆面包车。这同样适用于旅行车，当旅行车生产完成时，旅行车库存有 16 000 辆，然后在随后的 8 周内将其售出，平均库存 8 000 辆旅行车。图 5 - 4 左侧说明了库存上升和下降的这种模式。

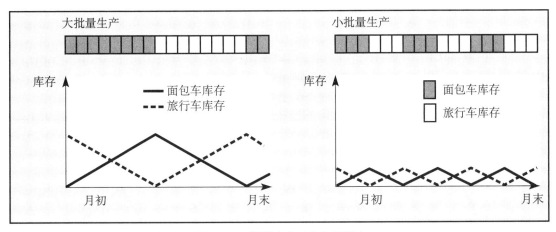

图 5 - 4　批量大小对库存的影响

该公司可能会发现，在转换前花 3 周生产某种汽车是可行的，而在转换前花 8 周生产某种汽车不太可行。现在，在每次生产结束时，公司需要 400 辆/天×5 天/周× 3 周＝6 000 辆汽车来满足生产其他车型的 3 周的需求。这意味着每种车型的平均库存只有 3 000 辆，大大低于 8 周计划所需的库存。图 5 - 4 右侧对此进行了说明。因此，小批量可以降低库存水平！

在丰田生产方式（见第 8 章）那种理想情况下，以平准化（heijunka）或混合模式（mixed-model）生产，公司会在生产一辆面包车和生产一辆旅行车之间进行轮换，从而实现一组批量生产，如此可以实现需求流与生产流之间更好的同步，并且基本上消除了库存。

现在，让我们将注意力转移到 Novacruz 公司的铣床上。与图 5 - 4 相似，我们可以在生产周期内计算出组件（骨架和转向支架）库存。请记住，铣床之后的装配过程每 3 分钟需要供应一个单元。从铣床的角度来看，该单元包括两根骨架和一个转向支架。如果我们要确保足够的供应量以保持装配过程正常进行，则必须生产足够数量的骨架，以使在此期间（如准备时间和转向支架的生产时间内）我们不会耗尽骨架。假设铣床以 200 个组件集（$B=200$）的批量大小运行，在这种情况下，骨架的库存变化如下：

● 在骨架生产期间，库存增加。当我们每分钟生产一对骨架，但装配每 3 分钟只需要一对骨架时，骨架库存以每 3 分钟两对骨架或每分钟 2/3 对骨架的速率增加。

● 生产 200 对骨架需要 200 分钟。因此，在生产运行结束时，成对骨架的库存为 200 分钟×（2/3 对骨架/分钟）＝133.3 对骨架（266 根骨架）。

图 5-5 总结了生产计划以及相应的库存水平结果。请注意，每个生产周期需要 200 辆滑板车×每辆滑板车 3 分钟＝600 分钟，其中包括 80 分钟的空闲时间。为什么铣床生产计划中有空闲时间？答案是，如果没有空闲时间，给定批量大小为 200 个组件集，铣床的生产速度就太快了。要说明的是，装配需要 600 分钟才能生产出 200 辆滑板车，而铣床只需要 520 分钟（120 分钟的准备时间和 400 分钟的生产时间）即可生产出该批量 600 辆滑板车。因此，如果铣床一批接一批地生产（它们之间没有任何空闲时间），它将每 520 分钟生产 200 个组件集（或每分钟 200/520 ＝0.384 6 个组件集），这比用它们装配的速度更快（每分钟 1/3 个组件集）。该分析表明，也许我们要选择一个不同的批量大小，正如我们在下一节中看到的。

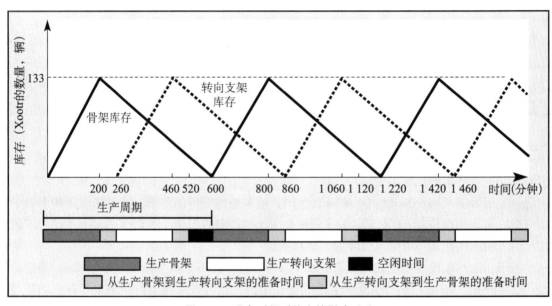

图 5-5　准备时间对能力的影响（2）

图 5-5 很直观地给出了骨架对和转向支架的库存模式。我们看到，骨架对的库存随时间变化呈"锯齿状"模式，最小值为 0，最大值为 133.3。如果对所有库存水平进行平均，我们将发现平均库存为 133.3 / 2 ＝66.7。但是，使用图表并不是计算生产计划中每个品类的平均库存的有效方法。更好的方法是使用公式：

$$平均库存＝\frac{1}{2}×批量大小×（1－单位时间产出×处理时间）$$

在我们的案例中，批量大小为 200 对骨架，单位时间产出为每分钟 1/3 对骨架，处理时间为每对骨架 1 分钟。因此，有

$$平均库存=\frac{1}{2}\times 200\ 对骨架\times(1-\frac{1}{3}\ 对骨架/分钟\times 1\ 分钟/对骨架)$$

$$=66.7\ 对骨架$$

公式的答案与我们从图中找到的答案相符，它本就该如此。

必须强调的是，在使用库存公式时，我们必须保持单位一致。特别是，如果我们要评估骨架对的平均库存，则批量大小、单位时间产出和处理时间都必须以骨架对的形式给出。以骨架对为单位定义批量大小和单位时间产出，而在组件集中定义处理时间没有意义。此外，我们不能使用上述公式来评估一组零件（例如组件集）的库存，因为锯齿状库存模式的总和不再是锯齿状的。为了计算库存，我们必须单独考虑每个部分。例如，我们可以评估骨架的平均库存，再评估转向支架的平均库存，然后将这两个均值相加。尝试一次性评估所有零件库存的快捷方式并不存在。最后，上述库存公式仅在批量规模足够大以至于我们在很长一段时间内都不会耗尽库存的情况下成立，也就是说，图 5-5 中没有平坦区域。正如我们在下一节中看到的，我们一般希望以如此大的批量规模运作。

我们可以用以下关键结论来结束本节：较大的批量会导致更多的库存，这在我们的平均库存公式中显而易见。因此，如果我们要减少库存，则需要小批量生产。

5.3　已知准备时间后选择合适的批量

在为流程选择合适的批量时，重要的是平衡冲突对象：能力和库存。大批量导致大量库存，但能力更大；小批量导致能力损失，但库存更少。

为了平衡对更大能力的需求和更少库存的需求之间的冲突，我们从以下两个观察结果中受益：

● 瓶颈步骤的能力非常有价值（只要该流程受能力约束，即需求多于能力），因为它会限制整个流程的单位时间产出。

● 非瓶颈步骤的能力是不受约束的，因为它不会限制当前的单位时间产出。

这对于在有准备时间的流程步骤中选择合适的批量具有直接意义。

● 如果准备时间发生在瓶颈步骤（并且该流程受能力约束），则需要增加批量，因为这会导致更大的流程能力，从而获得更高的单位时间产出。

● 如果准备时间发生在非瓶颈步骤（或者该流程受需求约束），则应该减小批量，因为这会减少库存以及流程时间。

图 5-6 总结的滑板车示例说明了这两个观察结果，以及它们如何帮助我们选择合适的批量。请记住，B 代表批量大小，S 代表准备时间，p 代表每单位处理时间。

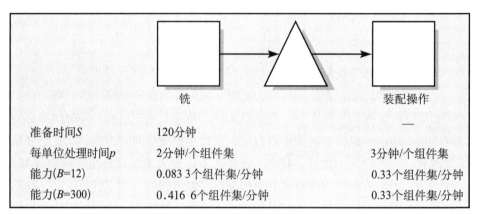

图 5-6 滑板车案例中有关准备时间和批量生产的数据

图 5-6 中的流程图仅包括两个活动：铣和装配操作。我们可以将其合并为一个活动，因为我们知道这是最慢的步骤（装配的瓶颈），每 3 分钟可以生产一辆 Xootr，因此这就是装配的处理时间。装配操作的能力为 1/处理时间，因此其能力为每分钟 1/3 个组件集。

让我们用两个不同的批量大小来评估此过程。首先，假设 $B=12$。可以使用以下公式计算铣的能力：

$$能力（B）= \frac{批量大小}{准备时间＋批量大小×处理时间}$$

$$= \frac{B}{S＋B×p} = \frac{12}{120＋12×2} = 0.083\ 3（个组件集/分钟）$$

$B=12$ 时，铣是瓶颈，因为铣的能力（0.083 3 个组件集/分钟）低于装配操作的能力（0.333 3 个组件集/分钟）。

接下来考虑如果将批量大小从 12 个增加到 300 个，则相同的计算的结果会是什么。虽然这不会影响装配操作的能力，但现在铣的能力变成了：

$$能力（B）= \frac{B}{S＋B×p} = \frac{300}{120＋300×2} = 0.416\ 6（个组件集/分钟）$$

因此，我们观察到瓶颈的位置已经从铣转移到了装配操作上；$B=300$ 时，铣的能力（0.416 6 个组件集/分钟）现在超过了装配操作的能力（0.333 3 个组件集/分钟）。只需改变批量大小，我们就可以更改瓶颈的位置！现在，两个批量大小中哪个是"更好"的（12 个或 300 个）？

● 批量大小为 300 个太大。较小的批量会减少库存，但是只要装配操作仍然是瓶颈，较小的批量就不会降低流程的单位时间产出。

● 批量大小为 12 个可能太小。只要需求大于每分钟 0.083 3 个组件集（$B=12$ 的铣的能力），较大的批量就可以增加流程的单位时间产出。这也将增加库存，但较高的单位时间产出几乎可以肯定地证明了更多的库存是合理的。

由于批量为 12 太小而批量为 300 太大，因此合适的批量介于"中间"，特别是我们对最小的批量感兴趣，这不会对流程能力产生不利影响。

为了找到该批量大小值，我们令有准备时间的步骤（在本例中为铣）的能力与剩余流程中最小能力的步骤的能力（在本例中为装配操作）相等：

$$\frac{B}{120 + B \times 2} = \frac{1}{3}$$

求解 B 得：

$$\frac{B}{120 + B \times 2} = \frac{1}{3}$$
$$3 \times B = 120 + 2 \times B$$
$$B = 120$$

在这种情况下，我们得到 $B = 120$。图 5-7 演示了这种方法。如果你对上面列出的方法（求解批量大小 B 的公式）感到不自在，或者想将该方法直接编程到 Excel 或其他软件包中，则可以使用以下公式：

$$建议批量大小 = \frac{单位时间产出 \times 准备时间}{1 - 单位时间产出 \times 处理时间}$$

这等价于上面的方法。为此，只需替换准备时间＝120 分钟，单位时间产出＝每分钟 0.333 个组件集，处理时间＝每个组件集 2 分钟，即可获得：

$$建议批量大小 = \frac{单位时间产出 \times 准备时间}{1 - 单位时间产出 \times 处理时间} = \frac{0.333 \times 120}{1 - 0.333 \times 2} = 120$$

图 5-7 显示了有准备时间（铣）的流程步骤的能力，该能力随着批量大小 B 的增加而增加，批量大小 B 的极高值接近 $1/p$（类似于图 5-3）。由于装配操作的能力不取决于批量大小，因此它对应于一个常数。

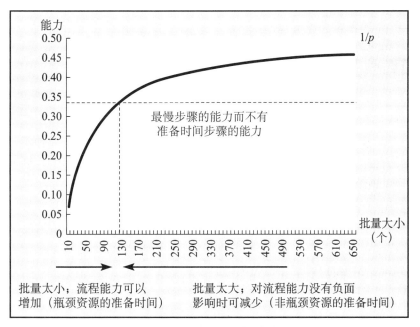

图 5-7 选择一个"合适"的批量大小

根据瓶颈概念的精髓，在相交点之后，装配操作成为瓶颈，批量的进一步增加也不会有改观。计算步骤 5.1 总结了在有准备时间的情况下得出建议批量大小的计算过程。

计算步骤 5.1

在有准备时间的情况下找到一个合适的批量大小：

1. 计算单位时间产出＝min｛可用输入量，需求量，流程能力｝。

2. 定义生产周期，包括一个批量所有流程单元的处理时间和准备时间。设 B 为生产周期内生产的单元数。

3. 计算资源处于准备状态的生产周期总时间，将此总时间称为准备时间（set-up time）。准备时间是与批量大小无关的时间。

4. 计算生产周期中处理单个单元的总时间。如果一个单元有多个零件，那么将每个零件的处理时间相加。将此总时间称为处理时间。

5. 根据给定批量大小计算有准备时间的资源的能力：

$$能力（B）=\frac{B}{准备时间+B\times 处理时间}$$

6. 找到能够在不影响单位时间产出的情况下达到最低库存水平的批量大小；我们通过解这个公式得到它。对于批量大小 B：

$$能力（B）=单位时间产出$$

也可以直接使用下面的公式来得到：

$$建议批量大小=\frac{单位时间产出\times 准备时间}{1-单位时间产出\times 处理时间}$$

5.4 准备时间和产品种类

正如我们在 Xootr 生产流程中所看到的那样，准备时间通常是需要将生产从一种产品转换为另一种产品而产生的，这就引出了以下问题：产品种类对具有准备时间流程的影响是什么？为了解答这个问题，我们考虑一个可以制作两种汤的简单流程：鸡肉面条浓汤和番茄汤。

鸡肉面条浓汤的需求为每小时 100 加仑，而番茄汤的需求为每小时 75 加仑。从一种汤转换为另一种汤需要 30 分钟清洁生产设备，使一种汤的口味不会破坏下一种汤的口味。生产开始后，该流程可以每小时生产 300 加仑的任何一种汤。给定这些参数，让我们评估一个生产周期，该周期可以在满足需求的同时最大限度地减少库存。

我们首先需要定义流程单元。在这种情况下，自然而然地我们将流程单元定义为 1 加仑汤。汤的生产周期包含生产一定加仑的鸡肉面条浓汤和番茄汤。批量是在生产周期中生产的加仑集。虽然相对于说加仑集，工厂经理更喜欢分别说番茄汤和鸡肉面条浓汤的加仑数，但我们不能将番茄汤的生产过程与鸡肉面条浓汤的生产过程分开进行分析（如果将更多的时间用于生产番茄汤，那么将有更少的时间生产鸡肉面条浓汤）。因为我们最终对制作汤的能力感兴趣，所以我们将分析重点放在生产周期的水平上，并将该周期内的整个生产称为"批量"。

我们希望的单位时间产出是每小时 175 加仑（鸡肉面条浓汤和番茄汤的总需求），准备时间是 1 小时（每种汤都需要 30 分钟），处理时间是每加仑 1/300 小时。然后找到在满足我们需求的同时最大限度地减少库存的批量大小：

$$建议批量大小 = \frac{单位时间产出 \times 准备时间}{1 - 单位时间产出 \times 处理时间} = \frac{175 \times (2 \times \frac{1}{2})}{1 - 175 \times \frac{1}{300}} = 420$$

我们应该按需求比例进行生产（否则，一种口味会产量过多，一种口味会产量过少），在 420 加仑中，$420 \times 100/(100+75) = 240$ 加仑应该是鸡肉面条浓汤，剩余的 $420 - 240 = 180$ 加仑应该是番茄汤。

为了计算鸡肉面条浓汤的平均库存，我们使用以下公式：

$$平均库存 = \frac{1}{2} \times 批量大小 \times (1 - 单位时间产出 \times 处理时间)$$

流程单元为 1 加仑鸡肉面条浓汤，批量大小为 240 加仑，单位时间产出为每小时 100 加仑，处理时间为每加仑 1/300 小时。因此，鸡肉面条浓汤的平均库存为 $(1/2) \times 240$ 加仑 $\times (1 - 100$ 加仑/小时 $\times (1/300$ 小时/加仑$)) = 80$ 加仑。

为了了解品种对这一过程的影响，假设我们要在产品中添加第三种汤，即洋葱汤。此外，在添加洋葱汤的情况下，鸡肉面条浓汤的需求仍为每小时 100 加仑，番茄汤的需求仍为每小时 75 加仑，而洋葱汤现在自身产生了 30 加仑的需求。从某种意义上说，这是添加品种的理想情况——新品种逐渐增加了需求，而不会抢走现有品种的任何需求。

现在，所需的单位时间产出为 $100+75+30 = 205$ 加仑/小时，准备时间为 1.5 小时（每批量三个准备时间），并且使生产周期内的库存最小的批量为：

$$建议批量大小 = \frac{单位时间产出 \times 准备时间}{1 - 单位时间产出 \times 处理时间} = \frac{205 \times (3 \times \frac{1}{2})}{1 - 205 \times \frac{1}{300}} = 971（加仑）$$

同样，我们应该按需求比例进行生产：$971 \times (100/205) = 474$ 加仑鸡肉面条浓汤，$971 \times (75/205) = 355$ 加仑番茄汤，$971 \times (30/205) = 142$ 加仑洋葱汤。

当我们增加品种时发生了什么？简而言之，我们需要更多的库存。批量大小为 474 加仑时，鸡肉面条浓汤的平均库存为 $(1/2) \times 474$ 加仑 $\times (1 - 100$ 加仑/小时 $\times (1/300$ 小时/加仑$)) = 158$ 加仑。由于鸡肉面条浓汤的批量几乎翻了一番（$474/240 = 1.98$），因此鸡肉面条浓汤的平均库存也几乎翻了一番。

为什么将洋葱汤加入生产组合后鸡肉面条浓汤的库存会增加？应归咎于准备时间。随着生产组合中品种的增多，每个生产周期必须更频繁地进行准备，这会降低生产周期的能力（准备过程中不做汤）。为了将能力增加到所需的单位时间产出（现在甚至更高），我们需要以较大的批量进行操作（更长生产周期），这会导致更多的库存。

有人可能会争辩，先前的分析过于乐观，将洋葱汤加入产品组合后应该会从其他口味中抢走一些需求。事实证明，我们的结果对这一假设并不敏感。为了说明这一点，让我们考虑相反的极端情况——加入洋葱汤并不能增加总需求，而只是从其他口味中抢走了需求。具体来说，总单位时间产出保持每小时 175 加仑（含或不含洋葱汤保持一样）。此外，含洋葱汤时，鸡肉面条浓汤、番茄汤和洋葱汤的需求分别为每小时 80 加仑、65 加仑和 30 加仑。处理时间仍然是每小时 1/300 加仑，现在每批量的准备时间为 1.5 小时（由于是三种汤，因此需要进行三次转换）。在满足需求的同时最大限度地减少库存的批量大小是：

$$建议批量大小 = \frac{单位时间产出 \times 准备时间}{1 - 单位时间产出 \times 处理时间} = \frac{175 \times \left(3 \times \frac{1}{2}\right)}{1 - 175 \times \frac{1}{300}} = 630 \text{ 加仑}$$

鸡肉面条浓汤的批量大小为（80/175）×630＝288 加仑，平均库存为（1/2）×288 加仑×（1－100 加仑/小时×（1/300 小时/加仑））＝96 加仑。回想一下，只有两种口味，单位时间产出为 175 加仑/小时，平均库存只有 80 加仑的鸡肉面条浓汤。因此，在这种情况下库存不会增加太多，但仍会增加。

这项调查的结论是，准备时间和产品种类不能很好地融合在一起。因此，有两种可能的方法来应对这一挑战。第一种方法是仅提供有限数量的品种。这就是亨利·福特的名言，即"你可以拥有任何颜色的 T 型车，只要它是黑色的"。虽然这对于生产经理来说是一种方便的方法，但不一定是在竞争激烈的环境中满足需求的最佳策略。

解决准备时间和产品种类不兼容的另一种方法是消除准备时间。这是制造业中最具影响力的思想领袖之一新乡重夫（Shigeo Shingo）倡导的方法。当他目睹一家汽车厂的准备时间超过一小时时，他认为"生产必须持续进行"，这意味着必须尽一切努力确保生产平稳进行。确保单位时间产出平稳运行的一种方法是减少或消除准备时间。新乡重夫开发了一种强大的技术来实现这一目的，我们将在本章的后面部分介绍。

5.5 减少调整准备时间

使用"合适"的批量和较小的批量转移可能会带来改进，但是准备时间是破坏平稳流程的根源。因此，与其将准备时间视为"上帝给定的"约束并找到适应它们的方法，不如找到直接解决方法。

这是快速换模法（SMED）的基本思想。SMED 的创建者将超过 10 分钟的任何准备都称为流程中断的不可接受的来源。10 分钟规则不一定是字面上的意思，该方法是在汽车行业中开发出来的。汽车行业过去的准备时间通常要花 4 小时。SMED 有助于定义一个积极又切合实际的准备时间目标，并确定减少准备时间的潜在机会。

SMED 的基本思想是仔细分析准备时间中的所有任务，然后将这些任务分为两组，即内部调整准备任务和外部调整准备任务。

- 内部调整准备任务是那些只能在机器停止时执行的任务。
- 外部调整准备任务是那些可以在机器运行时完成的任务，这意味着它们可以在实际转换发生之前完成。

经验表明，公司偏向于使用内部调整准备（internal setups），即使不进行大量投资，内部调整准备也可以转换为外部调整准备（external setups）。

与关于选择合适批量的讨论类似，我们要克服的最大障碍是无效的成本核算程序。例如，考虑一种简单的热处理工艺，该工艺将流程单元在托盘上移动并放入烤箱。托盘的装卸是准备时间的一部分。在另一个托盘仍在流程中（准备前）的情况下，公司购买了一个可以装载（或卸下）的附加托盘，使公司可以将内部调整准备任务转换为外部调整准备任务。这是值得的投资吗？

答案与往常一样取决于具体情况。应用于非瓶颈步骤的 SMED 根本不会改进任何流程。如前所述，非瓶颈步骤具有过多的能力，因此准备时间是完全自由的（除了由此导致的库存增加）。因此，对非瓶颈步骤的任何技术或人力资源进行投资不仅是浪费，还使紧急的项目失去了稀有的改进能力/资金。但是，如果前面示例中的烤箱是瓶颈步骤，那么几乎所有购置附加托盘的投资都会突然变成高利润的投资。

内部调整准备和外部调整准备以及从内部调整准备到外部调整准备的潜在转换的想法在赛车中最为明显。任何进站都会严重阻碍赛车向终点线的进军。在比赛中的任何地点、任何时刻，所有工作人员都准备好接受赛车，应对从轮胎更换到加油等任何技术问题。尽管技术人员可能在整个比赛的大部分时间里都处于空闲状态，但显然，从赛车进入维修区（内部调整准备）到赛车回到赛道的那一刻，他们可以减少的每一秒钟都是一项重大收获。

5.6　平衡准备成本与库存成本：EOQ 模型

到目前为止，我们的重点一直放在准备时间的作用上而不是准备成本上。具体而言，我们看到瓶颈处的准备时间导致了流程能力的整体下降。假设该流程当前受能力约束，则准备时间将带来机会成本，反映出总体较低的单位时间产出（销售额）。

与此类机会成本无关，准备成本通常与直接（现金支出）成本相关联。在这种情况下，我们谈到准备成本（而不是准备时间）。考虑以下准备成本：

- 处理特定零件时为可能的报废而准备生产 10 个零件，这 10 个零件的材料成本构成了准备成本。
- 假设我们为特定资源（如上述铣床）按时间单位收取使用费。使用资源的每一分钟，无论是将其用于准备还是用于实际生产，我们都必须为该资源付费。在这种情况下，"时间就是金钱"，准备时间直接转化为准备成本。但是，正如我们将在下面讨论的，从准备时间转换为准备成本时，需要非常小心。

● 当从供应商处接收货物时，通常存在固定的运输成本作为采购成本的一部分，这与所购买的数量无关。这类似于消费者在目录或在线零售商处支付的运费。运输成本是准备成本的一种形式。

以上这三种准备成本都反映了规模经济（economies of scale）：我们订购或批量生产的产品越多，可以分摊准备成本的单元就越多。

如果我们可以通过增加批量来降低单位成本，那么是什么阻止我们使用无限（或至少非常大）的批量？类似于准备时间的情况，我们需要平衡对大批量（更少的准备时间）的要求与持有大量库存的成本。

在下面的分析中，我们需要区分两种情况：

● 如果我们订购的一定数量的产品是由外部供应商生产或交付的，则批量中的所有单元都可能同时到达。

● 在其他情况下，批量中的单元可能不会同时到达。在内部进行批量生产时，情况尤其如此。

图 5-8 说明了上述两种情况的库存水平。图 5-8 的下部展示了外部供应商的情况以及批量中的所有单元在同一时间到达。收到货物后，库存水平将随货物的规模而上升。然后库存水平下降到下一次发货的时间。

图 5-8 的上部展示了由具有（有限）能力的资源生产的情况。当我们生产时，库存水平会上升。一旦我们停止生产，库存水平就会下降。让我们首先考虑外部供应商的情况（图 5-8 的下部）。具体来说，以 Novacruz 公司从国外一家供应商处以每单位 0.85 美元的价格购买的手柄盖为例。请注意，手柄盖的最大库存量是在我们从供应商处收到货物时产生的。然后以装配操作速率消耗库存，即以每周 700 个单位（成对的手柄盖）的单位时间产出 R 消耗库存，这等于每 3 分钟一个单位。

对于以下计算，我们进行一系列假设。稍后我们将展示这些假设不会实质性地改变最佳决策。

● 我们假设 Xootr 的生产以每 3 分钟 1 个单位的恒定速率发生。我们还假设供应商准时送货的。在这两个假设下，我们可以在收到下一次货物之前将库存一直减少到零。

● 每个订单都有固定的准备成本，与订单金额无关。在 Xootr 案例中，这主要包括 300 美元的海关费用。

● 采购价格与我们订购的单位数量无关，即没有数量折扣。我们将在下一节讨论数量折扣。

我们计算的目的是在必须永不耗尽库存（可以保持装配操作正常进行）的约束下，最大限度地减少库存成本和订货成本。

我们要考虑三项成本：采购成本、运输成本和持有成本。无论订购的数量或频率如何，每周我们订购 700 个单位的手柄盖。因此，我们没有理由耗尽库存，并且

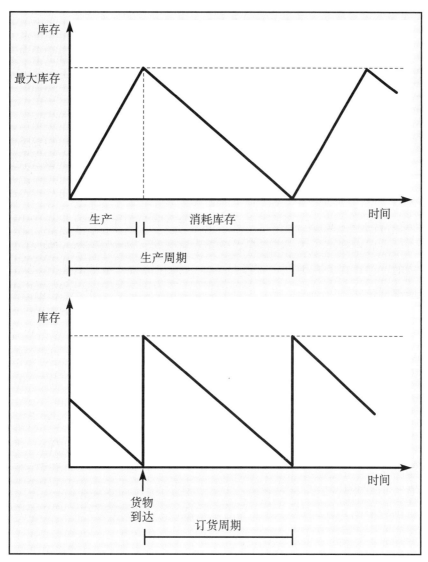

图 5-8 库存水平的不同模式

对采购成本无能为力。

0.85 美元/个单位×700 个单位/周＝595 美元/周

因此，在选择订购政策（订购的时间和数量）时，我们将精力集中在最小化运输成本和库存成本这两个成本之和上。

库存成本取决于在给定的时间段（例如一周）内持有一个单位的库存量需要花费多少成本。我们可以通过查看年度库存成本并将其除以 52 来获得。年度库存成本需要考虑为库存融资（资本成本，对于像 Novacruz 公司这样的初创企业来说尤其高）、储存成本以及过时成本，Novacruz 公司每年的库存成本为 40%。因此，Novacruz 公司需要每周花费 0.769 2% 的成本来保存库存。假设一个手柄盖的成本为每单位 0.85 美元，这意味着库存成本 $h = 0.007\,692 \times 0.85 = 0.006\,538$ 美元/

周。请注意，年度持有成本需要包括资本成本以及任何其他库存成本（如库存积压、被盗窃等）。

Novacruz 公司的库存中平均有多少个手柄盖？如图 5-8 所示，平均库存水平可以简单地表示为：

平均库存＝订货批量/2

如果你不确定，请参考图 5-8 的由一个订货周期形成的"三角形"。该周期内的平均库存量为三角形高度的一半，即订货批量的一半——$Q/2$。因此，对于给定的库存成本 h，我们可以计算每单位时间的库存成本（如每周的库存成本）：

$$库存成本（每单位时间）= \frac{1}{2} \times 订货批量 \times h = \frac{1}{2}Qh$$

在讨论一次要订购多少个手柄盖的问题之前，让我们先问问自己必须多久下一次订单。假设在时间 0，我们有 I 个单位的库存，计划下一次订购 Q 个单位。I 个单位的库存将在 I/R 时间之前满足需求（换句话说，我们有 I/R 周的库存供应）。如果我们在此之前不下订单，则库存将为 0。然后，我们将再次收到一个数量单位为 Q 的订单（如果此订单有提前期，我们只要更早下达此订单即可）。

如果比库存为 0 的时间更早地获得 Q 单位的手柄盖，我们可以获得收益吗？此模型中不存在：无论我们是否提前订购，需求都得到满足，并且运输成本也相同。但是，通过提前订购，我们的确损失了一些东西：我们要承担每持有 Q 单位的时间的持有成本。

由于我们无法智能地选择订购时间来节省成本，因此现在必须解决订购多少数量（订货批量）的问题。再次假设我们对每个订单都订购 Q 单位，并仅考虑一个订购周期。订购周期从我们订购 Q 单位开始，到最后一个单位消耗完为止，持续 Q/R 个时间单位结束。例如 $Q = 1\ 000$，则订购周期持续 $1\ 000/700 = 1.43$ 周。在该订购周期内，我们需要支付一笔订货成本（准备成本）K，因此每周的准备成本为：

$$准备成本（每单位时间）= \frac{准备成本}{订单周期时长} = \frac{K}{Q/R} = \frac{KR}{Q}$$

令 $C(Q)$ 为每单位时间的平均订货成本与每单位时间（每周）的平均持有成本之和：

$$每单位时间成本 C(Q) = 准备成本 + 库存成本 = \frac{KR}{Q} + \frac{1}{2}hQ$$

请注意，出于前面讨论的原因，采购成本不包括在 $C(Q)$ 中。从上面我们可以看到，每单位时间的订货成本随着 Q 的增加而减少：我们将订货成本分摊到更多的单元上。但是随着 Q 的增加，我们增加了持有成本。

图 5-9 给出了每周订货成本、平均每周持有成本和每周总成本 $C(Q)$ 的变化，我们可以看到，有一个订货批量 Q 使总成本 $C(Q)$ 最小。我们称此数量 Q^* 为经济订货批量，简称 EOQ。

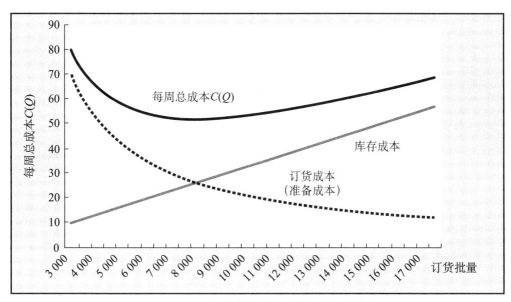

图 5-9 不同订货批量的库存成本和订货成本

从图 5-9 可以看出，Q^* 是每周订货成本等于每周持有成本的数量。实际上，这是正确的，如公式所示。

$$经济订货批量 = \sqrt{\frac{2 \times 准备成本 \times 单位时间产出}{持有成本}}$$

$$Q^* = \sqrt{\frac{2KR}{h}}$$

随着准备成本 K 的增加，我们应该下更大的订单，但是随着持有成本 h 的增加，我们应该下更小的订单。

我们可以使用以上公式来确定手柄盖的经济订货批量：

$$Q^* = \sqrt{\frac{2 \times 准备成本 \times 单位时间产出}{持有成本}} = \sqrt{\frac{2 \times 300 \times 700}{0.006\ 538}} = 8\ 014.69$$

计算步骤 5.2 总结了确定经济订货批量所需的步骤。

计算步骤 5.2

确定经济订货批量：

1. 验证 EOQ 模型的基本假设：

● 补货瞬间发生。

● 需求是恒定的而不是随机的。

● 有一个固定准备成本 K 独立于订货批量。

2. 收集如下信息：

● 准备成本 K（只包括现金支出成本，不包括机会成本）。

● 单位时间产出 R。

● 持有成本 h（不一定是每年的持有成本；需要和单位时间产出一样的时间单位）。

3. 给定订货批量 Q，计算：

$$库存成本(每单位时间) = \frac{1}{2}Qh$$

$$准备成本(每单位时间) = \frac{KR}{Q}$$

4. 使库存成本和准备成本之和最小的经济订货批量为：

$$Q^* = \sqrt{\frac{2KR}{h}}$$

由此产生的成本是：

$$C(Q^*) = \sqrt{2KRh}$$

5.7　对经济订货批量的观察

如果我们总是订购经济订货批量，则单位时间成本 $C(Q^*)$ 可以计算为：

$$C(Q^*) = \frac{KR}{Q^*} + \frac{1}{2}hQ^* = \sqrt{2KRh}$$

尽管我们进行了此分析以使每单位时间的平均成本最小化，但应该清楚的是 Q^* 将使每单位的平均成本最小化（假设购买手柄盖的比率是固定的）。可以计算出单位成本：

$$单位成本 = \frac{C(Q^*)}{Q^*} = \sqrt{\frac{2Kh}{R}}$$

如我们所料，单位成本随着订货成本 K 以及库存成本的增加而增加。有趣的是，单位成本随着单位时间产出 R 的降低而降低，因此，如果我们将单位时间产出增加一倍，订货成本将增加不到两倍。换句话说，订购过程存在规模经济：单位订货成本随着单位时间产出 R 的降低而降低。从另一个角度看，随着需求的增加，带有准备成本和库存持有成本的运营将变得更加高效。

虽然我们将分析重点放在了 Novacruz 公司每周需要 700 辆滑板车的需求上，但在 Xootr 的产品生命周期中，需求模式发生了巨大变化。如第 4 章所述，Novacruz 公司的需求从每周 200 辆滑板车大幅增长到每周超过 1 000 辆滑板车。表 5-2 显示了需求的增加如何影响订货批量以及手柄盖的单位成本。我们观察到，由于规模经济，订货成本和库存成本随着单位时间产出 R 的降低而降低。

表 5-2　EOQ 公式中的规模经济

单位时间产出 R	经济订货批量 Q^*	每单位订货成本与库存成本 $(CQ^*)/R$（美元/个）	订货成本与库存成本占总采购成本的百分比
200	4 284	0.14	14.1%

续表

单位时间 产出 R	经济订货 批量 Q^*	每单位订货成本与库存成本 $(CQ^*)/R$（美元/个）	订货成本与库存成本 占总采购成本的百分比
400	6 058	0.10	10.4%
600	7 420	0.08	8.7%
800	8 568	0.07	7.6%
1 000	9 579	0.06	6.8%

经济订货批量的一个很好的特性是成本函数 $C(Q)$ 在其最小 Q^* 附近相对平缓（见图 5-9）。这表明如果订购 Q 单位而不是 Q^* 单位，只要 Q 合理地接近 Q^*，产生的成本损失就不会很大。假设我们只订购经济订货批量的一半，即订购 $Q^*/2$。在这种情况下，有：

$$C(Q^*/2) = \frac{KR}{Q^*/2} + \frac{1}{2}h\frac{Q^*}{2} = \frac{5}{4}\sqrt{2KRh} = \frac{5}{4}C(Q^*)$$

因此，如果我们只订购经济订货批量的一半（订购频率是最优频率的两倍），则成本只会增加 25%。如果我们订购的经济订货批量增加一倍（订购频率是最优频率的一半），结论同样适用。

此属性有几个重要含义：

● 考虑上面的经济订货批量 $Q^* = 8\ 014$。现在仍假设我们的供应商只愿意按预定的数量（例如 5 000 的倍数）交付。上述建立的稳健性表明，数量级为 10 000 个会导致成本略有增加（增加的成本为 $C(Q=10\ 000) = 53.69$ 美元，仅比最优成本高 2.5%）。

● 有时，很难获得 EOQ 公式中各种成分的准确数字。例如，考虑在 Novacruz 公司案例中的订货成本。尽管这 300 美元的成本主要是 300 美元的海关费用，但其中也包括运费。反过来，确切的运费取决于运输的数量，我们需要一个更精细的模型来找到说明这种影响的订货批量。但是，鉴于 EOQ 模型的稳健性，我们知道该模型对于参数的小错误是"宽容的"。

EOQ 模型的一个特别有用的应用涉及数量折扣（quantity discounts）。在物流或零售环境中采购库存时，我们经常有机会从数量折扣中受益。例如，

● 订购整车货源可能会提供折扣。

● 我们每订购 5 单位可能会获得一个免费单位（就像在消费者零售环境中"买一送一"一样）。

● 对于订购超过 100 单位，我们可能会获得折扣。

● 如果订货批量超过 50 单位（或说 2 000 美元），我们可能会获得整个订单的折扣。

我们可以将由于不利用数量折扣而产生的额外采购成本（少量订购导致的额外采购成本）视为准备成本。因此，评估订单折扣可以归结为库存成本和准备成本（节省采购成本）之间的比较，我们可以使用 EOQ 模型进行比较。

如果我们从 EOQ 模型获得的订货批量足够大，可以获得最大的折扣（最低的单位采购成本）。我们继续订购经济订货批量。当 EOQ 小于折扣阈值时，会发生更有趣的情况。然后，我们必须决定是否要订购比经济订货批量更多的数量，以利用提供给我们的折扣。

让我们用一个示例来说明如何考虑此问题。假设手柄盖供应商在订单为 10 000 单位及以上时给我们整个订单 5% 的折扣。回想一下，我们的经济订货批量仅为 8 014 单位，因此问题是："我们应该将订单数量增加到 10 000 单位以获得 5% 的折扣，但会产生更高的库存成本，还是应该仅订购 8 014 单位？"

我们肯定不会订购超过 10 000 单位，任何较大的订单都不会节省额外的采购成本，但会增加库存成本。因此，我们有两种选择：坚持 EOQ 或将订货批量增加到 10 000 单位。如果我们订购 $Q^* = 8\ 014$ 单位，则每周的总成本为：

700 单位 / 周 $\times$ 0.85 美元 / 单位 $+ C(Q^*)$

$= 595$ 美元 / 周 $+ 52.40$ 美元 / 周 $= 647.40$ 美元 / 周

请注意，我们现在包括了每周每单位 700×0.85 美元的采购成本。由于有数量折扣的可能，我们的采购成本现在取决于订货批量。

如果我们将订货数量增加到 10 000 单位，则每周的总成本为：

700 单位 / 周 $\times$ 0.85 美元 / 单位 $\times 0.95 + C(10\ 000)$

$= 565.25$ 美元 / 周 $+ 52.06$ 美元 / 周 $= 617.31$ 美元 / 周

我们将采购成本降低了 5%。（注：5% 的折扣还降低了 C 中的持有成本 h。）鉴于在增加订货批量的情况下每周的成本较低，我们希望利用数量折扣。

在分析了一个订单（批量）的所有流程单元同时到达的情况之后，我们现在转到内部生产相应单元的情况（图 5-8 的上部）。

我们上面的所有计算都可以轻松转换为这种更一般的情况（Nahmias，2005）。此外，考虑到经济订货批量的稳健性，即使将其应用于带有准备成本的生产环境中，EOQ 模型也会产生合理的建议，因此，我们将不讨论其分析方面，相反，我们想退后一步，反思 EOQ 模型与我们对准备时间的讨论之间的关系。

一个常见的错误是过多地依赖准备成本（setup costs）而不是准备时间。例如，考虑图 5-6 的情况，假定铣床的每月资本成本为 9 000 美元，相当于每小时 64 美元（假设每 4 周约 35 小时）。因此，在选择批量大小并主要关注成本时，Novacruz 公司可能会避开频繁的准备。管理层可能考虑使用上面建立的经济订货批量，从而量化较大批量对库存持有成本的影响。

这种方法有两个主要错误：

● 这种选择批量大小的方法忽略了机器投资已经是沉没成本这一事实。

● 根据成本选择批量大小会忽略准备对流程能力的影响。只要准备成本反映了能力成本（与直接财务准备成本相反），在选择批量大小时应将其忽略。重要的是整个流程，而不是人为的局部绩效指标！从能力的角度来看，使用非瓶颈资源进行准备是免费的。如果准备确实发生在瓶颈处，那么相应的准备成本不仅会反映到本地资源的能力成本，还会反映到整个流程！

因此，在选择批量大小时，区分准备成本和准备时间很重要。如果批量生产背后的动机是由准备时间（或能力的机会成本）引起的，则我们应专注于优化流程。5.3 节提供了找到合适的批量大小的适当方法。如果我们面对"真实的"准备成本（从现金支出成本意义上来说），仅查看单个资源（而不是整个流程），则可以使用 EOQ 模型来找到经济订货批量。

最后，如果遇到准备时间和（现金支出）准备成本的组合，则应使用两种方法并比较建议的批量大小。如果来自 EOQ 的批量足够大，以至于有准备时间的资源不是瓶颈，则将成本降到最低是合适的。但是，如果 EOQ 的批量使有准备时间的资源成为瓶颈，则我们需要考虑将批量增加到超过 EOQ 建议的。

5.8　小　结

准备是供应流程的中断。供应端的这些中断导致供需错配，这种错配以库存的形式出现，而且在看似不可能的地方导致生产率损失。

尽管在本章我们着重于组件（手柄盖）、在制品（转向支架组件）或成品（旅行车与面包车，见图 5-4）的库存，但供需错配也会在等待客户订单的库存中出现。如果我们交付的产品根据客户的规格进行定制和生产，则不可能有成品库存需要管理；同样地，如果我们向市场提供种类繁多的产品，则持有成品库存的变化风险很大。与库存形式无关，较大的库存对应较长的流程时间（利特尔法则）。因此，批量生产过程通常与很长的客户交货时间相关联。

在本章，我们讨论了选择批量大小的工具。我们区分了准备时间和准备成本。就某个面临准备时间的流程而言，我们需要扩展流程分析以掌握准备对能力的负面影响。然后，我们希望找到足够大的批量，以至于不会使有准备时间的流程步骤成为瓶颈，同时又要足够小，以避免过多的库存。

就流程面临的（现金支出）准备成本而言，我们需要平衡这些成本与库存成本。我们讨论了一个单一数量的供应情况（从供应商那里采购）以及内部生产情况的 EOQ 模型。图 5-10 总结了在分析流程中断时应采取的主要步骤，包括准备时间、准备成本或机器停机时间。EOQ 模型有无数种扩展，可以分析数量折扣、易逝性、学习效果、通货膨胀和质量问题等。

我们选择"合适"批量大小的能力提供了流程改进的另一个例子：考虑在一个资源上准备时间很长的流程，作为该流程的管理者，我们需要平衡有冲突的目标。

● 对客户的快速响应（根据利特尔法则，短的流程时间对应较低的库存水平），这是使用小批量导致的。

● 使用大批量可获得成本优势。这样做的原因是，大批量可以实现高产量，这又使公司可以将固定成本分摊到最多的流程单元上。

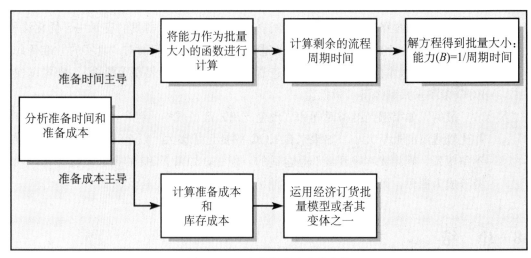

图 5 - 10　有关批量生产的小结

如图 5 - 11 所示，与生产线平衡的情况类似，我们观察到批量大小的调整并不是一种绩效指标与另一种绩效指标之间的权衡，而是允许我们改进流程中的低效率。

尽管我们有能力选择缓解库存（响应性）和成本之间紧张关系的批量大小，但最终只有一种方法可以处理准备时间：在可能情况下消除准备时间或至少缩短准备时间。准备不会增加价值，因此是种浪费。

诸如 SMED 之类的方法是功能强大的工具，可大大减少准备时间。类似地，可根据流程的单位时间产出来确定流程资源，从而减少需要转移的批量。

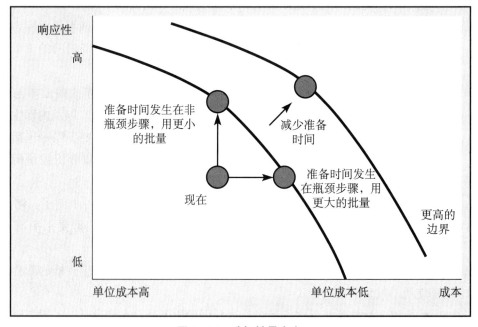

图 5 - 11　选择批量大小

5.9　延伸阅读

Nahmias（2005）撰写了一本在运营管理中广泛使用的教科书，它讨论了 EOQ 模型的许多变体。

5.10　实战练习

下面的问题将有助于测试你对本章的理解。在每个问题之后，我们在括号中显示相关章节信息。

附录 E 中有带 "∗" 标记的问题的答案。

Q5.1∗（窗栏花箱）金属窗栏花箱的制造分为冲压和装配两个过程。每个窗栏花箱由三部分组成：底座（零件 A）和两个侧面（两个零件 B）。

零件是由一台冲压机制造的，在两种零件之间切换时需要 120 分钟的准备时间。一旦机器准备好，每个零件 A 的处理时间是 1 分钟，而每个零件 B 的处理时间只有 30 秒。

目前，这台冲压机的生产在 360 个零件 A 和 720 个零件 B 之间轮换。

在装配时，零件是手工装配成成品的。每单位的最终产品都需要一个底座（零件 A）和两个侧面（两个零件 B），以及一些购买的小组件。每个产品需要 27 分钟的劳动时间来装配。目前有 12 名工人在装配。有足够的需求来销售制造出的每一个花箱。

a. 冲压机的能力是多少？[5.1]

b. 你建议这个流程的批量大小为多少？[5.6]

c. 假设生产周期是 1 260 个零件 A 和 2 520 个零件 B。零件 A 的平均库存是多少？[5.6]

Q5.2（两步骤流程）考虑如下两步骤流程：

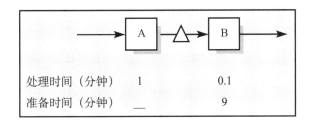

	A	B
处理时间（分钟）	1	0.1
准备时间（分钟）	___	9

步骤 A 的处理时间为每单位 1 分钟，但不需要准备。步骤 B 的处理时间为每单位 0.1 分钟，但每个批量需要 9 分钟的准备时间。

a. 假设批量大小为 5（每 5 单位的一批生产完后，步骤 B 必须有 9 分钟的准备

时间）。这个流程的能力是多少（每分钟多少单位）？[5.1]

b. 假设批量大小为 15，在此批量下，步骤 A 是瓶颈。步骤 B 后的平均库存是多少？[5.6]

c. 批量大小为多少时该流程的单位时间产出最大且库存最小？假设有足够需求。[5.6]

Q5.3（简单准备）考虑以下由三台机器执行的三个流程步骤组成的批量处理流程：

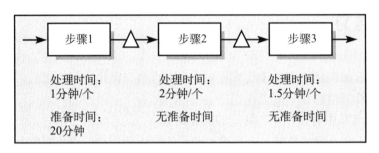

每个步骤的工作都是批量处理的。在步骤 1 处理一批产品之前，机器必须准备好。在准备过程中，机器无法处理任何产品。

a. 假设批量大小为 50 个零件。这个流程的能力是多少？[5.1]

b. 对于批量大小为 10 个零件，哪个步骤是流程的瓶颈？[5.1]

c. 你会选择多大的批量？[5.6]

d. 假设批量大小为 40 个零件。步骤 1 后的平均库存是多少？[5.6]

Q5.4（准备无处不在）考虑以下批量生产流程，该流程由三台机器执行的三个流程步骤组成：

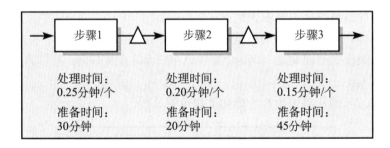

每个步骤的工作都是批量处理的。在一个步骤处理一批产品之前，该步骤的机器必须准备好。（在准备过程中，机器无法处理任何产品。）假设每台机器都有一个专门的准备操作人员（也就是说，每台机器都有人随时进行准备）。

a. 如果批量大小为 35 个零件，步骤 1 的能力是多少？[5.6]

b. 批量大小为多少时，步骤 1（步骤 2、步骤 3）是瓶颈？[5.6]

Q5.5（JCL）JCL Inc. 是一家大型芯片制造公司，向戴尔、惠普等电脑制造商销售产品。简而言之，JCL 公司的芯片制造涉及三种基本操作：覆盖薄膜、显影、蚀刻。

● 覆盖薄膜：利用化学气相沉积（CVD）技术，将绝缘材料沉积在晶圆表面，在芯片上形成一层薄薄的固体材料。

● 显影：光刻术在晶圆表面投射微观电路图，晶圆表面有光敏化学物质，就像感光胶片上的乳剂。当芯片的每一层被构建时，它被重复多次。

● 蚀刻：蚀刻从芯片表面去除所选材料以创建器件结构。

下表列出了每个步骤所需的处理时间和准备时间。假设生产单位是一片晶圆，每片晶圆在后期被切割。

流程步骤	1. 覆盖薄膜	2. 显影	3. 蚀刻
准备时间	45 分钟	30 分钟	20 分钟
处理时间	0.15 分钟/片	0.25 分钟/片	0.20 分钟/片

注：准备只能在一个批量到达机器后开始。

a. 批量大小为 100 片晶圆时，每小时的流程能力是多少？[5.1]

b. 批量大小为多少时步骤 3（蚀刻）成为瓶颈？[5.6]

c. 假设 JCL 公司提出了一种新技术，消除了步骤 1（覆盖薄膜）的准备时间，但将处理时间增加到 0.45 分钟/片。为了最大限度地提高整个流程能力，你会选择多大的批量？[5.6]

Q5.6（Kinga Doll Company）Kinga Doll Company 生产 8 款受欢迎的玩具娃娃。这家公司每周工作 40 小时。8 款娃娃在皮肤、头发和眼睛颜色上会有所不同，这使得大多数孩子都能拥有一个和他们外貌相似的娃娃。目前，这家公司平均每周向精品玩具零售商出售 4 000 个娃娃（8 款平均分布）。简单地讲，这家公司的娃娃制作包括三种基本操作：身体和头发塑形、画脸蛋以及给娃娃穿衣打扮。由于塑料颗粒、头发和眼睛的颜色不同，在不同款之间切换时，在塑形和画脸蛋之间需要准备时间。下表列出了每个批量的准备时间与每个步骤每个单位的处理时间。在这些步骤之间存在无限的缓冲库存空间。

假设：（1）准备需要首先完成；（2）准备仅能在批量已到达资源时开始；（3）一个批量中的所有流程单元都处理完成后方能进入下一个资源。

流程步骤	1. 塑形	2. 画脸蛋	3. 穿衣打扮
准备时间	15 分钟	30 分钟	无准备时间
处理时间	0.25 分钟/个	0.15 分钟/个	0.30 分钟/个

a. 批量大小为 500 个娃娃时，每小时的流程能力是多少？[5.1]

b. 在不降低流程能力的情况下，批量大小为多少将使库存最小？[5.6]

c. 在不降低当前单位时间产出的前提下，批量大小为多少将使库存最小？[5.6]

Q5.7（PTests）PTests 公司为几家当地医院做体液检测。考虑一下尿检过程。每个样本需要检测 12 秒，但在 300 个样本后，设备必须重新校准。在重新校准过程中不能检测样本，该过程需要 30 分钟。

a. PTests 检测尿液样本的最大能力是多少（每小时多少个样本）？[5.1]

b. 假设每分钟需要检测 2.5 个尿液样本。确保流程不受供应限制的最小批量（样本）是多少？（注意，批量是指两次校准之间的检测次数。）[5.6]

c. PTests 还需要检测血液样本。可以进行两种检测——基本检测和完全检测。对于基本检测每个样本需要 15 秒，对于完全检测每个样本需要 1.5 分钟。100 次检测后，设备需要清洗和重新校准，这需要 20 分钟。假设 PTests 运行以下循环计划：70 个基本检测，30 个完全检测，重新校准，然后重复。按照这个时间表，平均每分钟能完成多少个基本检测？[5.1]

Q5.8（冰激凌）布鲁诺·弗如斯卡祖决定在悉尼建立一个小型生产工厂，向当地菜单上有甜品的餐馆提供冰激凌。他只提供三种口味的冰激凌：草莓口味、巧克力口味和榛子巧克力口味。不久，他发现面临的需求和准备时间如下：

	草莓口味冰激凌	巧克力口味冰激凌	榛子巧克力口味冰激凌
需求（千克/小时）	10	15	5
准备时间（小时）	3/4	1/2	1/6

布鲁诺首先生产一批草莓口味冰激凌，然后是一批巧克力口味冰激凌，再是一批榛子巧克力口味冰激凌，不断重复这个过程。例如，在生产完榛子巧克力口味、生产草莓口味之前，他需要 45 分钟来准备冰激凌机，但他只需要 10 分钟就可以从巧克力口味切换到榛子巧克力口味。无论生产哪种口味，冰激凌机运行的速度都是每小时 50 千克冰激凌。每次只能生产一种口味的冰激凌。

a. 假设布鲁诺想在满足每种口味需求的同时尽量减少每种口味的产量。（他可以为每种口味选择不同的数量。）如果我们把批量定义为每种口味一次生产的数量，那么每批生产多少千克？[5.6]

b. 基于 a 部分的答案，每批应该生产多少千克草莓口味冰激凌？[5.6]

c. 基于 a 部分的答案，巧克力的平均库存是多少？（假设生产和需求以恒定的速率发生。）[5.6]

Q5.9（地毯）地毯制造商在一台机器上生产四种地毯。为简单起见，把这四种地毯称为 A、B、C 和 D。从生产一种地毯转换到生产另一种地毯需要 3 小时。四种地毯的需求（码/小时）如下：100、80、70 和 50。生产时，机器可以 350 码/小时的速度生产。选择批量大小是为了在满足需求的同时减少库存。制造商生产地毯的时间表是四种类型为一个周期的每一种循环（例如，A，B，C，D，A，B，…）。

a. 地毯 A 选择多大的批量（码）？[5.6]

b. 假设在每个生产周期内生产 16 800 码地毯 A（每个生产周期内共生产 50 400 码地毯）。地毯 A 的平均库存是多少？[5.6]

Q5.10* （猫粮）CLI 公司是一家非常受欢迎的混合猫粮分销商，每罐猫粮售价 1.25 美元。CLI 的需求平均为每周 500 个易拉罐。CLI 从 N&D 公司订购猫粮的易拉罐包装。N&D 以每个易拉罐 0.5 美元的价格向 CLI 出售易拉罐，并对每笔订单收取 7 美元的固定运费和处理费。

CLI 使用经济订货批量作为其固定订购规模。假设资本的机会成本和所有其他库存成本每年为 15%，并且每年有 50 周。

　　a. CLI 一次应该订购多少个猫粮的易拉罐？[5.6]

　　b. CLI 一年的总订货成本是多少？[5.6]

　　c. CLI 一年的总持有成本是多少？[5.6]

　　d. CLI 的每周库存周转次数是多少？[5.6]

　　Q5.11* （啤酒经销商）一家啤酒经销商发现，其平均每周能卖出 100 箱 12 盎司的普通百威啤酒。假设需求在每年 50 周内以恒定的速率发生。该经销商目前每两周以每箱 8 美元的价格订购啤酒。经销商的库存相关持有成本（资本、保险等）等于每年库存美元价值的 25%。经销商向供应商下的每一笔订单要花费 10 美元。这一成本包括劳动力、文件、运输等的费用。

　　a. 假设经销商可以选择任何想要的订货批量。订货批量为多少时能使经销商的库存相关成本（持有和订货）最小化？[5.6]

　　接下来的三个部分，假设经销商选择了 a 部分中指定的订货批量。

　　b. 经销商每年的库存周转次数是多少？[5.6]

　　c. 每箱啤酒的库存相关成本是多少？[5.6]

　　d. 如果经销商一次订购 600 箱或更多，啤酒厂愿意给 5% 的数量折扣。如果经销商希望将总成本（采购和库存相关成本）降至最低，是否应该开始一次订购 600 箱或更多？[5.6]

　　Q5.12 (Millennium Liquors) Millennium Liquors 是起泡酒的批发商。其最受欢迎的产品是 French Bete Norie，每周需求为 45 箱。假设需求每年超过 50 周。该酒直接从法国运来。Millennium Liquors 每年的资本成本为 15%，包括所有其他与库存相关的成本。以下是有关运输、下订单和处理订单以及冷藏成本的相关数据。

　　● 单位成本：120 美元。

　　● 运输成本（任何规模的货物）：290 美元。

　　● 下订单和处理订单的劳动力成本：10 美元。

　　● 冷藏的固定成本：75 美元/周。

　　a. 计算每箱酒每周的持有成本。[5.6]

　　b. 使用 EOQ 模型来找到每个订单的数量和每年的平均订购次数。[5.6]

　　c. 目前的订货方式是先给法国打电话，然后写信。Millennium Liquors 及其供应商可能会使用互联网切换到一个简单的订购系统。新系统需要的劳动力要少得多。这个系统对订货模式的影响是什么？[5.6]

　　Q5. (PBK) 是一家新的校园咖啡店。PBK 每月使用 50 袋全豆咖啡，你可以假设全年的需求是完全稳定的。

　　PBK 已经签署了一份为期一年的合同，从当地供应商 Phish Roasters 处购买咖啡豆，价格为每袋 25 美元，每次送货的固定成本为 85 美元，与订货批量无关。因储存而产生的持有成本是每月每袋 1 美元。PBK 经理估计他们的资本成本大约是每月 2%。

a. 最理想的订货批量是多少袋? [5.6]

b. 根据 a 部分的答案，PBK 一年下多少次订单? [5.6]

c. 根据 a 部分的答案，PBK 平均有多少个月的咖啡豆供应? [5.6]

d. 平均来说，PBK 每月要花多少美元来储存咖啡豆（包括资本成本)? [5.6]

假设一家南美进出口公司向 PBK 提供了下一年的交易情况。PBK 可以从南美直接购买一年的咖啡豆，每袋 20 美元，固定运输成本为 500 美元。假设检查和储存的估计成本为每月每袋 1 美元，资本成本约为每月 2%。

e. PBK 应该从 Phish Roasters 还是南美进出口公司订货？从数量上证明你的答案。[5.6]

第6章
运营与财务之间的联系[1]

对于刚开始接触运营管理的读者来说，前几章的技术性内容似乎比预期的要多。我们使用的大多数指标都是诸如平衡生产线以提高劳动利用率、减少库存、缩短流程时间等。但是，为什么我们要担心这些指标呢？它们对我们的工作真的重要吗？或者换个角度问，这一切的目的是什么？

大多数公司的目的是创造经济价值。企业投资者希望看到他们的资本回报率超过他们其他投资（如债券、储蓄账户或竞争性组织）的回报。当公司的资本回报率（return on invested capital，ROIC）超过资本成本时，就会创造经济价值。加权平均资本成本（weighted average cost of capital，WACC）是公司融资方面的重要概念。

$$创造的经济价值＝投资资本×(ROIC－WACC)$$

由于短期内资本成本难以轻易改变，因此我们的重点是投资资本的回报。有关公司估值的更多详细信息，请参见 Koller、Goedhart 和 Wessels（2010）。

在本章，我们讨论先前讨论过的（以及贯穿本书的）运营变量与 ROIC 之间的联系。这是一个雄心勃勃的计划。在许多组织中，更不用说商学院课程了，运营管理和公司财务这两个主题之间相去甚远。

考虑到这种根本性的脱节，管理者和顾问经常会纠结于诸如"我们应该跟踪哪些绩效指标""运营绩效指标如何影响最基本的绩效""我们如何改进流程以实现各种运营绩效的改进，包括节省成本、缩短提前期或增加产品种类"之类的问题。

---

[1] 感谢 Stephen Doig 和 Taylor Randall 对本章的贡献。特别感谢 Paul Downs 提供了公司的详细数据。

　　本章的目的是为读者提供一套工具，以支持他们分析公司的运营绩效，并指导他们通过改进公司的运营来提高公司的整体价值。我们将分三个步骤进行。首先，我们介绍 ROIC 树，也称为 KPI（key performance indicators 关键绩效指标）树。其次，我们展示如何评估运营改进机会，即如果按照书中其他地方定义的一些运营措施改进流程，预测 ROIC 会改进多少。最后，我们提供 KPI 树的示例，并介绍如何阅读财务报表以了解公司的运营绩效。前两个步骤将以宾夕法尼亚州一家小型家具公司——保罗·唐斯家具制造公司为例。

6.1　保罗·唐斯家具制造公司

　　保罗·唐斯（Paul Downs）于 1986 年在宾夕法尼亚州马拉杨克（费城的一个时尚社区）的一家小商店开始制造家具。多年来，他的商店超过了四家，还拥有一家在宾夕法尼亚州布里奇波特市占地 33 000 平方英尺的工厂。该公司专注于制造高端住宅家具，图 6-1（a）显示了公司最受欢迎的餐桌之一。

　　保罗·唐斯的生产设施包括价值约 450 000 美元的机器和其他木材加工设备。与机器相关的年度折旧（反映其使用寿命）为 80 000 美元。陈列室和工厂的租金每年约为 150 000 美元。该公司的其他间接成本包括每年与营销相关的费用 100 000 美元，管理和行政费用 180 000 美元，以及负责家具整理和质量检查的高技能工人的费用 60 000 美元。

　　该公司有两种主要的库存。有大约 20 000 美元的原材料，这是从供应商那里大量订购的木材（有关订货批量的更多详细信息，见第 5 章）。购买木材时，保罗·唐斯需要在收到货物之前大约一个月向其供应商付款。还有大约 50 000 美元的在制品库存，这对应于即将完成的家具。

　　家具生产，特别是在高端市场，是一个非常依赖手工的过程，需要高技能的劳动力。保罗雇用了 12 名木工（见图 6-1（b）），其中许多人已经在其公司工作了10 多年。木工一年工作约 220 天（平均每天约 8 小时）。木工的典型工资是每小时20 美元。

　　要完成一件典型的家具，一名工人需要大约 40 小时，这与我们以前的处理时间概念相对应。这项工作在工作单元中进行。木工不是专注于家具制造的一个方面（如切割、打磨或抛光），而是从头到尾完成所有的工作。在他们的总工作时间中，花费大约 15% 的时间来制作固定装置和设置机器（有关准备时间的更多信息，请参考批量生产一章）。对于现代化的生产设备，其中很大一部分是对计算机控制的机器进行编程。由于木工是按工作单元组织的，因此为每个单元配备所有木工设备太昂贵，相反，木工共享最昂贵的工具。如果多名木工需要同时使用同一组设备，则会导致偶尔的延迟。因此，木工会花费大约 10% 的时间等待特定资源可用。

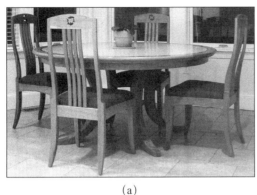
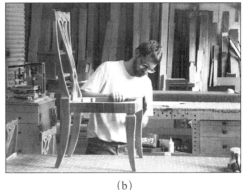

(a)　　　　　　　　　　　　　　(b)

图 6 - 1　工厂里的成品和在制品

资料来源：© Paul Downs.

从设计的角度来看，典型的家具需要约 30 千克木材。除了这些木材外，还需要约 25% 的额外木材来解决报废问题，报废主要发生在切割步骤中。木材价格约为每千克 10 美元。

购买高端家具并不便宜，客户要为一张如图 6 - 1（a）所示的餐桌支付约 3 000 美元。通常客户需要支付价格的 50% 作为预付定金。大约 3 个月后，他们会收到家具。这种延迟反映了最终产品的定制特征，以及当前保罗·唐斯的设施已得到充分利用的事实，也就是说，需求超出了工厂可以生产的数量。

6.2　创建 ROIC 树

作为公司的所有者，保罗·唐斯的主要兴趣在于创造经济价值，从而提高其公司的 ROIC。有关提高 ROIC 的问题在于 ROIC 本身不是受直接管理控制的杠杆。ROIC 可以在一个季度末或一年末进行计算，尽管管理者可能会在早上上班时进行思考，"今天，我的 ROIC 将提高 5%"，但目前尚不清楚如何实现这个目标。构建 ROIC 树的想法是将高级财务指标纳入其关键运营要素，从而揭示管理者可以用来提高 ROIC 的杠杆。比如在生物科学中，为了理解生物细胞是如何工作的，我们需要解释其组成分子的行为。

让我们先写下总体目标 ROIC：

$$\text{ROIC} = \frac{收益}{投资成本}$$

现在，我们做一个简单的代数运算：

$$\text{ROIC} = \frac{收益}{投资成本} = \frac{收益}{收入} \times \frac{收入}{投资成本}$$

第一个比率——收益/收入，是公司的利润率。第二个比率——收入/投资成本，是公司的资本周转率。请注意，它类似于我们在第 2 章中介绍的库存周转次数的度量。这种将 ROIC 分解为利润率和资本周转率的方法通常称为杜邦模型（DuPont model）。杜邦是将财务绩效指标引入业务部门的先驱之一。

公司和行业在实现特定 ROIC 方面的差异很大。一些行业是资本密集型行业：资本周转率低，但利润率很高。有些行业则只需要很少的资本，这些行业通常较容易吸引新的竞争者，利润率相对很低。

现在，回到保罗·唐斯。作为保罗的顾问，我们现在可以说："保罗，要提高你的 ROIC，你需要提高利润率或更快地周转资本……"这个建议不太可能保证我们未来的管理顾问生涯。

尽管如此，让我们继续推动同样的逻辑，现在把利润率和资本周转率分解成它们的驱动因素。首先考虑利润率。根据标准会计逻辑，我们可以将公司的收益（利润）写为：

$$收益＝收入－固定成本－产量×可变成本$$

因为本书不是讲会计账簿，但又要与会计账簿中的定义保持一致，所以我们使用"单位时间产出"代替"产量"。给定上面的公式，请记住，收入＝单位时间产出×价格，我们可以用两边除以收入来重写上面的等式：

$$\frac{收益}{收入}＝\frac{收入}{收入}－\frac{固定成本}{收入}－\frac{单位时间产出×可变成本}{收入}$$

$$＝1－\frac{固定成本}{单位时间产出×价格}－\frac{单位时间产出×可变成本}{单位时间产出×价格}$$

$$＝1－\frac{固定成本}{单位时间产出×价格}－\frac{可变成本}{价格}$$

使用与利润率类似的逻辑，我们可以将资本周转率写为：

$$\frac{收入}{投资资本}＝\frac{单位时间产出×价格}{投资资本}$$

现在，我们的 ROIC 公式可写为：

$$ROIC＝\left(1－\frac{固定成本}{单位时间产出×价格}－\frac{可变成本}{价格}\right)\frac{单位时间产出×价格}{投资资本}$$

因为最终我们希望能够将 ROIC 表示为其基本要素（如工资率、处理时间、空闲时间等）的函数，所以我们需要继续这一过程。为避免数学公式激增，我们更喜欢以树的形式表示（见图 6-2）。

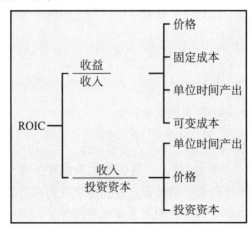

图 6-2　ROIC 树

现在更详细地考虑，我们发现作为利润率驱动因素的四个变量：单位时间产出、固定成本、可变成本和价格。

为了使我们的分析集中于此案例的运营方面，假设价格已经确定，换句话说，我们不认为价格是潜在的杠杆之一。当然，我们可以运营为中心分析，并对其进行适当的修改，以便进行类似的以营销为中心的分析，集中于定价策略。不过，总的来说，我们提醒读者不要"制造一台具有太多可动部件的机器"，尤其是在项目开始时，仔细查看运营，只需做一些假设即可，否则，你就会冒着陷入复杂性的风险。

接下来考虑可变成本。在我们的案例中，可变成本主要由木材消耗决定。在某些情况下，人们还可以将劳动力成本视为一种可变成本（尤其是当工人按计件工资获得一部分工资时）。在我们的案例中，给出了木工的数量及其小时工资，因此构成了固定成本。关注木材费用，我们可以将一件家具的可变成本写为：

$$可变成本＝木材价格×每张桌子的木材$$
$$＝木材价格×（最终表中的木材＋切割损失）$$

现在，让我们将注意力转向单位时间产出。回想一下我们之前的定义：

$$单位时间产出＝\min\{需求量，流程能力\}$$

因为我们假设目前有足够的需求，所以单位时间产出由流程能力决定。在这种情况下，什么决定流程能力？此案例的主要限制因素是木工的工作。我们每年可生产的家具数量取决于：

● 可用工时数，由木工的数量乘以每名木工每年工作的时间决定。

● 工人制造一件家具的时间，取决于木工等待机器可用的时间、准备机器的时间以及实际工作时间。

图 6-3 以树的形式总结了这些计算。该图还显示了如何通过在树中添加相应的数学符号来使树的信息更丰富。

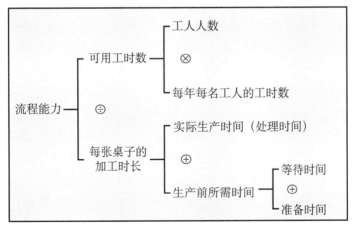

图 6-3　流程能力的驱动因素

最后，让我们考虑固定成本。其包括营销费用、间接费用（检查、管理）、租金、折旧和劳动力成本。图 6-4 总结了主要内容。

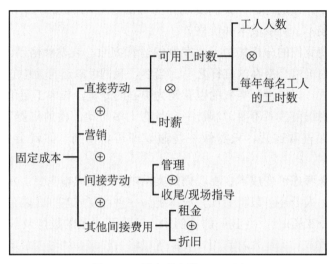

图 6 - 4　固定成本的 ROIC 树

应该注意的是，人们应该非常小心地衡量折旧。区分机器价值的损失（如其使用寿命的减少）和为税收目的的计算折旧之间的差别是很重要的。按照估值和公司财务的标准做法，重点是对折旧的前一种看法（寿命减少的价值损失）。请注意，我们在这里的分析没有包括税收（也就是说，我们计算税前 ROIC）。

结合以前的工作，我们现在可以将图 6 - 2 扩展为如图 6 - 5 所示的更完整的 ROIC 驱动因素。注意，基于这个扩展树，我们现在已经实现本章目的的一个重要部分——我们创建了 ROIC 和实际运营变量（如空闲时间、准备时间、处理时间和单位时间产出）之间的直接联系。

要完成 ROIC 树，我们需要关注树的资本周转率分支，并像研究利润率分支一样深入研究它。因为我们可以从之前的分析中得到单位时间产出（和价格），剩下要做的就是对投入的资本进行条分缕析。资本投资于厂房、不动产和设备（PP&E）以及三种形式的营运资本：

● 库存，包括原材料（比如木材）库存和所有在制品库存，即一堆家具的半成品。

● 预付给供应商的款项，包括我们已经给供应商付款但还没有收到相应原材料货物的部分。

● 任何我们等待收取的货已发出而客户应支付的款项。大多数企业资产负债表的这一部分需要资本投资，但我们的情况要好得多。由于客户在收到家具之前要给我们较高比例的预付定金，这实际上减少了我们的资本投资。也因此，我们应该把这一项标为"未实现收入"，以免让读者中的会计人员产生疑问。

图 6 - 6 以树的形式总结了投资资本的组成部分。当需要计算应付账款金额时，首先需要计算每年我们在购买木材上花了多少钱。因为必须提前一个月向供应商付款，所以任何时候我们都有年付款总额的 1/12 被锁定为资本。类似的逻辑也适用于未实现收入。

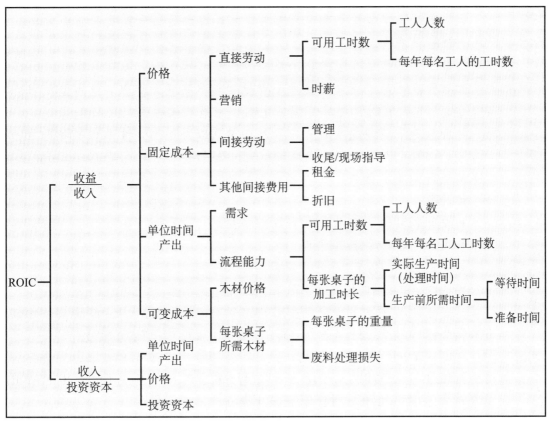

图 6 - 5　扩展的 ROIC 树

这就完成了 ROIC 树的创建。现在已经将关键财务绩效衡量指标 ROIC 表示为具体运营变量的函数。我们已经通过观察整体并深入细节来解释整体的运营。

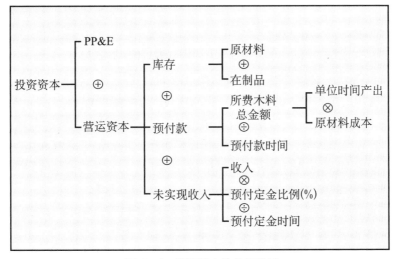

图 6 - 6　投资资本的 ROIC 树

6.3　评估运营的改进

理解处理时间、工资率和其他运营变量之间的联系及 ROIC，这些变量是值得研究的，那它们在实践中也有用吗？所有这些工作带来的好处是什么？

上面定义的计算的主要好处是，我们现在可以为每个运营杠杆设定阈值，也可能会使用这些运营杠杆来改进运营系统。公司的所有者、管理者或顾问都可做很多工作来提高 ROIC，例如：

- 减薪。
- 改变设计以减少制造家具所需的工作量。
- 减少工人等待机器的时间。
- 减少准备时间。
- 更改与供应商的付款条件等。

这些行动中，哪些是值得去追求的呢？所有这些都可能带来一些成本，至少它们将需要管理层的时间和注意力。那么哪些行动能够实现成本补偿呢？

如此，有必要弄清楚一个运营变量的变化如何导致 ROIC 的变化。这可能需要大量烦琐的计算，所以最好使用 Excel 进行分析。图 6 - 7 显示了电子表格格式的完整树，它用数字填充树创造出制造家具运营的完整画面。

注意，在这样的电子表格模型中，一个变量可能出现在多个位置。例如家具示例中的单位时间产出。单位时间产出显示在树的收入部分，也是材料成本的一部分。它还出现在营运资本计算中，因为预付定金取决于收入（因此也取决于单位时间产出），材料成本也取决于单位时间产出。因此，在构建电子表格时，重要的是保持一个变量的所有用法相互关联，即由同一个单元格驱动。换句话说，单位时间产出的增加不仅给了我们更多的收入，也产生了更多的材料成本，还通过增加预付定金增加了营运资本，并通过增加预付费用减少了营运资本。

一旦配备了这样的电子表格模型，我们就可通过更改相应的单元格并观察与 ROIC 对应的单元格中的变化，轻松地找到运营变量的影响。

在开始之前，让我们先建立一些直觉。如果我们将准备时间减少 5 个百分点（比如从 15% 减少到 10%）会发生什么？当然，更短的准备时间是一件好事，我们希望 ROIC 因此能得到改善。换句话说，如果有人要求我们免费缩短准备时间，我们会很乐意接受。

因此，关键的问题是：ROIC 会因此提高多少？如果我们在 ROIC 树的一片叶子（如准备时间）上加以改变，ROIC 树的根会发生什么变化？ROIC 会变化 1% 吗？是变大，还是变小？

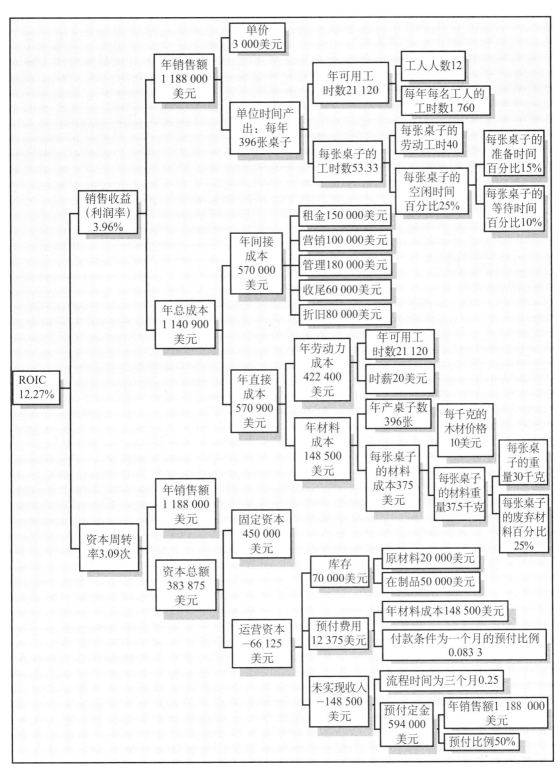

图 6-7　绘制 ROIC 树的 Excel 表格

　　凭直觉很难回答这样的问题。当被要求在没有正式分析模型的情况下猜测时，大多数人会这样说："有很多变量影响 ROIC。因此，将其中一项提高 5 个百分点，其效果将远远小于 ROIC 5 个百分点的提高。"这个逻辑与树的比喻是一致的：如果你摇动一棵树的任何一片叶子，你不会期望它的根部有很大的动静。

　　表 6-1 表明这个论点站不住脚。事实上，这个猜测是完全不正确的。在这个示例中，准备时间的 5 个百分点的变化将导致 ROIC 提高 18.8 个百分点（也就是说，它将 ROIC 从最初的 12.3% 提高到 31.1%）。

表 6-1　改进后的 ROIC

方案	基础情况	时薪减少 1 美元	准备时间缩短 5%	年租金减少 10 000 美元	每张桌子的劳动工时减少 2 小时	每张桌子的废品率降低 5%
ROIC（%）	12.3	17.7	31.1	14.8	27.0	13.8

　　这个看起来很小，至少从财务的角度来看并不重要的变量，实际上却是财务表现的关键驱动因素。当运营变量以这种方式运行时，我们将其称为运营价值驱动程序。

　　一些观察结果有助于更好地理解准备时间作为运营价值驱动因素的作用。

　　● 如果再看一下 ROIC 树（见图 6-7），我们会看到准备时间以多种方式驱动 ROIC。准备时间是利润率的驱动因素，这是树的上部分支，因为较短的准备时间允许我们生产更多种类的产品，从而将固定成本分摊到更多的产品上。此外，准备时间也影响资本周转率——我们从相同的资本投资中获得更多的收入，因为准备时间影响年销售额，这是资本周转率的一个组成部分。

　　● 该分析基于一个假设：存在足够的需求来支持 26 张桌子销量的增长（新的单位时间产出将是 422 张桌子）。如果公司受到需求约束，很容易看到，只有当我们能够利用生产率的提高来减少木工的人数时，较短的准备时间才会（略微）提高 ROIC。

　　● 我们已经考虑将准备时间减少 1/3（从 15% 减少到 10%）。正如在第 5 章所讨论的，这样减少准备时间确实是可行且合理的。

　　再看一下表 6-1，可以发现产生更高单位时间产出（更短的准备时间和更少的劳动量）的流程改进对 ROIC 的影响最大。图 6-8 说明了这个逻辑。

　　不考虑单位时间产出，我们每年必须支付 992 400 美元的固定成本，包括木工的工资以及图 6-4 讨论的其他项目。一旦补偿了这些固定成本（超过了盈亏平衡产量），每增加一个单位的单位时间产出就会使利润增加 2 625 美元（3 000 美元的价格减去 375 美元的木材消耗）。从图 6-8 中阴影部分可看出，单位时间产出的小幅增长将导致利润的大幅增长。这一逻辑适用于所有高固定成本的运营，如酒店、航空公司和许多其他服务行业。

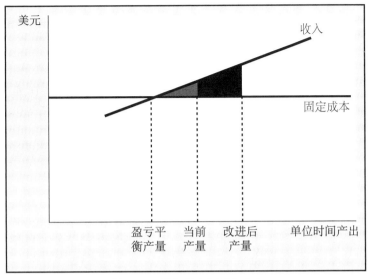

图 6 - 8　固定成本与可变成本

　　计算步骤 6.1 总结了创建 ROIC 树和评估潜在运营改进的关键步骤。这棵树对于下列人员来说，都是一个很好的起点：对于顾问来说，可以此深入了解新项目的客户运营业务；对于总经理来说，可以此全面了解他的业务价值驱动因素；对于私人权益资本投资者来说，可以此调整公司的部分运营来快速提高公司的价值。

计算步骤 6.1

　　创建 ROIC 树：

　　1. 从树的一边开始列目标（ROIC）。

　　2. 将一个变量分解为各组成部分。

●　例如：ROIC ＝收益/投资成本。

●　变量的关系可以是 a＋b、a－b、a/b 或 a × b。

　　3. 决定树的哪些分支有影响以及哪些是重要的。

●　什么是主要的成本驱动因素（80/20 原则）？

●　公司的战略杠杆是什么？

●　哪些输入最有可能变化？

　　4. 展开重要分支（返回到步骤 2）。

　　5. 最后是可以与运营战略挂钩的措施。

　　6. 用实际数字填充树。

　　7. 反思一下这棵树，看看它是否有意义。

●　标杆绩效。

●　进行敏感度分析。

6.4 基于财务数据进行运营分析

前一节我们研究了一个相对较小的公司，并创建了一棵详细了解公司运营的 ROIC 树。另外，也可以根据公开数据进行分析（通常大公司可以这样）。在本节，我们将使用航空业的例子来说明 ROIC 树的有效性。

我们分析的第一步是识别一个行业中已经被证明并持续保持卓越财务绩效的公司。以美国航空业为例，西南航空无疑是最成功的公司。

第二步，我们像在保罗·唐斯案例中那样构建一棵 ROIC 树。当分析一家航空公司时，下面的一些理解航空公司的词汇是有用的：

● 与其认为航空公司是在销售机票，还不如认为航空公司是在销售"收入乘客里程数"（revenue passenger mile，RPM）。一个 RPM 相当于将付费乘客运送一英里。例如，一架从费城飞往波士顿的航班搭载 200 名乘客相当于 447 英里×200 名付费乘客＝89 400RPM。通过关注 RPM，我们避免了在不同航线结构的航空公司之间进行比较时出现的一些问题。此外，正如我们将看到的，航空公司的可变成本通常与飞行的里程数有关，因此以英里为单位来表示收入也很方便。

● 航空公司的能力是由其飞机的数量和大小决定的。这就产生了可用座位里程数（available seat mile，ASM）。一个 ASM 对应一个飞行一英里的航空座位（有或没有乘客）。

● 航空公司只有在能够将其 ASM 转化为 RPM 时才能赚钱：有付费乘客的座位是好的；空座位就不好了。RPM/ASM 的比率称为载客率（load factor）——它与利用率的定义非常相似，它考虑的是如果每个座位都有乘客的话，航空公司所创造的收入乘客里程数。显然，载客率必须总是小于 1——除了坐在父母腿上的小婴儿，航空公司不允许两名付费乘客坐同一个座位。

图 6-9 是航空公司 ROIC 树的简化版本。当然，还有更多层次的细节可以分析，包括机队的年龄和组成、机组人员的规模、飞机飞行时间等。由于我们是从左向右画这棵树，任何额外的细节层次都可以简单地添加到图 6-9 的分析中。

第三步，我们想要探索为什么财务表现出色的公司比同行做得更好。下面是一个很好的诊断指标，我们称之为生产率。我们可以把生产率写成：

$$生产率 = \frac{收入}{成本}$$

劳动生产率可以写成：

$$劳动生产率 = \frac{收入}{劳动力成本}$$

西南航空的劳动生产率远远高于达美航空或联合航空。西南航空的劳动生产率是 2 606.0，几乎比联合航空和达美航空高 10%。下面的计算用 2016 年的数据进行了说明。我们以西南航空作为参照点，因为该航空公司每个季度都在盈利，甚至包括 2001 年 9 月 11 日恐怖袭击后航空公司运营最困难的时期也是如此。

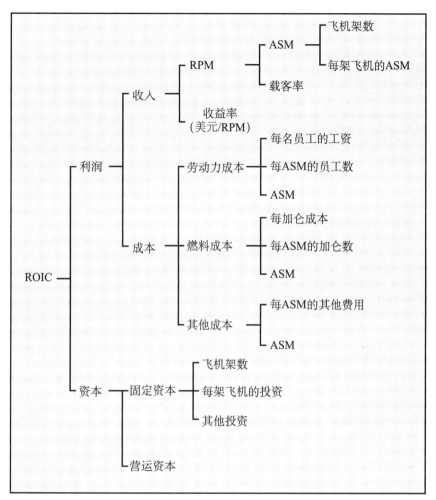

图 6-9　通用航空公司的 ROIC 树（利润与税前收入一致）

生产率优势从何而来？西南航空的员工服务更多乘客吗？他们赚的钱更少吗？仅从比率上，我们无法判断。出于这个原因，我们将生产率改写为如下形式：

$$生产率 = \frac{收入}{成本} = \frac{收入}{单位时间产出} \times \frac{单位时间产出}{资源} \times \frac{资源}{成本}$$

或者，把它应用到航空公司的劳动生产率上：

$$劳动生产率 = \frac{收入}{劳动力成本} = \underbrace{\frac{收入}{RPM}}_{收益率} \times \underbrace{\frac{RPM}{ASM} \times \frac{ASM}{员工数}}_{效率} \times \underbrace{\frac{员工数}{劳动力成本}}_{成本}$$

将这个扩展的生产率计算分解为三个部分会有助于理解：

● 收益率：运营收益率（收入/单位时间产出）衡量公司能从其产出（单位时间产出）中获得多少钱。这在很大程度上是由公司的定价权驱动的。

● 效率：转换效率（单位时间产出/资源）衡量需要多少资源来支持单位时间产出。这个数字取决于我们如何利用资源。它体现了资源利用率（在我们的例子中是载客率）及每个资源的固有处理时间（单个员工可服务多少 ASM？）

● 成本：资源成本（资源/成本）衡量的是我们每花费 1 美元可以获得多少资源。这个指标的倒数就是资源的成本，例如，员工的平均年薪。

现在，让我们看看这些比率揭示的西南航空的高劳动生产率的来源。表 6-2 总结了这些结果。

表 6-2　美国其他航空公司与西南航空的比较

航空公司	运营收益率（美元/RPM）	载客率（%）	每名员工的ASM	每百万美元劳动力成本的员工数	全员劳动生产率
达美航空	0.14	0.85	2 682.7	7.42	2 419.2
西南航空	0.15	0.84	2 912.7	7.15	2 606.0
联合航空	0.14	0.83	2 529.5	8.32	2 364.7

资料来源：2016 MIT Airline data.

我们的结果可能会让你大吃一惊。虽然西南航空一直以来都是低价航空公司，但现在它的收益率与达美航空和联合航空一样。有趣的是，这三家航空公司的载客率基本相同。让我们来看看最后两个比率：

● 与联合航空和达美航空的员工相比，西南航空的员工可以多服务近 10% 的 ASM（2 912.7、2 682.7 和 2 529.5）。这一优势过去要大得多（五年前高达 30% 左右），但最近大多数航空公司都设法赶上并缩小了与西南航空的差距。

● 西南航空员工的工资远远高于联合航空和达美航空的同行。更高的生产率不仅有利于企业，还有助于员工获得更高的工资。

与我们在保罗·唐斯案例中所做的分析不同，本节介绍的方法更像自上而下的分析。在进入运营细节之前，我们首先对财务数据进行广泛的分析。

一般来说，自上而下方法在分析竞争性组织或当运营细节可用数据有限时最为有用。此时，分析需要"由外而内"进行。应该强调的是，运营管理需要的是更详细的分析，就像我们在保罗·唐斯案例中所做的那样。

6.5　小　结

在本章，我们提供了公司运营与其财务绩效之间的联系。这种联系可以从微观层面进行研究，就像我们在保罗·唐斯案例中那样，也可以从财务报表开始进行研究，就像我们在航空公司案例中那样。不管怎样，运营变量都是公司财务绩效的关键驱动因素。价值创造发生在公司的运营活动中，为了增加公司的经济价值，必须对运营进行详细的分析。

6.6　延伸阅读

Koller、Goedhart 和 Wessels（2010）撰写了一本关于估值和公司融资相关主题的优秀著作。与其他大多数金融书相比，这本书非常实用，并没有回避公司运营细节。

Cannon、Randall 和 Terwiesch（2007）对航空业运营变量与未来财务绩效之间的关系进行了实证研究。

6.7　实战练习

下面的问题将有助于测试你对本章的理解。在每个问题之后，我们在方括号中显示相关章节信息。

附录 E 中有带"＊"标记的问题的答案。

Q6.1＊（Crazy Cab）Crazy Cab 是一家在大城市运营的小出租车公司。该公司经营 20 辆出租车。每辆出租车价值约 2 万美元。都市区还要求每辆出租车有一个牌照（一种执照）。目前牌照的交易价格是 5 万美元。出租车司机的工资是每小时 8 美元，每天任何时候都可以上班。一辆出租车平均每天要开 40 趟。平均出行长度为 3 英里。乘客必须支付 2 美元的固定费用和每英里 2 美元的运费。燃料和其他费用（如维护）是每英里 0.20 美元。出租车大约有 40% 的路程没有付费乘客（如从下车地点返回、顺路搭载乘客等）。

a. 为出租车公司绘制 ROIC 树。[6.2]

b. 用数字填充树。尽可能详细地研究运营变量（例如，做出关于天然气消费等的假设）。[6.2]

c. 你会把哪些变量归类为运营价值驱动因素？[6.3]

d. 利用生产率分析劳动效率和出租车车队的使用效率。[6.4]

Q6.2（Penne Pesto）Penne Pesto 是一家位于旧金山金融区的小餐厅。客人可以点各种各样的意大利面。这家餐厅有 50 个座位，在晚上的 4 小时内总是客满。Penne Pesto 不接受预订座位；大多数客人都是在下班回家路上顺道进来的。如果没有可用的座位，客人就直接换到另一家餐厅就餐。

客人在餐厅就餐平均用时 50 分钟，其中包括 5 分钟被引导就座并点餐下单，再等 10 分钟可以吃到食物，然后用时 30 分钟吃完，5 分钟结账离开（包括等待付款、支付和离开）。餐厅还要花 10 分钟才能把桌子清理干净，为下一位客人（那里总是有很多客人）准备好。一般客人会在 Penne Pesto 留下 20 美元小费（所有小费都由餐厅收取，员工领取固定工资）。

这家餐厅有 10 名服务员和 10 名厨房员工，每人每晚收入 90 美元（包括准备工作、营业 4 小时和清理）。平均每个订单的材料成本为 5.5 美元，其中包括 4.5 美元的食物和 1 美元的饮料。除了劳动力成本，餐厅的固定成本包括每天 500 美元的租金和每天 500 美元的其他间接成本。

这家餐厅一年 365 天营业，即使在周末和节假日也会满座。这家餐厅大约有 20 万美元的资本，主要包括家具、装饰和设备的成本。

　　a. 这家餐厅一个晚上能接待多少人？［6.2］

　　b. 餐厅所有者的 ROIC 是多少？［6.2］

　　c. 假设你可以提高厨房员工的工作效率，并腾出一个人来帮助清理桌子，这将把清理时间从 10 分钟减少到 5 分钟，那么 ROIC 变为多少？［6.3］

　　d. 如果日常管理费用每天减少 100 美元，那么 ROIC 又是多少？［6.3］

　　Q6.3（Philly Air）Philly Air 公司提供从费城到大西洋城的低价航空客运。Philly Air 的投资资本为 500 万美元，即公司拥有的两架飞机的投资额。两架飞机每架可搭载 50 名乘客。每架飞机每天从费城飞往大西洋城 12 次，从大西洋城飞往费城 12 次。单程票是 100 美元一张。目前的载客率是 70%（平均每个航班售出 35 个座位）。运营服务和经营业务的年成本为 6 000 万美元（包括所有费用，如劳动力、燃料、营销、登机口费用、着陆费用、维护等）。公司一年 365 天营业。

　　a. 绘制 ROIC 树（包含上述所有信息）。［6.2］

　　b. 目前的 ROIC 是多少？［6.2］

　　c. 公司达到盈亏平衡的最小载客率是多少？［6.3］

　　d. 为使 ROIC 增加 10 个百分点（例如，ROIC 从 5% 增加到 15%），公司需要达到多少载客率？［6.3］

　　Q6.4（奥斯卡的办公楼）奥斯卡正考虑涉足房地产业。他打算以 180 万美元现金购买一栋写字楼。他想要估算年 ROIC 是多少。该建筑有 14 000 平方英尺的可出租空间。他计划把租金定在每月每平方英尺 4 美元。然而，他知道需求取决于价格。他估计他能招租的建筑空间百分比大致符合这个公式：

　　　　招租比例＝2－0.3×租金（租金以美元/（月·平方英尺）计）

　　由此，奥斯卡认为如果定价为 4 美元，他就能出租 80% 的办公室空间。

　　奥斯卡考虑了两类成本——可变成本和固定成本，前者是占地面积的函数。固定成本为每月 8 000 美元，包括保险、维修和安保等项目。可变成本包括电费和暖气费等，每月每平方英尺为 1.25 美元。

　　a. 为公司绘制 ROIC 树。［6.2］

　　b. ROIC 是多少？［6.2］

　　c. 如果奥斯卡决定收取每月每平方英尺 5 美元的租金，那么 ROIC 又会是多少？［6.3］

　　Q6.5（OPIM Bus）OPIM Bus 公司提供费城和布林莫尔之间的低价公交运输。投资资本为 50 万美元，即公司拥有的两辆车的投资额。两辆车每辆可搭载 50 名乘客。每辆车每天从费城到布林莫尔有 12 趟，从布林莫尔到费城有 12 趟。单程票是 10 美元一张。目前的载客率是 70%（平均售出 35 个座位）。运营服务和经营业务的年成本是 600 万美元。公司一年 365 天营业。

　　a. 为公司绘制 ROIC 树。［6.2］

　　b. 目前的 ROIC 是多少？［6.2］

　　c. 公司达到盈亏平衡的最小载客率是多少？［6.3］

　　d. 为使 ROIC 增加 10 个百分点（例如，ROIC 从 5% 增加到 15%），公司需要

达到多少载客率？[6.3]

　　如果你想测试自己对某一部分的理解，以下是按章节分类的问题：

　　[6.2]：Q6.1ab，Q6.2ab，Q6.3ab，Q6.4ab，Q6.5ab。

　　[6.3]：Q6.1c，Q6.2cd，Q6.3cd，Q6.4c，Q6.5cd。

　　[6.4]：Q6.1d。

第7章
质量与统计过程控制

　　许多生产和服务流程都存在质量问题。例如，航空公司丢失行李，电脑制造商交付的笔记本电脑的磁盘驱动器有缺陷，药房给患者发错药，邮局丢失或投错邮件。除了这些我们消费者看得到的质量问题外，还有许多质量问题对我们来说是隐藏的，因为它们在流程中已经被发现和纠正，常常会导致生产成本大幅增加。本章的目的是更好地阐释什么是质量问题，为什么会出现这些问题，以及如何改进操作减少此类问题的发生。

　　我们将在本章学习到，变化（或波动）是所有质量问题的根本原因。若没有变化，流程要么总是按照期望的方式运行，在这种情况下，我们就不需要关于质量的章节；要么流程永远不会按照期望的方式运行，在这种情况下，运营从一开始就不太可能进行下去。考虑到变化在影响质量方面的重要性，本章将经常使用统计学领域的工具和框架。

　　要了解变化对质量的影响，考虑以下例子：

　　● 欧盟委员会某条例规定，黄瓜每10厘米的长度允许弯曲10毫米，超过这个弯曲度的黄瓜不能归为一级或"特级"，二级黄瓜的弯曲度可以是它的两倍。换句话说，欧盟委员会承认黄瓜有不同的形状和大小，这反映了农业生产过程中固有的变化。此外，根据欧盟官员的说法，有一种理想的直线形状的黄瓜，而且黄瓜弯曲得越多，人们就越不喜欢。

　　● 2013年秋天，上市电子产品零售商 Tweeter 的股价从极低价位在一天之内上涨了1 400%。为什么？一些投资者显然把 Tweeter 的股票和推特（Twitter）的股票搞混了，彼时推特正在进行首次公开募股。虽然 Tweeter 股票交易的频率总是存在一些变化，但 Tweeter 股票的交易量从通常的每天29 000股增加到每天1 440

万股。推特将其股票代码从 TWTRQ 改为 THEGQ 后，Tweeter 的股价在几小时内就跌至之前的水平。

- 在德国明斯特医学院附属医院里，一名医学院实习生曾将准备好的口服药物用注射器注射到婴儿的静脉中。口服药物的灌注器和静脉注射药物的注射器被设计成一样的。以前无数次地使用类似注射器/灌注器都没有问题，但这一次不幸发生了——婴儿在当天死亡。

- 在爱沙尼亚号（MS Estonia）的事故中，质量问题造成了更大的生命损失。1994 年 9 月 28 日爱沙尼亚号客轮从爱沙尼亚的塔林港出发进入波罗的海，那天风浪很大，船上的货物分布有点不均，但是爱沙尼亚号已经多次顺利地在恶劣天气下行驶，并且客轮往往很难找到一个完美的货物分布方案。然而，这一天，许多影响客轮安全的变化因素统统显现。爱沙尼亚号沉没，造成 800 多人死亡，这是继泰坦尼克号（Titanic）沉没以来最悲惨的海难之一。

从欧盟近乎滑稽的黄瓜法规、推特和 Tweeter 之间被可笑地混淆到德国医院和爱沙尼亚号的悲惨死亡事件，理解这些情况下变化所扮演的角色，对于分析和改进运营至关重要。

7.1　统计过程控制框架

变化无处不在。冒着作为一本商业教学用书过于诗意地描述的风险，我们不妨思考一下没有两片雪花是完全相同的。同样的道理也适用于任何两根黄瓜。自然本身创造了随机性，所以每根黄瓜的大小和弯曲度都不一样。黄瓜的形状和大小的变化是完全随机的。即使我们在同样的土壤里种植 50 株黄瓜苗，用同样的频率给它们浇水，让它们沐浴在同样的阳光下，我们也不会得到 50 根完全相同的黄瓜。这种自然形成的变化称为自然波动（natural variation）或偶然性波动（common cause variation）。

偶然性波动在医学上也存在。两个婴儿在同样的医疗条件下接受同样的药物治疗，然而，他们的反应可能有所不同。但是，发生在明斯特的婴儿死亡事件并不是偶然性波动造成的。这名医学院实习生犯了一个错误：将口服药物注射到静脉，导致药物进入婴儿身体的速度比口服快得多，这不是自然的随机性在起作用。对于药物扩散速度的变化有一个简洁的解释，这种情况，我们称之为系统性波动（assignable cause variation）。

偶然性波动和系统性波动都影响流程绩效。抽象地看，我们可以将结果与图 7-1 中描述的流程相关联。该流程的管理和操作人员会影响一些输入变量（input variables）。对于交易推特（或 Tweeter）股票，输入变量是选择购买哪一只股票、购买多少股以及每股支付什么价格。然而，很少有像电子交易系统那样操作简单的情况。种植黄瓜，虽说是一个相当简单的工作，但也有很多变量，包括灌溉设置、肥料使用、光照、施药等。医疗保健服务或船只或飞机运营的输入变量列表要长得多。

输入变量并不是影响流程结果的唯一因素。通常存在的一些环境变量（environmental variables）也很重要。例如，在爱沙尼亚号的案例中，天气和海洋可看作环境变量。与输入变量相比，环境变量并不直接受控。在大多数情况下，它们只是发生了，且会对质量产生负面影响。高科技生产过程，如半导体的生产是如此脆弱，以至于微小的环境变量，如小尘埃颗粒或设备的微小振动，都可能造成很大比例的破坏。

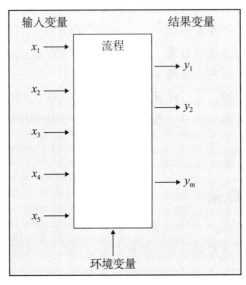

图 7-1　质量框架

流程的输出可用结果变量（outcome variables）来衡量。结果变量可能是黄瓜的弯曲度或船向某一边倾斜的程度。结果变量是否被认为有缺陷（defective）取决于一套规范（或称规格）（specifications）。我们将规范定义为结果变量的一组可接受的值。黄瓜的一个规范值是弯曲度。

有时，如同黄瓜一样，可用基于结果变量的数学标准来定义缺陷（"如 10 厘米内弯曲度超过 10 毫米的黄瓜就是有缺陷的黄瓜"）。在其他时候，可能很难正式定义这样的数学标准。我们知道，给孩子静脉注射药物的医学院实习生犯了错误，从而造成了缺陷，但这没法创建数学公式。

图 7-1 说明了输入变量、环境变量、结果和缺陷之间的关系。基于此框架，我们还需要注意：

● 缺陷一旦发生，结果就显示出一些变化。结果发生变化，我们需要在输入变量或环境变量中找到这些变化。当诊断出现缺陷时，我们需要找到导致该缺陷的输入变量或环境变量。我们将该变量或这些变化称为缺陷的根本原因（root cause）。

● 即使在管理良好的运营中，输入变量和环境变量也总是会受到一些偶然性波动的影响。管理的目标应该是保持在较小的范围变化，并设计流程，使这种变化不至于转化为结果变量的大变化和最终的缺陷。

● 正如需要避免输入变量和环境变量中的偶然性波动导致结果变量出现大变化一样，我们需要避免输入变量中的系统性波动导致缺陷。如果一个流程能够允许（偶然性或系统性）输入变量或环境变量的变化，而不会导致结果变量的大变化并最终导致缺陷，那么我们将其定义为稳健（robust）的流程。例如，德国医院通过普通注射器给药的流程对缺乏经验的护理者来说并不稳健。如果在流程设计中将用于口服给药的灌注器与用于静脉给药的注射器区分开来，将是一个更稳健的流程。

● 我们还在图 7 - 1 中观察到多个输入变量影响结果变量。正因如此，变化有可能叠加——有时，x_1 与 x_2 不幸同时发生。爱沙尼亚号过去可以承受恶劣的天气，可以承受货物分布的不均衡，也可以承受操作者的错误，灾难通常发生在多个统计上不太可能的事件同时发生的时候。

运营管理者的目标是通过重新设计流程和寻找潜在的根本原因来洞察质量问题，并减少它们发生的频率。图 7 - 2 总结了本章为实现这一目标而采用的方法。基于前述对变化和统计分析的强调，这种方法被称为统计过程控制（statistical process control，SPC）。

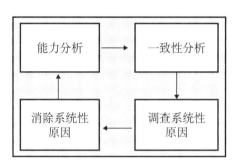

图 7 - 2 统计过程控制的框架

它包括以下四个步骤：

1. 测量流程中结果变化的当前数量，并比较这种变化如何影响到结果规范，从而产生缺陷的可能性。这决定了工序能力。

2. 监测该流程并识别结果变化异常（abnormal）的实例，表明输入变量或环境变量中出现了某些系统性波动。换句话说，我们监测流程并确定当前观察到的变化是否符合变化的通常模式（在这种情况下，我们处理的是偶然性波动）。若目前观察到的变化与历史数据不一致，我们预料有系统性波动已然发生。

3. 通过查找导致变化的输入变量或环境变量来调查系统性波动的根本原因。

4. 避免将来类似的系统性波动和/或改变流程的事情再次发生，从而使其足够稳健，并在将来不受此类事件的影响。

下面的部分将更详细地阐述这四个步骤。

7.2 能力分析

通过控制变化来实现一致性是实现高质量的关键。在运营管理中确实如此，它也适用于我们生活的其他方面。下面是体育界的一个例子。在打靶射击中，射手瞄准的目标类似于图 7 - 3。图中是三名射手的射击结果，他们每个人都对目标开了六枪。假设在目标中心的黑色区域每射中一次得 1 分。注意，这三名射手都击中过中点（靶心）。值得注意的是，射手 2 和射手 3 都得到了 6 分。在你看来，谁是最好的射手？

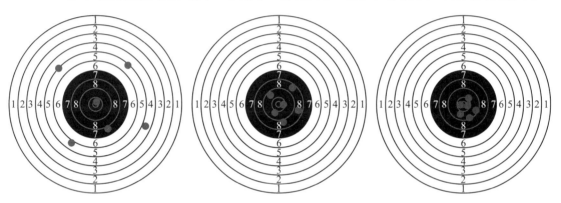

图 7 - 3　三名射手各自向靶心开了六枪（从左到右分别是射手 1、射手 2、射手 3）

让我们先看看射手 1 的成绩。一名在目标左方两英尺射偏，然后通过向右偏两英尺来"弥补"的射手，通常来说是没问题的，尽管如此，该射手仍然是糟糕的。接下来，考虑射手 2 和射手 3。他们两个人都得到了 6 分（回想一下，在黑色区域每射中一次得 1 分）。但是，凭直觉，我们会认为射手 3 水平更高。

目标射手的例子说明了关于测量流程中变化的两个重要问题。首先，当我们衡量射手能力时，射击的平均位置并不重要（这三种射击的平均位置都能击中靶心），相反，是击中点在靶上的分布使我们认为一名射手比另一名射手水平更高。其次，我们可以从 6 次射击中推断出更多关于射手能力的信息，而不仅仅是计算出有多少次射击在黑色区域"内"还是"外"。通过仔细测量每一次射击相对于理想点（靶心）的精确位置，我们获得了更多信息。想象一下，我们想要推断和预测 100 次射击中有多少次击中目标。一个简单的分析会认为射手 2 和射手 3 都能百分之百地射中黑色区域，所以在将来也不太可能犯错。然而，已知射手 2 有一些射击点靠近黑色圆圈的边缘，这让我们怀疑射手 2 是否真的能够连续 100 次击中黑色区域。

确定能力指数

从射击场回到运营管理实践。以 Xootr 滑板车为例，该产品获得了许多设计奖项（见图 7 - 4；关于 Xootr 生产过程的详细信息，请参阅前面的章节）。在 Xootr

转向支架的生产过程中，该组件是通过挤压铝型材和随后在计算机控制的铣床（计算机数控铣床）上进行加工而获得的。

高度

图 7 - 4 Xootr 滑板车转向支架组件详图

资料来源：© Xootr LLC.

图 7 - 5 显示了该组件的工程图。尽管每个转向支架组件都经过计算机数控铣床的加工，但输出的精确几何形状仍然存在一些变化。这种变化是由许多原因造成的，包括输入变量（如原材料、组件在机器中放置的方式、计算机数控铣床编程时偶尔出现的错误）和环境变量（如加工时房间的温度）。

根据该产品的设计，转向支架的理想高度为 79.950 毫米。这是 Xootr 生产过程的核心。工程图规定高度必须为 79.900 ～ 80.000 毫米。当高度小于 79.900 毫米时，零件可能会因配合松散而产生过大的咔嗒声。如果高度大于 80.000 毫米，那么该组件可能无法与手柄组件的可用间隙相匹配。我们以 79.900 毫米为规格下限（lower specification limit，LSL），以 80.000 毫米为规格上限（upper specification limit，USL）。规格限制决定了哪些单元是可接受的，哪些单元是有缺陷的。它们类似于图 7 - 3 中靶的黑色圆圈。

考虑到转向支架高度的变化可能会导致质量问题，该公司的工程师非常仔细地监测高度，每天都要对零件进行抽样和精确测量。通过这个样本，工程师可以估算当前转向支架生产中的变化。统计学常常用标准差（standard deviation）来测量变化，通常用希腊字母西格玛（σ）来代表。假设在一个（小）样本上估计这个标准差，我们将流程中的估计变化称为 $\hat{\sigma}$。

给定流程中变化的估计量（$\hat{\sigma}$），流程产生缺陷的可能性是多大？这个问题的答案取决于：

设计规格的严格程度，我们可以将其量化为 USL 和 LSL 之间的差异（USL — LSL）。

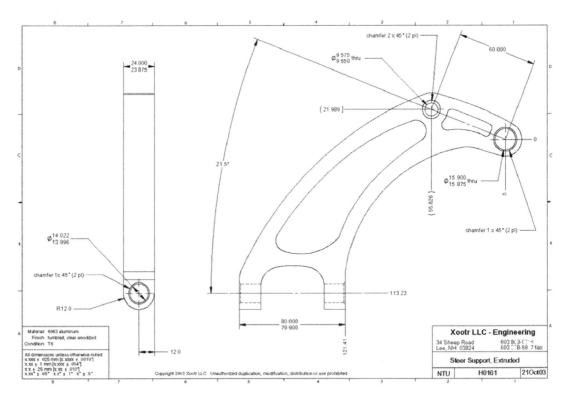

图 7-5 转向支架部分的工程图

资料来源：© Xootr LLC.

当前流程的变化量由估计标准差 $\hat{\sigma}$ 代表。

因此，流程满足一组给定设计规格的能力——缺陷的可能性——取决于流程变化量的大小 $\hat{\sigma}$，与公差水平（$USL-LSL$）有关。我们可以将这两个量结合成一个分数，这个分数通常被称为工序能力指数（process capability index）：

$$C_p = \frac{USL - LSL}{6\hat{\sigma}}$$

工序能力指数 C_p 衡量的是相对于流程的实际变化的允许公差。分子和分母都用相同的单位表示（在 Xootr 的案例中单位是毫米），因此 C_p 本身是无单位的。为了解释 C_p，考虑 $C_p=1$。为了实现这一点，公差区间（$USL-LSL$）必须是估计标准差 $\hat{\sigma}$ 的 6 倍。换句话说，对于 $C_p=1$，有可能将 6 倍的变化标准差放入公差区间。我们从统计学中知道，样本的均值趋向于正态分布。我们假设正态分布的均值（mean，或称平均值）在公差区间的正中间（Xootr 的转向支架高度为 79.5 毫米），C_p 值为 1 则意味着我们可以从中心点往两边移动 3 个标准差达到规格限制。因此，我们将 $C_p=1$ 的流程称为"三西格玛流程"。

图 7-6 比较了给定一组设计规格的两个不同 C_p 值。图的上部描述了一个三西格玛流程。如此我们知道 $C_p=1$。在图的下部，规格限制是相同的，但是这个流程的标准差（标记为 σ_B）要小得多。在达到规格限制之前，我们可以向均值两边移动 6 个标准差。换句话说，在这样一个六西格玛流程（six-sigma process）中，公

差区间是 12 个标准差 $\hat{\sigma}_\text{B}$ 的宽。能力指数为：

$$C_p = \frac{USL - LSL}{6\hat{\sigma}} = \frac{12\hat{\sigma}}{6\hat{\sigma}} = 2$$

缺陷的可能性（从统计学上看，这是位于公差区间外的钟形密度函数部分）比上部的图要小得多。

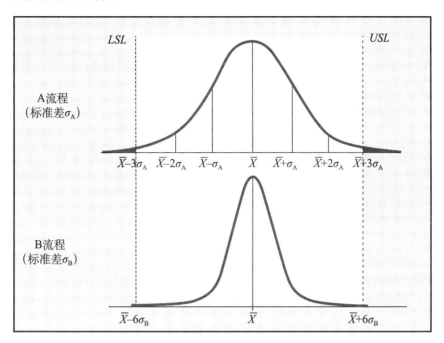

图 7－6　三西格玛流程和六西格玛流程的比较

对于转向支架组件，Xootr 的工程师估计其标准差为 0.017 291 毫米。因此可计算如下的工序能力指数：

$$C_p = \frac{USL - LSL}{6\hat{\sigma}} = \frac{80.000 - 79.900}{6 \times 0.017\,291} = 0.963\,889$$

预测缺陷概率

已知一个工序的均值、标准差和规格限制，并基于工序遵循正态分布这一事实，我们就能够预测未来缺陷的概率。缺陷概率（defect probability）的计算步骤如下：

步骤 1：找出一个单位低于 LSL 的概率。这可通过 Excel 中的 NORM. DIST（LSL，均值，标准差，1）返回累积正态分布的值来计算。数学上，这是 *LSL* 左侧概率密度函数（与正态分布相关的钟形曲线）下的面积。在 Xootr 计算中，我们可以得到：

$$\text{Prob}\{\text{太小部分}\} = \text{NORM. DIST}\,(79.9, 79.95, 0.017\,291, 1)$$
$$= 0.001\,915\,954$$

步骤 2：找到一个单位高于 *USL* 的概率。请在 Excel 中输入 1－NORM. DIST

（USL，均值，标准差，1）。数学上，这是 USL 右侧概率密度函数下的面积。

$$\text{Prob} \{太大部分\} = 1 - \text{NORM. DIST} (80，79.95，0.017\ 291，1)$$
$$= 0.001\ 915\ 954$$

注意，步骤 1 和步骤 2 的结果是相同的。这是因为，在我们的例子中，分布的均值正好位于公差区间的中间。但情况并不总是如此，所以我们鼓励你去做步骤 1 和步骤 2，而不是简单地做步骤 1 然后假设那部分太大的概率和那部分太小的概率相等。

步骤 3：将步骤 1 和步骤 2 的结果相加，得到缺陷概率（因为一个缺陷单位要么太大要么太小，缺陷概率就是两个概率之和）：

$$\text{Prob} \{缺陷部分\} = 0.001\ 915\ 954 + 0.001\ 915\ 954$$
$$= 0.003\ 831\ 908$$

通常还可用预计在 100 万个单位中有缺陷的单位数（也称为百万分之几（parts per million，ppm））来表示。要获得 ppm 值，只需将缺陷概率乘以 1 000 000。在 Xootr 的转向支架案例中，我们得到：

$$\text{PPM} = \text{Prob} \{缺陷部分\} \times 1\ 000\ 000 = 0.003\ 831\ 908 \times 1\ 000\ 000$$
$$= 3\ 831.9$$

正如我们从前面的计算中看到的那样，有可能将分布的均值和规格限制之间的标准差转换为缺陷概率。这其实是应用正态分布的统计计算问题。表 7-1 显示了一个常见流程的缺陷概率和 PPM 值，这取决于在均值和规格限制之间有多少个标准差。

表 7-1　符合均值和规格限制的标准差与缺陷概率之间的关系

西格玛	能力指数	概率太小	概率太大	缺陷概率	PPM
1	0.333 333 333	0.158 655 253 9	0.158 655 253 9	0.317 310 507 86	317 310.5
1.2	0.4	0.115 069 670 2	0.115 069 670 2	0.230 139 340 44	230 139.3
1.4	0.466 666 667	0.080 756 659 2	0.080 756 659 2	0.161 513 318 47	161 513.3
1.6	0.533 333 333	0.054 799 291 7	0.054 799 291 7	0.109 598 583 40	109 598.6
1.8	0.6	0.035 930 319 1	0.035 930 319 1	0.071 860 638 23	718 60.64
2	0.666 666 667	0.022 750 131 9	0.022 750 131 9	0.045 500 263 90	455 00.26
2.2	0.733 333 333	0.013 903 447 5	0.013 903 447 5	0.027 806 895 03	27 806.9
2.4	0.8	0.008 197 535 9	0.008 197 535 9	0.016 395 071 85	16 395.07
2.6	0.866 666 667	0.004 661 188 0	0.004 661 188 0	0.009 322 376 05	9 322.376
2.8	0.933 333 333	0.002 555 130 3	0.002 555 130 3	0.005 110 260 66	5 110.261
3	1	0.001 349 898 0	0.001 349 898 0	0.002 699 796 06	2 699.796
3.2	1.066 666 667	0.000 687 137 9	0.000 687 137 9	0.001 374 275 88	1 374.276
3.4	1.133 333 333	0.000 336 929 3	0.000 336 929 3	0.000 673 858 53	673.858 5

续表

西格玛	能力指数	概率太小	概率太大	缺陷概率	PPM
3.6	1.2	0.000 159 108 6	0.000 159 108 6	0.000 318 217 18	318.217 2
3.8	1.266 666 667	0.000 072 348 0	0.000 072 348 0	0.000 144 696 09	144.696 1
4	1.333 333 333	0.000 031 671 2	0.000 031 671 2	0.000 063 342 48	63.342 48
4.2	1.4	0.000 013 345 7	0.000 013 345 7	0.000 026 691 50	26.691 5
4.4	1.466 666 667	0.000 005 412 5	0.000 005 412 5	0.000 010 825 09	10.825 09
4.6	1.533 333 333	0.000 002 112 5	0.000 002 112 5	0.000 004 224 91	4.224 909
4.8	1.6	0.000 000 793 3	0.000 000 793 3	0.000 001 586 66	1.586 656
5	1.666 666 667	0.000 000 286 7	0.000 000 286 7	0.000 000 573 30	0.573 303
5.2	1.733 333 333	0.000 000 099 6	0.000 000 099 6	0.000 000 199 29	0.199 289
5.4	1.8	0.000 000 033 3	0.000 000 033 3	0.000 000 066 64	0.066 641
5.6	1.866 666 667	0.000 000 010 7	0.000 000 010 7	0.000 000 021 44	0.021 435
5.8	1.933 333 333	0.000 000 003 3	0.000 000 003 3	0.000 000 006 63	0.006 631
6	2	0.000 000 001 0	0.000 000 001 0	0.000 000 001 97	0.001 973

工序能力指数 $C_p=1$（三西格玛流程）的缺陷概率为 0.002 699 796，因此它有 99.730 020 4% 的概率没有缺陷。因此，每 100 万个单位可能有 2 700 个缺陷（确切地说是 2 699.796）。

过去，质量专家推荐的最低工序能力指数为 1.33，但现在许多组织实施六西格玛计划后，要求所有的努力都应该在每个单独的步骤获得 2.0 的工序能力指数 C_p。这在统计学上意味着 USL 要高于均值 6 个标准差且 LSL 要低于均值 6 个标准差，这就是"六西格玛"这个名字的由来。

六西格玛流程产生缺陷的概率为 0.000 000 001 97，相当于 10 亿个单位中约有 2 个缺陷。这个数字看起来小得有点荒谬。为什么不退而求其次呢？为什么之前提到的质量目标即 $C_p=1.33$ 对应的缺陷概率为 0.000 063 342 不够好？

这确实是一个棘手的问题。我们首先要明白"足够好"这个概念具有误导性。每一个缺陷都是多余的，特别是如果你回想一下本章开头的例子。其次，人们必须明白流程通常由许多步骤组成，每个步骤都可能有缺陷。Xootr 不仅包括一个转向支架，还包括许多其他部分。像电脑、电话或汽车这样的复杂组件有数百个子组件和部件。最终产品只有在所有部分都正常工作的情况下才能正常工作。考虑一个有 200 个子组件和部件的产品，每个部分都有 0.01% 的缺陷概率，因此，能够正常生产每个部分的概率是 $1-0.000\ 1=0.999\ 9$。结果输出函数正确的概率是 $0.999\ 9^{200}=0.980\ 198$，这是 2% 的缺陷概率。换句话说，在复杂的系统中，即使子组件和部件的缺陷概率极低，也可能最终导致大量有缺陷的产品。

设定一个变化减少目标

我们之前的分析从观察流程变化（以估计标准差 $\hat{\sigma}$ 的形式）开始，然后计算缺陷概率。我们还可以从预期（目标的）缺陷概率开始计算，然后计算流程允许的标准差。例如，Xootr 的管理层想要提高质量标准时就可以这样进行。与其允许目前的缺陷概率为 0.003 831 908（3 831.9 ppm），不如将新目标设为 10ppm。想象一下，为达到该目标，Xootr 必须减少转向支架的标准差到多少呢？

从表 7-1 可以看出，获得 10ppm 对应的能力指数是 $C_p = 1.466\ 7$。我们只需沿着表中最右列向下，找到最接近的 ppm 值，然后在左边第二列中查找能力指数。使用能力指数的定义，我们可以得到以下方程：

$$C_p = \frac{USL - LSL}{6\hat{\sigma}} \Leftrightarrow 1.466\ 7 = \frac{80.000 - 79.900}{6\hat{\sigma}}$$

虽然 $\hat{\sigma}$ 在分母上，但这个方程是一个线性方程。整理得到目标变化量（target variation）为：

$$\hat{\sigma} = \frac{USL - LSL}{6C_p} = \frac{80.000 - 79.900}{6 \times 1.466\ 7} = 0.011\ 363$$

换句话说，如果 Xootr 的工程师能够将转向支架的标准差从当前值 0.017 291 降低到 0.011 363，那么将使能力指数从 0.964 提高到大约 1.466 7，并使 ppm 值从 3 831.9 降低到 10。

工序能力的总结和扩展

在能力分析这一节，你已经学会了使用工序规格限制及其估计标准差，并计算工序能力及其缺陷率。请注意，这与前面的射手例子非常相似。你可能会在 10 个转向支架的样本中，观察不到一个有缺陷的零件（所有的测量都在规格限制内）。这会让你在 100 万个零件保持零缺陷时感到从容淡定吗？要推断更大的样本量，我们必须使用更多的信息，而不仅是对缺陷单元和合格单元进行二元分类。就像我们通过观察射手的着靶点距靶心的远近来衡量射手的能力一样，我们也可以通过观察测量值的变化来判断在达到上下规格限制之前冗余的标准差。我们还看到了如何从缺陷控制目标数量开始，计算流程中允许多少变化。显然，缺陷和变化是相伴而生的。

在分析中，我们假设流程有一个 USL 和一个 LSL，而收集的数据的均值正好在中间。这些假设可能并不总是与你的实践观察相一致。

● 在某些情况下，只存在一个规格限制。假设你希望跟踪呼叫中心的呼叫等待时间，并测量在给定的等待时间或更短的时间内客户得到服务的程度。在这种情况下，将异常短的等待时间称为缺陷是没有意义的。因此，我们可以将 LSL 设为 0。

● 分布的均值不太可能总是在公差区间的中心。当我们搜索 σ 的允许水平时，我们需要做出这个中点假设来生成表 7-1 中的数据。所有其他计算都不依赖于这一假设。你首先计算该单位低于 LSL 的概率,再计算该单位高于 USL 的概率,然后将两者相加。

7.3　一致性分析

现在,我们已经测量了工序能力,并了解了在给定的时间点流程中存在多少变化,就可以很好地监测正在进行的流程。具体来说,当观察流程中的变化时,我们想要确定该变化是否正常。在正常情况下,它最有可能反映流程中的偶然性波动;如果不正常,则表明存在系统性波动。

控制图(control charts)以类似于图 7 - 7 所示的图形反映数据随时间的变化。控制图的 x 轴表示从流程中取样的各个时间段。y 轴是每个样本的均值。这种控制图通常称为 $\bar{X}$ 图(X-bar charts)(X-bar 图,$\bar{X}$(X-bar)通常表示样本的均值)。$\bar{X}$ 图可用于记录一段时间的趋势,并识别意外波动(如由于工具的磨损)或跳跃(如一个新手的操作),这对应于系统性波动。

更正式地说,我们把 n 个单位的样本均值 $\bar{X}$ 定义为:

$$\bar{X} = \frac{x_1 + x_2 + \cdots + x_n}{n}$$

当绘制 $\bar{X}$ 图时,我们想知道抽取的样本是否与过去的流程结果一致。为此,我们直观地检查在一段时间内输入值(比如 11 天的样本均值)是否高于一个上限——控制上限(upper control limit,UCL)或低于一个下限——控制下限(lower control limit,LCL)。

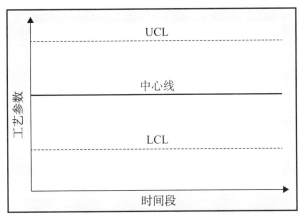

图 7 - 7　基础控制图示例

考虑表 7 - 2 中 Xootr 的工程师收集的与转向支架高度相关的数据,方法与能力分析相同。数据显示了 25 天内每天 5 次的观察结果。根据上述 $\bar{X}$ 的定义,可计算出每天的均值,如最后一列所示。例如,对于第 14 天,$\bar{X}$ 计算为:

$$\bar{X} = \frac{79.973 + 79.986 + 79.942 + 79.978 + 79.979}{5} = 79.972$$

表 7 - 2　转向支架五个样本的测量值

时间（天）	X_1	X_2	X_3	X_4	X_5	均值
1	79.941	79.961	79.987	79.940	79.956	79.957
2	79.953	79.942	79.962	79.956	79.944	79.951
3	79.926	79.986	79.958	79.964	79.950	79.957
4	79.960	79.970	79.945	79.967	79.967	79.962
5	79.947	79.933	79.932	79.963	79.954	79.946
6	79.950	79.955	79.967	79.928	79.963	79.953
7	79.971	79.960	79.941	79.962	79.918	79.950
8	79.970	79.952	79.946	79.928	79.970	79.953
9	79.960	79.957	79.944	79.945	79.948	79.951
10	79.936	79.945	79.961	79.958	79.947	79.949
11	79.911	79.954	79.968	79.947	79.918	79.940
12	79.950	79.955	79.992	79.964	79.940	79.960
13	79.952	79.945	79.955	79.945	79.952	79.950
14	79.973	79.986	79.942	79.978	79.979	79.972
15	79.931	79.962	79.935	79.953	79.937	79.944
16	79.966	79.943	79.919	79.958	79.923	79.942
17	79.960	79.941	80.003	79.951	79.956	79.962
18	79.954	79.958	79.992	79.935	79.953	79.959
19	79.910	79.950	79.947	79.915	79.994	79.943
20	79.948	79.946	79.943	79.935	79.920	79.939
21	79.917	79.949	79.957	79.971	79.968	79.952
22	79.973	79.959	79.971	79.947	79.949	79.960
23	79.920	79.961	79.937	79.935	79.934	79.937
24	79.937	79.934	79.931	79.934	79.964	79.940
25	79.945	79.954	79.957	79.935	79.961	79.950
					均值	79.951

在计算每个时期的均值后，再继续计算所有天数的均值。所有 $\overline{X}$ 的均值称为 $\overline{\overline{X}}$（"X-double-bar" 或 "X-bar-bar"），反映了它是均值的均值。正如我们在表 7 - 2 的底部所看到的：

$$\overline{\overline{X}} = 79.951$$

在创建 $\overline{X}$ 图时，我们使用 $\overline{\overline{X}}$ 的计算值作为中心线，并绘制样本每天的 $\overline{X}$。

一旦我们有了 x 轴（时间间隔）、y 轴（均值）、每个时期的样本和中心线，最后缺少的就是控制限制。回想一下控制限制的内涵。我们想从样本均值 $\bar{X}$ 中推断出高于 UCL 或低于 LCL 的样本是异常的。我们对统计数据所做的任何推断都会受到噪声的影响，所以我们只能在有限的统计可信度下做出这样的声明。我们从流程中采样的数据是有噪声的，而且往好里说，对 $\bar{X}$ 的估计也就是均值。

我们使用 Excel 中的 STDEV. S 函数估计整个样本的标准差。我们计算所有零件的估计标准差（estimated standard deviation of all parts）为：

$$所有零件的估计标准差＝STDEV. S（第 1 天零件_1，\cdots，第 1 天零件_n，$$
$$\cdots，第 m 天零件_1，\cdots，第 m 天零件_n）$$

上述例子中，所有零件的估计标准差为：

$$所有零件的估计标准差＝0.017\ 846\ 388$$

我们每天都收集一个样本，当估计样本均值 $\bar{X}$ 时，我们必须承认它是有噪声的。此外，我们知道每天的样本容量越大，噪声越小。对于给定的测量样本，我们知道 $\bar{X}$ 的估计标准差（estimated standard deviation for X-bar，样本均值的估计标准差）可以被计算出来：

$$估计标准差(\bar{X}) = \frac{所有零件的标准差}{\sqrt{n}}$$

对于 Xootr 这个实例，我们计算估计标准差（estimated standard deviation，ESD）如下：

$$估计标准差(\bar{X}) = \frac{所有零件的标准差}{\sqrt{n}} = \frac{0.017\ 846\ 388}{\sqrt{5}} = 0.007\ 981\ 147$$

如果样本高于或低于长期均值 3 个标准差，我们称该流程失控。这导致了以下控制限制计算：

1. 计算 $\bar{X}$ 的 UCL 为：

$$UCL = \bar{\bar{X}} + (3 \times ESD(X\text{-bar})) = 79.951 + (3 \times 0.007\ 981\ 147)$$
$$= 79.974\ 9$$

2. 计算 X 的 LCL 为：

$$LCL = \bar{\bar{X}} + (3 \times ESD(X - bar)) = 79.951 + (3 \times 0.007\ 981\ 147)$$
$$= 79.927\ 1$$

一个与历史数据一致的流程将使估计的样本均值在 99.7% 的情况下落在 LCL 和 UCL 之间。这与我们借能力计算结果推断是否达到规格限制（高于均值 3 个标准差）的逻辑是相同的。

以这种方式获得的控制图允许对流程变化进行可视化评估。控制限制的定义意味着 99.7% 的样本点预计会落在上下控制限制之间。因此，如果任何点超出了控制限制，我们可以用 99.7% 的置信水平声称流程已经"失控"，也就是说，发生了系统性波动。

除了检查样本均值是否在三西格玛置信区间之外（低于 LCL 或高于 UCL），我们还可以在控制图中寻找统计上不太可能发生的其他情形。例如，我们可以寻找一组高于或低于中心线的样本均值。我们不可能在中心线以上（或以下）看到 8 个连续点，因为每个点在中心线以上或以下的概率相等，我们可以将 8 个点在同侧的概率简单地计算为（0.5)^8＝0.004，这对应于一个非常不可能的事件。因此，我们也可以将这种情形视作需要进一步研究的警告信号。

图 7-8 是 Xootr 的控制图。我们观察到转向支架的生产过程控制得很好。组件的大小似乎具有内在的随机性，也即不存在系统性波动，比如偏离或突然超出控制限制的波动。该流程的行为与其历史变化一致——它处于控制之中。

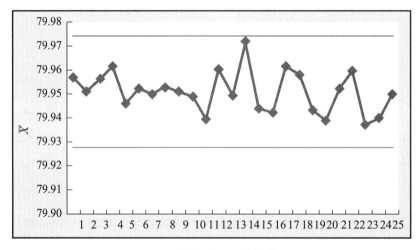

图 7-8　转向支架组件的 $\bar{X}$ 图

请注意，流程处于控制中这一事实并不排除产生缺陷的可能性。实践中，不要混淆控制限制和规格限制两个概念非常重要。

- 控制限制，测量流程在多大程度上与过去一致。
- 规格限制，测量流程满足客户规格的程度。

因此，流程结果可能在控制限制内，但在规格限制之外。在这种情况下，由于偶然性变化，工序能力较低，缺陷经常发生。反之亦然，结果可能在控制限制之外，但在规格限制之内。能力非常高的流程有非常严格的控制限制。即使很小的系统性波动也会使流程结果超出控制限制；然而，相应的单元不一定是有缺陷的，尤其是在规格区间相对较宽的情况下。

7.4　调查系统性原因

在本章前面，我们讨论了流程结果及缺陷的发生是如何由一组输入变量和环境变量驱动的（见图 7-1）。根据定义，我们知道缺陷的发生反映了结果变量中的一些异常变化。这种结果变量的异常变化必然是输入变量或环境变量的某些异常变化的结果。因此，一旦控制图提醒我们，结果变量中发生了一些系统性波动，我们的工作就是寻找导致这个结果的输入变量或环境变量。我们要调查异常变化的根本原因。

我们探索根本原因的第一步是创建一个更详细的图来说明结果变量与各种输入变量和环境变量之间的关系。图 7-9 是显示这种关系的一个图。这种图——也称为鱼骨图（fishbone diagrams，形似鱼骨而得名）、因果图（cause-effect diagrams）或石川图（Ishikawa diagrams，纪念日本质量管理学者石川馨）——用图形表示与特定结果有因果关系的输入变量和环境变量，如变化的增加或均值的移动。

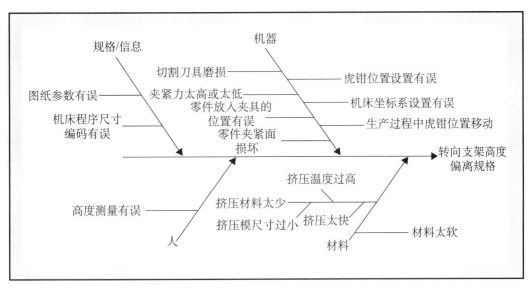

图 7-9　查找转向支架质量问题根源的鱼骨图

当绘制鱼骨图时，我们通常从一个指向要分析的结果变量的水平箭头开始。斜线表示主要原因，其箭头指向因果关系线，形成鱼骨状。斜线表示输入变量和环境变量。石川图是一个简单但强大的问题解决工具，可用于组织头脑风暴会议和可视化复杂系统的因果结构。

有助于开发因果模型的一个相关的工具是"五问法"（Five Whys）。当工人寻找质量问题的根本原因时，这个工具在丰田被广泛使用。"五问法"的基本思想是不断地质疑（"为什么会这样？"），即一个潜在的原因到底是真正的根本原因，还是仅仅是更深层次问题的症状。考虑一个学生上课迟到的例子。快速分析可能会问"这个学生为什么迟到"，然后得知学生想去喝杯咖啡。这样看来，"喝咖啡"似乎是迟到的根本原因。然而，"五问法"框架有助于挖掘更深层次的原因：

● 为什么这个学生花了这么长时间才买到咖啡？因为咖啡店离教室很远。

● 为什么这个学生要去离教室远的咖啡店而不是去大楼里的咖啡店？因为那里的咖啡更好、更便宜。

● 为什么这栋楼里的咖啡店卖的咖啡质量差，价格却很高？因为它离教室近，且没有真正回应客户的需求。

● 为什么这栋楼里的咖啡店处于垄断地位？因为校方把咖啡销售权卖给第

三方。

注意，我们问"为什么?"五次后发现了什么。首先，我们找到了问题的根本原因，而不是仅仅处理问题的症状。其次，观察问题的责任方如何从学生（想要咖啡的人）转移到大学（向第三方卖咖啡销售权的人）。

给定一个缺陷的多个潜在原因，找出这些潜在原因中哪一个是问题的根本原因才是重点。帕累托图（Pareto diagram）是一种识别流程缺陷最重要原因的图形化方法。为创建一个帕累托图，我们需要收集关于缺陷发生的次数及该缺陷的类型。然后绘制条形图，以表示缺陷类型出现的次数。绘制缺陷类型的累积值图形也是很常见的。图 7 - 10 显示了一个帕累托图的例子。该数据对与 Xootr 客户订单相关的缺陷进行了分类。

帕累托原理是朱兰（J. M. Juran）提出的。朱兰注意到，管理者花了太多时间解决"小"问题，而对"大"问题没有给予足够的关注。帕累托原则，也称为 80 - 20 原则，假定 20% 的原因可以解释 80% 的问题。在质量管理中，帕累托原则意味着一些缺陷类型可解释大多数缺陷的原因。

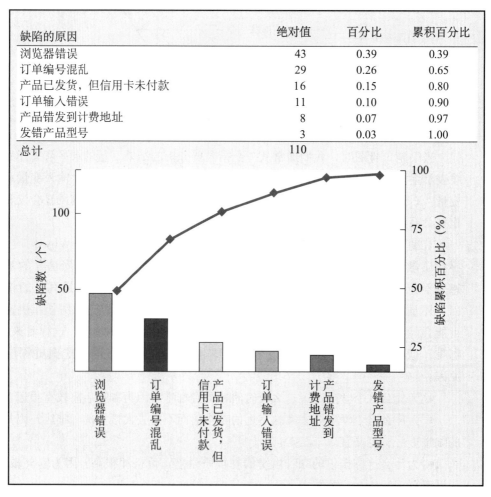

缺陷的原因	绝对值	百分比	累积百分比
浏览器错误	43	0.39	0.39
订单编号混乱	29	0.26	0.65
产品已发货，但信用卡未付款	16	0.15	0.80
订单输入错误	11	0.10	0.90
产品错发到计费地址	8	0.07	0.97
发错产品型号	3	0.03	1.00
总计	110		

图 7 - 10　Xootr 订单处理中不同缺陷的根本原因

7.5　计数型控制图：p-图

当构建一个 X 图时，我们能够在单个维度上测量一个结果变量，然后利用 LCL 和 UCL 之间的区间来确定是否存在缺陷。现在我们正在处理离散的结果，这不再有效。我们所能做的就是区分有缺陷和无缺陷的流程单元。

当从流程中抽取一个单元样本时，我们知道的每个单元的唯一信息是它是被归类为合格单元还是缺陷单元。然后我们可计算出样本中有缺陷的流程单元的百分比。类似于 $\bar{X}$ 图，我们可追踪这个百分比随时间的变化。这就是创建 p-图（p-chart，也称为特征控制图（attribute-based control chart））背后的理念。

p-图的样本量往往更大，每个时期的样本量通常在 $50 \sim 200$ 之间。如果缺陷是很小概率的事件，则需要更大的样本量。如果是 1% 的缺陷概率，则当样本量低至 5 个或 10 个时，很可能你根本不会发现任何缺陷。就像 X 图一样，每个时期都采集样本。在每个样本中，我们评估缺陷单元的百分比。令 p 表示这个百分比（这就是称为 p-图的原因）。然后计算所有样本的缺陷百分比均值，我们称之为 $\bar{p}$。这个"缺陷百分比均值的均值"是特征控制图的中心线，就像我们使用 $\bar{X}$ 作为变量控制图的中心线一样。

要计算控制限制，首先需要对缺陷的标准差进行估计。这个估计值由下式给出：

$$\text{估计标准差} = \sqrt{\frac{\bar{p}(1-\bar{p})}{\text{样本量}}}$$

然后计算 UCL 和 LCL：

$$UCL = \bar{p} + (3 \times \text{估计标准差})$$
$$LCL = \bar{p} - (3 \times \text{估计标准差})$$

因此，我们再次设置控制限制，允许流程在上下方向上偏离均值 3 个估计标准差。注意，在前面确定的 LCL 为负的情况下，设置 LCL 为 0。

一旦创建了中心线和上下控制限制，我们使用 p-图的方式与使用 X 图的方式完全相同。在每个时间段，我们在 p-图中标出缺陷单元的百分比。如果该百分比高于 UCL，我们期望一些（负向的）系统性原因在起作用。如果该百分比低于 LCL，我们期望一些（正向的）系统性原因在起作用（就像在本例中一样，缺陷百分比已经下降）。

7.6　收益率和缺陷对工艺流程的影响

如前几节所述，缺陷对工艺流程有较大影响。在本节，我们将讨论由一系列步骤组成的流程，其中至少有一个步骤存在可检测到的质量问题。换句话说，至少存在一个步骤里的单元可以分为"合格单元"和"有缺陷单元"。合格单元可进入下一步操作继续加工，而缺陷单元必须返工或从流程中消除（eliminated from the process，在生产过程中称为报废）。

- 在 Xootr 案例中，该公司会报废所有不符合规格的转向支架。

- 相对地，Xootr 将需要调整刹车装配的组件返工。这些 Xootr 被重新返回到另一个专门负责返工操作的员工。这个员工需要高度熟练地拆卸刹车（通常是拆除刹车拉线），并根据需要调整刹车，从而制造一辆可销售的 Xootr。

下面的例子有助于说明返工和报废的想法并不仅限于制造：

- 心脏手术后，患者通常要在重症监护室度过一段康复期。虽然大多数患者可以被转移到常规病房（并最终出院回家），但有一些患者在出现并发症的情况下会再次被送入重症监护室。从重症监护室的角度来看，已经到常规病房但又再次送到重症监护室的患者就是返工。

- 在大型公司的招聘过程中，尤其是在咨询公司的招聘过程中，也有很大比例的应聘者在招聘过程结束前被淘汰。咨询公司每发出一份录用通知，都会事先处理数百份简历，面试几十位求职者（可能会分几轮面试）。通常情况下，应聘者被淘汰后再次被邀请重复第一轮面试的情形即返工是非常罕见的。

- 药物开发对每一种进入市场的新药都要分析数千种化合物。最初的一组化合物通过一系列测试而筛减，其中许多测试的成本还很高。经测试后，一些化合物被允许进入下一阶段，而其他一些则被淘汰。

我们将资源收益率（yield）定义为：

$$资源收益率 = \frac{资源中合格单元的单位时间产出}{单位时间产出}$$

$$= 1 - \frac{资源中缺陷单元的单位时间产出}{单位时间产出}$$

因此，资源收益率衡量的是该资源中合格单元的百分比。类似地，我们可以在整个流程层次上定义收益率：

$$流程收益率 = \frac{合格单元的单位时间产出}{单位时间产出} = 1 - \frac{缺陷单元的单位时间产出}{单位时间产出}$$

显然，在上面的例子中，缺陷和返工（rework）听起来很刺耳，特别是当我们处理以人为流程单元时。以下概念和计算同样适用于磁盘驱动器返工，因为它们不符合最终测试规格，而且患者必须重新接受重症监护，因为他们在常规病房不能按要求快速康复。

还应该指出的是，缺陷并不总是反映流程步骤的失败，但可反映流程中固有的随机性（偶然性波动）或相较于流程开始时流程单元的差异。例如，将一种药物从一种疾病的潜在治疗方法中排除并不意味着之前的开发步骤没有正确发挥作用，相反，开发步骤揭示了这种药物的一个（以前未知的）不良特性。同样，招聘过程的本质决定了它的收益率（申请成功的比例）远低于100%。

返工

返工意味着在发现问题之前的一些步骤必须重做，或者需要一些额外的流程步骤来将缺陷单元转化为合格单元。图 7-11 显示了两个返工的例子（为了简单起见，省去了库存位置）。

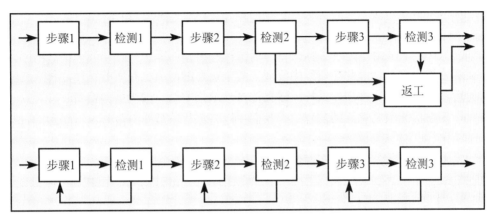

图 7-11 返工的两种流程

在图的上部，缺陷单元被从常规流程中取出，移到单独的返工操作中。这在许多生产过程中很常见，比如上面讨论的 Xootr 示例。如果返工步骤总是能够把一个缺陷单元变成一个合格单元，流程收益率将回到 100%。在图的下部，缺陷单元将被返工，由之前处理该单元的资源重新加工。再次进入重症监护室的患者就是这种情况。

返工改变了流程的利用情况。与没有缺陷的情况相比，返工意味着需要利用额外的资源，这反过来提高了资源利用率。因此，返工可能会潜在地改变瓶颈的位置。

因此，在分析收益率（和返工）对流程能力的影响时，我们需要区分瓶颈资源和非瓶颈资源。如果返工只涉及具有大量空闲时间的非瓶颈资源，那么它对整个流程能力的影响可以忽略不计（请注意，它仍然会产生成本影响，反映出返工步骤中的材料成本和额外劳动力成本）。

然而，在许多情况下，返工严重到足以使资源成为瓶颈（更糟的是，需要在瓶颈处进行返工）。由于瓶颈的能力等于整个流程的能力，从整个流程的角度来看，在瓶颈处投入返工的所有能力都是损失。

从流程中报废流程单元

在许多情况下，通过返工将缺陷单元改造成合格单元是不可能的或不经济的。一旦机器生产了一个有缺陷的转向支架组件，它几乎不可能把这个组件改造成一个无缺陷的组件。尽管该组件的材料成本大约为 12 美元，但该公司还是报废了它，并生产了替代的组件。

类似地，咨询公司在寻找新员工时更倾向于直接拒绝不合适的申请，而不是投资培训来提高求职者的技能。如果从流程中报废缺陷单元，那么合格单元的最终产量也会相应减少。

严格地说，从流程中报废流程单元是一种特殊的返工形式，即缺陷单元离开流程的步骤和流程开始之间的所有操作都必须返工。考虑到缺陷检测之前的所有操作都必须返工，因此我们越早发现并报废相应的流程单元，能力浪费就越少。这种能力浪费反映了在这个流程中需要启动的单元比完成的单元要多。例如，要在生产过程的最后获得 100 个合格单元，我们必须在流程开始计算：

$$\text{从开始到得到 100 个合格单元所需要生产的数量} = 100/\text{流程收益率}$$

图 7-12 显示了两个从流程中报废缺陷单元的实例。在图的上部，缺陷只在最后才被检测到，因此在流程中浪费了每个资源的能力。在图的下部，每个流程步骤后都会进行一次检测，这样可以提前排除缺陷零件，减少能力浪费。

在报废缺陷单元的流程中，我们可以将流程收益率（process yield）写成：

$$\text{流程收益率} = y_1 y_2 \cdots y_m$$

式中，m 为生产过程中资源的个数；y_i 为第 i 个资源的收益率。

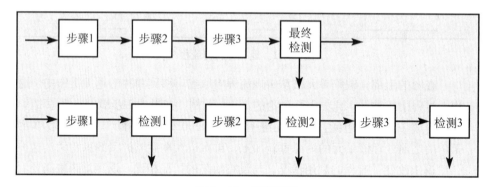

图 7-12　报废流程

经济成本和检测点的位置

除了影响能力外，收益率还决定了一个合格单元在生产过程中各个阶段的价值。在生产流程中，一个合格单元的价值是多少？这个问题的答案取决于受到的约束来自能力还是需求。

首先考虑需求约束的情况。在流程开始，一个合格单元的价值等于它的投入成本（在生产过程中原材料的成本）。即使不添加任何额外材料，一个合格单元的价值也会随着流程的进行而增加。同样，设 y_n 为第 n 阶段的收益率。剩余资源 n 的价值约等于 $1/y_n$ 乘以进入阶段 n 的价值加上阶段 n 的可变成本之和。

能力约束则根本不同。在流程最后，单元的边际额外收益决定了一个合格单元的价值。然而，在流程开始，一个合格单元的价值仍然等于它的投入成本。那么，一个合格单元的估值应该是基于成本向前推进还是基于价格向后推进呢？这两种方法之间的不连续性来自瓶颈。瓶颈过后，价值是基于销售价格的；瓶颈之前，价值是基于成本的。

例如，假设 Xootr 公司目前受到需求约束，我们希望在流程中评估一个流程单元。我们应该使用基于成本的计算来做到这一点，而不用特别考虑流程单元的缺陷——我们将获得相同的销售率（满足需求）。相比之下，如果 Xootr 公司受到能力约束，我们必须重点考虑流程瓶颈以后的流程单元的边际额外收益。

因此，随着流程单元通过流程进入市场，检测缺陷所产生的成本显著增加。考虑一个不可返工的缺陷发生在瓶颈前资源的情况，如图 7-13 所示。如果在瓶颈之前检测到缺陷，那么该缺陷的成本就是在检测到缺陷这个步骤之前该单元的材料成本。然而，如果在瓶颈之后检测到缺陷，并且目前流程受到能力约束，那么这个缺陷单元几乎耗费了和一个合格单元一样的成本。极端情况下，如果缺陷在市场上被检测到，我们可能会支出包括保修、现场维修、责任等相关的主要成本。出于这个原因，在一个能力约束的流程中，在瓶颈之前有一个检查步骤是必要的。

在更概念化的层面上，图 7-13 涉及一个源头质量（quality at the source）的观点，丰田生产方式强调缺陷应该在它发生的时间和地点被及时发现，而不是在远程的最终检查步骤被发现。除了上述成本效益之外，源头质量的另一个好处是，对导致缺陷的根本原因的纠正通常更容易在缺陷产生的地点和时间被识别出来。负责导致缺陷的流程步骤的员工对于缺陷发生的问题更了解，而在最终检查步骤找出单元的问题再讨论缺陷的产生通常要困难得多。

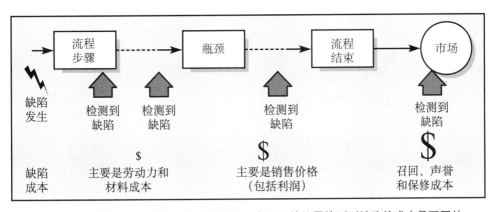

图 7-13　假设一个受到能力约束的流程，在不同的位置检测到缺陷的成本是不同的

缺陷和变化性

质量损失和收益率相关的问题不仅会改变流程能力，还会涉及变化性。90%的收益率并不意味着每 10 个流程单元就有一个有缺陷，而是有 10%的可能性发生缺陷。因此，收益率损失增加了变化性，从而降低了能力。

再考虑图 7-11 下部的流程图，即缺陷单元通过重复操作被立即返工。即使实际活动时间是确定的，收益率损失迫使同一资源被多次使用，从而使一个合格单元的有效活动时间充满随机变化。

由变化性造成的能力损失可通过库存来部分补偿。这些缓冲区越大，变化性对能力降低的影响就越小。然而，额外的库存增加了成本和流程时间，也会影响质量问题的发现和解决。

7.7　流程改进

本章讨论的统计流程控制的优势来自统计过程控制将收集的实际数据和使用专业分析技术相结合。

数据收集的重要性怎么强调都不为过。在许多行业中，收集有关流程绩效的数据只是例外，而不是常态。一旦你收集了数据，流程改进会议就会变成基于事实和客观的，而不是在很大程度上是主观的。虽然到目前为止，大多数制造企业定期收集其流程数据，但大多数服务流程都是滞后的。直到最近几年，银行或医疗保健服务提供商才开始系统地跟踪流程数据。这有点让人惊讶，因为服务业大量使用电子工作流程管理系统而拥有大量的数据。

一个成功的流程改进项目需要的不只是数据，对数据进行统计分析很重要，否则，流程中每一个小的、随机的变化（包括偶然性波动）都被解释为有意义的，并因此采取行动。上面列出的工具有助于区分重要和不重要的事情。

除了统计工具之外，要组织一个流程改进项目，一个明确的行动计划必不可少。一个执行良好的流程改进项目往往要经过以下步骤：

- 察觉到一个问题，并广泛地探索它。
- 明确一个要解决的具体问题/陈述一个具体的改进主题。
- 收集数据并分析具体情形。
- 找到根本原因。
- 制定一个解决方案并实施它。
- 评估解决方案的效果。
- 如果新解决方案不错，标准化这个改进流程，将好的新解决方案包含在内。
- 然后开始解决下一个问题。

图 7-14 总结了本章介绍的工具，概述了实现质量改进的系统过程。

改进项目的重点由最昂贵的缺陷决定，因此改进有最大的经济影响。通常这涉及瓶颈资源。然后我们收集数据并进行分析，确定流程能力和准确的收益率。这有助于我们理解缺陷对工艺流程以及最终对流程经济性产生的影响。

我们可以选择以二元方式考虑缺陷（有缺陷与无缺陷），或者基于特定的规格考虑缺陷（上下规格限制）。对于前者，我们使用特征控制图；对于后者，我们使用本章前面介绍的常规控制图。这个分析确定了当前的流程能力。通过对缺陷进行分类并查明原因（帕累托分析），我们还可以找出最重要的根本原因。

然后，我们要么消除这些根本原因，要么使用稳健的流程设计逻辑，尝试最小化对工艺参数变化的敏感度。由此产生的改进过程将以与过往相同的方式进行监测

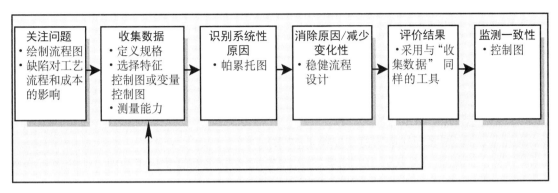

图 7 - 14

和分析，这将确定或否定我们的行动有效性。这是一个迭代的过程，反映了存在多个（潜在的相互作用的）原因和对流程潜在的有限理解。

最后，控制图有助于使解决方案标准化，并确定与新流程设计的一致性程度，还将提醒我们出现的任何新的系统性原因。

7.8 延伸阅读

Wadsworth、Stephens 和 Godfrey（1986）提供了各种绘制控制图的不错方法。他们的书还包括几个实施的例子。Breyfogle（1999）详细概述了许多工具和六西格玛的定义。有兴趣的读者应该看看 Motorola 关于六西格玛的初始文件，Motorola（1987）的书有所总结。

六西格玛培训通常用射击来举例说明，始终击中一个稍微偏离目标的点往往更好，而不是偶尔击中目标，但也要击中广泛分布的不同点。关于六西格玛和射击的更多细节，请参阅 www. xpult. com。

更多关于质量的细节可以在 Juran 的早期作品（1951）或更近期的作品（1989）中找到。

Bohn 和 Terwiesch（1999）提供了一个分析收益率驱动流程经济分析的框架，我们将该框架用作讨论返工和报废的基础。

Ulrich 和 Eppinger（2011）的书是关于稳健流程设计和改进产品与流程的实验设计的一个很好的来源。

最后，小册子 Memory Jogger 是一本本章及之后章节讨论的质量改进工具的高效手册。

7.9 实战练习

下面的问题将有助于测试你对本章的理解。在每个问题之后，我们在括号中显示相关章节信息。

Q7.1（比萨饼）在比萨饼的生产过程中，以下四个变量中哪一个不是输入变量？[7.1]

a. 比萨饼所需的生面团量。

b. 烤箱的温度。

c. 比萨饼上奶酪的品种。

d. 顾客把比萨饼留在冰箱里的时间。

Q7.2（MakeStuff）约翰是 MakeStuff 公司的新晋质量工程师。他的老板为提高公司的质量水平，让他提高主要产品的工序能力指数。约翰决定简单地增大 USL，减小 LSL。

选择正确的表述 [7.2]：

a. 工序能力指数没有增加，因为流程中的变化没有改进。

b. 工序能力指数没有增加，因为只有当控制限制改变时，工序能力指数才会改变。

c. 工序能力指数确实增加了，尽管有人可能会问现实的流程是否真的更好。

d. 工序能力指数确实增加了，这就是流程质量下降的原因。

e. 需要更多的数据来回答这个问题。

Q7.3（精密加工）对于关键连接，精密加工工艺的宽度的 LSL 为 0.99 毫米，USL 为 1.01 毫米。标准差为 0.005 毫米，均值为 1 毫米。

a. 过程的工序能力指数是多少？[7.2]

b. 公司现在想要降低缺陷概率，并运行一个六西格玛流程。为了达到这一目标，公司需要降低流程的标准差到什么程度？[7.2]

Q7.4（Vetro）Vetro 是一家玻璃制造商，生产各种形状和类型的玻璃。最近它签订了一份合同，为瑞士手表制造商 Switch 供应圆形玻璃。规格要求直径为 4.96～5.04 厘米。在目前的生产过程中，Vetro 生产的玻璃平均直径为 5 厘米。仔细观察就会发现在这一流程中存在一些变化性，玻璃的直径服从标准差为 0.01 厘米的正态分布。

a. Vetro 的工序能力指数是多少？[7.2]

b. 为满足严格的六西格玛标准，流程允许的最大标准差是多少？[7.2]

Q7.5（CycloCross）生产自行车轮胎的 CycloCross 公司很关心自行车轮胎的确切宽度。公司的 LSL 为 22.8 毫米，USL 为 23.2 毫米。标准差为 0.25 毫米，均值为 23 毫米。

a. 流程的工序能力指数是多少？[7.2]

b. 公司现在想要降低缺陷概率，并实行六西格玛流程。为了达到这一目标，公司需要减少流程的标准差到什么程度？[7.2]

Q7.6（质量检查）原材料齐全后，一个流程单元的制造过程包括三个顺序步骤：

● 步骤 1 是消耗大量昂贵的油漆。

- 步骤 2 是瓶颈。
- 步骤 3 有大量空闲时间。

每一步都有 20% 的机会产生缺陷，原材料也有 20% 的机会产生缺陷。然而，缺陷不是立即可见的。缺陷将最终产品的价值降低到零，也就是说，只要有一个缺陷，产品就没有价值了，必须丢弃。

目前这一流程受到能力约束。下面哪个陈述是关于设置单个检查点的最好建议？[7.6]

a. 唯一的检查点应设置在步骤 1 之前。

b. 如果重点是节省昂贵油漆的成本，则检查应在步骤 1 之前进行。如果重点是单位时间产出，则检查点应设置在步骤 2 之前。

c. 如果重点是节省昂贵油漆的成本，则检查应在步骤 2 之前进行。如果重点是单位时间产出，则检查点应设置在步骤 3 之前。

d. 唯一的检查点应设置在步骤 3 之前。

如果你想测试自己对某一部分的理解，以下是按章节分类的问题：

[7.1]：Q7.1。

[7.2]：Q7.2，Q7.3a，Q7.3b，Q7.4a，Q7.4b，Q7.5a，Q7.5b。

[7.6]：Q7.6。

第8章
精细生产与丰田生产方式

正如我们将在本章讨论的那样，丰田经常与高质量和整体运营卓越联系在一起。这个联系是很有道理的——丰田在改变运营管理历史的同时，享受了几十年的经济成功。

- 著名的丰田生产方式（Toyota production system，TPS）的各个方面都将在本书中有所涉及，本章将回顾和总结 TPS 的各要素以及一些在前几章没有讨论过的部分。

- 我们还将说明 TPS 的各要素之间是如何交织在一起的。

正如我们将要讨论的一样，TPS 的关键目标之一是消除诸如空闲时间、不必要的库存、缺陷等流程中的"浪费"。因此，人们经常在某种程度上将 TPS 称为"精细运营"（lean operations）。"精细运营"一词在服务行业尤其流行。

8.1 丰田的历史

为了了解 TPS 的成功，回顾丰田的历史和福特汽车公司的历史并进行比较很有必要。

受到屠宰场传送带的启发，亨利·福特率先在汽车生产中使用了流水线（assembly，又称装配线）。著名的 T 型车是最先使用可互换零件在流水线上组装的量产汽车。可互换零件的采用使福特汽车公司得以标准化组装汽车，这有两个重要的好处：首先，它极大地减少了变化性，从而提高了质量；其次，它简化了生产过程，从而使手工和自动装配任务都完成得更快。

事后来看，公平地说，福特汽车公司的关注目标在于在汽车生产过程中尽可能地利用昂贵的生产设备，从而生产出最大数量的汽车。福特汽车公司很快就使 T 型车达到了巨大的生产规模，一度世界上 10 辆汽车中有 9 辆是由福特汽车公司生产的！得益于规模经济，福特汽车公司降低了 T 型车的价格，使美国中产阶级买得起，这是一个非常适合大规模生产的巨大市场。

丰田汽车公司是在第二次世界大战前夕由"丰田自动织布机制造所"发展而来的。丰田向日本军队提供各类军用车。由于当时日本大部分物资都严重短缺，丰田卡车只有一个前灯，而且设计非常简单。正如我们将看到的，作为自动织布机制造商的传统经验及其第一辆汽车产品的简单性都对丰田后来的发展产生了影响。

第二次世界大战后，日本物资短缺严重，国内几乎没有汽车市场，用于购买昂贵生产设备的现金也很少。美国在日本的战后重建过程中发挥了很大的作用，因此美国的生产方式对这个年轻的汽车制造商产生了强烈的影响也就不足为奇了。丰田早期的部分汽车是用二手的美国设备生产的，在其他方面也与道奇（Dodge）和雪佛兰（Chevrolet）等美国品牌有显著的相似之处。

尽管西方的工业工程极大地鼓舞了丰田，但复制它是不可能的。强调规模经济和大量机械投资的大规模生产，并不适合当时丰田所处的国内市场小、现金少的环境。

在这种具有挑战性的稀缺环境下，丰田的管理层创造了一种方式，我们现在称之为 TPS。TPS 不是一夜之间发明出来的，它是使丰田成为世界上最成功的汽车制造商的长期演进的结果，也是运营管理的黄金标准。

关于丰田就讲到这里吧——这一章不是关于丰田的而是关于 TPS 的。许多行业在实施 TPS，从医疗保健到银行业都有这样的例子。无论你是为丰田还是为德国的公司工作，你都可以在你的组织中实施 TPS。其实，就连丰田也不总是遵循 TPS。因此，TPS 的力量并不取决于丰田在世界顶级汽车制造商排名中的位置。

8.2　TPS 框架

虽然 TPS 经常与准时生产（just-in-time）、看板和持续改进等流行词汇联系在一起，但我们不应该简单地假设实现这些概念中的任何一个就能使丰田达到卓越的运营水平。TPS 不是针对各种操作问题的一套现成的解决方案，而是从人力资源管理到生产过程管理的各种常规的复杂配置。

图 8-1 总结了 TPS 的基本结构，上面是减少浪费的原则，下面是一套用来帮助实现减少浪费目标的方法。这些方法可以分为准时生产方法和质量改进方法。各种方法之间存在很强的相互依赖关系。我们将在本章讨论其中的一些相互依赖关

系，特别是准时生产和质量之间的相互作用。

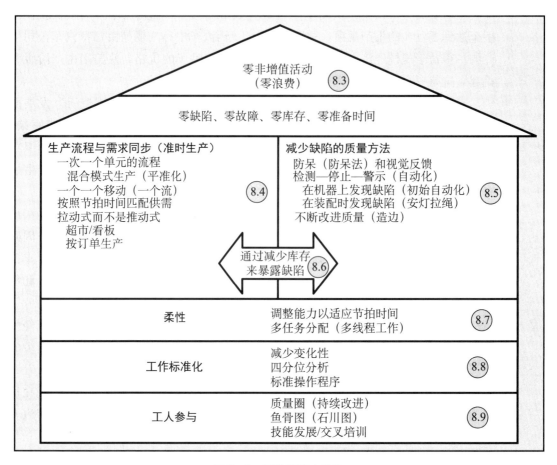

图 8 - 1　TPS 的基本结构

注：圆圈里的数字代表本章第几节。

　　总的来说，这些方法有助于组织处理我们将在下一节定义的各种浪费原因。其中包括生产过剩、等待、运输、过度加工和库存，所有这些都反映了供需之间的错配。因此，我们即将讨论的第一组方法（8.4 节）和生产流程与需求同步有关。应在客户需要的时候按照客户需要的数量生产需要的产品。换句话说，应该准时生产客户所需的产品。

　　如果想获得可靠匹配需求的单位时间产出，同时还遵循准时生产理念，我们必须运营一个没有缺陷和故障的流程。

　　丰田高度重视质量使公司避免了缓冲或承受的两难局面：通过零缺陷和零故障的生产，公司既不必牺牲单位时间产出（承受），也不必持有库存（缓冲）。因此，基于缺陷将造成返工等浪费的事实，质量管理是 TPS 的第二大支柱。

　　准时生产和质量管理都需要一些基本的方法，如工作标准化（消除变化性）、根据需求波动增加和减少流程能力的柔性，以及一套人力资源管理实践。

8.3 七种浪费的原因

20 世纪 80 年代末名为国际汽车项目（International Motor Vehicle Program，IMVP）的研究联盟对汽车工厂进行了全球标杆研究。该研究比较了来自亚洲、欧洲和北美多家工厂的质量和生产率的数据。研究结果清楚地表明，丰田在重新定义大规模生产方面已经远远走在前列。

表 8-1 比较了通用汽车弗雷明汉装配厂与丰田高冈装配厂。与通用汽车生产类似车型的工厂相比，丰田工厂的产量是其产量的两倍，缺陷也少 1/3，此外，它更有效地利用了制造空间，并大幅加快了零件库存的周转速度。

表 8-1　通用汽车弗雷明汉装配厂与丰田高冈装配厂
（基于 1986 年 IMVP 装配厂调查中的标杆数据）

	通用汽车弗雷明汉	丰田高冈
每辆车的总装配小时数	40.7	18
每 100 辆车的装配缺陷数	130	45
每辆车的装配空间	8.1	4.8
零件库存（平均）	2 周	2 小时

注：每辆车的总装配小时数是用工厂的总工作小时数除以生产的汽车总数来计算的。每 100 辆车的装配缺陷数是根据 1987 年 JD Power 的初始质量调查估算出来的。每辆车的装配空间是每辆车每年所占的平方英尺，根据车辆尺寸修正。零件库存是主要零件的粗略平均。

资料来源：Womack，Jones，and Roos（1991）.

虽然这些数据已经有 30 多年的历史了，但在今天它们仍然具有很高的相关性。首先，IMVP 的研究在很多方面都第一次证明了 TPS 的优越性，因此，它是工业化历史上的一个里程碑。其次，尽管自最初的数据收集以来，所有大型汽车制造商都取得了显著改进，但最近的标杆研究表明，日本制造商的生产率一直是其他制造商不断追赶的目标。虽然美国和欧洲的制造商可以提高生产率，但日本的制造商也在继续提高生产率，所以丰田今天仍然享有竞争优势。

通用汽车工厂和丰田工厂之间的生产率差异的原因在哪里？这两个流程最终都是一辆非常相似的汽车。生产率的差异是由通用汽车所做的那些对汽车生产没有价值的事情造成的，即非增值活动。TPS 的前提是消除非增值活动，非增值活动也被称为浪费。

浪费有不同类型。根据 TPS 的思想领袖之一大野耐一（T. Ohno）的说法，存在七种浪费的原因：

1. 生产过剩。生产太多、太快，会导致材料处理、储存和运输方面的额外浪费。TPS 力求只生产客户想要的产品，并在客户需要时生产。

2. 等待。在"供需匹配"的精神下，存在两种类型的等待。在某些情况下，资源等待流程单元，导致资源出现空闲时间。利用率度量这种类型的等待量——低利用率表明资源正在等待流程单元处理。在其他情况下，流程单元等待可用资源。因此，流程时间比增值时间长。对于第二种类型的等待，一个很好的度量方法是流程时间中增值时间所占的百分比。

3. 运输。内部运输，无论是携带半成品电脑、推着患者在医院里走动，还是携带有保险索赔的文件夹，都是第三种浪费原因。工艺流程应该反映物理布局的要求，以减少流程单元必须经过流程的距离。

4. 过度加工。对活动时间的仔细分析显示，员工在流程单元上花费的时间往往超过必要的时间。员工可能会过度打磨刚加工过的金属表面，或者医生可能会问患者护士在五分钟前刚问过的问题。

5. 库存。本着供需匹配的精神，任何库存的积累都有可能造成浪费。库存与生产过剩密切相关，这常常表明准时生产方法还没有得到正确实施。库存通常不仅没有增值，还会隐藏流程中的其他问题，因为它会导致较长的信息周转时间，并会减轻寻找和消除根本原因的压力（更多细节见 8.6 节）。

6. 返工。在 TPS 和相关的质量运动中有一句名言是"第一次就做对"。正如我们在前一章所讨论的，返工增加了变化性并消耗了资源能力。返工不仅存在于制造工厂，而且很遗憾地在服务运营中很常见。例如，因为图像质量不佳，医院过于频繁地重复使用 X 射线，或患者被再次送进重症监护室。

7. 动作。有许多方法可以执行具体任务，如拧紧装配线上的一个螺丝钉或将患者从轮椅上移动到医院病床上。根据 Frederick Taylor、Frank and Lillian Gilbreth 等的观点，只有一种"正确的方式"。每一个任务都应该被仔细分析，并使用一套今天称为工效学的工具进行优化，否则就是浪费。

正如我们在生产线平衡方面所看到的，减少浪费的目标是通过尽可能减少非增值（浪费）活动，最大限度地增加一个资源在增值活动中的时间占比。

在这一点上，需要澄清一下措辞。TPS 的目标是实现零浪费，包括零库存和零缺陷。然而，这个目标更多的是一种理想，而不是现实。当零库存作为目标时，依据利特尔法则：库存＝单位时间产出×流程时间。因此，除非能够以光速生产（流程时间等于零），否则实现零库存的唯一方法就是以零单位时间产出运行——可以说，这不是我们想要的结果。所以，丰田的工厂当然不是以零库存运行，但其库存水平很低，并在不断降低。这同样适用于零缺陷。缺陷在丰田的每个装配厂都发生了很多次，但是它们发生的频率比其他地方更低，并且总被认为是流程改进的潜力所在。

需要强调的是，浪费的概念并不是制造业独有的。例如，考虑大医院里护士的一天。理想状态下，护士需要照顾患者，这既是护士的职责，也是患者的愿望。然而，如果仔细分析大多数护士的工作情况，就会看到一幅截然不同的画面。大多数护士花在帮助患者上的时间不到一半，其他时间则浪费在医院里跑来跑去，做文书工作，寻找医疗用品，与医生和医院管理部门协调，等等。（参见 Tucker（2004）从运营管理的角度对护理工作的出色描述。）这种浪费使护士感到沮丧，导致对患者的护理不善，对医疗服务提供者来说也是代价高昂的。

　　一旦减少了浪费，我们就可以用更低的成本完成同样的工作。在目前受能力约束的流程中，减少浪费也是一种增加产量（单位时间产出）从而增加收入的方法。正如我们在第 6 章所讨论的，这些改进的经济影响可能是巨大的。

　　麦肯锡和其他咨询公司使用的综合设备效率（Overall Equipment Effective-ness，OEE）框架是一种分析和描述浪费的影响的有用方法。该框架的目标是确定资源时间中真实时间、增值时间与浪费时间的百分比。这为在减少浪费之前分析流程改进潜力提供了良好的估计。

　　如图 8 - 2 所示，通过记录资源的总可用时间来开始 OEE 分析。总时间（100％）里，有一段时间浪费在机器故障（或者旷工）和准备时间上，导致可用时间大大小于总计划时间（在本例中，只有 55％的总计划时间用于生产）。然而，55％的时间并不都是增值时间。由于流程平衡不够好，资源可能偶尔空闲。此外，资源可能不会以最佳速度运行，因为活动时间包括一些浪费和一些不能直接增加客户价值的附带工作。在图 8 - 2 中，绩效率为 82％，45％（＝55％ × 82％）的时间为净运行时间。如果考虑到缺陷、返工和启动等造成的能力损失（67％），我们会看到只有 30％（＝55％ × 82％ × 67％）的时间真正被用来增值。

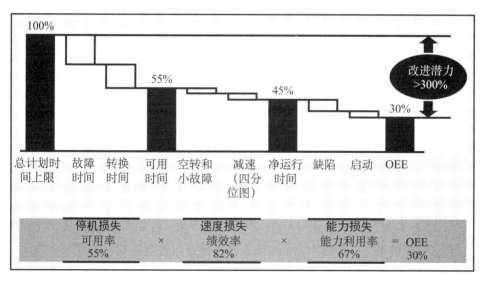

图 8 - 2　OEE 框架

　　下面的两个例子说明了 OEE 框架在非制造环境中的作用。它们还表明，浪费昂贵资源一半产能的情况比人们想象的要普遍得多。

　　● 在一家大型消费银行的贷款承保过程中，最近的一项案例研究表明，很大一部分承保能力没有得到有效利用。非生产时间包括：（1）处理不太可能被客户接受的贷款，因为银行已经花了太长时间才能收到客户的回复；（2）空闲时间；（3）处理那些因信用度明显太低而资源承保显然已经被拒绝的贷款；（4）纸质文档处理的其他活动；（5）试图通过电话联系客户，但没有成功。该研究估计只有 40％的承保能力被用于增值。

　　● 在一所大医院的手术室里，由于时间表上的空白、手术取消、房间清洁时间、患者准备时间，以及医生或麻醉师迟到导致手术延误，手术室能力没有得到充分利用。在明确了哪些是浪费后，医院得出结论，只有 60％的手术室时间得到有效利用。有人可能会说，患者的术前准备是非常必要的，因此是手术前增加价值的步骤。然而，目前还不清楚这一步是否必须在手术室进行。事实上，一些医院现在使用第 5 章中讨论的减少准备时间的方法，并在手术室外为患者做好手术准备，这样就缩短了从一台手术到另一台手术的转换时间。

8.4 准时生产：供需匹配

准时生产的本质是寻求供需平衡。目标是创建一个供应流程，形成一个满足需求的顺畅流程，从而在客户需要的时间提供他们需要的产品。

在本节，我们将讨论实现准时生产流程的三个步骤。这三个步骤互为基础，因此应该按照它们出现的顺序进行。假定流程已处于控制中（见第 7 章），完成标准化的任务，并能够达到可靠的质量：

1. 实现一次一个单元（one-unit-at-a-time）的流程。
2. 按照客户需求的速度生产。
3. 使用看板（kanban）或按订单生产实施拉动式系统（pull system）。

实现一次一个单元的流程

比较下面两种将人们从一层楼转移到另一层楼的技术：自动扶梯和电梯。大多数人把大量的等待时间和电梯联系在一起——等电梯到达，当电梯似乎要一层一停时，我们被困在几十个人中间等待。相比之下，自动扶梯让人们朝着目的地前进，无须等待，也不会堵塞人群。

在电梯里等待和站着的人就像生产场景中的一批又一批库存。第 5 章已经讨论了 SMED 的概念，即减少准备时间，使小批量生产经济可行。在 TPS 中，不同产品在装配线上将混合在一起（混合模式生产，也称为平准化）。

除了减少准备时间外，我们还应该尝试优化资源的物理空间布局，以使流程更紧凑。换句话说，流程图中相邻的两个资源应该同时位于邻近的物理空间中，以避免不必要的运输，减少运输批次。如此，一个流程单元可一次从一个资源流动到下一个（ikko-nagashi，一个流）。

按照客户需求的速度生产

一旦创建了一个一次一个单元的流程，应该确保单位时间产出符合需求。传统大多数大型企业是根据预测来运行流程的。使用计划软件（MRP 用于物料需求计划，ERP 用于企业资源计划），为最终产品所需的各种子流程创建工作进度表。

预测本身就是一个主题（见第 13 章），但大多数预测都有不准确的负面问题。因此，在计划期（例如一个月）结束时，ERP 系统会更新它的下一个生产计划，同时考虑到该流程中的库存数量。这样，从长远来看，生产将或多或少符合需求。然而，在日常运营中存在大量库存或对客户延期交货的情况。

TPS 的目标是通过与客户订单同步运作其生产流程来减少成品库存。无论是生产车辆的数量还是不同车型的车辆组合，都是如此。

我们利用节拍时间的概念将客户需求转化为生产速率（单位时间产出）。节拍时间来源于德语单词 *takt*，代表"机智"或"时钟"。就像管弦乐队需要按指挥要求演奏一样，准时生产过程也应该遵循需求的节奏。节拍时间的计算类似于前述章节中需求和单位时间产出的计算。

实施拉动式系统

通过节拍时间与总需求水平同步是实现准时生产的重要步骤。然而，库存不仅表现为成品，而且存在于整个流程中（在制品库存）。流程中可能有些工作人员在资源之间用一些库存（希望是适度的）来调整进度。我们现在必须设计一个协调系统，通过控制流程中的库存数量来协调这些资源。实施拉动式系统可以做到这一点。

在拉动式系统中，最下游的资源（最接近市场的资源）是由市场需求决定的。除了本身的生产外，还将需求信息转发到其上游，从而保证上游资源也按需求来分配。如果下游的资源是将两个电子元件组装到一台计算机中，它将对这两个电子元件的需求传导到上游的资源。通过这种方式，外部需求在流程中逐步传递，信息流相对于流程单元的物理流朝相反的方向流动。

与这种需求驱动的拉动式系统相比，推动式系统（push system）允许流程单元独立于当前在制品库存数量而进入流程。特别是如果该流程中第一个资源的利用率较低时，很可能会向下游涌入大量库存，因此推动式系统会导致流程中出现大量库存。

为了实施拉动式系统，TPS 提倡两种形式的流程控制：

- 在基于看板的拉动（也称为填充或超市拉动）中，上游满足下游的需求。
- "按订单生产"指的是只有收到客户订单时，才将工作指令发布到系统中。

首先考虑看板系统。看板是一种生产和库存控制系统，生产指令和零件交付指令由下游步骤的零件消耗触发（Fujimoto，1999）。

在看板系统中，标准化的可回收零件容器在上游和下游资源之间循环。当上游资源收到一个空容器时，它被授权生产一个单元。换句话说，空容器的到达会触发生产指令。看板是指附在每个容器上的卡片。因此，看板卡片经常被称为工作授权表。

图 8-3 提供了看板系统的简化描述。下游资源（右）消耗它从上游资源（左）接收的一些输入组件。下游资源清空这些输入组件的容器——下游资源从容器中取出组件供自己使用，从而有了一个空容器，这反过来，如前面所述，触发上游资源的生产指令。因此，在流程中所有资源之间使用看板卡片提供了一种有效且易于实现的绑定机制，将流程的需求（下游）与资源的生产（上游）联系起来，因此，它们加强了供需之间的匹配。

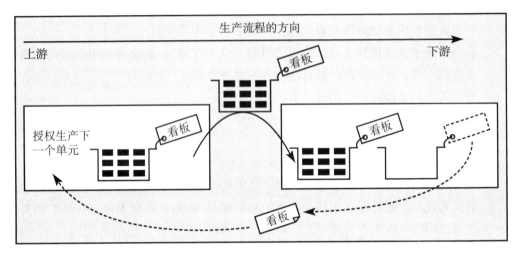

图 8-3 一个看板系统的运行过程

看板系统的主要优势是两个资源之间的库存不能超过所授权的看板卡片的数量——上游资源只能在有空容器时生产，所以当所有的容器都满了以后，生产即停止，从而将库存限制在容器的数量以内。相反，对于推动式系统，只要上游资源在工作，下游就会继续生产。例如，假设上游资源是一台制造木椅腿的车床。在推动式系统里，只要还有木头可以用来做椅腿，车床就不断生产木椅腿。使用看板系统，车床只有在有空看板的情况下才会生产木椅腿，而在推动式系统中，车床只有在用完原材料时才停止工作。这种区别会导致非常不同的行为。在推动式系统中，库存可以简单地"发生"在管理中，因为在理论上对堆积的库存数量没有限制。（设想一下工厂经理走过时说："哇，今天我们在这一步有很多库存。"）相比之下，在看板系统中，库存数量成为一个管理决策变量——最大库存是通过流程中的看板卡片数量来控制的。

作为看板系统的替代方案，我们也可以使用按订单生产流程来实施拉动式生产。正如术语"按订单生产"的内涵那样，这种流程中的资源只有在收到明确的客户订单后才会生产。通常情况下，这些订单对应的产品会在先进先出的基础上走完流程。因此，按订单生产流程中的每个流程单元被明确地分配一个具体的客户订单。以汽车工厂的后视镜生产为例理解看板和按订单生产之间的区别。当工厂内负责生产后视镜的员工通过看板卡片获得工作授权时，不能确定哪个客户订单将使用该后视镜，总的来说，我们知道有足够数量的客户订单可以保证这个后视镜的生产。按订单生产的情况下，安装后视镜的员工知道后视镜将安装到哪位先生或女士的车上。

许多组织使用这两种形式的拉动式系统。以电脑制造商戴尔为例，戴尔在工作单元里配置电脑，供应组件的流程经常使用看板系统。丰田的后视镜和戴尔的电脑组件在整个流程中都有足够的能力来满足客户的需求，但它们是根据看板卡片来生产的，还没有被分配到特定的订单中。

当考虑要采用哪种形式的拉动式系统时，应牢记以下几点：

- 看板应该用于有以下特点的产品或零件：批量大和种类有限；提前期短，对有限数量的产品或零件（与看板卡片一样多）进行预生产具有经济意义；与储存组件相关的成本和工作量都很低。

- 当产品或零件的批量小和种类多，客户愿意等待他们的订单，以及流程单元储存成本高或困难时，应使用按订单生产。

8.5 质量管理

如果在没有缓冲区的情况下，我们想要避免返工浪费，零缺陷操作是必需的。为实现零缺陷，TPS 依靠的是缺陷预防、快速缺陷检测和工人对质量的强烈责任感。

缺陷可通过许多装配操作的"防呆"措施来预防，也就是说，使装配操作中的错误在物理上不可能发生（poka-yoke，防呆法），组件设计成只有一种装配方式。

尽管有缺陷预防，但如果出现了问题，TPS 会试图尽快发现并隔离这个问题。这是通过自动化（jidoka）概念来实现的。自动化的设想是在检测到缺陷时立即停止流程，并警示生产线主管。这个设想可追溯到丰田作为自动织布机制造商的时候。就像自动织布机在断线的情况下会停止运转一样，有缺陷的机器在出现缺陷时也会自动关闭。

关闭机器迫使人为干预流程，从而触发流程改进（Fujimoto，1999）。自动化概念已经被推广到任何因质量问题而停止生产的机制，而不仅仅是针对自动化机器。自动化最著名的形式是安灯拉绳（Andon cord），这是一种紧挨着装配线安装的绳子。一旦工人发现有缺陷，他们可停止生产。就像自动化关机的机器，这个程序使制造问题能即时显现，并对流程改进产生压力。

一名工人在发现质量问题时拉动安灯拉绳，这与亨利·福特具有历史意义的装配线形成了鲜明的对比，后者将检测缺陷放在最后的检查步骤。在 TPS 中，"下一步是客户"，每个资源都应该只允许那些经过检查和评估为合格的零件流动到下游。因此，质量检查是嵌入式检查（造边（tsukurikomi）），发生在生产线的每一步，而不是仅仅依赖于最后的检查步骤。

"检测—停止—警示"的理念是自动化原则的基础，它是实现零库存目标的必要条件。自动化还受益于零库存原则，因为如果有大量的在制品库存是无法实现自动化的：它们延迟了问题的检测，从而让有缺陷的流程继续运行下去，并使缺陷不被管理层发现。这表明TPS的各种原则和方法是相互联系、相互加强的。

要想知道在制品库存与自动化思想的不一致处，请考虑一个流程中两个资源的序列，如图8-4所示。假设两个资源上的活动时间为每个单位一分钟。进一步假设上游资源（左侧）出现质量问题，并且在某个随机的时间点开始产生糟糕的输出。在图8-4中，通过生成正方形而不是圆形的资源来说明这一点。发现质量问题要多久？如果两个资源之间有一个大的缓冲区（图8-4的上部），下游资源将继续从缓冲区接收合格单元。在本例中，下游资源需要7分钟才能检测到有缺陷的流程单元，这给了上游资源7分钟的时间来继续生产需要报废或返工的有缺陷的零件。

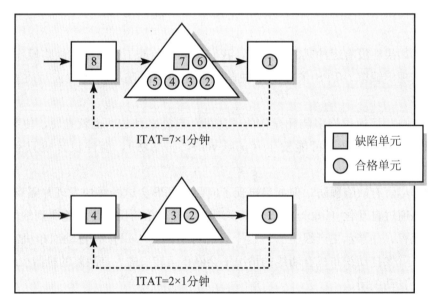

图8-4   信息周转时间与缓冲区大小的关系

因此，上游资源发生问题和下游资源检测到问题之间的时间长短取决于两个资源之间缓冲区的大小。这是利特尔法则的直接结果。我们将创建缺陷和接收到有缺陷的反馈之间的时间称为信息周转时间（information turnaround time，ITAT）。注意，在本例中，我们假设缺陷是在下一个下游资源中检测到的。如果缺陷只在流程的最后一刻才被发现（如在最后的检查步骤），那么库存对质量的影响会更糟糕。在这种情况下，ITAT是由产生缺陷的资源下游的所有库存驱动的。这激发了我们上面提到的嵌入式检查。

8.6　通过减少库存来暴露问题

我们对质量的讨论表明库存掩盖了问题。因此，为了改进流程，我们需要把"库存隐藏质量问题"的影响从源头上切断：通过减少库存来暴露缺陷，然后解决造成缺陷的根本原因。

回想一下，在看板系统中，看板卡片数量——也就是流程中的库存数量——是在管理控制之下的，所以可以使用看板系统来逐渐减少库存，从而暴露质量问题。看板系统及其处理缓冲区的方法可以用下面的比喻来说明。假设一艘船在一条有许多礁石的运河上航行，这艘船的运费非常昂贵，所以经营运河的公司要确保这艘船永远不会撞上礁石。图 8-5 说明了这个比喻。

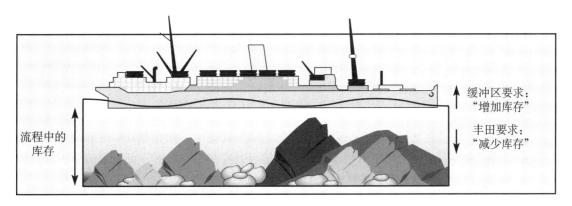

图 8-5　增加还是减少库存？一个简单的比喻

资料来源：Stevenson 2006.

解决这个问题的一种方法是提高运河的水位，这样，礁石上方有较高的水位，发生事故的可能性很小。在生产环境中，礁石对应的是质量问题（缺陷）、准备时间、阻塞或待料（starving）、故障或其他流程问题，船撞上礁石对应的是产量损失。水位的高度对应于流程中的库存数量（看板卡片数量），这将我们带回到之前的"缓冲或承受"的讨论。

解决这个问题的另一种方法是：考虑降低运河的水位（减少看板卡片数量），这样，最高的礁石就暴露出来了（也就是说，我们观察到了一个流程问题），这给我们提供了把礁石从运河中移走的机会。一旦完成了这一任务，水位就可以再次下降，直到一步一步地将所有的礁石从运河中移走。尽管在产量方面有潜在的短期损失，但这种方法的优点是它将流程优化到一个更好的边界（也就是说，在多个维度上更好）。

这种减少库存的方法如图 8-6 所示。注意，首先需要接受反映库存减少的短期产量损失（我们停留在效率边界上，因为现在有更少的库存）。一旦库存水平降低，我们就能够识别出流程中最突出的问题（水中的礁石）。一旦确定了这些问题，就可以解决这些问题，从而将流程优化到更理想的边界。

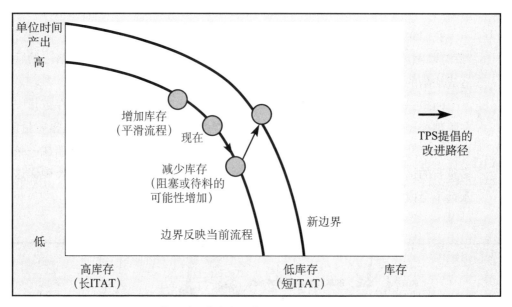

图 8-6 单位时间产出与库存水平/ITAT 之间的紧张关系

无论是在比喻中还是在我们上面的 ITAT 讨论中，库存都是学习和流程改进的关键障碍。由于使用了看板卡片，管理层可以控制库存水平，可以主动平衡提高产量的短期需求和改进流程的长期目标之间的关系。

8.7 柔 性

鉴于终端市场的需求通常存在波动，TPS 试图创建具有足够柔性的流程来满足这种波动。由于预测在总体水平上更可靠（跨模型或组件，请参阅后面章节关于合并的讨论），TPS 要求工人能够熟练地操作多台机器。

● 当一种产品的产量因低需求而不得不减少时，TPS 尝试将一些工人分配到其他产品的生产流程中，并让剩下的工人同时操作多台机器来处理低需求产品的生产过程。

● 当一种产品的产量因高需求而不得不增加时，TPS 通常会使用第二组工人（临时工人）来帮助生产。不像第一批全职员工（通常有终身雇佣保障和广泛的技能），这些工人技能较少，只能处理非常具体的任务。

考虑图 8-7 的六步操作。假设所有活动的活动时间为每个单位 1 分钟。如果需求很低（右侧），通过只分派三名工人（通常是全职员工）来避免空闲时间（较低的平均劳动利用率）。在这种情况下，每名操作者负责两分钟的工作，所以我们将获得 0.5 个单位/分钟的单位时间产出。如果需求很高（图 8-7 的左侧），我们为每个步骤分配一名工人，也就是说，我们引入额外的（很可能是临时的）工人。现在，单位时间产出可以增加到 1 单位/分钟。

这就要求操作者熟练掌握多种装配技能。良好的培训、岗位轮换、技能薪酬以及文档记录齐备的标准操作程序是基本要求。这种柔性需要由高技能的全职员工和临时工人（他们不需要有如此广泛的技能基础）组成的多层次的劳动力队伍，在需求高的时候可供调遣。

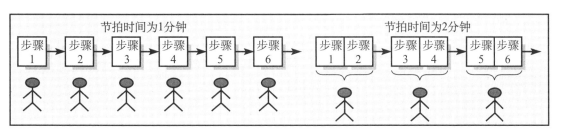

图 8-7 多任务柔性

注：图中假设在每个工位有每单位 1 分钟的活动时间。

工人的多任务柔性还有助于减少一些活动中的空闲时间，这些活动需要一些工人参与，但在其他方面基本上是自动化的。在这种情况下，一名工人可以操作一台机器，当这台机器运行时，这名工人不是闲着，而是在流程中操作另一台机器（takotei-mochi，多线程工作）。如果流程以 U 形的方式安排，这将更容易实现，在这种情况下，一名工人不仅可以与上游和下游资源共享任务，还可以与流程中的另一组任务共享任务。另一种重要形式的柔性涉及一个工厂生产一种以上车型的能力。考虑图 8-8 中显示的数据。图的左侧显示了福特汽车公司是如何分配汽车到生产工厂生产的。正如我们所看到的，很多汽车都是一个工厂专门生产的，而很多工厂也只能生产一类汽车。因此，如果需求增加超过了工厂的产能，工厂就不太可能有足够的产能来满足需求。如果需求减少，工厂可能会有过剩的产能。

理想情况下，公司可在每一家工厂生产每一种车型。通过这种方式，一种车型的高需求会抵消另一种车型的低需求，从而产生更高的工厂利用率和更多的销量。然而，这样的产能合并需要工厂具有非常高的柔性——需要在生产工具和工人技能上进行大量投资。这种完美柔性的另一个有趣的替代是部分柔性的概念，也称为链路（chaining）。链路的概念是：每辆车都可以在两个工厂制造，而车辆到工厂的分配创建了一条链，将尽可能多的车辆和工厂连接起来。正如我们将在第 17 章看到的，这种部分柔性带来的好处几乎与完全柔性相同，但成本大大降低。图 8-8 的右侧显示了日产（北美）的车辆到工厂的分配方式，并提供了部分柔性示例。在需求波动的环境下，这种部分柔性使日产得以保持其工厂的利用率，而无须像竞争对手一样通过给予巨额折扣保持业务。

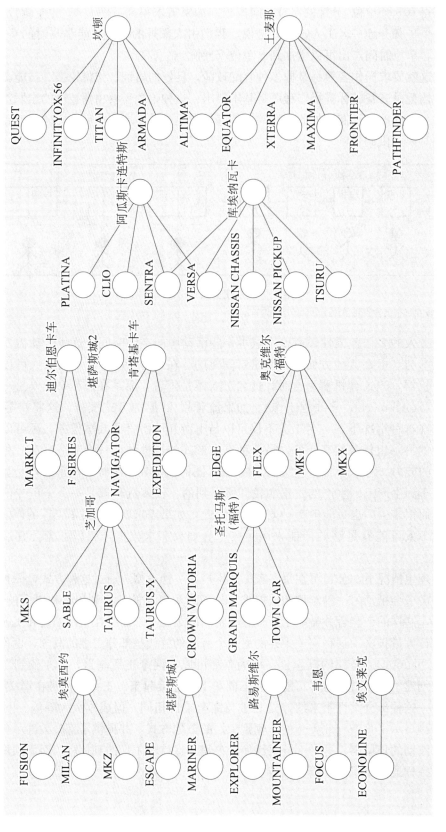

图 8-8 福特汽车公司（左）和日产（北美）公司（右）的车辆到工厂的分配

资料来源：Moreno and Terwiesch（2011）.

8.8 工作标准化和减少变化性

正如我们在本书中看到的，变化性是我们试图创建一个平稳流程的关键障碍。存在变化性时，我们要么需要缓冲区（这将违反零库存理念），要么在产量上偶尔遭受损失（这将违反在客户需要时提供客户所要求产品的原则）。因此，TPS 明确地包含了第 7 章讨论的变化性测量、控制和减少等概念。

在 1999 年中国台湾地震之后，计算机行业对准时生产流程的稳定性要求和无缓冲区流程脆弱性的认识明显加强。由于地震，为全球计算机制造商生产关键组件的几家中国台湾工厂被迫停产。对于采用准时生产供应链的计算机制造商来说，相比于那些在供应链中有大量缓冲区（例如以库存的形式）的计算机制造商，这种意外的停产更具破坏性。

除了地震外，由于质量缺陷，或由于相同或不同操作者的活动时间不同，变化性也会产生。图 8-9 显示了来自大型消费贷款组织的绩效数据。图中比较了绩效高的前四分位数操作者（25% 的操作者实现比他更高的绩效和其他 75% 的操作者实现比他更低的绩效）的绩效与绩效低的后四分位数操作者（75% 的操作者实现比他更高的绩效）的绩效。正如我们所看到的，员工之间的生产率存在巨大差异。

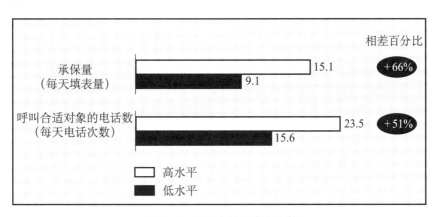

图 8-9 承保人的生产率比较

四分位分析是识别不同操作者之间存在巨大差异并估计改进潜力的好方法。如若所有操作者都接受培训，使他们达到与前四分位数绩效一样的绩效，那么我们可以估计流程能力会发生显著改善。

8.9 人力资源实践

我们已经看到了七种浪费的原因，但 TPS 还提到了第八种原因——人类智力的浪费。出于这个原因，参观遵循 TPS 理念的公司的人经常会看到这样的标语："在我们公司，我们都有两份工作：（1）做好我们的工作；（2）改进它。"

为了说明对待员工的不同理念，请思考以下两句名言。第一句名言出自弗雷德里克·泰勒撰写的经典著作《科学管理原理》（*Principles of Scientific Management*），在问世一个世纪后，这本书仍然是一本令人感兴趣的读物（一旦读了下面的名言，你至少会喜欢上泰勒坦率的写作风格）。第二句名言出自松下电器前董事长松下幸之助（Konosuka Matsushita）。

让我们先看看 Taylor 的观点，并考虑他描述广泛研究的一个活动——生铁铲。泰勒写道："这份工作是如此粗糙和初级，以至于作者坚信有可能训练一只聪明的大猩猩，使它成为比任何人都更有效率的操作者。"

现在看松下幸之助的这句话，他的话读起来就像是对泰勒的回应：

> 我们将会赢，你们将会输。你们对此无能为力，因为失败的原因就在你们的内心。和你们在一起时，老板在思考，工人在用螺丝刀。你们确信这是经营公司的方式。对你们来说，管理的本质是把想法从老板的脑子里拿出来，送到劳动者的手中。[……] 只有调动全体员工的智慧，公司才能坚定地面对当今环境的动荡和约束。

不出所料，TPS 采纳了松下幸之助的"联合智力"观点。我们已经看到了培训工人作为柔性来源的重要性。

丰田人力资源实践的另一个重要方面与流程改进有关。质量圈将工人聚集在一起，共同解决生产问题，并持续改进流程。问题解决是非常受数据驱动的，遵循标准化的过程，包括控制图、鱼骨图（石川图）、"五问法"和其他解决问题的工具。因此，我们不仅标准化了生产过程，也标准化了改进过程。

石川图（也称为鱼骨图或因果图）用图形表示与特定结果有因果关系的变量，如变化的增加或均值的移动。当绘制鱼骨图时，我们通常从一个指向要分析的结果变量名称的水平箭头开始。斜线指向表示主要原因的箭头。箭头指向因果关系线，形成鱼骨状。图 8-10 给出了一个例子。石川图是一个简单但强大的问题解决工具，可用于组织头脑风暴会议和可视化复杂系统的因果结构。

"五问法"也是一个有助于开发因果模型的相关工具。当工人寻找质量问题的根本原因时，这个工具在丰田内部被广泛使用。"五问法"的基本思想是不断地质疑一个潜在的原因到底是真正的根本原因，还是仅仅是更深层次问题的症状（"为什么会这样？"）。

除了这些运作原则外，TPS 还包括一系列人力资源管理实践：核心工人的稳定雇佣（"终身雇佣"）与临时工人的招聘相结合；大力强调技能发展，以技能薪酬作为奖励；其他与领导和人员管理有关的方面。

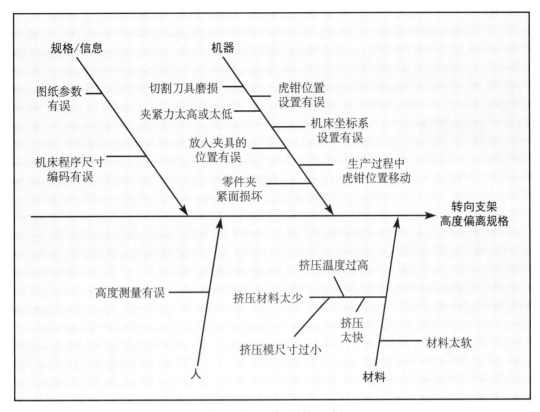

图 8-10　一个石川图示例

8.10　精细转型

你如何扭转现有的运营以实现上述的卓越运营？显然，即使是运营管理的教科书也必须承认，成功的运营转变比一套工具的应用更重要。

作为一家大部分收入来自运营的咨询公司，麦肯锡将改进客户运营所需的一系列活动称为"精细转型"（lean transformation）。这种精细转型涉及三个方面：运营系统、管理基础设施以及相关员工的思维模式和行为。

对于运营系统，公司指的是流程管理的各个方面，正如我们在本章甚至本书所讨论的：对流程的强调、供应与需求的匹配以及对流程变化的密切关注。

仅仅有技术解决方案是不够的，运营系统需要管理基础设施作为补充。基础设施的核心部分是绩效度量。正如我们在第 6 章讨论的那样，对许多公司来说，定义财务水平的绩效度量标准，然后将它们应用到运营中是一个关键问题。此外，绩效度量指标应该随着时间的推移进行跟踪，并在整个组织中保持透明。操作者需要了解他应该实现哪些绩效度量指标，以及这些指标如何有助于实现更大的图景。管理基础设施还包括操作者技能的发展和建立正式的问题解决流程。

最后，参与流程工作的人的思维模式对精细转型的成功至关重要。护士可能会对在一个充满浪费的环境中工作感到沮丧，这使其无法花时间与患者相处。护士很大可能会因为实施一个新的、强加给的护理流程而感到沮丧。变更管理是一个远超出本书范围的主题：与流程中涉及的每个人开放交流，收集和讨论流程数据，使用在第 7 章中讨论的工具，以及关于持续改进的工具，有助于成功实现变更。

8.11　延伸阅读

想要更多了解 TPS 的读者可以参考优秀的读物，如 Fujimoto（1999）或 Ohno（1988）的书，本章中的许多定义都来自这些书。

Fujimoto（1999）描述了 TPS 的演变。它虽然不是本书的重点，但提供了对 TPS 主要元素的很好描述。Womack、Jones 和 Roos（1991）以及 Holweg 和 Pil（2004）报告了标杆研究的结果。

Bohn 和 Jaikumar（1992）的书是一本挑战传统的、以优化为重点的运营管理范式的经典读物。他们的研究成果明确要求，公司不应该专注于优化现有业务流程的决策，而应该创建能够在更高绩效水平上运行的新流程。

Drew、McCallum 和 Roggenhofer（2004）描述了"精细之旅"，其中麦肯锡顾问描述了精细转型的步骤。

Tucker（2004）从日常工作中遇到质量问题的护士的角度提供了一项类似 TPS 活动的研究。Moreno 和 Terwiesch 讨论了美国汽车行业的柔性策略，并分析了拥有柔性生产系统的公司是否以及在何种程度上能够实现更高的工厂利用率和更低的价格折扣。

维基百科上关于丰田、福特、工业革命、吉尔布雷斯和泰勒的条目也是有趣的总结，对编辑本章中的历史评论很有帮助。

8.12　实战练习

下面的问题将有助于测试你对本章的理解。在每个问题之后，我们在括号中显示相关章节信息。

Q8.1（浪费）餐厅的员工在以下几方面花费时间：等待顾客点单，接受订单，将订单转发到厨房，等待厨房确认订单，将食物送到顾客手中，为顾客服务，收款。这些时间投入中哪些是浪费，哪些是非增值的工作，哪些是增值的工作？[8.3]

Q8.2（推动式流程）一个生产过程有两台机器。第一台机器的能力是每小时 100 个单位，第二台机器的能力是每小时 60 个单位。该流程的需求是每小时 100 个单位。

a. 在推动式流程中，第一台机器的利用率是多少？流程的库存会出现什么情

况？[8.4]

　　b. 如果实施拉动式系统，情况会如何变化？[8.4]

　　Q8.3（三个步骤）考虑一个具有三个流程步骤的工人控制节奏的生产线，每个步骤配备一名工人。这三个步骤的顺序对产品的完成没有影响。目前，这三个步骤的操作顺序如下。

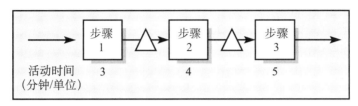

　　a. 如果将流程作为一个推动式系统来操作，那么流程的库存会出现什么情况？[8.4]

　　b. 你将如何实施一个拉动式系统？[8.4]

　　Q8.4（平准化）如果要在生产设施中实施平准化，你会优先考虑下列哪个任务？[8.4]

　　a. 鼓励员工之间的反馈，以引入持续改进团队。

　　b. 减少不同工位的准备和切换时间。

　　c. 减少看板卡片数量。

　　d. 引入自动化。

　　e. 按照防呆法的教导培训设计团队。

　　f. 增加成品的储存空间。

　　Q8.5（ITAT）考虑以下两个制造导航系统电子元件的生产流程。两个流程均由 20 个工位组成，周期时间为 1 分钟/单位。最容易出错的操作是步骤 9。

　　流程 1：在流程结束时进行最终检查，在步骤 9 到检查之间有大约 300 个单位的库存。

　　流程 2：让每名工人检查前面步骤的工作，从步骤 9 到流程结束之间有大约 50 个单位的库存，大致平均地分布在其中。

　　工位 9 产生的缺陷的 ITAT 是多少？[8.5]

　　Q8.6（自动化）在 TPS 中，自动化是指什么？[8.5]

　　a. 水平生产，不同型号的产品在装配线上并排生产。

　　b. 持续改进，工人组织会议讨论改进生产流程的方法。

　　c. 只有当零件需要时才补充的库存检索系统。

　　d. 大幅度减少切换和准备时间。

　　e. 持续生产线平衡以最大化利用率。

　　f. 对工人进行多种技能的交叉培训。

　　g. 以上都不是。

　　Q8.7（看板）一个流程中看板卡片数量和库存水平之间的关系是什么？从下列答案中选择一个。[8.4]

a. 在这个流程中不能有比通过看板卡片授权的更多的库存。

b. 流程的库存随着看板卡片数量的平方根而增长。

c. 通过添加更多的看板卡片来减少流程的库存。

d. 这两者之间没有关系。

如果你想测试自己对某一部分的理解，以下是按章节分类的问题：

[8.3]：Q8.1。

[8.4]：Q8.2，Q8.3ab，Q8.4，Q8.7。

[8.5]：Q8.5，Q8.6。

第9章
变化性及其对流程绩效的影响：等待时间问题

对于消费者来说，最明显的——也可能是最恼人的——供需错配的形式之一就是等待时间。作为消费者，我们生活中的大部分时间似乎都花在排队上，无论是实体的排队（超市结账、机场办理登机手续），还是虚拟的排队（在呼叫中心等待接听、等待电子邮件回复）。

区分不同类型的等待时间很重要。

当预期需求在一段有限时间内超过预期供给时，等待时间就会产生。这在能力水平不变和需求具有季节性的情况下尤其如此。这导致在一段时间内隐含利用率水平超过100%。在机场等待航班通知就是这种排队的一个例子。

我们将在下一节看到，在存在变化性的情况下，如果隐含利用率低于100%，也可能出现排队。因此，这种排队完全可以归因于变化性的存在，因为平均而言，存在足够的能力来满足需求。

这两种类型的等待时间之间的差异虽然对客户没有太大的意义，但从运营管理的角度来看，是非常重要的。第一类等待时间的根本原因是能力问题，变化性只是一个次要的影响。因此，在分析这类问题时，我们首先应该使用第3章和第4章的工具而不是关注变化性。

第二类等待时间的根本原因是变化性。无论是从客户角度还是从运营角度，这都使等待时间不可预测。有时是客户（需求）在等待服务（供应），有时情况恰恰相反。这类情形中，需求似乎永远不会与供应匹配。

分析等待时间并将等待时间与变化性联系起来需要引入新的分析工具，我们将在本章介绍这些工具。我们将基于安瑟服务公司的示例讨论分析等待时间的工具，安瑟服务公司是威斯康星州的一个呼叫中心，专门为金融机构、保险公司和医疗机构提供应答服务。具体来说，本章的目的是：

预测等待时间，设计一些绩效指标，以测量提供给客户的服务质量。

推荐减少等待时间的方法，如通过选择适当的能力水平、重新设计服务系统和减少变化性的机会。

9.1 激励范例：一个有点不现实的呼叫中心

为了便于说明，考虑一个只有一名员工的呼叫中心，时间从早上 7 点到 8 点。根据之前的观察，呼叫中心的管理层估计，一个电话平均需要 4 分钟才能完成（如给某人提供导航），平均每 60 分钟有 12 个电话到达，也就是说，平均每 5 分钟有一个电话到达。

客户在与客服代表交谈之前的平均等待时间是多少？理想情况下，根本不应该有等待时间。由于呼叫中心每小时的服务能力为 60/4＝15 个电话，以及每小时的电话到达数为 12 个，因此能力供应显然超过了需求。如果有什么不同的话，那就是呼叫中心自使用以来似乎有多余的服务能力，对于它的利用率，我们前面（第 3 章）定义为单位时间产出和能力的比值，可以计算为：

$$利用率 = \frac{单位时间产出}{能力} = \frac{每小时\ 12\ 个电话}{每小时\ 15\ 个电话} = 80\%$$

先考虑如图 9-1 所示的到达和处理时间。每 5 分钟就会有一个电话，然后需要 4 分钟服务完毕。这可能是你见过的最奇怪的呼叫中心了！不用担心，我们一会儿会回到"实际操作"，但是下面的实验将帮助你掌握变化性是如何导致等待时间的。

尽管它的处理时间几乎像机器人一样，而且客服代表显然非常守纪律（"抱歉，4 分钟结束了，谢谢您的来电"），这个呼叫中心有一个主要的优势：没有来电需要等待。

假设电话像装配线上的滑板车一样规律地到达，然后由像机器人一样工作的客服代表来处理，这反映了管理者在计算流程绩效时犯的一个常见错误，也就是将流程看作整体，并考虑在整个小时（日、月、季）内有多少可用能力，但忽略了服务请求在一小时内是如何间隔到达的。

如果我们以每分钟为单位来观察呼叫中心，就会看到不同的景象。具体地说，我们观察到电话不会像滑板车一样出现在装配线上，而是遵循一个不那么系统化的模式，如图 9-2 所示。

此外，每分钟逐一分析还显示，实际服务持续时间也因电话而异。如图 9-2 所示，虽然平均处理时间为 4 分钟，但不同电话之间存在较大的变化，实际处理时

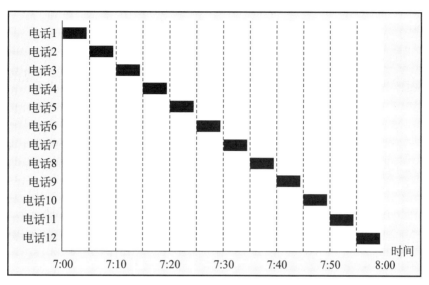

图 9 - 1　一个不常见的服务流程

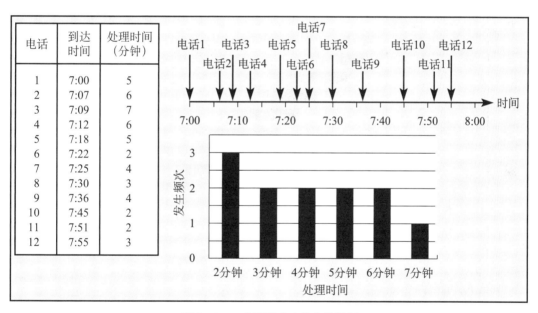

图 9 - 2　一个呼叫中心收集的数据

间从 2 分钟到 7 分钟不等。

现在，想想早上 7 点到 8 点这段时间的情况。如图 9 - 2 所示，第一个电话在早上 7 点打来。本次通话无须等待，客服代表将在 5 分钟内完成通话。以下 2 分钟是呼叫中心的空闲时间（7：05—7：07）。7：07，第二个电话打来，需要 6 分钟的处理时间。同样，第二个电话不需要等待，将在 7：13 离开系统。然而，当接听第二个电话时，第三个电话在 7：09 到达，现在需要等到 7：13 才能开始接听。

图 9 - 3 显示了早上 7 点到 8 点致电的 12 个客户的等待时间和处理时间。具体

来说，我们注意到：大多数客户都要等上相当长的时间（多达 10 分钟）才能得到服务。尽管平均来说，呼叫中心有足够的能力，但等待还是发生了。

呼叫中心无法提供一致的服务质量，因为有些客户在等待，而有些客户没有。

尽管等待时间很长，而且——因为利特尔法则——排队很长（见图 9-3 的下部），客服代表在早上 7 点到 8 点这段时间内还反复出现空闲时间。

为什么变化性不会随着时间的推移而趋于平均？其原因如下。在呼叫中心的例子中，只有同时有能力和需求时，客服代表才能为客户提供服务，因此，能力永远不能超过需求。然而，需求可能会超过能力，在这种情况下，排队就发生了。库存可以用来将供应过程与需求分离，从而在没有变化性的情况下将单位时间产出恢复到可达到的水平，这是我们在批量生产章节中已经遇到的"缓冲或承受"原则的另一个版本。因此，如果服务组织试图达到基于均值的可行单位时间产出水平，将导致很长的等待时间（不幸的是，在这种情况下，客户将被"缓冲"和"承受"）。

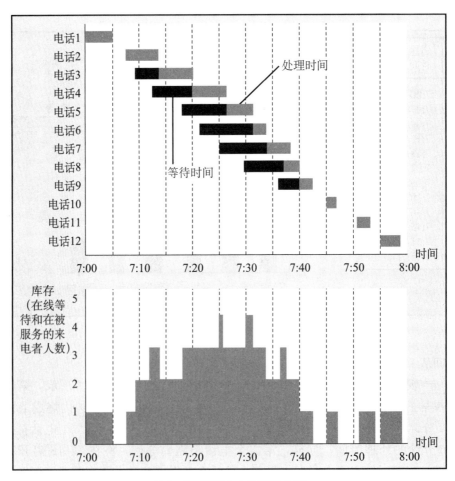

图 9-3 呼叫中心的详细分析

从试图匹配供需关系的角度来看，管理者的目标没有改变。我们仍然对计算运营的三个基本绩效度量指标感兴趣：库存、单位时间产出和流程时间。然而，正如上面的例子所说明的，我们意识到，前面讨论的流程分析工具需要扩展以适当地处理变化性。

9.2　变化性：来自哪里和如何测量

在存在变化性的情况下，理解流程基本绩效度量能力的第一步，是需要对变化性这一概念进行更详细的研究。具体来说，我们感兴趣的是变化性的来源和如何测量变化性。

为什么在一个流程中会有变化性呢？绘制一个最简单的流程图，可找到以下四个变化性来源（这四个来源总结在图 9-4）。

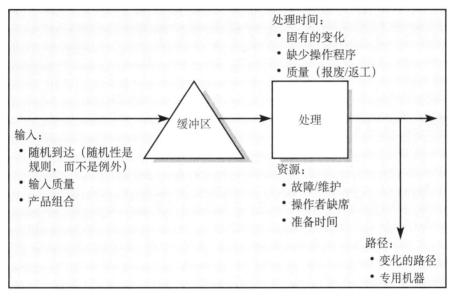

图 9-4　变化性及其来源

● 流程单元输入的变化性。服务组织中变化性的最大来源是市场本身。虽然一些客户到达的模式是可以预测的（如在一家酒店，上午 8 点到 9 点退房的客人比下午 2 点到 3 点退房的客人要多），但下一个客户何时到达是不确定的。

● 处理时间的变化性。当我们观察资源上的操作者时，他们的行为很可能会有一些变化性。因此，如果要求装配线上的一名工人重复某项活动 100 次，我们可能会发现其中一些活动比其他一些进行得更快。在具体服务环境中处理时间变化性的另一个来源是，在大多数服务运营中，客户本人涉及构成处理时间的许多任务。在酒店前台，一些客人可能需要额外的时间（如客人要求对出现在他账单上的项目做出解释），而其他人可能会更快地退房（如只需使用他们预订时使用的信用卡，并且只归还房间钥匙）。

● 资源的随机可用性。如果资源受到随机故障的影响，如制造过程中的机器故障或服务运营中的操作者缺席等，就会产生变化性。

● 在流程中有多个流程单元的情况下的随机路径。如果流程单元通过流程的路径本身是随机的，那么到达每个单独资源的流程就会产生变化性。以医院的急诊室为例，在入院初步筛选后，入院患者被引导到不同科室。简单病例可能由护士处理，复杂的病例可能由普通医生处理，严重的病例要到特定科室（如创伤中心）处理。即使到达时间和处理时间是确定的，这种随机路径本身仍足以引起变化性。

一般来说，任何形式的变化性都是基于标准差来测量的。在呼叫中心的案例中，可根据收集的一些数据，计算相应的标准差来测量呼叫持续时间的变化性。这种方法的问题是，标准差提供了变化性的绝对测量。5 分钟的标准差是否表明高变化性？在呼叫中心环境中，呼叫持续时间（处理时间）的 5 分钟标准差似乎是一个很大的数字，但在创伤中心进行 2 小时手术的情况下，5 分钟的标准差似乎很小。

因此，要用适合的方式来测量变化性。具体地说，我们将随机变量（random variable）的变化系数（coefficient of variation）定义为：

$$变化系数 = CV = \frac{标准差}{均值}$$

由于标准差和均值具有相同的测量单位，变化系数是一个无量纲的量。

9.3 到达过程分析

我们的任何流程分析都基于我们提供给分析的信息。9.3 节和 9.4 节主要关注数学模型的数据收集和数据分析。想要应用以下工具的话，数据分析必不可少，你也应该看看本书的预测章节（9.5 节）

在处理变化性问题时，特别重要的是需求的准确表示，它决定了客户到达的时间。

假设我们起得很早然后到了安瑟呼叫中心，比如早上 6 点就到达办公室，详细记录下接下来一小时发生的事情。当我们还没来得及安顿下来时就接到了第一个电话，安瑟的一个客服代表马上接了电话。23 秒后，第二个电话打来；又过了 1 分钟 24 秒，第三个电话打来；等等。

我们将安瑟接到电话的时间定义为到达时间（arrival time）。令 AT_i 表示第 i 个电话的到达时间。此外，我们将连续两次到达之间的时间定义为到达间隔时间（interarrival time，IA）。因此，$IA_i = AT_{i+1} - AT_i$。图 9-5 说明了这两个定义。

如果我们继续收集这些数据，就会积累相当多的到达时间。这些数据会自动记录在呼叫中心，因此可以简单地下载一个类似于表 9-1 的文件。

在进一步介绍预测变化性影响的数学模型之前，我们必须先进行一些简单但重要的数据分析。与任何数学模型或计算机模拟相关的一个主要风险是，这些工具总是输出一个个数字（或一组数字），无法准确反映真实世界。

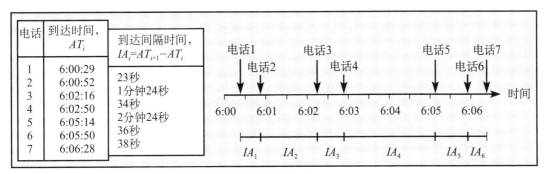

图 9-5　到达间隔时间的概念

表 9-1　4 月 2 日上午 6 点到 10 点到达安瑟的电话

6:00:29	6:25:38	6:40:06	6:53:24	7:05:42	7:14:04	7:19:40	7:25:18	7:30:50	7:36:37
6:00:52	6:25:48	6:40:11	6:53:25	7:06:37	7:14:07	7:19:41	7:25:39	7:30:55	7:36:45
6:02:16	6:26:05	6:40:59	6:54:18	7:06:46	7:14:49	7:20:10	7:25:40	7:31:24	7:37:07
6:02:50	6:26:59	6:42:17	6:54:24	7:07:11	7:15:19	7:20:11	7:25:46	7:31:35	7:37:14
6:05:14	6:27:37	6:43:01	6:54:36	7:07:24	7:15:38	7:20:26	7:25:48	7:31:41	7:38:01
6:05:50	6:27:46	6:43:05	6:55:06	7:07:46	7:15:41	7:20:27	7:26:30	7:31:45	7:38:03
6:06:28	6:29:32	6:43:57	6:55:19	7:09:17	7:15:57	7:20:38	7:26:38	7:31:46	7:38:05
6:07:37	6:29:52	6:44:02	6:55:31	7:09:34	7:16:28	7:20:52	7:26:49	7:32:13	7:38:18
6:08:05	6:30:26	6:45:04	6:57:25	7:09:38	7:16:36	7:20:59	7:27:30	7:32:16	7:39:00
6:10:16	6:30:32	6:46:13	6:57:38	7:09:53	7:16:40	7:21:11	7:27:36	7:32:16	7:39:17
6:12:13	6:30:41	6:47:01	6:57:44	7:09:59	7:16:45	7:21:14	7:27:50	7:32:34	7:39:35
6:12:48	6:30:53	6:47:10	6:58:16	7:10:29	7:16:50	7:21:46	7:27:50	7:32:34	7:40:06
6:14:04	6:30:56	6:47:35	6:58:34	7:10:37	7:17:08	7:21:56	7:27:56	7:32:57	7:40:23
6:14:16	6:31:04	6:49:23	6:59:41	7:10:54	7:17:09	7:21:58	7:28:01	7:33:13	7:41:34
6:14:28	6:31:45	6:50:54	7:00:50	7:11:07	7:17:09	7:23:03	7:28:17	7:33:36	7:42:20
6:17:51	6:33:49	6:51:04	7:00:54	7:11:30	7:17:19	7:23:16	7:28:25	7:33:51	7:42:33
6:18:19	6:34:03	6:51:17	7:01:08	7:12:02	7:17:22	7:23:19	7:28:26	7:34:05	7:42:51
6:19:11	6:34:15	6:51:48	7:01:31	7:12:08	7:17:22	7:23:48	7:28:47	7:34:19	7:42:57
6:20:48	6:36:07	6:52:17	7:01:39	7:12:18	7:17:57	7:24:01	7:28:54	7:34:51	7:43:23
6:23:33	6:36:12	6:52:17	7:01:56	7:12:18	7:18:10	7:24:09	7:29:09	7:35:10	7:43:34
6:24:25	6:37:21	6:52:31	7:04:52	7:12:26	7:18:17	7:24:45	7:29:27	7:35:13	7:43:43
6:25:08	6:37:23	6:52:39	7:04:54	7:13:16	7:18:38	7:24:56	7:30:02	7:35:21	7:43:44
6:25:19	6:37:57	6:53:06	7:05:37	7:13:21	7:18:54	7:25:01	7:30:07	7:35:44	7:43:57
6:25:27	6:38:20	6:53:07	7:05:39	7:13:22	7:19:04	7:25:03	7:30:13	7:35:59	7:43:57

续表

7:45:07	7:54:51	8:06:43	8:16:18	8:21:44	8:27:07	8:31:20	8:38:02	8:44:23	8:53:03
7:45:32	7:55:13	8:06:47	8:16:26	8:21:53	8:27:09	8:31:22	8:38:10	8:44:49	8:53:08
7:46:22	7:55:35	8:07:07	8:16:39	8:22:19	8:27:17	8:31:23	8:38:15	8:45:05	8:53:19
7:46:38	7:56:16	8:07:43	8:17:16	8:22:44	8:27:26	8:31:27	8:38:39	8:45:10	8:53:30
7:46:48	7:56:24	8:08:28	8:17:24	8:23:00	8:27:29	8:31:45	8:38:40	8:45:28	8:53:32
7:47:00	7:56:24	8:08:31	8:17:28	8:23:02	8:27:35	8:32:05	8:38:44	8:45:31	8:53:44
7:47:15	7:57:39	8:09:05	8:17:33	8:23:12	8:27:54	8:32:13	8:38:49	8:45:32	8:54:25
7:47:53	7:57:51	8:09:15	8:17:42	8:23:30	8:27:57	8:32:19	8:38:57	8:45:39	8:54:28
7:48:01	7:57:55	8:09:48	8:17:50	8:24:04	8:27:59	8:32:59	8:39:07	8:46:24	8:54:49
7:48:14	7:58:26	8:09:57	8:17:52	8:24:17	8:28:11	8:33:02	8:39:20	8:46:27	8:55:05
7:48:14	7:58:41	8:10:39	8:17:54	8:24:19	8:28:12	8:33:27	8:39:20	8:46:40	8:55:05
7:48:50	7:59:12	8:11:16	8:18:03	8:24:26	8:28:13	8:33:30	8:39:21	8:46:41	8:55:14
7:49:00	7:59:20	8:11:30	8:18:12	8:24:39	8:28:17	8:33:40	8:39:25	8:47:00	8:55:22
7:49:04	7:59:22	8:11:38	8:18:21	8:24:48	8:28:43	8:33:47	8:39:47	8:47:04	8:55:25
7:49:48	7:59:22	8:11:49	8:18:23	8:25:03	8:28:59	8:34:19	8:39:51	8:47:06	8:55:50
7:49:50	7:59:36	8:12:00	8:18:34	8:25:04	8:29:06	8:34:20	8:40:02	8:47:15	8:55:56
7:49:59	7:59:50	8:12:07	8:18:46	8:25:07	8:29:34	8:35:01	8:40:09	8:47:27	8:56:17
7:50:13	7:59:54	8:12:17	8:18:53	8:25:16	8:29:38	8:35:07	8:40:23	8:47:40	8:57:42
7:50:27	8:01:22	8:12:40	8:18:54	8:25:22	8:29:40	8:35:25	8:40:34	8:47:46	8:58:45
7:51:07	8:01:42	8:12:41	8:18:58	8:25:31	8:29:45	8:35:29	8:40:35	8:47:53	8:58:49
7:51:31	8:01:56	8:12:42	8:19:20	8:25:32	8:29:46	8:36:13	8:40:46	8:48:27	8:58:49
7:51:40	8:02:08	8:12:47	8:19:25	8:25:32	8:29:47	8:36:14	8:40:51	8:48:48	8:59:32
7:52:05	8:02:26	8:13:40	8:19:28	8:25:45	8:29:47	8:36:23	8:40:58	8:49:14	8:59:38
7:52:25	8:02:29	8:13:41	8:20:09	8:25:48	8:29:54	8:36:23	8:41:12	8:49:19	8:59:45
7:52:32	8:02:39	8:13:52	8:20:23	8:25:49	8:30:00	8:36:29	8:41:26	8:49:20	9:00:14
7:53:10	8:02:47	8:14:04	8:20:27	8:26:01	8:30:01	8:36:35	8:41:32	8:49:40	9:00:52
7:53:18	8:02:52	8:14:41	8:20:44	8:26:04	8:30:08	8:36:37	8:41:49	8:50:19	9:00:53
7:53:19	8:03:06	8:15:15	8:20:54	8:26:11	8:30:23	8:37:05	8:42:23	8:50:38	9:01:09
7:53:51	8:03:58	8:15:25	8:21:12	8:26:15	8:30:23	8:37:11	8:42:51	8:52:11	9:01:31
7:53:52	8:04:07	8:15:39	8:21:12	8:26:28	8:30:31	8:37:12	8:42:53	8:52:29	9:01:55
7:54:04	8:04:27	8:15:48	8:21:25	8:26:28	8:31:02	8:37:35	8:43:24	8:52:40	9:02:25
7:54:16	8:05:53	8:16:09	8:21:28	8:26:37	8:31:11	8:37:44	8:43:28	8:52:41	9:02:30
7:54:26	8:05:54	8:16:10	8:21:43	8:26:58	8:31:19	8:38:01	8:43:47	8:52:43	9:02:38

续表

9:02:51	9:06:12	9:10:53	9:15:36	9:20:44	9:24:42	9:29:09	9:35:40	9:43:37	9:53:13
9:03:29	9:06:14	9:11:32	9:15:40	9:20:54	9:25:07	9:29:15	9:36:17	9:44:09	9:53:15
9:03:33	9:06:41	9:11:37	9:15:40	9:21:55	9:25:15	9:29:52	9:36:37	9:44:21	9:53:50
9:03:38	9:06:44	9:11:50	9:15:40	9:21:58	9:26:03	9:30:47	9:37:23	9:44:32	9:54:24
9:03:51	9:06:48	9:12:02	9:15:41	9:22:02	9:26:04	9:30:58	9:37:37	9:44:37	9:54:48
9:04:11	9:06:55	9:13:19	9:15:46	9:22:02	9:26:23	9:30:59	9:37:38	9:44:44	9:54:51
9:04:33	9:06:59	9:14:00	9:16:12	9:22:34	9:26:34	9:31:03	9:37:42	9:45:10	9:56:40
9:04:42	9:08:03	9:14:04	9:16:34	9:23:13	9:27:02	9:31:55	9:39:03	9:46:15	9:58:25
9:04:44	9:08:33	9:14:07	9:18:02	9:23:29	9:27:04	9:33:08	9:39:10	9:46:44	9:59:19
9:04:44	9:09:32	9:15:15	9:18:06	9:23:45	9:27:27	9:33:45	9:41:37	9:49:48	
9:05:22	9:10:32	9:15:26	9:20:19	9:24:10	9:28:25	9:34:07	9:42:58	9:50:19	
9:06:01	9:10:46	9:15:27	9:20:42	9:24:30	9:28:37	9:35:15	9:43:27	9:52:53	

在进行任何其他计算之前回答以下两个问题将大大改进我们模型预测：

到达过程是平稳（stationary）的吗？也就是说，在我们感兴趣的时间段内到达的预期客户数量是否为常数？

到达间隔时间是否呈指数分布，从而形成泊松（Poisson）到达过程？

我们将定义平稳到达（stationary arrivals）时间和指数分布的到达间隔时间的概念。我们还将描述如何回答这两个问题，包括在一般情况下以及在前面描述的呼叫中心的具体环境中。我们也将在本章和下一章讨论这两个问题的重要性及其对计算的影响。

平稳到达

考虑表9-1显示的电话到达模式。把这些数据转换成一个电子表格，计算到达间隔时间的均值和标准差，并以当前时点的到达模式分析结束，这里假设均值和标准差描述了客户到达的整个行为过程，这个过程十分迷人。利用 Excel 在 5 分钟内我们就能完成这些！

对数据进行简单的图形分析（见图9-6），分析结果表明，到达过程中发生的事情比数字所能捕捉到的要多。如图9-6所示，在特定的时间间隔（如15分钟）内，客户来电的数量在一天中不是恒定的。

为了捕捉到达过程的变化，我们引入以下定义：

如果对于任何时间间隔（如一小时），到达过程都是平稳的，在该时间间隔内的预期到达人数只取决于时间间隔的长度，而与时间间隔的开始时间无关（可以在时间线上来回移动固定长度的时间间隔，而不改变预期到达的数量）。图9-6中，我们看到到达过程并不是平稳的。例如，如果以 3 小时为间隔，我们会看到从早上

6点到9点客户数量比从早上1点到4点客户数量要多。

一个到达过程如果不是平稳的，就会表现出季节性。

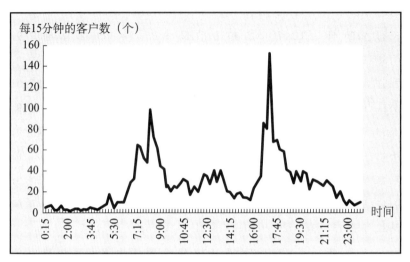

图9-6 一天中的服务季节性

在分析到达过程时，区分需求变化是来自变化性（如15分钟内的电话数量）的结果和需求季节性的结果很重要。从运营的角度来看，变化性和季节性都令人不快。然而，单独季节性的影响可事先（ex ante）被完美预测，而对于变化性的情况则不可能预测（我们可以预估一天的来电人数，但实际人数是随机变化的）。

根据现有数据，我们观察到到达过程在几小时内不是平稳的。一般来说，一次简单的分析就能得知一个过程是否平稳。

- 对所有到达时间按时间序列排列（将它们标记为 AT_1，…，AT_n）。
- 用（$x=AT_i$；$y=i$）画图，如图9-7所示。
- 从左下（第一次到达）到右上（最后一次到达）添加一条直线。

如果到达过程是平稳的，那么你绘制的图形和直线之间不会有显著的偏差。然而在图9-7的左图中，我们观察到直线和到达数据之间的几个偏差。具体来说，我们观察到，在第一个小时内，与早上6点到10点的平均到达率相比，打来的电话更少。相比之下，在上午8点半左右，到达率比平均水平高得多。因此，分析表明，我们面临的到达过程不是平稳的。

当面对非平稳到达过程时，最好的方法是将天（周、月）划分为更小的时间间隔，每个时间间隔有单独的到达率。然后，如果查看较小间隔内的到达过程（本例使用15分钟间隔），我们会发现间隔内的季节性相对较弱。换句话说，在这个间隔内，我们相对接近一个平稳的到达流。图9-7的右图显示了15分钟间隔内的两次到达之间的平稳行为。

图9-7中的两图比较起来很有趣：到达过程在15分钟间隔的"微观层面"表现为平稳，但在一整天中表现出强烈的季节性，正如我们在图9-6中观察到的那样。请注意，图9-6中的峰值对应于图9-7中"实际的累积客户数"线比"平稳的预期客户数"的直线增长更快的时间段。

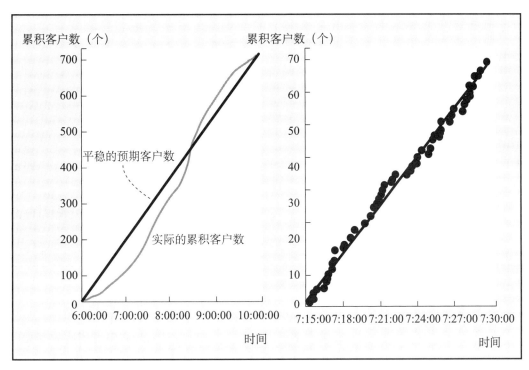

图 9-7 平稳到达测试

在大多数实践中，可以见到这种季节性。如在安瑟案例中，到达高峰与人们开始他们的一天是对应的，人们期望他们想要打电话的公司（如医生办公室）已经开始工作。然而，由于许多这样的公司在上午 9 点前不处理电话，因此产生的电话流被引导到应答服务。

指数分布的到达间隔时间

到达间隔时间通常服从指数分布（exponential distribution）。如果 IA 是一个随机的到达间隔时间，到达间隔过程服从指数分布，则有：

$$\text{Prob}\{IA \leqslant t\} = 1 - e^{-\frac{t}{a}}$$

其中，a 为上述定义的平均到达间隔时间。指数函数在理论和实践中经常被用来模拟到达间隔时间，因为它们可与经验数据进行良好拟合以及便于分析。如果一个到达过程确实有指数分布的到达间隔时间，我们称其为泊松到达过程（Poisson arrival process）。

通过分析可以看出，在流程中相互独立到达的客户（如客户致电呼叫中心）形成了一个指数分布的到达间隔时间的需求模式。指数分布的累积分布函数的形状如图 9-8 所示。平均到达间隔时间以分钟为单位。指数分布的一个重要性质是标准差也等于均值 a。

指数分布的另一个重要性质是无记忆性。无记忆性是指下一个时间段（如 1 分钟）的到达数量与最后一个到达的时间无关。

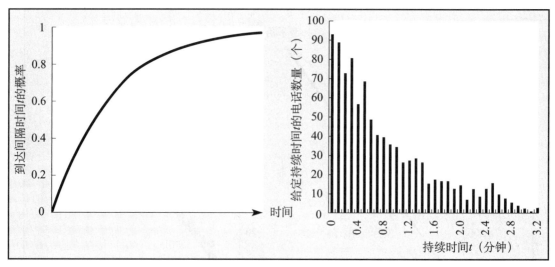

图 9-8　指数分布函数（左）和直方图示例（右）

　　为说明这一性质，请考虑急诊室的情况。假设平均每 10 分钟就有一个患者到达，而在过去 20 分钟内没有患者到达。在过去 20 分钟内没有患者到达的事实是否增加或减少了在接下来 10 分钟内有患者到达的可能性？对于到达间隔时间为指数的到达过程，答案是否定的。

　　直觉上，我们认为在许多情况下这是一个合理的假设。再来看看急诊室。鉴于急诊室的潜在患者数非常大（包括医院外所有的健康人），我们可以认为新患者的到达事件相互独立（事实上，两位患者琼·威利和乔·胡浦的到达是相互独立的，因为琼·威利从她的山地车上摔下来与乔·胡浦打篮球时扭伤了脚踝之间相互独立）。

　　因为确定到达间隔时间是否呈指数分布非常重要，我们现在介绍以下四个步骤的诊断程序：

　　1. 计算到达间隔时间 IA_1，$\cdots$，IA_n。

　　2. 将到达间隔时间按递增顺序排序；a_i 表示第 i 个最小到达间隔时间（a_1 为最小到达间隔时间；a_n 为最大到达间隔时间）。

　　3. 根据 $x=a_i$，$y=i/n$ 绘图。得到的图称为经验分布函数。

　　4. 将图与带有"适当选择参数"的指数分布进行比较。为了找到参数的最佳值，我们将指数分布的参数设为从数据中得到的平均到达间隔时间。如果样本中的一些观测值与结果曲线相去甚远，我们可以"手动"调整指数分布的参数，以改进拟合。

　　图 9-9 说明了这个过程的结果。如果这个分布确实是指数分布，所得到的图将类似于图 9-9。请注意，这个评估拟合优度的过程也适用于任何其他分布函数。

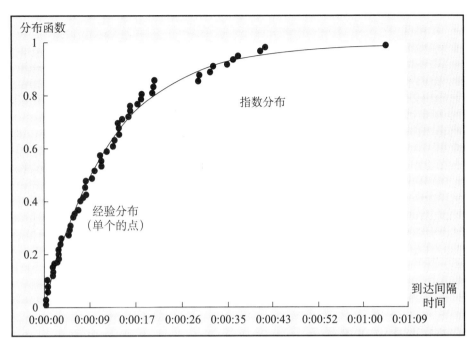

图 9-9　到达间隔时间的经验和指数分布

非指数分布的到达间隔时间

在某些情况下，我们可能会发现到达间隔时间不服从指数分布。例如，我们可能会遇到这样一种情况：到达时间是安排好的（如每小时一次），这通常导致到达过程中较少的变化性。

在指数分布情况下，平均到达间隔时间等于到达间隔时间的标准差，因此，一个参数足以表征整个到达过程，如果到达间隔时间不是指数分布的，我们需要更多的参数来描述到达过程。

根据之前对变化系数的定义，可以将到达（需求）过程的变化度量为：

$$CV_a = \frac{到达间隔时间的标准差}{平均到达间隔时间}$$

已知指数分布的均值等于标准差，其变化系数等于 1。

总结：分析到达过程

图 9-10 提供了分析到达过程所需步骤的摘要，它还显示了如果违反模型所要求的假设，该怎么做。

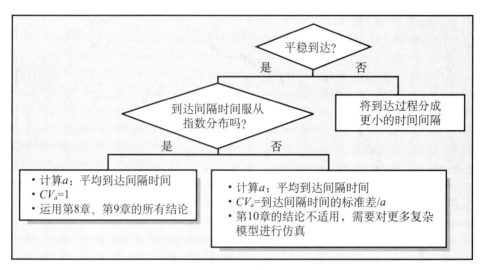

图 9 - 10 如何分析一个需求/到达过程

9.4 处理时间的变化性

正如一个电话的准确到达时间很难预测，电话的实际持续时间也很难预测。因此，从供应端来看，服务流程也有相当大的变化性。图 9 - 11 提供了安瑟呼叫中心的呼叫持续时间。从客服代表的角度来看，这些呼叫持续时间就是处理时间。如前所述，我们将交替使用处理时间、服务时间和活动时间三个词。

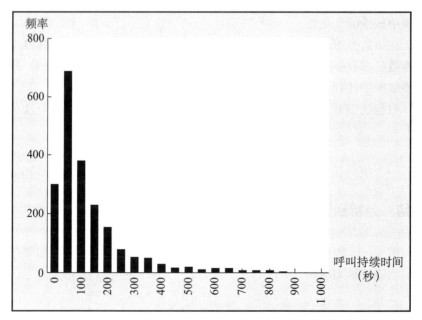

图 9 - 11 呼叫中心的处理时间

我们观察到处理时间的变化性很大。虽然一些电话在一分钟内就完成了，但有的电话需要超过 10 分钟！因此，除了需求的变化性，流程中也会产生变化性。

有许多不同的处理时间分布报告。就本书的目的而言，我们聚焦在它们的均值和标准差上。换句话说，当收集数据时，我们没有明确为处理时间的分布建模，而是假设均值和标准差表达了所有的相关信息，这些信息对于第 9 章和第 10 章的所有计算已经足够。

根据图 9-11，我们计算平均处理时间为 120 秒，相应的标准差为 150 秒。正如我们对到达间隔时间所做的那样，我们现在可以定义变化系数：

$$CV_p = \frac{处理时间的标准差}{平均处理时间}$$

式中，下标 p 表示 CV 度量处理时间的变化性。与到达过程一样，我们需要仔细，不要混淆变化性与季节性。处理时间的季节性指的是已知的呼叫持续时间模式，作为一周中的一天或一天中的时间的函数（如图 9-12 所示，电话在周末花费的时间明显比在工作日要长）。呼叫持续时间也因工作日的时间不同而不同。

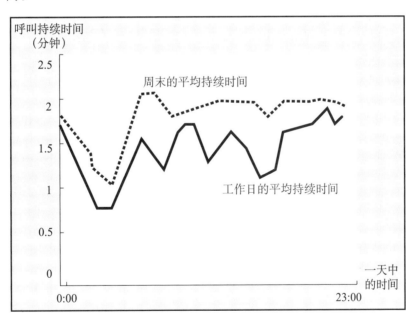

图 9-12 工作日和周末的平均呼叫持续时间

我们即将介绍的模型要求服务流程具有平稳性（在季节性情况下，服务流程只是在时间线上被分割成更小的间隔，类似于我们所处理的到达过程），但不需要任何其他属性（如指数分布的处理时间）。因此，我们只需要知道处理时间的标准差和均值。

9.5 预测单一资源情况下的平均等待时间

　　基于我们对变化性的度量，我们现在引入一个简单公式，回忆一下预测基本流程绩效度量指标：库存、单位时间产出和流程时间。

　　在本章，我们讨论最基本的流程图，包括一个具有无限空间的缓冲区和一个单一的资源。此流程布局对应于上述呼叫中心案例。图 9-13 显示了这个简单系统的流程图。

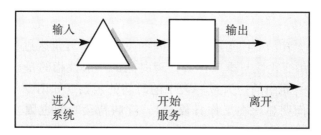

图 9-13　一个单通道单阶段的简单流程（1）

　　流程单元依呈现出变化性的需求模式到达系统。平均来说，每一个时间单位到达一个流程单元。我们把 a 标记为平均到达间隔时间。这个均值反映了到达间隔时间 IA_1 到 IA_n 的均值。在计算 IA_1 到 IA_n 到达间隔时间的标准差后，可以像前面讨论的那样计算到达过程的变化系数 CV_a。

　　假设服务一个流程单元平均需要 p 个单位的时间。与到达过程类似，我们可以将 p_1 到 p_n 定义为经验观测的处理时间，并相应地计算处理时间的变化系数 CV_p。假设只有一个资源服务到达的流程单元，服务器的能力可以写成 $1/p$。

　　正如本章前文所讨论的，我们正在考虑能力超过需求的情况，因此，最终的利用率严格低于 100%。如果利用率超过 100%，库存就会明显增加，我们就不需要任何复杂的工具来预测流程单元在等待时间上的变化性。然而，本章最重要的观点是，即使服务器利用率低于 100%，流程单元也会导致等待时间。

　　假设能力超过需求，并且假设我们永远不会损失客户（一旦客户来电，他就不会挂断），我们就受到了需求约束，因此，单位时间产出 R 就是需求率（第 10 章讨论了损失客户的可能性）。具体地，平均每单位时间有一个客户到达，即单位时间产出 $R=1/a$。回想一下，利用率可表示为：

$$利用率 = \frac{单位时间产出}{能力} = \frac{1/a}{1/p} = \frac{p}{a} < 100\%$$

注意，到目前为止，我们还没有应用任何超越在第 1 章讨论过的确定性流程分析的概念。

　　现在，从系统中流程单元的角度来看（见图 9-14），流程单元可以花时间排队（在呼叫中心，这是你听音乐等待的时间）。设 T_q 表示流程单元在等待服务的队列中所花费的时间。下标 q 表示这仅仅是流程单元在队列中等待的时间。因此，

T_q 不包括实际处理时间，我们定义实际处理时间为 p。根据队列 T_q 中的等待时间和平均处理时间 p，我们可以计算出流程时间（流程单元在系统中所花费的时间）为：

流程时间 ＝ 等待时间＋处理时间

$$T = T_q + p$$

除了从流程单元的角度来看，我们还可以从整体上看系统，想知道有多少流程单元在队列中，有多少在使用中。将 I_q 定义为队列中的库存（流程单元数），I_p 为正在处理的流程单元数。由于队列 I_q 中的库存和流程 I_p 中的库存是唯一可以找到库存的地方，所以我们可以计算系统中的总库存 $I = I_q + I_p$。

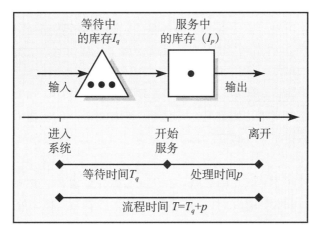

图 9 - 14　一个单通道单阶段的简单流程（2）

只存在一种资源时，I_p 为 0～1 区间的数字：有时服务中存在一个流程单元（$I_p = 1$）；有时没有（$I_p = 0$）。在某个随机时刻，服务器实际上正忙着处理一个流程单元的概率对应于利用率。例如，如果流程利用率是 30%，则在任意时段，服务器都有 0.3 的概率繁忙。或者，我们可以说，在一个小时的 60 分钟内，服务器忙碌的时间是：

0.3×60＝18 分钟

虽然服务中的库存 I_p 和处理时间 p 相对容易计算，但遗憾的是，队列中的库存 I_q 或队列中的等待时间 T_q 不是这样。

根据处理时间 p、利用率和由到达间隔时间的变化系数 CV_a 和处理时间的变化系数 CV_p 所度量的变化性，可使用以下公式计算队列中的平均等待时间：

$$等待时间 ＝ 处理时间 \times \left(\frac{利用率}{1 - 利用率} \right) \times \left(\frac{CV_a{}^2 + CV_p{}^2}{2} \right)$$

该公式不要求处理时间或到达间隔时间遵循特定的分布。然而，对于非指数分布的到达间隔时间的情况，该公式仅近似于队列中的平均时间，而不是 100% 精确的。该公式只适用于平稳过程的情况（见 9.3 节关于平稳流程的定义以及如果流程不是平稳的应该怎么做）。

由上式可知，队列中的等待时间是三个因素的乘积：

- 等待时间表示为处理时间的倍数。但是，一定要记住，处理时间也会直接影响利用率（如利用率＝处理时间/到达间隔时间）。因此，不应该认为等待时间随处理时间线性增加。

- 第二个因素是利用率效应。注意，利用率必须小于100％。如果利用率等于或大于100％，队列将继续增长。这不是由变化性驱动的，而是由于没有足够所需的能力。我们注意到，利用率系数是非线性的，并且随着利用率水平增加到接近100％，利用率系数变得越来越大。例如，对于利用率＝0.8，利用率系数为0.8/（1－0.8）＝4；对于利用率＝0.9，它为0.9/（1－0.9）＝9；对于利用率＝0.95，它为0.95/（1－0.95）＝19。

- 第三个因素是系统中变化性的量，由到达间隔时间的变化系数 CV_a 和处理时间的变化系数 CV_p 平方的均值来衡量。由于 CV_a 和 CV_p 既不影响平均处理时间 p，也不影响利用率 u，我们观察到等待时间随着系统的变化性而增加。

熟悉这个新公式的最好方法就是应用它并观察它的实际变化。为此，考虑一下凌晨 2 点安瑟呼叫中心的情况。安瑟是一个相对较小的呼叫中心，它在一天的这个时候接到的电话很少（详细的到达信息见 9.3 节），所以在凌晨 2 点只有一个人处理来电。

根据在呼叫中心收集的数据，我们可以快速计算出，在一天的这个时候，安瑟的平均处理时间大约是 90 秒。基于我们在前一节的发现，处理时间确实取决于一天中的时间，因此我们使用代表凌晨时间的处理时间数据是很重要的：处理时间 $p＝90$秒。

根据在 9.4 节收集的处理时间实际值，我们现在计算出处理时间的标准差为 120 秒。因此，处理时间的变化系数为：

$$CV_p＝120 \text{ 秒} / 90 \text{ 秒}＝1.333\ 3$$

根据收集的到达数据（见表 9 - 1），我们知道在凌晨 2 点，每 15 分钟有 3 个电话到达。因此，到达间隔时间为 $a＝5$ 分钟＝300 秒。给定了处理时间和到达间隔时间，我们现在可以将利用率计算如下：

$$利用率 = \frac{处理时间}{到达间隔时间} = \frac{p}{a} = \frac{90 \text{ 秒}}{300 \text{ 秒}} = 0.3$$

关于到达间隔时间的变化系数，我们可以采用两种方法中的一种。首先，我们可以利用观测到的到达间隔时间，并通过经验计算标准差。或者，我们可以把这段时间内的到达过程看作随机的。鉴于我们收集的数据与指数分布之间的良好拟合（见图 9 - 9），我们假设到达遵循泊松过程（Poisson process，到达间隔时间呈指数分布）。这意味着变化系数：

$$CV_a＝1$$

将这些值代入等待时间公式得到：

$$等待时间 = 处理时间 \times \left(\frac{利用率}{1-利用率}\right) \times \left(\frac{CV_a{}^2 + CV_p{}^2}{2}\right)$$

$$= 90 \times \left(\frac{0.3}{1-0.3}\right) \times \left(\frac{1^2 + 1.333\,3^2}{2}\right) = 53.57\,(秒)$$

注意，这个结果解释了一个客户在得到服务之前的平均等待时间。为了获得客户在电话上花费的总时间，包括等待时间和处理时间，我们需要为实际服务添加处理时间 p。因此，流程时间为：

$$T = T_q + p = 53.57 + 90 = 143.57\,秒$$

需要指出的是，53.57 秒提供了平均等待时间。每个客户所经历的实际等待时间各不相同。有些客户很幸运，马上就能得到服务；有些客户的等待时间要比 53.57 秒长得多。这将在下面进一步讨论。

根据上述方法计算的等待时间需要被视为长期均值。它有两个实际意义：

● 如果系统一开始是空的（如在医院候诊室开放前没有患者），前几个患者不太可能经历漫长的等待。这是短暂的，一旦到达足够数量的患者，系统就会达到"稳定状态"。请注意，鉴于安瑟 24 小时运营，在此具体案例中这不是问题。

● 如果在一个给定的时间间隔内观察系统，我们观察到的平均等待时间不太可能恰好是计算的均值。然而，我们观察系统的时间越长，平均等待时间 T_q 就越有可能确实与经验均值重合。这就像一个赌场，不能预测一个特定的客人在一个晚上会赢多少钱（或通常会输多少钱），却能很好地预测整个客人群体在一年内的经济状况。

既然已经考虑了等待时间 T_q（或流程时间 T），我们就可以计算库存。$1/a$ 是单位时间产出，我们可以使用利特尔法则来计算平均库存：

$$I = RT = \frac{1}{a}(T_q + p) = \frac{1}{300} \times (53.57 + 90) = 0.479$$

因此，系统中平均有一半的客户（毕竟是凌晨 2 点）。这个库存包括两个部分，我们定义为队列中的库存 I_q 和流程中的库存 I_p：

● I_q 可以通过利特尔法则得到，但这次我们不是将利特尔法则应用于整个系统（等待队列和服务器），而是将其单独应用于等待队列。如果把排队看作一个小流程本身（对应的流程图只有一个三角形），我们得到的流程时间为 T_q。因此，

$$I_q = 1/a \times T_q = 1/300 \times 53.57 = 0.179$$

● 在任意给定时刻，我们还可以查看当前正在与客服代表交谈的客户的数量。因为假设在一天的这个时候只有一个代表，所以在这个阶段永远不会有超过一个来电者。然而，有时来电者没有得到服务，因为员工的利用率远低于 100%。因此，服务中来电者的平均数量可以计算为：

$$I_p = Prob\{客服代表没有接到电话\} \times 0 + Prob\{客服代表接到一个电话\} \times 1$$
$$I_p = (1-u) \times 0 + u \times 1 = u$$

在本例中，我们得到 $I_p = 0.3$。

9.6　预测多资源情况下的平均等待时间

在分析了一个极其简单的流程（仅由一个缓冲区和一个资源组成）存在变化性时的等待时间之后，现在转向更复杂的运营。具体来说，我们分析由一个等待区（队列）和由多个相同资源执行的流程步骤组成的等待时间模型。

我们继续讨论呼叫中心案例。现在我们把时间安排在一天中最繁忙的时段，此时在安瑟呼叫中心值班的客服代表要多得多。基本流程布局如图 9 - 15 所示。

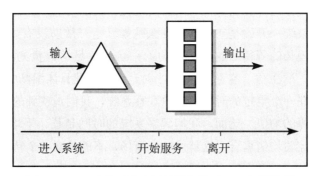

图 9 - 15　一个队列多个平行服务器（$m=5$）的流程

设 m 为可用的并行服务器数量。假设我们有 m 个服务器并行工作，现在面临的情况是平均处理时间可能比平均到达间隔时间长得多。综合起来，m 个资源的能力为 m/p，而需求速率仍为 $1/a$。可以计算出服务流程的利用率 u 为：

$$\text{利用率} = \frac{\text{单位时间产出}}{\text{能力}} = \frac{1/\text{到达间隔时间}}{\text{资源数}/\text{处理时间}} = \frac{1/a}{m/p} = \frac{p}{am}$$

与使用单一资源的情况类似，我们只对利用率低于100%的情况感兴趣。

流程单元最初将花费 T_q 个单位的时间等待服务。然后它移动到一个可用资源，在那里它花费 p 个单位的时间接受服务。如前所述，总流程时间为等待时间和处理时间之和：

$$\text{流程时间 } T = \text{队列中的等待时间 } T_q + \text{处理时间 } p$$

根据处理时间 p、利用率 u、服务的变化系数（CV_p）和到达过程的变化系数（CV_a），以及系统中资源的数量（m），我们可以计算平均等待时间 T_q，公式如下[1]：

$$\text{等待时间} = \left(\frac{\text{处理时间}}{m}\right) \times \left(\frac{\text{利用率}^{\sqrt{2(m+1)}-1}}{1-\text{利用率}}\right) \times \left(\frac{CV_a{}^2 + CV_p{}^2}{2}\right)$$

与单一资源的情况一样，等待时间表示为处理时间因素、利用率因素和变化性因素

---

[1]　参见 Hopp 和 Spear man（1996）。这个公式最早由 Sakase Gawa（1977）提出，Whitt（1983）成功使用。当 $m=1$ 时，公式如前所述。当 $m>1$ 时，公式是一个近似表达。这种情况下不存在精确的表达式。

的乘积。我们还观察到，对于 $m=1$ 的特殊情况，上面的公式与单一资源的等待时间公式完全相同。注意，所有其他绩效度量指标，包括流程时间（T）、系统中的库存（I）和队列中的库存（I_q），都可以按前面讨论的方法计算。

虽然上面的表达式似乎并不一定是一个迷人的公式，但它可以被编程到一个电子表格中。此外，它提供了系统的平均等待时间，否则只能用更复杂的软件包进行分析。

单一资源的等待时间公式提供了精确的等待时间量化方法（只要到达间隔时间服从指数分布，而且多个资源的等待时间公式是近似的）。该公式适用于我们遇到的大多数情况，特别是当利用率 u 与服务器数量 m 的比值很大（u/m 很高）时。

现在我们已经计算了等待时间，可以再次使用利特尔法则来计算流程单元在等待区的平均数量 I_q，在服务区的流程单元的平均数量 I_p 和流程单元在整个系统的平均数量 $I=I_p+I_q$。图 9-16 总结了关键绩效度量指标。

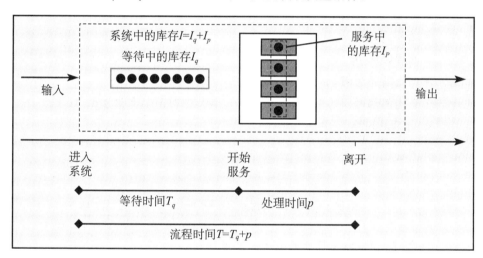

图 9-16 关键绩效度量指标总结

请注意，在存在多个资源服务流程单元的情况下，可以有多个流程单元同时接受服务。如果 u 是流程利用率，它也是 m 个资源的利用率，因为它们以相同的速率处理需求。我们可以单独（in isolation）计算 m 个资源上的流程单元的平均数量为：

$$u\times 1+(1-u)\times 0 = u$$

将 m 个资源相加，得到：

流程中的库存 = 资源数 × 利用率

$$I_p = m\times u$$

我们使用安瑟服务案例来说明该方法。假设在上午 8 点到 8 点 15 分这一时间段有 10 个客服代表工作，可以按如下方式计算利用率：

$$利用率\ u = \frac{p}{am} = \frac{90}{11.39\times 10} = 0.79$$

式中，我们用时间间隔的长度（15 分钟＝900 秒）除以在该间隔中接收到的电话数（79 次），得出两个电话之间的到达间隔时间为 11.39 秒。现在我们可以计算平均等待时间为：

$$T_q = \left(\frac{p}{m}\right) \times \left(\frac{u^{\sqrt{2(m+1)}-1}}{1-u}\right) \times \left(\frac{CV_a{}^2 + CV_p{}^2}{2}\right)$$

$$= \left(\frac{90}{10}\right) \times \left(\frac{0.79^{\sqrt{2(10+1)}-1}}{1-0.79}\right) \times \left(\frac{1+1.333\ 3^2}{2}\right) = 24.94(秒)$$

与由变化性引起的等待时间相关的最重要的计算在计算步骤 9.1 中进行了总结。

计算步骤 9.1

等待时间的计算总结：

1. 收集下列数据：

· 服务器数量 m。

· 处理时间 p。

· 到达间隔时间 a。

· 到达间隔时间的变化系数（CV_a）和处理时间的变化系数（CV_p）。

2. 计算利用率：

$$u = \frac{p}{am}$$

3. 计算平均等待时间：

$$T_q = \left(\frac{处理时间}{m}\right) \times \left(\frac{利用率^{\sqrt{2(m+1)}-1}}{1-利用率}\right) \times \left(\frac{CV_a{}^2 + CV_p{}^2}{2}\right)$$

4. 在 T_q 的基础上计算其他绩效度量指标：

流程时间 $T = T_q + p$

服务中的库存 $I_p = mu$

列队中的库存 $I_p = T_q/a$

系统中的库存 $I = I_p + I_q$

9.7　等待时间问题中的服务水平

到目前为止，我们把注意力集中在流程中的平均等待时间上。然而，流程中请求服务的客户对其在队列中的平均等待时间或完成其请求的平均总时间不感兴趣（分别为等待时间 T_q 和流程时间 T），但会在意其在等待中的个人体验。

举个例子，一个来电者在等了 15 分钟后，接通了电话却是音乐声。这个来电者可能会对较长的等待时间不满意。此外，来自客服代表"我们对给你带来的延误感到抱歉，但我们的平均等待时间只有 4 分钟"这样的回复不太可能减少这种不满。

因此，从管理的角度来看，我们不仅需要分析平均等待时间，还需要分析等待时间超过某一目标等待时间（target wait time，TWT）的可能性。更正式地说，我们可以将一个给定的目标等待时间的服务水平（service level）定义为在 TWT 或更少的等待时间内开始接受服务的客户的百分比：

$$服务水平 = \text{Prob}\{等待时间 \leqslant \text{TWT}\}$$

此服务水平为我们提供了一种方法，以衡量服务在一定的等待时间内对需求的响应程度。如果服务水平为 95%，TWT=2 分钟，则意味着 95%的客户在不到 2 分钟的等待时间内得到服务。

图 9-17 显示了安瑟呼叫中心在选定时间段的等待时间的经验分布函数（参见 9.3 节如何创建此图）。根据这张图，我们可以区分两组客户。大约 65%的客户根本不需要等待就能立即得到服务，剩下的 35%的客户的等待时间类似于指数分布。

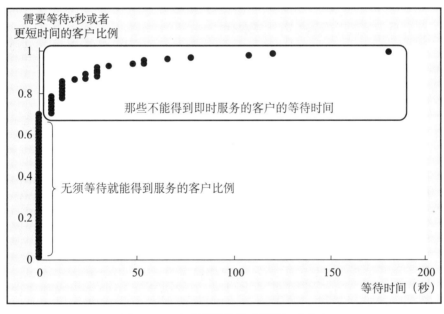

图 9-17　在安瑟的等待时间的经验分布

我们观察到，这个特定样本中，整个客源（不仅是那些必须等待的人）的平均等待时间大约是 10 秒。对于 TWT=30 秒，我们发现服务水平为 90%，也就是说，90%的来电者必须等待不多于 30 秒的时间。

上述定义的服务水平是实践中用于服务运营的通用绩效度量指标。它由负责提供某种服务的公司内部使用，也经常被想要外包服务的公司使用，比如呼叫中心，作为一种约定（和跟踪）服务提供商的响应性的方式。

对于给定的服务运营，没有什么服务水平是正确的通用规则。例如，为了应对巨大的公众压力，德国联邦铁路公司（Deutsche Bundesbahn）出台了一项政策，即 80% 的客户投诉电话应在 20 秒内处理。以前，只有 30% 的投诉电话在 20 秒内得到处理。对来电的反应速度取决于公司的市场位置和来电对公司业务的重要性。德国联邦铁路公司过去的服务水平在竞争激烈的环境中无法被接受。

9.8　经济意义：制订人员配备计划

到目前为止，我们只专注于分析给定数量的客服代表值班的呼叫中心，并预测由此产生的等待时间。这就提出了一个管理问题：在一天中的任何特定时刻，安瑟应该有多少个客服代表在工作。我们安排的客服代表越多，等待时间就越短，但我们需要支付的工资就越多。

在进行这种权衡时，我们需要平衡以下两个成本：

● 等待成本，反映了 1-800 电话号码增加的线路费用和客户不满（线路费用由实际通话时间和客户等待时间产生）。

● 服务成本，由可用的客服代表数量引起。

分析中可能考虑到的额外成本有：

● 客户拨打呼叫中心电话后，即使在线等待也仍然无法接入的相关成本，即客户收到忙音（客户受阻，这将在下一章讨论）。

● 与客户在等待服务时挂断电话相关的成本。

在安瑟案例中，客服代表的平均工资是每小时 10 美元。请注意无论忙闲都是要付给客服代表工资的。1-800 电话号码的可变成本约为每分钟 0.05 美元。图 9-18 给出了管理呼叫中心（或一般的服务运营）所涉及的各种成本的汇总。

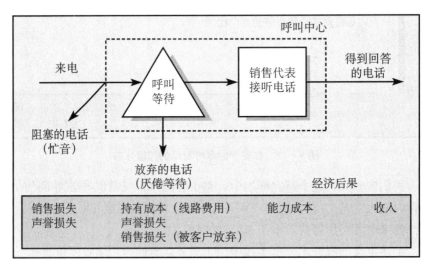

图 9-18　等待的经济后果

当决定为给定的时间段安排多少个客服代表时，我们首先需要决定自己希望如何响应客户。出于分析目的，我们假设安瑟的管理层希望实现 10 秒的平均等待时间。或者，我们也可以设置一个服务水平，然后根据 TWT 条件来安排人员，例如，95％的客户在 20 秒以内得到服务。

现在，对于给定的到达率，我们需要确定对应平均等待时间为 10 秒的客服代表数量。同样，考虑从上午 8 点到 8 点 15 分的时间间隔。表 9-2 显示了不同数量的客服代表的利用率水平和平均等待时间。请注意，使用少于 8 个客服代表将导致利用率超过 1，这意味着排队将与需求变化性无关（排队永远存在），这肯定不可接受。

表 9-2　确定支持 TWT 的客服代表数量

客服代表数量 m（个）	利用率 $u = p/(a \times m)$	基于等待时间公式的平均等待时间 T_q（秒）
8	0.99	1 221.23
9	0.88	72.43
10	0.79	24.98
11	0.72	11.11
12	0.66	5.50
13	0.61	2.89
14	0.56	1.58

表 9-2 表明，增加客服代表可减少等待时间。例如，一个有 8 个客服代表的服务系统对应的平均等待时间约为 20 分钟，一旦增加到 12 个客服代表，平均等待时间将低于 10 秒。因此，使用 12 个客服代表可使安瑟达到平均等待时间为 10 秒的目标。在这种情况下，实际服务会更好，我们预计这个特定时间段的平均等待时间为 5.50 秒。

良好的服务水平是以增加劳动力为代价的。安排的客服代表越多，利用率越低。在第 4 章，我们将直接劳动力成本定义为：

$$直接劳动力成本 = \frac{单位时间的总工资}{单位时间的产出}$$

其中，单位时间的总工资由客服代表数量 m 乘以工资率（在我们的例子中，每小时 10 美元或每分钟 16.66 美分）决定，单位时间产出由到达率决定。因此，得

$$直接劳动力成本 = \frac{m \times 16.66}{1/a} = a \times m \times 16.66$$

另一种计算劳动力成本的方法是使用利用率的定义（$u = p/(a \times m)$）。因此，在上式中，我们可以用 p/u 代替 $a \times m$，得到：

$$直接劳动力成本 = \frac{p \times 16.66}{u}$$

直接劳动力成本的这种计算可以非常直观地解释：实际处理时间 p 被 $\frac{1}{u}$ 这个因素夸大了，以适当地解释空闲时间。例如，如果利用率是 50％，我们每花 1 美元在有成效的劳动上，就会被收取 1 美元的空闲时间罚款。在我们的例子中，利用率是

66%，因此，直接劳动力成本为：

$$直接劳动力成本 = \frac{1.5 \times 16.66}{0.66} = 38(美分 / 个电话)$$

这个计算允许我们扩展表 9-2，包括各种人员配备的成本影响（我们的计算没有考虑任何声誉损失成本）。具体来说，我们感兴趣的是人员配备对每个电话的直接劳动力成本以及线路费用的影响。

我们在表 9-3 中不难发现，从接近 99% 的非常高的利用率水平（使用 8 个客服代表）到响应性更强的服务水平（如由 12 个客服代表提供的服务），会导致劳动力成本的显著增加。

表 9-3　不同人员水平的经济影响

客服代表数量（个）	利用率	每个电话的劳动力成本（美元）	每个电话的线路费用（美元）	每个电话的总成本（美元）
8	0.988	0.253 1	1.092 7	1.345 8
9	0.878	0.284 8	0.135 4	0.420 2
10	0.790	0.316 4	0.095 8	0.412 2
11	0.718	0.348 0	0.084 3	0.432 3
12	0.658	0.379 7	0.079 6	0.459 3
13	0.608	0.411 3	0.077 4	0.488 7
14	0.564	0.442 9	0.076 3	0.519 2
15	0.527	0.474 6	0.075 7	0.550 3

与此同时，线路费用从每个电话超过 1 美元降至约 0.075 7 美元。注意，每个电话 0.075 7 美元是基于人员变动可以实现的最低费用，因为它对应于纯通话时间。

加上线路费用和直接劳动力成本，可得到总成本。在表 9-3 中，我们观察到有 10 个客服代表提供服务时，总成本是最小的。

然而，我们需要谨慎地将这一点标记为最佳的人员配备水平，因为总成本数字是一个纯粹的内部度量，并没有考虑到任何关于客户等待成本的信息。因此，在决定适当的人员配备水平时，重要的是为等待时间设定可接受的服务水平，如表 9-2 所示，然后配备人员以满足这些服务水平（而不是尽量最小化内部成本）。

如果重复我们在一天 24 小时的上午 8 点到 8 点 15 分时间段所进行的分析，将获得一个人员配备计划。人员配备计划既考虑到季节性，也考虑到变化性和由此产生的额外能力需求，如图 9-19 所示。

当我们面对非平稳到达过程时，一个常见问题是决定在一个时间间隔内（在本例中是 15 分钟）应该将时间线分割成多少个间隔以使其接近平稳到达过程。虽然我们不能深入讨论这个话题背后的理论，但基本的直觉是：时间间隔足够大是很重要的。

- 我们有足够的数据来对间隔的到达率进行可靠估计（例如如果一直使用 30

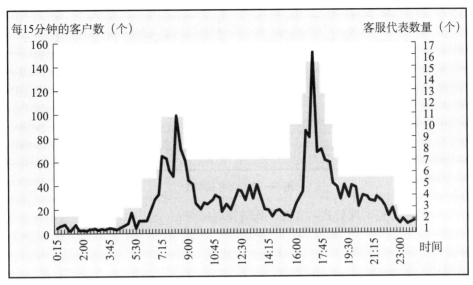

图 9 - 19　一天中的人员和来电

秒的间隔，那么对不到 30 秒时间间隔内到达的电话数量的估计就不那么可靠了）。

● 在一段时间内，队列需要足够的时间达到稳定状态；如果我们在一段时间间隔内（超过 10 个时间间隔）有相对大量的到达和服务完成，就可以实现这一点。

在实践中，制订一个人员配备计划可能有点复杂，因为它需要考虑到：

● 操作者休息。

● 工作时间长短。通常情况下，不可能要求操作者只在一小时的时间段内上班。要么必须工作更长的时间，要么必须临时将电话转给组织的其他成员（主管、后台员工）。

尽管有这些意外的复杂性，但上面的分析抓住了在服务环境中做出与供应相关决策的最重要的典型元素。

9.9　合并效应：规模经济

考虑一个当前对应于两个（或 m 个）需求到达的流程，它们由两个（或 m 个）相同的服务器处理。如果不能立即处理需求，流程单元将在最初到达的服务器前等待，如图 9 - 20 中的左图所示。

这里有一个有趣的问题：将两个系统合并为一个具有一个等待区和两个（或 m 个）相同服务器的单一系统是否会减少平均等待时间？我们将这种多个资源组合为一个"大型资源"的方式称为合并（pooling）。

以机场里两家小型食品店为例。为简单起见，假设客户到达的平均间隔时间 a 为 4 分钟，变化系数为 1，处理时间 p 为每个客户 3 分钟，服务流程的变化系数也等于 1。因此，两家食品店的利用率都是 $p/a＝0.75$。

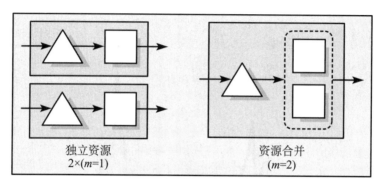

图 9-20　合并的概念

使用等待时间公式，计算平均等待时间为：

$$T_q = 处理时间 \times \left(\frac{利用率}{1-利用率}\right) \times \left(\frac{CV_a{}^2 + CV_p{}^2}{2}\right)$$

$$= 3 \times \left(\frac{0.75}{1-0.75}\right) \times \left(\frac{1+1}{2}\right) = 3 \times \left(\frac{0.75}{0.25}\right) = 9（分钟）$$

现在把结合两家食品店的能力来满足两种服务需求的情况进行比较。合并后流程能力增加了两倍，现在是每分钟 2/3 个单位，然而，需求率也增加了一倍：如果每 4 分钟有一个客户到达服务店 1 和每 4 分钟有一个客户到达服务店 2，合并服务店后每一个客户的到达率＝2 分钟（每 4 分钟两个客户和每 2 分钟一个客户是一样的）。我们可以计算合并流程后的利用率：

$$u = \frac{p}{a \times m} = \frac{3}{2 \times 2} = 0.75$$

注意，与拥有两种独立的服务相比，利用率并没有发生变化。将两个利用率为 75% 的流程结合起来，就会得到一个利用率为 75% 的合并系统。然而，当我们查看合并系统的等待时间时，会发现不同的情况。使用多个资源的等待时间公式，可以这样计算：

$$T_q = \left(\frac{处理时间}{m}\right) \times \left(\frac{利用率^{\sqrt{2(m+1)}-1}}{1-利用率}\right) \times \left(\frac{CV_a{}^2 + CV_p{}^2}{2}\right)$$

$$= \left(\frac{3}{2}\right) \times \left(\frac{0.75^{\sqrt{2(2+1)}-1}}{1-0.75}\right) \times \left(\frac{1+1}{2}\right) = 3.95（分钟）$$

换句话说，图 9-20 右边的合并流程可使用相同的处理时间（从而具有相同的利用率）为相同数量的客户服务，但客户只需不到一半的等待时间！

虽然缺少正式的证明，但这个结果符合直觉。合并流程更有效地使用可用能力，因为它防止了一种情况，即一个资源处于空闲状态，而另一个资源面临工作积压（流程单元在等待）。因此，共用相同的资源可平衡服务器的负载，从而缩短等待时间，如图 9-21 所示。

图 9-21 说明了对于给定利用率水平，等待时间随着合并资源中服务器数量的增加而减少，这对于更高水平的利用率尤其重要。对于只有 1 个服务器的系统，一旦利用率超过 85%，等待时间就会飙升；对于由 10 个相同服务器组成的流程，即使在利用率接近 95% 的情况下仍然可以提供合理的服务。

由于合并系统比单个流程能够提供更好的服务，服务组织可从以下两种形式
获益：

- 该运营可以使用合并形式来减少客户的等待时间，而无须额外的工人。
- 该运营可以减少工人的数量，同时保持相同的响应性。

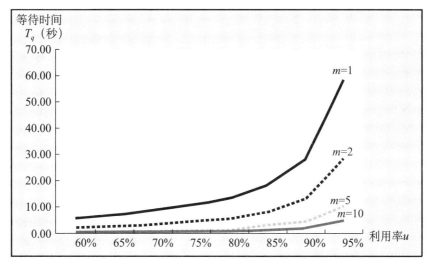

图 9 - 21　合并如何减少等待时间

上面讨论的安瑟案例可以很好地说明合并的经济优势。在对表 9 - 2 的分析中，
我们假设每 15 分钟的时间间隔有 79 个电话到达，并发现需要 12 个客服代表以平
均等待时间为 10 秒或更短的时间为客户服务。

假设我们可以将安瑟的呼叫中心与同等规模的呼叫中心合并，也就是说，我们
将合并客服代表，并合并两个呼叫中心的客户群体。请注意，这并不一定要求两个
呼叫中心搬到一起，只要电话通过一个网络进入，它们就可以在物理空间上分开。

如果没有任何协调，合并这两个呼叫中心将导致客服代表数量翻倍，需求也翻
倍，意味着每 15 分钟间隔时间有 158 个电话。联合呼叫中心的平均等待时间是多
少？或者，如果我们保持平均等待时间为 10 秒或更短，我们能减少多少人员？表
9 - 4 提供了这些问题的答案。

表 9 - 4　两个呼叫中心合并

客服代表数量（个）	利用率	平均等待时间（秒）	每个电话的劳动力成本（美元）	每个电话的线路费用（美元）	总成本（美元）
16	0.988	588.15	0.253 2	0.565 1	0.818 3
17	0.929	72.24	0.269 0	0.135 2	0.404 2
18	0.878	28.98	0.284 8	0.099 2	0.384 0
19	0.832	14.63	0.300 6	0.087 2	0.387 8
20	0.790	8.18	0.316 5	0.081 8	0.398 3
21	0.752	4.84	0.332 3	0.079 0	0.411 3

续表

客服代表 数量（个）	利用率	平均等待 时间（秒）	每个电话的劳动力 成本（美元）	每个电话的线路 费用（美元）	总成本 （美元）
22	0.718	2.97	0.348 1	0.077 5	0.425 6
23	0.687	1.87	0.363 9	0.076 6	0.440 5
24	0.658	1.20	0.379 7	0.076 0	0.455 7
25	0.632	0.79	0.395 6	0.075 7	0.471 3
26	0.608	0.52	0.411 4	0.075 4	0.486 8
27	0.585	0.35	0.427 2	0.075 3	0.502 5
28	0.564	0.23	0.443 0	0.075 2	0.518 2
29	0.545	0.16	0.458 9	0.075 1	0.534 0
30	0.527	0.11	0.474 7	0.075 1	0.549 8

首先，考虑一个班次 24 个客服代表，对应于合并两个呼叫中心的全部人员。要注意的是，合并后呼叫中心的利用率与表 9-2 中的利用率没有任何不同。我们将客服代表的数量增加一倍，但电话数量也增加了一倍（从而将到达间隔时间缩短了一半）。对于 24 个客服代表这种设置，我们预计平均等待时间为 1.2 秒（相比之下，之前大约为 6 秒）。

或者，我们也可以通过降低劳动力成本来提高效率。我们还从表 9-4 中观察到，20 个客服代表能够在平均等待时间为 10 秒的情况下接听电话，因此，我们可以将利用率提高到近 80%，这将把直接劳动力成本从 0.379 7 美元降低到 0.316 5 美元。鉴于每年约有 70 万个电话，这样的节省将产生根本性的重大影响。

尽管上面提到的合并系统有很多的好处，但合并不应该被视为一种灵丹妙药。具体来说，在以下情况下，合并收益远低于预期（还可能是负面的）：

● 当被合并的系统不是真正独立时，合并的好处就会显著减少。例如，在超市收银台前排队等候，类似于在机场办理登机手续。在这种情况下，各个队列不太可能是独立的，因为在当前的非合并布局中，客户将机智地调整到等待队列最短的队列。在这种情况下，合并对等待时间的影响很小（如果有的话）。

● 与我们在本书前面介绍的生产线平衡的概念类似，合并通常要求服务者拥有更广泛的技能（可能导致更高的工资）。例如，一个足够熟练的呼叫中心操作者，她可以接受徒步旅行鞋和跑鞋订单，并为当地医院提供应答服务，她可能会要求比那些只受过单一工作基本训练的人更高的工资。

● 在许多服务环境中，客户希望始终被同一个服务者接待。从等待时间的角度来看，律师事务所的几名律师都可服务于同一客户是可取的，但忽略了客户希望始终与律师事务所中同一位律师打交道的愿望。

● 类似地，合并会引入额外的准备时间。在律师事务所的例子中，一位不熟悉某个客户情况的律师可能需要更长的时间才能就案件提供一些建议，而这额外的准备时间降低了合并所带来的运营收益。

● 如果合并了不同的客户类型，效果可能会适得其反，因为这实际上可能增加了服务流程的变化性。考虑在零售银行工作的两名职员，其中一名负责简单事务（如处理每个客户业务的时间为 2 分钟），而另一名负责更复杂的事务（如处理时间为 10 分钟），将这两名职员合并使用会使服务流程变得更加多变，实际上可能会增加等待时间。

9.10　减少变化性

在本章，我们提供了一些新方法来评估存在变化性的情况下单位时间产出、流程时间和库存的关键绩效度量指标。我们还看到了所有操作都抗拒变化性（没有任何绩效度量指标会随着变化性的增加而改进）。因此，除了将变化性作为已知条件并调整模型来处理变化性之外，我们还应该始终考虑减少变化性的方法。

减少到达变化性的方法

实现供需匹配的一种明显方法是"约束"需求，使其与供给过程完全一致。这基本上就是预约系统（appointment systems）（在某些行业也称为指定系统）的概念。

预约系统有可能减少到达过程中的变化性，因为它鼓励客户根据服务的速度到达（关于预约的更多内容见第 11 章）。然而，人们不应忽视与预约系统有关的问题，其中包括：

● 预约系统并不能消除到达变化性。客户不会完全在预定的时间到达（有些客户可能根本就没有到达，即"预约未到"）。因此，任何有效的预约系统都需要处理这些情况（如对迟到的客户收取额外费用或增加额外等待时间）。然而，由于服务者没有遵守时间约定被认为是"公平的"和/或"可接受的"，或者由于处理时间的变化性，因此服务者难以始终按时完成（如果医生有权迟到，为什么患者不能？）。

● 应该提前预留多少可用能力。遗憾的是，在最后一分钟到达的客户经常是最重要的。例如，医院急诊室没有预约系统，商务乘客宁愿支付票价的 5～10 倍而不愿意提前预订（这个话题在第 18 章进一步探讨）。

然而，最重要的限制是，预约系统可能减少运营观察到的到达过程的变化性，但它不能减少真正潜在需求的变化性。牙科诊所的预约系统就是如此。当系统（希望）减少患者预约当天看牙医之前的等待时间时，这个等待时间并不是唯一重要的绩效度量指标，因为患者可能在预约到牙医前已经等了三个月。因此，预约系统潜在地隐藏了更大的供需错配。任何预约系统的良好实现都包括对以下两方面的持续度量：

● 已经预约而且现在正等着预约那天去看牙医的客户数。
● 在牙医候诊室等待预约的客户数。

除预约系统外，还可以尝试通过激励客户避开高峰时间来影响客户到达过程（尽管出于与前面讨论类似的原因，而不是真正的潜在需求模式）。常见的实现这一点的方法包括：

- 餐馆或酒吧的早鸟特色菜。
- 客少时间段（或淡季）酒店价格优惠。
- 运输（航空、高速公路收费）的价格折扣取决于服务时间。
- 航空票价取决于已预订的情况。

需要指出的是，严格地说，前三项并没有减少变化性，它们降低了预期需求，从而减少了季节性（记住两者之间的区别是季节性是一种事先就知道的模式）。

减少处理时间变化性的方法

除了通过改变客户的行为来减少变化性之外，还应该考虑如何减少内部变化性。然而，当试图标准化活动（减少处理时间的变化系数）或缩短处理时间时，我们需要在运营效率（呼叫持续时间）和客户体验到的服务质量（感知到的礼貌）之间找到平衡。

图 9-22 比较了安瑟的 5 个客服代表在这两个维度上的特定呼叫服务。我们观察到，客服代表 NN、BK 和 BJ 实现了相对较短的呼叫持续时间，同时被客户认为是友好的（基于通话记录）。客服代表 KB 的呼叫持续时间较短，但礼貌方面的得分也较低。最后，客服代表 NJ 的呼叫持续时间最长，在礼貌方面被评为中等。

根据图 9-22，我们可以发现一些有趣的现象。首先请注意，呼叫持续时间和礼貌之间似乎存在一个固有的权衡边界。一旦呼叫持续时间低于 2.5 分钟，就很难在礼貌项得分高了。其次，观察到客服代表 NJ 远离这个边界，因为他既不过分友好也不快速。值得注意的是，这个客服代表在呼叫持续时间上也有最高的变化性，这表明他没有正确地遵循适当的操作程序（这在图中没有表现出来）。

为解决这个远离权衡边界的客服代表（如 NJ）的低效率问题，呼叫中心在培训和技术上投入了大量资金。例如，技术允许客服代表接收确定话术的实时指令，以便在与客户交互过程中使用这些指令（脚本）。一些呼叫中心制定了培训计划，让受训客服代表听其他客服代表的录音，或让该客服代表根据特定的服务请求呼叫其他客服代表。这些措施减少了处理时间及其方法的变化性，因此，绩效得到重大改进。

还有其他主要是为了减少处理时间变化性的改进机会：

- 尽管在服务环境中（或在按订单生产环境中），操作者需要意识到每个客户有所不同，但仍然可以遵循一致的流程。例如，旅行代理可能使用预先确定的话术（如脚本）与客户进行交互（欢迎辞、第一个问题、对话结束时可能的潜在销售问询）。这种方法使图 9-22 中的客服代表 NN、BK 和 BJ 做得快速和友好。因此，了解流程（何时说什么）与了解产品（说什么）同样重要。
- 服务环境中的处理时间——与制造环境中的流程时间不同——不完全受资源

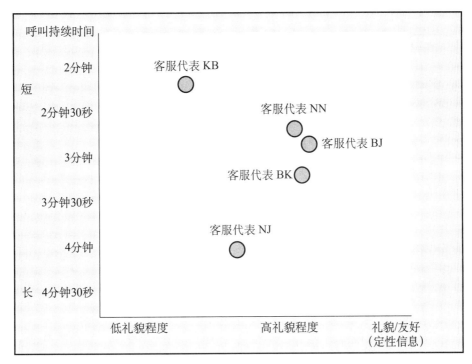

图 9 - 22　有关呼叫持续时间和礼貌的客服代表绩效

控制。客户本人在服务活动中扮演着至关重要的角色，这自然导致了一定的变化性（如让客户提供信用卡号、让客户自行打包杂货等）。这样做的结果是什么？至少从变化性的角度来看，明显可以减少客户在服务期间对稀缺资源的占用（请注意，如果客户参与不是发生在稀缺资源，让客户参与并因此完成部分工作可能是非常可取的，像在自助服务流程中那样）。

● 处理时间的变化性通常反映出质量问题。在制造环境中，这可能包括对最初不符合规格的部件进行返工。在服务组织中也会发生返工（如患者从重症监护室出来后又重新回到重症监护室接受治疗可以认为是返工）。

9.11　小　结

在本章，我们分析了变化性对等待时间的影响。正如我们在本章开头对变化性进行的定性讨论那样，变化性会导致等待时间，即使基础流程的利用率低于100%。在本章，我们概述了一组工具，这些工具允许我们根据平均等待时间（和流程时间）以及客户体验到的服务水平来量化等待时间。

在资源利用率（及由此产生的劳动力成本）和响应性之间存在此消彼长的关系：增加服务能力会导致更短的等待时间，但会增加劳动力成本（见图 9 - 23）。等待时间随着利用率的提高而急剧增加。因此，任何响应性流程都需要过剩能力。考虑到能力成本高，重要的是只建立满足流程服务目标所需的能力。在本章，我们概述了一种方法，该方法允许服务运营在边界上找到最佳支持（服务水平）。

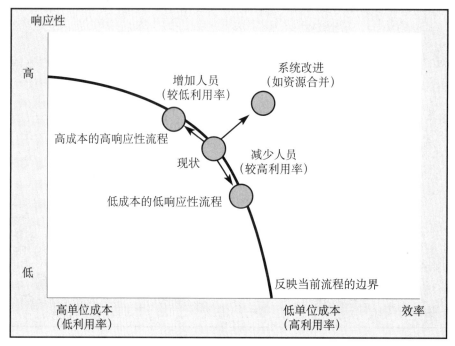

图 9 - 23　平衡效率与响应性

然而，上述结果不仅应该被视为一种预测/量化等待时间的方法，它们还概述了改进流程的机会。改进机会可分为与能力有关的机会和与系统设计有关的机会，总结如下文。

与能力有关的改进

运营有效得益于能力柔性，因为这允许管理层根据预测需求来调整人员配备。如在流感高峰季节，医院在多大程度上能够有更多的医生值班，这对于本章概述的人员配备计算至关重要。另一种形式的柔性是在需求不可预测的情况下增加能力。如银行可以在一定程度上使用主管和前台人员来帮助处理意料之外的呼入电话高峰，这可以大大缩短呼叫中心的等待时间。这带来了以下两个改进机会：

● 需求（有时是供应）在一天中会表现出季节性。在这种情况下，应该对流程中相对平稳的单个时间间隔进行等待时间分析。系统绩效可以提高到组织能提供反映需求季节性的随时间变化的能力水平的程度（见图 9 - 19）。

● 当存在变化性时，响应流程无法避免过剩能力，因此自然而然面临大量空闲时间。在许多运营中，这个空闲时间可有效地用于时间不是很急迫（或至少不是很紧迫）的任务，这种工作被称为后台工作。例如，呼叫中心的客服代表可在未充分利用时进行外呼。

与系统设计有关的改进

每当我们面临两个相互冲突的绩效度量指标需要权衡时，如响应性和效率之间的权衡，在指标之间找到适当的平衡很重要。然而，至少同样重要的是尝试改进基础流程，改变权衡边界，允许更高的响应性和更低的成本（见图 9-23）。服务因等待时间不稳定而受到影响，应考虑以下改进机会：

- 通过将类似资源合并成一个资源（合并资源），我们既可以减少相同能力的等待时间，也可以减少相同服务水平的能力。因此，面临变化性的流程表现出非常强的规模经济效应。
- 变化性不是外生的，我们应该尽可能减少变化性。

9.12　延伸阅读

Gans、Koole 和 Mandelbaum（2003）从排队理论的角度对呼叫中心管理进行了概述。Hillier 和 Lieberman（2002）的书中有更多关于排队的量化工具。

Hall（1997）撰写了一本非常全面的和以现实世界为中心的书，提供了许多与变化性及其在服务业和制造业中的后果相关的工具。

9.13　实战练习

下面的问题将有助于测试你对本章的理解。在每个问题之后，我们在方括号中显示相关章节信息。

附录 E 中有带"﹡"标记的问题的答案。

Q9.1﹡（在线零售商）客户平均每 2 分钟向在线零售商的服务台发送电子邮件，到达间隔时间的标准差也是 2 分钟。这家在线零售商有三名员工负责回复电子邮件。写一封回复邮件平均需要 4 分钟。处理时间的标准差为 2 分钟。

a. 估计客户在得到服务之前的平均等待时间。[9.5]

b. 平均有多少封电子邮件已经提交给在线零售商，但还没有得到回复？[9.5]

Q9.2（My-law.com）My-law.com 是一家新近成立的公司，旨在迎合寻求法律服务的客户，有些客户害怕与律师交谈，或者只是懒得进律师事务所。与传统的律师事务所不同，My-law.com 允许律师和他们的客户通过电话和互联网进行广泛的互动。此流程用于客户交互的前端部分，主要包括在进入正式关系之前回答一些基本的客户问题。

为了让客户与公司的律师进行互动，公司鼓励客户发送电子邮件至 my-lawyer@My-law.com。发来的电子邮件被分发给目前"随叫随到"的律师。鉴于律师的广泛技能，每个律师都可以对每个发来的请求做出响应。

从上午 8 点到下午 6 点，电子邮件以每小时 10 封的速度到达（到达的变化系数为 1）。在每一个时刻，都有一个律师"随叫随到"，即坐在他的办公桌前等待发来的电子邮件。律师写回复电子邮件平均需要 5 分钟。处理时间的标准差为 4 分钟。

a. 忽略任何传输时间，客户收到电子邮件回复的平均等待时间是多少？注：这包括律师开始写电子邮件所需的准备时间和实际的写作时间。[9.6]

b. 在 10 小时的工作结束后，一个律师会收到总共多少封电子邮件？[9.6]

c. 在不回复电子邮件的情况下，随叫随到的律师被鼓励积极追查可能导致大额和解的案件。一个 My-law.com 的律师在每天 10 小时的工作时间里能花多少时间在这方面（假设他能立即切换电子邮件和处理和解事宜）？[9.6]

为了提高公司的响应性，My-law.com 的董事会提出了一项新的运营政策。在新政策下，回复将高度标准化，将回复电子邮件的标准差减少到 0.5 分钟。平均写作时间将保持不变。

d. 在这项新的运营政策下，律师在寻找大额和解案件上所投入的时间会发生怎样的变化？[9.6]

e. 客户收到电子邮件回复的平均等待时间是多少？注：这包括律师开始写电子邮件所需的准备时间和实际的写作时间。[9.6]

Q9.3（汽车租赁公司）一家汽车租赁公司的机场分公司有一支拥有 50 辆运动型多功能汽车（SUV）的车队。对 SUV 的需求的到达间隔时间平均为 2.4 小时，标准差为 2.4 小时。没有迹象表明一天中有系统的到达模式。假设如果所有 SUV 都是租来的，客户愿意等到有 SUV 可用时再租。租一辆 SUV，平均租期为 3 天，标准差为 1 天。

a. 公司停车场里停的 SUV 的平均数量是多少？[9.6]

b. 该公司通过市场调查发现，如果将每天 80 美元的租金降低 25 美元，平均租赁需求将增加到每天 12 次，平均租期将变为 4 天。这次降价是合理的吗？提供一个分析！[9.6]

c. 客户租一辆 SUV 的平均等待时间是多长？请使用初始参数，不要使用 b 部分的信息。[9.6]

d. 如果该公司决定将所有 SUV 的租期限制为 4 天，等待时间将如何变化？假设有这样的限制，平均到达间隔时间将增加到 3 小时，标准差变为 3 小时。[9.6]

Q9.4（汤姆·奥皮姆）以下情况指的是汤姆·奥皮姆，他是一个一年级 MBA 学员。为了付房租，汤姆决定在当地一家百货商店的计算机部门工作。他唯一的职责就是接听打来的电话，大多数电话都是关于商店营业时间和产品供应情况的询问。由于汤姆是唯一接听电话的人，商店经理很担心排队问题。

目前，计算机部门平均每 3 分钟接到一个电话，其到达间隔时间的标准差为 3 分钟。

汤姆处理一个电话平均需要 2 分钟。处理时间的标准差为 1 分钟。

只要电话线在使用（客户在和汤姆谈话或等待帮助时），电话公司就会每小时收取 5 美元的电话费。

假设可以等待的客户数量没有限制，并且客户被迫等待很长时间也不会挂断电话。

a. 在他的一门课程中，汤姆必须读一本书。这本书他每分钟能读一页。老板同意汤姆可以利用空闲时间学习，只要汤姆一接到电话就把书放下。汤姆在 8 小时的轮班时间里能读多少页？[9.5]

b. 客户平均要等多久才能和汤姆交谈？[9.5]

c. 8 小时的轮班时间里电话线路的平均总成本是多少？请注意，当线路处于使用状态时，包括用于让客户等待的线路，百货商店都会被计费。[9.5]

Q9.5（Atlantic Video）Atlantic Video 是费城的一家小型音像出租店，它 24 小时营业，由于靠近一家主要的商学院，客户可以 24 小时不间断地光顾。店主最近做的一项分析表明，每小时有 30 个客户到达，到达间隔时间的标准差为 2 分钟。这种到达模式是一致的，并且与一天中的时间无关。目前结账由一名员工操作，该员工平均需要 1.7 分钟结账。结账时间的标准差为 3 分钟，主要是由于客户带回家的音像制品数量不同。

a. 如果你假设每个客户都至少租了一盘音像制品（必须去结账），那么客户在得到结账员工的服务之前的平均等待时间是多少，不包括实际的结账时间（1 分钟以内）？[9.5]

b. 如果没有客户需要结账，店员就会整理退回来的音像制品，因为总有很多音像制品等着被整理。如果只需要 1.5 分钟来整理一盘音像制品，那么员工在 8 小时的轮班中可以整理多少盘音像制品（假设没有休息）？[9.5]

c. 在收银台等待或正在接受服务的客户人数平均是多少？[9.5]

d. 假设有 10% 的客户根本不租音像制品，因此不需要结账。客户在得到结账服务之前的平均等待时间是多少，不包括实际的结账时间（1 分钟以内）？假设到达过程的变化系数与之前相同。[9.5]

e. 作为一项特殊服务，出租店为在收银台排队的客户提供免费的爆米花和苏打水。店主估计，客户每等待一分钟，店里就会因为消耗食物而损失 75 美分。收银台的最佳员工人数是多少？假设每小时工资为 10 美元。[9.8]

Q9.6（RentAPhone）RentAPhone 是一家新成立的服务公司，向到欧洲旅游的美国游客提供欧洲手机。目前，该公司在巴黎戴高乐机场有 80 部手机可供使用，平均每天有 25 个客户申请租赁一部手机。在商店营业的 24 小时内，这些需求会均匀地到达。（注：这意味着每小时有超过 1 个客户到达。）相应的变化系数为 1。

客户平均持有手机 72 小时。这个时间的标准差为 100 小时。

鉴于 RentAPhone 目前在法国没有提供同样优质服务的竞争对手，客户愿意等待手机。在等待期间，客户会得到一张免费的电话卡。根据之前的经验，RentAPhone 发现，无论是白天还是晚上，每个等待的客户每小时的成本是 1 美元。

a. 这家公司的商店里平均有多少部手机？[9.6]

b. 客户租到手机的平均等待时间是多少？［9.6］

c. 电话卡每月（30 天）的总费用是多少？［9.6］

d. 假设 RentAPhone 可以用每部 1 000 美元的价格购买更多的手机。多买一部手机值得吗？为什么？［9.8］

e. 如果公司决定将所有租赁限制在 72 小时以内，等待时间会有什么变化？假设实施了这样的限制，要求租手机的客户数量将减少到每天 20 个。［9.6］

Q9.7（Webflux Inc.）Webflux 是一家以互联网为基础的 DVD 租赁公司，专门从事难以找到的、鲜为人知的电影租赁。其经营模式如下。当一个客户在 Webflux 网站上找到一部电影并决定看它时，他会把它放到虚拟购物车中。如果有一张 DVD 可以租，Webflux 会立即发货（假设它可以在周末和节假日发货）。如果不可租，DVD 订单就会留在客户的购物车中，直到租出去的 DVD 被归还给 Webflux，如果客户还想要，DVD 就会被寄给这位客户。Webflux 为每部电影维护一个内部队列，并将退回的 DVD 寄给队列中的第一个客户（先进先出）。

Webflux 有一部 1990 年的电影《日落，隐居的吸血鬼》（*Sundown, the Vampire in Retreat*），由大卫·卡拉丁（David Carradine）和布鲁斯·坎贝尔（Bruce Campbell）主演。请求租赁该 DVD 的平均间隔时间为 10 天，变化系数为 1。一般来说，客户保留 DVD 5 天后才会归还。将 DVD 寄给客户需要 1 天，从客户处寄回 Webflux 需要 1 天。DVD 从 Webflux 发货到收回平均需要 7 天。此时的变化系数为 1。

a. 客户收到《日落，隐居的吸血鬼》DVD 的平均等待时间是多少？回想一下，DVD 到达客户需要 1 天的时间（也就是说，必须包括 1 天的发货时间）。［9.5］

b. 平均有多少个客户在 Webflux 的内部队列中等待《日落，隐居的吸血鬼》DVD？假设客户不取消购物车中的商品。［9.5］

由于大卫·卡拉丁主演的《杀死比尔 1》（*Kill Bill Vol. I*）和《杀死比尔 2》（*Kill Bill Vol. II*）最近大获成功，《日落，隐居的吸血鬼》DVD 的需求大增。现在 Webflux 的 DVD 租赁请求的平均到达间隔时间为 3 天。其他数字（变化系数、客户保留的时间、发货时间）保持不变，且假设那些在 Webflux 网站上找不到 DVD 的人直接离开，而不用把 DVD 放进购物车。

c. 为了满足日益增长的需求，Webflux 正在考虑购买第二张《日落，隐居的吸血鬼》DVD。如果 Webflux 总共拥有两张《日落，隐居的吸血鬼》DVD（无论是在 Webflux 的内部库存、在客户手中还是在运输中），有多少比例的客户会因为缺货而被拒绝？（注：要回答这个问题，你需要阅读下一章的内容。）［9.8］

Q9.8（安全步行护送）一所大学提供步行护送服务，以加强校园周边的安全。该护送服务队由经过专门训练的身穿制服的专业保安人员组成，他们会陪同学生从一个校园地点到另一个校园地点。该服务每周 7 天、每天 24 小时运行。学生通过电话提出步行护送请求。护送请求平均每 5 分钟收到一次，变化系数为 1。在收到请求后，调度员（通过手机）联系一名可用的护送者，护送者立即接走学生并将其送到目的地。如果没有可用的护送者（也就是说，护送者要么正在将学生送往目的地，要么正在接学生的路上），调度员将请求放入队列中，直到有护送者可用。护送者平均需要 25 分钟来接一个学生并把他带到想去的地点（此时的变化系数也为 1）。目前，学校有 8 名保安人员作为护送者。

a. 平均有多少名保安人员可以满足一个新的请求？[9.6]

b. 从学生要求护送到学生到达目的地的平均时间是多少？[9.6]

对于接下来的两个问题，考虑以下情景。在期末考试期间，申请护送服务的数量增至每小时 19.2 个。连续请求之间的时间变化系数为 1。然而，如果一个要求护送的学生，从调度员那里发现他的请求将被放入队列中（所有的保安人员都在忙着护送其他学生），这个学生就会取消请求。

c. 每小时有多少个打电话请求护送的学生最后取消了请求，自己走了？（注：要回答这个问题，你需要阅读下一章的内容。）[9.6]

d. 学校的安全条例规定，至少 80% 的学生提出的步行护送请求必须得到满足。为了遵守这一规定，需要的保安人员的最低人数是多少？[9.8]

Q9.9（Mango Electronics）Mango Electronics 是一家开发和销售创新消费电子产品的《财富》500 强公司。开发过程如下。

公司研究新技术来解决未满足的市场需求问题。专利是为具有必要市场潜力的产品申请的。专利授予期限为 20 年，自颁发之日起计算。在获得专利后，这些专利技术在五个独立的开发中心被开发成可销售的产品。每个产品只在一个中心开发。每个中心都具备将任何产品推向市场的所有必备技能（一个中心一次只生产一种产品）。公司平均每 7 个月申请一项专利（标准差为 7）。平均开发过程持续 28 个月（标准差为 56 个月）。

a. 公司开发能力的利用率是多少？[9.6]

b. 一般来说，一项技术从申请专利到作为商业产品投入市场平均需要多长时间？[9.6]

c. Mango Electronics 公司的产品的专利寿命平均还剩多少年？[9.6]

如果你想测试自己对某一部分的理解，以下是按章节分类的问题：

[9.5]：Q9.1ab，Q9.4abc，Q9.5abcd，Q9.7ab。

[9.6]：Q9.2abcde，Q9.3abcd，Q9.6abce，Q9.8abc，Q9.9abc。

[9.8]：Q9.5e，Q9.6d，Q9.7c，Q9.8d。

第10章
变化性对流程绩效的影响：
生产率损失

在分析了变化性引起等待时间之后，我们现在转向变化性对流程绩效的第二个不良影响：生产率损失（throughput loss）。以下情况会造成生产率损失，这两种情况都不同于前一章讨论的流程单元耐心等待服务的情况。

- 存在一个大小有限的缓冲区，当缓冲区已满时，到达的需求将不能得到满足。
- 流程单元缺乏耐心，不愿意或不能花太多时间等待服务，导致流程单元在被服务前离开缓冲区。

与前一章讨论的耐心客户的情况相比，分析生产率损失的流程要复杂得多。我们将分析重点放在生产率损失的最简单情况上，它假定缓冲区大小为零，即没有缓冲区。我们将介绍一套分析工具，并讨论它们在医院，特别是创伤中心提供的紧急护理中的应用。在这些情况下，是不允许有等待时间的，当一个创伤中心能力被充分占用时，再来的救护车会被转移到其他医院。

存在更通用的变化性模型，允许缓冲区大于零。但由于其复杂性，我们只从概念上讨论这些模型。同样，我们以一个小的启发性案例开始本章。

10.1 启发性案例：为什么均值不起作用

考虑一个街头小贩，他将售货车停在人行道上，售卖三明治。这些三明治的需求情况是平均每 5 分钟一个。然而实际需求是变化的，有时没有客户下单，有时会同时有两个订单。如果不能立即满足，客户不愿意等，会转头去其他街头小贩那里。

在 5 分钟的时间段内，三明治的供应能力也会变化，可以相同的概率取值 0、1 或 2（能力的变化性反映不同的订单大小或街头小贩的懒怠程度）。平均供应能力是 1，就像平均需求一样。

从总体规划的角度来看，需求和供应似乎是匹配的，平均而言，三明治的销售速度应该是每 5 分钟一个：

$$单位时间产出＝\min\{需求量，能力\}＝\min\{1,1\}＝1$$

现在，考虑更详细的情况。如果考虑需求和供应过程的潜在结果，我们将面临 9 种可能的情景，表 10 - 1 总结了这些情景。

表 10 - 1　街头小贩面临变化性的例子

情景	需求	能力	单位时间产出
A	0	0	0
B	0	1	0
C	0	2	0
D	1	0	0
E	1	1	1
F	1	2	1
G	2	0	0
H	2	1	1
I	2	2	2
均值	1	1	5/9

考虑这 9 种情景中的每一种。我们不是取需求和能力的均值，然后计算最终的单位时间产出（如上所述，预测单位时间产出为 1），而是计算 9 种情景中的每一种的单位时间产出，然后对所有情景取均值。表 10 - 1 最后一列提供了相应的计算。

注意，对于前三种情景（需求＝0），我们并没有卖出一个三明治。然而，如果我们考虑后三种情景（需求＝2），我们无法弥补这一损失，因为我们受到能力的约束。因此，即使在需求旺盛的时候（需求＝2），我们平均每 5 分钟也只能卖出一个三明治。

看看以这种方式获得的平均单位时间产出，根据综合分析，我们就会发现，预期销售额中有近一半没有实现！对此的解释如下：卖出一个三明治，街头小贩需要同时具备需求（客户）和供应（制作三明治的能力）。如果街头小贩能够将一些供应转移到库存中，从而将供应储存在需求超过供应的一段时间内，单位时间产出就可以提高；反之亦然，如果街头小贩能够将一些需求转移到等待的客户中，从而将需求储存在供应超过需求的一段时间内。这是"缓冲或承受"原则的另一个例子。

10.2 救护车转移

现在，让我们从分析"烹饪"的餐车转移到一个相对更现实、更重要的问题。在过去几年中，报告显示到急诊室就诊的人数大幅增加。与此同时，许多医院为应对日益增加的成本压力，削减了作为急救过程一部分的重要资源。这导致医院减少了对乘坐直升机或救护车到达的紧急患者的"开放"时间。

根据美国联邦法律，所有参加医疗保险的医院都必须对任何到急诊室就诊的患者进行检查——如果出现紧急情况，无论患者的支付能力如何，都要稳定病情。在某些情况下，如果医院缺乏人员配备或设施来接收更多的急诊患者，医院可能会将自己置于"转移状态"，将途中的救护车引导到其他医院。

美国审计总署估计，一年中每 3 家医院中约有 2 家至少转移一次。此外，该研究估计，在这些医院中，约每 10 家医院中有 2 家的转移时间超过 10%，约每 10 家医院中有 1 家的转移时间超过 20%，即每天约 5 小时。

我们的分析重点是创伤病例，即最严重和最紧急的救护类型。当患者在救护车/直升机上时，一个分诊系统会对患者进行评估，并将患者送往急诊室（病情较轻的病例）或创伤中心（病情较重的病例）。因此，创伤中心只接收有严重创伤的患者。

10.3 一个简单流程的生产率损失

考虑美国东北部一家医院的创伤中心的以下情况：送进来的患者被转移到三个创伤室中的一个。患者平均在创伤室待 2 小时。在此期间，患者得到诊断，如果可能的话，病情会稳定下来。最严重的患者的病情很难或不可能稳定下来，患者在创伤室里待的时间很短，直接被转移到手术室。

考虑到进入创伤中心的患者的严重状况，任何护理延误都可能对患者造成致命后果。因此，在这种情况下，让患者等待服务是不能接受的。如果由于频繁到达或服务时间过长，三个创伤室都被使用，创伤中心必须启动上述的救护车转移流程。

我们将创伤中心模型化为一个没有缓冲区和多个并行资源的流程（见图 10-1）。鉴于我们有三个创伤室（和相应的工作人员）可用，在这个过程中最多可以有三个患者。一旦三个创伤室都投入使用，创伤中心将通知区域应急系统，它必须进入转移状态，也就是说，任何当时需要创伤服务的其他患者都会被运送到该地区的其他医院。

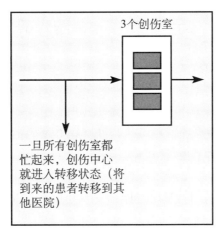

图 10-1　创伤中心的流程图

我们分析的创伤中心每年处理大约 2 000 个病例。分析中，我们关注的是深夜时段。在这段时间里，平均每 3 小时就有一个新患者到来。除了交通高峰期，晚上的创伤中心是最繁忙的，很多新增的病例都是因为车祸（饮酒导致的交通事故往往发生在晚上）或是暴力受害者（特别是在夏季的几个月里，许多暴力犯罪发生在晚上）。

因此，每 3 小时就有一个新患者，平均需要 $p=2$ 小时把患者送出创伤中心。分析中，我们假设创伤室是资源，如果需要，有足够的工作人员同时运作三个创伤室。

考虑到现在有三个可用的创伤室，创伤中心的能力是：

$$能力 = \frac{资源数}{处理时间} = \frac{3}{2} = 1.5（个患者 / 小时）$$

由于入院患者是随机到达的，我们使用指数分布的到达间隔时间，因此 CV_a 的变化系数等于 1。在这种情况下，服务时间的变化系数大于 1（众所周知，许多医疗环境具有极高的变化性）。正如我们将要看到的，下面的计算不依赖于服务时间的变化性，并适用于任何服务时间分布。

我们有兴趣分析以下绩效度量指标：

● 创伤中心有百分之几的时间会处于转移状态？有多少患者因为三个创伤室都被利用而被转移？

● 创伤中心的单位时间产出是多少，也就是说，每单位时间有多少患者接受治疗（如每天）？

在我们的分析中，最困难也最重要的一步是计算过程中包含 m 个患者的概率 P_m。这个概率特别重要，因为一旦 m 个患者在创伤中心，创伤中心需要转移其他患者，直到有患者出院。所有 m 个创伤室被利用的概率 P_m 取决于两个变量：

● 隐含利用率。考虑到一些患者不被允许进入该流程（因此不会对生产率造成影响），我们不再需要强调能力超过需求（$1/a$）的限制。这一假设在前一章是必要的，否则等待的队伍就会"爆炸"。在高需求情况下自动"关闭"流程的系统中，这种情况不会发生。因此，u 现在包含了利用率超过 100% 的情况，这就是我们使用隐含利用率（需求/能力）而不是利用率（单位时间产出/能力）的原因。

- 资源数（创伤室）m。

我们通过计算隐含利用率来分析：

$$u = \frac{需求}{能力} = \frac{0.333\,3}{1.5} = 0.222\,2$$

基于隐含利用率 u 和资源数 m，我们可用以下方法来计算所有 m 个创伤室都被利用的概率 P_m。定义 $r = um = p/a$。因此，$r = 0.67$。

然后，我们可用厄兰损失公式（Erlang loss formula）表（见附录 B）来查找所有 m 个资源都被利用的概率，因此新到达的流程单元必须被拒绝。首先，我们在表中找到相应的行标题（$r = 0.67$），表示处理时间与到达间隔时间的比率（见表 10-2）。其次，我们发现列标题（$m = 3$）表示资源数。这一行和这一列的交点是：

$$\text{Prob}\{所有\,m\,个创伤室都被利用时\} = P_m(r) = 0.025\,5（厄兰损失公式）$$

因此，我们发现创伤中心平均会有约 2.5% 的时间处于转移状态，相当于每天约 0.6 小时，每月约 18 小时。

表 10-2　从附录 B 厄兰损失表中查找概率 $P_m(r)$

厄兰损失表

		m						
		1	2	3	4	5	6	⋯
	0.10	0.090 9	0.004 5	0.000 2	0.000 0	0.000 0	0.000 0	
	0.20	0.166 7	0.016 4	0.001 1	0.000 1	0.000 0	0.000 0	
	0.25	0.200 0	0.024 4	0.002 0	0.000 1	0.000 0	0.000 0	
	0.30	0.230 8	0.033 5	0.003 3	0.000 3	0.000 0	0.000 0	
r	0.33	0.250 0	0.040 0	0.004 4	0.000 4	0.000 0	0.000 0	
	0.40	0.285 7	0.054 1	0.007 2	0.000 7	0.000 1	0.000 0	
	0.50	0.333 3	0.076 9	0.012 7	0.001 6	0.000 2	0.000 0	
	0.60	0.375 0	0.101 1	0.019 8	0.003 0	0.000 4	0.000 0	
	0.67	0.400 0	0.117 6	0.025 5	0.004 2	0.000 6	0.000 1	
	0.70	0.411 8	0.126 0	0.028 6	0.005 0	0.000 7	0.000 1	
	0.75	0.428 6	0.138 5	0.033 5	0.006 2	0.000 9	0.000 1	
	⋯							

为了解释处理时间与到达间隔时间的比率 r 和资源数 m 对所有创伤室都被利用概率的影响，需要说明以下几点：

- 概率 $P_m(r)$ 及由此的分析不需要服务流程的变化系数。该分析仅适用于到达间隔时间服从指数分布的（现实）情况，因此，我们默认到达过程的变化系数等于 1。

- 附录 B 中表格下面的公式归功于丹麦工程师瓦格纳·克拉鲁普·厄兰（Agner Krarup Erlang）的工作，他为雇主哥本哈根电话交换所发明了本章和前一章中我们使用的许多（如果不是大部分的话）模型。在电话交换所里，拨进来的电话要么有电话线可用，要么电话线都被占用（此时视为损失，这就是这个公式也称为厄兰损失公式的原因）。

- 在附录 B 的开头，我们提供了作为厄兰损失公式表基础的公式。对于给定的处理时间与到达间隔时间的比率 r 和资源数 m，我们可以直接使用该公式来计算概率 $P_m(r)$。

除了所有资源都被利用的概率外，我们还可以计算需要转移的患者数量。由于对创伤护理的需求以 $1/a$ 的速度持续增长，与创伤中心的转移状态无关，因此我们得到的单位时间产出为：

$$单位时间产出 = 需求 \times 并非所有创伤室都被利用的概率$$

$$= \frac{1}{a}(1 - P_m) = \frac{1}{3} \times 0.975$$

$$= 0.325(个患者 / 小时)$$

同样，我们发现每小时转移 $1/3 \times 0.025 = 0.0083$ 个患者/小时 $= 0.2$ 个患者/天。

创伤中心案例说明在一个流程中需要如何通过将过剩能力放在适当的位置来适应变化性。在高固定成本的环境中，22% 的利用率水平对任何管理者来说都是噩梦。然而，从保证响应性的角度来看，绝对利用率应该始终小心对待：创伤中心的目标不是最大化利用率，而是帮助有紧急需求的人，并最终拯救他们的生命。

上述公式的一个主要优点是，可以快速评估流程中的变化如何影响救护车转移。例如，我们可以计算由利用率提高导致的转移概率。这样的计算对于预测转移频率和单位时间产出（例如每月服务的患者数）都很重要。

例如，考虑 50% 的隐含利用率。这种情况可能是由于到达率大幅提高（例如考虑到该地区的一个主要创伤中心，该地区的医院因财政困难而被关闭）。

根据提高的隐含利用率 $u = 0.5$，相同数量的创伤室 $m = 3$，计算 $r = um = 1.5$。然后，我们使用厄兰损失公式表查找所有 m 个创伤室都被利用的概率 $P_m(r)$：

$$P_3(1.5) = 0.1343$$

因此，这种隐含利用率提高的情况将导致救护车转移的时间超过 13%，相当于每个月将近 100 小时的转移。

图 10-2 显示了隐含利用率水平和流程不再能接受任何来访者的概率之间的关系。可以看到，类似于等待时间问题，在损失系统中存在显著的规模经济：1 个创伤室（$m = 1$）时 50% 的隐含利用率会导致 30% 的转移概率，3 个创伤室时只会导致 13% 的转移概率，10 个创伤室时则会导致不到 2% 的转移概率。

计算步骤 10.1 总结了厄兰损失公式所需的计算。

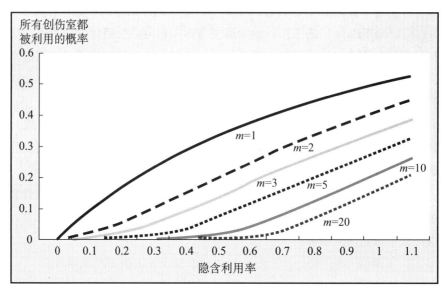

图 10 - 2　所有创伤室都被利用的概率与隐含利用率

计算步骤 10.1

运用厄兰损失公式：

1. 定义 $r = \dfrac{p}{a}$ ，p 为处理时间，a 为到达间隔时间。

2. 用附录 B 中的厄兰损失公式表查找所有服务器（servers）都被利用的概率：
   $$\text{Prob}\{所有 m 个服务器都被利用\} = P_m(r)$$

3. 计算单位时间产出：
   单位时间产出 = 需求 × Prob{并非所有服务器都被利用}
   $$R = \frac{1}{a}(1 - P_m)$$

4. 计算损失客户数：
   损失客户数 = 需求 × Prob{所有服务器都被利用} $= \dfrac{1}{a} \times P_m$

10.4　客户失去耐心和生产率损失

在前一章，我们分析了一个流程，流程单元耐心地排队等待，直到轮到它们接受服务。相比之下，在创伤中心的案例中，我们分析了一个流程，在这个流程中，流程单元从不等待，而是在所有创伤室都被利用时，立即成为损失的流程单元（被转移到其他医院）。

这两种情况（一个是等待问题，另一个是损失问题）都很重要，但它们也是有关变化性对流程绩效产生影响的极端情况。你可能遇到的许多有趣的应用情景都介于这两个极端之间。在不进行详细分析的情况下，我们至少在概念层面讨论这些中间情况是很重要的。

第一种重要的中间情况是存在一个缓冲区，允许有限数量的流程单元等待服务。缓冲区大小的限制可能代表以下情况之一：

- 在呼叫中心，存在可同时保持的最大电话数量；当所有线路都被占用时，客户拨打电话就会听到忙音（也就是说，他们甚至没有机会听 20 世纪 70 年代的音乐！）。同样，如果考虑一个汽车穿梭餐厅前的队伍，有一个可容纳排队的最大汽车数量，一旦达到这个最大值，汽车不能再排队。

- 基于利特尔法则，排队中的客户数量可转化为预期的等待时间，对队列大小的限制可简单地表示为客户愿意等待的最长时间。

虽然我们不会在本书中讨论这些问题，但是有一些数学模型可分析这类问题，对于给定的缓冲区的最大值，可计算通常的绩效度量指标：库存、单位时间产出和等待时间（参见 Hillier 和 Liebermann（2002））。

对于单个服务器的情况，图 10 - 3 显示了可用缓冲区的数量与所有缓冲区已满的概率之间的关系，也就是说，流程不再接受客户进入的概率。正如我们所看到的，随着缓冲区空间越来越大，这个概率将迅速下降。请注意，当我们提高利用率水平时，图形会向上移动，这与前面章节的客观判断一致。

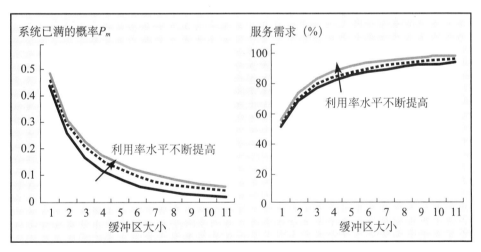

图 10 - 3　缓冲区大小对不同隐含利用率下概率 P_m 的影响
以及对单通道服务流程生产率的影响

我们可以计算系统的生产率为：

$$(1 - \text{Prob}\{\text{所有的缓冲区已满}\}) \times 需求$$

我们也可以将图 10 - 3 解释为生产率损失。图 10 - 3 的右侧显示了缓冲区大小对生产率的影响。即使对于单个服务器和 90% 的利用率，我们也需要 10 多个缓冲区才能在没有变化性的情况下接近恢复我们预期的生产率。

第二种介于等待问题和损失问题之间的中间情况类似于第一种情况，但在某种意义上又是不同的，即客户总是进入系统（而不是甚至不加入队列），然后因为厌倦等待而离开队列。这种情况的专业术语是"客户放弃排队"或客户拒绝（balk）。这种情况在等待时间很长的呼叫中心很常见。但是，对于等待时间较短的高服务水平呼叫中心，例如在前一章讨论的安瑟呼叫中心，很少有放弃的情况（这就是我们可以笃定地忽略对客户放弃（abandoning）排队进行分析的原因）。

图 10 - 4 显示了在等待时间较长情况下的呼叫中心数据（由 Gans、Koole 和 Mandelbaum（2003）收集）。横轴表示客户在与客服代表交谈前需要等待的时间。纵轴表示未得到服务而挂断电话的客户百分比。我们观察到，客户等待的时间越长，由于客户失去耐心而损失的客户比例越大。

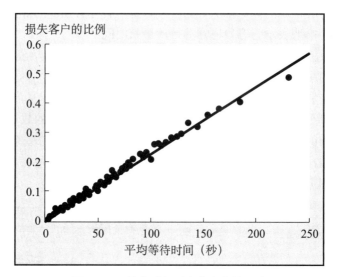

图 10 - 4　等待时间对客户流失的影响

资料来源：Gans，Koole，and Mandelbaum，2003.

对于有限的缓冲区空间和客户放弃这两种中间情况，有三种改进机会：

● 减少等待时间。与之前的分析类似，我们所能做的任何减少等待时间的努力（明智地选择能力、减少变化性等）都有助于减少由客户失去耐心而造成的生产率损失。

● 增加缓冲区中可容纳的流程单元的最大数量。这可以通过改变实际的缓冲区（增加更多的空间，购买更多的电话线）或增强客户容忍等待的意愿来实现。

● 避免那些已经等待的客户离开。让客户等待然后离开比让客户立即离开更糟糕，所以尽可能避免这种情况出现很重要。实现这一目的的方法之一就是减少人们可察觉的等待时间，让客户做些有意义的事情（例如，提供一些关键信息给客户，有助于减少实际服务时间），或创造一个有利的环境，使等待不至于太痛苦（如在电梯前面安装镜子）。显然，电梯前的镜子和呼叫中心播放音乐并不能完全解决问题，然而，这些改进的实现成本通常较低。一个更有意义（成本也更低）的措施是提前将预期等待时间告知客户（例如像在一些呼叫中心或迪士尼主题公园做的那样）。这样，客户对等待时间有预期，可以决定是否排队接受这项服务（迪士尼案例），甚至可以尝试在等待服务时做些其他事（呼叫中心案例）。

10.5　带有变化性的多资源序列

在分析了仅含一个资源的非常简单的流程的变化性及其对流程绩效的影响后，我们现在将分析扩展到更复杂的流程。

具体地，我们来分析图 10-5 的流程图中描述的一系列资源。这类流程在制造和服务环境中都很常见。

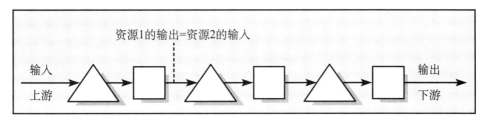

图 10-5　具有三个资源的串联排队系统

- 我们在第 4 章分析了滑板车装配流程是由多个资源按顺序组成的（忽略变化性）。
- 作为一个由多个资源依次组成的服务流程的例子，请考虑大多数美国机场的入境流程。到达美国时，乘客必须先通过移民局，然后在海关排队。

在分析这些流程时，一个复杂的因素是后续资源并不是相互独立运行的：从第一个资源的离开过程是第二个资源的到达过程，以此类推。因此，第二个资源到达过程的变化性取决于第一个资源到达过程的变化性和第一个资源服务过程的变化性。真是一团糟！

除了分析此类流程（也称为串联队列）挑战所需要的能力外，我们还要引入一些关于流程行为的基本概念。

缓冲区的作用

与我们在不耐心的客户和有限的缓冲区空间举例中看到的类似（见图 10-3），缓冲区有提高流程单位时间产出的潜力。在单一资源情况下，缓冲区会增加单位时间产出，因为减少了流入单元被系统拒绝访问的可能性。串联队列中的缓冲区的影响要复杂一些。当观察串联队列（tandem queue）时，我们可以发现两个导致单位时间产出减少的例子（见图 10-6）：

- 如果资源无法释放它刚刚完成的流程单元，那么它将被阻塞，因为下一个下游资源没有可用的缓冲区空间。
- 如果资源是空闲的，而提供该资源的缓冲区是断流的，则该资源空耗。

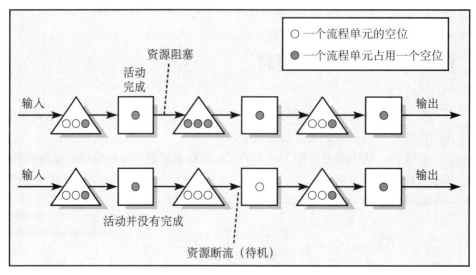

图 10 - 6　阻塞和断流的概念

在本章开头讨论的创伤中心的例子中，阻塞（blocking）是救护车转移的最重要的根本原因。平均而言，创伤外科医生在创伤室护理患者的实际时间只有一小时。然而，患者平均要在创伤室多花一小时等待重症监护室的床位。在这段时间内，创伤室不能接收新来的患者，整个重症监护室"堵塞"并阻塞了创伤中心。上面提到的美国审计总署关于急诊科拥挤和救护车转移的研究指出，重症监护室床位的可用性是导致救护车转移的最大单一来源。

重要的是要了解阻塞的影响会从一个资源滚雪球般向上游扩展到其他资源。这可以在上述医院环境中得到说明。假设一个患者准备在上午 11 点从普通护理病房出院，但是由于患者想要被家人接走，所以患者只能在下午 5 点离开，因此，该病房无法为新来的、包括来自重症监护室的患者提供床位，这又可能导致重症监护室的患者准备转入普通病房，但现在需要在重症监护室的病床上等待。是的，你猜对了，这又会导致创伤中心一个可以被转到重症监护室的患者，现在必须待在创伤室。因此，在一个缓冲区空间有限的流程中，所有资源都依赖于另一个资源。缓冲区有助于降低这种相互依赖程度，这就是我们将缓冲区定义为保险库存（decoupling inventory）的原因（见第 2 章）。

添加缓冲区，可以很容易地避免阻塞和断流。缓冲区必须包含足够数量的流程单元，以避免下游资源断流。同时，缓冲区应该有足够的空间来防止上游资源被阻塞。几家医院最近尝试为准备从普通病房出院回家的患者增加休息室。即使是在一个流程末端（恢复健康的患者）设置缓冲区，也将减小待入的创伤患者因创伤中心被充分利用而不得不转移的概率。

除了不能接收新到达的流程单元的概率，流程的一个重要绩效度量指标仍然是单位时间产出。图 10 - 7 使用模拟比较了三个资源的四种流程布局。类似于工人控制节奏的生产线，每个资源上都有一名工人。处理时间呈指数分布，平均分别为 6.5 分钟/单位、7 分钟/单位和 6 分钟/单位。

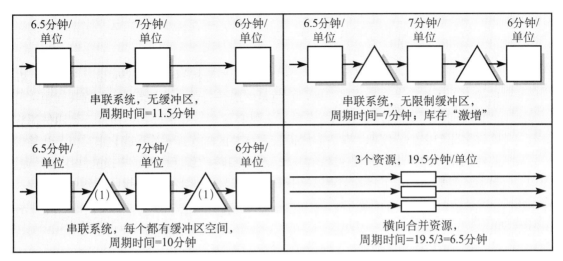

图 10-7　排队系统四种配置方式的单位时间产出比较（周期时间用模拟计算）

根据均值，我们预计该流程每 7 分钟生产 1 个单位的输出。在没有任何缓冲区空间的情况下，该流程每 11.5 分钟生产 1 个单位（左上）。由于瓶颈经常被阻塞（工位 2 已经完成了一个流程单元，但不能将其转移给工位 3）或断流（工位 2 想启动下一个流程单元的生产，但没有从上游收到任何输入），该流程没有实现其全部能力。

如果我们在这个流程中引入缓冲区，单位时间产出就会提高。即使只允许在瓶颈前后的缓冲区中储存一个单位，输出也会变成每 10 分钟增加 1 个单位（左下）。如果我们不限制缓冲区，该流程就能够以每 7 分钟 1 个单位的预期单位时间产出进行生产（右上）。然而，我们也观察到，第一步和第二步之间的缓冲区将增长得非常快。

最后，图 10-7 右下部分概述了恢复单位时间产出的另一种方法，与"缓冲或承受"的概念不同（事实上，单位时间产出甚至比右上略大）。通过将这三个活动合并为一个活动，我们完全消除了断流和阻塞。这个概念被称为横向合并（horizontal pooling），类似于我们在前一章讨论过的将相同活动合并而合并前独自到达的概念。进一步观察横向合并和第 4 章讨论的工作单元概念之间的相似性。

考虑到在第 7 章讨论的库存成本及其对质量的不利影响，我们需要慎重选择流程中允许的库存（缓冲区空间）的位置和数量。由于瓶颈是限制流程的单位时间产出的约束条件（假设有足够的需求），我们希望避免瓶颈断流或阻塞。因此，缓冲区在瓶颈前后特别有用。

10.6　小　结

变化性不仅影响库存和等待时间，还可能导致生产率损失。在本章，我们介绍并分析了这种损失系统的最简单情况，它由多个没有缓冲区的并行资源组成。这种情况下的关键计算可以根据厄兰损失公式来完成。

然后，我们将讨论扩展到这样一种情况，即客户可能等待服务，但由于缺乏足够耐心，仍然可能发生生产率损失。

图 10-8 显示了我们讨论和（至少部分地）分析的各种类型的情景的概述。在图的最左边是前一章的等待问题，右边是本章开头介绍的无缓冲区的损失问题（厄兰损失问题）。在这两者之间是客户失去耐心这一中间情况。请注意，这四种流程有许多相似之处。例如，带有有限但较大缓冲区的等待系统可能非常类似于纯粹的等待问题。同样地，当缓冲区的大小接近于零时，系统接近于纯损失问题的行为。最后，我们还讨论了将几个资源串联在一起的情况，形成一个排队序列。

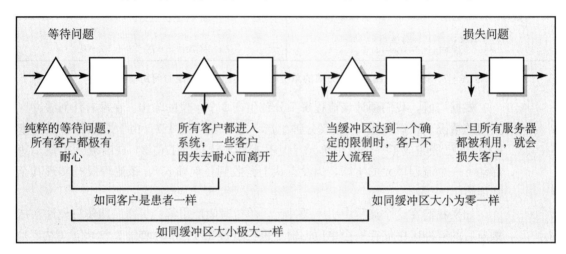

图 10-8　不同类型的变化性难题

从管理的角度来看，主要目标仍然是尽可能减少变化性。我们在等待时间一章讨论的所有概念仍然适用，包括通过标准化和培训来减少服务时间的变化性的理念。

然而，由于我们不能完全减少变化性，因此创建足够稳健的流程很重要，以便它们能够抗衡尽可能多的变化性。为了解决由变化性导致的生产率损失问题，应该牢记以下几点：

● 使用缓冲区。在本书中，"缓冲或承受"的概念在这一章特加强调。为保护流程资源（最重要的是瓶颈）不受变化性的影响，我们需要添加缓冲区以避免如图 10-7 所示的生产率损失。在一个资源序列中，在瓶颈前后都需要缓冲区，以避免瓶颈断流或阻塞。

● 跟踪需求（keep track of demand）。在有损失客户的流程中，管理与能力有关的决策的一个主要挑战是收集真实的需求信息，这是计算隐含利用率水平所必需的。为什么这么难呢？因为那一刻流程已经满负荷运转，我们不能接收任何新的流程单元（所有创伤室都被利用，呼叫中心所有的客服代表都在线），我们失去了需求，更糟糕的是，我们甚至不知道失去了多少需求（我们也失去了需求信息）。实践中可观察到的一个常见错误是，管理者在确定他们是否需要额外能力时使用单位时间产出（销售额）和利用率（单位时间产出/能力）。如前所述，根据定义可知利用率低于 100%。因此，利用率度量总是给人错觉：有足够的能力可用。真正重要的指标是需求除以能力（隐含利用率），它表明若有足够能力，销售额可能是多少。

● 使用后台作业（background work）。与等待时间问题类似，我们通常无法承担低利用率水平的流程，但创伤护理情景不同。相反，我们可以使用较少的关键时间工作，以一种高效的方式利用潜在空闲时间。然而，有一句忠告是必要的。高质量完成后台作业，这项工作不应干扰关键时间工作。因此，必须有可能中断或延迟后台作业。此外，我们必须确保后台作业不会与下游关键时间工作争夺相同的资源。例如，据报道，选择性手术（乍一看，这是一家医院的重要后台作业）可能导致救护车转移，因为它与创伤护理患者竞争重症监护室的能力。

10.7　延伸阅读

前一章提到的 Gans、Koole 和 Mandelbaum（2003）撰写的书也是关于客户损失模式的很好读物。我们向感兴趣的读者推荐 Hillier 和 Lieberman（2002）以及 Hall（1997）的其他定量方法。

10.8　实战练习

下面的问题将有助于测试你对本章的理解。在本章中，所有的问题都与第 3 节介绍的计算有关。

附录 E 中有带 "＊" 标记的问题的答案。

Q10.1＊（损失系统）流程单元到达的需求为每小时 55 单位。服务一流程单元平均需要 6 分钟。服务由 7 个服务器提供。

a. 所有 7 个服务器都被利用的概率是多少？

b. 每小时服务多少单位？

c. 每小时损失多少单位？

Q10.2（家庭安全）你的一个朋友向你提出开一家私人家庭安全服务公司的想法。这家私人家庭安全服务公司保证，如果客户发出警报，它可以立即派出自己的五名保安中的一名，或者在所有五名保安都在响应其他电话的情况下，直接向当地警方报警。该公司每小时接 12 个电话，在一天中平均分配。

当地警方每接到一个报警电话就向该公司收费 500 美元。保安对警报的反应平均需要 90 分钟。

a. 警方收到警报的时间有多少？

b. 该公司每月要付给当地警方多少钱？

Q10.3（音像店）一家小音像店有 9 张电影《内裤超人》（*Captain Under-*

pants）DVD。每天都有 15 个客户被他们的孩子要求看这部电影。如果电影 DVD 不在货架上，他们就去竞争对手的商店。客户到达在 24 小时内均匀分布。

平均租期为 36 小时。

a. 一个去音像店的客户找到可用电影 DVD 的可能性是多大？

b. 假设每次租金是 5 美元。音像店每天从这部电影获得多少收入？

c. 假设每个无法获得这部电影 DVD 的孩子将得到一张 1 美元的钞票。这家音像店每天要给看《内裤超人》这部电影的孩子多少钱？

d. 假设对这部电影的需求再保持 6 个月不变。在不考虑利率的情况下，以 50 美元的价格额外购买一部该电影 DVD 的投资回收期是多长？考虑与问题 b 相关的额外收入和潜在的成本节约（问题 c）。

Q10.4（加油站）想想切尼先生的情况，他在佛蒙特州的一条高速公路上有一家大型加油站。下午平均每小时有 1 000 辆车经过加油站，其中 2% 的车辆愿意停下来加油。然而，由于高速公路上还有其他几家价格类似的加油站，潜在的客户如果不愿意等待就会绕过切尼的加油站。

该加油站有 6 个停车位可以用来给车辆加油，一辆车平均需要 5 分钟才能把停车位腾出来（包括加油和客户进入加油站可能导致的任何延迟）。

a. 6 个停车位都被占用的概率是多少？

b. 每小时接待多少个客户？

Q10.5（两个工位）假设一个流程包含两个工位，它们之间没有缓冲区。

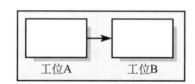

现在考虑以下三种可能的情景：

情景	工位 A 的处理时间	工位 B 的处理时间
1	5 分钟	5 分钟
2	5 分钟	4 分钟或 6 分钟有同等可能性
3	5 分钟	3 分钟或 5 分钟有同等可能性

a. 这三种情景中哪一种的平均单位时间产出最高？

b. 这三种情景中哪一种的平均流程时间最短？

Q10.6（XTremely Fast Service）XTremely Fast Service 公司是一家拥有多个业务单元的呼叫中心。该公司的业务部门之一 Fabulous 4，目前有 4 名员工，他们周一至周五每天工作 8 小时。他们为邮购目录公司提供客户支持。假设客户在营业时间致电 Fabulous 4，平均每 3 分钟就有一个电话到达（到达间隔时间的标准差为 3 分钟）。在这种电话到达模式中，你不必考虑任何季节性因素。如果所有 4 名员工都很忙，客户将被重新转移到另一个业务单元，而不是被搁置。假设每个电话的处理时间平均为 5 分钟。

a. 来电未被 Fabulous 4 处理的概率是多少？

b. 假设 Fabulous 4 对接听的每个客户收取 1 美元。Fabulous 4 的每日收入是多少？

c. 假设 Fabulous 4 为每个被转移到另一个业务单元的电话支付 5 美元。它每天对其他业务单元的转账支付是多少？

Q10.7（Gotham City Ambulance Services）Gotham City Ambulance Services（GCAS）拥有 8 辆救护车。平均每 15 分钟 GCAS 收到一次紧急呼叫（变化系数为 1，不存在季节性）。如果 GCAS 有空闲救护车，它会立即派遣一辆。如果没有救护车，则由邻近社区的紧急服务机构提供服务。你可以假设在邻近社区总是有一辆救护车可用。平均而言，一辆救护车和它的工作人员为每个电话工作 1.5 小时（变化系数为 1.5）。GCAS 每天工作 24 小时。

a. 报告给 GCAS 的紧急事件中，有多少是由邻近社区的紧急服务机构处理的？

b. 平均 24 小时内，GCAS 提供多少次紧急服务？

c. GCAS 为其员工更新了操作程序，这导致其工作人员每次出行所花时间的变化系数从 1.5 减少到 1.25。这个培训计划将如何影响 GCAS 处理的紧急事件的数量？

d. 新的规定要求每个应急服务机构对其服务区域内报告的至少 95％ 的事故做出反应。GCAS 是否需要购买更多的救护车来满足这个要求？如果是，需要多少辆救护车？（假设每次出行的平均时间不能改变。）

第11章
基于需求优先级进行排程

如果住在英国的你需要做外科手术，你可以放心，英国政府制定了患者应该等待各种手术的时间标准。例如医院可能被要求在 18 周内安排 90% 的患者。虽然这似乎是一个合理的目标，但它仍然给医院提供了相当大的自由度来确定具体如何安排手术。当然，有些手术需要立即进行：如果布鲁斯叔叔心脏病发作，他需要立即将支架植入动脉。但其他手术的柔性要大得多，比如膝关节置换手术：珍妮特阿姨虽然更希望她的膝盖在本周固定好，但可以在一些护理和手杖的帮助下四处走动。

在本章，我们将探索如何排程（scheduling）的问题，即决定将什么作业分配给什么资源以及何时分配作业的过程。例如，作业可以是"膝关节置换手术"，资源可以是"骨科医生"或"手术室"，时间可以是"5 月 19 日上午 8 点"。

我们首先探讨需要排程的范围。显然，排程与医疗保健相关，但它的相关范围更广。事实上，某种形式的排程可能适用于所有运营。接下来，我们将学习如何在只有一种资源的最简单情况下进行排程。假设你是一个抵押贷款承保人，你必须决定你办公桌上的 10 份抵押贷款申请中应该处理哪一份。你可以使用直观的"先到先服务"（first-come-first-served，FCFS）规则——按照到达的时间排列顺序处理。但我们会发现，除了 FCFS，还有其他规则。

我们坚持使用单一资源，然后以四种不同的方式使排程任务复杂化。第一，当不同类型的、有不同的优先级的作业需要快速完成时，你应该如何排程；第二，我们考虑安排有截止日期的作业；第三，我们考虑如何在具有多个作业和服务者类型的复杂流程中进行排程；第四，我们通过预订或预约系统来研究排程。你可能认为设计一个预约系统不需要考虑太多——只需要确定时间段，然后让客户选择他们想要的。虽然你可以这样做，但我们将了解到，一个有效的预约系统必须仔细权衡几个重要方面。

11.1　排程时间表及其应用

尽管已经提到过，但还需要重复，所有排程的共同本质是需求与资源的匹配：何时将特定的资源用于处理特定的需求？考虑时间的重要性，排程可以在不同时间范围内进行，从立即决策到跨越十年的决策，如表 11 - 1 所述。

表 11 - 1　排程的不同时间长度

时间长短	实例
长期：一年或更长	航空公司在未来十年交付新飞机的排程 体育联盟明年各队之间的比赛
中期：一个月到一年	关闭核电站进行维护的排程 第四季度需要雇用的临时工人数
短期：一分钟到一个月	急诊室需要治疗的下个患者是谁 呼叫中心应回应哪位来电者 下周的作业排程

排程不仅在大跨度时间范围内进行，而且理应在广泛的运营范围内实现。下面的例子说明了这点。

（1）项目管理（project management）。一次性的大型项目需要大量的活动和资源，这些活动和资源必须相互协调，也就是说，要预先排程。例如，为《平价医疗法案》（*Affordable Health Care Act*）开发 healthcare. gov 网站时，需要广泛整合由私营企业和政府机构管理的众多不同数据库和软件系统。英吉利海峡隧道是一项耗资约 70 亿美元（以 1985 年的价格计算）的大型公共基础设施工程，历时 6 年才建成。排程对于项目的成功至关重要，这就是我们要花整整一章的篇幅来讨论这个问题的原因。

（2）制造业（manufacturing）。汽车装配线通常生产同一型号的不同版本。每四辆车中可能有一辆掀背车，每十辆车中可能有一辆有天窗。车辆的生产顺序会影响生产线的平衡程度，以及对零件供应商要求的变化性。说到这里，大多数制造业务都需要一个物料需求计划（materials requirement planning，MRP）系统。MRP 系统包含一个物料清单（bill of materials）数据库，其中列出了每一种产品的所有部件——一辆汽车的物料清单包括数千种不同的部件。使用物料清单和生产排程，MRP 系统评估每种零件需要多少和什么时候需要。然后，它会安排这些零件的交付时间，以确保它们在装配前尽早到达，但又不会太早以至于库存累积过多。

（3）服务排程（service scheduling）。如果你从汽车租赁公司预订一辆中型汽车，公司需要决定（排程）所有的车中哪辆车供你使用。如果你要预订周六晚上一个带早餐的小床房，酒店必须决定能否提供给你一个房间——如果仅给你周六的房间，它可能无法满足其他同时预订周五和周六的房间的客人。诸如此类的排程决策通常归入收益管理（revenue management）的范畴：试图从一系列固定资产（如出租车队的汽车、酒店房间或餐厅桌椅）中获得最大收益的做法。我们将在第 18 章更详细地探讨收益管理。

（4）运输排程（transportation scheduling）。作为一名乘客，你可能会在需要乘坐飞机、火车或公交车时查看发布的时间表。必须有人制定这些时间表——他必须做出比你可能看到的更多的决定。例如，航空公司不仅要决定何时提供两个城市之间的航班，还必须决定哪架飞机将在这条航线上飞行，以及在机场使用哪个登机口。飞行空管人员需要决定飞机何时以及在哪个跑道上降落或起飞。

（5）患者排程（patient scheduling）。慢性病患者通常需要定期到医疗机构进行治疗。例如，肿瘤患者的放射治疗通常在很长一段时间内进行多个疗程。由于治疗设备非常昂贵，医院想要确保设备得到高度利用。每个患者都需要一套方案，每个疗程都需要在精确的时间间隔内进行——彼此不能相隔太短，也不能相隔太长。排程系统面临的挑战是平衡高利用率的愿望和最大限度地提高治疗效果的目标。

（6）劳动力排程（workforce scheduling）。有些人很幸运地有一份时间固定的工作，但许多工作的时间不规律，可能会随着需求变化而每周发生变化。这在零售业比较常见，但护士和航空公司的机组人员通常也会每周排班一次。

（7）比赛排程（tournament scheduling）。为职业体育联盟安排一个赛季是一个巨大的挑战，主要是因为有许多限制条件和目标需要满足。例如，联盟要求球队在整个赛季中同时进行主场和客场比赛——如果一支球队前半个赛季在主场比赛，而后半个赛季在客场比赛，这种排程是不可接受的。联盟还希望尽可能减少旅行，无论是为了成本还是为了球员感受：想象一下，周四在美国东海岸比赛，周五在西海岸比赛，周六再回到东海岸比赛。

以上这些例子揭示了几个共同的主题：第一，排程可能非常复杂，这主要是因为许多现实问题的组合数量多得惊人；第二，尽管排程适用于不同的条件，但系统之间的目标是相似的：确保资源得到高度利用，并及时满足需求。

11.2 资源排程：最短处理时间

以第一资本（Capital One）的贷款承保流程为例。承保人负责决定通过哪些贷款申请，拒绝哪些贷款申请。第一资本的一个办公室里有 8 个承保人，每个承保人平均需要 40 分钟来处理一笔贷款。

虽然承保人处理一笔贷款平均需要 40 分钟，但处理时间自然会有一些变化。此外，当承保人第一次看到贷款时，也有可能迅速确定贷款所需的时间。比如承保人安尼克·加里诺的桌子上有五笔贷款，我们标注为 A、B、C、D、E，但她还没有开始处理。在排程语言中，每一笔贷款被称为一个作业（job）——作业是一个流程单元，需要一个或多个资源进行处理。表 11-2 列出了所有的作业和安尼克对每个作业处理时间的估计。安尼克通过查看申请表中的一些关键信息来快速确定每个作业的处理时间。让我们假设：（1）安尼克有足够的经验，她的估计是准确的；（2）每个作业都有同等的优先级（它们对于快速完成都具有同等的价值）；（3）没有截止日期（理想情况下每个作业都能尽快完成）。后面我们将讨论如何处理这三个假设不适用的情况。

表 11-2　五笔贷款的处理时间，按字母顺序到达（A 最先到，E 最后到）

作业	A	B	C	D	E
处理时间（分钟）	45	20	65	30	40

安尼克办公桌上的五个作业的平均处理时间确实是 40 分钟。然而，并不是所有的作业都一样。贷款 B 看起来相对简单，只需要 20 分钟的处理时间。相比之下，贷款 C 更复杂，因为它需要 65 分钟。

有了 200 分钟的工作时间，安尼克应该开始处理一些贷款了，但她应该按照什么顺序处理这些贷款呢？FCFS 是一个直观的顺序。使用 FCFS，资源（安尼克）按照作业到达的顺序处理作业，在本例中是按字母顺序（A 最先到，E 最后到）。但这种排序是最佳工作方法吗？为了回答这个问题，我们需要决定如何度量"最佳"，也就是说，我们需要一些绩效度量指标。

绩效度量

第 2 章强调了三个关键的流程绩效度量指标：库存、单位时间产出和流程时间。刷新你的记忆：

- 库存 I 是一段时间内系统中流程单元的平均数量。
- 单位时间产出 R 是流程单元进入或退出系统的平均速率。
- 流程时间 T 是一个流程单元（作业）在系统中花费的平均时间。

这三个指标在排程应用中都是相关的，但是根据利特尔法则（见第 2 章），我们只需要跟踪其中的两个指标——一旦你知道了其中的两个指标，你就可以使用以下公式来计算第三个指标：

$$I = RT$$
$$R = \frac{I}{T}$$
$$T = \frac{I}{R}$$

在安尼克的例子中，我们知道无论她如何安排各个作业，她都有 200 分钟的工作时间。这样，在 200 分钟后，她将完成 5 个作业。这意味着她在接下来的 200 分钟内的单位时间产出 R 是 5 个作业/200 分钟＝0.025 个作业/分钟。虽然单位时间产出与顺序无关，但我们很快就会看到，流程时间确实取决于所选择的处理作业的排程。假设 R 是固定的，T 取决于所选的时间表，I 也取决于所选的时间表。

　　库存、单位时间产出和流程时间的度量都是基于均值。毫无疑问，平均绩效是相关的和重要的，但经理也可能对异常值感兴趣。回到本章开头的例子：在英国，医院被要求在 18 周内安排 90% 的手术。这种绩效度量的重点是确保不良结果（必须等待超过 18 周的患者）不常见（少于 10% 的手术）。尽管像"在 T 个单位的时间内完成 $X\%$ 的作业"这样的目标从直觉上讲是合理的，但它也有潜在的限制：它让排程者有动机来战略性地操纵时间表。例如，如果患者的手术不能在 18 周内安排，排程者就不再有"尽快"安排手术的动机——从目标的角度来看，一个安排在第 19 周的手术并不比安排在第 30 周的同样的手术更糟糕，因为这两种情况都无助于实现 18 周内达到 90% 的手术的目标。然而，从平均等待时间的角度来看，19 周比 30 周少 11 周。换句话说，平均绩效指标总是有动力去减少系统中的作业时间，不管它已经在系统中存在了多长时间。因此，一般来说，尽可能优化有益于避免坏的异常值结果。因此，我们关注的是平均绩效度量指标。

FCFS 与最短处理时间

　　FCFS 是自然排序的方式，并不需要过多思考资源的部分（只需要按照作业到达的顺序来做），而且这看起来很公平（稍后会详细介绍）。但这并不是确定作业顺序的唯一方法。让我们关注一个特定的替代方法，即最短处理时间（shortest-processing-time，SPT）规则——作业是按照处理时间的递增顺序排列的。例如，从表 11-2 的数据来看，安尼克首先处理作业 B（处理时间最短，即 20 分钟），然后处理作业 D、作业 E、作业 A，最后处理作业 C（处理时间最长，即 65 分钟）。如果在这 5 个作业完成之前有其他作业到达，那么新作业将被放置在"待完成"队列中的适当位置，以便处理时间总是按递增顺序排列。

　　FCFS（A，B，C，D，E）和 SPT（B，D，E，A，C）哪个更好？正如前面提到的，无论顺序如何，安尼克都需要 200 分钟来完成所有的 5 个作业（假设在接下来的 200 分钟内没有其他作业到达，处理时间不超过 65 分钟，为了简单起见，我们假设这样）。鉴于这两个排序需要相同的总时间，你可能会认为排序对各种绩效度量没有太大的影响。虽然相对于单位时间产出来说你是正确的，但对于流程时间和库存来说，你就错了。

　　图 11-1 显示了 FCFS 和 SPT 排序的甘特图。时间显示在横轴上，每个作业显示在它被处理的时间间隔内。习惯上，在不同的行上显示每个作业，这有助于突出显示每个作业等待的时间和完成的时间。

　　现在让我们用两个排序规则来评估每个作业的流程时间。对于 FCFS，作业 A 首先执行，流程时间等于它的处理时间——45 分钟，因为它不会等待。作业 B 是下一个，流程时间为 65 分钟：作业 B 等待 45 分钟以完成作业 A，然后在 20 分钟内处理完毕。其他流程时间是作业 C 130 分钟（等待 65 分钟，处理 65 分钟），作业 D 160 分钟（等待 130 分钟，处理 30 分钟），以及作业 E 200 分钟（等待 160 分

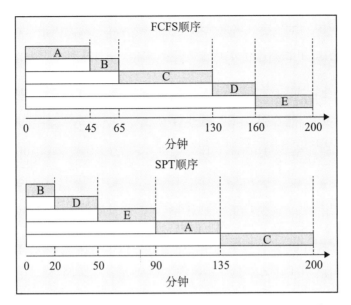

图 11 - 1 对 5 个作业 (A, B, C, D, E) 两种不同的排序方法:
FCFS (上)、SPT (下)

钟，处理 40 分钟)。这些作业的平均流程时间为:

$$\frac{45+65+130+160+200}{5}=120 \text{（分钟）}$$

使用 SPT，流程时间分别为 20 分钟、50 分钟、90 分钟、135 分钟和 200 分钟（见图 11 - 1)。平均流程时间为:

$$\frac{20+50+90+135+200}{5}=99 \text{（分钟）}$$

尽管最后一个作业的流程时间按照任何一个顺序都相同 (200 分钟)，但平均流程时间确实不同。即使 SPT 和 FCFS 做的工作量完全相同，并且工作速度相同（处理时间没有差异)，但相对于 FCFS，每个作业在使用 SPT 的系统中平均少花 21 分钟 (120−99＝21)！

要理解为什么 SPT 比 FCFS 更有效（就单位时间产出而言)，请注意早期作业都对随后的作业施加等待时间。例如，作业 A 需要 45 分钟来处理，这意味着，如果 A 是第一个作业，那么其他 4 个作业的流程时间都要增加 45 分钟。相比之下，按照 SPT 排序，第一个作业 B 只需要 20 分钟来处理，所以作业 B 只给其他 4 个作业增加了 20 分钟的流程时间。显然，选择第一个要处理的作业会有很大的不同，因为它会导致所有其他作业的延迟。相对地，最后处理的作业不会给任何其他作业增加流程时间。因此，你希望优先执行处理时间最短的作业（因为它对其他作业施加的成本最小)，而最后执行处理时间最长的作业（因为它不会让任何其他作业等待)。这正是 SPT 所做的！

与 FCFS 相比，作业在使用 SPT 的系统中花费的时间更少，但这并不意味着使用 SPT 的系统有更大能力。两种系统的作业的单位时间产出都是相同的，SPT

和 FCFS 的单位时间产出 R 为 0.025 个作业/分钟。这最初令人困惑：为什么作业在 SPT 系统中花费的时间更少，但它们以相同的速度流动？答案是，系统中的平均库存 I 在 SPT 系统中比在 FCFS 系统中要少。具体来说，使用 FCFS 时，系统中的平均作业数为：

$$I = RT = 0.025 \times 120 = 3 \text{（个作业）}$$

而使用 SPT 时，系统中的平均作业数为：

$$I = RT = 0.025 \times 99 = 2.5 \text{（个作业）}$$

在这个特殊的例子中，当安尼克的办公桌上有这 5 个作业时，SPT 相对于 FCFS 看起来很棒。但这只是一个特例吗？不是。无论需要处理多少个作业或它们的处理时间是多少，从平均流程时间来看，SPT 总是优于 FCFS。由于单位时间产出是恒定的，SPT 在平均库存方面也总是优于 FCFS。

我们的例子说明了 SPT 比 FCFS 更好，但也有可能 SPT 比 FCFS 做得比这个例子还要好。为了便于解释，假设作业按照以下顺序到达：C，A，E，D，B。换句话说，作业按照处理时间的降序到达：最长处理时间的作业最先到达，最短处理时间的作业最后到达。该序列与 SPT 完全相反，有时称为最长处理时间（longest-processing-time，LPT）规则。如果我们为 LPT 序列画一个甘特图，然后评估平均流程时间，我们得到：

$$\frac{65 + 110 + 150 + 180 + 200}{5} = 141 \text{（分钟）}$$

哇！FCFS 的平均流程时间比 SPT 长 42 分钟（141−99），所有作业的平均流程时间增加了 42%（不只是一个作业）。同样，这个差距发生时并没有改变所做的总作业量或作业的单位时间产出。

FCFS 可能非常糟糕，但公平地说，只有在作业（偶然地）按照流程时间降序到达的特殊情况下，FCFS 才真正那么糟糕。为了理解 SPT 的真正优势，我们考虑所有可能的到达序列，看看 SPT 的平均效果有多好。为此，我们可以使用离散事件模拟器。

模拟分为四个步骤：

1. 生成一堆不同的处理时间。这个模拟有 25 000 个处理时间。这些处理时间的直方图如图 11-2 所示。为了让这个过程形象化，想象我们制作了一个袋子，里面有 25 000 个球，每个球上面都写着处理时间。

2. 从样本中随机选择一系列处理时间，以模拟在承保人办公桌上准备处理的作业。这就像把手伸进袋子，然后抓住 5 个球，一次一个，来构建一个作业序列，如图 11-1 上部所示。

3. 使用 FCFS 规则和 SPT 规则评估平均流程时间。如图 11-1 所示，平均流程时间可能不同。

4. 多次重复步骤 2 和步骤 3，然后将这些迭代得到的流程时间平均。在这种情况下，我们进行了 2 500 次迭代。注意：所有 25 000 个处理时间只在有 10 个作业等待处理时使用一次迭代——2 500×10＝25 000 个处理时间。

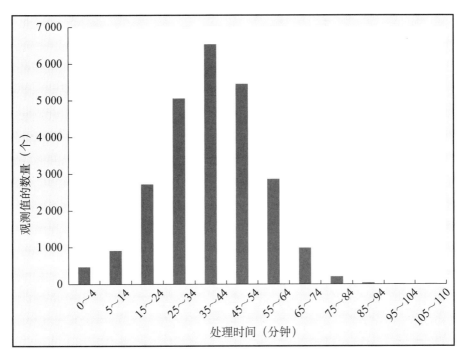

图 11 - 2　25 000 个处理时间直方图（平均处理时间为 40 分钟，标准差为 15 分钟）

　　图 11 - 3 显示了对等待处理的作业数的不同值进行离散事件模拟的结果。在图 11 - 1 的示例中，有 5 个作业等待处理。在这个特殊的例子中，SPT 和 FCFS 的平均流程时间分别为 99 分钟和 120 分钟。根据图 11 - 3，在 5 个作业的不同序列的大样本中，SPT 的平均流程时间为 103 分钟，FCFS 的平均流程时间为 120 分钟。因此，图 11 - 1 很好地代表了 SPT 和 FCFS 在 5 个作业中人们可能期望的绩效差异。

　　图 11 - 3 显示了另外一个重要发现。FCFS 和 SPT 之间的差距随着队列中作业数的增加而增加。如果队列中只有两个作业，那么 FCFS 可能以与 SPT 完全相同的方式对作业排序，概率为 50%。因此，当队列中只有两个作业时，FCFS 可以正常工作——SPT 和 FCFS 的流程时间分别为 55 分钟和 59 分钟。然而，当队列中有 10 个作业时，SPT 的平均流程时间是 182 分钟，而 FCFS 的平均流程时间要多 37 分钟（219 分钟）！我们可以得出结论，当系统中有许多作业时，使用 SPT 而不是 FCFS 是最重要的。什么时候才有可能呢？当系统的利用率非常高时，系统可能有更多的作业。当需求接近能力时，使用 SPT 而不是 FCFS 可以在流程时间和库存方面产生很大的不同。

　　因此，SPT 总是比 FCFS 提供更少的流程时间，当有许多作业等待服务时，两者之间的差距最大。这让 SPT 看起来很不错。事实上，它已经被证明是最好的排序规则：如果你想最小化平均流程时间（进而最小化系统中作业的平均库存），那么你不可能比 SPT 做得更好！

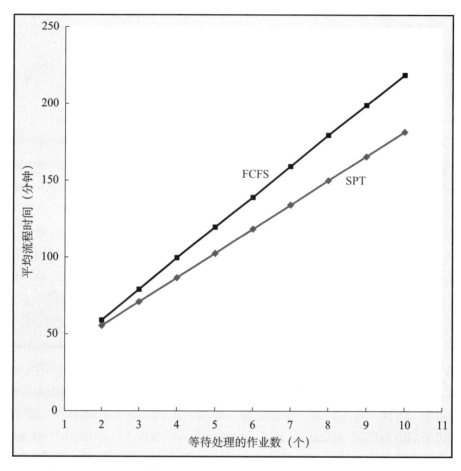

图 11-3　以 FCFS 或 SPT 排程的平均流程时间进行离散事件模拟的结果
（该流程时间作为排队待处理作业数的函数；
2 500 个样本由排队待处理作业数的每个值生成）

SPT 的局限性

既然 SPT 有这么多优势，管理者为什么不一直使用 SPT 呢？选择 FCFS 而不是 SPT 有三个原因：（1）确定作业的处理时间花费的时间太长；（2）估计的处理时间可能有偏差；（3）SPT 引发了对公平性的关注——它并不是平等对待所有作业。让我们讨论一下每个原因。

（1）延迟以确定处理时间（delay to determine processing times）。在一个极端情况下，当一个作业到达时，可以立即高度准确地确定它的处理时间，几乎没有成本。例如，如果数据包到达电信服务器，数据包的处理时间可能是数据包中数据量的函数，或者，翻译人员可能仅仅通过文档的页数就知道翻译文档需要多长时间。这些情况对于 SPT 来说是理想的，因为 SPT 在确定最佳顺序时不会浪费任何时间。在另一个极端情况下，知道作业处理时间的唯一方法可能是实际执行该作业。

在这样的情况下，与 FCFS 相比，SPT 没有任何好处：如果你必须完成作业才能知道需要多长时间，你就不能做比 FCFS 更好的排序了。和所有极端情况一样，也有很多处于中间状态的情况，在这些情况下，了解处理一个作业需要多长时间就需要一些时间。例如，假设安尼克需要两分钟来查看贷款申请，以确定处理时间。这两分钟并没有减少完成贷款审核的处理时间，相反，这两分钟的唯一价值是安尼克可以计算出她需要多少处理时间来完成贷款审核。两分钟后她知道作业 A 需要 45 分钟，她是否应该为每个作业多花两分钟来确定该作业的处理时间呢？这样做将使每个作业的平均流程时间增加两分钟。根据图 11－3，SPT 通常提供的流程时间优势远远大于两分钟，因此可能值得在每个作业上花两分钟来确定其处理时间。然而，SPT 的优势由于资源要花时间确定每个作业处理时间而明显减少了许多。

（2）有偏差的处理时间估计（biased processing time estimates）。假设你正在向资源提交作业，并且你知道作业是按照 SPT 规则处理的。例如，你正在向移民办公室提交签证申请，你关心所有作业的平均流程时间——你希望所有签证申请以尽可能少的平均流程时间处理。但是说到底，你真的很在乎你的特定作业。如果你有能力影响资源对处理你的作业需要多长时间的看法，那么你可能会试图让资源相信你的作业处理起来很快。如果你确实能够让资源相信你的作业处理速度要快，那么你将设法让你的作业更早地得到服务。这是一个问题：SPT 创造了去影响（甚或扭曲）资源对处理时间感知的动机，因为花费时间较短的作业将被较早地处理。因此，SPT 最适合使用客观（无偏）数据估计处理时间的环境。如果处理时间受到操纵，系统要么需要消除（或大大减少）该操纵，要么需要通过 FCFS 来避免这个问题（以牺牲更多的平均流程时间为代价）。

（3）公平性（fairness）。这可能是实施 SPT 所面临的最大挑战。虽然使用 SPT 时作业的平均流程时间比使用 FCFS 时要短，但这并不意味着所有作业的平均流程时间都短。回到由安尼克处理贷款的离散事件模拟器。图 11－4 显示了当有 5 个作业需要处理时，作业开始处理前的平均等待时间作为作业处理时间的函数（如前面的示例所示）。对于 FCFS，每个作业在开始处理前基本上需要等待 80 分钟，无论它是小作业（10 分钟）还是大作业（80 分钟）。（这些作业的流程时间是不同的，因为流程时间包含了处理时间，而且小作业的处理时间与大作业的处理时间是不同的。）SPT 的情况显然不是这样。SPT 会把小作业放在队列的前面，把大作业放在队列的后面。因此，小作业在开始处理前的等待时间更短，而大作业可能要花费相当多的时间等待。例如，10 分钟的作业可能是最小的作业，因此在开始处理前基本上不需要等待时间。然而，一个 80 分钟的作业可能是 5 个作业中的最后一个，所以它的流程时间本质上是 160 分钟——它必须等待 4 个作业完成，这平均需要 $4 \times 40 = 160$ 分钟。因此，如果平等对待所有作业是重要的，FCFS 是更好的方法。当人们能够得知其他作业的流程时间时，公平很可能是一个问题。然而，公平肯定有代价：公平对待所有的作业意味着平均一个作业在系统中花费的时间更多。

不使用 SPT 的一个原因是处理时间估计的不确定性。例如，作业 X 可能需要 20～50 分钟，而作业 Y 可能需要 40～70 分钟。作业 X 可能比作业 Y 需要更长的时间，但更有可能的是，作业 X 需要更少的时间来处理。因此，作业 X 应该首先处理，以减少平均流程时间。一般来说，如果处理时间估计中有一些不确定性，SPT 仍然有效，它按平均处理时间来对作业进行递增排序。

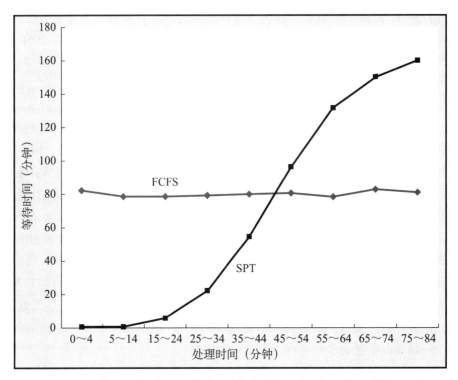

图 11 - 4　一个作业在开始处理前的平均等待时间，该时间为处理时间的函数；
这里有 5 个作业待处理，平均处理时间为 40 分钟

11.3　具有优先级加权最短处理时间的资源排程

如果希望最小化所有作业的平均流程时间，请使用 SPT 进行资源排程。但如果有些作业等待的成本高于其他作业，这种情况还会发生吗？正如你所料，事实并非如此。但我们也不必完全放弃 SPT。

考虑表 11 - 3 的情况。在单个资源上有 5 个作业要处理，它们的处理时间从 6 小时到 24 小时不等，它们留在系统中的每一单位时间所产生的成本也有所不同，这被列为作业的权重。对于这个权重有几种解释：

表 11 - 3　5 笔贷款的处理时间

作业	A	B	C	D	E
处理时间（小时）	10	6	24	15	18
权重/优先级（每单位时间成本）	2	1	6	5	2

● 作业的权重可以是单位成本，如每小时 0.10 美元，就像库存持有成本一样。

● 客户给公司带来的利润各不相同——一些客户利润很高，而另一些客户利润较低。例如，银行喜欢那些拥有大量存款、从不使用柜员或向客户服务中心求助的客户。相比之下，如果客户的存款余额较低、拒付支票、经常要求客服代表帮助，银行的利润就不那么丰厚了。因此，更有利可图的客户被赋予更高的权重。

● 客户对延迟的敏感程度各不相同。失去一个客户代价高昂，但有些客户比其他客户更有耐心，因此，更不耐心的客户可以得到更高的权重。

● 对于服务客户，服务者可能给予不同的客户以不同的优先级。例如，在卫生保健方面，根据患者对快速服务需求的紧急程度为他们分配优先级。

当作业具有不同的优先级时，排程决策当然会更复杂。如果优先级相同，我们可以使用 SPT，作业 B 肯定会先被处理。但现在这就不那么明确了。作业 B 的权重最低，那么作业 B 应不应该是推后处理的作业之一，即使它的处理时间最短？

为辅助决策，图 11 - 5 显示如果使用 SPT 进行作业排程会发生什么。横轴表示时间，纵轴表示成本。每个矩形表示一个作业：矩形的宽度是作业留在系统中的时间，其高度是作业的权重。例如，作业 C 在系统中保留 73 小时，在整个时间内每小时产生 6 单位的成本。作业 C 的总成本是 $73 \times 6 = 438$，也就是矩形 C 的面积。

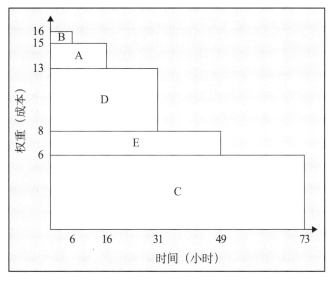

图 11 - 5　以 SPT 顺序处理 5 个作业的成本和时间

由图 11 - 5 可知，我们想要做的是最小化总面积——矩形面积之和，因为这是总成本。SPT 的问题很明显：SPT 最后处理作业 C，但作业 C 权重很高，所以把它留在系统中很长时间是很昂贵的。

我们需要的解决方案是对 SPT 进行一个相对简单的调整。优先考虑的理想作业具有高优先级（这样我们就可以很快地将其从系统中取出）和较短的处理时间（这样它就不会让其他作业等待太长时间）。为了使总成本最小，我们应该使用加权最短处理时间（weighted-shortest-processing-time，WSPT）规则：对于每个作业，评估其权重与其处理时间的比值，然后按该比值降序排列作业。例如，作业 D 的权重为 5，处理时间为 15 小时，所以权重与处理时间的比值为 1/3。

表 11-4 按加权处理时间的递减顺序显示了作业。依据 WSPT，作业 C 应该是较早处理的作业之一——确切地说是排在第二的作业。作业 B，尽管有最短的处理时间，它的处理时间排在倒数第二，因为它的权重最小。

表 11-4 以 WSPT 排序后的 5 个作业

作业	D	C	A	B	E
处理时间（小时）	15	24	10	6	18
权重/优先级（每单位时间成本）	5	6	2	1	2
处理时间加权比	1/3	1/4	1/5	1/6	1/9

图 11-6 按 WSPT 顺序显示了这 5 个作业。比较图 11-5 和图 11-6，你可能会注意到，通过使用 WSPT，总面积确实减少了。事实上，总成本从使用 SPT 的 729 降到了使用 WSPT 的 608——成本降低了 17%！（如果你好奇的话，FCFS 的总成本是 697，比 SPT 要低。FCFS 碰巧比 SPT 在计算作业的优先级方面做得更好。）

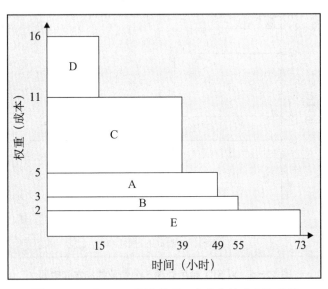

图 11-6 以 WSPT 顺序处理 5 个作业的成本和时间

因此，WSPT 很好地最小化了处理作业的总权重成本。但是 WSPT 实现起来有点麻烦。它需要计算权重与处理时间的比值，然后在所有作业中对这些比值进行排序。但是，在两种情况下，WSPT 更容易使用。第一种情况是所有作业都有相同的权重。在这种情况下，WSPT 序列作业与 SPT 相同。第二种情况是只有几个权重，而且权重彼此差别很大。如表 11 – 5 所示，其中 3 个作业的处理时间相对较短，约为 1 小时。另外 3 个作业处理时间较长，约为 4.5 小时。尽管如此，长处理时间的作业具有更高的优先级，准确地说是 100 倍。因此，显然我们应该首先处理高优先级的作业，而不管它们的特定处理时间。

表 11 – 5　处理时间和优先级不相同的 6 个作业

作业	A	B	C	D	E	F
处理时间（小时）	1	1.5	0.75	5	4	4.5
权重/优先级（每单位时间成本）	1	1	1	100	100	100
处理时间加权比	1	2/3	4/3	20	25	22.2

急诊室往往有严格的优先级方案。首先对患者进行急诊严重指数（emergency severity index，ESI）评分，评分范围为 1~5：1——复苏、2——急救、3——急诊、4——次紧急和 5——非紧急。患者的 ESI 评分影响所接受的护理类型。例如，ESI 1 和 ESI 2 的患者立即被送入治疗，而 ESI 3、ESI 4 和 ESI 5 的患者可以安全地等待。在急诊室你真的不会想成为优先级最高的那个患者。

与 SPT 一样，如果处理时间估计中存在不确定性，则仍可以执行 WSPT——只需使用预期的处理时间来执行。也像 SPT 一样，有些情况会使 WSPT 失去吸引力，例如：

（1）延迟以确定优先级或处理时间。如果需要很长时间来确定流程单元的优先级或处理时间，WSPT 就不那么有吸引力了。然而，如果作业有广泛认可的优先级（如在急诊室），那么可能需要确定优先级，即使它比理想的时间更长。

（2）有偏差的优先级或处理时间估计。使用 WSPT，如果用户能够说服资源，使其相信自己的优先级比实际的要高，那么用户可以获得比其应得的更好的服务。例如，排队去洗手间，有个人走过来要求排在你前面，因为她"真的需要去"。如果她真的需要去，你可能会同意让她在你前面插队，但你怎么知道她不是假装的？你可能不想确认她真的需要去！

（3）公平性。与 SPT 一样，并不是所有的作业都同等对待。SPT 的所有公平性问题都适用于 WSPT。

11.4　具有截止日期的资源排程——最早截止日期

在某些情况下，我们希望尽快完成所有作业，但情况并不总是如此。在某些情况下，作业随着时间的推移而到来，它们也有相应的截止日期。例如，你的三个咨询客户分别期望你在 6 周、9 周和 10 周内提供一份报告。显然，这些截止日期要求可能会影响你首先选择处理哪份报告。那么你应该如何安排这些报告的处理顺序呢？

要研究如何处理截止日期，请考虑表 11 - 6 中的示例。有 5 个不同流程时间和截止时间的作业。特别是，它们按照流程时间的递增顺序和截止时间的递减顺序排列。这种特殊的（人为的）结构说明了为什么截止时间对排程是一个挑战。

表 11 - 6　5 个项目的截止日期

作业	A	B	C	D	E
流程时间（天）	2	4	6	8	10
截止时间（距离今天的天数）	20	18	16	14	12

在真正开始作业排序之前，考虑一下我们可以使用的绩效度量指标。在没有截止日期的示例中，度量作业的平均流程时间和系统（库存）中的平均作业数是合理的。但你可能会想到其他指标，例如：

● 准时交货率（percent on time）。这是在截止日期或之前完成的作业百分比。

● 延误（lateness）。作业的延误是它的完成时间和截止日期之间的差值。例如，如果一个作业在第 10 天截止，而它在第 12 天完成，那么它延误了 12－10＝2 天。延误也可能是负数。例如，如果作业应该在第 10 天完成，但它在第 7 天就完成了，那么它就是 "晚了" －3 天，意思是早了 3 天。负延误可能看起来很奇怪，这意味着作业提早完成，但这是延误的相对常见定义，所以我们也坚持使用这个定义。

● 延迟（tardiness）。如果一个作业在它的截止日期之后完成，那么作业的延迟就是它的完成时间和它的截止日期之间的差值。如果作业在其截止日期之前完成（它提前完成了），那么它的延迟为 0。从某种意义上说，度量延迟比延误更有意义，因为一个作业从来不存在负延迟。

如果愿意的话，我们可以度量与准时交货率相关的延迟作业的百分比（超过截止日期完成的作业的比例）。延误和延迟是适用于个别作业的度量指标。通过取它们的均值（如平均延误时间）或评估它们的最大值（如最大延误时间），将这些度量指标汇总到许多作业中是有用的。

现在回到表 11 - 6 列出的作业集。我们可以使用 SPT 来安排作业，但该规则完全忽略了截止日期。例如，如果对表 11 - 6 中的作业使用 SPT，那么我们所处理的第一个作业的截止日期最晚，所处理的最后一个作业的截止日期最早。这是处理截止日期的一种不常见的方式。

因为 SPT 忽略了截止日期，也许我们应该开发一个明确地解释它们的排序规则。你可能会快速开发几种处理截止日期的方法，甚至可能会考虑简单的最早截止日期（earliest-due-date，EDD）规则：按照截止日期的递增顺序处理作业。在表 11-6 中项目的特殊情况下，EDD 规则将作业按与 SPT 相反的顺序排列！注意，SPT 忽略截止日期，而 EDD 忽略处理时间！那么，哪个更好呢？答案是"看情况"。为了了解原因，让我们对 SPT 和 EDD 的几个绩效度量指标进行评估。

　　表 11-7 显示了表 11-6 中使用 SPT 规则的每个作业的流程时间。例如，作业 A 在 2 天内完成，作业 B 在第 6 天完成——一个作业的流程时间是该作业的处理时间和之前完成的作业的处理时间之和。在 SPT 中，平均延误时间为 -2 天，这意味着，平均而言，作业在截止日期前 2 天完成。但是最大的延误时间是 18 天。就准时性而言，有 3 个作业（60%）是不迟到的。

表 11-7　SPT 的绩效度量指标

作业	处理时间（天）	截止日期（天）	流程时间（天）	延误（天）	延迟（天）	迟到
A	2	20	2	-18	0	0
B	4	18	6	-12	0	0
C	6	16	12	-4	0	0
D	8	14	20	6	6	1
E	10	12	30	18	18	1
均值			14	-2	4.8	0.4
最大值				18	18	1

　　表 11-8 显示了 EDD 的结果。在很多方面，EDD 都比 SPT 差。我们知道 EDD 的平均流程时间长（22 天比 14 天），因为 SPT 使平均流程时间最小化。令人惊讶的是，EDD 甚至在一些关注截止日期的指标上也不如 SPT，比如平均延误时间（6 天比 -2 天）、平均延迟时间（6.4 天比 4.8 天）或者准时性（20% 比 60%）。EDD 最好的一个指标是最大延迟时间（10 天比 18 天）。

表 11-8　EDD 的绩效度量指标

作业	处理时间（天）	截止日期（天）	流程时间（天）	延误（天）	延迟（天）	迟到
E	10	12	10	-2	0	0
D	8	14	18	4	4	1
C	6	16	24	8	8	1
B	4	18	28	10	10	1
A	2	20	30	10	10	1
均值			22	6	6.4	0.8
最大值				10	10	1

　　表 11-7 和表 11-8 的结果提供了 SPT 和 EDD 的一个简单比较。该结果与比较两种方法的详细研究结果一致，总结如表 11-9 所示。

表 11 - 9　SPT 与 EDD 的绩效度量指标比较

绩效度量指标	建议
平均流程时间、平均延迟	用 SPT 最小化两个指标
最大延误或延迟时间	用 EDD 最小化两个指标
平均延迟时间	SPT 时常较优，但并不总是比 EDD 更好
准时性	SPT 时常更优，但并不总是比 EDD 更好

总之，即使截止日期很重要，即使 SPT 忽略了它们，我们也很难弃用 SPT。SPT 的主要优点是保持了尽可能少的平均流程时间，无论是否有截止日期，这都是有价值的。然而，如果有强硬措施避免非常晚的作业，那么 EDD 可能是最好的方法，因为它将作业中的最大延误/延迟时间最小化。但这是一种保守的方法：通过避免很晚的作业，EDD 可能会使所有的作业，平均来说，比 SPT 晚一点。

11.5　约束理论

在单一资源上作业排程是复杂的，跨多个资源作业排程可能是令人难以想象的。以半导体制造过程为例，粗略地说，制造半导体从硅片开始，经过一系列步骤，如图 11 - 7 所示，包括沉积、光刻、蚀刻和测试。每个步骤通常包括若干台机器，晶圆经常通过多个步骤再循环（如一片晶圆可以通过多次光刻和蚀刻），不同类型的晶圆在不同的步骤上有不同的处理时间，许多步骤包括准备时间，这取决于所制造的特定半导体类型。一个典型的半导体制造工厂有数百个（如果不是数千个的话）正在加工的作业，所有这些作业都有不同的截止日期要求和收入潜力。最后，每一件设备的成本可能高达数百万美元，而现代半导体设施的总成本可能超过 10 亿美元，有时甚至超过几十亿美元。在如此大的资本投资下，最大限度地提高单位时间产出是至关重要的，这通常意味着确保设施高利用率。

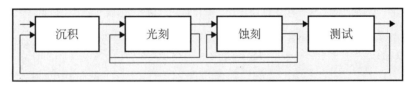

图 11 - 7　半导体制造流程

即使在比半导体制造更简单的流程中，也可以有无限多个不同的排程方案来计划流程单元通过流程的方式。有很大概率不可能数完这些方案，管理者如何从中选择呢？一种有效的方法是通过简化分析来"洞察"复杂性，这就是约束理论（theory of constraints）背后的思想。约束理论认为，流程的单位时间产出主要是由通过瓶颈资源的单位时间产出决定的，所有管理者的注意力都应该放在瓶颈上。换句话说，系统上的主要约束就是瓶颈。因此，一个管理者所需要做的就是通过最大限度地提高瓶颈的单位时间产出，来确保流程的单位时间产出尽可能高。特别是，管理者不应该过多关注非瓶颈资源，因为这些资源上的空闲时间并不会限制整个流程的产出，所以不应该引起关注。

应用约束理论的第一步是识别瓶颈。瓶颈是具有最高隐含利用率（需求与能力之比）的资源。接下来，应该注意确保通过瓶颈的单位时间产出最大化，这也最大化瓶颈的利用率。例如，如果瓶颈包括准备时间，那么批量应该足够大，以避免增加太多的非生产时间。最后，重要的是从整个流程的视角来安排作业，这样瓶颈就不会被阻塞或断流。因此，应该在非瓶颈步骤进行作业排程，以确保在瓶颈前总有一个作业缓冲区（以防止断流），在瓶颈后总有足够的空间（以防止阻塞）。有趣的是，这可能需要一系列排序规则组合。通常在瓶颈之前和瓶颈之后的缓冲区中的作业应该用 SPT 进行排程，以最小化这些缓冲区中的平均库存。但有时排程规则实际上应该切换到处理 LPT! 例如，假设瓶颈之后的缓冲区开始满了，在这种情况下，瓶颈有被阻塞的风险。如果瓶颈切换到 LPT，那么它将减少阻塞的机会，因为 LPT 暂时减缓了瓶颈之后作业流入缓冲区的速度。或者，假设瓶颈前的缓冲区几乎为空。瓶颈前的空缓冲区有使瓶颈断流的风险。因此，瓶颈应该切换到 LPT，让上游资源有机会增加瓶颈前的作业。

在更高的层次，约束理论认为管理时间很有限是系统的另一个约束。因此，最好将时间集中在对流程整体绩效影响最大的部分（瓶颈）上。

11.6　预订与预约

如果不包括预订与预约，排程的讨论就不完整。预约系统的意图很清楚：与其让人们按他们想要的方式到达（这会创建长长的队列或导致服务器空闲），不如使用预约来增加到达过程的可预测性和平滑性。考虑医生的看诊流程，如图 11-8 所示，与大多数流程图不同，图 11-8 显示了两个相邻的"库存"位置：患者可以在家里或在医院的候诊室等待医生。在其他条件相同的情况下，患者显然更喜欢在家等待，而不是在医院的候诊室。

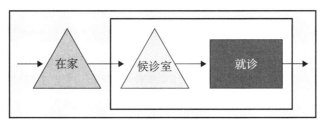

图 11-8　就医流程图

　　在进一步讨论之前，我们明确一下，使用预约系统实际上并没有增加系统的能力。如果患者等待看病的单位时间产出大于医生的能力，那么无论是否使用预约系统，等待看病的患者数量都会非常大。这确实可能会引起愤怒：患者可能会给医生打电话，却得知下一个预约时间是几个月后。这个问题的主要解决方案是增加系统的能力。

　　当能力足够时，预约系统处理的是供需匹配。每个人（或作业）预定在前一个人结束服务时到达。这样，从理论上讲，服务器就永远不会空闲，作业也永远不需要等待。然而，有一些复杂性挑战预约系统：（1）处理时间不是完全可预测的，目前尚不清楚根据预约时间下一个人应该什么时候到达；（2）人们不总是按照预约时间来，也就是说，需求，甚至经安排的需求，并不是可完全预测的。

　　为探讨预约系统的设计挑战，让我们以医生看诊为例。假设我们正在安排初级医生的预约。每个患者平均需要医生 20 分钟的时间，但是每个患者的实际处理时间在 10～30 分钟区间均匀变化。为了简单起见，我们假设医生只看病——他不吃午饭，没有其他文书工作要做，甚至不需要上洗手间。医生在早上 8 点开始接诊患者，想要在一天中治疗 20 个患者。我们应该如何确定预约时间呢？

　　和往常一样，在做出预约决策前，需要清楚我们关注的绩效度量指标：

- 资源（医生）的利用率。
- 每个流程单元（患者）的平均流程时间。

　　利用率衡量的是我们如何有效地利用资源的时间。如果医生的工资固定，一个利用率更高的医生要么以更少的作业时间治疗相同数量的患者，要么每小时治疗更多的患者。平均流程时间衡量的是我们使用流程单元的时间的情况。对患者不可能按时间收费，但是如果他们在医生诊室里花更少的时间，他们会对所得到的服务更满意。显然，我们希望利用率尽可能高，流程时间尽可能少。

不确定处理时间的预约安排

　　让我们为医生选择一个预约时间，假设他的患者非常守时——他们总是在约定的时间到达。一个很自然的选择是每 20 分钟安排一个患者到医院，因为这是医生看每个患者的平均时间。表 11－10 显示了一天可能的结果——处理时间是随机产生的，假设每个处理时间在 10～30 分钟区间的概率相同（这是另一个离散事件模拟器）。例如，患者 1 在医生处花了 18 分钟，而患者 2 花了 11 分钟。因为患者 1 在患者 2 到达之前就结束了，所以医生在治疗患者 2 之前有 2 分钟的空闲时间，在治疗患者 3 之前有 9 分钟的空闲时间。不巧的是，患者 6 需要 29 分钟，这意味着患者 7 必须等待 9 分钟才能看医生，导致总流程时间为 38 分钟（9 分钟等待，29 分钟看医生）。

表 11-10 一天中治疗预约间隔时间为 20 分钟的 20 个患者的模拟结果

患者	排程	处理时间（分钟）	开始时间	结束时间	患者流程时间（分钟）	医生空闲时间（分钟）
1	8：00	18	8：00	8：18	18	0
2	8：20	11	8：20	8：31	11	2
3	8：40	18	8：40	8：58	18	9
4	9：00	20	9：00	9：20	20	2
5	9：20	10	9：20	9：30	10	0
6	9：40	29	9：40	10：09	29	10
7	10：00	29	10：09	10：38	38	0
8	10：20	18	10：38	10：56	36	0
9	10：40	16	10：56	11：12	32	0
10	11：00	21	11：12	11：33	33	0
11	11：20	15	11：33	11：48	28	0
12	11：40	18	11：48	12：06	26	0
13	12：00	18	12：06	12：24	24	0
14	12：20	13	12：24	12：37	17	0
15	12：40	16	12：40	12：56	16	3
16	13：00	30	13：00	13：30	30	4
17	13：20	16	13：30	13：46	26	0
18	13：40	18	13：46	14：04	24	0
19	14：00	19	14：04	14：23	23	0
20	14：20	14	14：23	14：37	17	0

表 11-11 第四列总结了表 11-10 数据的结果。平均流程时间是表 11-10 中"患者流程时间"一列的均值。平均处理时间是表 11-10 中所示的"处理时间"的均值。注意，平均处理时间略低于预期值，为 18.35 分钟，而不是 20 分钟。这只是偶然。

表 11-11 预约间隔时间不同的绩效度量结果

计算	度量指标	预约间隔时间（分钟）		
		15	20	25
a	平均流程时间（分钟）	51.1	23.80	19.25
b	平均处理时间（分钟）	18.35	18.35	18.35
c	患者数（个）	20	20	20
d	加工周期（小时）	6.13	6.62	8.15

续表

计算	度量指标	预约间隔时间（分钟）		
		15	20	25
$e=60/b$	能力（个患者/小时）	3.27	3.27	3.27
$f=c/d$	单位时间产出（个患者/小时）	3.26	3.02	2.45
$g=f/e$	利用率	1.00	0.92	0.75
$h=a-b$	平均等待时间（分钟）	32.75	5.45	0.90

评估医生的总工作时间，请注意医生从 8：00 开始工作，到 14：37 结束，即 397 分钟，也就是 6.62 小时。处理一组作业（在本例中是 20 个患者）的总时间也称为加工周期（makespan）。加工周期永远不能小于处理时间之和，如果医生有空闲时间，它还可以更大。

平均处理时间为 18.35 分钟，医生的能力为 $\dfrac{1}{处理时间}$，即每分钟处理 0.054 5 个患者或每小时 3.27 个患者。单位时间产出是服务的患者数量（20 个）除以服务他们的时间（6.62 小时），或每小时 3.02 个患者。最后，利用率是单位时间产出除以能力，即 92%。

医生 92% 的利用率和患者平均 5.45 分钟（23.80-18.35）的等待时间似乎是合理的。但表 11-11 也揭示了预约间隔时间较短（15 分钟）或较长（25 分钟）时的情况。

当预约间隔时间设定为 25 分钟时，患者得到了很好的服务！在这种情况下，他们平均总共要等待 0.9 分钟才能见到医生。然而，这种良好服务是有代价的。这位医生的利用率已经下降到 75%，他必须花 8.15 小时来治疗 20 个患者，而不是 6.62 小时。这意味着从 20 分钟到 25 分钟的间隔时间为 20 个患者节省了总共 91 分钟（20×（5.45-0.90））的等待时间，但医生增加了大约 1.5 小时（8.15-6.62）的时间。如果医生的时间相对于患者的等待时间成本更低，这是一个合理的权衡，但如果医生的时间相对于患者的等待时间成本更高，这是一个可怕的权衡结果。

表 11-11 显示的另一个极端是 15 分钟间隔时间的情况。平均来看，患者的就诊速度比医生治疗的速度要快。如你所料，这使医生很忙——他的利用率现在是 100%——但患者必须等待相当长的时间——平均等待时间是 32.75 分钟。等待大约半个小时可能看起来不像一场灾难，但请记住，这是一个均值。有些患者不得不等待更长的时间。图 11-9 显示了这 20 个患者中每个人的等待时间。最后四个预约的患者每个人要等待一个多小时，这大约是平均等待时间的两倍。这就是你更希望预约早上而不是下午的原因。

如果排程系统在一段时间内安排的流程单元（患者）超过了资源（医生）能够处理的数量，则称为超额预订（overbooking）——故意安排超过能力的工作量，以尽量保持资源的高利用率。关于超额预订的更广泛讨论见第 18 章。

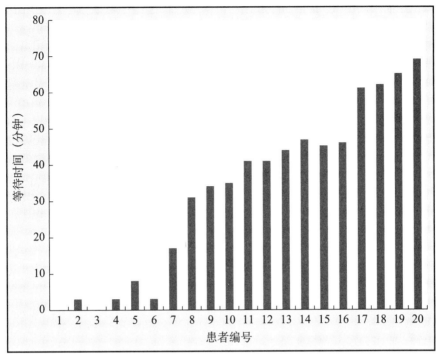

图 11 - 9　预约间隔时间为 15 分钟时 20 个患者每个人的等待时间

预约未到

　　看看表 11 - 11 中的结果，似乎 20 分钟间隔时间可能是让患者等待医生（短预约间隔时间）和让医生等待患者（长预约间隔时间）之间的一个很好的平衡，但有一个关键的假设需要重新考虑：患者并不总是按时赴约。事实上，在许多医生的诊所里，患者没有按预约到达，即预约未到（no-shows）的比率高达20%～30%。

　　为了解预约未到的影响，我们假设大约 20% 的患者没有按预约到达。尽管如此，这位医生还是想在白天治疗 20 个患者。因此，假设医生安排了 25 个预约，希望有 20 个患者接受治疗。表 11 - 12 显示了一种可能的结果。注意，表11 - 12 中的处理时间与表 11 - 10 中的处理时间是相同的。两表结果的唯一区别是，表 11 - 12 中 20% 的患者没有出现。

表 11 - 12　一天中治疗预约间隔时间为 20 分钟的 20 个患者，其中 5 个患者预约未到的模拟结果

患者	排程	状态	处理时间（分钟）	开始时间	结束时间	患者流程时间（分钟）	医生空闲时间（分钟）
1	8：00		18	8：00	8：18	18	0
2	8：20	预约未到					

续表

患者	排程	状态	处理时间（分钟）	开始时间	结束时间	患者流程时间（分钟）	医生空闲时间（分钟）
3	8：40		18	8：40	8：58	18	22
4	9：00		20	9：00	9：20	20	2
5	9：20		10	9：20	9：30	10	0
6	9：40		29	9：40	10：09	29	10
7	10：00		29	10：09	10：38	38	0
8	10：20		18	10：38	10：56	36	0
9	10：40		16	10：56	11：12	32	0
10	11：00		21	11：12	11：33	33	0
11	11：20		15	11：33	11：48	28	0
12	11：40		18	11：48	12：06	26	0
13	12：00		18	12：06	12：24	24	0
14	12：20	预约未到					
15	12：40		16	12：40	12：56	16	16
16	13：00		30	13：00	13：30	30	4
17	13：20		16	13：30	13：46	26	0
18	13：40	预约未到					
19	14：00	预约未到					
20	14：20		14	14：20	14：34	14	34
21	14：40	预约未到					
22	15：00		11	15：00	15：11	11	26
23	15：20		13	15：20	15：33	13	9
24	15：40		18	15：40	15：58	18	7
25	16：00		19	16：00	16：19	19	2

表 11-13 评估了 20% 的预约未到情况下的绩效度量指标。从表 11-11 和表 11-13 可以看出，出现预约未到将不利于医生时间的有效利用。对于每一个预约间隔时间，如果出现预约未到的情况，医生的利用率就会降低。然而，预约未到似乎有助于减少平均等待时间：如果一些患者没有出现在他们的预约时间内，那么其他患者不需要等待那么长时间。因此，并不能立刻明显判断预约未到是坏事。

表 11-13　预约间隔时间不同且 20% 的患者预约未到的绩效度量结果

计算	度量	预约间隔时间（分钟）		
		15	20	25
a	平均流程时间（分钟）	38.10	22.95	19.25
b	平均处理时间（分钟）	18.35	18.35	18.35
c	患者数（个）	20	20	20
d	总工作时长（小时）	6.37	8.22	10.32
$e=60/b$	能力（个患者/小时）	3.27	3.27	3.27
$f=c/d$	单位时间产出（个患者/小时）	3.14	2.43	1.94
$g=f/e$	利用率	0.96	0.74	0.59
$h=a-b$	平均等待时间（分钟）	19.75	4.60	0.90

图 11-10 清楚地表明，预约未到是肯定且明确地没有好处的。该图描绘了利用率和平均等待时间之间的权衡。每条曲线上的每个观察值对应于一个特定的预约间隔时间。例如，如果 24 分钟的预约间隔时间有 20% 的预约未到，则利用率约为 62%，平均等待时间为 1.25 分钟；如果 18 分钟的预约间隔时间而所有患者到达，则利用率为 97%，等待时间为 14 分钟。从图中得到的关键发现是，当患者更有可能预约但不去赴约时，权衡曲线将向上并向左移动。这没有什么好处。例如，假设希望将患者的平均等待时间控制在 5 分钟以内，如果所有患者都按预约到达，那么医生的利用率可超过 90%（0% 的预约未到曲线在大约 91% 的利用率时穿过水平的 5 分钟等待线），但是，如果 20% 的患者预约未到，那么医生的利用率可能会下降到 75% 左右（20% 的预约未到曲线在 75% 的利用率时穿过水平的 5 分钟等待线）。如果医生的工资固定，利用率下降就意味着为每个患者服务的成本上升。

如果图 11-10 看起来很熟悉，那么你可能已经阅读了第 9 章——变化性及其对流程绩效的影响：等待时间问题。在第 9 章，图 9-2 显示了在具有随机处理时间、随机到达间隔时间和无预约的系统中，利用率和排队时间之间的权衡。尽管这些系统与预约医生并不完全相同，但利用率和流程时间之间的基本权衡仍然是正确的。

因此，我们看到，预约系统并不是解决所有运营问题的灵丹妙药。可变的处理时间会产生不确定性。有预约但预约未到会产生不确定性。管理这种不确定性需要在医生利用率和患者等待时间之间进行权衡。或者医生等待患者（长的预约间隔时间），或者患者等待医生（短的预约间隔时间）。这种取舍是不可避免的，而且随着系统中不确定性的增加，情况肯定会变得更糟。

除了在权衡曲线上选择适当的点之外，还可以做什么来改善这种情况呢？与大多数运营问题一样，最明显的解决方案是减少导致问题的变化性！

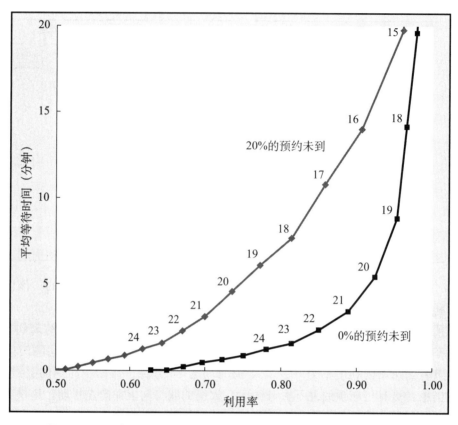

图 11 - 10 两个实例中利用率和平均等待时间之间的权衡（（1）所有的
客户都按时赴约；（2）20％的客户预约未到）

要解决的第一个问题是处理时间的变化性。这可以通过采用标准化流程，更好
更快地培训新员工，以及医生努力避免患者花费不必要的时间（例如学习如何礼貌
地对待健谈的患者）来解决。

要解决的第二个问题是预约未到。可以采用以下几种方法。例如，医生诊室
可以在预约前一天联系患者，提醒患者。一种更严格的方法是，如果患者没有按
时赴约，就向患者收费。在某些情况下，这很难做到，而且肯定会造成患者的反
感。此外，尽管医生诊室可以从中获得一点收入，但患者的预约未到仍然会给医
生带来一些空闲时间，这并不是理想的状态。最后，我们注意到，患者没有按预
约到达很大可能取决于患者在多久前预约。如果患者在两个月前打电话预约，那
么他可能更容易忘记这个预约。这一发现启发一些医生转向开放式预约（open-
access appointment system）。在开放式预约系统中，预约时间只提前一天，以
FCFS 规则处理。研究发现，开放式预约系统可显著降低预约未到的概率，同时
提高医生的利用率。

11.7　小　结

排程包括分配资源在什么时候应该在什么需求上。虽然 FCFS 是排程作业的直观方法，但从运营绩效度量的角度来看，这通常不是最好的方法，除非对流程单元的公平性有强烈的关注。SPT 通常是一种更好的方法，或者在它基础上的 WSPT 能够考虑不同作业的优先级。当有截止日期时，EDD 规则将最大延误或延迟时间最小化，但它可能在平均绩效或准时性方面不如 SPT。

在一个复杂系统进行排程时，约束理论表明，应该关注瓶颈资源，通过在瓶颈资源前设置一个流程单元缓冲区（避免断流）和在瓶颈资源后设置足够的空间资源（避免阻塞）以最大化单位时间产出。如果资源有准备时间，那么确保瓶颈生产的批量足够大以避免不必要的低利用率。

预订与预约被视为排程的一种解决方案，但这些系统也存在挑战。特别是，当处理时间不确定或到达不确定（如预约未到）时，预约系统必须平衡资源的利用率与流程单元的流程时间。

在本章讨论的每个例子中，我们看到了三种对系统产生不良影响的因素：变化性、浪费和缺乏柔性。变化性表现为到达时间的不确定性和处理时间的不确定性。浪费的表现为导致处理时间延长，比如服务提供者缺乏培训。缺乏临时增减人员的柔性是需要排程的关键原因。

11.8　延伸阅读

Cox、Eliyahu 和 Goldratt（1986）撰写了运营管理的经典著作之一——谁能想到一本关于运营管理的书如此有趣且逗乐！这本书以及随后的 Goldratt（1990）提出了约束理论。

关于排程这一主题的复杂处理，请参见 Pinedo（2009）。

Cox，Jeff and Eliyahu M. Goldratt. The Goal：A Process of Ongoing Improvement. Great Barrington，MA：North River Press，1986.

Goldratt，Eliyahu M. Essays on the Theory of Constraints. Great Barrington，MA：North River Press，1990.

Pinedo，Michael. Planning and Scheduling in Manufacturing and Services. New York：Springer-Verlag，2009.

11.9 实战练习

下面的问题将有助于测试你对本章的理解。在每个问题之后，我们在方括号中显示相关章节信息。

附录 E 中有带"＊"标记的问题的答案。

Q11.1＊ 在一个资源上有 10 个作业等待处理。这些作业的总处理时间为 200 分钟。在处理这些作业的时间段内，通过资源的单位时间产出是多少（每小时作业数）？［11.2］

Q11.2 建筑师有 5 个项目要完成。他估计其中 3 个项目需要一周才能完成，另外两个项目需要 3 周和 4 周。在这些项目完成期间（假设在此期间没有其他项目），建筑师的单位时间产出（每周项目数）是多少？［11.2］

Q11.3＊ 考虑下表的作业。假设 SPT 用于作业排序。

a. 第四个要处理的作业是什么？［11.2］

b. 作业 F 的流程时间（分钟）是多少？［11.2］

c. 作业的单位时间产出（每分钟作业数）是多少？［11.2］

d. 作业在系统中的平均流程时间是多少？［11.2］

e. 系统中作业的平均库存是多少？［11.2］

6 个作业的处理时间

作业	A	B	C	D	E	F
处理时间（分钟）	5	11	8	2	1	9

Q11.4 给定如下表所示的项目，假设按 FCFS 进行作业排序。

a. 项目的平均单位时间产出（每小时项目数）是多少？［11.2］

b. 项目的平均流程时间（小时）是多少？［11.2］

c. 项目（在项目中）的平均库存是多少？［11.2］

8 个项目的处理时间，以它们到达的时间排序

项目	P_1	P_2	P_3	P_4	P_5	P_6	P_7	P_8
处理时间（小时）	4	1	2	3	6	5	1	0.5

Q11.5＊ 假设下表的作业需要在单个资源上处理，并且使用 WSPT 规则进行排序。

处理时间和 5 个作业的权重

作业	A	B	C	D	E
处理时间（分钟）	1	4	2	3	5
权重	1.5	1	1.25	0.5	2

a. 哪个作业将被第二个处理？［11.3］

b. 作业的平均单位时间产出（每分钟作业数）是多少？［11.3］

c. 作业的平均流程时间（分钟）是多少？［11.3］

d. 作业的平均库存是多少？［11.3］

Q11.6 假设下表的作业需要在单个资源上处理，并且使用 WSPT 规则进行排序。哪个作业将被第三个处理？［11.3］

处理时间和 4 个作业的权重

作业	A	B	C	D
处理时间（分钟）	15	5	25	30
权重	5	10	1	15

Q11.7 机场有五架飞机准备起飞。每架飞机上的乘客数如下表所示。每架飞机滑行到跑道需要 10 分钟，起飞需要 2 分钟（两次起飞间隔 2 分钟）。如果空管员想要最小化等待出发的乘客的加权平均数（根据飞机上的乘客数加权），飞机应该按照什么顺序起飞？［11.3］

五架准备起飞的飞机上的乘客数

飞机	A	B	C	D	E
乘客数（个）	150	50	400	200	250

a. A，B，C，D，E。

b. B，A，D，E，C。

c. C，B，E，A，D。

d. C，E，D，A，B。

e. 它们以什么顺序起飞并不重要，因为它们有相同的处理时间。

Q11.8* 如果使用 EDD 规则处理下表的作业。

5 个作业的处理时间和截止日期

作业	A	B	C	D	E
处理时间（天）	10	25	40	5	20
截止日期（天）	100	40	75	55	30

a. 作业 C 的延误是什么？［11.4］

b. 作业 E 的延误是什么？［11.4］

c. 作业 D 的延迟是什么？［11.4］

d. 最大延误时间是多少？［11.4］

Q11.9 如果使用 EDD 规则处理下表的作业。

5 个作业的处理时间和截止日期

作业	A	B	C	D	E
处理时间（周）	2	0.5	1	3	1.5
截止日期（周）	3	6	4	5	2

a. 作业 B 的延误是什么？［11.4］

b. 作业 E 的延迟是什么？［11.4］

c. 最大延迟时间是多少？［11.4］

d. 平均流程时间是多少？［11.4］

第12章
项目管理

在前面的章节，我们创建了组织的流程图。[①] 流程都是重复的——我们不是一次执行一个操作，而是一次又一次地执行它。这个流程管理图很好地适用于许多（如果不是大多数的话）运营问题。采矿和生产厂、保险或银行的后台办公室、医院和呼叫中心的流程都是重复的，许多流程单元每天都要经过相应的流程。

但对于一些运营来说，基于重复的流程管理方法就不太合适了。例如，考虑一个重要的建筑项目、一个新产品的开发或者一个婚礼派对的策划。在这些情况下，你的主要关注点是计划完成一个流程单元，通常情况下，你希望看到该流程尽早完成。

你是关心完成一个还是多个流程单元通常取决于你在运营中扮演的角色。大多数人（一次）只想到一场婚礼，因此应该把婚礼活动看作一个项目。婚礼策划者组织了许多场婚礼，因此把一场婚礼看作一个流程中的流程单元。类似地，新产品的开发者或建造新办公楼的建筑工人可能会把他们的工作视为一个项目，而组织中有很多梯队，梯队中产品开发副总裁或房地产开发公司的所有者认为这些项目是一个大流程中的流程单元。

我们将项目（project）定义为临时运营（因此是非重复的）。项目有一个有限的时间框架，有一个或多个具体目标，一个临时的组织结构，因此经常以一种更特别、较简易的管理方式运营。在本章，你将学习项目管理的基础知识，包括：

- 画出项目中一部分需要完成的活动网络图。

---

① 本书作者感谢克里斯托夫（Christoph Loch）和斯泰罗斯（Stylios Kavadias）的帮助，他们对蜻蜓无人机（Drag-ontly UAV）的案例研究是本章中令人振奋的例子的基础。

- 基于关键路径计算项目完成时间。
- 加速项目建设，提前完成项目。
- 了解项目面临的各种不确定性以及如何处理它们。

12.1　启发案例

无人驾驶飞行器（unmanned aerial vehicles，UAVs）是一种无人驾驶的飞行器，它们要么被远程控制，要么有内置的智能导航来确定方向。它们大部分应用在军事领域，也可以用于科学探索或搜救行动。在过去的几年里，无人驾驶飞行器（现在最常被称为"无人机"）也进入了消费产品领域，只需几百美元就能买到。

本节以某种无人机的开发为例，说明项目管理的几种工具和技术。特别是，我们观察了一个开发者的决策情况，他刚刚完成了一个无人机原型，现在正在制订一个更详细的商业开发计划（见 Kavadias、Loch 和 De Meyer 的著作，以了解更多细节）。表 12-1 列出了完成商业开发计划需要进行的活动。

对表 12-1 的快速（并且非常天真）结论是，完成商业开发计划的总时长是 $9+3+11+7+8+6+21+10+15+5=95$ 天。或者，有人可能（同样天真地）声称，计划开发应该需要 21 天，这是最长的活动持续时间。

表 12-1　无人机项目开发的活动

活动	描述	预期持续时间（天）
A_1	准备初步的功能和可操作性要求，并创建初步设计配置	9
A_2	准备和讨论表面模型	3
A_3	进行空气动力学分析和评估	11
A_4	创建初始结构形状，并为有限元结构模拟准备要点	7
A_5	开发结构设计环境	8
A_6	进行权重和惯性分析	6
A_7	进行结构与兼容性分析和评估	21
A_8	开发平衡的自由体方案和外部载荷	10
A_9	建立内部荷载分布，评估结构强度刚度；初步的制造计划和分析	15
A_{10}	准备开发计划	5

这两种观点都忽略了项目管理本质的一个重要方面，即有些（但不是全部）活动是相互依赖的。例如，活动 A_3（空气动力学分析）需要完成活动 A_2（准备和讨论表面模型）。这种依赖关系也称为优先关系。它们可以总结为表 12-2 的依赖矩阵。在依赖矩阵中，每一列表示提供信息的活动，每一行表示接收信息的活动。第 i 列和第 j 行中的一项表明，第 i 列（A_i）中的活动为第 j 行（A_j）中的活动提供信息。我们还说 A_i 先于 A_j，或者说 A_j 依赖于 A_i。依赖活动需要提供输入活动的

信息或物理输出。依赖矩阵隐含地建议了活动顺序，从而指示项目的流程。项目将从活动 A_1 开始，因为它没有任何输入提供活动。项目将以活动 A_{10} 结束。人们通常将一个先前的活动称为"上游"，将依赖活动称为"下游"。

表 12-2　无人机的依赖矩阵

		提供信息活动（上游）									
		A_1	A_2	A_3	A_4	A_5	A_6	A_7	A_8	A_9	A_{10}
接收信息活动（下游）	A_1										
	A_2	×									
	A_3		×								
	A_4		×								
	A_5				×						
	A_6				×						
	A_7			×			×				
	A_8			×		×	×				
	A_9								×		
	A_{10}							×		×	

12.2　关键路径法

如表 12-1 和表 12-2 所示，有多种方法来表示项目信息。在节点型（activity-on-node，AON）网络图中，节点对应于项目活动，箭头对应于优先关系（箭头从输入提供活动指向相应的依赖活动）。在本章，我们主要关注 AON 网络图，因为它类似于我们在本书其他章节讨论的流程图。

为创建一个项目的 AON 网络图，我们从不需要输入的活动开始，在我们的例子中是活动 A_1。然后我们通过依赖矩阵来模拟项目的发展：

1. 我们为活动创建一个框表示节点，包括它的名称和它的预期持续时间。

2. 在为活动创建节点之后，我们认为该活动已经完成。因此，活动提供给其依赖活动的所有信息现在都可用了。我们可以相应地画一条线，并为每个依赖活动（每个"×"）画一个箭头。

3. 接下来，我们在依赖矩阵中寻找任何其他活动，依赖矩阵提供了其完成活动的所有信息，并返回到步骤 1，直到最后一个活动。

如果我们重复执行这三个步骤，就会得到如图 12-1 所示的图。该图提供了一种实用和直观的方法来描述项目过程。它类似于第 3 章介绍的流程图。

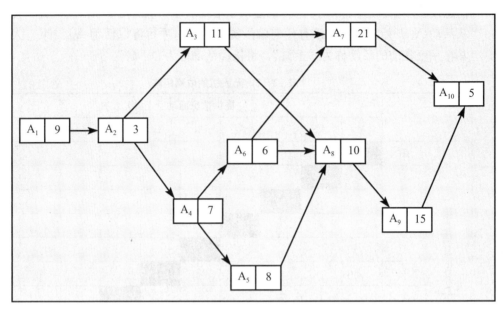

图 12 - 1　无人机项目的 AON 网络图

说明：框的左侧为活动名称，右侧为活动持续时间（天）。

12.3　计算项目完成时间

尽管流程图和 AON 网络图之间有相似之处，但我们应该记住流程管理和项目管理之间有根本区别。在流程管理中，我们将注意力集中在具有最小能力的资源上，即瓶颈。如果流程图中的每个活动由一名工人（或一台机器）完成，那么活动时间最长的活动就是瓶颈。

然而，对于项目的完成时间来说，重要的不是单个活动的时间，而是整个项目的完成时间。此完成时间要求完成所有活动。事实上，我们可以看到在无人机项目中，持续时间最长的活动（A_7）并不会限制整个项目的持续时间。

那么，图 12 - 2 中的项目需要多长时间呢？这是一个棘手的问题。直观地看，项目可以在不到 $9+3+11+7+8+6+21+10+15+5=95$ 天（活动天数之和）的时间内完成。有些活动可以同时进行，因此这 10 个活动不构成 10 人接力赛。另外，我们并行执行活动的程度受到依赖矩阵的限制。例如，活动 A_3 需要活动 A_2 完成，而活动 A_2 又需要活动 A_1 完成。当我们考虑活动 A_7 时，事情变得更加复杂，要使它能够开始，活动 A_3 和活动 A_6 必须已经完成。活动 A_3 需要活动 A_2 和活动 A_1 已经完成，而活动 A_6 需要活动 A_4 已经完成，活动 A_4 又需要活动 A_2 和活动 A_1 已经完成。真是一团糟！

为了正确计算项目的完成时间，需要一种更结构化的方法。这种方法基于对图 12 - 2 中网络的所有可能路径的考虑。路径是一系列节点（活动）和箭头（方向）的排序。例如，序列 $A_1—A_2—A_3—A_7—A_{10}$ 是一条路径。简单地将构成路径的活动持续时间相加，可以为每条路径分配一个持续时间。A_1—A_2—A_3—A_7—A_{10} 路径的持续时间为 $9+3+11+21+5=49$ 天。

通过 AON 网络图的路径数量取决于依赖矩阵的形状。在最简单的情况下，每个活动只有一个提供信息的活动和一个依赖的活动。在这样的（接力赛）项目中，依赖矩阵每行只有一个条目，每列只有一个条目。项目的持续时间将是活动时间的总和。每当一个活动向多个活动提供信息时，路径的数量就会增加。

在图 12-2 的无人机项目及其项目图中，我们可以识别出第一个活动（A_1）与最后一个活动（A_{10}）之间的路径：

A_1—A_2—A_3—A_7—A_{10}，持续时间为 $9+3+11+21+5=49$ 天

A_1—A_2—A_3—A_8—A_9—A_{10}，持续时间为 $9+3+11+10+15+5=53$ 天

A_1—A_2—A_4—A_6—A_7—A_{10}，持续时间为 $9+3+7+6+21+5=51$ 天

A_1—A_2—A_4—A_6—A_8—A_9—A_{10}，持续时间为 $9+3+7+6+10+15+5=55$ 天

A_1—A_2—A_4—A_5—A_8—A_9—A_{10}，持续时间为 $9+3+7+8+10+15+5=57$ 天

持续时间最长的路径称为关键路径。它的持续时间决定了整个项目的持续时间。在我们的例子中，关键路径为 A_1—A_2—A_4—A_5—A_8—A_9—A_{10}，项目的持续时间为 57 天。注意，持续时间最长的活动 A_7 不在关键路径上。

12.4 找到关键路径和绘制甘特图

通过项目图及其持续时间确定每一条可能的路径是一项相当乏味的练习。我们拥有的活动越多，依赖关系越多，在找到真正关心的关键路径之前，需要评估的路径就越多。

幸运的是，有一种更简单的方法来计算项目持续时间。这种更简单的方法背后的理念是计算每个活动的最早可能开始时间。对于每个活动，我们可以通过查看提供活动的所有信息完成的最早时间来找到最早开始时间（earliest start time，EST）。第一个活动的 EST 是时间 0。一个活动的最早完成时间（earliest completion time，ECT）是 EST 加上活动持续时间。然后，我们按照我们的方式完成项目图计算，一个活动接一个活动，从第一个活动开始并完成所有活动。

更正式地说，我们可以定义以下算法来计算项目的 ECT。该方法类似于我们提出项目图的图形表示方法：

1. 从没有提供信息的活动开始，并将该活动标记为开始。该活动的 EST 定义为 0。ECT 是该活动的持续时间。

2. 识别此时可以启动的所有活动（完成所有提供信息的活动）。对于给定的活动 i，计算 EST 为：

$EST(A_i) = Max\ \{ECT\ (A_j)\}$（$A_j$ 是所有为 A_i 提供输入的活动）

3. 计算 A_i ECT 为：

$ECT(A_i) = EST\ (A_i) + $ 持续时间 (A_i)

4. 将活动 i 视为已完成，并确定现在可以启动的任何进一步活动。返回步骤 2。

　　该算法如表12-3所示。这个表从上到下创建，每次创建一个活动。当你构造给定的活动 i 时，你必须问自己："什么活动向活动 i 提供信息？""活动 i 需要什么活动？"你可以通过读取依赖矩阵中的第 i 行来看到这一点，或者你可以在项目图中看到这一点。

表12-3　计算项目的完成时间（从第一个活动开始，逐行创建表）

活动	EST（天）	预期持续时间（天）	ECT（天）
A_1	0	9	9
A_2	$ECT(A_1)=9$	3	12
A_3	$ECT(A_2)=12$	11	23
A_4	$ECT(A_2)=12$	7	19
A_5	$ECT(A_4)=19$	8	27
A_6	$ECT(A_4)=19$	6	25
A_7	$\max\{ECT(A_3), ECT(A_6)\}$ $=\max\{23, 25\}=25$	21	46
A_8	$\max\{ECT(A_3), ECT(A_5), ECT(A_6)\}$ $=\max\{23, 27, 25\}=27$	10	37
A_9	$ECT(A_8)=37$	15	52
A_{10}	$ECT(A_9)=52$	5	57

　　根据 EST 和 ECT，我们可以为项目创建一个甘特图（Gantt chart）。甘特图基本上是一个以条形包含活动的时间轴。甘特图可能是最常用的项目时间线可视化工具。请注意，与 AON 网络图不同，甘特图本身并不表示活动之间的依赖关系。基于前面解释的 EST 和 ECT 的计算，我们确保活动只有在所有所需信息都已获得时才启动。

　　无人机项目的甘特图如图12-2所示。

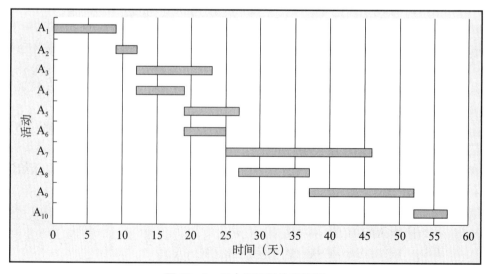

图12-2　无人机项目的甘特图

12.5 计算松弛时间

关键路径的本质是，关键路径上任何活动的延迟都会立即导致整个项目的延迟。例如，活动 A_9 的一天延迟将使整个项目延迟一天。然而，对于不属于关键路径的活动，情况就不是这样了。我们甚至可以将活动 A_7 延迟几天（确切地说是 6 天），而不会影响项目的整体完成。换句话说，活动 A_7 有一些内置的"回旋余地"。这个回旋余地的专业术语是"松弛时间"（slack time）。它是指在不影响项目整体完成时间的情况下，可以延迟某个活动的时间量。

活动的松弛时间是根据一组称为延迟开始时间表的额外计算确定的。到目前为止，我们通过项目从头到尾的计算，确定了每个活动的 EST 和 ECT。我们现在计算每个活动的最迟开始时间（latest start time，LST）和最迟完成时间（latest completion time，LCT），这样项目仍然可以按时完成。我们通过从最后一个活动开始，倒推到项目开始来实现这一点。因此，我们从最后一个活动（A_{10}）开始，到第一个活动（A_1）结束。

我们从最后一个活动开始。假设我们希望尽早完成项目，将最后一个活动的 LCT 定义为与其 ECT 相同：

$$LCT(最后一个活动) = ECT(最后一个活动)$$
$$LCT(A_{10}) = ECT(A_{10}) = 57 （天）$$

存在一些不希望提前完成的情况，也就是说，存在一个项目应该在何时完成的目标时间。在这种情况下，我们可以将最后一个活动的 LCT 定义为目标日期。

最后一个活动的 LST 就是 LCT 减去最后一个活动的持续时间：

$$LST（最后一个活动）= LCT（最后一个活动）- 持续时间（最后一个活动）$$
$$LST（A_{10}）= LCT（A_{10}）- 5 = 57 - 5 = 52 （天）$$

一般来说，我们将活动的 LCT 定义为依赖于该活动的所有活动中最小（最早）的 LST 值，将 LST 定义为 LCT 减去持续时间。考虑活动 A_9，它只有活动 A_{10} 作为依赖活动。因此，我们可以定义：

$$LCT（A_9）= LST（A_{10}）= 52 （天）$$
$$LST（A_9）= LCT（A_9）- 持续时间（A_9）= 52 - 15 = 37 （天）$$

用同样的方法，我们计算：

$$LCT（A_8）= LST（A_9）= 37 （天）$$
$$LST（A_8）= LCT（A_8）- 持续时间（A_8）= 37 - 10 = 27 （天）$$

接下来，考虑活动 A_7，我们之前观察到的这一活动有一些松弛时间。

$$LCT（A_7）= LST（A_{10}）= 52 （天）$$
$$LST（A_7）= LCT（A_7）- 持续时间（A_7）= 52 - 21 = 31 （天）$$

注意活动 A_7 的 EST 为 25 天，而活动 A_7 的 LST 为 31 天。换句话说，我们可以在不影响项目整体完成时间的情况下，将活动 A_7 的开始时间延迟 6 天。

基于此观察，我们将活动的松弛时间定义为：

$$松弛时间＝LST－EST$$

用同样的方法，我们可以计算出延迟时间表的其他信息。这些信息如表 12-4 所示。请注意，LST 列和 LCT 列是通过倒推项目图来计算的，因此，我们从表底部的行开始，然后向上进行。正如预期的那样，关键路径上所有活动的松弛时间为 0。

表 12-4　松弛时间的计算   单位：天

活动	EST	持续时间	ECT	LCT	LST =LCT － 持续时间	松弛时间＝ LST－EST
A_1	0	9	9	LST (A_2)＝9	9－9＝0	0
A_2	9	3	12	min $\{LST (A_3)$，LST $(A_4)\}$ ＝min $\{16$，12$\}$ ＝12	12－3＝9	0
A_3	12	11	23	min $\{LST (A_7)$，LST $(A_8)\}$ ＝min $\{31$，27$\}$ ＝27	27－11＝16	27－23＝4
A_4	12	7	19	min $\{LST (A_5)$，LST $(A_6)\}$ ＝min $\{19$，21$\}$ ＝19	19－7＝12	0
A_5	19	8	27	LST (A_8)＝27	27－8＝19	0
A_6	19	6	25	min $\{LST (A_7)$，LST $(A_8)\}$ ＝min $\{31$，27$\}$ ＝27	27－6＝21	27－25＝2
A_7	25	21	46	LST (A_{10})＝52	52－21＝31	52－46＝6
A_8	27	10	37	LST (A_9)＝37	37－10＝27	0
A_9	37	15	52	LST (A_{10})＝52	52－15＝37	0
A_{10}	52	5	57	57	57－5＝52	0

知道一个活动有多少松弛时间有什么好处？了解松弛时间的主要好处如下：

● 潜在地延迟活动的开始（potentially delay the start of the activity）：如果可以在不延迟整个项目的情况下延迟活动的开始，我们可能更喜欢晚一点开始而不是早一点开始。由于活动通常与直接费用有关，简单的现金流折现计算建议开始时间要尽可能延迟。

● 调整资源的可用性（accommodate the availability of resources）：当我们需要资源时，内部或外部资源可能并不总是可用的。松弛时间为我们提供了一种方法来调整时间表（如甘特图所示），而不影响整个项目的完成时间。

计算步骤 12.1 总结了计划项目时间线的步骤，并确定了关键路径和活动的松弛时间。基于这些信息，我们可以扩充初始项目图，并以图形显示我们为每个活动计算的所有信息，如图 12-2 所示。如图 12-3 所示，这是处理项目管理的商业软件包以及一组咨询工具的输出。

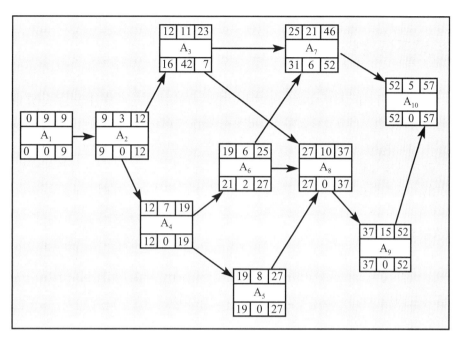

图 12 - 3　扩充项目图

说明：图中第一行包括 EST、持续时间和 ECT。中间一行是活动名称。最下面一行是 LST、松弛时间和 LCT（单位：天）。

计算步骤 12.1

关键路径分析的计算总结。

1. 识别构成项目的所有活动。

2. 通过创建依赖矩阵或创建项目图来确定活动之间的依赖关系。确保依赖关系中不存在循环（依赖活动都在对角线左下方，并且项目图中不包含任何循环）。

3. 通过项目图（从开始到结束）计算 EST 和 ECT。

$$EST(A_i) = \max \{ECT(A_j)\} \quad （A_j \text{是所有为 } A_i \text{提供输入的活动}）$$
$$ECT(A_i) = EST(A_i) + 持续时间 （A_i）$$

4. 通过项目图（从结束到开始）倒推计算 LST 和 LCT

$$LCT(A_i) = \min\{LST(A_j)\} \quad （A_j \text{是所有从 } A_i \text{接收输入的活动}）$$
$$LST(A_i) = LCT(A_i) - 持续时间 （A_i）$$

5. 计算活动的松弛时间为：

$$松弛时间 （A_i） = LST(A_i) - EST(A_i)$$

6. 通过突出所有松弛时间为 0 的活动来找到关键路径。

注意，所有这些计算都假设在活动持续时间（和依赖活动）中不存在不确定性。不确定性是下一节的主题。

12.6 处理不确定性

鉴于我们对项目的定义是处理非常规工作的临时运营，项目往往在一开始就面临大量的不确定性。因此，将这种不确定性一并纳入项目计划中是项目管理的中心问题。

项目面临的不确定性取决于项目的性质及其环境。启动一个新的创业企业可能比建造一座住宅楼涉及更多的不确定性。我们发现区分四个项目管理框架是很有帮助的，这些框架按照它们适合的不确定性水平的递增顺序排列。

随机活动时间

到目前为止，我们的分析就好像项目中的所有活动时间都是确定的，也就是说，它们可以被确定地预测。然而，许多项目活动的性质决定了它们的持续时间可能会有很大的不同。通常项目经理被要求为每个活动的持续时间想出一个最好的情况、一个平均的情况和一个最坏的情况。

有了这些信息，就有可能计算出活动时间的方差以及在某一特定截止日期完成的概率。这类似于我们在后面几章探讨的排队模型中不确定活动时间的逻辑。图 12-5 显示了一家大型医院手术室心脏手术的活动持续时间。我们观察到存在相当

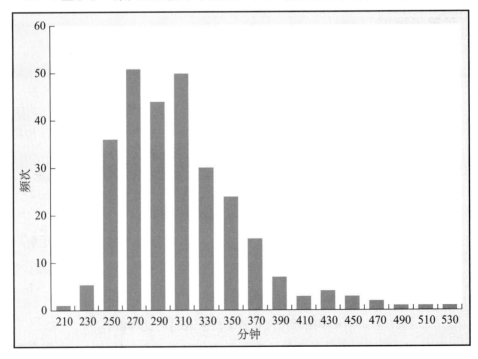

图 12-4 心脏手术的活动持续时间

资料来源：Data taken from Olivares et al.

大的手术变化。此外，我们发现该分布不是对称的：活动持续时间可能是平均持续时间的两倍以上——该分布有一个"长尾"。

当面对活动持续时间的不确定性时，意识到活动持续时间的不确定性是一件不好的事情是很重要的，因为它总体上将导致项目完成时间的延迟。认为活动时间的不确定性会相互抵消是一种误解，就像"把你的头放进冰箱，把你的脚放进烤箱，你接触到的平均温度刚好合适"一样没有什么意义。同样，活动持续时间的变化也不会抵消。当一些活动较早完成而其他活动较晚完成时，对项目持续时间的总体影响几乎都是不好的。

要弄清楚这一点，请考虑图 12 - 5 中显示的简单项目图。在左图中，我们有一个具有确定的活动时间的项目。A_1 的活动持续时间为 5 天，A_2 的活动持续时间为 4 天，A_3 的活动持续时间为 6 天，以及项目图中显示的依赖关系，该项目的关键路径为 A_1—A_3，完成时间为 11 天。现在，考虑右图中的活动时间。A_1 的完成时间是 3 天的概率为 50%，是 7 天的概率为 50%；A_2 的完成时间是 2 天的概率为 50%，是 6 天的概率为 50%。

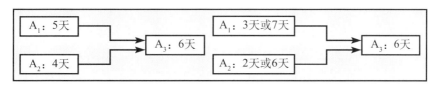

图 12 - 5　一个带有活动持续时间不确定性的项目的简单示例

注意，在预期（平均）中，A_1 和 A_2 的完成时间没有改变，但是项目的预期完成时间已经变化了。要了解这一点，请考虑表 12 - 5 中的计算。

表 12 - 5　一个有三个活动的小项目的计算示例（基于图 12 - 5）

情景	概率	说明	A3 开始	完成（天）
A_1 延迟，A_2 延迟	0.25	A_1 需要 7 天（在此期间 A_2 的 6 天也将完成）	第 7 天	13
A_1 提前，A_2 延迟	0.25	A_2 需要 6 天（在此期间 A_1 的 3 天也将完成）	第 6 天	12
A_1 延迟，A_2 提前	0.25	A_1 需要 7 天（在此期间 A_2 的 2 天也将完成）	第 7 天	13
A_1 提前，A_2 提前	0.25	A_1 需要 3 天（在此期间 A_2 的 2 天也将完成）	第 3 天	9

观察预期完成时间是：
$$0.25 \times 13 + 0.25 \times 12 + 0.25 \times 13 + 0.25 \times 9 = 11.75 \text{（天）}$$
这几乎比确定的基本情况长了一天（准确地说是 0.75 天）。注意，在两个活动都提前完成的情况下，这依赖于一个相当乐观的假设：当 A_1 和 A_2 都提前完成时，我们默认 A_3 具有比计划更早开始的柔性。如果我们不能从活动的早期完成中获益，因不确定性招致的总体惩罚成本将会更高。

在前三个情景下，我们比确定的完成时间要慢，只有在最后一个情景下，我们才更快。因此，我们不仅暴露在项目运行晚于确定的情况的风险中，而且大抵上将会晚于平均的情况。

产生这种结果的原因是项目的关键路径可能会发生潜在的变化。换句话说，不在关键路径上的活动可能会因为比预期持续时间更长而延迟整个项目。当 A_2 在确定的情况下且不在关键路径上时，我们看到它在第二个情景中延迟了项目（因此在关键路径上）。遗憾的是，许多书和软件包忽略了这种影响，并假装整个项目持续时间的方差可直接根据关键路径上的活动时间的方差计算出来。这是不正确的——对整个项目持续时间的严格评估几乎总是需要一些蒙特卡罗（Monte Carlo）模拟。

除了避免这个简单但很常见的错误之外，正确地估计活动持续时间也是一个挑战。活动持续时间的估计经常被夸大，特别是在处理内部资源时：团队中没有人希望由于可能的延误而受到指责，所以通常采用过长的活动持续时间估计（估计数值是"捏造的"）。如果不存在资源替代的威胁，这就特别常见，就像组织内部的资源（如 IT 部门）一样。资源只是简单地声明完成活动需要 10 天，即使它们对完成时间的真实预测是 5 天。毕竟，是什么激励资源采用一个积极的时间表呢？项目一开始，时间表就很紧张。然而，如果一个人真正观察项目的执行，那么他可能会看到实际上大多数活动都没有什么进展，相应的资源要么空闲，要么在其他项目上工作，即使它们与关键路径相关联。因此，获得诚实（无偏见）的活动持续时间是至关重要的。一种方法是将实际活动持续时间与预测进行比较。

活动持续时间也可能被低估，特别是在处理外部资源时：如果项目承包商被要求提交时间估计，他们有一个巨大的动力低估项目完成时间，因为这会增大他们中标的概率。一旦开始工作，他们就知道即使活动延迟了，也不能轻易地被踢出项目。例如，考虑前面讨论过的图 12-4 中的手术室数据。如果我们将手术室中实际花费的时间与预订手术室时最初做出的估计时间进行比较，就会发现，平均而言，手术所花费的时间比最初预测的要长 10%。原因是，医生经常想要在手术室的时间表上得到一个特定的时间段——而且他们知道，如果手术时间估计得短，他们更有可能得到手术室一个时间段的使用权。同时，他们也知道，一旦开始手术，他们就不会因为时间被延长而受到惩罚。考虑到这一点，他们只是承诺了过于乐观的活动持续时间。同样，获得不带偏见的活动持续时间也很重要。项目合同，特别是逾期完工罚款，也是与外部各方合作时要考虑的一个工具。

潜在的迭代/返工循环

前面引入的依赖矩阵（见表 12-2）有一个重要的属性——所有依赖活动都在对角线的左下方。换句话说，存在从项目开始到结束的单向路径。

然而，在实践中，项目经常需要迭代。事实上，前面讨论的无人机项目通常（大约 10 个案例中有 3 个）在活动 A_4 和活动 A_9 之间迭代。这种迭代是产品开发和创新项目的典型情况，在这些项目中，问题的解决可以是一个更有机的、迭代的过程，这通常被称为返工。

一般来说，这种返工循环（rework loops）更有可能发生在不确定性高的环境中。例如，一个互联网平台的开发团队可能希望在发布测试版原型后调整其商业计划，从而创建一个返工循环。相比之下，我们希望负责大型建筑项目的建筑师不要在第一批租户搬进大楼后再去审视他的图纸。因此，诸如甘特图和关键路径方法等项目计划工具对于不确定性低的项目更有价值，在不确定性高的环境中应用时，它们可以提供一种计划准确的错觉。

有一些工具可以用迭代对项目进行建模和分析。我们从这一研究方向中获得主要的见解。迭代循环的存在通常主导着不确定活动持续时间的影响。换句话说，当面对某些活动花费的时间比预期的长，以及需要重新处理一个或多个先前完成的活动的意外迭代时，项目经理应该关注迭代的威胁，因为它对总体完成时间有更大的影响。

决策树/里程碑/退出选择

前两种类型的不确定性反映了一个问题："项目何时会完成？"活动可能需要更长的时间（不确定的活动时间），有时甚至可能需要重复（返工循环），但最终我们总是能够完成项目。

然而，对于项目经理来说，一个更基本的问题往往至关重要："我们到底是要完成这个项目，还是应该终止这个项目？"这种不确定性在许多创新环境中很常见，包括风险投资资助的项目或药物研发。例如，进入第一阶段临床试验的研发项目中，只有一小部分将在市场上推出，超过 80％ 的项目将中途取消。

前面所回顾的项目管理技术对于处理这类不确定性是不适用的。由于新的市场数据（市场不确定性）或新的技术数据（技术不确定性）而终止项目的威胁如此之大，以至于它超过了前面讨论过的不确定性类型。

决策树（decision tree）描绘了不确定性问题解决后可能出现的潜在情景，并确定了在每个情景中可以采取的潜在行动集。从这些模型中可以得出一个重要观点，即尽早退出一个项目的成本通常要低得多。这对项目管理的影响是，将处理带有这类不确定性的活动（可行性研究、市场研究）移到项目的早期是非常可取的。

未知的未知

当克里斯托弗·哥伦布（Christopher Columbus）出发寻找一条通往印度的新航线时，他（很可能）没有制订一个项目计划。即使对于现代探险家来说，无论是在航海中还是在商业中，他们面临的不确定性实在是太多了，以至于任何仔细的计划过程都没有意义。在这样的环境下，我们面临如此多的不确定性，甚至不知道我们不知道什么。我们面临未知的未知（unknown unknowns）。

许多不确定性高的项目本质上决定了它们将无法完成。从这个意义上说，适时放弃往往是正确的，因为这样可以避免成本上升。通常一个有用的练习是列出项目中当前不知道的所有变量，并寻找有助于处理这些未知变量的活动。在任何时候，项目经理都应该尝试花尽可能少的钱来学习足够的知识，以决定是否继续这个项目。这种技术也称为发现驱动计划（discovery-driven planning），有助于处理一些不确定性并可能识别新的不确定性。

计算步骤 12.2 总结了项目不确定性的水平。重点是不同的项目管理工具适用于不同的项目，这取决于它们所面临的不确定性的程度。我们不建议在一个不确定性低的项目中使用不确定性高的工具（如决策树）（为什么为每天都在进行的一个建设项目评估退出选择？），反之，我们也是不建议的（如果你甚至不知道下个季度是否有业务，为什么要尝试发现和优化关键路径？）。

计算步骤 12.2

项目中不同不确定性水平总结：

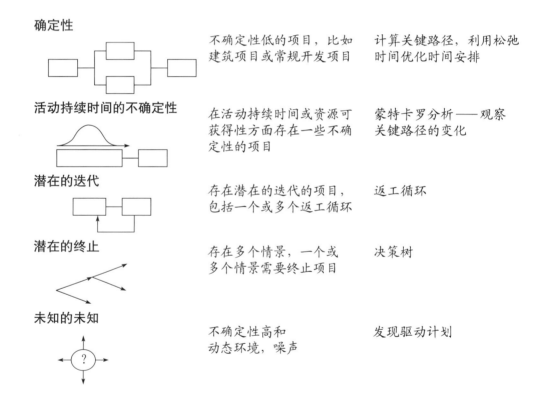

12.7 如何加速项目进度

项目经理通常追求三个目标：项目完成时间、项目成本（预算）和已完成工作的质量。有时，这些目标之间相冲突，这就产生了三个目标之间的权衡，类似于我们在本书的其他章看到的（如在第 1 章，呼叫中心响应性和效率之间的权衡）。

考虑一下前面讨论的无人机开发项目。最有可能的是，开发者组合一个更有说服力的提议。类似地，如果预算不是约束条件，那么至少外包一些工作是可能的，如果外包缩短了关键路径活动持续时间，就会达到更早的项目完成时间。

除了在目标之间进行权衡，我们还可以尝试"打破权衡"，更加明智地管理项目。以下是项目经理可以采取的一系列成本较低的措施，以加快项目的完成，而不必牺牲已完成工作的质量或项目预算。

● 尽早开始项目：项目截止日期前的最后一天通常是紧张和忙碌的一天。相比之下，项目的第一天通常很少行动。这种效应类似于大多数学生都很熟悉的"学期论文综合征"。它反映了人们对未来完成工作能力的乐观和过度自信。冒着说废话的风险——项目开始时的一天和项目结束时的一天一样长，为什么在前期只做很少的工作或不做，而把所有的工作都挤到后期去呢？

● 管理项目范围：导致项目延迟的最常见原因之一是项目的部分工作量在过程中不断变化。功能有所增加并且工程顺序随之更改。如果这样的变更在项目后期发生，它们通常会导致重大的项目延迟和预算超支，而对提高质量收效甚微。因此，建议尽早确定项目范围。

● 活动拖拉：通常情况下，增加支出可以让项目更快地完成。承包商愿意加班以获得额外的报酬，而昂贵的设备可能有助于进一步缩短活动持续时间。然而，情况并不总是如此。耗时过长的项目不一定成本更低，因为通常有一些固定成本与一个项目相关，一个项目的拖拉实际上可能是非常昂贵的。

● 重叠关键路径活动：表 12-2 的依赖矩阵有一个核心假设——依赖其他活动提供信息的活动需要等待其他活动完成方能开始。然而，仅提供初步信息往往可以让相关活动尽早开始。例如，"建筑设计"活动似乎应该在"建筑施工"活动开始之前完成。然而，这是否意味着所有的设计都必须完成才能施工呢？或者，当设计师还在确定窗户的形状时，能否开始挖掘建筑的地基？确定活动之间的确切依赖关系，通常可以让依赖活动提前开始。

12.8　延伸阅读

Loch 等（2006）提供了一个管理不确定性项目的全面框架。作者使用了许多说明性的例子，并将有经验的项目经理作为他们的读者。

Terwiesch 和 Ulrich（2009）阐述了前瞻性创新项目，以及与创新项目财务评估相关的多项挑战。

Ulrich 和 Eppinger（2011）撰写了产品开发的经典教科书，包括一个简单易懂的关于项目管理和项目组织的介绍性章节。

12.9　实战练习

下面的问题将有助于测试你对本章的理解。在每个问题之后，我们在方括号中

显示相关章节信息。

附录 E 中有带"*"标记的问题的答案。

Q12.1* （创业展会）为了参加创业展会，Team Terra Z 正在为新产品准备一个项目计划。该团队计划用 3 天进行构思。构思完成后，团队的目标是采访 20 个潜在客户（6 天），并进行详细的竞品分析（12 天）。在客户访谈之后，团队预计将用 10 天仔细观察客户，用 4 天发送电子邮件调查。这两个活动是相互独立的，但都需要完成访谈。有了来自客户观察和电子邮件调查的输入，团队计划用 5 天来整理产品的目标规范。此活动还要求完成对竞品的分析。

完成目标规范说明后，团队的目标是进行产品设计，这将用 10 天。随着产品设计的完成，他们计划提出报价（6 天），并建立一个原型（4 天），然后他们想与一些客户进行测试（5 天）。一旦原型经过测试，完成报价，他们就可以为创业展会整理信息材料（3 天）。

a. 为所描述的活动创建一个依赖矩阵，并构建一个项目图。［12.1］

b. 找到关键路径。如果创业展会安排在 4 月 18 日，团队最迟什么时候开始工作？［12.4］

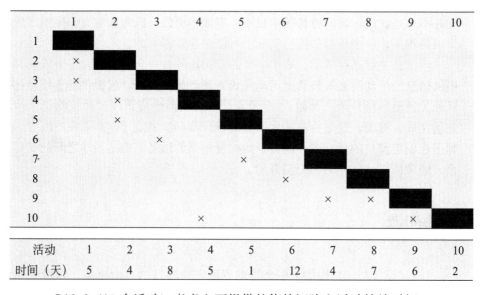

Q12.2 （10 个活动）考虑上面提供的依赖矩阵和活动持续时间。

a. 构建一个项目图，直观地描述项目的进展。［12.2］

b. 找到关键路径。这个项目最早什么时候可以完成？［12.4］

c. 对于每个活动，计算延迟开始时间、延迟完成时间和松弛时间。［12.5］

Q12.3（毕业聚会）蒂埃里、尤特和维沙尔正在为 MBA 课程的最后阶段做准备。在期末考试之后，他们打算举办一个大聚会。目前，他们已经确定了以下需要完成的一系列活动。他们决定在期末考试结束之前不为聚会做任何准备。此外，他们的目标是尽早去海滩度假三天，但要在所有的聚会计划完成之后。

6 月 10 日，他们将进入期末考试周，考试时间为 5 天。然后他们会安排现场音乐（5 天），评估一些可能的聚会地点（6 天），准备客人名单，包括邀请朋友和收到回复（7 天）。他们想要访问两个最有希望的聚会地点，预计要用 4 天。然而，这只能在他们完成了可能的聚会地点收集后才能进行。一旦拟好了客人名单并收到了回复，他们就会为朋友预订酒店房间，并制作定制的 T 恤，上面有他们的名字和客人的名字。酒店房间预订（3 天）和 T 恤制作（6 天）是相互独立的，但两者都需要完整的客人名单。一旦选择了聚会地点，他们希望与活动策划人在现场会面，预计要用 4 天。在所有的工作都完成后，他们计划去海滩。

    a. 为所描述的活动创建一个依赖矩阵。[12.1]

    b. 构建一个项目图，直观地描述项目的进展。[12.2]

    c. 找到关键路径。他们最早什么时候可以去海滩？[12.4]

    d. 对于每个活动，计算延迟开始时间、延迟完成时间和松弛时间。[12.5]

    Q12.4（三个不确定的活动）一个小项目包括三个活动：A、B 和 C。要开始活动 C，活动 A 和活动 B 都需要完成。活动 A 有 50% 的概率需要 3 天，有 50% 的概率需要 5 天，活动 B 也是如此，活动 C 需要 1 天。项目的预期完成时间是多长？[12.6]

    如果你想测试自己对某一部分的理解，以下是按章节分类的问题：

    [12.1]：Q12.1a，Q12.3a。

    [12.2]：Q12.2a，Q12.3b。

    [12.4]：Q12.1b，Q12.2b，Q12.3c。

    [12.5]：Q12.2c，Q12.3d。

    [12.6]：Q12.4。

第 13 章
预　测

想象你有一个水晶球——一个可以告诉你未来的水晶球。你会在水晶球里寻找什么？下周中奖彩票的号码？明年的股市数据？能够预测未来是人类古老的梦想。能够预测未来或将要发生的事情会带来巨大的经济优势。

本章是关于预测未来事件的，特别是，我们想预测自己提供的产品或服务的未来需求。我们应该在这一章的开头就告诉你这个坏消息：我们不能给你一个水晶球。据我们所知（我们对此很有信心），不存在这样的东西。但是，没有水晶球并不意味着我们不能做出好的预测。我们可能无法做出完美的预测，但正如我们将看到的，一点点智慧就能大有作为。

很难预测未来有多少客户喜欢我们的产品或服务。事实上，这非常困难。以下两个历史上的例子说明了这一点：

● IBM 的传奇首席执行官（CEO）托马斯·沃森（Thomas Watson）预测了电脑的需求。他预测世界市场对电脑的需求是 5 台。对，你没有看错，是 5 台而不是 500 万台。他后来为自己辩护说，他是在 20 世纪 50 年代做出这一预测的——那时候我们甚至都还没有出生。

● 20 世纪 60 年代迪卡唱片公司（Decca Recording）的经理获得了发行一支利物浦吉他乐队唱片的机会。迪卡唱片公司对这支乐队的唱片销售预测很悲观——管理层的共识是"吉他乐队正在被淘汰"。遗憾的是，迪卡唱片公司拒绝的这支乐队是披头士，这支乐队后来成为历史上最成功的乐队之一。

替沃森和迪卡唱片公司辩护一下，预测一些前所未有的新事物是特别具有挑战性的。这类预测问题在商业中很常见，要在新产品或服务发布前就进行预测。本章的重点是商业环境下的预测，我们已经从过去的交易中获得了一些数据。

设想一下，每年都有数百万美国人患流感，你可能有过这样的经历，所以你知道这一点都不好玩，特别是对于婴儿、老人和其他弱势群体来说，流感可能是生死攸关的问题。在流感季节，流感患者涌入医院急诊科，寻求医疗服务。流感患者也来到药店，购买药品，如达菲（一种有助于缓解流感症状的药物）。因此，预测流感患者的数量至关重要。

图 13-1 显示了 2009—2014 年因流感到医院就诊的人数。假设你负责预测流感病例数，无论是为一家医院还是为一家制药公司。你能准确预测 2015 年的流感患者数吗？完美的预测通常是不可能的。每年都不一样，如果没有水晶球，每一个预测都有错误。但只要"观察"这些数据，你就会对未来有所了解，这就是本章你需要的直觉。

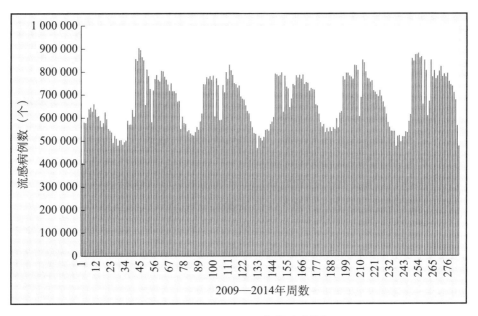

图 13-1 2009—2014 年的流感数据

资料来源：（Source：CDC）

本章帮助你预测未来的需求。我们使用以下步骤：

● 我们首先列出一个预测框架。我们介绍一些术语，描述不同的预测方法（不包括获得一个水晶球），并概述商业中的预测问题。

● 然后，我们讨论如何使预测成为一个好的预测，并定义一些可以在将预测与现实进行比较时使用的质量指标。

● 接下来，我们介绍一套简单的预测方法，包括朴素预测法、移动平均法和指数平滑法。

● 接下来的两节介绍更高级的预测，允许你处理季节性和趋势性。

● 最后一节讨论专家小组的使用，并指出处理主观预测时的一些组织挑战。

13.1 预测框架

预测（forecasting）是对目前不确定且只有在未来才能实现的变量的结果进行陈述的过程。因此，需求预测（demand forecasting）是创建关于未来需求实现的陈述的过程。

在 2010 年世界杯期间，德国一家动物园的管理员们因为能够预测出德国队所有比赛的结果而登上了国际头条，包括德国队在半决赛中输给西班牙队。他们是怎么做到的？动物园里有一只叫保罗的章鱼。在德国国家队每场比赛之前，动物园管理员都会给保罗提供装在两个盒子里的食物，盒子上涂有球队的国旗。根据保罗会先去哪个盒子，动物园管理员做出了预测。

看章鱼吃午饭算是预测吗？我们认为确实如此。让我们回顾一下定义。预测是对目前不确定且只有在未来才能实现的变量的结果进行陈述的过程。

- 动物园管理员显然有一个程序，因为他们已经在食物盒上做了标记，并就如何解释保罗的行为达成了一致。

- 在保罗选择食物的时候，比赛的结果还不确定。

- 比赛的结果是在未来实现的。

因此，纵观全局，看保罗挑出一个印有西班牙国旗的盒子，动物园管理员宣布西班牙队将战胜德国队，完全符合预测的标准。

我们发现这有助于进一步形式化需求预测的过程。设 y_t 为 t 期的需求，时期可以是 1 天、1 周或 1 个月，或任何其他时间单位。我们想预测下一阶段及以后的潜在需求。在观察到 y_{t+1} 之前，我们要先了解它。通常使用 "∧" 符号表示变量的预测值，而不是它的真正实际值。因此，y_{t+1} 是 $t+1$ 期的需求，而 $\hat{y}_{t+1}$ 是 y_{t+1} 实际值出现之前对 $t+1$ 期的预测值。

当预测时，我们想说一些关于 $\hat{y}_{t+1}$ 的事情，在我们仍处在 t 期或之前。根据定义，在 t 期，我们只有关于需求的数据以及关于 t 期和之前的其他变量的数据。参考图 13-2，它为预测过程提供了一个框架。如前所述，该过程的结果是 $t+1$ 期的需求预测值 $\hat{y}_{t+1}$。

这个过程的输入可分为三组：已知需求量、已知变量以及对未来的主观看法。首先考虑已知需求量。当预测 $t+1$ 期的需求时，我们知道之前时期的需求。我们将时间序列分析（time series analysis）定义为分析已知（需求）数据的过程——$y_1 \cdots y_t$。时间序列预测（time series-based forecast）是一种仅基于已知需求数据的预测。我们可以把时间序列预测看作一种外推（extrapolation）形式，也就是说，估计一个超出原始观测范围的值，假设到目前为止观测到的数据中的某些模式将来也会占上风。以下是一些时间序列预测的例子。

- 足球（soccer）：如果只根据过去的比赛结果（"巴西队会赢，因为已经赢了近期 10 场比赛"）来预测一个球队的胜利，你就是在依时间序列推断。

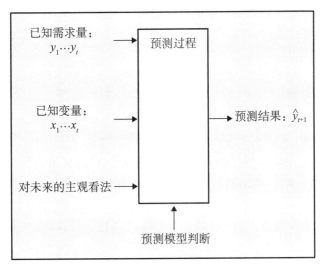

图 13 - 2　预测框架

- 流感季节（flu season）：图 13 - 1 的数据显示，1 月的流感患者比 7 月多。如果通过取 2009 年 1 月、2010 年 1 月、2011 年 1 月、2012 年 1 月、2013 年 1 月和 2014 年 1 月的患者数的均值来预测 2015 年 1 月的患者数，你创建的就是一个时间序列预测。

- 股市（stock market）：许多人（不包括作者）认为，他们可以通过在过往的股市数据中寻找模式来预测股市的波动，如趋势、周期和其他形态。他们这样认为是否愚蠢，值得在另一个时间讨论，现在重要的是这是时间序列分析的一种形式。

- 天气（weather）：如果预测 8 月对费城来说是一个糟糕的月份，因为气温可能会在 38 摄氏度左右，你很可能是根据往年的气温数据来预测的，这又是一个时间序列预测。

除了查看要预测的变量在过去的实际值（在我们的例子中是已有的 y_t 数据）之外，我们还可以查看其他数据来预测 $\hat{y}_{t+1}$。我们将回归分析（regression analysis）定义为估计一个变量与影响这个变量的多个变量之间关系的统计过程。在回归分析中，我们把试图理解的变量称为因变量（dependent variable，也称为结果变量），其他影响因变量的变量称为自变量（independent variables）。因此，在预测背景下，我们可以查看许多其他的自变量影响因变量的预测。同样，看看例子会有所帮助。

- 足球：当预测你最喜欢的球队下一场比赛的结果时，你不仅要看这支球队最近赢了多少场比赛，还要看对手是谁以及他们最近是怎么进球的。你可能也会考虑到顶级球员受伤或者下一场比赛是否为主场比赛。换句话说，你正在查看许多其他变量。是的，观察章鱼吃午饭时的动作也对应于考虑一个额外的变量。

- 流感季节：在预测流感患者数时，不仅要考虑过去几个月的患者数，还要考虑其他数据。这些数据包括来自其他国家的疫苗接种和流感数据。预测流感爆发的研究人员也分析了在谷歌搜索引擎里输入"流感"的次数在多大程度上可以很好地预测有多少患者会因为流感相关症状而寻求医疗帮助（在这种情况下预测能力是综合的）。

● 股市：除了过去的股市价值外，经济学家还考虑增长率、最近的货币政策、收益公告等变量。

● 天气：你可能认为 8 月费城很热，但看到风向改变和冷空气进入时，你可能想要更新预测。

确定主场比赛对获胜的影响、谷歌搜索词对流感患者数的影响、失业数据对股市价格的影响，或者冷空气对未来温度的影响，所有这些都是回归分析的领域。

基于历史数据进行预测的隐含风险是，无论是时间序列预测还是回归分析，都假定未来的表现将与过去相符。相反，一位消息灵通的专家可能会有一种"直觉"，认为会发生一些过去的数据无法解释的事情。我们是否应该相信这些专家，这将在本章进一步讨论。就目前而言，重要的是，在做出预测时也可以考虑这些主观意见。因此，图 13-2 中决定预测的第三组变量是主观的。

在本章的其余部分，我们主要关注时间序列预测。在最后一部分，我们讨论如何处理主观意见。本章不涉及回归分析，并不是说我们认为回归分析不重要，我们只是认为它应在统计书中得到适当的处理，而不是在运营管理书中介绍。

图 13-2 讨论的三种不同类型的输入变量也指出了不同预测方法和组织过程。我们发现这有助于区分：

● 自动预测（automated forecasting）：当 weather.com 对明天上午 9 点曼哈顿的温度进行预测时，它不能召集由气象学家组成的专家小组。商业上的大多数预测都需要进行数百万次，所以它们必须以低成本完成，这通常意味着不需要人工参与。在某麦当劳店，顾客在一小时内会点多少个芝士汉堡？在某机场一天需要多少辆出租车？这些类型的预测是由计算机完成的，通常不需要人工干预。你可能听说过机器学习和大数据等流行词汇，这两种方法都代表回归分析的复杂版本，在回归分析中，计算机找出哪些变量最有助于做出良好预测。

● 专家小组预测（expert panel forecasting）：当麦当劳需要对公司销售额进行预测时，由于涉及的利害关系太大，预测成本就不那么重要了。因此，对于风险很大的预测，自动预测通常由专家小组来加强。在专家小组中，一群经理分享他们的主观意见，并试图就需求预测达成共识。

在讨论了如何预测之后，需要考虑如何处理预测完成后的影响问题。我们发现区分商业中三种类型的预测应用是有帮助的。它们是：

● 短期预测（short-term forecasts）是支持从每日到每月的短期决策。在极端情况下，预测甚至可能每小时进行一次。这些预测用于帮助有关人员配备（餐厅午餐时间的服务员比下午的要多）和短期定价的决策。短期预测还可以用来预测等待时间，帮助排程。在流感案例中，用于对明天或下周做一个预测，以便安排适当数量的护士值班。

● 中期预测 （mid-term forecasts） 是按月预测到按年预测。中期预测推动与能力有关的决策（如招聘、购置机器），也用于财务规划。在流感案例中，用于对整个流感季节进行预测，以便招募适当数量的护士或生产适当数量的流感疫苗/药物。

● 长期预测 （long-term forecasts） 是对多年进行预测。长期预测有助于战略决策，如进入新市场，推出新产品或服务，通过投资新设施扩大产能，或关闭设施等。在流感案例中，我们可以把药店巨头 CVS 推出 MinuteClinic（一种无预约医疗服务）看作在预测了多年的数据之后做出的决策。

我们发现区别这三种预测是有益的，我们也承认在这三种类型之间划清界限并不总是可行的。这种区别的有用性与预测方法有关。短期预测往往是自动预测，主要依靠历史数据的外推和回归分析。相比之下，长期预测往往基于对需求数据、自变量和专家意见的已有认知进行。因此，长期预测通常由专家小组创建。

13.2 评估预测质量

假设你在急诊室工作，想要为流感季节做好准备。你被要求预测在接下来的 4 周出现在急诊室的流感病例数。在开始查看历史数据前，你决定寻求一些专家的建议，因此你去见了 4 位医生，他们向你提供了对未来 4 周的预测（见表 13 - 1）。

表 13 - 1 对未来 4 周到急诊室就诊的流感患者人数的 4 个预测

	医生 1	医生 2	医生 3	医生 4
第 1 周	70	50	29	43
第 2 周	55	32	52	44
第 3 周	40	48	62	54
第 4 周	80	60	47	49

你应该使用哪个预测？哪个预测最好？显然，在我们看到真正的需求（也就是在这 4 周内出现在急诊室的流感患者人数）之前，这是无法回答的。正如我们将要描述的，在看到真实需求前，确定最好的预测是困难的。

表 13 - 2 重复了四位医生的 4 个预测，也显示了到急诊室就诊的患者的真实数量。为了确定哪个预测最好，我们必须首先定义什么是最好。从表 13 - 2 可以明显看出，这 4 个预测都在一定程度上存在误差。因此，我们必须明确预测的误差程度，这可以通过多种方式实现。

表 13 - 2 对未来 4 周到急诊室就诊的流感患者人数的 4 个预测和真实需求数据

	医生 1	医生 2	医生 3	医生 4	真实需求
第 1 周	70	50	29	43	38
第 2 周	55	32	52	44	49
第 3 周	40	48	62	54	59
第 4 周	80	60	47	49	44

我们将 t 期预测误差（forecast error，FE）定义为 t 期预测值与 t 期实际值的差值：

t 值预测误差＝t 期预测值－t 期实际值

对于医生 1，我们计算 4 个时期的预测误差，通常缩写为 FE：

第 1 周 FE＝第 1 周预测值－第 1 周实际值＝70－38＝32

第 2 周 FE＝第 2 周预测值－第 2 周实际值＝55－49＝6

第 3 周 FE＝第 3 周预测值－第 3 周实际值＝40－59＝－19

第 4 周 FE＝第 4 周预测值－第 4 周实际值＝80－44＝36

因此，医生 1 的预测误差为 $FE_1 = 32$，$FE_2 = 6$，$FE_3 = -19$，$FE_4 = 36$。我们如何解释这些预测误差呢？考虑表 13 - 3 中的数据。该表显示了医生 1 和医生 2 在 4 周内的预测误差以及他们的初始预测和出现的患者的真实数量。哪位医生在预测方面做得更好？

表 13 - 3 医生 1 和医生 2 的预测比较

	医生 1 的预测	医生 2 的预测	真实需求	医生 1 的 FE	医生 2 的 FE
第 1 周	70	50	38	32	12
第 2 周	55	32	49	6	－17
第 3 周	40	48	59	－19	－11
第 4 周	80	60	44	36	16
均值	61.25	47.5	47.5	13.75	0

衡量预测质量的第一种方法是看预测值是否平均正确。如果预测值是平均正确的，我们将其定义为无偏预测（unbiased forecast）。这相当于平均预测误差为 0。医生 2 的预测值有时偏高，有时偏低，但他的预测值是平均正确的。因此，他的预测是无偏的，这与他预测误差的均值等于 0 是一致的。相比之下，医生 1 的预测值似乎大多偏高。他的平均预测误差为 13.75。我们不知道原因，也许医生觉得压力很大，工作过劳，所以总是认为还有很多患者。总是预测太多不是一件好事。一般来说，我们把错误的预测定义为有偏预测（biased forecast）。

接下来，比较医生 2 和医生 3。正如我们在表 13 - 4 中所看到的，他们都给了我们一个无偏预测。平均而言，他们都是对的。这是否意味着他们在预测方面同样出色？

表 13 - 4 医生 2 和医生 3 的预测比较

	医生 2 的预测	医生 3 的预测	真实需求	医生 2 的 FE	医生 3 的 FE
第 1 周	50	29	38	12	−9
第 2 周	32	52	49	−17	3
第 3 周	48	62	59	−11	3
第 4 周	60	47	44	16	3
均值	47.5	47.5	47.5	0	0

虽然两位医生的预测都正确，但平均而言，大多数人都会同意医生 3 的预测更好。这指出了一个重要的预测原则。在预测方面，并不仅仅是均值决定了预测质量。是的，一般来说，犯错是件坏事，但你如果今天的预测值比实际值多很多，而明天的预测值又比实际值少很多，那就不是一个好的预测者。想象一下天气预报员宣布今天有暴风雪，明天有热浪，而实际上这两天都是温和的。平均正确仍然可能导致糟糕的预测。

为解决这个问题，我们需要创建另一种衡量预测质量的方法，而不仅仅是简单取 FE 均值。一个常用的指标是均方误差（mean squared error，MSE），它是取 FE^2 的均值：

$$MSE = \frac{\sum_{t=1}^{N} FE_t^2}{N}$$

不是将 FE 相加，然后平均，MSE 是先求误差的平方值，然后平均。为什么要这么做？因为通过平方这些数字，一个负的 FE 变成了一个正数。因此，一个负的 FE 和一个正的 FE 将不再相互抵消，如表 13 - 5 所示。观察医生 2 的 MSE 比医生 3 高得多，这证实了我们的直觉，医生 3 在预测方面做得更好。

现在，你可能会说 FE 的平方是将负数变成正数的一种非常复杂的方法。为什么不取 FE 的绝对值，然后取均值呢？对的，你可以做到。我们定义平均绝对误差（mean absolute error，MAE）为 FE 绝对值的均值。通常这也称为平均绝对偏差（mean absolute deviation，MAD）。这在表 13 - 5 的最后两列中显示。

表 13 - 5 医生 2 和医生 3 的预测比较

	医生 2 的预测	医生 3 的预测	真实需求	医生 2 的 FE	医生 3 的 FE	医生 2 的 FE_t^2	医生 3 的 FE_t^2	医生 2 的 $|FE_t|$	医生 3 的 $|FE_t|$
第 1 周	50	29	38	12	−9	144	81	12	9
第 2 周	32	52	49	−17	3	289	9	17	3
第 3 周	48	62	59	−11	3	121	9	11	3

续表

	医生 2 的预测	医生 3 的预测	真实需求	医生 2 的 FE	医生 3 的 FE	医生 2 的 FE_t^2	医生 3 的 FE_t^2	医生 2 的 $|FE_t|$	医生 3 的 $|FE_t|$
第 4 周	60	47	44	16	3	256	9	16	3
均值	47.5	47.5	47.5	0	0	202.5	27	14	4.5

$$MAE = \frac{\sum_{t=1}^{N} |FE_t|}{N}$$

这种新的衡量方法也证实了我们的直觉。无论我们是从 MSE 还是从 MAE 来判断，医生 3 的预测都比医生 2 的预测好。

另一种汇总 FE 的方法称为平均绝对百分比误差（mean absolute percentage error，MAPE）。这种衡量方法不是从绝对角度看 FE，而是从相对角度看。这是通过将 FE 除以实际需求 y_t 来实现的。我们得到：

$$MAPE = \frac{\sum_{t=1}^{N} \frac{|FE_t|}{y_t}}{N}$$

那么，什么是好的预测呢？这个问题的答案比我们想的要复杂。总的来说，我们希望预测具有以下特性：

- 预测应该无偏，也就是说，要做到平均正确。
- 以 MSE 或 MAE 衡量，预测结果应接近真实结果。

有时，这两个指标会相互冲突。我们可能更喜欢一个小偏差的预测，如果它有一个显著较低的 MSE 值或 MAE 值。进一步注意，MSE 和 MAE 并不总是就哪个预测更好达成一致。考虑表 13-6 的数据。注意，医生 4 的 MSE 值较低，而医生 3 的 MAE 值较低。

表 13-6 医生 3 和医生 4 的预测比较

	医生 3 的预测	医生 4 的预测	真实需求	医生 3 的 FE	医生 4 的 FE	医生 3 的 FE_t^2	医生 4 的 FE_t^2	医生 3 的 $|FE_t|$	医生 3 的 $|FE_t|$
第 1 周	29	43	38	—9	5	81	25	9	5
第 2 周	52	44	49	3	—5	9	25	3	5
第 3 周	62	54	59	3	—5	9	25	3	5
第 4 周	47	49	44	3	5	9	25	3	5
均值	47.5	47.5	47.5	0	0	27	25	4.5	5

哪个预测更好？这取决于你想要什么。在评估 MSE 时，我们注意到它会受到单个错误的严重影响。以医生 3 为例。医生 3 在 MSE 评分上表现这么差的原因是在第 1 周，她的 FE 为－9。平方（－9）后得到一个很大的数字（确切地说，是81），这个数字如此之大，以至于接下来的三个非常好的预测都不能弥补这个错误。因此，MSE 值会惩罚预测者的一个重大错误，而 MAE 值认为每一个偏差都同样

糟糕。

你用哪种方法来衡量预测质量完全取决于你自己。关键是使用一个指标并评估已有预测质量。首先也是最重要的一点是，需要你保留旧预测数据。许多公司很难做到这一点，因为那些做出预测的公司不想被提醒它们错得有多离谱。然而，保留旧预测数据在检测预测和现实之间的系统偏差方面是极为有用的。因此，保留旧预测数据，然后进行分析，不管你使用哪种预测质量的衡量标准，已经可以让你达到90％的效果。

13.3 消除历史数据中的噪声

现在已知如何通过将一些旧预测数据与被预测变量的真实结果进行比较来评估预测者的质量，我们可以转向如何预测的问题。如前所述，本章的讨论仅限于时间序列预测。换句话说，我们将尝试通过查看历史数据 $y_1 \cdots y_t$ 来获得一个预测 $\hat{y}_{t+1}$。我们现在介绍三种简单方法来实现这一点：朴素预测模型、移动平均法和指数平滑法。我们将使用图 13-3 的流感相关数据来说明这三种方法。该数据显示了 2014 年美国普通医院前 10 周流感患者人数。我们的目标是利用这些数据预测第 11 周的病例数。

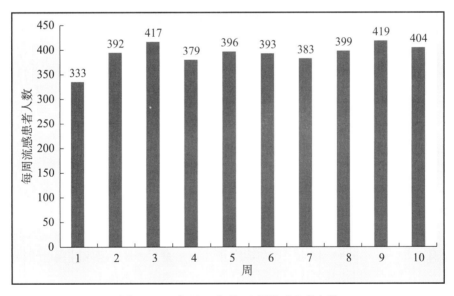

图 13-3 在 2014 年前 10 周流感患者人数

朴素模型

因为我们的重点是时间序列预测，所以通过查看历史数据（前几周的流感病例数）来预测新数据（下周的流感病例数）。预测下一期需求的最简单方法是假设它与上一期相同。更正式地说，我们定义：

$$\hat{y}_{t+1} = y_t$$

应用到流感案例中，这意味着我们预测第 11 周的需求是 404，因为：

$$\hat{y}_{11} = y_{10} = 404$$

我们称这种仅使用最后一个实际值来创建下一期预测值的方法为朴素预测法（naïve forecasting method），如表 13 - 7 所示。该方法使用起来非常简单。它的主要缺点是忽略了其他历史数据。因此，预测受到很多统计噪声的影响。我们将流程需求中的统计噪声（statistical noise）定义为纯粹由随机性（好运气或坏运气）导致的需求数量，即使使用最好的预测方法也无法预测。

表 13 - 7　朴素预测法

周	每周患者人数	下周预测
1	333	333
2	392	392
3	417	417
4	379	379
5	396	396
6	393	393
7	383	383
8	399	399
9	419	419
10	404	404

移动平均法

处理数据中统计噪声的最好方法是取均值。也许上周很特别，那我们看看过去 3 周的平均情况如何？或者过去 6 周？我们将移动平均预测（moving average forecast）定义为基于最近 T 期的均值的预测，我们将 T 期的时间称为预测窗口（forecast window）。移动平均预测对预测窗口内的所有观测结果赋予相同的权重。此外，移动平均预测将预测窗口外的所有观测值赋予零权重。

考虑截至第 11 期的前 4 周移动平均预测。截至第 11 期，最后 4 个已知需求分别是 404（本周）、419（上周）、399（2 周前）和 383（3 周前）。所以我们得到：

$$\hat{y}_{t+1} = \text{均值}(y_t, y_{t-1}, y_{t-2}, y_{t-3}) = \frac{404 + 419 + 399 + 383}{4} = 401.25$$

考虑表 13 - 8 的计算。该表显示，从第 4 期开始，我们预测下周有多少患者。每周我们查看当前需求和前 3 周的需求，创建一个 4 周的预测窗口。这就是我们称之为 4 周移动平均预测的原因。4 周的预测窗口将向前移动 1 周。在窗口中输入新的时期需求数据，去掉最旧的需求窗口。就像可以计算 4 周移动均值一样，我们也可以计算预测窗口为 2 周、3 周、5 周、6 周等的移动均值。请注意，1 周移动平均预测对应于朴素预测法，因为它只取 1 周（最后 1 周）的均值。

表 13 - 8　移动平均预测法

周	每个医院的患者人数	1 周前	2 周前	3 周前	下周预测
1	333				
2	392	333			
3	417	392	333		
4	379	417	392	333	380.25
5	396	379	417	392	396.00
6	393	396	379	417	396.25
7	383	393	396	379	387.75
8	399	383	393	396	392.75
9	419	399	383	393	398.50
10	404	419	399	383	401.25

通过采用移动平均法，我们减少了统计噪声的影响。我们计算移动均值的窗口越大，降噪效果就越强。这就引出了一个问题：为什么不在一个很大的窗口取预测值——一个真正大的窗口的均值呢？我们可以用 30 周移动均值吗？这个问题的答案很简单，是的，我们可以。但我们想这样做吗？

回想一下我们对移动平均预测法的定义，预测窗口中的每周都被赋予相同的权重。因此，问题归结为：我们真的相信 30 周前的需求包含了和上周一样多的关于下周的信息吗？如果这个问题的答案是肯定的，我们确实应该使用 30 周移动均值。然而，更有可能的情况是，需求数据越旧（发生的时间越早），它对下周预测的影响就越小。这正是我们下一个预测方法背后的逻辑。

指数平滑法

移动平均预测法默认给预测窗口中的每个时期分配相同的权重。相比之下，窗口外的每个时期都被完全忽略。例如，当我们使用 4 周移动均值时，本期（t 期）、上一期（$t-1$）、倒数第二期（$t-2$）和倒数第三期（$t-3$）对我们的预测都有相同的影响。相比之下，在此之前的所有时期都绝对没有影响。换句话说，已知需求值要么在预测窗口内，要么在预测窗口外。

指数平滑的概念是增加近期数据的权重，减少远期数据的权重。我们只是在本期需求值和过往需求预测值之间取一个加权均值。

方法如下：

下一期需求预测值 ＝ a × 本期需求值 ＋ $(1-a)$ × 上一期需求预测值

或者，更正式地：

$$\hat{y}_{t+1} = \alpha \times y_t + (1-\alpha) \times \hat{y}_t$$

其中，α 为平滑参数（smoothing parameter），它是一个介于 0 和 1 之间的数字。如果 α 很小（比如 0.1），我们赋予本期需求值的权重很小，那么赋予历史数据的权重很大。相反，如果 α 很大（比如 0.9），我们赋予本期需求值的权重很大，那么赋予历史数据的权重很小。在 $\alpha=1$ 的极端情况下，我们又回到了朴素预测法。

想想我们将如何预测第 11 周的流感病例数。我们假设平滑参数 $\alpha=0.1$，假设第 10 周的预测值是 370。我们可以把第 11 周的新预测值计算为：

$$\hat{y}_{t+1} = \alpha \times y_t + (1-\alpha) \times \hat{y}_t$$

$$\hat{y}_{t+1} = 0.1 \times 404 + (1-0.1) \times 370 = 373.4$$

请注意，第 11 周的预测值比我们用朴素预测法和 4 周移动均值计算的要低得多。原因很简单，当 $\alpha=0.1$ 时，我们赋予了历史数据很大的权重。正如你在图 13-3 中看到的，第 1 周的需求只有 333 个患者。如果我们有这样一个小的平滑参数，这个单一的时期值就会有非常强的影响。表 13-9 中的左侧显示了 $\alpha=0.1$ 的指数平滑法的应用。表 13-9 中的右侧显示了相同的计算，这次的平滑参数为 $\alpha=0.4$。

表 13-9 指数平滑法：$\alpha=0.1$（左）和 $\alpha=0.4$（右）

$\alpha=0.1$				$\alpha=0.4$			
周	每周患者人数	旧预测值	新预测值	周	每周患者人数	旧预测值	新预测值
1	333	333	333	1	333	333	333
2	392	333	338.9	2	392	333	356.6
3	417	338.9	346.71	3	417	356.6	380.76
4	379	346.71	349.939	4	379	380.76	380.056
5	396	349.939	354.545	5	396	380.056	386.434
6	393	354.545	358.391	6	393	386.434	389.060
7	383	358.391	360.852	7	383	389.060	386.636
8	399	360.852	364.666	8	399	386.636	391.582
9	419	364.666	370.100	9	419	391.582	402.549
10	404	370.100	373.490	10	404	402.549	403.129

在这种情况下，当预测第 11 周的需求时，我们有一个旧预测值是 402.55，而第 10 周的实际需求是 404。第 11 周的预测值计算为：

$$\hat{y}_{t+1} = \alpha \times y_t + (1-\alpha) \times \hat{y}_t$$

$$\hat{y}_{t+1} = 0.4 \times 404 + (1-0.4) \times 402.549 = 403.129$$

没有找到最优平滑参数的一般理论，但我们鼓励你在选择 α 时考虑以下观察结果：

● 符合历史数据：在前一节，我们解释了如何评估预测和/或预测者。你可以把 α 的每个可能值看作它自己的一组预测。然后利用历史数据比较不同 α 值的均方误差或平均绝对误差。

● 新信息的重要性：请注意，越大的平滑参数赋予最新数据的权重就越大。在快速变化的世界中，这有利于较大的 α 值，对应的范围为 $0.2<\alpha<0.4$。如果一个人想要更加保守，从而赋予历史数据更大的权重，他应该选择较小的 α 值，如 $0.05<\alpha<0.2$。

图 13 - 4 显示了使用两个不同平滑参数的效果。观察到 α 的较低值（$\alpha=0.1$）的线更"平滑"，也就是说，它从一个时期到下一个时期的变化没有 $\alpha=0.4$ 时的变化大。

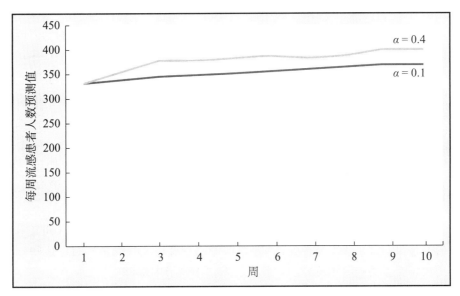

图 13 - 4　两个不同平滑参数 α 的指数平滑预测比较

另一个实际问题是如何开始使用指数平滑法。毕竟，该方法假设你在上一期有一个指数平滑预测。要提出第一个（初始预测），我们建议你使用朴素预测法，也就是说，只需使用最后可用的需求数据。请注意，初始期越早，初始预测的重要性就越低。特别是当 α 值较大时，随着时间的推移，历史数据的重要性越来越小。

计算步骤 13.1 是对前述指数平滑法的小结。

计算步骤 13.1

指数平滑法预测计算：

步骤 1：设 $t=1$（或者任何你想用的一期作为第 1 期）。

步骤 2：用朴素预测法得到第 1 期预测值 $\hat{y}_t$。

步骤 3：用如下公式计算下一期预测值：

$$\hat{y}_{t+1} = \alpha \times y_t + (1-\alpha) \times \hat{y}_t。$$

步骤 4：增加到 $t+1$ 期。

步骤 5：回到步骤 3，直到到达本期。

方法的比较

到目前为止，我们介绍了三种时间序列分析预测方法：朴素预测法、移动平均法和指数平滑法。在介绍更复杂的方法之前，让我们暂停一下，反思一下这些方法的优缺点：

● 朴素预测法很容易受到噪声的影响。一个时期的需求数据异常高（或异常低），很可能会使下一期的预测非常不准确。我们认为没有理由在实践中使用这种方法。

● 移动平均法通过平均来处理统计噪声。我们必须选取恰当的均值预测窗口长度。在计算预测值时，预测窗口内的所有值权重相同。

● 指数平滑法更看重近期的需求数据。这使它对需求的变化更加敏感。注意，要计算新的预测值，所有需要的数据都应是最新的需求数据和最新的预测数据。然而，在电子表格的世界中，我们认为这种计算的简单性不应该被视为太大的优势。

● 三种方法都是数据驱动的。它们尽管可能很简单（甚至可能过于简单，见上一点），但有助于建立收集数据的管理纪律，也支持对过往预测错误进行统计分析。

三种方法都不能检测到数据的系统性变化。当存在长期趋势（如需求随着时间的推移而上升）或季节性变化（1 月的流感患者比 6 月的多）时，这些方法都不适用，需要更高级的预测方法，我们将在以下两节中探讨。

13.4 时间序列分析——趋势

鉴于它们的构造方式，上面介绍的三种预测方法（朴素预测法、移动平均法和指数平滑法）都是向后看的。对下一期的需求进行预测，方法是采用已知需求值，然后在这些值之间找到一个"折中值"。因此，这些方法都不能创建高于任何先前实际需求值或低于任何先前实际需求值的预测。

然而，在实践中，许多需求具有长期趋势。在这些情况下，通常完全有可能预期下一期的需求将超过（或低于）过去需求的任一期实际值。考虑图 13-5 中的三个例子：

● 社交网站脸书在 2006 年只有几百万用户，然而，到 2013 年其用户数已经达到 10 亿。

● 从 2006—2013 年，中国对汽车的需求以每年超过 10% 的速度增长，每年都创下销售纪录。

● 趋势不只是上升。看看英国的报纸发行量，年复一年，这个数字呈萎缩趋势。

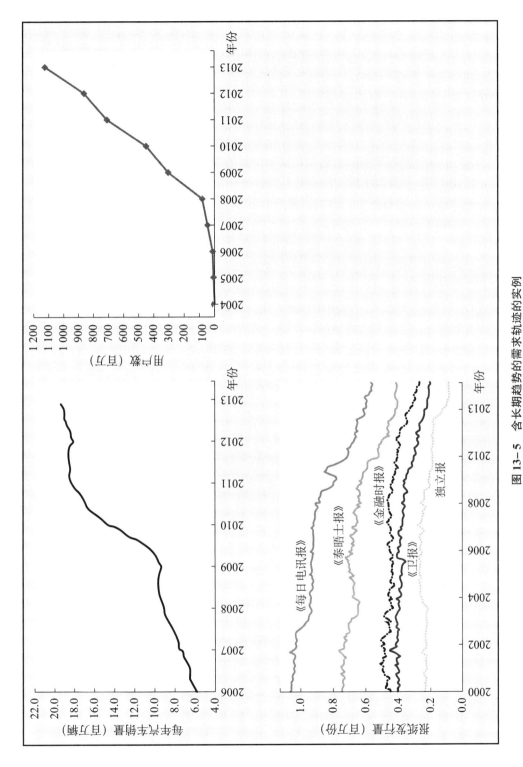

图13-5 含长期趋势的需求轨迹的实例

资料来源： http://en.wikipedia.org/wiki/Facebook,http://www.shanghaijungle.com/news/China-Auto-Sales-Rise-9,http://blogs.spectator.co.uk/coffeehouse/2013/06/
david-dinsmore-is-the-new-editor-of-the-sun.

　　脸书用户数、中国的汽车需求量或报纸发行量——这三个例子有一个共同点，那就是似乎存在一个长期趋势。我们将趋势（trend）定义为一个变量在很长一段时间内持续增加或减少。当预测 2010 年和 2011 年的脸书用户数时，你真的想要得出过去三年的平均数据吗？或者借此推断未来趋势是否更有意义？

　　我们现在介绍一种方法，将以前的预测方法扩展到以长期趋势为特征的商业环境中。我们应该在扩展前强调两点：

　　● 趋势是在历史数据中统计观察到的模式。在做出新预测时，应该考虑过去几年出现的趋势这一事实，但趋势并不是未来的保证。20 世纪 90 年代末美国在线（AOL，一家互联网服务和内容提供商）的用户数呈现出与几年后的脸书类似的情况，但是 2001 年美国在线的用户数从超过 2 500 万锐减到不到 1 000 万。

　　● 考虑过去趋势产生的影响仍然符合我们的时间序列预测和推断数据的框架。然而，与朴素预测法、移动平均法和指数平滑法相比，差异在于我们不只是看过去的实际值，还关注过去数据显示的趋势。因此，我们假设不仅实际值将与过去相似，而且潜在的模式仍将继续。基于趋势的预测（trend-based forecasts）通常被称为基于势能的预测（momentum-based forecasts），以反映存在一个潜在的过程，该过程具有一些势能，因此将持续到未来。

　　要建立一个基于势能的预测，我们必须把这种趋势从其他需求变化中分离出来。假设能够做到这一点，那么我们可以预测下一期的需求 $\hat{y}_{t+1}$，包括趋势，如下所示：

　　　　考虑趋势的 $t+1$ 期预测值 ＝（$t+1$）期预测值 ＋（$t+1$）期趋势预测值

　　因此，为预测给定趋势下 $t+1$ 期的需求，我们先预测没有趋势的 $t+1$ 期的需求，然后加上对趋势的预测。我们如何预测 $t+1$ 期需求以及如何预测 $t+1$ 的趋势？之前介绍的任何一种预测方法（朴素预测法、移动平均法、指数平滑法）都可以完成这项工作。鉴于前面讨论的指数平滑法的优点，我们使用它预测 $t+1$ 期（没有趋势）的需求和预测趋势。

　　因为我们同时在做两种指数平滑法，所以下面的方法通常称为双指数平滑法（double exponential smoothing）。先考虑没有趋势的预测。我们必须再次假设一个平滑参数 α，它将决定我们的模型赋予历史数据的权重。同样，我们需要对第一阶段有一个初始预测。假设平滑参数 $\alpha=0.2$，第 1 期预测值为 360。

　　我们还需要确定趋势预测的参数。设 β 为平滑参数，设 $\beta=0.4$。T_t 为 t 期趋势的预测，假设第 1 周的预测值 $T_1=5$。我们将在本节的最后对这些假设进行评论。

　　我们从原来的指数平滑公式开始：

　　　　下一期需求预测值 ＝ α × 本期需求值 ＋ $(1-\alpha)$ × 上一期需求预测值

　　鉴于趋势的存在，我们稍微修改一下这个公式。我们对本期（根据上一期）的预测是需求预测，但是有了趋势，现在的预测应该是预测加上趋势的预测。因此，我们写成：

$$\underset{\text{预测值}}{\text{下一期需求}} = \underbrace{\alpha \times 本期需求值 + (1-\alpha) \times 上一期需求预测值}_{\text{平滑需求预测}} + \underbrace{趋势预测值}_{\text{加上趋势}}$$

　　而且，为保持对趋势的最新预测，我们使用指数平滑法对趋势进行预测：

$$趋势预测值 = \beta \times 本期趋势值 + (1-\beta) \times 旧趋势预测值$$

目前对这一趋势的认识是新旧需求预测值之间的差异。我们可以把它写成：

$$\begin{matrix}趋势\\预测值\end{matrix} = \beta \times \left(\begin{matrix}新需求\\预测值\end{matrix} - \begin{matrix}旧预测\\需求值\end{matrix} \right) + (1-\beta) \times \begin{matrix}旧趋势\\预测值\end{matrix}$$

因此，当获得 t 期的新数据时，我们创建了 $t+1$ 期的新预测：

● 指数平滑需求预测，然后预测下一期的需求为平滑的需求加上我们对趋势的预测。

● 指数平滑趋势预测，然后更新我们对下一期的趋势预测。

这就是为什么我们称这种方法为双指数平滑法。

更正式的定义如下：

y_t：t 期实际需求值。

$\hat{y}_{t+1}$：利用平滑参数 α 进行指数平滑得到 $t+1$ 期的需求预测值。

$\hat{T}_t$：利用平滑参数 β 进行指数平滑得到 $t+1$ 期的趋势预测值。

用这个符号，我们把需求指数平滑写成：

$$\hat{y}_{t+1} = \alpha \times y_t + (1-\alpha) \times \hat{y}_t + \hat{T}_t$$

指数平滑的趋势为：

$$\hat{T}_{t+1} = \beta \times (\hat{y}_{t+1} - \hat{y}_t) + (1-\beta) \times \hat{T}_t$$

这里，$(\hat{y}_{t+1} - \hat{y}_t)$ 可以认为是我们对趋势的最新估计。

让我们用更多的流感数据来说明这种方法，特别是表 13-10 中的数据。现在是第 1 周，我们想预测第 2 周的数据。回想一下，我们假设平滑参数 $\alpha=0.2$，第 1 周的预测值为 360，趋势平滑参数 $\beta=0.4$，初始趋势预测 $\hat{T}=5$。

表 13-10 2013 年流感季节开始时流感患者人数

周	患者人数
1	377
2	402
3	409
4	413
5	428
6	409
7	446
8	458
9	462

有了这些信息，我们可以计算平滑需求预测：

$$\begin{aligned}\hat{y}_{t+1} &= \alpha \times y_t + (1-\alpha) \times \hat{y}_t + \hat{T}_t\\ &= 0.2 \times 377 + (1-0.2) \times 360 + 5\\ &= 368.4\end{aligned}$$

指数平滑趋势为：

$$\hat{T}_{t+1} = \beta \times (\hat{y}_{t+1} - \hat{y}_t) + (1-\beta) \times \hat{T}_t$$
$$= 0.4 \times (368.4 - 360) + (1 - 0.4) \times 5 = 6.36$$

表 13 - 11 列出了下一期的所有计算。

表 13 - 11　用双指数平滑法进行趋势预测

周	患者人数	下一周的预测值（$\alpha=0.2$）	趋势预测值（$\beta=0.4$）
		360.000	5.000
1	377	368.400	6.360
2	402	381.480	9.048
3	409	396.032	11.250
4	413	410.675	12.607
5	428	426.747	13.993
6	409	437.191	12.573
7	446	451.526	13.278
8	458	466.099	13.796
9	462	479.075	13.468

图 13 - 6 比较了需求实际值和需求预测值。与需求实际值不同，预测的数据并没有显示出许多起伏，而是随着时间的推移稳步增长，这是平滑的结果。第一次平滑减少了任何起伏。第二次平滑确保了趋势是相对稳定的，从一个时期到下一个时期创造了几乎恒定的增长。

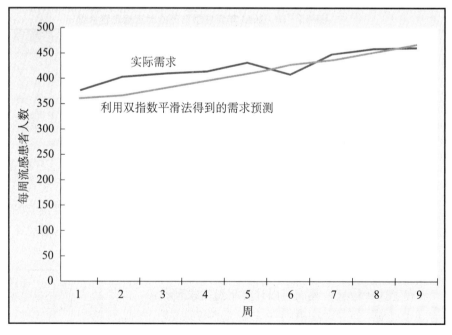

图 13 - 6　双指数平滑法趋势预测

计算步骤 13.2 总结了处理趋势预测的方法。

计算步骤 13.2

趋势预测调整概述：双指数平滑法。

步骤 1：设 $t = 1$（或者任何你想用的一期作为第 1 期）。

步骤 2：得到一个第 1 期预测值 $\hat{y}_t$ 和一个第 1 期趋势预测值 $\hat{T}_t$。第 1 期采用朴素预测法。

步骤 3：计算下一期平滑预测值：

$$\hat{y}_{t+1} = \alpha \times y_t + (1 - \alpha) \times \hat{y}_t + \hat{T}_t。$$

步骤 4：计算趋势的平滑预测值：

$$\hat{T}_{t+1} = \beta \times (\hat{y}_{t+1} - \hat{y}_t) + (1 - \beta) \times \hat{T}_t。$$

步骤 5：从 t 增加到 $t+1$。

步骤 6：回到步骤 3 直到到达本期。

关于双指数平滑法的几点解释：

● 双指数平滑法是一种加权平滑法。每期我们都将预测（平滑）的趋势添加到需求预测值中。然而，趋势值通常不是相加的，而是相乘的。脸书并不是每年增加 100 万用户，相反，它的用户每年都成倍增长。在这种快速增长的情况下，双指数平滑法将低估下一期的需求。处理指数增长需求的方法不是预测需求值 y_t，而是预测需求值的对数 $\lg(y_t)$。如果需求值呈指数增长，需求值的对数就呈线性增长。

● 与简单指数平滑法一样，我们需要为平滑参数选择一个值。这次唯一的不同是我们要选择两个平滑参数。平滑参数需要是 0～1 区间的数字。较大的值赋予最近的实际值权重更大。同样，查看历史数据，看看哪个 α 值和 β 值最适合数据是一个很好的起点。

● 还有其他在数学上更复杂的估计趋势的方法，包括前面提到的回归分析。然而，我们发现，复杂性往往是以透明度为代价的。我们使用的数学知识越多，就越难知道一种预测方法的"幕后"到底发生了什么。在我们看来，双指数平滑法是透明度、易用性和数学复杂性之间的一种很好的折中。

● 只要数据遵循一个长期趋势，并在这个趋势附近有一些变化，双指数平滑法就没有大的缺点。事实上，该方法也完全适用于没有趋势的情况。但是，在存在某种季节性模式的情况下，尤其是 β 值较小的情况下，该方法的效果并不好。在这种情况下，最好是选择一个非常大的 β 值，或者更好的是使用下一节描述的方法。

13.5 时间序列分析——季节性

趋势是我们可以在过去的需求数据中观察到的一种模式。我们在前一节的逻辑可以总结为："如果它在过去上升，它也将在未来上升。"需求数据中另一个常见的模式与季节性有关。我们将季节性定义为在一段时间内构成重复波动的显著需求变化。这种波动可以任何频率发生，包括每小时、每天、每周、每月或每年重复的季节。季节性与之前引入的统计噪声的概念相反。关键的区别在于：在季节性情况下，历史数据中模式的重复使我们有信心预测这种模式将持续到未来。然而，在统计噪声的情况下，我们不愿意推断数据会继续重复。

图 13 - 7 显示了用水量的季节性。举这个例子有点奇怪，但我们相信这会让你更容易记住它。虚线显示的是 2010 年 2 月 28 日加拿大埃德蒙顿的用水量。2010 年 2 月 28 日，对加拿大人来说是一个特殊的日子，因为他们的冰球队正在为奥运金牌而战。有一半的加拿大人都盯着电视屏幕看比赛的现场直播——当然，在两个回合之间的休息时间除外。我们只能推测加拿大人在休息时都喝些什么，在休息时都做了些什么，但他们确实需要大量的水（而且，我们认为，他们不太可能在休息期间洗澡）。

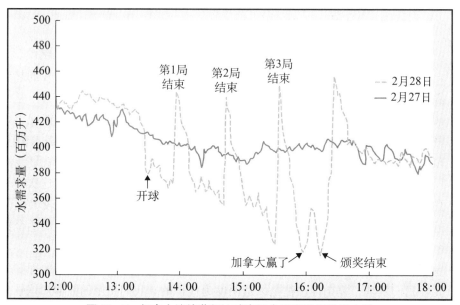

图 13 - 7 加拿大埃德蒙顿冰球奥运会决赛期间的用水量

资料来源：http://www.smartplanet.com/blog/smart-takes/infographic-water-consumption-in-edmonton-canada-during-olympic-gold-medal-hockey-game/.

图 13 - 7 的模式是季节性的一个例子。用水量的峰值并非随机结果，它们反映了导致水需求重复波动的重大需求变化。

季节性并不局限于冰球比赛期间上洗手间的情况，相反，它是运营实践中的一个常见模式，下面的例子可以帮助说明。

● 亚马逊：在 11 月和 12 月，亚马逊面临巨大的需求增长。人们为节日订购礼物。这些增长的需求通常需要两倍或三倍的能力来满足。因此，提前预测很重要。由于这些需求增长显然是季节性的结果（而不是由于变化性），公司没有理由不为此做计划。

● 流感数据：正如你在本章开头所见（见图 13 - 1），与流感相关的医疗服务和药品需求并不完全是随机的结果。的确，每个流感季节的严重程度和确切的开始日期可能不同，但可以观察到强烈的季节性模式。

● 高峰时间交通：如果在高峰时间上学或上班，你就会知道它的影响。早上 7—9 点和下午 4—6 点，对收费站能力和道路空间的需求要高得多。确切的季节性模式因大都市地区而不同（制造业劳动力聚集的城市通常上班时间较早，而银行家上班时间较晚），但这当然是可以预测的。

我们现在引入一种预测方法以处理季节性。我们将再次使用急诊室数据，即表 13 - 12 显示的最后 3 周到达数据。图 13 - 8 为在 1 周 7 天里每天看病者的分布（图 13 - 8 的 1 周内每一天对应于表 13 - 12 的三个数据点）。

表 13 - 12 出现在急诊室的看病人数

周	周几	急诊室看病人数
1	周一	265
	周二	260
	周三	255
	周四	261
	周五	264
	周六	220
	周日	255
2	周一	290
	周二	250
	周三	222
	周四	230
	周五	282
	周六	211
	周日	215
3	周一	280
	周二	261
	周三	230
	周四	240
	周五	271
	周六	223
	周日	228

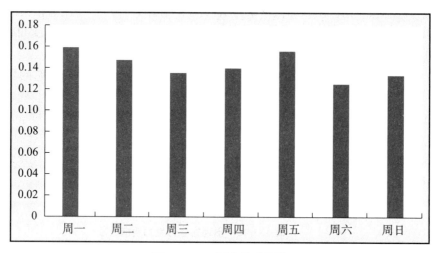

图 13-8　1 周内的季节性

我们的季节性预测方法的第一步是确定季节性模式。我们面临的是 1 天内的季节性、1 周内的季节性、1 年内的季节性，还是另一个反复出现的波动？就本章的目的而言，我们发现仅仅"观察"过去的数据并应用一些基本运营知识就足够了。患者最有可能在周一去急诊室，周末往往患者比较少（见图 13-8）。可用更正式的统计检验来确认这种模式。因此，我们以 1 周中的天数水平来决定季节性。

第二步，我们试图量化季节性的影响。我们将用每周季节性来说明这一点，其中季节性模式每 7 天（周期）重复一次。这种方法很容易扩展到一天 24 小时、一年 12 个月，或任何你可能想到的季节性。

我们计算每个时间段的平均需求为：

$$平均需求=均值（y_t，t=1，\cdots，N）$$

然后我们计算周一的平均需求为：

$$周一的平均需求=均值（y_t，t=1，\cdots，N，t=周一）$$

以同样的方式，我们可以定义周二、周三和 1 周其他所有日子的平均需求。当然，如果季节性不是每周一次的模式，而是每月一次的模式，我们将对一年 12 个月的每个月都这样做。或者我们可以对一天 24 小时或者一年四个季度都这样做。这完全是一个什么时期构成季节性的问题。有了所有时期的平均需求和 1 周内每一天的平均需求，我们就可以计算 1 周内每一天的季节性指数（seasonality index，SI）：

$$周一的季节性指数=SI_{周一}=\frac{周一的平均需求}{总平均需求}$$

表 13-13 显示了急诊室示例。我们看到周一的季节性指数大于 1，反映了更多的患者在周一去急诊室。季节性指数 1.12 可以解释为周一需求比平均需求多 12%。同样，我们将周六的季节性指数（0.88）解释为周六的需求比 1 周的平均需求少 12%。

表 13-13　每周出现在急诊室的患者的平均人数

	周 X 的平均需求	季节性指数
周一	278.33	1.12
周二	257.00	1.04
周三	235.67	0.95
周四	243.67	0.98
周五	272.33	1.10
周六	218.00	0.88
周日	232.67	0.94

有了季节性指数，我们现在回到表 13-12 的原始数据。对于每一个过去时间段（在我们的示例中是天数），我们对已有需求值进行了去季节性（deseasonalize）操作。去季节性操作是指从过去的数据中去除季节效应。当观察到在第 2 周的周一有 290 个患者时，我们必须区分这是由于偶然因素而非常忙碌的一天还是由于周一而非常忙碌的一天。我们将 t 期的去季节性需求定义为：

$$t\text{ 期的去季节性需求} = \frac{t\text{ 期需求}}{\text{季节性指数}}$$

在示例中，我们有：

$$t\text{ 期的去季节性需求} = \frac{290}{1.12} = 258.64^{①}$$

这些计算结果如表 13-14 所示。通过比较第 1 周的周日（255 个患者）和第 2 周的周一（290 个患者）来注意数据的去季节性效果。单看需求数据，人们可能会认为这 290 个患者需求要高得多。然而，如果进行去季节性调整，我们发现结果是令人惊喜的。

表 13-14　经季节性影响调整后出现在急诊室的患者人数

周	周几	急诊室患者人数	季节性指数	去季节性（急诊室患者人数/季节性指数）
	周一	265	1.12	236.35
	周二	260	1.04	251.14
	周三	255	0.95	268.60
1	周四	261	0.98	265.90
	周五	264	1.10	240.64
	周六	220	0.88	250.52
	周日	255	0.94	272.07

---

① 式中 1.12 为四舍五入结果，实际计算中仍使用的是未四舍五入的季节性指数，最终计算结果无误，原书如此。表 13-14、表 13-15 中数据计算同此问题，最终结果无误。

续表

周	周几	急诊室患者人数	季节性指数	去季节性（急诊室患者人数/季节性指数）
	周一	290	1.12	258.64
	周二	250	1.04	241.48
	周三	222	0.95	233.84
2	周四	230	0.98	234.32
	周五	282	1.10	257.05
	周六	211	0.88	240.27
	周日	215	0.94	229.39
	周一	280	1.12	249.72
	周二	261	1.04	252.10
	周三	230	0.95	242.27
3	周四	240	0.98	244.50
	周五	271	1.10	247.02
	周六	223	0.88	253.93
	周日	228	0.94	243.26

一旦通过去季节性从历史需求数据中去除季节性影响，我们就可以像以前做的那样继续。每个时间段仍然包含一定的噪声（参见我们对第1周的周日与第2周的周一的讨论）。既然季节性的影响被去除，剩下的所有变化都是统计噪声的结果。有些日子患者更多，有些日子患者更少。我们知道如何处理统计噪声——可以依靠移动平均法或指数平滑法。

使用平滑参数 $\alpha = 0.25$ 和第一个周一的初始预测值240，表13-15显示了这个平滑过程。每一天，我们得到一个平滑的预测，结合最新的数据和之前讨论的旧预测值。随着历史数据的结束，我们最后一个平滑预测值是第二天246.45个患者。

表 13-15　经季节性调整后，平滑了出现在急诊室的患者数量

周	周几	急诊室患者人数	季节性指数	去季节性（急诊室患者人数/季节性指数）	平滑预测值（$\alpha = 0.25$，第1周周一的预测值设为240）
	周一	265	1.12	236.35	239.09
	周二	260	1.04	251.14	242.10
	周三	255	0.95	268.60	248.72
1	周四	261	0.98	265.90	253.02
	周五	264	1.10	240.64	249.92
	周六	220	0.88	250.52	250.07
	周日	255	0.94	272.07	255.57

续表

周	周几	急诊室患者人数	季节性指数	去季节性（急诊室患者人数/季节性指数）	平滑预测值（$\alpha=0.25$，第1周周一的预测值设为240）
2	周一	290	1.12	258.64	256.34
	周二	250	1.04	241.48	252.62
	周三	222	0.95	233.84	247.93
	周四	230	0.98	234.32	244.52
	周五	282	1.10	257.05	247.66
	周六	211	0.88	240.27	245.81
	周日	215	0.94	229.39	241.70
3	周一	280	1.12	249.72	243.71
	周二	261	1.04	252.10	245.81
	周三	230	0.95	242.27	244.92
	周四	240	0.98	244.50	244.82
	周五	271	1.10	247.02	245.37
	周六	223	0.88	253.93	247.51
	周日	228	0.94	243.26	246.45

我们如何解释这 246.45 个患者的数量？回想一下，我们正在看的数据是经过去季节性又平滑过的。因此，我们预测下周平均每天将有 246.45 个患者。然而，我们要预测的第一天是周一，而且知道周一不是 1 周中的平均一天。因此，在最后一步，在季节性调整的预测方法中，我们必须对数据进行再季节化（reseasonalize），即我们必须恢复以前洞察到的季节性影响状态。这项工作只需计算日均平滑预测值和适当的季节性指数的乘积：

下周一预测值＝日均平滑预测值×SI周一

表 13-16 显示了这些数据。我们通过加强先前观察到的季节性模式来推断需求数据。真是简单又优雅！

表 13-16　对数据进行再季节化后预测出现在急诊室的患者人数

周	周几	基础值	季节性指数	预测值（基础值×季节性指数）
4	周一	246.45	1.12	276.33
	周二	246.45	1.04	255.15
	周三	246.45	0.95	233.97
	周四	246.45	0.98	241.91
	周五	246.45	1.10	270.37
	周六	246.45	0.88	216.43
	周日	246.45	0.94	230.99

以下是对季节性预测的进一步评论：

● 前面介绍的方法的一个重要组成部分是对季节性指数的估计。我们通过简单地对历史数据进行平均来估算季节性指数，例如，通过计算所有周一的均值来计算 SI周一。我们也可以用指数平滑法而不是求均值，在这种情况下，我们将有一个季节性指数的平滑参数，它将被更新，就像我们在双指数平滑法中更新趋势预测一样。

● 我们假定季节性的影响是一种倍增效应。我们通过除以适当的季节性指数来去除季节性，然后通过乘以它来重新再季节化。请注意，当在前一节处理趋势时，我们假设趋势是附加的，因为我们估计了新的需求，然后为趋势添加了调整。对于趋势或季节性，究竟是使用加法模型还是乘法模型，最好的答案是在过去的数据上尝试这些方法。

● 有很多附加条件可以添加到这个模型中。然而，我们认为这个模型非常好，可以让你在不使用回归分析的情况下尽可能得到更多结果。更复杂的回归模型允许你将趋势、季节性和其他解释变量的影响组合到一个单一的集成模型中，但这是另一个故事了。

计算步骤 13.3 总结了这种预测方法。

计算步骤 13.3

有季节性调整时的预测计算。

步骤 1：确定季节性模式。

步骤 2：计算所有季节的季节性指数：

$$\mathrm{SI}_{\text{季节}} = \frac{\text{季节平均需求}}{\text{总平均需求}}$$

步骤 3：对所有的 t 期数据去季节性：

$$t \text{ 期的去季节性需求} = \frac{t \text{ 期需求}}{\text{季节性指数}(t)}$$

步骤 4：对于所有的 t 期，对去季节性需求数据应用指数平滑法预测。

步骤 5：计算作为最后一期平滑值的平均预测值。

步骤 6：再季节化数据：对于所有 $s > t$ 的预测值＝最后一期的平滑预测值$\times \mathrm{SI}_s$。

13.6 专家小组和主观预测

前几节讨论的方法有两个优点：首先，遵循数学算法的预测方法是有效的，因此可以自动化，这在我们需要进行每日甚至每小时预测的操作环境中尤为重要；其次，这些方法是基于硬数据的——没有感情、意见和其他软性的回旋余地。

然而，无论分析预测方法多么复杂，它们都有一个共同之处，那就是假定未来会像过去一样。一些模式将被推断出来，但是没有人类智慧的空间。预测是用方法做出来的。

有时，你希望在预测方法中考虑到人的因素。在这种情况下，我们谈论的是创建一个主观预测。有很多方法可以让你把一个或多个人的观点作为输入，然后把预测作为输出。我们发现区分三种主观预测方法是有帮助的，这取决于参与过程的人以及个人观点是如何被组织起来的。

● 预测组合。每个预测者将使用不同的心智模式进行预测。最有可能的是，每个预测者会偶尔出错，造成一些预测错误。预测组合的概念是将多个预测者的预测值平均，减少预测误差。约翰是一个乐观主义者，玛丽是一个悲观主义者，如果我们把他们的预测值平均一下，希望统计规律会起作用，结果会是一个更好的预测。有相当多的研究支持这一方法。

● 建立共识预测。我们不仅可以收集几个专家的预测值然后平均，还可以请每个专家解释他是如何得出预测的。这有可能促进信息共享：玛丽可能知道中国市场正在增长，而约翰对美国市场有一些见解，因此，让玛丽和约翰在预测之前交流知识是一个好主意，这将使他们的预测都更好。此类预测的一个常见问题是一种称为"群体思维"的现象，即所有专家都同意，但结果从根本上来说是错误的，而且不太可能。群体思维可能是所有专家使用相同信息的结果（在这种情况下，预测误差被平均的想法是没有意义的）。通常情况下，群体思维也反映了对与更高级管理者存在分歧的恐惧。为了解决这个问题，我们建议如下：（1）让参与的成员首先独立地进行自己的预测。这些数据是讨论的起点。在讨论过程中，应特别注意个别预测的最高值和最低值，并要求相关预测者解释其预测背后的逻辑。（2）任何讨论都应从小组中最初级的专家开始。高管更有可能表达自己的观点，资历较浅的管理者更有可能感受到顺应潮流的压力。因此，通过让资深专家最后发言，我们得到了每个人的真实观点。

● 预测市场。想象一下，你和你的同学去看一场赛马，但对参加比赛的马一无所知。在比赛中你会被问道："谁会赢？"你可以让每个同学预测马的表现，然后取某种形式的均值。这就是预测组合的概念。但为什么不看看马场公布的投注赔率呢？如果在投注室，下注 1 美元，赌马Ⅰ赢给你 25 美元，赌马Ⅱ赢只给 3 美元，你不认为马Ⅱ是更快的马吗？因此，与其依赖你自己和你那些无知（甚至可能没有动力）的同学，为什么不依赖那些把钱押在这上面的人呢？预测市场的想法是，价格可以帮助汇总信息。例如，如果我们承诺，新产品销售至少 100 万件，我们将支付你 1 美元，而你愿意为这个承诺支付 0.1 美元，这意味着你认为销售 100 万件的可能性很低（确切地说，是 10%）。如果有人觉得他掌握了比当前市场价格更好的信息，他就可以利用这些信息进行交易，从而影响未来的价格。如果有人觉得自己掌握了更好的信息，但不愿意利用这些信息进行交易，我们或许也不应该太看重他的意见。

与时间序列外推的自动化方法不同，主观预测具有前瞻性潜力。主观预测利用管理直觉和人类智慧来取代或增强模型所做的预测，这是主观预测的最大优点。然而，正如我们将在下面讨论的那样，这也是它最大的弱点。

预测偏差的来源

我们之前定义的有偏预测不仅是错误的，而且常常是错误的。换句话说，预测显示了预测结果和实际值之间的一致模式。偏见存在于所有类型的人类决策中，尽管在预测领域尤其普遍。原因是，当进行预测时，根据定义我们还不知道自己是对还是错。因此，"空谈是廉价的"，结果是在一个遥远的未来。在预测和其他方面，最常见的偏差有：

● 过度自信。关于人类决策的文献中最有力的结论之一是，我们都高估了自己有多聪明。结果，我们对成功过度自信，对正确预测未来过度自信。另外，我们低估了运气（风险）的作用和他人的影响。因此，我们预测销售额会更高，对新产品发布成功也更加乐观。

● 锚定。作为人类决策者，我们经常选择一条信息，然后让这条信息决定我们如何处理新信息。最初的信息设置了一个参照点。考虑一个学生创业项目，正在预测未来的需求。如果学生团队将脸书的增长作为参照点，这只会使团队偏向一个不切实际的需求轨迹。

● 激励一致性。在前两种偏差中，决策者陷入了自己的认知偏差。他们尽了最大的努力，却受到了过度自信和盲目自信的影响。在预测中，另一种偏差来自预测者的动机和个人目标。当被问及预测时，预测者知道预测是用来做决定的，这个决定很可能会影响他们的工作。因此，对这些预测者来说，理性的做法是先从该决定的首选结果入手，再采取行动。例如，销售人员希望确保供应链中有足够库存，以便满足客户的需求。他还知道，他预测的需求值越高，工厂将生产更多的产品并投入供应链。因此，对于一个从销售中获得佣金的销售人员来说，预测一个比他真正相信的要大得多的需求值是唯一理性的。这种不真实地分享自己的预测值以达到某一特定结果的行为被称为预测博弈（forecast gaming）或预测膨胀（forecast inflation）（因为预测结果高于实际情况）。

处理偏差的最好方法是反馈。预测者总是要面对他们过去做出的预测。预测误差应该被测量和分析。这样，预测过程就可以随着时间的推移而改进，就像我们喜欢改进业务中的任何其他操作过程一样。

13.7 小 结

需求预测对我们所做的许多运营决策及整个公司的未来都有重大影响。因此，良好的预测是至关重要的。在没有水晶球的情况下，好的预测意味着要仔细选择预测方法。正如我们所看到的，每种定量方法都有其优缺点，不存在一种最好的方法。

除了数学建模之外，预测的过程还嵌入组织的环境中。理解这个背景很重要。

在实践中实施预测过程时，我们建议以下五个步骤：

1. 收集数据，包括旧需求预测（主观数据）和实际需求结果。
2. 建立预测方法：决定主客观数据的平衡，寻找趋势和季节性。
3. 使用预测方法预测未来需求。
4. 根据步骤 3 做决定。
5. 测量预测误差，寻找偏差并改进流程。

13.8　实战练习

下面的问题将有助于测试你对本章的理解。在每个问题之后，我们在方括号中显示相关章节信息。

Q13.1 吉姆和约翰经营一家理发店。每天晚上，他们都会预测第二天有多少客人来。在过去四天里，他们收集了一些关于预测值和实际结果的数据。吉姆预测第一天的客人数是 56 人，第二天是 50 人，第三天是 45 人，第四天是 59 人。约翰预测这四天分别为 47 人、49 人、51 人和 51 人。实际的客人数是 45 人、51 人、41 人和 61 人。谁的预测偏差更大？吉姆和约翰的 MSE 和 MAE 是多少？[13.2]

Q13.2 Tom's Towing LLC 经营着一支拖车车队，它将拖车派往附近高速公路帮助有需要的司机。周一、周二、周三和周四要求使用拖车的电话数分别为 27 个、18 个、21 个和 15 个。如果使用朴素预测法，它对周五的预测会是多少？[13.3]

Q13.3 Tom's Towing LLC 经营着一支拖车车队，它将拖车派往附近高速公路帮助有需要的司机。周一、周二、周三和周四要求使用拖车的电话数分别为 27 个、18 个、21 个和 15 个。如果使用四天移动平均法，它对周五的预测会是多少？[13.3]

Q13.4 Tom's Towing LLC 经营着一支拖车车队，它将拖车派往附近高速公路帮助有需要的司机。周一、周二、周三和周四要求使用拖车的电话数分别为 27 个、18 个、21 个和 15 个。如果使用指数平滑法，它对周五的预测会是多少？$\alpha = 0.4$，且周一的预测值是 18。[13.3]

Q13.5 在线 MBA 是一所在线大学，只要学生来学校参加为期 6 周的密集训练营，他们就可以获得各种在线课程。对这个项目的需求正在迅速增加。过去六个月中，每月申请人数分别为 345 人、412 人、480 人、577 人、640 人和 711 人。使用第一个月为 250 的预测值，初始趋势预测值为 50，需求平滑的平滑参数为 0.2，趋势平滑的平滑参数为 0.5，使用双指数平滑法预测下一年的需求。[13.4] 下一期的预测值是 776.8。

Q13.6 GoPro 是一家培训公司，帮助运动员申请大学以提高他们的运动水平。大多数大学的申请截止日期是 12 月底，因此第三季度和第四季度往往是公司最忙的时候。根据过去三年的情况，管理层收集了一份各季度的旧需求数据：

年份	季度	需求量（份）
2012	1	111
	2	120
	3	350
	4	333
2013	1	130
	2	109
	3	299
	4	305
2014	1	143
	2	122
	3	401
	4	307

使用平滑参数0.2和去季节性需求的初始预测值130，预测2015年4个季度的需求。[13.5]

Q13.7 一家大型咨询公司的四名合伙人试图估计下一年所需的新员工数量。他们的预测值分别为32人、44人、21人和51人。一个简单的预测组合的结果会是什么？[13.6]

第14章
应对需求不确定性：报童模型[①]

当必须在观察需求之前选择供应且需求随机（不确定）时，供需匹配尤其具有挑战性。为了说明这一点，举一个（有点不合时宜的）例子，假设你是一个卖报纸的小商贩，每天早上你买来一叠报纸，想在繁忙街道拐角处的报摊上卖出去。即使可以估算某一天能卖出多少份报纸，你也永远无法准确预测需求。有些日子你把所有的报纸都卖掉了，而有些日子没有卖出去的报纸将被回收。作为报童，你必须每天伊始就决定买多少份报纸，因为你必须在需求出现之前决定买多少份报纸，除非非常幸运，否则你将无法匹配供需。需要一个决策工具来最大限度摆脱这种困境，报童模型（newsvendor model）就是这样一个工具。

你会很高兴地了解到，报童模型不仅适用于报摊业务，还适用于许多场合。最基本的问题是，你必须在某个随机事件（需求）发生之前下一个确定的赌注（需要订购多少库存），然后你会发现要么押得太多（需求低于订货），要么押得太少（需求超过订货）。"押得太多"和"押得太少"之间的权衡也发生在其他情境中。考虑一种技术产品，技术更新换代前，它的原材料供应的提前期很长，寿命很短。购买太多的组件，你就会冒技术过时的风险；购买太少组件，你可能无法满足市场需求，只得放弃可观的利润。

本章首先介绍运动服装制造商奥尼尔公司（O'Neill Inc.）面临的生产挑战。奥尼尔公司的决定与报童的工作非常相似。然后详细描述报童模型，并将报童模型应用于奥尼尔公司的问题上。我们还展示了如何使用报童模型来预测一些与奥尼尔

---

① 本章中的数据经过了修饰，以保护机密信息。

公司相关的绩效度量指标。

14.1　奥尼尔公司

　　奥尼尔公司是一家服装、潜水服和水上运动配饰的设计者和制造商，其中水上运动包括：冲浪、潜水、滑水、滑水板、铁人三项和风帆冲浪。它的产品线从休闲入门级产品，到竞技冲浪者的潜水服，再到专业冷水潜水员（例如在北海石油平台上工作的潜水员）的精致干式潜水服。奥尼尔把一年分为两个销售季节：春季（2—7 月）和秋季（8 月到转年 1 月）。有些产品在两个季节销售，但大部分产品主要在一个季节销售。例如，滑水运动在春季很活跃，然而休闲冲浪产品在秋季也很畅销。有些产品被认为是不时尚的（如它们的品种很少，而且年复一年地出售），例如，标准的氯丁橡胶黑色短靴。从"Animal""Epic""Hammer""Inferno"和"Zen"等产品名称来看，显然奥尼尔公司也有一些受时尚潮流影响的产品。例如，冲浪服的颜色图案经常随着季节的变化而变化，以适应用户的偏好（如来自加利福尼亚州的 15～30 岁人群）。

　　奥尼尔公司在墨西哥拥有自己的制造工厂，但并非所有产品都在那里生产。部分产品由奥尼尔公司在亚洲的合同制造商 TEC 集团生产。TEC 虽然为奥尼尔公司提供了许多价值（低成本、采购专业知识、柔性产能等），但确实要求所有订货都有 3 个月的提前期。如果奥尼尔公司在 11 月 1 日订购一件产品，那么该产品就可以在次年 1 月 31 日之前在加利福尼亚州圣迭戈的配送中心发货。

　　为了更好地理解奥尼尔的生产挑战，让我们考虑一种冲浪者使用的特殊潜水服，它是为即将到来的春季设计的——Hammer 3/2。（"3/2"表示服装上的氯丁橡胶厚度：胸部为 3 毫米，其他部位为 2 毫米。）图 14-1 展示了 Hammer 3/2 和奥尼尔公司的标志。奥尼尔公司已经决定让 TEC 生产 Hammer 3/2。由于 TEC 要求 3 个月的提前期，奥尼尔公司需要在春季之前的 11 月向 TEC 提交订单。根据以往类似产品的销售数据以及设计师和销售代表的判断，奥尼尔公司预测 Hammer 3/2 在春季的总需求为 3 200 套。遗憾的是，尽管非常重视需求预测，但这一预测仍有相当大的不确定性。例如，根据奥尼尔公司的经验，50% 的情况下，实际需求与初始预测的偏差超过 25%。换句话说，只有 50% 的可能性是预测覆盖了实际需求的 75%～125%。

　　尽管奥尼尔公司 11 月的预测不可靠，但在观察了前一两个月的销售情况后，它对全季需求的预测要准确得多。那时候，奥尼尔能够预测 Hammer 3/2 的销售速度是否比期望的慢，如此一来很可能在季末有过剩库存，或者 Hammer 3/2 比期望的更受欢迎，那么很可能缺货。在后一种情况下，奥尼尔公司很乐意订购更多的 Hammer 3/2，但由于 TEC 要求的提前期太长，它无法及时收到更多的 Hammer 3/2。因此，奥尼尔公司 11 月的订货量基本上都会"冒一定风险"。

图 14 - 1　奥尼尔公司的 Hammer 3/2 潜水服和为冲浪市场设计的标志

资料来源：O'Neill。

对奥尼尔公司来说幸运的是，Hammer 3/2 的经济效益相当不错。奥尼尔公司以 190 美元的价格向零售商出售 Hammer 3/2，而支付 TEC 每套 110 美元。奥尼尔公司如果在季末有剩余库存，根据经验，它能够以每套 90 美元的价格出售库存。图 14 - 2 总结了时间线和 Hammer 3/2 的经济效益情况。

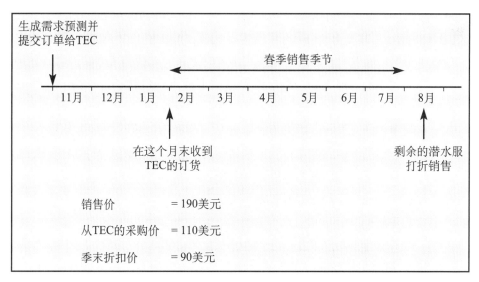

图 14 - 2　奥尼尔公司的 Hammer 3/2 潜水服的时间线和经济效益

奥尼尔公司需要向 TEC 订购多少套呢？你可能会说，奥尼尔应该订购总需求的预测，即 3 200 套，因为 3 200 套是最有可能的结果。预测值也是使实际需求与生产数量之间的期望绝对差最小的值，也就是说，它很可能接近实际需求。或者，你可能会担心预测总是有偏差，因此建议订货批量低于 3 200 套才是更谨慎的做法。最后，你可能会说，因为 Hammer 3/2 的毛利率超过了 40%（（190－110）/190＝42%），奥尼尔应该订购超过 3 200 套，以备 Hammer 3/2 大卖。接下来，我们将定义报童模型，然后讨论报童模型建议的订货批量。

14.2　报童模型：结构和输入

报童模型考虑的是只有一次生产或采购机会的情况。这个机会发生在一个销售季节之前，你在销售季节开始之前收到全部订货。随机需求出现在销售季节。如果需求超过你的订货批量，那么你将出售完所有订货，但如果需求低于你的订货批量，那么你在季末有剩余库存。

报童模型有几个关键的输入：第一，有一些经济参数；第二，需要一个需求预测，我们称之为需求模型。

让我们从经济参数开始。购买每个单位都需要成本：Hammer 3/2 的成本＝110 美元。重要的是，成本只包括取决于订货批量的成本，不包括摊销固定成本，因为固定成本不受我们的订货批量的影响。换句话说，这个成本数字应该包括所有随订货批量变化的成本，不包括不随订货批量变化的成本。你出售的每个单位都有一个价格，在本例中，价格＝190 美元。

如果在季末有剩余库存，就会有一些与库存相关的价值。具体来说，你可以从每个单位的剩余库存中获得一个残值（salvage value），对 Hammer 3/2 来说，残值＝90 美元。有可能剩余库存没有任何残值，即残值＝0。也有可能剩余库存的处理成本很高，在这种情况下，残值可能实际上是一个残值成本。例如，如果产品是一种危险化学品，那么处理剩余库存就需要成本，也就是说，一个负的残值是可能的。

现在考虑需求模型。需求不确定性是报童模型的核心：只选择一个订货批量，但需求是随机的，这意味着订货批量最终可能过高或过低。为了应对 Hammer 3/2 的需求不确定性，我们需要回答以下问题：

需求小于或等于 Q 个单位的概率是多少？

对于我们想要的 Q 值，简而言之，我们需要一个分布函数（distribution function）。从统计学的角度来看，每个随机变量都是由其分布函数 $F(Q)$ 定义的，$F(Q)$ 是随机变量的结果为 Q 或更小的概率。在这个案例中，随机变量是 Hammer 3/2 的需求，分布函数是：

$$F(Q)=\text{Prob }\{需求小于或等于 Q\}$$

为了方便起见，我们将分布函数 $F(Q)$ 作为需求预测，因为它提供了我们所面临的需求不确定性的完整图像。

分布函数有两种形式。离散分布函数（discrete distribution functions）可以用表格的形式定义：有一组可能的结果，每个可能的结果都有一个相关的概率。下面是具有三种可能结果的简单离散分布函数的一个例子（见表 14 - 1）：

表 14 - 1

Q	$F(Q)$
2 200	0.25
3 200	0.75
4 200	1.00

泊松分布是广泛使用的离散分布函数的一个例子。对于连续分布函数（continuous distribution functions），有无限种可能的结果。指数函数和正态函数都是连续分布函数。它们用一个或两个参数定义。例如，正态分布由两个参数定义：均值和标准差。我们用 μ 表示分布的均值，用 σ 表示标准差。（μ 是希腊字母 mu，σ 是希腊字母 sigma。）这两个表示均值和标准差的符号很常见，所以这里采用它们。

在某些情况下，离散分布函数提供了需求的最佳表示，而在其他情况下，连续分布函数最有效。

对于 Hammer 3/2，奥尼尔公司已经确定需求预测可以用（连续的）正态分布表示，其均值为 3 192，标准差为 1 181。14.6 节提供了关于奥尼尔公司如何构建需求模型的更多细节。

现在有了表示需求预测的正态分布的参数，让我们回到如何评价 $F(Q)$ 的问题。有两种方法可以做到这一点。第一种方法是使用电子表格软件。例如，要确定 $F(Q)$ 的值，在 Excel 中使用函数 Normdist(Q, 3 192, 1 181, 1)。第二种方法，不需要计算机，是使用附录 B 中的标准正态分布函数表。

标准正态分布（standard normal）是一种特殊的正态分布，均值为 0，标准差为 1。引入另一个常见的希腊符号，设 $\Phi(z)$ 为标准正态分布函数。即使标准正态分布是连续分布的，它也可以被"切"成小块，使之成为离散分布。标准正态分布函数表就是这样，也就是说，它是标准正态分布的离散版本。完整的表在附录 B 中，表 14 - 2 复制了表的一部分。

标准正态分布函数表的格式让人读起来有点难。例如，假设你想知道标准正态分布的结果是 0.51 或更小的概率。我们寻找当 $z = 0.51$ 时 $\Phi(z)$ 的值。要找到该值，请选择表中的行和列，使行中的数字和列中的数字之和等于你所寻找的 z 值。当 $z = 0.51$ 时，我们寻找以 0.50 开始的行和以 0.01 开始的列，这两个值的和等于 0.51。这一行与那一列的交点得到 $\Phi(z)$。由表 14 - 2 可知，$\Phi(0.51) = 0.695\ 0$。因此，有 69.5% 的可能性，一个标准正态分布的结果是 0.51 或更小。

表 14 - 2　标准正态分布函数表的一部分，$\Phi(z)$

z	0.00	0.01	0.02	0.03	0.04	0.05	0.06	0.07	0.08	0.09
0.3	0.617 9	0.621 7	0.625 5	0.629 3	0.633 1	0.636 8	0.640 6	0.644 3	0.648 0	0.651 7
0.4	0.655 4	0.659 1	0.662 8	0.666 4	0.670 0	0.673 6	0.677 2	0.680 8	0.684 4	0.687 9
0.5	0.691 5	0.695 0	0.698 5	0.701 9	0.705 4	0.708 8	0.712 3	0.715 7	0.719 0	0.722 4
0.6	0.725 7	0.729 1	0.732 4	0.735 7	0.738 9	0.742 2	0.745 4	0.748 6	0.751 7	0.754 9
0.7	0.758 0	0.761 1	0.764 2	0.767 3	0.770 4	0.773 4	0.776 4	0.779 4	0.782 3	0.785 2
0.8	0.788 1	0.791 0	0.793 9	0.796 7	0.799 5	0.802 3	0.805 1	0.807 8	0.810 6	0.813 3
0.9	0.815 9	0.818 6	0.821 2	0.823 8	0.826 4	0.826 9	0.831 5	0.834 0	0.836 5	0.838 9
1.0	0.841 3	0.843 8	0.846 1	0.848 5	0.850 8	0.853 1	0.855 4	0.857 7	0.859 9	0.862 1

但我们的需求预测不太可能是标准正态分布。如何用标准正态分布来求 $F(Q)$？也就是说，如果我们的需求预测是另一个正态分布，需求的概率是 Q 或更小。答案是，我们把感兴趣的量 Q 转换成标准正态分布的等价量。换句话说，我们找到一个 z 使 $F(Q) = \Phi(z)$，即需求小于或等于 Q 的概率等于标准正态分布的结果小于或等于 z 的概率。这个 z 被称为 z 统计量。一旦有了适当的 z 统计量，我们就可以在标准正态分布函数表中查找 $\Phi(z)$ 来得到答案。

要将 Q 转化为等价的 z 统计量，使用以下公式：

$$Z=\frac{Q-\mu}{\sigma}$$

假设我们感兴趣的是，Hammer 3/2 的需求为 4 000 套或更小的概率，即 $Q = 4\,000$。正态分布的均值为 3 192，标准差为 1 181，$Q = 4\,000$ 的 z 统计量为：

$$Z=\frac{4\,000-3\,192}{1\,181}=0.68$$

因此，Hammer 3/2 的需求为 4 000 套或更少的概率等于 $\Phi(0.68)$，也就是说，它与标准正态分布结果小于或等于 0.68 的概率相同。根据标准正态分布函数表（为方便起见，见表 14 - 2），$\Phi(0.68) = 0.751\,7$。换句话说，有超过 75% 的可能性，对 Hammer 3/2 的需求将是 4 000 套或更少。计算步骤 14.1 总结了寻找需求将小于或等于 Q（或大于 Q）的概率的过程。

计算步骤 14.1

评估需求要么小于或等于 Q（$F(Q)$），要么大于 Q（$1-F(Q)$）的概率的过程。

如果需求预测是一个均值 μ 和标准差 σ 的正态分布，那么遵循步骤 A 和步骤 B。

步骤 A：计算对应于 Q 的 z 统计量：

$$Z=\frac{Q-\mu}{\sigma}$$

步骤 B：需求小于或等于 Q 的概率是 $\Phi(z)$。用 Excel 里的函数 Normsdist(z) 可求 $\Phi(z)$ 的值；否则，请查阅附录 B 标准正态分布函数表中的 $\Phi(z)$。如果你想要需求大于 Q 的概率，那么答案是 $1-\Phi(z)$。

如果需求预测是一个离散分布函数表，那么查找 $F(Q)$，即需求小于或等于 Q 的概率。如果你想要需求大于 Q 的概率，那么答案是 $1-F(Q)$。

总之，报童模型代表了这样一种情况，即决策者必须在一些随机事件（例如需求）发生之前下一个单一的赌注（例如订货批量）。如果赌注太高，就会有成本（例如剩余库存被回收以弥补每个单位的损失）。如果赌注太低，也会有成本（销售损失的机会成本）。报童模型的目标是订货批量能正确平衡这些相反的力量。为了实现该模型，我们需要确定成本和所面临的需求不确定性。单一的"点预测"（例如 3 200 套）是不够的，我们需要量化预测可能发生的变化，也就是说，我们需要一个分布函数。

下一节重点讨论选择实际订货批量这一任务。

14.3　如何选择一个订货批量

在收集我们所有的输入量（销售价格、成本、残值和需求预测）之后，下一步是选择一个订货批量。这个过程的第一步是确定我们的目标。一个自然的目标是选择我们的生产/采购数量，以使期望利润最大化。本节将解释如何做到这一点。14.5 节考虑了其他可能的目标。

在揭示选择订货批量以实现期望利润最大化的实际过程之前，探索解决方案背后的直觉是有帮助的。再考虑一下奥尼尔公司的 Hammer 3/2 订货决策。我们应该订 1 套吗？如果这样做了，我们就很有机会卖出这套潜水服：预计销量为 3 192 套，很可能我们至少能卖出 1 套。如果我们卖出这套，那么这套的收益等于 190-110 = 80 美元（售价减去采购成本）。第一套的期望收益（expected gain）等于卖出第一套的概率乘以第一套的收益。然而，我们也有可能卖不出去，在这种情况下，我们将蒙受 110-90 = 20 美元的损失（损失等于采购成本和折扣价格之间的差额）。但由于我们卖不出去这套的概率很小，第一套的期望损失（expected loss）接近 0 美元。假设第一套的期望收益明显超过期望损失，订购 1 套的利润是正的。在这种情况下，最好至少订购 1 套。

在决定是否订购 1 套之后，我们现在可以考虑是否订 2 套，订 3 套，以此类推。当我们继续这个过程时会发生两件事：第一，我们能够卖出所订购服装的概率在下降，从而减少了该单位的期望收益；第二，我们卖不出去该单位的可能性在增加，从而增加了该单位的期望损失。现在假设我们订购了 6 400 套。卖出该单位的概率非常低，因此该单位的期望收益几乎为零，相比之下，卖不出去该单位的概率相当高。很明显，订购 6 400 套是没有意义的。此模式如图 14-3 所示。我们看到，对于略高于 4 000 套的某单位，其期望收益等于其期望损失。

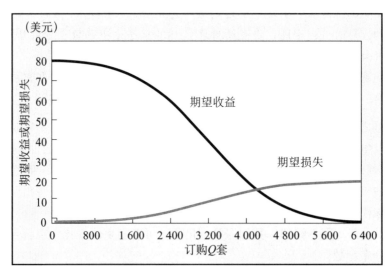

图 14 - 3　奥尼尔公司订购 Q 套 Hammer 3/2 的期望收益和期望损失

让我们把这个直觉再形式化一些。在报童模型中，存在订购太多（可能导致昂贵的剩余库存）和订购太少（可能导致销售损失的机会成本）之间的权衡。为了平衡这些因素，考虑订购太多和订购太少的成本是有用的。期望收益最大化等同于成本最小化。具体来说，设 C_o 为超储成本（overage cost），即当一个单位被订购但没有出售时所发生的损失。换句话说，超储成本是超额订购的单位成本。对于 Hammer 3/2，我们有 $C_o = 20$ 美元。

与 C_o 相比，设 C_u 为欠储成本（underage cost），即没有订购本可以出售的产品的机会成本。以下是 C_u 的等价定义：C_u 是出售一个单位所获得的收益。换句话说，欠储成本是缺货的单位机会成本。对于 Hammer 3/2，$C_u = 80$ 美元。注意，超储成本和欠储成本是为一个单位定义的，也就是说，C_o 不是所有剩余库存的总成本，C_o 是单位剩余库存的成本。将 C_o 和 C_u 定义为一个单位的原因很简单：我们不知道库存中还会剩下多少单位，或者会损失多少单位的需求，但我们知道库存中剩下的每一单位的成本以及每一销售损失的机会成本。

现在已经定义了超储成本和欠储成本，我们需要选择 Q 来达到两者之间的平衡，从而获得最大的期望收益。根据之前的推理，我们应该继续订购更多的单位，直到期望损失等于期望收益。

一个单位的期望损失是有库存的单位成本（超储成本）乘以它留在库存的概率。对于第 Q 个单位，该概率为 $F(Q)$：当需求小于 Q[①] 时，则留在库存中。因此，期望损失为 $C_o \times F(Q)$。单位期望收益是销售单位的收益（欠储成本）乘以单

[①]　这句话可能会困扰你。$F(Q)$ 是需求小于或等于 Q 的概率。如果需求恰好是 Q，那么第 Q 个单位将不会留在库存中。因此，你可能会说，更确切地说，$F(Q-1)$ 是第 Q 个单位留在库存的概率。但是，正态分布假设需求可以是任何值，包括非整数的值。如果你愿意将每个需求分割成无限个小块，就像正常假设的那样，那么 $F(Q)$ 确实是存在剩余库存的概率。如果你想了解详细信息，请参见附录 D。

位出售的概率，在这种情况下，需求大于 Q。需求大于 Q 的概率是 $(1-F(Q))$。因此，期望收益为 $C_u \times (1-F(Q))$。

需要找到使第 Q 个单位的期望损失等于第 Q 个单位的期望收益的订货批量 Q：

$$C_o \times F(Q) = C_u(1-F(Q))$$

我们整理上述公式得到：

$$F(Q) = \frac{C_u}{C_o + C_u} \tag{14.1}$$

利润最大化的订货批量是满足上述公式的订货批量。如果你熟悉微积分，并希望看到最优订货批量的更严格的数学推导，请参见附录 D。

如何用式（14.1）求 Q 呢？让我们仔细看看它。使期望收益最大化的订货量是 Q，需求小于或等于 Q 的概率为 $C_u/(C_o+C_u)$。这个与欠储成本和超储成本的比率称为临界比率（critical ratio）。现在我们解释了为什么预测必须是一个分布函数。为了选择利润最大化的订货批量，我们需要找到需求小于特定概率（临界比率）的数量。仅凭均值（销售预测）是不足以完成这项任务的。

让我们从简单的部分开始。我们知道对于 Hammer 3/2，$C_u = 80$ 美元，$C_o = 20$ 美元，所以临界比率是：

$$\frac{C_u}{C_o + C_u} = \frac{80}{20+80} = 0.8$$

我们正在取得进展，但现在出现了棘手的问题：我们需要找到订货批量 Q，使需求为 Q 或更小的概率达到 80%。

有两种方法可以找到 Q，使需求小于或等于 Q 的概率为 80%。第一种方法是使用 Excel 函数 Normsinv()，第二种方法是使用标准正态分布函数表。如果你有 Excel，第一种方法是最简单的，但我们会看到它们遵循的过程是相同的。

如果使用 Excel，找到最优 Q，我们首先找到 z 统计量使标准正态分布的结果有 80% 的概率是 z 或更小。然后我们把 z 转换成 Q。要找到我们想要的 z，使用以下 Excel 函数：

$$z = \text{Normsinv}（临界比率）$$

在我们的例子中，临界比率是 0.80，而 Normsinv (0.80) 返回 0.84。这意味着有 80% 的概率标准正态分布的结果将是 0.84 或更小。如果需求遵循标准正态分布，这将是我们的最优订货批量。但我们的需求不是标准正态分布，而是均值为 $3\,192$、标准差为 $1\,181$ 的正态分布。为了将 z 转换为对实际需求预测有意义的订货批量，我们使用以下公式：

$$Q = \mu + z \times \sigma$$

式中，μ 为正态分布的均值；σ 为正态分布的标准差。

因此，使用 Excel 方法，Hammer 3/2 期望收益最大化的订货批量为 $Q = 3\,192 + 0.84 \times 1\,181 = 4\,184$ 套。

求 Q 的第二种方法是使用标准正态分布函数表。同样，我们希望找到 z 使标准正态分布概率小于或等于 z 的概率等于临界比率，这里是 0.80。查表 14 - 2，发现 $\Phi(0.84) = 0.7995$ 和 $\Phi(0.85) = 0.8023$，它们都不是我们想要的 0.80 概率：$z = 0.84$ 产生略小的概率（79.95%），而 $z = 0.85$ 产生略大的概率（80.23%）。我们该怎么办？这个规则很简单，我们称之为上舍入规则（round-up rule）[①]：

在这种情况下，较大的量是 $z = 0.85$，所以我们取 0.85。现在，就像 Excel 程序一样，我们把 z 转换成 $Q = 3192 + 0.85 \times 1181 = 4196$ 套。

为什么两种方法会得到不同的答案？简而言之，Excel 没有执行上舍入规则。这又引出了下一个问题。用 Excel 得到我们的答案可以吗？答案是肯定的。为说明这一点，需要知道当需求是正态分布时，使用 Normsinv() 函数的 Excel 答案与标准正态分布函数表答案之间会有一个很小的差异。在这种情况下，两者的差值只有12 套，离 4196 套差了不到 0.3%。

因此，这两种订货批量的期望收益本质上是相同的。此外，Excel 提供了一种方便的方法来快速执行这种计算。

如果 Excel 是快速简单的方法，我们为什么还要用标准正态分布函数表和上舍入规则呢？因为当我们的需求预测是一个离散分布函数时，上舍入规则提供了更准确的答案（回想一下，离散分布函数假设唯一可能的结果是整数）。当平均需求很小时，比如 10 个、1 个甚至是 0.25 个，这是特别有价值的。在这些情况下，正态分布函数不能很好地模拟需求（部分原因是正态分布是一个连续分布函数）。此外，订购 1 套还是 2 套（就期望收益而言）会有很大的不同。因此，我们就可以理解上舍入规则的价值。

这个讨论可能给你留下最后一个问题——为什么上舍入规则是正确的规则？临界比率实际上更接近 0.7995（对应 $z = 0.84$），而不是 0.8023（对应 $z = 0.85$），这就是为什么 Excel 选择 $z = 0.84$。难道我们不应该选择最接近临界比率的 z 值作为概率吗？事实上，这不是最好的方法。临界比率公式适用于以下逻辑：按照顺序找到第一个订货批量，使得临界比率对应的概率比该订货批量概率小或更小。这种逻辑导致规则"跨过"临界比率，然后停止，这就是上舍入规则。相比之下，Excel 使用"尽可能接近临界比率"规则。如果你渴望得到更深入的解释和理由，请参见附录 D，否则，坚持上舍入规则就对了。计算步骤 14.2 总结了这些步骤。

计算步骤 14.2

在报童模型中，求出期望收益最大化的订货批量的过程。

第 1 步：评估临界比率：$\dfrac{C_u}{C_o + C_u}$。

[①]　上舍入规则：无论何时在表中查找目标值，如果目标值位于两个条目之间，请选择导致订货批量更大的条目。

在 Hammer 3/2 的例子中，欠储成本为 C_u＝价格成本，超储成本为 C_o＝成本残值。

第 2 步：如果需求预测是一个均值 μ 和标准差 σ 的正态分布，那么遵循步骤 A 和步骤 B。

步骤 A：当需求服从标准正态分布时，求最优订货批量。第一种方法是找到标准正态分布函数表中的 z 值：

$$\Phi(z) = \frac{C_u}{C_o + C_u}$$

（如果表中不存在临界比率值，则找出它落在两个 z 值之间的值。例如，临界比率 0.80 在 $z=0.84$ 和 $z=0.85$ 之间。然后选择两个 z 值中较大的那个。）

第二种方法是使用 Excel 中的函数 Normsinv：z＝Normsinv（临界比率）。

步骤 B：将 z 转化为期望收益最大化的订货批量 Q：$Q=\mu+z\times\sigma$。

14.4　绩效度量

前一节我们讨论了如何找到使期望收益最大化的订货批量。本节我们将讨论如何评估一些相关的绩效度量指标，如期望剩余库存（我们不想要太多）、期望销量（我们想要更多）、期望销售损失（应该避免）、期望收益（希望最大化）和两个服务指标——库存概率和缺货概率，这两个指标表明客户找到他们想要产品的可能性有多大。

这些绩效度量指标可针对任何订货批量进行评估，而不仅仅是期望收益最大化的订货批量。为了强调这一点，本节假设订购了 3 500 套 Hammer 3/2，以此来评估这些绩效度量指标。

期望剩余库存

如果奥尼尔公司订购了 3 500 套 Hammer 3/2，那么在季末可能还有一些库存。多少套？如果需求是令人失望的 2 000 套，那么将有 3 500－2 000＝1 500 套。但如果需求强劲，达到 4 000 套，那么在季末就不会有剩余。期望剩余库存（expected leftover inventory）是销售季节结束时仍未售出的平均（或期望）数量。

请注意，我们感兴趣的是期望剩余库存。需求可以大于我们的订货批量，在这种情况下，剩余库存为零，或者需求可以小于我们的订货批量，在这种情况下，剩余库存为正。期望剩余库存是考虑到每种需求的可能性时所有这些情况（没有剩余库存的情况和所有有正剩余库存的情况）的均值。

我们如何找到任何给定的订货批量的期望剩余库存？当需求为正态分布时，使用如下公式：

$$期望剩余库存＝\sigma \times I(z)$$

式中，σ 为代表需求的正态分布的标准差；$I(z)$ 为标准正态库存函数。

我们已经知道 $\sigma = 1\,181$，但是 $I(z)$ 是什么？如果需求服从标准正态分布而且我们订购了 z 个单位，这就是平均库存。

有两种方法来评估 $I(z)$，一种方法使用 Excel，另一种方法使用表格。无论使用哪种方法，我们首先找到对应于选择的订货批量的 z 统计量，即 $Q = 3\,500$：

$$z = \frac{Q - \mu}{\sigma} = \frac{3\,500 - 3\,192}{1\,181} = 0.26$$

如果需求是一个标准正态分布，那么第一种方法使用以下 Excel 公式来评估平均库存 $I(z)$：

$$I(z) = \text{Normdist} (z, 0, 1, 0) + z * \text{Normsdist} (z)$$

（如果你对上述函数的推导感兴趣，请参见附录 D。）在这种情况下，Excel 给出了如下答案：$I(0.26) = \text{Normdist} (0.26, 0, 1, 0) + 0.26 * \text{Normsdist} (0.26) = 0.542\,4$。

第二种方法使用附录 B 中的标准正态库存函数表来查找平均库存。从表中可以看出 $I(0.26) = 0.542\,4$。在本例中，总是出现这种情况：两种方法产生相同的值 $I(z)$，当我们向 Excel 函数中输入 z 值时，四舍五入到最接近的百分位（例如，0.26 而不是 0.263）。因此，如果订货批量为 3\,500 套 Hammer 3/2，则预计在季末库存中有 $\sigma \times I(z) = 1\,181 \times 0.542\,4 = 641$ 套剩余库存（剩下的库存）。

当不使用正态分布对需求进行建模时，我们如何评估期望剩余库存？在这种情况下，我们需要一个表格，基于选择的订货批量，求期望剩余库存是多少。例如，附录 B 提供了不同均值泊松分布的库存函数。附录 C 提供了一个评估库存函数的任何离散分布函数的过程。我们将这个创建库存函数表的过程放到附录中，因为它在计算上很麻烦，也就是说，这是一种你想要在电子表格上而不是手工进行的计算。

计算步骤 14.3 总结了评估期望剩余库存的步骤。

计算步骤 14.3

期望剩余库存评估步骤。

如果需求预测是一个均值 μ 和标准差 σ 的正态分布，遵循步骤 A 到步骤 D。

步骤 A：计算订货批量 Q 的 z 统计量：

$$z = \frac{Q - \mu}{\sigma}$$

步骤 B：使用 z 统计量在标准正态库存函数表中查找符合标准正态分布的期望剩余库存 $I(z)$。

步骤 C：期望剩余库存 $= \sigma \times I(z)$。

步骤 D：在 Excel 中，期望剩余库存的计算公式如下：

期望剩余库存 $=\sigma*$（Normdist（z, 0, 1, 0）$+z*$ Normsdist（z））

如果需求预测是离散分布函数表，则期望剩余库存等于所选订货批量的库存函数 $I(Q)$。如果这个表不包括库存函数，那么请参见附录 C 了解如何评估它。

期望销量

期望销量是给定需求和订货批量的销售期望值。例如，如果我们订购 3 500 套 Hammer 3/2，需求是 3 120 套，那么销量是 3 120 套。但如果需求是 4 400 套，那么销售的上限是订货批量 3 500 套。通过考虑所有可能的需求和最终的销量来评估期望销量。

要了解如何评估期望销量，首先要知道购买的每个单位要么在销售季出售，要么在销售季结束时未出售（剩余）。因此，销量和剩余库存之和必须等于购买的总数量 Q：

销量＋剩余库存$=Q$

如果对上述公式两边同时取期望并重新排列，我们就会得到一个期望销量的公式：

期望销量$=Q-$期望剩余库存

因此，如果订购 3 500 套 Hammer 3/2，则期望销量$=3\,500-641=2\,859$套。注意，这只是期望销量。实际销量会根据需求而有所不同：实际销量可能多于或少于 2 859 套。但如果对所有可能的实际销售结果取均值，我们就得到了 2 859 套的期望销量。

关于如何评估期望销量的总结，请参见计算步骤 14.4。

计算步骤 14.4

期望销量、期望销售损失、期望利润的评估步骤。

第 1 步。评估期望剩余库存（见计算步骤 14.3）。所有这些度量指标都可以直接根据期望剩余库存和几个已知参数进行评估：$\mu=$平均需求；$Q=$订货批量；价格；成本；残值。

第 2 步。使用以下公式来评估感兴趣的度量指标。

期望销量$=Q-$期望剩余库存

期望销售损失$=\mu-$期望销量$=\mu-Q+$期望剩余库存

期望利润$=$（价格－成本）×期望销量－（成本－残值）×期望剩余库存

期望销售损失

期望销售损失是由于库存耗尽而未出售的期望数量。例如，如果我们订购 3 500 套 Hammer 3/2，而需求是 3 120 套，那么销售损失是 0——我们有足够的库存来满足所有需求。但如果需求是 4 400 套，那么销售损失是 4 400－3 500＝900 套——如果在销售季节开始时至少订购了 4 400 套，我们还可以再卖出 900 套。期望销售损失是通过考虑所有可能的需求和由此造成的销售损失来评估的。

对期望销售损失的评估从观察每个单位的需求要么形成销售要么成为销售损失开始（因为库存无法满足需求）。销量和销售损失之和必须等于需求：

销量＋销售损失＝需求

如果对上述公式两边都取期望（记住，平均需求是 μ），然后重新排列这些项，我们得到一个期望销售损失的公式：

期望销售损失＝μ－期望销量

因此，如果奥尼尔订购 3 500 套 Hammer 3/2，则期望销售损失＝3 192－2 859＝333 套。

关于如何评估期望销售损失的总结，请参见计算步骤 14.4。

如果你嫌上述方法太麻烦（首先评估期望剩余库存，然后评估期望销量），那么有一个捷径可以评估期望销售损失，它看起来很像评估期望剩余库存的过程。

当需求是正态分布时，我们可以用下面的公式来计算期望销售损失：

期望销售损失＝$\sigma \times L(z)$

式中，σ 为需求的正态分布的标准差；$L(z)$ 为标准正态损失函数。

损失函数 $L(z)$ 的原理与库存函数 $I(z)$ 很相似。第一种评估方法使用以下 Excel 公式：

$L(z)=$Normdist $(z, 0, 1, 0)-z*(1-$Normsdist $(z))$

第二种方法使用附录 B 中的标准正态损失函数表来查找期望销售损失。从这个表中我们可以看出 $L(0.26)=0.282\,4$。因此，如果订货批量为 3 500 套 Hammer 3/2，那么我们可以预计损失 $\sigma \times L(z)=1\,181 \times 0.282\,4=334$ 套需求。（由于四舍五入，使用这种方法得到的答案略有不同。）

当不使用正态分布对需求建模时，我们如何评估期望销售损失？在这种情况下，需要一个表来告诉我们，对于选择的订货批量，期望销售损失是多少。例如，附录 B 提供了不同均值下泊松分布的损失函数。附录 C 提供了一个评估任何离散分布函数的损失函数的过程。

期望利润

我们在每一件出售的产品上赚取：价格－成本，而在未出售的每一件产品上损失：成本－残值，因此期望利润是：

期望利润＝（价格－成本）×期望销量－（成本－残值）×期望剩余库存

因此，在评估了期望销量和期望剩余库存之后，我们可以评估期望利润。这个过程的总结见计算步骤 14.4。

订货批量为 3 500 套，采用正态分布的需求预测，Hammer 3/2 的期望利润为：

期望利润＝80×2 859－20×641＝215 900（美元）

库存概率和缺货概率

衡量客户服务的一个常用指标是库存概率。库存概率是企业在旺季结束时满足所有需求的概率。（等价地，库存概率是公司对每个客户都有可提供的库存的概率。）如果需求小于或等于订货批量：

库存概率＝$F(Q)$

缺货概率是公司在销售季节对于某些客户缺货的概率（发生销售损失）。如果需求超过订货批量，公司就会缺货：

缺货概率＝$1-F(Q)$

（公司要么有库存，要么缺货，因此缺货概率等于 1 减去需求为 Q 或更小的概率。）我们还可以看到，缺货概率和库存概率是密切相关的：

缺货概率＝1－库存概率

请参见计算步骤 14.5 对评估这些概率的步骤的总结。订货批量为 3 500 套 Hammer 3/2 时，z 统计量为 $z=(3\ 500-3\ 192)/1\ 181=0.26$。从标准正态分布函数表中，我们发现 $\Phi(0.26)=0.602\ 6$，所以库存概率是 60.26%。缺货概率为 $1-0.602\ 6=39.74\%$。

计算步骤 14.5

库存概率和缺货概率评估。

如果需求预测是一个均值 μ 和标准差 σ 的正态分布，那么遵循步骤 A 到步骤 D：

步骤 A：计算订货批量的 z 统计量：$z=\dfrac{Q-\mu}{\sigma}$

步骤 B：使用 z 统计量在标准正态分布函数表中查找标准正态需求为 z 或更小的概率，即 $\Phi(z)$。

步骤 C：库存概率＝$\Phi(z)$，缺货概率＝$1-\Phi(z)$。

步骤 D：在 Excel 中，库存概率＝Normsdist(z)，缺货概率＝$1-$Normsdist(z)。

如果需求预测是离散分布函数表，则库存概率为 $F(Q)$，缺货概率为 $1-F(Q)$，其中 $F(Q)$ 为需求小于或等于 Q 的概率。

库存概率并不是衡量客户服务的唯一指标，另一个常用的度量指标是供应比率（fill rate）。供应比率是一个客户能够购买一个单位的概率（不缺货的概率）。有趣的是，这和库存概率不一样，库存概率是所有需求都得到满足的概率。例如，我们订购 $Q=100$，而需求是 101。大多数客户能够购买一个单位（供应比率很高），但该公司没有满足所有的需求（库存没有得到满足）。请参见附录 D 以获得更多关于如何使用供应比率的信息。

14.5 如何实现服务目标

期望利润最大化无疑是选择订货批量的合理目标，但它不是唯一的目标。正如我们在前一节所看到的，从公司的客户服务角度来看，期望利润最大化的订货批量可能会产生不可接受的库存概率。本节解释如何确定满足客户服务目标的订货批量，特别是最小库存概率。

假设奥尼尔想找到产生 99% 的 Hammer 3/2 库存概率的订货批量。库存概率是 $F(Q)$。因此，我们需要找到一个订货批量以使 99% 的可能性下需求小于或等于订货批量。假设需求预测服从正态分布，我们首先找到用标准正态分布实现目标的 z 统计量。在标准正态分布函数表中，$\Phi(2.32)=0.989\ 8$，$\Phi(2.33)=0.990\ 1$。我们选择较大的 z 统计量，所以期望订货批量是 $Q=\mu+z\times\sigma=3\ 192+2.33\times1\ 181=5\ 944$ 套。你可以使用 Excel 来避免在标准正态分布函数表中查找概率以找到 z：

$z=\text{Normsinv(库存概率)}$

请注意，要生成 99% 的库存概率，需要一个比最大期望利润（4 196 套）大得多的订货批量。计算步骤 14.6 总结了寻找满足目标库存概率的订货批量的过程。

计算步骤 14.6

确定满足目标库存概率的订货批量的过程。

如果需求预测是一个正态分布的均值 μ 和标准差 σ，遵循步骤 A 和步骤 B：

步骤 A：找到标准正态分布函数表中满足库存概率的 z 统计量：

$\Phi(z)=库存概率$

如果库存概率介于表中两个 z 值之间，则选择较大的 z 值。在 Excel 中，z 可以用如下公式计算：

$z=\text{Normsinv（库存概率）}$

步骤 B：将所选的 z 统计量转换为满足目标库存概率的订货批量：

$Q=\mu+z\times\sigma$

如果需求预测是离散分布函数表，则找到表中的订货批量，使 $F(Q)=$ 库存概率。如果库存概率落在表中的两个条目之间，选择订货批量较大的那个。

14.6　如何构建需求预测

到目前为止，我们假设奥尼尔公司有一个需求模型，服从均值为 3 192、标准差为 1 181 的正态分布。本节讨论一种获取需求模型的方法。这绝不是唯一可能的方法——统计领域充满了预测和建模不确定未来事件的方法，比如需求。

正如在 14.1 节提到的，Hammer 3/2 已经被重新设计以迎接即将到来的春季。因此，上一季的实际销量可能不能很好地指导下一季的平均需求。除了产品的重新设计之外，影响平均需求的因素还包括下一季的定价和营销策略、时尚变化、经济变化（例如需求朝着更高或更低的价格点移动）、技术变化以及这项运动的总体趋势。为了弄清楚所有这些因素的影响，奥尼尔调查了组织中一些人对 Hammer 3/2 的个人需求预测的意见。调查结果的均值得到了 3 200 套的初始预测。这代表了我们需求预测的"直觉"部分。现在我们需要分析奥尼尔的可用数据来进一步改进需求预测。

表 14-3 给出了奥尼尔上一个春季冲浪潜水服的数据。请注意，数据既包括每种产品的原始预测，也包括其实际需求。最初的预测是在一个可与本季 Hammer 3/2 的 3 200 套的预测相媲美的过程中完成的。例如，前一个季度对 Hammer 3/2 的预测是 1 300 套，但实际需求是 1 696 套。

表 14-3　上一个春季冲浪潜水服的预测和实际需求数据

产品描述	预测值（套）	实际需求值（套）	误差*（套）	A/F 比率**
JR ZEN FL 3/2	90	140	−50	1.56
EPIC 5/3 W/HD	120	83	37	0.69
JR ZEN 3/2	140	143	−3	1.02
WMS ZEN−ZIP 4/3	170	163	7	0.96
HEATWAVE 3/2	170	212	−42	1.25
JR EPIC3/2	180	175	5	0.97
WMS ZEN 3/2	180	195	−15	1.08
ZEN−ZIP 5/4/3 W/HOOD	270	317	−47	1.17
WMS EPIC 5/3 W/HD	320	369	−49	1.15
EVO 3/2	380	587	−207	1.54
JR EPIC 4/3	380	571	−191	1.50
WMS EPIC 2MM FULL	390	311	79	0.80
HEATWAVE 4/3	430	274	156	0.64
ZEN 4/3	430	239	191	0.56

续表

产品描述	预测值（套）	实际需求值（套）	误差*（套）	A/F 比率**
EVO 4/3	440	623	183	1.42
ZEN FL 3/2	450	365	85	0.81
HEAT 4/3	460	450	10	0.98
ZEN−ZIP 2MM FULL	470	116	354	0.25
HEAT 3/2	500	635	135	1.27
WMS EPIC 3/2	610	830	220	1.36
WMS ELITE 3/2	650	364	286	0.56
ZEN−ZIP 3/2	660	788	128	1.19
ZEN 2MM S/S FULL	680	453	227	0.67
EPIC 2MM S/S FULL	740	607	133	0.82
EPIC 4/3	1 020	732	288	0.72
WMS EPIC 4/3	1 060	1 552	−492	1.46
JR HAMMER 3/2	1 220	721	499	0.59
HAMMER 3/2	1 300	1 696	−396	1.30
HAMMER S/S FULL	1 490	1 832	−342	1.23
EPIC 3/2	2 190	3 504	−1 314	1.60
ZEN 3/2	3 190	1 195	1 995	0.37
ZEN−ZIP 4/3	3 810	3 289	521	0.86
WMS HAMMER 3/2 FULL	6 490	3 673	2 817	0.57

* 误差＝预测值−实际需求值。

** A/F 比率＝实际需求值除以预测值。

那么，奥尼尔是如何知道缺货产品的实际需求呢？例如，如果奥尼尔去年只订购了 1 500 套 Hammer 3/2，它怎么知道实际需求是 1 696 套？由于零售商通过电话或电子方式订货，奥尼尔可跟踪每个零售商的初始订单，即在零售商知道产品不可得之前的需求。（然而生活并不是完美的，奥尼尔的电话代表并不总是把客户的初始订单记录进电脑系统，所以这个数字甚至还有一些不确定性。我们将假设这是一个小问题，在分析中不处理它。）在其他情况下，公司可能无法准确地了解实际需求。例如奥尼尔产品的零售商可能没有观察到，一旦 Hammer 3/2 脱销，对 Hammer 3/2 的需求可能是什么。然而，零售商会知道在这个季节 Hammer 3/2 什么时候上架，因此，可以利用这个信息来预测在这个季节剩余时间里可以再出售多少产品。公司即使不能直接观察到销售损失，也应该能够得到一个合理的需求估计。

从数据可以看出，预估区间从低点 90 套到高点 6 490 套不等。其中还存在相当大的预测错误：奥尼尔对女子 Hammer 3/2 套装的预测值比实际需求值多出近 3 000 套，而 Epic 3/2 套装的预测值比实际需求值少了约 1 300 套。图 14-4 给出了预测值和实际需求值的散点图。如果预测是完美的，那么所有观测结果都将位于对角线上。

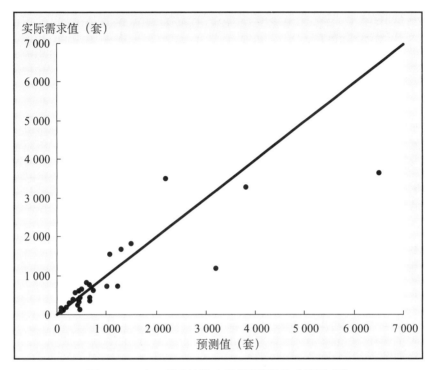

图 14-4　上一季冲浪潜水服的预测值和实际需求值

一些销量较大产品的绝对误差很大的同时，一些销量较小产品的预测误差也很大。例如，对 Junior Zen Flat Lock 3/2 套装的实际需求值比预测值多出 150%。这提示我们应该关注相对预测误差，而不是绝对预测误差。

相对预测误差可以用 A/F 比率（A/F ratio）来衡量：

$$A/F = \frac{实际需求值}{预测值}$$

准确的预测使 A/F 比率＝1，而 A/F 比率大于 1 表示预测值过低，A/F 比率小于 1 表示预测值过高。表 14-3 最后一列显示了 A/F 比率数据。

这些 A/F 比率提供了一种衡量上一季预测准确性的方法。为了说明这一点，表 14-4 将数据按 A/F 升序排列。表中还包括每种产品的 A/F 排名和每种产品的百分比（如 A/F 比率排名第五的产品的百分比为 5/33＝15.2%，因为它是数据中 33 种产品中的第 5 种产品）。从数据中我们可以看到，对于 1/3 的产品来说实际需求小于 80% 的预测（A/F 比率为 0.8 的为 33.3%），对于 27.3% 的产品来说实际需求大于 125% 的预测（A/F 比率为 1.25 的为 72.7%）。

表 14-4　上一个春季冲浪潜水服的 A/F 比率排序

产品描述	预测值（套）	实际需求值（套）	A/F 比率*	排名	百分比**
ZEN-ZIP 2MM FULL	470	116	0.25	1	3.0
ZEN 3/2	3 190	1 195	0.37	2	6.1
ZEN 4/3	430	239	0.56	3	9.1
WMS ELITE 3/2	650	364	0.56	4	12.1
WMS HAMMER 3/2 FULL	6 490	3 673	0.57	5	15.2
JR HAMMER 3/2	1 220	721	0.59	6	18.2
HEATWAVE 4/3	430	274	0.64	7	21.2
ZEN 2MM S/S FULL	680	453	0.67	8	24.2
EPIC 5/3 W/HD	120	83	0.69	9	27.3
EPIC 4/3	1 020	732	0.72	10	30.3
WMS EPIC 2MM FULL	390	311	0.80	11	33.3
ZEN FL 3/2	450	365	0.81	12	36.4
EPIC 2MM S/S FULL	740	607	0.82	13	39.4
ZEN-ZIP 4/3	3 810	3 289	0.86	14	42.4
WMS ZEN-ZIP 4/3	170	163	0.96	15	45.5
JR EPIC 3/2	180	175	0.97	16	48.5
HEAT 4/3	460	450	0.98	17	51.5
JR ZEN 3/2	140	143	1.02	18	54.5
WMS ZEN 3/2	180	195	1.08	19	57.6
WMS EPIC 5/3 W/HD	320	369	1.15	20	60.6
ZEN-ZIP 5/4/3 W/HOOD	270	317	1.17	21	63.6
ZEN-ZIP 3/2	660	788	1.19	22	66.7
HAMMER S/S FULL	1 490	1 832	1.23	23	69.7
HEATWAVE 3/2	170	212	1.25	24	72.7
HEAT 3/2	500	635	1.27	25	75.8
HAMMER 3/2	1 300	1 696	1.30	26	78.8
WMS EPIC 3/2	610	830	1.36	27	81.8
EVO 4/3	440	623	1.42	28	84.8
WMS EPIC 4/3	1 060	1 552	1.46	29	87.9
JR EPIC 4/3	380	571	1.50	30	90.9
EVO 3/2	380	587	1.54	31	93.9
JR ZEN FL 3/2	90	140	1.56	32	97.0
EPIC 3/2	2 190	3 504	1.60	33	100.0

*A/F 比率＝实际需求值除以预测值。

**百分比＝排名除以潜水服总数（33）。

　　鉴于上一季的 A/F 比率反映了上一季的预测精度，或许与本季的预测精度具有可比性。因此，我们希望找到一个与表 14-4 中观察到的精度相匹配的分布函数。用正态分布函数来做到这一点。在此之前，我们需要一些额外的结果。

用 A/F 比率的定义调整可得到：

实际需求值＝A/F×预测值

对于 Hammer 3/2，预测值是 3 200 套。注意，预测不是随机的，但 A/F 比率是随机的。因此，实际需求的随机性与 A/F 比率的随机性直接相关。利用统计的标准结果和上述公式，得到以下结果：

期望实际需求＝平均 A/F 比率×预测值

需求标准差＝A/F 比率标准差×预测值

期望实际需求，简称期望需求（expected demand），服从均值为 μ 的正态分布。表 14-4 中 A/F 比率的均值为 0.997 6。因此，Hammer 3/2 在下一季的平均需求是 0.997 6×3 200＝3 192 套。换句话说，如果最初的预测是 3 200 套，而未来的 A/F 比率与过去的 A/F 比率相当，那么实际需求的均值为 3 192。取 3 192 作为正态分布的均值。

这个决定可能会引起一些质疑：如果最初的预测是 3 200 套，为什么我们不选择 3 200 作为正态分布的均值？因为 3 192 与 3 200 如此接近，所以将 3 200 作为均值可能也会带来良好的订货批量。然而，假设平均 A/F 比率为 0.90，即实际需求平均为预测的 90%。通常人们的预测会过于乐观，所以平均 A/F 比率为 0.90 是可能的。在这种情况下，期望实际需求为 0.90×3 200＝2 880 套。我们想要选择一个代表实际需求的正态分布，在这种情况下，均值 2 880 套会更好，尽管最初预测是 3 200 套。（高尔夫新手有时也会采取类似的策略。如果一个高尔夫球手在击球时总是把球打向右边，那么他应该瞄准旗子的左边。理想状况下，他的击球没有偏向，预测也没有偏差。但是如果数据显示存在一个偏差，就不应该忽略它。当然，高尔夫球手和预测者也应该努力消除这种偏差。）

有了正态分布的均值，还需要一个标准差。上面的第二个公式告诉我们，实际需求的标准差等于 A/F 比率标准差乘以预测值。表 14-4 中 A/F 比率的标准差为 0.369。（在 Excel 中使用"stdev（）"函数）实际需求的标准差是 A/F 比率标准差乘以初始预测值：0.369×3 200＝1 181。因此，为了描述 Hammer 3/2 的需求预测，我们可用均值为 3 192 和标准差为 1 181 的正态分布。为正态分布预测选择均值和标准差的过程，请参见计算步骤 14.7。

计算步骤 14.7

一种使用历史 A/F 比率来选择平均值和标准差进行正态分布预测的过程。

第 1 步：收集一组产品的数据，其预测任务可与感兴趣的产品相比较。换句话说，数据集应该包括你预期会有类似预测误差的产品（它们可能是相似的产品，也可能不是）。数据应包括对需求的初始预测和实际需求。我们还需要对于即将到来的季节项目的预测。

第 2 步：计算数据集中每个产品的 A/F 比率。计算 A/F 比率的均值（平均 A/F 比率）和 A/F 比率的标准差。（在 Excel 中使用 average（）和 stdev（）函数。）

第 3 步：我们将用作预测的正态分布的均值和标准差可以用以下两个公式来评估：

$$平均需求＝平均 A/F 比率×预测值$$
$$需求标准差＝A/F 比率标准差×预测值$$

上面公式中的预测值是对即将到来的季节项目的预测。

14.7 管理经验

我们已经详细介绍了报童模型的实施过程，那么有必要进一步思考其所蕴含的管理经验。

关于预测过程，有三个关键经验。

· 对每个产品仅预测需求是不够的，我们还需要预测需求的变化。预测中的不确定性体现在需求的标准差上。

· 预测时，跟踪实际需求很重要。有两个常见的错误。第一，不要忘记，由于库存短缺，实际需求可能大于实际销售。如果在缺货发生后无法跟踪实际需求，那么你应该尝试对实际需求进行合理的估计。第二，实际需求只包括正常价格下的潜在销售。如果你在上一季出售了 1 000 套，但其中 600 套是在季末以折扣价出售的，那么实际需求更接近 400 套而不是 1 000 套。

· 你需要跟踪过去的预测和预测错误，以便评估需求的标准差。没有过去的预测数据和预测误差，很难选择合理的标准差；预测一个分布的均值已经很困难了，那么仅凭"直觉"预测一个分布的标准差几乎是不可能的。遗憾的是，许多公司无法维护正确实现报童模型所需的数据。它们可能不记录数据，因为跟踪过去的错误是一项不受欢迎的任务：谁想要一个长期的预测错误的记录呢？或者，公司可能没有意识到这些数据的重要性，因此没有尽力记录和维护这些数据。

从订货批量选择过程也可以掌握一些重要的经验。

· 利润最大化的订货批量通常不等于平均需求。如果欠储成本大于超储成本（失去一笔销售的成本比拥有剩余库存更高），那么利润最大化的订货批量就大于平均需求（因为临界比率大于 0.50）。另外，有些产品的超储成本可能大于欠储成本。对于这样的产品，最好是订购比平均需求少的量。

· 订货批量的决定应该与预测过程分开。预测过程的目标是对产品的需求做出最好的预测，因此不需要考虑订货批量的决定。这可能会让一些公司感到沮丧。想象一下，市场营销部门投入了相当大的精力来做出一个预测，然后运营部门决定生产超出预测的数量。市场营销部门可能会觉得努力被忽视了，或者其专业知识受到了怀疑。此外，即使预测更为保守，市场营销部门也可能担心自己将负责确保所有产品销售出去。预测和订货批量决定之间的分离也意味着，具有相同平均预测值的两种产品可能有不同的期望利润最大化订货批量，原因是它们具有不同的临界比率，或者因为它们具有不同的标准差。

• 相对于机会成本，不应过分强调显性成本。季末的库存是供需错配的显性成本，而销售损失是机会成本。过于强调前者而不是后者会导致你的订货批量少于利润最大化的订货批量。

• 我们必须认识到，选择一个期望利润最大化的订货批量只是一个可能的目标，这也是一个非常合理的目标，但在某些情况下，管理者可能希望考虑另一个目标。例如，如果你不特别关注利润的变化性，那么最大化期望利润是明智的。如果你管理许多不同的产品，其中任何一种产品的利润不理想都不会对公司造成过度的困难，那么最大化期望利润是一个很好的目标。但如果你是一家刚起步的公司，只有一种产品，资金有限，那么你可能无法承受巨大的利润损失。在利润变化性很重要的情况下，谨慎的做法是订购低于利润最大化的订货批量。期望利润目标也没有明确考虑客户服务。对于 Hammer 3/2 期望利润最大化的订货批量，库存概率约为80%。一些管理者可能会觉得这是一个不可接受的客户服务水平，担心不满意的客户会转向竞争对手。图 14 - 5 显示了库存概率与期望利润之间的平衡情况。正如我们所看到的，期望利润曲线在最大值附近相当平坦，这个区域库存概率等于80%。将库存概率提高到90%可能被认为是值得的，因为它会减少略低于1%的利润。然而，大幅度提高库存，比如说，到99%，可能会导致期望利润下降太多，在这种情况下，降幅接近10%。

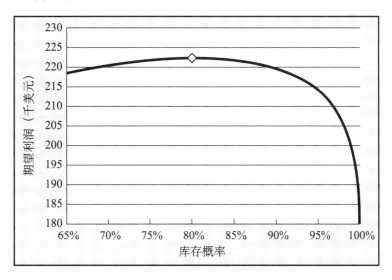

图 14 - 5　Hammer 3/2 的期望利润和库存概率之间的平衡

注：菱形表示库存概率和最优订货批量 4 196 套的期望利润。

• 最后，当供应必须在随机需求出现前选择时，供需不可能完全匹配，明智的做法是在订购过多导致的成本与订购过少导致的成本之间平衡。换句话说，不确定性不应该导致临时改变决策。

14.8　小　结

报童模型是在面临"太多太少"挑战时做出决策的工具：订购太多会有成本（如剩余库存），但订购太少也会有成本（如销售损失的机会成本）（主要符号和公式的总结如表 14 - 5 所示）。为了有效权衡，必须对需求有一个完整的预测。仅仅一个销售预测是不够的，我们需要知道关于销售预测的潜在变化。通过需求预测模型（如均值为 3 192 和标准差为 1 181 的正态分布），我们可以选择批量以最大化期望利润或实现期望的库存概率。对于任何给定的订货批量，我们可以评估几个度量指标，如期望销量和期望利润。

表 14 - 5　第 14 章主要符号和公式的总结

Q——订货批量，　C_u——欠储成本，　C_o——超储成本，　临界比率——$\dfrac{C_u}{C_o + C_u}$

μ——平均[1]需求，　σ——需求标准差

$F(Q)$——分布函数，$\Phi(Q)$——标准正态分布函数

期望实际需求＝平均 A/F 比率×预测值

实际需求标准差＝A/F 比率标准差×预测值

期望利润最大化的订货批量：$F(Q) = \dfrac{C_u}{C_o + C_u}$

z 统计量或标准化订货批量：$z = \dfrac{Q - \mu}{\sigma}$

$Q = \mu + z \times \sigma$

$I(z)$＝标准正态库存函数

$L(z)$＝标准正态损失函数

期望剩余库存＝$\sigma \times I(z)$

在 Excel 中，期望剩余库存＝$\sigma*$（Normdist（z, 0, 1, 0）＋$z \times$Normsdist（z））。

期望销量＝Q－期望剩余库存

期望销售损失＝$\mu - Q$＋期望剩余库存＝$\sigma \times L(z)$

在 Excel 中，期望销售损失＝$\sigma*$（Normdist（z, 0, 1, 0）－$z*$（1－Normsdist（z）））。

期望利润＝（价格－成本）×期望销量－（成本－残值）×期望剩余库存

库存概率＝$F(Q)$，缺货概率＝1－库存概率。

在 Excel 中，z＝Normsinv（目标库存概率）。

在 Excel 中，库存概率＝Normsdist（z）。

期望剩余库存＝$\sigma \times I(z)$

期望销量＝Q－期望剩余库存

在 Excel 中，期望剩余库存＝$\sigma*$（Normdist（z, 0, 1, 0）＋$z*$Normsdist（z））

---

① 平均与期望是可以通用的，内涵一样。——译者注

14.9 延伸阅读

报童模型是运营管理中研究最广泛的模型之一。它在理论上被扩展到多个维度（如研究多个时期，纳入定价决策，残值取决于回收的数量，决策者对风险的容忍度可以纳入目标函数等）。

一些教科书提供了比本章更多的关于报童模型的技术处理，如 Nahmias（2005）、Porteus（2002）或 Silver、Pyke 和 Peterson（1998）。

关于报童模型的理论文献综述，重点是报童环境下的定价决策，请参见 Petruzzi 和 Dada（1999）。

14.10 实战练习

下面的问题将有助于测试你对本章的理解。在每个问题之后，我们在方括号中显示相关章节信息。

附录 E 中有带 "＊" 标记的问题的答案。

Q14.1＊（麦克卢尔书店）丹·麦克卢尔在宾夕法尼亚州艺术气息浓厚的纳霍普拥有一家生意兴隆的独立书店。他必须决定新书《权力与自我毁灭》（Power and Self-Destruction）订多少本。这本书揭露了一位著名政治家的耸人听闻的事件。人们对这本书的兴趣一开始会很浓厚，但随着注意力转向其他名人，兴趣很快就会消退。这本书的零售价是 20 美元，批发价是 12 美元。出版商将以全额退款的方式回购剩余的书，但麦克卢尔书店每退回一本书给出版社都需要支付 4 美元的运费和手续费。丹相信需求预测可用均值为 200、标准差为 80 的正态分布表示。

a. 如果这本书能卖出 400 本以上，丹就会认为这是一本爆品书。《权力与自我毁灭》成为爆品书的可能性有多大？[14.2]

b. 如果一本书的销量低于他平均预测的 50％，丹就认为它是 "瘦狗"。这本书是 "瘦狗" 的概率是多少？[14.2]

c. 这本书的需求在平均预测的 20％ 以内的概率是多少？[14.2]

d. 使丹的期望利润最大化的订货批量是多少？[14.3]

e. 丹以良好的客户服务为荣。事实上，他的座右铭是："麦克卢尔有你想读的东西。" 如果丹想要达到 95％ 的库存概率，他应该订多少本书？[14.5]

f. 假设丹订购了 300 本该书。丹的期望利润是多少？[14.4]

Q14.2＊（EcoTable 茶叶）EcoTable 是一家专业的有机和生态友好型食品零售商。在位于马萨诸塞州剑桥市的一家商店里，该商店计划在节日期间提供一篮坦桑尼亚茶叶作为礼物。该商店计划下一个订单，任何剩余库存将在季末打折。该商店的平均需求是 4.5 篮，需求应该是泊松分布。礼品篮售价为 55 美元，EcoTable 的采购成本为 32 美元，剩余的礼品篮售价为 20 美元。

    a. 如果它只买 3 篮，那么需求得不到满足的概率是多少？［14.2］

    b. 如果买了 10 篮，它至少降价 3 篮的概率是多少？［14.2］

    c. EcoTable 需要购买多少篮才能最大化其期望利润？［14.3］

    d. 假设买了 4 篮。它期望能卖出多少篮呢？［14.4］

    e. 假设买了 6 篮。在季末，需要降价多少篮？［14.4］

    f. 假设 EcoTable 希望最小化其库存，同时以至少 90% 的概率满足所有需求。它应该订多少篮？［14.5］

    g. 假设 EcoTable 买了 8 篮。它的期望利润是多少？［14.4］

    Q14.3* （Pony Express Creations）Pony Express Creations 公司（www.pony-ex.com）是一家派对帽子的制造商，主要为万圣节购物季设计帽子（公司年销售额的 80% 在 6 周内完成）。公司最受欢迎的产品之一是带有鬃角和金属眼镜的猫王假发。猫王假发是在中国生产的，所以公司必须在即将到来的购物季前下单。公司的老板瑞安预计需求将达到 25 000 顶，以下是他对整个需求的预测：

Q	Prob（D=Q）	F（Q）	I（Q）
5 000	0.018 1	0.018 1	0
10 000	0.073 3	0.091 4	91
15 000	0.146 7	0.238 1	548
20 000	0.195 4	0.433 5	1 738
25 000	0.195 4	0.628 9	3 906
30 000	0.156 3	0.785 2	7 050
35 000	0.104 2	0.889 4	10 976
40 000	0.059 5	0.948 9	15 423
45 000	0.029 8	0.978 7	20 168
50 000	0.013 2	0.991 9	25 061
55 000	0.005 3	0.997 2	30 021
60 000	0.001 9	0.999 1	35 007
65 000	0.000 6	0.999 7	40 002
70 000	0.000 2	0.999 9	45 001
75 000	0.000 1	1.000 0	50 000

    注：Prob($D=Q$)——需求 D 等于 Q 的概率；$F(Q)$——需求概率小于或等于 Q 的概率；$L(Q)$——如果订购 Q 顶的期望销售损失。

    猫王假发的零售价为 25 美元，公司的批发价是 12 美元，生产成本是 6 美元。

剩余库存可以 2.50 美元的价格卖给折扣商。

a. 假设公司订购了 40 000 顶猫王假发。有多大的机会以折扣价卖掉 10 000 顶或更多的假发？［14.2］

b. 订货批量为多少时公司的期望利润最大？［14.3］

c. 如果公司希望有 90％ 的库存概率，那么应该订购多少顶猫王假发？［14.5］

d. 如果公司订购了 50 000 顶，那么需要向折扣商打折处理多少顶假发呢？［14.4］

e. 如果公司坚持为客户提供 100％ 的库存概率，那么期望利润是多少？［14.4］

Q14.4* （Flextrola）电子系统集成商 Flextrola 公司正计划与 Solectrics 公司一起为下一代产品设计一个关键组件。Flextrola 将把组件与一些软件集成，然后出售给消费者。由于此类产品的生命周期较短，而 Solectrics 供货的提前期较长，Flextrola 在销售季节开始前只有一次向 Solectrics 下订单的机会。Flextrola 在这个季节的需求呈正态分布，均值为 1 000，标准差为 600。

该组件的生产成本为每台 52 美元，Solectrics 计划以每台 72 美元的价格向 Flextrola 出售该组件。Flextrola 基本上不产生与软件集成和处理每台组件相关的成本。Flextrola 以每台 121 美元的价格出售给消费者。Flextrola 可以在季末在二级电子市场以每台 50 美元的价格出售未卖库存。现有合同规定，一旦 Flextrola 下了订单，就不允许对其进行任何更改。此外，Solectrics 不接受任何未卖库存的退货，因此 Flextrola 必须在二级市场处理多余的库存。

a. Flextrola 的需求在其预测的 25％ 以内的概率是多少？［14.2］

b. Flextrola 的需求比预测高出 40％ 的概率是多少？［14.2］

c. 根据该合同，Flextrola 需要订购多少台才能使其期望利润最大化？［14.3］
对于 d 到 i 问题，假设 Flextrola 订购了 1 200 台。

d. Flextrola 的期望销量是多少？［14.4］

e. Flextrola 期望能在二级电子市场销售多少台库存？［14.4］

f. Flextrola 的期望毛利率是多少，即（收入－成本）/收入？［14.4］

g. Flextrola 的期望利润是多少？［14.4］

h. Solectrics 的期望利润是多少？［14.4］

i. Flextrola 销售损失 400 台或更多的概率是多少？［14.2］

j. Flextrola 的一位精明的管理者注意到了需求预测，并开始谨慎地假设需求是正态分布的。他绘制了前几个季度类似产品的需求直方图，并得出结论，需求更容易用对数正态分布表示。图 14-6 绘制了对数正态分布和正态分布的密度函数，每个均值为 1 000，标准差为 600。图 14-7 绘制了对数正态分布和正态分布的分布函数。使用更准确的预测（即对数正态分布），Flextrola 大概需要订购多少台才能使其期望利润最大化？［14.3］

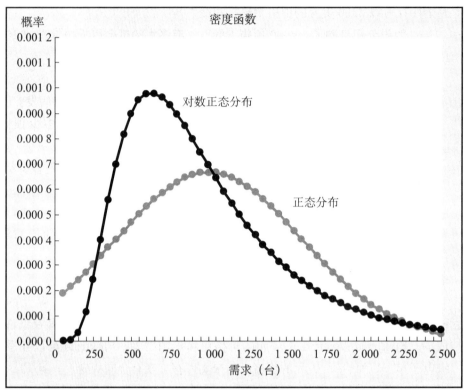

图 14 - 6　密度函数

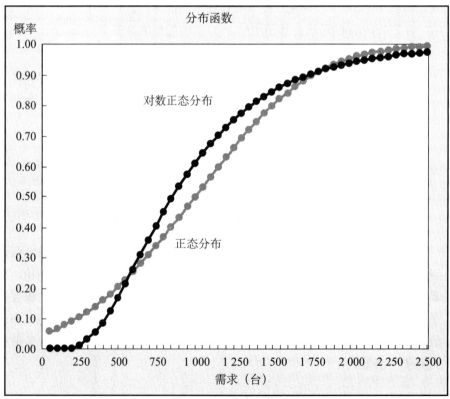

图 14 - 7　分布函数

Q14.5* （Fashionables） Fashionables 是著名时装零售商 The Limited 的特许经营商。在冬季来临之前，The Limited 为 Fashionables 提供了 5 种不同颜色的毛衣款式。这些毛衣是在海外手工编织的，由于涉及提前期，Fashionables 需要在销售季节之前订购。根据 The Limited 提供的合同条款，Fashionables 也不能在销售季节取消、修改或重新订购毛衣。这个季节对每种颜色的需求是正态分布的，均值为 500，标准差为 200。此外，你可以假设每件毛衣的需求是独立于那些不同颜色的毛衣的。

The Limited 以每件 40 美元的批发价向 Fashionables 出售毛衣，Fashionables 计划以每件 70 美元的零售价出售毛衣。The Limited 以每辆卡车 2 000 美元的成本运送 Fashionables 的订单。2 000 美元的运输费用由 Fashionables 承担。除非另有说明，否则所有 Fashionables 订购的毛衣应装在一辆卡车内。同时假设所有其他相关成本，如开箱和搬运，都可以忽略不计。

The Limited 不接受任何未卖库存的退货。不过，Fashionables 可以在季末以每件 20 美元的甩卖价格卖掉所有未出售的毛衣。

a. 每款毛衣需要订购多少件才能使 Fashionables 的期望利润最大化？［14.3］

b. 如果 Fashionables 希望确保 97.5% 的库存概率，那么每款毛衣的订货批量应该是多少？［14.5］

对于 c 和 d 问题，假设 Fashionables 订购每款毛衣 725 件。

c. Fashionables 的期望利润是多少？［14.4］

d. 每款毛衣的缺货概率是多少？［14.4］

e. 现在假设 The Limited 宣布卡车装载能力是 2 500 件毛衣。如果 Fashionables 的订单总数超过 2 500 件（实际上是 2 501～5 000 件），它将不得不支付两辆卡车的费用。Fashionables 目前每款毛衣的最优订货批量是多少？［14.3］

Q14.6 （Teddy Bower 的派克大衣） Teddy Bower 是一家户外服装和配饰连锁店，从其亚洲供应商 TeddySports 以每件 10 美元的价格购买了一系列派克大衣。麻烦的是，在订单下达的时候，需求仍然不确定。Teddy Bower 预测其需求呈正态分布，均值为 2 100，标准差为 1 200。Teddy Bower 以每件 22 美元的价格出售这些派克大衣。未出售的派克大衣几乎没有残值，Teddy Bower 干脆把它们捐给了慈善机构。

a. 派克大衣是"瘦狗"（销量不到预测的一半）的概率是多少？［14.2］

b. Teddy Bower 应该从 TeddySports 购买多少件派克大衣才能使期望利润最大化？［14.3］

c. 如果 Teddy Bower 希望确保 98.5% 的库存概率，它应该订购多少件派克大衣？［14.5］

对于 d 和 e 问题，假设 Teddy Bower 订购了 3 000 件派克大衣。

d. 估计 Teddy Bower 的期望利润。［14.4］

e. 估计 Teddy Bower 的缺货概率。［14.4］

Q14.7 （Teddy Bower 的靴子） 为了销售全系列户外服装和配饰，Teddy Bower 的营销部门坚持说，店里还出售防水狩猎靴。可是，Teddy Bower 和 Teddy Sports 都没有制造这类靴子的专业知识。因此，Teddy Bower 联系了几个供应商，要求报价。由于竞争，Teddy Bower 知道，这些靴子的售价不能超过 54 美元。然而，每双靴子 40 美元是供应商给出的最佳报价。此外，Teddy Bower 预计，多余的库存需要在季末以五折的价格出售。考虑到 54 美元的价格，Teddy Bower 的需求预测是 400 双靴子，标准差为 300。

a. 如果 Teddy Bower 决定将这些靴子纳入其产品分类，它应该从供应商那里订购多少双靴子？[14.3]

b. 假设 Teddy Bower 订购了 380 双靴子，它的期望利润是多少？[14.4]

c. 采购部门的一名采购员约翰·布里吉斯在午餐时无意中听到了关于"靴子问题"的讨论。他建议 Teddy Bower 向供应商要求数量折扣。在听取他的建议后，供应商回复说，如果 Teddy Bower 愿意订购至少 800 双靴子，可以得到 10% 的折扣。如果目标是期望利润最大化，在这个新报价下，它应该订购多少双靴子？[14.4]

Q14.8（Land's End）杰夫·古洛拥有一家制造"古洛太阳镜"的小公司。他有机会向 Land's End 出售一款特定的季节性太阳镜。杰夫为 Land's End 提供两种购买选项：

• 选项 1。杰夫提出将价格定在 65 美元，并同意在季末 Land's End 归还给杰夫的每副太阳镜扣除 53 美元（因为这些太阳镜没有出售）。因为款式每年都在变化，所以退货的商品基本上没有价值。

• 选项 2。杰夫的价格是每副太阳镜 55 美元，但不再接受退货。在这种情况下，Land's End 会在季末抛售未出售的太阳镜。

本季对该模型的需求呈正态分布，均值为 200，标准差为 125。Land's End 将以每副 100 美元的价格出售这些太阳镜。杰夫的生产成本是 25 美元。

a. 如果 Land's End 选择选项 1，它会订购多少副太阳镜？[14.3]

b. 如果 Land's End 选择选项 2，它会订购多少副太阳镜？[14.3]

c. Land's End 会选择哪个选项？[14.4]

d. 假设 Land's End 选择了选项 1 并订购了 275 副太阳镜。杰夫·古洛的期望利润是多少？[14.4]

Q14.9（CPG Bagels）每天早上，CPG Bagels 都会大量生产百吉饼。整个上午根据需要制作百吉饼。最后一次烘焙在下午 3 点完成，商店在晚上 8 点关门。制作一个百吉饼的材料和劳动力成本约为 0.20 美元。一个新鲜百吉饼的价格是 0.60 美元。在一天结束前没有售出的百吉饼会在第二天作为"隔夜"百吉饼出售，每袋 6 个，售价为 0.99 美元。大约 2/3 的隔夜百吉饼可以出售，剩下的就扔掉了。百吉饼有很多种口味，但为了简单起见，只关注普通的百吉饼。商店经理预测，从下午 3 点到关门，对普通百吉饼的需求呈正态分布，均值为 54，标准差为 21。

a. 商店在下午 3 点应该有多少个百吉饼来最大化商店的期望利润（从下午 3 点到关门的销量）？（提示：假设隔夜百吉饼售价为 0.99/6＝0.165 美元/个，也就

是说，不要担心隔夜百吉饼是每袋 6 个出售的。）［14.3］

b. 假设商店经理担心缺货可能会导致未来的业务损失。商店经理认为，对每个有需求但未被满足的百吉饼的缺货成本确定为 5 美元是合适的（客户经常一次购买多个百吉饼。这个成本是每个未被满足的百吉饼需求）。考虑到额外的缺货成本，商店在下午 3 点应该有多少个百吉饼来最大化商店的期望利润？［14.3］

c. 假设商店经理在下午 3 点有 101 个百吉饼。商店经理在一天结束时应该准备多少个百吉饼？［14.4］

Q14.10（Kiosk）当地小吃店对工作日午餐辣味黑豆卷饼的需求服从泊松分布，均值为 22。每个卷饼卖 4 美元，这些卷饼都是在午餐人群到来之前做好的。对于几乎所有的卷饼，顾客都会购买售价为 60 美分的苏打水。卷饼的成本是 2 美元，苏打水的成本是 5 美分。Kiosk 对所提供食物的质量管理非常严格。Kiosk 坚持严格的"没有旧卷饼"原则，一天结束时留下的卷饼都会被处理掉。均值为 22 的泊松分布函数如下：

Q	F (Q)	Q	F (Q)
1	0.000 0	21	0.471 6
2	0.000 0	22	0.556 4
3	0.000 0	23	0.637 4
4	0.000 0	24	0.711 7
5	0.000 0	25	0.777 1
6	0.000 1	26	0.832 4
7	0.000 2	27	0.877 5
8	0.000 6	28	0.912 9
9	0.001 5	29	0.939 8
10	0.003 5	30	0.959 5
11	0.007 6	31	0.973 5
12	0.015 1	32	0.983 1
13	0.027 8	33	0.989 5
14	0.047 7	34	0.993 6
15	0.076 9	35	0.996 2
16	0.117 0	36	0.997 8
17	0.169 0	37	0.998 8
18	0.232 5	38	0.999 3
19	0.306 0	39	0.999 6
20	0.386 9	40	0.999 8

a. 假设 Kiosk 没有库存，顾客会在其他地方购买小吃。Kiosk 应该为午餐人群准备多少个卷饼？［14.3］

b. 假设任何一个无法购买卷饼的顾客只想要一份包含果酱夹心饼干和苏打水的午餐。果酱夹心饼干的售价为 75 美分，成本为 25 美分。（因为果酱夹心饼干和苏打水很容易储存，所以 Kiosk 永远不会用完这些必需品。）假设 Kiosk 的管理目标是最大化利润，它应该准备多少个卷饼？[14.3]

第15章

按订单装配、按订单生产和基于反应性产能的快速响应[①]

一个面临报童问题的公司可以管理但不能避免供需错配的可能性：订购太多，库存会在季末剩余；订购太少，就会造成销售损失的机会成本。公司应对这种情况的方法是在需求出现前承诺提供全部供应。这种操作方式通常称为备货型生产（make-to-stock），所有的产品在被需求之前就进入了成品库存（库存）。换句话说，在备货型生产模式下，当产品生产出来时，最终所有者的身份是未知的。

为减少与备货型生产相关的供需错配，公司可尝试至少推迟一些生产，直到了解到明确的需求信息。例如，公司可以选择只有在收到客户的确定订单时才开始生产产品。这种操作方式通常称为按订单生产（make-to-order）或按订单装配（assemble-to-order）。戴尔电脑可能是已经实施了按订单装配模式最著名和最成功的公司。

备货型生产和按订单生产是两个极端，一个是所有生产在收到需求信息前就开始了，而另一个是在收到需求信息后才开始生产。在两个极端之间必然有一个中间选项。假设订货提前期相对于销售季节的时长较短。公司在销售季节开始前订购一些库存，以便在销售季节开始时手头有一些产品。在观察了季初的销售情况后，公司提交了第二个订单，该订单在季末前就收到了产品（因为提前期很短）。在这种

---

① 为了保密，本章中的数据已作修改。

情况下，公司应该下一个保守的初始订单，并使用第二个订单来战略性地应对季初的销售：滞销产品在季中不补货，从而减少剩余库存，而畅销产品补货，从而减少销售损失。

在销售季节中下多个订单的能力是快速响应（quick response）的一个组成部分。快速响应是一套旨在减少供需错配成本的做法。它开始于服装行业，来自汽车行业的准时生产，后来转移到杂货行业，被命名为有效客户响应（efficient consumer response）。

本章讨论的快速响应是反应性产能（reactive capacity）的体现，也就是说，允许公司在旺季下额外订单的能力，零售商通常称之为"二次购买"。正如在第 14 章，我们使用奥尼尔公司作为案例进行分析。此外，在本章中假设均值为 3 192 和标准差为 1 181 的正态分布是我们对 Hammer 3/2 的需求预测。

本章首先评估了一个备货型生产公司的供需错配成本并使之最小化，即一个只有一次订货机会的公司，如报童模型。此外，我们还确定了供需错配成本很大的情况。在这些情况下，基于反应性产能的快速响应或按订单生产具有最大的获益潜力。接着讨论了相对于备货型生产的按订单生产。最后分研究反应性产能：当基于反应性产能时，我们如何选择初始订货批量？和报童模型一样，我们如何评估几个度量指标？章末提供了小结和管理启示。

15. 1 评估并最小化报童模型的供需错配成本

本节确定了报童模型中与供需错配相关的成本，然后概述了评估期望供需错配成本的两种方法，最后展示了如何最小化这些成本。为了便于阐述，我们使用简单的术语错配成本（mismatch cost）来表示"期望供需错配成本"。

在报童模型中，错配成本分为两个部分：订购太多的成本和订购太少的成本。订购太多意味着在季末有剩余库存。订购太少意味着有销售损失。每一单位剩余库存的成本是超储成本，我们标注为 C_o。每一笔销售损失的成本是欠储成本，我们标注为 C_u（见第 14 章对这些成本的初始讨论）。因此，报童模型中的错配成本为期望超储成本和期望欠储成本的总和：

$$\text{错配成本} = C_o \times \text{期望剩余库存} + C_u \times \text{期望销售损失} \tag{15.1}$$

请注意，错配成本包括有形成本（剩余库存）和无形机会成本（销售损失）。前者在损益表上有直接影响，而后者则没有。然而，销售损失的机会成本也不容忽视。

式（15.1）不仅为我们提供了错配成本的定义，还为我们提供了评估错配成本的第一种方法，我们已经知道如何评估期望剩余库存和期望销售损失（见第 14 章）。让我们用奥尼尔的 Hammer 3/2 潜水服来说明这种方法。Hammer 3/2 的售价为

190 美元，从 TEC 集团的购买成本为 110 美元。因此，欠储成本是 190－110＝80 美元（每单位销售损失的机会成本）。剩余库存以 90 美元的价格出售，所以超储成本为 110－90＝20 美元。期望利润最大化订货批量为 4 196 套。使用第 14 章中描述的技术，对于订货批量，我们可以评估几个度量指标，如表 15-1 所示。尽管订购了利润最大化的期望批量，Hammer 3/2 的错配成本为：

$$(20×1\ 133.8)＋(80×129.8)＝33\ 060（美元）$$

表 15-1　奥尼尔 Hammer 3/2 潜水服的度量指标总结（当订购期望利润最大化的批量，且需求预测均值为 3 192、标准差为 1 181 的正态分布时）

订货批量 Q	＝4 196 套
平均需求 μ	＝3 192 套
需求标准差 σ	＝1 181 套
z	＝0.85
期望剩余库存＝$\sigma * I(z)$	＝1 133.8 套
期望销量＝Q－期望剩余库存	＝3 062.2 套
期望销售损失＝μ－期望销量	＝129.8 套
期望利润＝（190－110）×3 062.2－（110－90）×1 133.8	＝222 300 美元
期望收入＝价格×期望销量＋残值×期望剩余库存＝190×3 062.2＋90×1 133.8＝683 860 美元	

现在让我们考虑评估错配成本的第二种方法。假设奥尼尔有一个神奇的水晶球，在奥尼尔向 TEC 提交订单之前，这个水晶球就告诉了奥尼尔整个销售季节的确切需求。奥尼尔显然会向 TEC 订购这个水晶球告诉奥尼尔的需求数量。因此，奥尼尔将处于避免所有错配成本（不存在过剩库存和销售损失）的愉快状态，同时为客户即时提供所需产品。事实上，水晶球的唯一功能就是消除一切错配成本。例如，水晶球不会改变需求，不会提高销售价格，也不会降低生产成本。因此，拥有水晶球和没有水晶球的奥尼尔的期望利润之差必定等于错配成本：水晶球通过消除错配成本来增加利润，所以利润的增加必定等于错配成本。如此，我们可以通过先评估报童的期望利润来评估错配成本，然后用水晶球来评估期望利润，最后取两者的差值来评估错配成本。

我们已经知道如何评估报童的期望利润（类似地，参见第 14 章），那么让我们举例说明如何用水晶球来评估期望利润。如果奥尼尔在决定向 TEC 订购多少套之前观察需求，那么在季末就不会有任何剩余库存。更好的是，奥尼尔不会缺货，所以每一个单位的需求都变成了实际销量。因此，奥尼尔的期望销量与平均需求相等，即 μ。我们已经知道奥尼尔的每笔销售利润是毛利，即零售价格减去生产成本，也即价格－成本。因此，在这个水晶球中，奥尼尔的期望利润为平均需求乘以每单位需求的利润，即（价格－成本）×μ。事实上，奥尼尔的期望利润永远都不会比水晶球更高：没有什么比没有剩余库存、从每单位潜在需求中获得全部利润更好的了。因此，我们称这个利润为最大利润（maximum profit）：

$$最大利润＝（价格－成本）\times\mu$$

奥尼尔售卖 Hammer 3/2 的最大利润是 $80\times3\ 192＝255\ 360$ 美元。我们已经知道报童的期望利润是 $222\ 300$ 美元。因此，最大利润（水晶球利润）与报童期望利润之间的差额就是奥尼尔的错配成本。这个数字是 $255\ 360－222\ 300＝33\ 060$ 美元，这与我们的第一种方法的计算相匹配（应该如此）。综上所述，我们评估错配成本的第二种方法使用如下公式：

$$错配成本＝最大利润－期望利润$$

顺便说一句，你也可以认为错配成本是奥尼尔最愿意为购买水晶球而支付的成本，即完全需求信息的价值。

第二种计算错配成本的方法强调存在一个容易评估的最大利润。如果公司有一些反应性产能，我们可能无法精确地评估期望利润。然而，我们确实知道，无论公司拥有哪种类型的反应性产能，反应性产能都不可能像我们刚才描述的水晶球那样好。因此，任何形式的反应性产能的期望利润必须大于报童的期望利润但小于最大利润。

你现在可能想知道如何最小化错配成本，以及这与最大化报童的期望利润是否有任何不同。简而言之，这些目标实际上是相同的，即利润最大化的批量同时也使错配成本最小化。可以这样看：如果期望利润最大化，而最大利润不依赖于订货批量，那么两者之间的差异——错配成本——必须最小化。

现在我们知道了如何评估和最小化错配成本，还需要了解它的重要性。换句话说，$33\ 060$ 美元是大问题还是小问题？为了回答这个问题，我们需要将它与其他东西进行比较。最大利润是一个参照点：供需错配成本占最大利润的百分比为 $33\ 060/255\ 360＝13\%$。你可能更喜欢将期望销量作为比较点：每单位期望销量的供需错配成本是 $33\ 060/3\ 062.2＝10.8$ 美元。或者，我们可以将其与期望收入（$683\ 860$ 美元）或期望利润（$222\ 300$ 美元）进行比较：供需错配成本约占总收入（$33\ 060/683\ 860$）的 4.8%，占期望利润（$33\ 060/222\ 300$）的 14.9%。运动服装行业的公司的净利润一般为收入的 $2\%\sim5\%$。因此，消除 Hammer 3/2 的错配成本可能会使奥尼尔的净利润翻倍！这是一个有趣的可能性。

15.2 错配成本什么时候高

无论你选择哪一种比较，对于奥尼尔来说，错配成本都是显著的，即使订购的是期望利润最大化的批量。如果能知道是什么导致了巨大的供需错配，就更好了。为了回答这个问题，让我们首先选择错配成本的比较点。在上一节最后讨论的问题中，只有最大利润不取决于所选择的订货批量，销量、收入和利润显然都取决于 Q。此外，最大利润代表产品的潜力：我们不能做得比获得最大利润更好。因此，让我们以最大利润的百分比来评估错配成本。

我们需要对销售季节前的订货批量做一个假设，也就是说，显然错配成本取决于订货批量 Q。让我们采用期望利润最大化的订货批量作为自然假设，正如我们在上一节讨论的，也正好使报童的错配成本最小化。

如果我们取第 14 章的期望销售损失和期望剩余库存公式，将它们代入第一个错配成本公式（15.1），然后进行几次代数运算，我们得出以下结论：

·随着需求变化性的增加，期望供需错配成本增加，其中需求变化性用变化系数 σ/μ 来衡量。

·随着临界比率 $C_u/(C_o=C_u)$ 的减小，期望供需错配成本增加。

（如果你想看到公式以及它们是如何推导出来的，请参见附录 D。）

根据直觉，错配成本应该随着需求变化性的增加而增加——当需求不易预测时，供需匹配是很难实现的。关键是如何度量需求变化性。变化系数是合适的度量指标。你可能还记得，在第 9 章中，我们讨论了与处理时间（CV_p）或队列到达间隔时间（CV_a）的变化性有关的变化系数。这个变化系数，即 σ/μ，在概念上与那些变化系数是相同的：它是一个随机变量（在这里是需求）的标准差与其均值的比值。

有必要说明为什么变化系数是这种情况下变化性的适当度量。假设你被告知某项需求的标准差是 800。这是否告诉你足够的信息来评估需求变化性？例如，它是否允许你评估实际需求低于预测的 75% 的概率？事实上，它没有。考虑两种情况，在第一种情况下，预测是 1 000 个单位，在第二种情况下，预测是 10 000 个单位。如果需求不足 750 个单位，则需求不足预测的 1 000 个单位的 75%。发生的概率是多少？首先，将 750 正态化：

$$z=\frac{Q-\mu}{\sigma}=\frac{750-1\,000}{800}=-0.31$$

现在用标准正态分布函数表来找到小于 750 的概率需求：$\Phi(-0.31)=0.378\,3$。根据预测的 10 000 个单位，类似的活动的需求不到 7 500 个单位。重复相同的过程得到 $z=(7\,500-10\,000)/800=-3.1$ 和 $\Phi(-3.1)=0.000\,9$。因此，在标准差为 800 的情况下，大约有 38% 的机会需求低于第一个预测的 75%，但有远低于 1% 的机会需求低于第二个预测的 75%。换句话说，仅凭标准差并不能掌握需求的变化性大小。注意，第一个乘积的变化系数是 0.8（$=800/1\,000$），而第二个乘积的变化系数要低得多，即 0.08（$=800/10\,000$）。

对于 Hammer 3/2，变化系数为 $1\,181/3\,192=0.37$。虽然没有普遍接受的标准来定义什么是"低""中"或"高"变化系数，但我们提供以下指导原则：如果变化系数小于 0.25 则认为需求变化性相当低，如果是在 0.25~0.75 范围则认为需求变化性"中"，如果超过 0.75 则认为需求变化性"高"。变化系数超过 1.5 是非常高的，如果超过 3 则意味着需求预测本质上没有意义。

表 15-2 提供的数据允许你自己判断什么是"低""中"和"高"变化系数。

表 15－2　当需求正态分布时，相对于变化系数的预测准确性

变化系数	需求小于预测的 75% 的概率（%）	需求在预测的 25% 以内的概率（%）
0.10	0.6	98.8
0.25	15.9	68.3
0.50	30.9	38.3
0.75	36.9	26.1
1.00	40.1	19.7
1.50	43.4	13.2
2.00	45.0	9.9
3.00	46.7	6.6

　　回想一下第 9 章和第 10 章，指数分布的变化系数总是 1。因此，如果两个流程服从指数分布，那么它们总是具有相同的变化性。正态分布就不一样了，因为正态分布的标准差相对于均值是可调的。

　　我们上面的第二个观察结果将错配成本与临界比率联系起来。特别是，具有低临界比率和高需求变化性的产品具有高错配成本，而具有高临界比率和低需求变化性的产品具有低错配成本。表 15－3 显示了不同变化系数和临界比率的错配成本的数据。

表 15－3　当需求为正态分布且订购报童期望利润最大化批量时的
错配成本（占利润最大化百分比）

变化系数	临界比率					
	0.9	0.4	0.5	0.6	0.7	0.8
0.10	10%	8%	6%	5%	3%	2%
0.25	24%	20%	16%	12%	9%	5%
0.40	39%	32%	26%	20%	14%	8%
0.55	53%	44%	35%	27%	19%	11%
0.70	68%	56%	45%	35%	24%	14%
0.85	82%	68%	55%	42%	30%	17%
1.00	97%	80%	64%	50%	35%	19%

　　如前所述，错配成本应该随着需求变化性增加而增加，这是很直观的。关于临界比率的直觉需要更多的思考。一个非常高的临界比率意味着相对于每单位的过剩库存的损失有一个很大的利润空间。贺卡是可能具有非常高临界比率的产品的好例子：每一张贺卡的毛利率很高，而生产成本很低。临界比率非常高，最优订货批量也比较大，所以销售损失很少。还有大量的剩余库存，但是库存中剩余的每单位的成本都不大，所以剩余库存的总成本相对较小。因此，总错配成本很小。现在考虑一个具有低临界比率的产品，也就是说，过剩库存的单位成本远远高于每笔销售损

失的成本。易腐产品和面临报废的产品通常都属于这一类。考虑到过剩库存的成本是昂贵的，最优订货批量很小，可能低于平均需求。因此，这类物品的过剩库存不是问题，但销售损失是个大问题，导致高错配成本。

15.3 减少按订单生产中的错配成本

如果在观察需求之前选择供应（备货型生产），必然会有太多或太少的供给。这个问题的纯假设解决方案是找到一个水晶球，在需求出现之前就能显示出数量来。一个更现实的解决方案是，只有在观察到对每个单位的需求后才开始生产，这通常被称为按订单生产或按订单装配。本节讨论了减少错配成本时按订单生产的利弊。

从理论上讲，按订单生产可消除与备货型生产（如报童）相关的整个错配成本。对于按订单生产，没有剩余库存，因为生产只有在收到客户的确定订单后才开始。因此，按订单生产节省了昂贵的降价和处理费用。此外，由于每个客户的订单最终都被生产出来了，没有销售损失。因此，具有高错配成本（低临界比率、高需求变化性）的产品将从备货型生产转变为按订单生产中获益良多。

但有几个原因让我们对按订单生产保持警惕。首先，即使是按订单生产，通常也需要保有组件库存。尽管保有组件库存可能比保有成品库存的风险小，但仍然有可能拥有太多或太少的组件。其次，按订单生产永远不能立即满足客户的需求，也就是说，客户必须等待他们的订单完成。如果等待时间很短，那么按订单生产的需求几乎可以和备货型生产的需求一样高。但也有一些等待时间阈值，超过这个阈值，客户就不会再等待了。这个阈值水平取决于产品特性：消费者通常不太愿意等待尿布，而更愿意等待定制沙发。

这有助于思考排队理论（第 9 章和第 10 章），以理解是什么决定了按订单生产中的客户等待时间。无论服务器的数量如何，排队系统的一个关键特征是客户服务只在客户到达系统后才开始，就像按订单生产在客户提交订单前不会开始一样。排队系统的另一个重要特性是，如果所有服务器都被利用，客户必须等待处理，就像按订单生产中如果生产过程正在处理积压订单或者前面的客户已下订单，客户必须等待定制订单一样。

为了给讨论提供一个参照点，假设奥尼尔建立了一条潜水服按订单生产装配线。奥尼尔可以储备必要的原材料来生产各种颜色、款式和质量等级的潜水服。潜水服的生产将在接到客户订单后开始。装配线有一个最大的生产率，它对应于一个队列的服务率。假设需求是随机的，那么客户订单之间的到达间隔时间也是随机的，就像排队系统一样。

从排队中可以看出，客户的期望等待时间与系统的利用率（单位时间产出与能力的比率）呈非线性关系（曲线，而不是直线）：当利用率接近 100% 时，等待时间就会接近无穷大（见图 9 - 21）。因此，奥尼尔如果希望客户有一个合理的较短的等待时间，那么它必须在利用率低于100%的情况下运营，甚至可能远远低于100%。利用率低于100%意味着有空闲产能。例如，如果利用率是90%，那么装配线有10%的时间是空闲的。即使是按订单生产，奥尼尔也有供需错配的成本。这些成本分为两种类型：空闲产能和由客户不愿等待而造成的销售损失。当比较备货型生产和按订单生产时，你可以说，按订单生产用空闲产能的成本代替了剩余库存的成本。按订单生产方式是否更可取取决于这两种成本的相对重要性。

虽然客户的期望等待时间可能很重要，但客户最终关心的是他们的总等待时间，其中包括处理时间。在按订单生产中，处理时间有两个组成部分：生产时间和从生产到实际交货的时间。成功地实现按订单生产通常需要快速和容易地组装最终产品。另外，保持交货时间在一个可接受的水平，需要快速运输（例如，空运）或将生产转移到客户附近（以减少产品需要移动的距离）。快速运输增加了每一个生产单位的成本，而本地生产（例如，北美而不是亚洲）可能会增加劳动力成本。

总之，适合按订单生产的产品往往具有以下特点：客户对品种有强烈的偏好，这意味着必须提供广泛的品种，而且很难预测对任何一种产品的需求；由于过时和/或组件价格下跌，库存持有成本高昂；可以快速且相对高效地完成最终装配；有一个合理的成本来完成最终的产品，及时交付给客户。

戴尔发现，上述所有条件都适用于早期的个人电脑行业。客户（主要是企业）希望根据自己的规格定制要购买的电脑。随着组件价格迅速下跌，持有库存成本变得昂贵。电脑很容易由一组模块化组件装配起来，而且相对于产品的价值而言，最终发货给客户并不昂贵。然而，随着时间的推移，这个行业发生了变化，成本优势已经减弱。例如，消费者更愿意接受标准的计算机配置（也就是说，他们对多样性的偏好减少了），组件价格也没有那么快地下降。

15.4 基于反应性产能的快速响应

奥尼尔很可能会得出这样的结论：无论是在亚洲（增加了运输费用）还是在北美（增加了劳动力成本），按订单生产都不可行。如果纯粹的按订单生产不可行，那么奥尼尔应该考虑在备货型生产（报童）和按订单生产（排队）之间的某种中间解决方案。在报童模型中，奥尼尔承诺在出现任何需求之前将完成其全部供应；对于按订单生产，奥尼尔承诺只在所有需求出现后才供应。中间的解决方案是在需求出现之前承诺一定的供应，在观察到一定的需求之后，维持生产额外供应的选择权。与后一段供应相关的能力被称为反应性产能，它允许奥尼尔在承诺第二个订单前对需求信息做出反应。在快速响应中，能够进行多次补货（即使只是一次补充）的能力是一个核心目标。

假设奥尼尔联系TEC，要求TEC减少提前期。奥尼尔提出这一要求的动机是试图在销售季节创造补货的机会。回想一下，春季长达6个月，从2月开始，到7月结束（见图14-2）。根据奥尼尔的经验，在季节的前两个月的一个热门产品

（销售超过预期的产品）几乎总是在这一季里成为热门产品。因此，奥尼尔肯定能从季中补货热门产品的机会中获益。假设 TEC 为季中订单提供一个月的提前期。然后奥尼尔可在第二个月底（3 月）向 TEC 提交第二个订单，并在第三个月结束前收到补货，这样库存就可以满足下半季的需求。图 15-1 提供了这种新情况下的时间线。

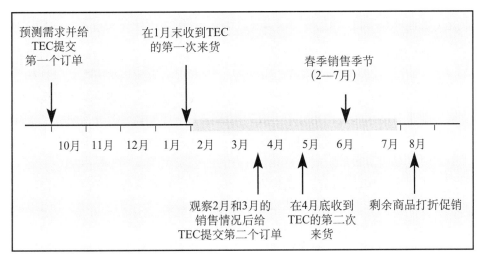

图 15-1　奥尼尔订购 Hammer 3/2 潜水服的事件时间线，具有无限但昂贵的反应性产能

　　虽然奥尼尔显然可从第二个订单中获益，但提供一个月的提前期的第二个订单对 TEC 来说成本可能很高。例如，TEC 可能需要保留一些产能来响应奥尼尔的订单。如果奥尼尔的第二个订单没有 TEC 期望的那么大，那么部分预留产能可能会浪费。或者奥尼尔的订单可能比期望的要大，迫使 TEC 以牺牲 TEC 的利益为代价，占用其他产能。此外，一个月的提前期可能会迫使使用更快的运输方式，这又可能增加成本。问题是，与第二个订单相关的成本增加是否证明奥尼尔的错配成本节约是合理的。为解决该问题，让我们假设 TEC 同意满足奥尼尔的第二个订单，但坚持这些产品的溢价为 20%，以支付 TEC 期望的额外费用。在这个新的机会下，奥尼尔应该如何调整初始订货批量，错配成本会降低多少？

　　选择有两次订购机会的订货批量比选择单次订货批量要复杂得多（报童问题）。例如，除了对整个季节需求的预测，我们还需要考虑根据在季节前两个月观察到的情况，对季节后半部分的需求进行预测。此外，当提交第一个订单时，我们不知道初始销量会是多少，所以订单必须预测初始销量的所有可能结果，然后在第二个订单中做出适当的反应。如果第一个订单的数量不够多，我们可能会在上半季售罄。最后，即使在观察了初始销量后，本季后半段的需求仍存在一些不确定性。

　　即使现在面临一个复杂的问题，我们也不应该让这个复杂性压倒自己。面对复杂问题时，一个好的策略是使其不那么复杂，也就是说，做出一些简化的假设，考虑便于分析的同时保留复杂问题的关键定性特征。考虑到这一策略，让我们假设：（1）在第二个订单到达之前，我们没有耗尽库存；（2）在观察了初始销量之后，我们能够完美地预测季节剩余部分的销量。假设 1 是不错的，只要第一个订单比较大，也就是大到足够有很高概率覆盖上半季的需求。如果初始销量可以很好地预测后续的销量，那么假设 2 也不错，这在许多行业中都得到了实践验证。

我们的简化假设足以让我们评估最优初始订货批量，然后评估期望利润。让我们再次考虑奥尼尔最初对 Hammer 3/2 的订单。事实证明，奥尼尔仍然面临与报童问题相关的"太多太少"的问题，即使它有机会下第二个订下单。需要说明的是，如果初始订货批量太大，那么季末会有剩余库存。第二个订单根本无助于解决过剩库存的风险，所以"太多"的问题仍然存在。

我们在初始订单中仍然面临"太少"的问题，但这与最初的报童问题有不同的形式。回忆一下，由于最初的报童问题，订购太少导致销售损失。但是第二个订单防止了销售损失：在观察了初始销量之后，我们就能够预测出本季剩余时间的总需求。如果总需求超过初始订单，我们选择第二个订单数量以确保所有需求都得到满足。这是可行的，因为我们简化了假设：在第二个订单到达之前没有销售损失；对第二个订单没有数量限制；初始销量允许我们预测季节的总需求。

虽然第二次订单消除了销售损失，但这并不意味着我们不应该为初始订单而烦恼。请记住，季中订购的产品比季前订购的产品更贵。因此，第一个订单订购太少的惩罚是，我们可能需要在第二个订单中以更高的成本购买更多的产品。

考虑到初始订单仍然面临"太多太少"的问题，实际上我们可以使用报童模型来找到使期望利润最大化的订货批量。每单位过剩库存的超储成本 C_o 与原模型相同，也就是说，超储成本是每单位过剩库存的损失。回想一下，Hammer 3/2 的成本＝110 美元，残值＝90 美元，所以 C_o＝20 美元。

超过初始订货批量的每单位需求的欠储成本 C_u 是我们必须支付给 TEC 的第二个订单的额外溢价。溢价是 20%，也就是 20%×110＝22 美元。换句话说，如果需求超过我们的初始订货批量，那么订购太少的惩罚就是我们必须为每套产品支付额外给 TEC 的金额（我们可通过增加初始订货量来避免这个溢价）。尽管我们必须向 TEC 支付额外费用，但仍然最好有第二次订购机会：为每套超出初始订货批量的需求额外支付 TEC 22 美元，总比如果我们没有第二个订单，失去每套 80 美元的利润要好，所以 C_u＝22 美元。

我们现在准备计算最优初始订货批量（这个过程的概要见计算步骤 14.2）。首先，评估临界比率：

$$\frac{C_u}{C_o+C_u}=\frac{22}{20+22}=0.523\,8$$

接下来在标准正态分布函数表中找到对应临界比率值 0.523 8 的 z 值：$\Phi(0.05)=0.519\,9$，$\Phi(0.06)=0.523\,9$，所以我们选择更高的 z 值，$z=0.06$。现在将 z 值转化为实际需求分布的订货批量，$\mu=3\,192$，$\sigma=1\,181$：

$$Q=\mu+z\times\sigma=3\,192+0.06\times1\,181=3\,263\text{（套）}$$

因此，奥尼尔应该在第一个订单中订购 3 263 套 Hammer 3/2，以便可能在有第二个订单的情况下获得最大期望利润。请注意，奥尼尔仍应在初始订单中订购相当多的数量，以避免向 TEC 支付过多的 20% 溢价。然而，奥尼尔的初始订单为 3 263

套，远远少于在不可能出现第二个订单的情况下其最优订单 4 196 套。

尽管奥尼尔必须为第二个订单支付溢价，但通过这个机会奥尼尔的期望利润应该会增加（第二个订单并没有阻止奥尼尔在初始订单中订购 4 196 套，所以奥尼尔的情况不会更糟）。让我们来评估任何初始订货批量 Q 的期望利润是多少。我们的最大利润没有改变。我们所能做的就是在每单位需求上获得最大的毛利：

$$最大利润＝（价格－成本）\times \mu ＝（190－110）\times 3\ 192 ＝ 255\ 360（美元）$$

期望利润为最大利润减去错配成本：

$$期望利润＝最大利润－C_o \times 期望剩余库存－C_u \times 期望第二个订货批量$$

第一个错配成本是剩余库存的成本，第二个是奥尼尔必须为第二个订单中订购的产品向 TEC 支付的额外溢价。我们已经知道如何评估任何初始订货批量的期望剩余库存（总结见计算步骤 14.4）。我们现在需要计算出期望第二个订货批量。

如果第一次订购 Q 套，那么只有当需求超过 Q 时，我们才会第二次订购。事实上，第二次订购等于需求和 Q 之差，也就是没有第二次订购时我们的销量损失。这也被称为损失函数。因此，

$$期望第二个订货批量＝报童模型的期望销售损失$$

因此，为评估期望利润，我们需要知道最大利润、期望剩余库存和期望销售损失。

我们的估计值高于最大利润 255 360 美元。为了评估期望剩余库存，在标准正态库存函数表中查找 $I(z)$，当 $z＝0.06$ 时，我们得到 $I(0.06)＝0.429\ 7$。因此，期望剩余库存为 $\sigma \times I(z) ＝ 1\ 181 \times 0.429\ 7 ＝ 507$ 套。期望销量＝Q－期望剩余库存＝3 263－507＝2 756 套。最后，期望销售损失＝μ－期望销量＝3 192－2 756＝436 套。

我们现在准备评估有第二个订单时 Hammer 3/2 的期望利润：

$$期望利润＝最大利润－C_o \times 期望剩余库存－C_u \times 期望第二个订货批量$$
$$＝255\ 360－20\times 507－22\times 436 ＝ 235\ 628（美元）$$

回想一下，奥尼尔只有一次订购机会的期望利润仅为 222 300 美元。因此，尽管 TEC 对第二个订单的产品收取 20% 的溢价，但第二个订单的利润增加了 (235 628－222 300)/222 300＝6.0%。我们还可以考虑第二个订单减少了多少错配成本。回想一下，只有一个订单的错配成本是 33 060 美元。现在，错配成本为 255 360－235 628＝19 732 美元，减少了 40%（＝1－19 732/33 060）。此外，奥尼尔的库存概率从 80% 左右增加到几乎 100%，而季末需要降价出售的剩余库存数量也减少了一半（从 1 134 套减少到 507 套）。因此，即使以季中补货形式的反应性产能不能消除所有的错配成本，它仍为显著减少错配成本提供了一个可行的策略。

15.5　小　结

通过报童的备货型生产系统，该公司在获悉任何更新的需求信息之前，承诺提

供全部供应。因此，存在供需错配成本，以剩余库存或销售损失的形式表现出来。本章确定了错配成本较高的情况，并考虑了对报童情况的几个改进，以减少这些错配成本。

当产品具有较低的临界比率和/或较高的变化系数时，错配成本就会很高（作为产品最大利润的百分比）。低临界比率意味着，相对于销售损失的成本，剩余库存的成本较高。易腐产品或面临报废的产品通常具有较低的临界比率。变化系数是需求标准差与平均需求之比。对于难以预测的产品来说，这是很高的。例如新产品、时尚产品和具有小市场的特殊产品。这里的重要教训是，降低临界比率或增加变化系数的行动也会增加供需错配成本。

按订单生产是解决报童问题的一种极端方法。对于按订单生产，公司只有在接到客户的订单后才开始生产产品。换句话说，只有当一件产品的最终所有者确定时，生产才会开始。按订单生产的一个关键优势是消除了剩余库存。然而，按订单生产并不能避免供需错配的问题，因为它就像一个排队系统，客户必须等待以获得满足，而等待时间的长短对空闲产能非常敏感。

按订单生产和备货型生产之间的中间解决方案使公司在获悉任何需求信息之前就承诺进行某种生产，但公司也有能力通过第二个订单对早期需求信息做出反应，这被称为反应性产能。反应性产能可大大减少（但不能消除）报童的错配成本。这种方法还是很有吸引力的，因为它没有遭受按订单生产所面临的所有挑战。

表 15-4 总结了本章的主要符号和公式。

表 15-4 第 15 章的主要符号和公式的总结

$Q=$订货批量

$C_u=$欠储成本， $C_o=$超储成本

$\mu=$平均需求， $\sigma=$需求标准差

错配成本$=C_o\times$期望剩余库存$+C_u\times$期望销量损失$=$最大利润$-$期望利润

最大利润$=$（价格$-$成本）$\times\mu$

变化系数$=\dfrac{标准差}{平均需求}$

15.6 延伸阅读

在过去 20 年里，大多数行业的目标都是提高响应能力、柔性和反应性，这在很大程度上要归功于戴尔在个人电脑业务上的成功。有关戴尔战略的深刻回顾，请参见 Magretta（1998）。参见 McWilliams 和 White（1999）对迈克尔·戴尔（Michael Dell）的采访，了解他对汽车行业应该如何改变销售和生产战略的看法。

关于服装行业的快速响应的综合论述，参见 Abernathy、Dunlop、Hammond

和 Weil（1999）。Vitzthum（1998）描述了一家西班牙时装零售商如何能够生产
"按需定制的时装"。

Fisher（1997）讨论了柔性供应链的优缺点，Zipkin（2001）对大规模定制也
做了同样的研究。Karmarkar（1989）讨论了推动式和拉动式生产系统的优缺点。

请参见 Fisher 和 Raman（1996）或 Fisher、Rajaram 和 Raman（2001）的文
献，了解当拥有早期销售信息和反应性产能时优化订货批量的技术算法。

15.7　实战练习

下面的问题将有助于测试你对本章的理解。在每个问题之后，我们在方括号中
显示相关章节信息．

附录 E 中有带 "＊" 标记的问题的答案。

Q15.1＊（Teddy Bower）Teddy Bower 从一家亚洲供应商那里以每件 10 美元
的价格采购派克大衣，然后以每件 22 美元的价格卖给客户。季末剩下的派克大衣
没有任何残值。需求预测呈正态分布，均值为 2 100，标准差为 1 200。现在假设
Teddy Bower 在美国找到了一个可靠的供应商，可以很快地生产出派克大衣，但是
价格比亚洲供应商要高。因此，除了来自亚洲的派克大衣外，Teddy Bower 还可以
在已知需求后，以每件 15 美元的价格从这个美国供应商那里无限购买更多的派克
大衣。

a. 假设 Teddy Bower 从亚洲供应商那里订购了 1 500 件派克大衣。一旦已知
需求，Teddy Bower 向美国供应商下订单的概率是多少？[15.4]

b. 再次假设 Teddy Bower 从亚洲供应商那里订购了 1 500 件派克大衣。美国
供应商的平均需求是多少，也就是说，美国供应商预计 Teddy Bower 会订购多少
件派克大衣？[15.4]

c. 如果有机会从美国供应商那里以每件 15 美元的价格订购派克大衣，那么现
在从亚洲供应商那里订购多少件将使 Teddy Bower 的期望利润最大化？[15.4]

d. 根据 c 问题评估的订货批量，Teddy Bower 的期望利润是多少？[15.4]

e. 如果 Teddy Bower 没有从亚洲供应商那里订购任何派克大衣，那么期望利
润是多少？[15.4]

Q15.2＊（Flextrola）Flextrola, Inc. 是一家电子系统集成商，正在开发一种新
产品。Solectrics 可以生产这种产品的关键组件。Solectrics 以每台 72 美元的价格
向 Flextrola 销售该组件，Flextrola 必须在销售季节之前提交其订单。Flextrola 的
需求预测为正态分布，均值为 1 000，标准差为 600。Flextrola 在集成了一些软件
后，以每台 131 美元出售。季末的剩余单位售价为 50 美元。

Xandova Electronics（XE）与 Flextrola 联系，希望为 Flextrola 提供这种组
件。XE 的主要价值主张是，它为 Flextrola 的所有订单提供 100％的库存和一天交

货，无论订单何时提交。Flextrola 承诺给客户一周的提前期，所以 XE 提供的一天提前期可以让 Flextrola 按订单生产（Flextrola 的软件集成可以在一天内完成）。XE 的价格是每台 83.50 美元。

a. 假设 Flextrola 完全从 XE 采购。Flextrola 的期望利润是多少？[15.2]

b. 假设 Flextrola 计划同时从 Solectrics 和 XE 采购，也就是说，Flextrola 将在销售季节前从 Solectrics 订购一定数量的产品，然后在销售季节通过 XE 来满足超过订货批量的需求。Flextrola 应该从 Solectrics 订购多少台才能使期望利润最大化？[15.4]

c. 由于担心潜在的业务损失，Solectrics 愿意重新谈判其报价。Solectrics 现在向 Flextrola 提供一份"期权合同"：在销售季节开始前，Flextrola 购买 Q 份期权，并向 Solectrics 支付每份期权 25 美元。在销售季节，Flextrola 可以最多购买 Q 份期权，提前期为一天，即 Solectrics 在一天内交付每个被行使的期权，行使价格为每份 50 美元。如果 Flextrola 希望在购买的期权之外购买更多的组件，Solectrics 将以 XE 的价格（83.50 美元）提供组件。例如，假设 Flextrola 购买了 1 500 份期权，但需要 1 600 份。Flextrola 以 50 美元的价格行使 1 500 份期权，然后以 83.50 美元的价格额外订购了 100 份期权。Flextrola 应该从 Solectrics 购买多少份期权？[15.4]

d. 继续 c 问题，根据购买的期权数量，Flextrola 的期望利润是多少？[15.4]

Q15.3* （Wildcat Cellular）玛丽索刚来到这个城市，正在寻找移动电话服务。她选择了 Wildcat Cellular，如果她签一年的合同，该公司将给她提供一部免费手机。Wildcat 提供几种呼叫计划。她正在考虑的一个计划叫作"选择你的分钟数"。在这个计划中，她将指定分钟数，比如 x，每月她将以每分钟 5 美分的价格购买。因此，她的前期成本将是 $0.05x$ 美元。如果她在一个月内的使用量小于 x，剩余的分钟数就浪费了。如果她一个月的使用量超过 x，她将为额外的每分钟（超过 x 的每一分钟）支付 40 美分。例如，如果她的合同是每月 $x=120$ 分钟，而她的实际使用量是 40 分钟，那么她的总费用是 $120×0.05=6$ 美元。如果实际使用时间是 130 分钟，则总费用为 $120×0.05＋（130－120）×0.40=10$ 美元。无论是本地电话还是长途电话，费用都是一样的。一旦她签了合同，她就不能在一年内更改指定的分钟数。玛丽索估计她的月需求量最好用正态分布来近似，均值为 250，标准差为 24。

a. 如果玛丽索选择了上面描述的"选择你的分钟数"计划，她应该订购多少分钟？[15.4]

b. 玛丽索选择签订 240 分钟的合同。根据这份合同，如果每分钟 40 美分，她期望支付多少（美元）？[15.4]

c. 一个朋友建议玛丽索签订 280 分钟的合同，以确保有限的附加费支付（每分钟 40 美分的费用）。根据这份合同，她预计会浪费多少分钟（每月未使用的分钟数）？[15.4]

d. 如果玛丽索签订 260 分钟的合同，她每月的手机费用大概是多少？[15.4]

e. 玛丽索确实不喜欢附加费（每分钟 40 美分的费用，超过了她每月的合同分钟数）。如果她只希望有 5% 的可能性要付附加费，那么她应该签订多少分钟？[15.4]

f. Wildcat Cellular 提供另一个名为"无最低限度"（No Minimum）的计划，每月收取 5 美元固定费用，但无须承诺每月的分钟数，按用户的实际使用量每分钟收取 7 美分。因此，如果她一个月的实际使用量是 40 分钟，那么她的费用将是 5+40×0.07=7.80 美元。玛丽索正试图在上面描述的"选择你的分钟数"计划和"无最低限度"计划之间做出选择。她应该选择哪一个呢？[15.4]

Q15.4（萨拉的婚礼）萨拉正在筹划她的婚礼。她和她的未婚夫已经和一个宴会承办商签订了合同，宴会承办商要求他们在宴会开始前 1 周告知出席客人人数。这个"最终数字"将决定他们要付给宴会承办商多少钱，他们必须为每位客人支付 60 美元。例如，如果他们告诉宴会承办商预计有 90 位客人，那么即使只有 84 位客人来，他们也必须支付 5 400 美元（=90×60）。该合同规定，如果客人人数超过了他们承诺的数量，那么每多出一位客人的费用将提高到 85 美元。因此，如果萨拉和她的未婚夫承诺邀请 90 位客人，但出现了 92 位，他们必须支付 5 570 美元（原来的 5 400 美元加上 2×85 美元）。

萨拉面临的问题是，她仍然不知道客人的确切人数。尽管要求朋友和家人在一个月前回复他们的邀请，但仍然存在一些不确定性：她的哥哥可能会也可能不会——带他的新女友来；她未婚夫的大学室友也许能也许不能请假；等等。萨拉已经确定客人的期望数量（平均数量）是 100 人，但实际数量可以是 84～116 的任何一个数字：

Q	f(Q)	F(Q)	I(Q)	L(Q)	Q	f(Q)	F(Q)	I(Q)	L(Q)
84	0.030 3	0.030 3	0.00	16.00	95	0.030 3	0.363 6	2.00	7.00
85	0.030 3	0.060 6	0.03	15.03	96	0.030 3	0.393 9	2.36	6.36
86	0.030 3	0.090 9	0.09	14.09	97	0.030 3	0.424 2	2.76	5.76
87	0.030 3	0.121 2	0.18	13.18	98	0.030 3	0.454 5	3.18	5.18
88	0.030 3	0.151 5	0.30	12.30	99	0.030 3	0.484 8	3.64	4.64
89	0.030 3	0.181 8	0.45	11.45	100	0.030 3	0.515 2	4.12	4.12
90	0.030 3	0.212 1	0.64	10.64	101	0.030 3	0.545 5	4.64	3.64
91	0.030 3	0.242 4	0.85	9.85	102	0.030 3	0.575 8	5.18	3.18
92	0.030 3	0.272 7	1.09	9.09	103	0.030 3	0.606 1	5.76	2.76
93	0.030 3	0.303 0	1.36	8.36	104	0.030 3	0.636 4	6.36	2.36
94	0.030 3	0.333 3	1.67	7.67	105	0.030 3	0.666 7	7.00	2.00

续表

Q	f(Q)	F(Q)	I(Q)	L(Q)	Q	f(Q)	F(Q)	I(Q)	L(Q)
106	0.030 3	0.697 0	7.67	1.67	112	0.030 3	0.878 8	12.30	0.30
107	0.030 3	0.727 3	8.36	1.36	113	0.030 3	0.909 1	13.18	0.18
108	0.030 3	0.757 6	9.09	1.09	114	0.030 3	0.939 4	14.09	0.09
109	0.030 3	0.787 9	9.85	0.85	115	0.030 3	0.969 7	15.03	0.03
110	0.030 3	0.818 2	10.64	0.64	116	0.030 3	1.000 0	16.00	0.00
111	0.030 3	0.848 5	11.45	0.45					

注：Q——出席婚礼的客人人数；$f(Q)$——密度函数＝Prob{Q 位客人出席}；$F(Q)$——分布函数＝Prob{Q 或更少人数出席}；$L(Q)$——损失函数＝Q 以上的期望客人人数。

　　a. 萨拉应该与宴会承办商承诺多少位客人？[15.2]

　　b. 假设萨拉承诺有 105 位客人。萨拉的期望费用是多少？[15.2]

　　c. 假设宴会承办商愿意修改合同，如果少于承诺出席的客人人数，他们将获得部分退款。特别是，他们只需要为每位"缺席"客人支付 45 美元。例如，如果他们承诺了 90 人，但只来了 84 人，将需要支付 $84 \times 60 + 6 \times 45 = 5\ 310$ 美元。现在她应该承诺多少位客人？[15.4]

　　d. 宴会承办商给了萨拉另一个选择。她可以为每位客人支付 70 美元，不管来了多少位客人，也就是说，她不需要在婚礼前承诺任何数字。萨拉应该选择这个计划还是原来的计划（每个承诺的客人 60 美元，每个超出承诺的客人 85 美元）？[15.4]

　　Q15.5（Lucky Smokes）Lucky Smokes 目前经营着一家仓库，为弗吉尼亚市场服务。一些卡车到达仓库，装满了待储存在仓库的货物。其他的卡车到达仓库时是空的，准备装上货物。根据 1 周内到达仓库的卡车数量，该公司能够准确估算出完成所有装卸工作所需的总劳动小时数。下面的直方图描绘了过去两年中每周的估算值（图中总共记录了 104 周）。例如，在这段时间内，有 3 周的总劳动小时数为 600，只有 1 周的总劳动小时数为 1 080。

　　数据的均值为 793，标准差为 111。劳动力是仓库运作的主要可变成本。弗吉尼亚仓库雇用了 20 名工人，保证他们每周至少 40 小时的工资。因此，在要求劳动时间少于 800 小时的几周内，工人要么在某些日子早早回家，要么就无所事事。在要求劳动时间超过 800 小时的星期，额外的劳动时间是通过加班来获得的。工人每加班 1 小时就有 1.5 小时的工资。

　　你被安排负责一个新仓库，计划服务于北卡罗来纳州的市场。该仓库的能力应该与弗吉尼亚仓库相当。假设你必须支付每名工人每周至少 40 小时的工资和加班时 1.5 倍工资。假设 1 周的加班时间没有限制。此外，假设你的工作负荷需求近似为正态分布。

　　a. 如果你雇用了 22 名工人，一年应该有几周需要加班？[15.2]

　　b. 如果你雇用了 18 名工人，你的工人一年有多少周没有被充分利用？[15.2]

　　c. 如果你想最小化劳动力成本，你应该雇用多少名工人（再次假设你的工作

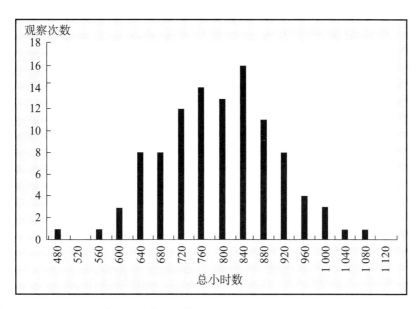

负荷预测是正态分布的)？［15.4］

　　d. 你现在担心的是正态分布可能不合适。例如，你不能雇用20.5名工人。如果你使用由上述直方图数据构造的经验分布函数，最优雇用工人数量是多少？［15.4］

　　Q15.6（先令）你在国外旅行，身上只带了美元。你现在在该国首都，但你很快就会去一个小镇待更长时间。在这个小镇，没有人接受信用卡，他们只接受本国货币（先令）。在首都，你可以按照 2 先令兑换 1 美元的汇率把美元兑换成先令。在小镇，你知道 1 美元只能兑换 1.6 先令。当你结束旅行返回首都时，你可以按照 2.5 先令兑换 1 美元的汇率将先令兑换成美元。你估计你在小镇的支出将呈正态分布，均值为 400，标准差为 100。

　　a. 在离开首都之前，你应该把多少美元兑换成先令？［15.4］

　　b. 经过一些思考，你觉得这可能是尴尬的，如果你用完先令，就需要兑换额外的美元，所以你真的不想用完先令。如果你想确保不会有超过 1/200 的概率用完先令，你应该把多少美元兑换成先令？［15.4］

　　Q15.7（TEC）考虑 TEC 和奥尼尔之间的关系，拥有无限但昂贵的反应性产能。请记住，TEC 愿意给奥尼尔一次季中补货（见图 15‑1），但对这些产品收取高于常规批发价格（110 美元）20％的溢价。假设 TEC 的毛利率是其第一次生产的产品销售价格的 25％。然而，TEC 估计其第二次生产（在接到奥尼尔的第二个订单后的季内生产的任何产品）的生产成本是初始订单的两倍。奥尼尔没有订购的潜水服需要在季末处理掉。在奥尼尔的许可下，TEC 预计通过在亚洲市场销售额外的套装，每套可以赚 30 美元。

　　a. 在传统的安排下（奥尼尔在销售季节之前的单一订单），TEC 的期望利润是多少？回想一下，奥尼尔的最优报童批量是 4 101 套。［15.2］

　　b. 如果 TEC 向奥尼尔提供反应性产能，并且TEC 的第一次生产等同于奥尼尔的第一个生产订单，那么 TEC 的期望利润是多少？假设需求预测呈正态分布，均值为 3 192，标准差为 1 181。回想一下，奥尼尔的第一个最优订货批量是 3 263 套，奥尼尔的期望第二个订货批量是 437 套。[15.4]

c. 如果 TEC 的 CEO 授权其生产经理选择一个大于奥尼尔的第一个订单的批量，那么 TEC 的第一个最优产量是多少？[15.4]

d. 根据 c 问题选择的订单，TEC 的期望利润是多少？（警告：这是个很难回答的问题。）[15.4]

Q15.8（Office Supply Company）Office Supply Company（OSC）在阿拉斯加有一个备件仓库，以支持其办公设备的维护需求。每 6 个月就会收到一大批补货。如果任何给定零件的库存在下一次补货之前耗尽，则将使用紧急空运来根据需要补充该零件。订单分别在 1 月 15 日和 6 月 15 日下达，2 月 15 日和 7 月 15 日收到订货。

OSC 必须确定其备件的补货批量。例如，历史数据显示，1AA-66 零件在 6 个月的时间间隔内的总需求呈均值为 6.5 的泊松分布。6 个月盘点未用零件的成本为 5 美元（包括实物和财务持有成本，并在 6 个月期末根据库存收取）。1AA-66 的可变生产成本是每个零件 37 美元。定期半年的装运成本为每个零件 32 美元，紧急装运成本为每个零件 50 美元。

现在是 1 月 15 日，目前 1AA-66 零件有 3 个库存。2 月 15 日要到货多少件？[15.4]

Q15.9*（史蒂夫·史密斯）史蒂夫·史密斯是一家福特汽车经销商的汽车销售代理人。他有工资和福利，但他的大部分收入来自佣金：一个月内对于前 5 辆卖出的车每辆的佣金是 350 美元，之后每卖出一辆车的佣金是 400 美元。史蒂夫的历史销售额可以用均值为 5.5 的泊松分布描述，也就是说，史蒂夫平均每月卖出 5.5 辆车。平均来说，史蒂夫每月的佣金收入是多少？[15.4]

第16章
供应链服务水平和提前期：
最大库存水平订货模型①

许多产品的销售时间跨度很长，有大量的补货机会。举一个著名的例子，想想金宝汤的旗舰产品鸡肉面条汤。它的保质期长，未来需求有保障。因此，如果某个月金宝汤的鸡肉面条汤的数量超过了它的需求，它不必处理过剩库存，金宝汤只需等待它的库存下降到一个合理的水平。如果金宝汤发现自己的库存比期望的要少，它的汤厂就会再生产另一批鸡肉面条汤。因为过时不是一个主要问题，而且金宝汤并不局限于单一的生产运行，报童模型（见第 14 章和第 15 章）不是适合这种情况的库存管理工具。适合这项工作的工具是最大库存水平订货模型（order-up-to model）。

尽管多次补货是可行的，但最大库存水平订货仍然面临着与供需匹配相关的"太多太少"挑战。因为汤的生产需要时间（完成生产有一个提前期），所以金宝汤不能等到库存降至零再开始生产。（你绝对不会等油箱空了，才去加油！）因此，我们在有足够库存的情况下开始生产，以缓冲不确定的需求。由于缓冲库存不是免费的，最大库存水平订货模型的目标是在运行过于精细（导致不愿意见到的缺货，即服务差）和运行过于臃肿（导致库存持有成本）之间取得平衡。

本章将最大库存水平订货模型应用于一种技术更先进的产品的库存管理：由美敦力公司（Medtronic Inc.）制造的起搏器，而不是汤。我们首先介绍美敦力起搏

---

① 为了保密，本章中的数据已作修改。

器的供应链，然后详细介绍最大库存水平订货模型。接下来，我们考虑如何使用该模型来达到目标服务水平，讨论什么样的服务目标是合适的，并探讨控制订购频率的技术。我们以一般性管理见解来结束。

16.1 美敦力公司的供应链

美敦力是一家医疗技术的设计者和制造商。该公司以其心律产品系列而闻名，特别是起搏器产品。它的产品系列也延伸到许多其他领域：用于心血管疾病治疗和外科手术、糖尿病治疗、神经系统疾病治疗、脊柱外科手术和眼、鼻、喉疾病治疗的产品。

美敦力供应链中的库存分为三个层次：生产设施、配送中心（DCs）和现场管理。生产设施位于世界各地，公司没有太多的成品库存。在美国有一个单一的配送中心，位于明尼苏达州芒兹维尤（Mounds View），负责配送心律产品。该配送中心向大约 500 名销售代表发货，每个销售代表都有自己确定的区域。美敦力配送中心负责向销售代表提供非常高的库存可用性，该可用性是用库存概率来衡量的。

大部分成品库存都由销售代表持有。事实上，现场库存分为两类：寄售库存和后备厢库存。寄售库存是美敦力在客户所在地拥有的库存，通常放在医院壁橱里。后备厢库存实际上是销售代表车辆后备厢中的库存。销售代表可以很容易地获得这两种类型的现场库存，因此基本上可以将它们视为一体的合并库存。

现在让我们关注一个特定的配送中心、一个特定的销售代表和一个特定的产品。这个配送中心位于明尼苏达州芒兹维尤。销售代表是苏珊·玛格诺特，她的业务范围包括威斯康星州麦迪逊的主要医疗机构。该产品是 InSync ICD 7272 型起搏器。

起搏器通过手术植入患者体内。即使外科医生可以预见到某患者需要起搏器，但外科医生可能直到实际手术时才知道适合患者的产品型号。出于这个原因，也出于与每位医生保持良好关系的需要，苏珊要参加每一台手术，并总是携带各种可能需要的产品型号。植入手术后，苏珊可以通过向美敦力客户服务中心（Medtronic's Customer Service）下订单来补充她的库存，然后客户服务中心将订单发送给芒兹维尤配送中心。如果她要的型号在配送中心有库存，那么配送中心就通过一个通宵承运人发货给她。苏珊从订货到收货之间的时间通常是一天，很少会超过两天。

芒兹维尤配送中心要求每周从生产设施补货。对于 InSync 起搏器，目前每个订单需要 3 周的提前期才能收到订货。

对于 InSync 起搏器，图 16-1 提供了芒兹维尤配送中心的月度发货和月末库存的一年数据。图 16-2 提供了同一年苏珊的区域内 InSync 起搏器每月植入量（需求）和库存的数据。从图中可以看出，在配送中心，特别是在苏珊的区域，需求数量有相当大的变化。有趣的是，夏季苏珊的区域的需求似乎有所增加，但通过配送中心的总出货量没有出现同样的情况。因此，我们有理由得出结论，在苏珊的需求数据中观察到的"模式"是不真实的。

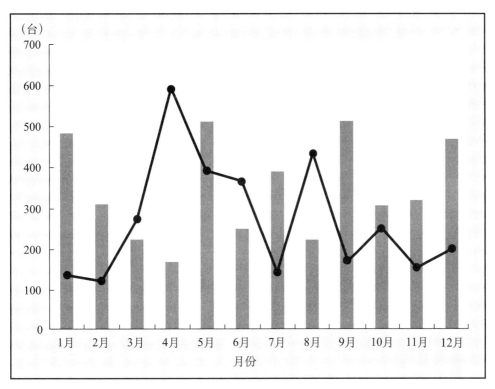

图 16 - 1 在芒兹维尤配送中心，Insync 起搏器的月度发货（柱状）和月末库存（折线）

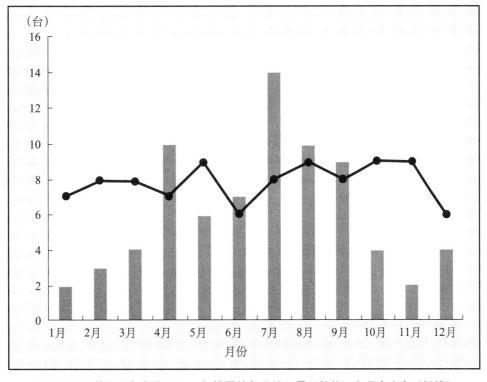

图 16 - 2 苏珊所负责的 InSync 起搏器的每月植入量（柱状）和月末库存（折线）

作为销售代表，苏珊的主要职责是确保美敦力的产品是其管辖范围内医生的首选产品。公司鼓励积极销售，她每年收入的相当大一部分来自奖金，以达到积极销售数量要求。

如果把库存投资的决定留给苏珊，她宁可增加库存。她想要持有大量库存的原因有很多：

• 由于销售激励制度，苏珊从不希望因为缺少库存而错过一次销售机会。患者和外科医生不能等待延期交货，如果苏珊没有合适的产品，那么销量几乎肯定会输给竞争对手。

• 美敦力的产品通常都非常小，可以在一个相对小的空间（例如，一辆汽车的后备厢）中储存相当多的库存。

• 美敦力的产品保质期相对较长，因此损坏不是主要问题。（然而，如果销售人员未能坚持"先进先出"的制度，使产品在库存中停留时间太长，那么损坏可能是一个问题。考虑到如果实行先进先出，损坏不是一个重大问题，我们将不再进一步讨论这个问题。）

• 虽然苏珊知道她可以相对快速地从配送中心补货（假设配送中心有可用的库存），但她并不总是有时间在起搏器植入后立即下订单。因此，一个库存缓冲区允许她有一定的灵活性来安排补货请求。

• 尽管生产设施应该确保配送中心从不缺货，但有时某个产品可能会在数周（如果不是数月）内没有货。例如，生产产量（production yield）可能没有最初计划的那么高，或者关键组件的供应商可能受到能力约束。不管是什么原因，拥有一些额外的库存单位可以帮助苏珊应对这些短缺。

为了确保每个销售代表拥有合理数量的库存，每个销售代表都被给予每个产品的标准库存水平（par level）。标准库存水平是指销售代表在任何给定时间可以拥有的在途库存和在库库存的最大数量。因此，一旦销售代表的库存等于他的标准库存水平，他就不能订购额外的数量，直到一个起搏器被植入。标准库存水平是根据以前的销量和每季度的平均需求设定的。如果销售代表认为有必要提高标准库存水平，他可以要求调整。美敦力由于毛利率高，不希望让销售代表全权管理库存，但也不想过于精细。

美敦力面临的一个问题是，其供应链是否支持积极的增长目标。本章首先考虑现场库存的管理。到目前为止，销售代表负责管理他们自己的库存（在设定的标准库存水平范围内），但是也许应该考虑一个基于计算机的系统来选择库存水平和自动补充库存。这个系统将把苏珊·玛格诺特和其他代表从管理库存的任务中解放出来，使他们能够集中精力销售产品。虽然这对苏珊很有吸引力，但减少产品可得性是不容协商的。在探索了现场库存的管理之后，我们将注意力转向配送中心库存管理。至关重要的是，配送中心必须向现场代表提供良好的可得性，而不必持有过多的库存。

16.2　最大库存水平模型的设计与执行

最大库存水平订货模型设计用于管理有机会在很长一段时间内进行多次补充的产品的库存。本节描述模型的假设以及在实践中如何实现它。接下来的部分将考虑对许多绩效度量指标的评估，如何使用历史数据选择一个分布来表示需求，以及如何校准模型以实现几个可能的目标之一。

这是一种销售了很长一段时间的单一产品，定期会有订单补充库存。两个订购机会之间的时间称为一个周期（period），所有的周期都具有相同的持续时间。对于 InSync 起搏器来说，1 天似乎是一个自然的周期长度（例如在苏珊的区域），而对于芒兹维尤配送中心来说，1 周是一个自然的周期长度。在其他情况下，适当的周期长度可以是 1 小时、1 个月或任何其他间隔。关于适当的周期长度的其他讨论见 16.8 节。为了保持一致性，我们还假设订单是在同一周期内的同一时间点提交的，比如在周期开始。

随机需求发生在每个周期。与报童模型一样，最大库存水平订货模型中最关键的输入是需求分布的参数，这是 16.4 节的重点。值得一提的是，该模型假设每个周期的需求分布是相同的，这并不意味着每个周期的实际需求都是相同的，它只是说，每个周期的需求都是单一分布的结果。该模型可以扩展以适应更复杂的需求结构，但是正如我们将看到的，简单结构就足以满足我们的需要。

收到补货是每个周期内的第三件事。我们假设补货只在某一周期的开始，即在该周期出现任何需求之前收到订货。因此，如果货物在某一周期到达，它就可以满足该周期的需求。

补货订单在一个固定的时间后收到，这个时间称为提前期（lead time），用变量 l 表示。提前期是以周期为单位度量的，如果一天是一个周期，那么接收订单的提前期应该以天为单位。因此，周期长度的选择不仅应该方便匹配订货频次和收货频次，而且应该方便补货提前期可以用一个整数（0，1，2，…）时间段来度量。

在一个周期内可以订购的数量没有限制，无论订货批量是多少，订单总是在提前期内收到。因此，在这个模型中，供应不受能力约束，但是订单的交付确实需要一些时间。

期末剩余库存结转到下一期；没有过时、偷窃或损坏的库存。

总的来说，在每个周期开始时，可以提交补货订单，也可收到补货，然后出现随机需求。任何订货数量都没有限制，但是订单只有在 l 个周期之后才会收到。例如，如果周期长度是 1 天，并且 $l=1$，那么周一早晨的订单将在周二早晨收到。每个周期具有相同的持续时间并且发生相同的事件序列（订货、收货，需求）。图 16-3 显示了 3 个周期中的事件序列，其中接收订单的提前期是 1 个周期，即 $l=1$。

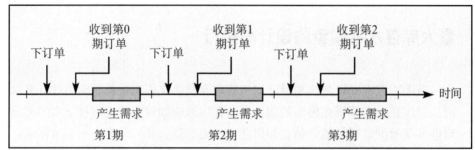

图 16 - 3　在最大库存水平订货模型中，以 1 个周期的提前期
即 $l=1$ 来接收订单的事件序列样本

现在让我们定义几个用于描述库存系统的术语，然后描述如何使用最大库存水平来选择订货批量。

在途库存（on-order inventory）是比较直观的定义，在途库存是之前订购但还没有收到的数量。在途库存不应该是负数，但可以是零。

在库库存（on-hand inventory）也很简单，它是现有在库的库存单位数，可以立即用来满足需求。

延期交货（back-order）是指延期交货的数量，即已发生但尚未满足的总需求量。为了使最大库存水平订货模型的数学运算更精确，有必要假设所有的需求最终都被满足，也就是说，如果出现需求，且当前库存中没有可用的产品，那么该需求将被延期交货，并在库存可用时立即被满足。换句话说，最大库存水平订货模型假设没有销售损失。在某些情况下，这不是一个问题：在供应链中两个公司之间的库存管理中，完全的延期交货是常见的。然而，就像 InSync 在该领域的起搏器一样，当终端消费者（而不是公司）产生需求时，延期交货的假设可能就不成立了（至少在某种程度上）。然而，如果选择最大库存水平订货模型使延期交货情况很少，那么最大库存水平订货模型是一个合理的近似。因此，我们在 InSync 起搏器中使用它来管理配送中心库存和苏珊的现场库存。

下一个指标是将在库库存与延期交货结合起来：

库存水平＝在库库存－延期交货

与在库库存和延期交货永远不会是负的不同，库存水平可以是负的。如果我们延期交货了，它就是负的。例如，如果库存水平为 3，则有 3 个单位的需求等待补给客户。

以下度量综合了上述所有指标：

库存数量＝在途库存＋在库库存－延期交货＝在途库存＋库存水平

最大库存水平（order-up-to level）是我们愿意保持的最大库存数量。让我们用变量 S 来表示最大库存水平。例如，如果 $S=2$，那么我们最多可以拥有两个单位的库存，不能超过此库存数量。我们的最大库存水平基本上相当于美敦力目前使用的标准库存水平。它也被称为基本库存水平（base stock level）（最大库存水平有时称为基础库存模型（base stock model））。

我们的最大库存水平策略的执行是相对简单的：如果我们在任一期的开始观察

到库存数量低于最大库存水平 S，我们就订购足够的库存，将库存数量提升到 S，也就是在每个周期，我们订购 S 与库存数量之间的差值：

每个周期的订货批量＝S－库存数量

因为库存数量包含了我们的在途库存，所以在提交订单后，库存数量立即提高到 S。

举例说明一个订购决策，假设我们在一个周期的开始观察到库存水平是－4（4个单位延期交货），在途库存是 1，选择的最大库存水平是 $S=3$。在这种情况下，我们需要订购 6 个单位：库存数量是 $1-4=-3$，订货批量应该是 S 减去库存数量，即 $3-(-3)=6$。

如果我们发现在一个周期的库存数量大于 S，那么我们不应该订购任何东西。最终，我们的库存数量将降至 S 以下。之后，我们将开始订购，并且只要我们不改变 S，库存数量将永远不会再大于 S（因为我们只是为了将库存数量提高到 S，而不是更多）。

注意，只有需求出现时，我们的库存数量才会降至 S 以下。假设 $S=3$，我们观察到，库存数量在期初为 1。如果遵循上一期的最大库存水平订货策略，那么在上一期的订货之后，我们必须有 3 个库存数量。我们观察这一周期的库存数量的唯一可能是上一期有 2 个单位的需求。因此，我们将在这段时间内订购 2 个单位（使库存数量回到 $S=3$）。因此，在最大库存订货水平模型中，每一周期的订货批量完全等于上一期的需求。

由于这一观察结果，最大库存订货策略有时被称为一对一订货策略（one-for-one ordering policy）：每单元需求触发一个单元补货。

最大库存水平订货模型是生产/库存控制拉动原理的一个系统运营实例。拉动式系统的主要特点是，只有当另一单元需求产生时，才会启动对一个单元的生产补货。因此，在拉动式系统中，库存只有当需求产生时才会被系统拉动。与之相反，使用推动式系统，有了平均需求就开始生产补货。报童模型是一种推动式系统。看板系统属于拉动式系统，它是准时生产系统的关键组成部分（见第 8 章）。拉动式系统实施了防止库存过度积累的制度，但它并没有预测到未来需求的变化。因此，拉动式系统在平均需求保持稳定时最为有效，正如我们在最大库存水平订货模型中所假设的那样。

16.3　期末库存水平

库存水平（在库库存减去延期交货）是最大库存水平订货模型中的一个重要指标：如果库存水平高，那么在库库存将产生持有成本；如果库存水平低，那么我们可能无法向客户提供足够的库存可用性。因此，我们需要知道如何通过决策变量，即最大库存水平来控制库存水平。下面的结果表明，它们之间实际上有一个相对简单的关系：在一个周期结束时的库存水平等于在 $l+1$ 期内最大库存水平 S 减去 $l+$

1 期需求。

如果这个结果对你来说是直觉，或者如果你愿意相信它，那么现在你可以跳到下一部分。对于其他人，本节的其余部分将解释并得出该结果。

我们将借助一个看似不相关的例子来推导我们的结果。假设在野餐时，你有一个盛有 30 杯汤的大锅。在整个野餐过程中，你再往锅里加 20 杯汤，喝掉了 40 杯汤。野餐结束时，锅里有几杯汤？不太难：从 30 开始，加 20，再减 40，锅里就剩下 10 杯汤了。如果先减 40 再加 20，答案会变吗？答案是不会，只要人们有耐心。解释一下，如果我们从原来的 30 杯汤中减去 40 杯汤，那么我们将得到 −10 杯汤，也就是说，将会有人排队等着喝汤。一旦添加了 20 杯汤，排队的人就会得到服务，剩下 10 杯汤。加减法的顺序并不重要，因为每个人都愿意排队，也就是说，汤的销量没有损失。换句话说，加减的顺序并不重要，重要的是加的总量和减的总量。

如果 20 杯汤是一次加一杯或随机加量（例如，有时是半杯，有时是整杯，有时超过一杯），那么汤的答案会变吗？同样，答案是不会：增加或减少汤的增量并不重要，重要的只是总量的增加或减少。

请记住汤的例子，让我们切换到另一个例子。假设某企业采用最大库存水平订货模型，其最大库存水平为 $S=3$，提前期为 2 天，即 $l=2$。某一天结束时的库存水平是多少？这似乎是一个很难回答的问题，但无论如何让我们解决它。为了提供一个具体的参考，随机选择一个周期，比如第 10 期。设 IL 为第 10 期开始时的库存水平。我们使用一个变量作为库存水平，因为我们真的不知道确切的库存水平。正如我们将看到的，结果是我们不需要知道确切的库存水平。

在第 10 期提交订单后，我们将有 $3-IL$ 个单位在途库存。当执行最大库存水平订货模型时，我们必须订购以便库存水平（IL）加上在途库存（$3-IL$）等于最大库存水平（$3=IL+3-IL$）。有些在途库存可能在第 10 期订购，有些在第 9 期订购。无论在途库存是什么时候订购的，都将在第 12 期结束前收到，因为提前期是 2 个周期。例如，第 10 期订单在第 12 期收到，因此之前订购的所有库存也应该在第 12 期收到。

现在回想一下汤的例子。把 IL 想象成你开始喝的时候的汤量。在第 10~12 期，"库存罐"增加了多少？$3-IL$ 是第 10 期的在途库存，也就是说，罐子从 IL 开始，然后在第 10~12 期加入 $3-IL$。在第 10~12 期，库存要减去多少？需求是导致库存减少的原因。因此，从库存中减去的是第 10~12 期需求，也就是说，$l+1$ 期需求（第 10—12 期是 3 个周期）。那么 12 期末的库存有多少呢？答案很简单：就像汤的例子一样，它是开始时的（IL），加上增加的（$3-IL$），减去减少的（10~12 期需求）：

第 12 期末库存水平 $=IL+3-IL-10\sim12$ 期需求 $=3-10\sim12$ 期需求

换句话说，我们在一个周期末的库存水平是最大库存水平（在本例中为 3）减去 $l+1$ 期（在本例中为第 10~12 期）需求。因此，我们证实了我们的结果。

就像汤的例子一样，增加或减少库存的顺序并不重要，重要的是增加的总量（$3-IL$）和减去的总量（第 10~12 期总需求）（这就是需要延期交货假设的原因）。库存增加或减少带来的增量也不重要。换句话说，我们可以恒定速率加减，也可以随机速率加减，不管怎样，只有总量才是重要的。

你可能还是有点困惑为什么相关的是 $l+1$ 期需求，而不是 l 期需求。请记住我们对这一周期末的库存水平感兴趣，但是我们在这一周期的开始做出订购决策。从订单在一个周期的开始到订单到达的周期结束，时间实际上是 $l+1$ 期的需求值。

现在你可能想知道为什么我们在期初开始分析，在这个例子中是第 10 期。为什么不从某个周期的其他时间测量库存数量？原因是，在一个周期的开始测量的库存数量总是等于最大库存水平，但我们不能确定在周期其他时间点的库存数量（因为随机需求）。因此，我们将分析锚定在我们肯定知道的东西上，即在每个周期开始执行最大库存水平订货策略时，库存数量等于 S。

综上所述，在最大库存水平订货模型中，一个周期末的库存水平等于最大库存水平 S 减去 $l+1$ 期需求。因此，我们需要知道单一周期的需求分布，也需要知道 $l+1$ 期的需求分布。

16.4　选择需求分布

每个库存管理系统都必须选择一个需求分布来表示需求。在我们的案例中，我们需要一个芒兹维尤配送中心和苏珊·玛格诺特所在区域的需求分布。此外，正如前一节所讨论的，我们需要一个周期的需求分布和 $l+1$ 期的需求分布。我们将看到，配送中心的需求服从正态分布，但苏珊的区域需求服从泊松分布。

图 16-1 表明，芒兹维尤配送中心的需求是可变的，但它似乎有一个全年稳定的均值。这是一个好现象：正如我们已经提到的，最大库存水平订货模型假设不同周期的平均需求是相同的。样本的平均需求为 349，标准差为 122.38。一年中有 7 个月的需求小于均值，所以现实需求似乎与均值相对称。最后，数据中没有出现任何极端的异常值：最大值离均值有 1.35 个标准差，最小值离均值有 1.46 个标准差。总体而言，均值为 349 和标准差为 122.38 的正态分布是表示配送中心每月需求的合理选择。

但是，由于配送中心是以周为单位下订单并且提前期也是以周为单位的，因此适用于配送中心的最大库存水平订货的周期长度应该是 1 周。我们需要选择一个分布来表示每周的需求，也就是说，我们必须将月度需求分布变成周需求分布。如果我们愿意假设 1 周的需求独立于另 1 周的需求，而且假设每月有 4.33 周（每年 52 周÷12 个月），那么我们可以将月需求分布的均值和标准差转换为周需求的均值和标准差：

$$期望周需求 = \frac{期望月需求}{4.33}$$

$$周需求标准差 = \frac{月需求标准差}{\sqrt{4.33}}$$

计算步骤 16.1 总结了将需求分布从一个周期长度转换为另一个周期长度的过程。

计算步骤 16.1

如何将需求分布从一个周期长度转换为另一个周期长度。

如果你希望将需求分布从一个长周期（如一个月）转换为 n 个短周期（如 1 周），那么：

$$期望短周期需求 = \frac{期望长周期需求}{n}$$

$$短周期需求标准差 = \frac{长周期需求标准差}{\sqrt{n}}$$

如果你希望将需求分布从 n 个短周期（如 1 周）组合成一个长周期（如 3 周），那么：

$$期望长周期需求 = n \times 期望短周期需求$$

$$长周期需求标准差 = \sqrt{n} \times 短周期需求标准差$$

以上公式假设相同的需求分布代表每一周期的需求，不同周期的需求之间相互独立。

对于芒兹维尤配送中心，期望周需求为 $349 \div 4.33 = 80.6$ 台，周需求标准差为 $\frac{122.38}{\sqrt{4.33}} = 58.81$。因此，我们将使用均值为 80.6 和标准差为 58.81 的正态分布来表示芒兹维尤配送中心的周需求。

我们还需要 $l+1$ 期的 InSync 起搏器需求，也就是 $3+1=4$ 周的需求。再次使用计算步骤 16.1，4 周的需求均值为 $4 \times 80.6 = 322.4$，标准差为 $\sqrt{4} \times 58.81 = 117.6$。

现在考虑一下苏珊的区域对 InSync 起搏器的需求。从图 16-2 的数据来看，全年的总需求是 75 台，即平均需求为每月 6.25（$=75 \div 12$）台，每周 1.44（$=75 \div 52$）台，每天 0.29（$=1.44 \div 5$）台，假设 1 周工作 5 天。

我们对每天 0.29 台的平均需求的估计隐含地假设了一年中任何一天的平均需求都是相同的。换句话说，全年、1 个月或 1 周内的需求没有季节性。与促销（买一台起搏器，送一台）相关的需求波动可能不会太大，也不会因为送礼而产生太大的波动（相比于圣诞树下的一台新起搏器，爸爸更想要什么呢？）。1 周内或 1 个月内可能不会有太大的变化（周五和周一的平均值相同）。这些猜想可以用更精确的数据来验证。此外，从图 16-1 的数据来看，需求在全年中是稳定的，数据没有上升或下降的趋势。因此，我们假设每日平均需求恒定是合理的。

使用计算步骤 16.1，如果一天的平均需求是 0.29 台，那么 $l+1$ 天的平均需求是 $2 \times 0.29 = 0.58$ 台。

与由两个参数（均值和标准差）定义的正态分布不同，泊松分布仅由一个参数定义，即均值。对于 InSync 起搏器，选择与观察到的平均需求相等的均值是很自然的：一个周期的需求为 0.29 台，两个周期的需求为 0.58 台。泊松分布尽管不允许在保持均值不变的情况下选择任何标准差，但确实有一个标准差：

$$泊松分布标准差 = \sqrt{分布均值}$$

例如，如果均值为 0.29，则标准差为 $\sqrt{0.29} = 0.539$。表 16-1 给出了所选泊松分布的分布函数和密度函数。

表 16-1　两个泊松分布的分布函数和密度函数

平均需求=0.29			平均需求=0.58		
S	$F(S)$	$f(S)$	S	$F(S)$	$f(S)$
0	0.748 26	0.748 26	0	0.559 90	0.559 90
1	0.965 26	0.217 00	1	0.884 64	0.324 74
2	0.996 72	0.031 46	2	0.978 81	0.094 17
3	0.999 77	0.003 04	3	0.997 02	0.018 21
4	0.999 99	0.000 22	4	0.999 66	0.002 64
5	1.000 00	0.000 01	5	0.999 97	0.000 31

注：$F(S)$＝概率〔需求小于或等于 S〕。$f(S)$＝概率〔需求完全等于 S〕。
在 Excel 中，$F(S)$ 用函数 POISSON（S，平均需求，1）来计算，$f(S)$ 用函数 POISSON（S，平均需求，0）来计算。

由于很难从表格中可视化分布，图 16-4 显示了均值为 0.29 的泊松分布的分布函数和密度函数的图形。为便于比较，图中还包括了正态分布的可比函数（虚线的泊松分布只是为了视觉效果，也就是说，这些函数只存在于整数值中）。

图 16-4 中的图形强调了泊松分布和正态分布在两个关键方面的不同：（1）泊松分布是离散的（它有整数结果），而正态分布是连续的；（2）这两种分布的分布函数和密度函数有不同的形状。如果需求是 500 台（也可能是 80 台），那么小数问题就不是一个主要问题，但当平均需求只有 0.29 台时，就会引起关注。理想情况下，我们想要一个离散的需求分布，如泊松分布。

还有另一个论据可以支持泊松分布作为在苏珊区域的需求模型。回想一下排队模型（见第 9 章和第 10 章），我们使用指数分布来描述客户到达之间的时间，如果客户彼此独立到达，那么这是合适的，也就是说，一个客户的到达时间不提供关于另一个客户到达时间的信息。如果客户到达速度非常慢，就像 InSync 起搏器一样，这种情况尤其可能发生。因此，InSync 起搏器需求的到达间隔时间可能呈指数分布。这是与泊松分布的联系：如果到达间隔时间呈指数分布，那么在任何固定的时间间隔内到达的次数都具有泊松分布。例如，如果在苏珊的区域内，InSync 起搏器需求之间的到达间隔时间呈指数分布，平均为 3.45 天，那么每天的平均到达次数（需求）呈泊松分布，平均为 1/3.45＝0.29 台。

如果有每日需求数据，我们就能确定选择的泊松分布是否与数据很好地吻合。然而，在没有这些数据的情况下，我们只能做出最有根据的猜测。

综上所述，我们应当用一个均值为 80.6、标准差为 58.81 的正态需求分布来表

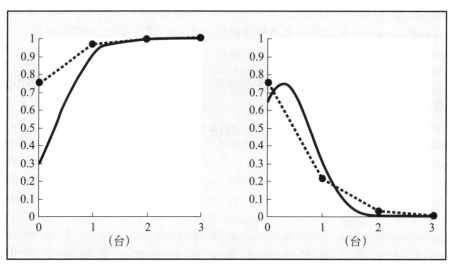

图 16 - 4　均值为 **0.29** 的泊松分布（圆点和虚线）和均值为 **0.29**、标准差为 **0.539** 的
正态分布（实线）的分布函数（左图）和密度函数（右图）

示在芒兹维尤配送中心每周的 InSync 起搏器需求，用均值为 322.4、标准差为 117.6
的正态分布表示 $l+1=4$ 周的需求。我们将用均值为 0.29 的泊松分布来表示苏珊·
玛格诺特区域内的每日需求，用均值为 0.58 的泊松分布来表示 $l+1=2$ 天的需求。

16.5　绩效度量指标

本节考虑使用最大库存水平订货模型对几个绩效度量指标进行评估。我们在供
应链的两个地点考虑这些措施：苏珊·玛格诺特的区域和芒兹维尤配送中心。

回忆一下，我们用均值为 0.29 的泊松分布来表示苏珊区域内的每日需求，用
均值为 0.58 的泊松分布来表示 $l+1=2$ 天的需求。假设苏珊使用 $S=3$ 作为她的最
大库存水平，我们将评估绩效度量指标。芒兹维尤的周需求服从均值为 80.6、标
准差为 58.81 的正态分布，在 $l+1=4$ 周内，呈均值 $\mu=322.4$、标准差 $\sigma=117.6$
的正态分布。假设在芒兹维尤配送中心的最大库存水平 $S=625$，我们将评估绩效
度量指标。

库存概率和缺货概率

当需求产生，并且没有库存可以立即满足需求时，就会出现缺货（stockout）。
缺货与脱销（out of stock）是不同的，脱销是指手头没有库存的情况。根据我们
对缺货的定义，缺货时必然脱销，且需求必须产生。因此，如果脱销时没有需求产
生，那么缺货从未发生。如果某个周期所有的需求都得到满足，我们就有现货（in
stock）。根据这个定义，如果一个周期开始时我们有 5 个单位，需求是 5 个单位，
那么在这个周期我们是有现货的，即使这个周期结束时没有库存。

库存概率（in-stock probability）是我们在某段时间内有现货的概率，缺货概率（stockout probability）是缺货发生的概率。我们在第 14 章的报童模型中使用了相同的定义。与报童模型一样，另一种度量方法是供应比率，即客户能够购买某项商品的概率。请参见附录 D，了解评估最大库存水平订货模型中的供应比率的过程。

缺货导致延期交货。因此，如果一个或多个单位在一个周期结束时被延期交货，就出现了缺货。如果在此周期结束时有延期交货，那么该周期结束时的库存水平是负值。库存水平与最大库存水平和 $l+1$ 期的需求之间的关系如下：

期末库存水平＝S－（$l+1$ 期需求）

因此，如果 $l+1$ 期后的需求超过了最大库存水平，那么该周期末的库存水平为负值。所以，

缺货概率＝Prob｛$l+1$ 期需求＞S｝＝1－Prob｛$l+1$ 期需求≤S｝　　（16.1）

式（16.1）实际上是缺货概率的近似值，如果所选的服务水平较高（缺货很少发生），它恰好是一个极好的近似值。请参见附录 D，以了解为什么式（16.1）是一个准确的但更复杂的缺货概率近似值。

要么所有的需求立即从库存中得到满足，要么没有，我们知道：

库存概率＝1－缺货概率

将上述公式与式（16.1）结合得到：

库存概率＝1－缺货概率＝Prob｛$l+1$ 期需求≤S｝

上述概率公式并不依赖于选择哪个分布来表示需求，但评估这些概率的过程确实依赖于特定的需求分布。

当需求分布以表格形式给出时，如泊松分布，我们可以直接从表格中得到库存概率。由表 16-1 可知，对于苏珊的区域，最大库存水平为 $S=3$：

库存概率＝1－缺货概率＝Prob｛$l+1$ 期需求≤3｝＝99.702％

缺货概率＝1－Prob｛$l+1$ 期需求≤3｝＝1－0.997 02＝0.298％

对于芒兹维尤配送中心，我们需要使用正态分布。回想一下，对于正态分布，你首先类似标准正态分布分析需求，再将这些结果转换为实际正态分布的答案。

请注意，在计算步骤 16.2 中总结的最大库存水平订货模型中，评估库存概率和缺货概率的过程与计算步骤 14.5 中描述的报童模型的过程相同，只是订货批量 Q 被替换为最大库存水平 S。关键是使用 $l+1$ 期的需求预测，而不是单一周期的需求预测（除非提前期恰好为 0）。

计算步骤 16.2

最大库存水平订货模型的库存概率和缺货概率评估。

如果 $l+1$ 期需求是一个均值为 μ 和标准差为 σ 的正态分布，那么遵循步骤 A 到步骤 D（如果你有单一周期需求问题，见计算步骤 16.1 的评估 μ 和 σ 的过程）：

步骤 A：评估最大库存水平的 z 统计量：$z=\dfrac{S-\mu}{\sigma}$。

步骤 B：使用 z 统计量在标准正态分布函数表中查找标准正态需求小于或等于 z 的概率，即 $\Phi(z)$。

步骤 C：库存概率＝$\Phi(z)$，缺货概率＝$1-\Phi(z)$。

步骤 D：在 Excel 中，库存概率＝Normsdist (z)，缺货概率＝$1-$Normsdist (z)。

如果 $l+1$ 期的需求是离散分布函数，则库存概率为 $F(S)$，缺货概率为 $1-F(S)$，其中 $F(S)$ 是 $l+1$ 期的需求概率为 S 或更低。

首先，我们用 $l+1$ 期的需求参数，正态化最大库存水平，即 $S=625$：

$$z=\frac{S-\mu}{\sigma}=\frac{625-322.4}{117.6}=2.57$$

接下来，我们在附录 B 的标准正态分布函数表中查找 $\Phi(z)$（标准正态分布的结果小于或等于 z 的概率）：$\Phi(2.57)=0.994\ 9$。因此，当 $S=625$ 时，配送中心的库存概率为 99.49%。缺货概率是 $1-\Phi(z)=0.005\ 1$，或 0.51%。

期望在库库存

期望在库库存，或简称平均库存（expected inventory），是一个周期末的平均库存数。我们选择在期末衡量库存，因为那时在该期的库存最低点。

回想一下，一个周期末的库存水平等于最大库存水平 S 减去 $l+1$ 期需求。因此，一个周期末的库存是 S 和 $l+1$ 期的需求之差：如果 $S=5$，$l+1$ 期需求是 3，那么还有 2 个单位的库存。换句话说，平均库存是 S 在 $l+1$ 期超过需求的期望数量。根据报童模型，如果我们以订货批量和 $l+1$ 期的"销量"需求来考虑 S，库存就类似于"剩余库存"。因此，在最大库存水平订货模型中评估期望在库库存类似于在报童模型中评估期望剩余库存。

让我们从苏珊区域内的期望在库库存开始。请记住，对于离散分布函数表，我们需要有一个列，其中包含库存函数 $I(S)$。表 16-2 显示了我们需要的库存函数（附录 C 描述了如何使用表 16-1 中的数据来评估 $I(S)$）。附录 B 有其他泊松分布的库存函数表。$S=3$，$l+1$ 期的平均需求等于 0.58 台，我们看到 $I(3)=2.423\ 35$。因此，如果苏珊以 $S=3$ 运营，她的区域内的期望在库库存为 2.423 35 台。

表 16-2 两个泊松分布的分布函数和库存函数

	平均需求＝0.29			平均需求＝0.58	
S	$F(S)$	$I(S)$	S	$F(S)$	$I(S)$
0	0.748 26	0	0	0.559 90	0
1	0.965 26	0.748 26	1	0.884 64	0.559 90
2	0.996 72	1.713 52	2	0.978 81	1.444 54
3	0.999 77	2.710 24	3	0.997 02	2.423 35
4	0.999 99	3.710 01	4	0.999 66	3.420 37
5	1.000 00	4.710 00	5	0.999 97	4.420 03

注：$F(S)=\mathrm{Prob}$｛需求小于或等于 S｝。$I(S)$ 为库存函数。

对于芒兹维尤配送中心，我们遵循用正态分布评估期望剩余库存的过程（见计算步骤 14.3）。首先，找到对应于最大库存水平的 z 统计量：

$$z=\frac{S-\mu}{\sigma}=\frac{625-322.4}{117.6}=2.57$$

请再次注意，我们使用的是表示 $l+1$ 期需求的正态分布的均值和标准差。现在查看标准正态分布库存函数表，库存函数具有标准正态分布和 z 统计量为 2.57：$I\,(2.57)=2.571\,6$。然后，将标准正态分布的期望剩余库存转换为期望在库库存：

期望在库库存 $=\sigma\times I(z)=117.6\times 2.571\,6=302.4$

计算步骤 16.3 总结了这个过程。

计算步骤 16.3

最大库存水平订货模型的期望在库库存评估。

如果 $l+1$ 期需求是一个均值为 μ 和标准差为 σ 的正态分布，那么遵循步骤 A 到步骤 D（如果你有单一周期需求问题，见计算步骤 16.1 的评估 μ 和 σ 的过程）：

步骤 A：评估最大库存水平 S 的 z 统计量：$z=\frac{S-\mu}{\sigma}$。

步骤 B：使用 z 统计量在标准正态库存函数表中查找符合标准正态分布的平均库存 $I(z)$。

步骤 C：期望在库库存 $=\sigma\times I(z)$。

步骤 D：使用 Excel，可以用以下公式评估期望在库库存：

期望在库库存 $=\sigma\times$（Normdist（z，0，1，0）$+z\times$ Normsdist（z））

如果 $l+1$ 期的需求预测是离散分布函数表，则期望在库库存为 $I(S)$，其中 $I(S)$ 为库存函数。库存函数表可以用附录 C 中描述的过程来构建。

渠道库存/期望在途库存

渠道库存，也称期望在途库存（expected on-order inventory），是任何给定时间的平均在途库存数量。要评估渠道库存，我们可以参考第 2 章的利特尔法则。

库存 $=$ 单位时间产出 $\times$ 流程时间

现在让我们将利特尔法则公式中的术语转化为这个场景中的可比术语：库存是在途库存数量；单位时间产出是一段时期的平均需求（一段时期的期望订货等于一段时期的平均需求，因此以一段时期的平均需求的速度创建在途库存）；流程时间是提前期，因为每个单位花费 l 期成为在途库存。因此，有

期望在途库存 $=$ 一个周期的平均需求 $\times$ 提前期

在 InSync 起搏器的例子中，苏珊的区域平均有 $0.29\times 1=0.29$ 台在途库存，芒兹维尤配送中心有 $80.6\times 3=241.8$ 台在途库存。计算步骤 16.4 总结了这个过程。

计算步骤 16.4

最大库存水平订货模型的期望渠道库存/期望在途库存评估。

对于渠道库存（也称期望在途库存）：

期望在途库存＝一个周期的平均需求×提前期

期望在途库存是基于 l 期需求，而不是 $l+1$ 期需求。此外，由于利特尔法则只依赖于平均速率，而不依赖于这些速率的变化性，所以上述关于期望在途库存的公式适用于任何需求分布。

期望延期交货

期望延期交货（expected back order）是任何周期结束时延期交货的期望值。我们需要期望延期交货来评估期望在库库存，这对于管理者来说都是与直接利益相关的。

回顾 16.3 节，期末库存水平是 S 减去 $l+1$ 期需求。因此，如果 $l+1$ 期需求大于 S，则会出现延期交货。延期交货等于 $l+1$ 期需求和 S 之间的差值。因此，在最大库存水平订货模型中，期望延期交货等于在阈值 S 处评估的 $l+1$ 期内需求的损失函数。注意：这类似于报童模型中的期望销售损失。在最大库存水平订货模型中，延期交货的产品数量等于 $l+1$ 期随机需求与 S 的差值；在报童模型中，期望销售损失是随机需求和 Q 之差。因此，我们需要评估期望延期交货是 $l+1$ 期需求的损失函数。

让我们从苏珊区域的期望延期交货开始。回想一下，对于离散分布函数表，我们需要有一列损失函数 $L(S)$。表 16-3 显示了我们需要的损失函数（附录 C 描述了如何使用表 16-1 中的数据来评估 $L(S)$）。附录 B 有其他泊松分布的损失函数表。假设 $S=3$，$l+1$ 期的平均需求为 0.58，那么 $L(3)=0.003\,35$。因此，如果苏珊以 $S=3$ 运营，其区域内的期望延期交货为 0.003 35 台。

表 16-3　两种泊松分布的分布函数和损失函数

平均需求＝0.29			平均需求＝0.58		
S	$F(S)$	$L(S)$	S	$F(S)$	$L(S)$
0	0.748 26	0.290 00	0	0.559 90	0.580 00
1	0.965 26	0.038 26	1	0.884 64	0.139 90
2	0.996 72	0.003 52	2	0.978 81	0.024 54
3	0.999 77	0.000 25	3	0.997 02	0.003 35
4	0.999 99	0.000 01	4	0.999 66	0.000 37
5	1.000 00	0.000 00	5	0.999 97	0.000 04

注：$F(S)=\text{Prob}$﹛需求小于或等于 S﹜。$L(S)=$损失函数＝期望延期交货＝平均需求超过 S。

对于芒兹维尤配送中心，我们遵循用正态分布评估期望销售损失的过程（见计算步骤 14.3）。首先，找到对应于最大库存水平的 z 统计量：

$$z = \frac{S-\mu}{\sigma} = \frac{625-322.4}{117.6} = 2.57$$

请再次注意，我们使用的是表示 $l+1$ 期需求的正态分布的均值和标准差。现在查看标准正态分布损失函数表，损失函数具有标准正态分布和 z 统计量为 2.57：$L(2.57)=0.001\,6$。然后，将标准正态分布的期望损失转换为期望延期交货：

$$期望延期交货 = \sigma \times L(z) = 117.6 \times 0.001\,6 = 0.19$$

计算步骤 16.5 总结了这个过程。

计算步骤 16.5

最大库存水平订货模型的期望延期交货评估。

如果 $l+1$ 期需求是一个均值为 μ 和标准差为 σ 的正态分布，那么遵循步骤 A 到步骤 D（如果你有单一周期需求问题，见计算步骤 16.1 的评估 μ 和 σ 的过程）：

步骤 A：评估最大库存水平 S 的 z 统计量：$z = \frac{S-\mu}{\sigma}$。

步骤 B：使用 z 统计量在标准正态损失函数表中查找符合标准正态分布的期望损失 $L(z)$。

步骤 C：期望延期交货 $= \sigma \times L(z)$。

步骤 D：使用 Excel，可以用以下公式计算期望延期交货：

$$期望延期交货 = \sigma \times (\text{Normdist}\,(z,\,0,\,1,\,0) - z \times (1 - \text{Normsdist}\,(z)))$$

如果 $l+1$ 期的需求预测是离散分布函数表，则期望延期交货为 $L(S)$，其中 $L(S)$ 为损失函数。如果表中没有包含损失函数，那么请参见附录 C，以了解评估它的过程。

16.6 选择最大库存水平以满足服务目标

本节讨论在苏珊的区域和芒兹维尤配送中心中 InSync 最大库存水平的实际选择。引用前面提到的一个类比，最大库存水平订货模型有点像你决定去加油站加油时看汽车燃油表上的点，刻度降到 "E" 以下，有可能耗尽燃料，提高燃油表上的触发点会让你感到更安全，同时也会增加你开车时的平均燃油量。考虑到这种权衡，本节考虑选择最大库存水平来最小化库存，同时实现不低于库存目标水平的库存概率。这个目标等价于最小化库存，同时产生不大于 1 的减去库存目标水平的缺货概率。

考虑到美敦力的高毛利率，假设我们希望 InSync 起搏器在苏珊的区域和芒兹维尤配送中心的库存概率至少为 99.9%。在 99.9% 的库存概率下，平均每 1 000 天发生不多于一次的缺货。16.7 节讨论我们是否选择了一个合理的目标。

从 16.5 节我们知道库存概率是 $l+1$ 期需求小于或等于 S 的概率。因此，当用离散分布函数对需求进行建模时，我们可以通过直接查看该表来找到合适的最大库存水平。从表 16-2 可以看出，在苏珊的区域内，$S=0$ 显然没有达到库存概率约为 56% 的目标，即 $F(0)=0.559\,9$，而且 $S=3$ 不足以满足库存概率是 99.7% 的目标。然而，如果 $S=4$，我们的目标就已经实现，此时的库存概率为 99.7%。事实上，当 $S=4$ 时，已经远远超过了目标，这意味着每 $1/0.000\,34=2\,941$ 天才可能有一次缺货，或者如果我们假设每年有 260 天的话，每 11.31 年会有一次缺货。

对于芒兹维尤配送中心，我们必须使用正态分布。我们首先找到符合标准正态分布的满足库存概率要求的最大库存水平，然后将标准正态分布的最大库存水平转换为符合实际需求分布的最大库存水平。在标准正态分布函数表中，我们看到 $\Phi(3.08)=0.999\,0$，因此，如果 $l+1$ 期需求遵循标准正态分布，那么最大库存水平为 3.08 将产生我们的期望库存概率。还需要将 z 统计量转化为一个最大库存水平：$S=\mu+z\times\sigma$。记住，均值和标准差应该来自 $l+1$ 期需求的正态分布。因此，有

$$S=322.4+3.08\times117.62=685$$

请参见计算步骤 16.6，其中概述了选择最大库存水平以实现目标库存概率的过程。

计算步骤 16.6

如何选择最大库存水平 S，以实现最大库存水平订货模型的目标库存概率。

如果 $l+1$ 期的需求是一个均值 μ 和标准差为 σ 的正态分布，那么遵循步骤 A 和步骤 B（如果你有单一周期需求，见计算步骤 16.1 的评估 μ 和 σ 的过程）：

步骤 A：在标准正态分布函数表中，求出目标库存概率对应的概率。然后找到对应于该概率的 z 统计量。如果目标库存概率落在表中的两个条目之间，则选择 z 统计量较大的条目。

在 Excel 中，适当的 z 统计量可以用以下公式计算：

　　　$z=$Normsinv（目标库存概率）

步骤 B：将步骤 A 中选择的 z 统计量转换为最大库存水平 $S=\mu+z\times\sigma$。回想一下，你使用的是 $l+1$ 期需求的均值和标准差。

如果 $l+1$ 期的需求预测是离散分布函数表，则在表中查找 S，使 $F(S)$ 等于目标库存概率，其中 $F(S)$ 为 $l+1$ 期需求小于或等于 S 的概率。如果目标库存概率落在表中的两个条目之间，则选择较大的 S。

16.7　选择一个合适的服务水平

到目前为止，在讨论中，我们选择了高服务水平，因为我们怀疑高服务水平是否合适。这一节使我们的预感更加精确。为了简洁起见，我们将明确地只考虑现场

库存的管理。在本节的最后，我们简要地讨论配送中心的库存管理。

适当的服务水平可使库存持有成本和劣质服务的成本最小化。库存持有成本通常表示为持有成本率（holding cost rate），这是一个单位库存持有一年的成本，表示为库存成本的百分比。例如，如果一个公司指定其持有成本率为 20%，那么它认为持有一个库存单位一年的成本等于该物品成本的 20%。持有成本包括资本的机会成本、损坏成本、报废成本、保险成本、储存成本等，以及与持有库存相关的所有可变成本。因为美敦力是一个成长型公司，有很高的内部资本机会成本，我们假设它的现场库存持有成本率是 35%。我们将使用变量 h 来表示持有成本。关于持有成本率的其他讨论见第 2 章。

我们假设 InSync 起搏器有 75% 的毛利率，那么 InSync 起搏器的成本是（1 − 0.75）× 价格 = 0.25 × 价格，其中价格是售价①，因此，年持有成本为 0.35 × 0.25 × 价格 = 0.087 5 × 价格，假设每年有 260 天，日持有成本为 0.0875 × 价格 ÷ 260 = 0.000 337 × 价格。

对劣质服务的成本进行一些思考。我们首先需要决定如何度量劣质服务，然后确定劣质服务的成本。在最大库存水平订货模型中，劣质服务的一个自然度量是出现延期交货。因此，每一单位的延期交货产生了成本，我们将用变量 b 表示该成本。我们还将变量 b 称为延期交货惩罚成本（back-order penalty cost）。现在，我们必须为 b 确定一个适当的值。关于现场库存（服务最终客户的库存）的一个自然焦点是假定每个延期交货导致销售损失，销售损失成本等于产品的毛利。然而，如果你认为销售损失存在实质性的长期影响（如客户将把其未来的业务转移到竞争对手），那么可能销售损失的成本甚至高于毛利。另外，如果客户有点耐心，也就是说，延期交货不会自动导致销售损失，那么延期交货的成本可能低于毛利。就美敦力而言，前者的可能性更大。让我们假设每个延期交货导致销售损失，保守地说，延期交货的成本就是毛利，即 $b = 0.75 \times$ 价格。

现在让我们把美敦力的持有成本和延期交货成本降至最低。一个周期的持有成本是 h 乘以库存数量（我们在该期末库存量）。一个周期内的延期交货成本是 b 乘以延期交货的产品数量②。因此，我们面临着"太多太少"的挑战：选择太高的 S，导致库存持有成本过高；但是如果 S 太低，我们就会产生过多的延期交货成本。实际上，我们可以使用报童逻辑来达到正确的平衡。

我们的超储成本为 $C_o = h$：S 设置过高的结果是库存，每期的单位库存成本为 h。我们的欠储成本为 $C_u = b$：延期交货是 S 设置过低的结果，每次延期交货成本是 b。在报童模型中，我们选择一个订货批量 Q 以使临界比率小于或等于需求为 Q

① 美敦力的损益表显示，所有产品的毛利率约为 80%。由于存在竞争产品，我们假设 InSync 的实际毛利率略低于这个均值。

② 如果你一直仔细阅读，你可能会意识到这不是完全正确的。一个周期内的延期交货成本是该周期内延期交货的需求数量的 b 倍，也就是说，我们不再承担上一期延期交货，这一期仍然是延期交货的每单位的成本 b。然而，由于库存概率很高，很少被延期交货，即便是延期交货，延期交货时间也不会超过一个周期。由于库存概率很高，所以延期交货成本用 b 乘以需求数量是一个很好的近似值。

的概率，这与不发生缺货的概率是一样的。在最大库存水平订货模型中，一个周期内不发生缺货的概率为：

Prob $\{l+1$ 期需求$\leqslant S\}$

因此，使一个周期的成本最小的最大库存水平满足以下报童公式：

$$\text{Prob } \{l+1 \text{ 期需求}\leqslant S\} = \frac{C_u}{C_o+C_u} = \frac{b}{h+b} \tag{16.2}$$

对于美敦力来说，临界比率是：

$$\frac{b}{h+b} = \frac{(0.75\times价格)}{(0.000\ 37\times价格) + (0.75\times价格)} = 0.999\ 6$$

对于式（16.2）请注意：

• 我们不需要知道产品的实际价格，因为它在临界比率的分子和分母中被消除了。

• 重要的是，我们使用每个周期的单位持有成本来评估临界比率，因为最大库存水平决定了一个周期的平均库存。换句话说，h 应该是单个单位在单一周期的持有成本。

现在我们已经准备根据成本来证明我们的服务水平。回想一下，

库存概率＝Prob $\{l+1$ 期需求$\leqslant S\}$

如果将上述公式与式（16.2）结合，则成本最小化的库存概率为：

$$库存概率＝临界比率＝\frac{b}{h+b} \tag{16.3}$$

换句话说，适当的库存概率等于临界比率。回想一下，我们选择了 99.9％ 作为目标库存概率。即使这看起来很高，但我们上面的计算表明 99.96％ 的库存概率与成本最小化是一致的。

持有库存对美敦力来说成本并不便宜（持有成本率为 35％），但由于美敦力的毛利率很高，欠储成本（0.75×价格）仍然是超储成本（0.000 337×价格）的约 2 200 倍！在如此不平衡的成本分配下，合理的库存概率如此之高也就不足为奇了。

表 16-4 显示了不同毛利率下的最优目标库存概率。我们可以看到，需要极高的毛利率（93％）才使 99.99％ 的库存概率合理，但仅需要适度的毛利率（12％）来证明 99％ 的库存概率是合理的。

表 16-4　不同毛利率下的最优目标库存概率

毛利率（％）	最优目标库存概率（％）	毛利率（％）	最优目标库存概率（％）
1	88.24	35	99.75
2	93.81	57	99.90
3	95.83	73	99.95
4	96.87	77	99.96
6	97.93	82	99.97
12	99.02	87	99.98
21	99.50	93	99.99

注：每年的持有成本率是 35％，延期交货惩罚成本等于毛利率，每天都要检查库存率。

现在考虑配送中心的适当服务水平。尽管资本的机会成本无论是在现场还是在配送中心都保持不变，但在配送中心，所有其他的库存持有成本可能更低（例如，物理空间、盗窃、损坏、保险等）。即使拥有较低的持有成本，配送中心的适当服务水平也不太可能像在现场一样高，因为配送中心的延期交货成本应该更低。为什么？在现场延期交货可能会导致销售损失，但是在配送中心延期交货并不一定会导致销售损失。每个现场代表都有一个库存缓冲区，只要配送中心的延期交货没有持续太长时间，这个缓冲区就可以防止销售损失。这并不是说配送中心的适当库存概率很低，相反，它表明适当的库存概率可能不仅仅是 99.9%[①]。

本节的主要观点是，在最大库存水平订货模型中，最优目标库存概率可能相当高（99% 及以上），即使毛利率相对较低和年持有成本较高。然而，这个观点取决于两个关键的假设：延期交货导致销售损失，库存不会过时。后一个假设强调了最大库存水平订货模型和报童模型之间的联系和有用的对比。在报童模型中，过时是首要考虑的问题，也就是说，需求预计不会持续到未来，因此剩余库存的成本很昂贵。报童模型中的最优服务水平很少像最大库存水平订货模型中那么高。此外，使用合适的模型取决于产品在其生命周期（life cycle）中的位置。在产品生命周期的成熟期及之前，采用最大库存水平订货模型更为合适。当一个产品的生命周期接近尾声时，就需要报童模型。有些产品的生命周期很长——比如鸡肉面条汤，所以永远不需要报童模型。有些产品生命周期非常短——例如，奥尼尔的 Hammer 3/2，因此这个公司几乎立即就转换使用报童模型。具有中间生命周期（1~2 年）的产品——例如 InSync 起搏器，可能非常难以管理。一个公司应该先从最大库存水平订货模型的角度考虑问题，然后在产品生命周期结束前不久切换到报童模型。许多公司都在这种"生命终结"过渡中搞砸了：长期保持高水平的服务，当产品过时时，它们发现自己有太多的库存。

16.8 控制订货成本

在我们对美敦力供应链的分析中，关注的焦点一直是服务水平（库存概率）和每个周期末的平均库存数量。虽然我们尚未解决订货频率（order frequency）的问题（每年往配送中心或每个销售区域发多少次货），但控制订货频率是很重要的。例如，大多数在线购书者意识到，由于在线零售商收取运费，5 个单独的订单，每个订单中有一本书，通常要比 1 个订单订购 5 本同样的书贵。换句话说，当每个订单产生的成本与订货数量无关时（固定成本），就有必要明智地了解订货频率。本节的重点是说明最大库存水平订货模型中的固定订购成本。

正如我们已经看到的，在最大库存水平订货模型中，一个周期的订货批量等于

---

① 对配送中心适当的库存概率的评估超出了本讨论的范围。模拟对于了解配送中心的真正延期交货成本来说是一个有用的工具。通过模拟，可以估计配送中心的延期交货导致现场销售损失的可能性。

上一期的需求。因此，当上一期的需求不为零时，就在这一期提交订单。因此，我们在一个周期内提交订单的概率是 1－Prob{一个周期需求＝0}，我们提交订单的频率是：

$$\frac{1-\text{Prob}\{\text{一个周期需求}=0\}}{\text{周期长度}}$$

例如，如果我们有 90％的概率在一个周期内下订单，一个周期是 2 周，那么订货频率是 0.9/2 周＝每周 0.45 个订单。如果需求频繁发生，那么无论周期长短，需求为零的概率都很小，因此我们可以通过增加周期长度来降低订货频率，也就是说，我们在周期长度为 1 周提交的订单量可能是在周期长度为 2 周提交的订单量的两倍。但是从库存持有成本的角度来看，增加库存周期长度的成本是昂贵的。我们通过一个例子来说明这一点。

假设所有的订单在提交给供应商 8 周后收到，周需求服从均值为 100，标准差为 75 的正态分布，目标库存概率为 99.25％，周需求是独立的。我们可以选择 1 周、2 周、4 周或 8 周的周期长度。如果周期是 1 周，那么提前期是 8 个周期，如果周期长度是 4 周，那么提前期是 2 个周期。使用前面几节的方法，我们可以确定每个周期的期末平均库存。这些结果汇总在表 16－5 中。从表格中可以看出，随着周期长度的延长，期末库存确实会增加。但对于我们的不同选择来说，这并不是一个公平的比较。

表 16－5 不同周期长度的期末库存分析

	周期长度（周）			
	1	2	4	8
一期平均需求	100	200	400	800
一期标准差	75.0	106.1	150.0	212.1
提前期（按周期计算）	8	4	2	1
目标库存概率	99.25％	99.25％	99.25％	99.25％
z	2.43	2.43	2.43	2.43
S	1 447	1 576	1 831	2 329
平均延期交货	0.56	0.59	0.65	0.75
平均期末库存	548	577	632	730

注：在每一种情况下，提前期是 8 周，需求是正态分布的，并且在周之间是独立的。

我们已经说过，上一期的平均订货批量等于平均需求。因此，我们 1 周的平均订货批量是 100 个单位，而 8 周的平均订货批量是 800 个单位。图 16－5 描绘了我们的四个选择在一段时间内的平均库存水平。平均而言，库存在周期开始时以平均订货批量增加，然后以每周 100 个单位的速度减少，即平均库存遵循"锯齿"模式。（由于需求的随机性，实际库存模式围绕这些模式变化，这些锯齿模式反映库存的平均表现。）随着时间的推移，平均库存是平均期末库存加上一半的平均订货批量，对于我们的四个选择，平均订货批量分别是 598、677、832 和 1 130 个单位。因此，更长的周期意味着较少的订购频率，但更多的库存。

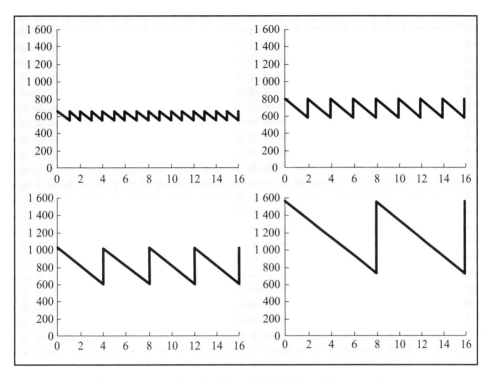

图 16-5　随时间变化的四个不同周期长度的平均库存模式

注：左上角，1 周；右上角，2 周；左下角，4 周；右下角，8 周。

　　顺便提一下，你可能还记得图 16-5 类似于第 2 章中的图 2-11。在第 2 章，我们使用周转库存这个术语指由于批量订货而持有的库存。在这种情况下，平均周转库存是平均订货批量的一半：在 4 周中，平均周转库存是 400/2=200 个单位。平均期末库存通常被称为安全库存，因为这是缓冲需求变化性所需的库存。一段时间内的平均库存是安全库存加上周转库存。

　　为平衡更多库存的成本和更少订单的好处，我们需要关于持有成本和订货成本的信息。假设这个项目的成本是 50 美元，年持有成本率是 25%，并且我们需要支付每批货物 275 美元的固定成本（例如我们可以假设卡车运输）。如果周期长度是 1 周，那么平均库存是 598 个单位，价值为 598×50=29 900 美元，我们付出 25%×29 900=7 475 美元/年持有成本。当平均需求为 100、标准差为 75 时，0 的 z 统计量为（0−100）/75=−1.33。因此，我们在任意给定的 1 周内订货的概率是 1−Φ（−1.33）=0.91①。如果每年有 52 周，我们可以期望每年订购 0.91×52=47.32 次，总订货成本为 47.32×275 美元=13 013 美元。总成本是 7 475+13 013=20 488 美元。对其余三个周期长度选择重复计算，发现它们的年成本分别为 15 398 美元、13 975 美元和 15 913 美元。图 16-6 描绘了这些成本以及四个选择的库存持有成本和订货成本。

---

　　①　实际上，我们只是计算了需求小于或等于 0 的概率，因为正态分布允许负需求。我们隐含地假设所有需求为负值的情况实际上都是零需求结果。

图 16-6 显示了最优选择是将周期长度设置为 4 周（这意味着提前期是两个周期）。较短的周期长度导致过多的订货次数，因此额外的订货成本抵消了持有成本的减少。更长周期会带来库存过多的问题。

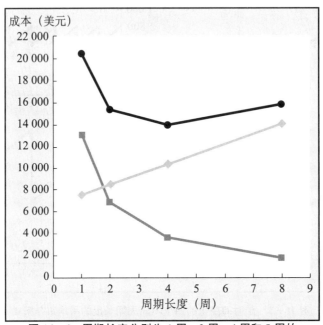

**图 16-6　周期长度分别为 1 周、2 周、4 周和 8 周的
年订货成本（方形）、库存成本（菱形）和总成本（圆形）**

虽然这个分析是在最大库存水平订货模型的背景下进行的，但是它很可能会让你想起在第 5 章中讨论的另一个模型——EOQ 模型。回想一下，在 EOQ 模型中，每个订单/批量的成本 K 是固定的，每个单位时间 h 的持有成本是固定的，需求以一个恒定的单位时间产出 R 发生，在这种情况下，$R=100$/周或 $R=5\ 200$/年。我们的模型和 EOQ 模型之间的关键区别是，在这里我们的需求随机发生，而 EOQ 模型假设需求以恒定的速率发生。然而，在这种情况下评估 EOQ 模型是很有趣的。我们已经知道固定订货成本 K 是 275 美元。每单位的年持有成本为 $25\%\times50=12.5$ 美元。所以 EOQ（见第 5 章）是：

$$Q=\sqrt{\frac{2\times K\times R}{h}}=\sqrt{\frac{2\times275\times5\ 200}{12.5}}=478$$

（注意，我们需要使用年单位时间产出，因为持有成本是每单位每年。）EOQ 模型建议每个订单应该为 478 个单位，这意味着每 478/100＝4.78 周提交一个订单（这遵循利特尔法则）。尽管最大库存水平订货模型和 EOQ 模型是不同的，但 EOQ 模型的建议是非常相似的（每 4.78 周下一个订单和每 4 周下一个订单）。虽然我们只是举了一个例子来说明这一点，但可以看出 EOQ 模型通常会给出一个很好的周期长度建议（请注意，EOQ 模型实际上建议的订货批量可以转换为一个周期长度）。

我们的最大库存水平订货模型的一个限制是提前期必须等于一个整数周期。在我们的示例中，由于提前期是 8 周，允许我们选择周期长度为 1 周、2 周、4 周或 8 周，但我们不能选择周期长度为 3 周或 5 周或 4.78 周（因为周期长度为 3 周，提前期是 2.67 个周期，也就是说，交付将在某一周期的 2/3 时间内收到，而不是在该周期开始时收到）。如果交付时间是 3 周，那么我们的周期选择将更加受限。幸运的是，可以扩展最大库存水平订货模型以处理提前期只是周期长度的一部分的情况。但这种扩展超出了本节的范围，而且，请放心，我们模型中的定性观点可以延续到更复杂的环境中。

因此，我们已经证明可以调整最大库存水平订货模型的周期长度来控制订货成本。此外，最优周期长度下的平均订货批量将近似等于 EOQ 批量。（因此，EOQ 公式为我们提供了一种简单的方法来检查我们的周期长度是否合理。）这种方法的一个优点是，我们定期提交订单。如果我们需要跨多个品类协调订单，这将是一个有用的特性。例如，由于我们对每辆卡车运输都要承担固定成本，我们通常在每辆卡车上运送许多不同的产品，因为没有一种产品的需求大到足以装满一辆卡车（想象一下把一卡车香料送到杂货店的情景）。在这种情况下，同时订购很多物品是非常有用的，这样可以快速装满卡车，我们可以保证满载运输（鉴于每次运输都有固定成本，尽可能多利用卡车容量是合理的）。我们只需要保证不同产品的订货时间一致。

与使用固定的订购间隔不同，在最大库存水平订货模型中，我们可以通过规定最小订货批量来控制订货成本。例如，我们可以等待 Q 个单位的需求出现，然后订购恰好 Q 个单位。在这种策略下，我们会平均每次订购 Q/R 个单位，但由于需求的随机性，订单之间的时间会发生变化。毫不奇怪，EOQ 为最小订货批量提供了很好的建议，但我们忽略了分析细节，因为这超出了本节的范围。从这个讨论中得到的重要见解是，通过限制在定期的订单时间表（如在最大库存水平订货模型）中，或者限制在最小订货批量上，控制订购成本是可能的。对于第一个选择，订单的时间安排几乎没有变化性，这有助于跨多个品类协调订货，但订货批量是可变的（这可能增加持有成本）。对于第二个选择，订货批量是不可变的（我们总是订购 Q），但订货的时间是可变的。

16.9　管理见解

本节讨论最大库存水平订货模型的一般管理见解。

从排队和报童模型章节中得到的一个关键经验是，需求变化性成本高昂。（回想一下，报童模型中的错配成本随着变化系数的增加而增加，变化系数是需求的标准差与平均需求的比值。）这个结果在最大库存水平订货模型中继续保持不变。图 16-7 以图形方式演示了这个结果。图中显示了在库存概率和平均库存之间的平衡曲线：随着库存概率的增加，所需的库存数量也会增加。此外，我们看到，对于任何给定的库存概率，平均库存在 $l+1$ 期的需求标准差增加：增加的变化性意味着平均需要更多的库存来实现固定的服务水平。

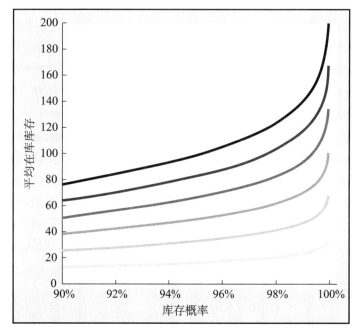

图 16-7　需求正态分布且在 $l+1$ 期均值为 100 的现货与库存之间的平衡

注：在 $l+1$ 期内需求标准差不同的曲线：从上到下为 60、50、40、30、20、10。

除了需求的变化性之外，最大库存水平订货模型中的平均库存对提前期也很敏感，如图 16-8 所示：随着提前期的缩短，任何服务目标所需的库存也会减少。

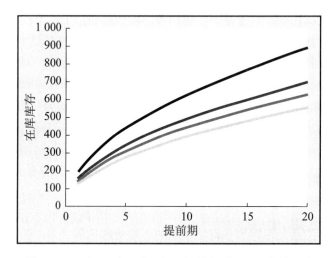

图 16-8　对于四个现货目标，提前期对平均库存的影响

注：从上到下分别是库存目标为 99.9%、99.5%、99.0% 和 98%，周期需求服从均值为 100、标准差为 60 的正态分布。

平均库存取决于需求的变化性和提前期，而期望在途库存或渠道库存只取决于提前期。因此，在减少需求的不确定性的同时可以减少平均库存，只有缩短提前期才能减少渠道库存。（实际上减少需求也会减少渠道库存，但这很少是一个有吸引力的选择，而当它是相对于需求率如库存周转次数或需求天数来衡量时，减少需求甚至不会减少渠道库存。）此外，渠道库存的数量是相当可观的，特别是对于较长的提前期，如图 16-9 所示，两条曲线之间的距离是渠道库存，随着提前期的增加，渠道库存明显增加。

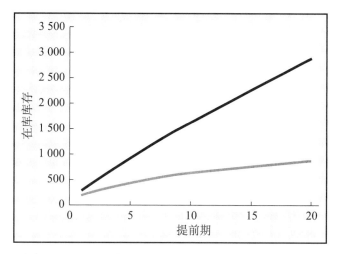

图 16-9　平均库存（下）和总库存（上），即平均库存加上渠道库存，现货要求为 99.9%
注：一个周期的需求是正态分布的，均值为 100，标准差为 60。

16.10　小　结

本章阐述了最大库存水平订货模型在美敦力供应链的两个不同层次（芒兹维尤配送中心和苏珊的威斯康星州麦迪逊地区）上对一种产品即 InSync 起搏器的应用。最大库存水平订货模型定期检查（芒兹维尤配送中心每周检查一次，苏珊每天检查一次）某个地点的库存状况，并提交一个订单，该订单在固定提前期后收到，以将库存数量提高到到最大库存水平。根据需求分布，最小化库存，同时保持服务标准（如库存概率）。

对最大库存水平订货模型的分析表明，期望服务水平的提高会增加所需的库存投资，且库存需求随目标服务水平的提高呈非线性增加。换句话说，当需要高服务水平时，相应地需要更多的库存。

还有另外两个关键因素决定了所需的库存数量：需求的变化性（由变化系数衡量）和提前期的长度。正如在报童模型中看到的那样，变化系数的增加会导致任何固定服务水平所需的库存数量的增加。

提前期的长短至关重要，有两个关键原因。首先，缩短提前期可减少任何地点所需的库存数量；其次，也许更重要的是，缩短提前期可减少在不同地点之间运输的库存数量，也就是渠道库存。事实上，缩短提前期是减少渠道库存的唯一方法：

减少需求的变化性可以减少一个地点的平均库存，但由于利特尔法则，它对渠道库存没有影响。

表 16 - 6 总结了本章的主要符号和公式。

表 16 - 6　第 16 章的主要符号和公式的总结

l＝提前期

S＝最大库存水平

　　库存水平＝在库库存－延期交货

　　库存数量＝在途库存＋库存水平

　　库存概率＝1－缺货概率＝Prob ｛l＋1 期需求≤S｝

期望在库库存：

如果 l＋1 期需求是一个均值为 μ 和标准差为 σ 的正态分布：

　　期望在库库存＝$\sigma \times I(z)$，z＝（$S-\mu$）/σ

在 Excel 中：

　　期望在库库存＝$\sigma \times$（Normdist（z, 0, 1, 0）＋$z \times$ Normsdist（z））

如果 l＋1 期的需求是离散分布函数表，那么：

　　期望在库库存＝l（S）

　　期望在途库存＝一个周期的平均需求×提前期

16.11　延伸阅读

最大库存水平订货模型只是许多在实践中可能实施的库存策略之一。例如，有些策略考虑了随机提前期、销售损失和/或批量订货（以固定批量的整数倍订货）。无论讨论范围大小，关键的见解仍然存在：库存随着需求变化性的增加或提前期的增加而增加。

参见 Zipkin（2000）对库存管理理论的广泛应用。对于技术含量较低但仍较为复杂的管理方法，请参见 Nahmias（2005）或 Silver、Pyke 和 Peterson（1998）的文献。这些文献涵盖了我们在本章讨论的其他策略（例如具有固定提前期和随机需求的最小订货批量）。此外，他们还讨论了供应链上游的适当服务水平问题。

参见 Simchi-Levi、Kaminsky 和 Simchi-Levi（2003）以及 Chopra 和 Meindl（2004）对供应链管理问题的讨论。

16.12　实战练习

下面的问题将有助于测试你对本章的理解。在每个问题之后，我们在方括号中

显示相关章节信息。

附录 E 中有带"∗"标记的问题的答案。

Q16.1∗（家具店）你是一家大型家具店的经理。你们的产品之一是书桌。每周对书桌的需求呈正态分布，均值为 40，标准差为 20。从组装工厂到你的商店的提前期是 2 周，你每周订货补充库存。你使用最大库存水平订货模型来控制库存。

a. 假设你的最大库存水平 $S=220$。你计划下订单，并注意到库存水平是 100，有 85 张书桌的在途库存。你要订购多少张书桌？[16.2]

b. 假设你的最大库存水平 $S=220$。你计划下订单，并注意到库存水平是 160，有 65 张书桌的在途库存。你要订购多少张书桌？[16.2]

c. 如果你想以 98% 的库存概率为目标，那么最大库存水平是多少？[16.6]

d. 假设你的最大库存水平 $S=120$，你的期望在库库存是多少？[16.5]

e. 假设你的最大库存水平 $S=120$，你的内部资金成本是 15%，每张书桌花费 200 美元。你一年在商店的库存资金总成本是多少？[16.5]

Q16.2∗（校园书店）一家校园书店以 399 美元的价格出售 Palm m505 掌上电脑。批发价是每台 250 美元。书店估计每周平均需求为 0.5 台，并服从泊松分布。书店的年库存持有成本是库存成本的 20%。假设订单是每周提交一次，从经销商那里收到订单的提前期是 4 周。

a. 99% 的库存概率的最小化基础库存水平是多少？[16.6]

b. 假设基础库存水平为 $S=4$，平均渠道库存是多少？[16.5]

c. 假设基础库存水平 $S=5$，书店在 1 周结束时的平均库存是多少？[16.5]

d. 假设基础库存水平 $S=6$，在 1 周内发生缺货的概率是多少（如一些客户被延期交货）？[16.5]

e. 假设基础库存水平 $S=6$，书店在 1 周结束时脱销（没有库存）的概率是多少？[16.5]

f. 假设基础库存水平 $S=6$，书店在 1 周结束时有一个或多个库存单位的概率是多少？[16.5]

书店担心每周订购会导致订货成本过高。对于 g 和 h 问题，假设书店现在每 2 周提交一次订单。需求预测保持不变，提前期仍为 4 周。

g. 最小化库存的同时，什么样的基础库存水平能产生至少 99% 的库存概率？[16.6]

h. 平均渠道库存是多少？[16.5]

Q16.3∗（Quick Print）Quick Print 公司使用普通和三孔打孔纸满足复印的需要。对每种纸张的需求变化很大。对普通纸张的周需求估计为正态分布，均值为 100，标准差为 65（以箱为单位）。每周，一个补货订单被送往造纸厂，其订货将于 5 周后到达。所有由于缺少纸张而不能立即满足的复印订单都延期交货。库存持有成本约为每年每箱 1 美元。

a. 假设 Quick Print 公司决定为普通纸张设立的最大库存水平为 700。本周初，公司有 523 箱库存，180 箱在途库存。这周公司会订购多少箱？[16.2]

b. 如果公司有 99% 的库存概率，那么对于普通纸张，公司的最优最大库存水平是多少？[16.6]

Q16.4* （Main Line Auto Distributor）Main Line Auto Distributor 是一家为当地汽车修理店提供汽车零件的公司。没有一个客户有足够的空间或资金来储存所有可能需要的零件，所以客户每天从 Main Line 订购几次零件。为了提供快速的服务，Main Line 使用 3 辆皮卡车自行送货。每周五晚上，Main Line 从供应商那里再订购额外的库存。供应商在周一早上交货。送货成本很高，所以 Main Line 只在周五下单。考虑 A153QR 零件，或简称为 A 零件。Main Line 的 A 零件成本为 175 美元，Main Line 以 200 美元的价格将其卖给车库。如果车库订购了 A 零件，而 Main Line 脱销，那么车库会从其他经销商那里找到该零件。Main Line 有自己的资金和空间限制，估计每个 A 零件每周要花费 0.5 美元的库存持有成本。（假设你承担周末库存中剩余单位的 0.50 美元成本，而不是 1 周内平均库存的 0.50 美元或周初库存的 0.50 美元。）该零件的平均周需求服从均值为 1.5 的泊松分布。假设现在是周五晚上，Main Line 目前没有 A 零件的现货。均值为 1.5 的泊松分布的分布函数和损失函数可以在附录 B 中查到。

a. Main Line 应该从供应商处订购多少个 A 零件 ？[16.2]

b. 假设 Main Line 订购了 3 个。Main Line 在 1 周内能够满足所有需求的概率是多少？[16.5]

c. 假设 Main Line 订购了 4 个。Main Line 在 1 周内不能满足所有需求的概率是多少？[16.5]

d. 如果 Main Line 试图达到 99.5% 的目标库存概率，那么 Main Line 应该订购多少个？[16.6]

e. 假设 Main Line 订购 5 个。Main Line 未来 1 周的期望持有成本是多少？[16.5]

Q16.5* （Hotspices.com）你是 Hotspices.com 的所有者，这是一家在线零售商，销售具有时尚、异国情调和稀有特点的香料。考虑你的藏红花库存。藏红花是一种（通常）比黄金更有价值的香料。你从海外供应商处订购藏红花，提前期为 4 周，你每周订购一次。平均季度需求呈正态分布，均值为 415，标准差为 154。每周每盎司的持有成本是 0.75 美元。你估计延期交货惩罚成本是每盎司 50 美元。假设每个月有 4.33 周。

a. 如果你希望在保持 99.25% 的库存概率的同时最大限度地降低库存持有成本，那么你的最大库存水平应该是多少？[16.6]

b. 如果你希望最小化持有成本和延期交货惩罚成本，那么你的最大库存水平应该是多少？[16.6]

c. 现在考虑一下你的意大利红辣椒的库存。你可以每天订购这个产品，当地的供应商提供了两天的提前期。虽然不是最受欢迎的产品，但你确实有足够的需求来出售这袋 5 千克的红辣椒。日均需求为泊松分布，均值为 1.0。每袋每天的持有成本为 0.05 美元，延期交货惩罚成本约为每袋 5 美元。你的最优最大库存水平是

多少？［16.7］

Q16.6（血库）杰克医生是斯普林菲尔德医院血液中心的负责人。血液在 200 英里外的地区血液中心采集，然后用飞机运送到斯普林菲尔德。杰克医生检查血液储备，并在每周一早上下订单，下周一早上送货。如果需求超过供应，外科医生就会推迟非紧急的手术，在这种情况下，血液就会延期交货。

每周血液需求正常，均值为 100，标准差为 34。每周需求是独立的。

a. 周一早上，杰克医生查看了他的储备，观察到 200 品脱的在库库存和 73 品脱的渠道库存，没有延期交货。假设他的最大库存水平为 285 品脱。他要订购多少品脱？［16.2］

b. 杰克医生的目标是 99％ 的库存概率。他应该选择的最大库存水平是多少？［16.6］

c. 杰克医生计划实施一个计算机系统，将允许每日订购（每周 7 天）和提前期将是一天。平均订货批量是多少？［16.5］

Q16.7（Schmears 衬衫）Schmears 公司是一个男士衬衫的目录零售商。某一特定 SKU（风格和尺寸）的日需求服从均值为 1.5 的泊松分布。从 Schmears 的供应商那里进货需要 3 天，每天都有订单。Schmears 使用最大库存水平订货模型来管理这款衬衫的库存。

a. 假设 Schmears 的最大库存水平为 9 件。订购衬衫的平均数量是多少？［16.5］

b. 现在假设 Schmears 的最大库存水平为 8 件。给定某一天，Schmears 没有足够的库存来满足所有客户的需求的概率是多少？［16.5］

c. Schmears 正在考虑从"基于服务"的库存策略转变为"成本最小化"的库存策略。它估计每天每件衬衫的持有成本为 0.01 美元。45％ 的客户一次订购不止一件衬衫，它估计这款衬衫的缺货成本是每件 6 美元。最大库存水平为多少能使它的总持有成本和延期交货成本最小化？［16.7］

Q16.8（ACold）Acold 公司是一家冷冻食品分销商，在全国有 10 个仓库。仓库经理之一艾文·托里希望确保仓库的库存策略能够在最小化库存的同时快速将货物送到客户手中。由于仓库里有数百种不同的产品，艾文决定研究一种。他选择了卡鲁索速冻比萨（Caruso's Frozen Pizza，CFP）。对 CFP 的日需求均值为 400，标准差为 200。周需求（5 天）均值为 2 000，标准差为 555。由于 ACold 每天从 General Foods（General Foods 拥有 Caruso's Pizza）至少订购一辆卡车的量，所以 ACold 每天基本上可以订购任何数量的 CFP。事实上，ACold 的计算机系统旨在为每种产品实施一个基础库存策略。艾文指出，任何 CFP 订单在订货后 4 天到达。此外，ACold 每天需要花费 0.01 美元来保持一个 CFP 库存，而一个延期交货估计需要花费 0.45 美元。

a. 如果艾文的目标是最小化持有成本和延期交货成本，那么他应该为 CFP 选择什么样的基础库存水平？［16.7］

b. 假设选择了基础库存水平 2 800，在途库存的平均数量是多少？［16.5］

c. 假设选择了基础库存水平 2 800，每年的持有成本是多少？（假设每年 260 天。）[16.5]

d. 什么样的基础库存水平能最小化库存，同时保持 97％的库存概率？[16.6]

Q16.9（Cyber Chemicals）Cyber Chemicals 定期使用液氮。日均需求为 178 加仑，标准差为 45。由于订货成本很高，预计每个订单为 58 美元（无论订货批量如何），公司目前每周向其供应商订货，还会产生库存持有成本。公司意识到它的库存在周末是最低的，但倾向于一个更现实的平均库存估计。特别地，公司对其平均库存的估计是平均周末库存加上一半的平均订货批量。公司在平均库存上产生的持有成本是每加仑每周 0.08 美元。公司的供应商不到一天就能交货。假设每年 52 周，每周 5 天。

a. 公司希望保持 99.9％的库存概率。如果是这样，它的年库存持有成本是多少？[16.5]

b. 公司的年订货成本是多少？[16.8]

c. 公司是否应该考虑每 2 周订购一次？[16.8]

Q16.10（Southern Fresh）杂货店的货架空间是一项宝贵的资产。每一家好的超市都花费大量的精力确定产品的最佳货架空间分配。许多因素与这个决定有关：每种产品的盈利能力、每种产品的规模、每种产品的需求特征，等等。考虑一下当地最受欢迎的 Hot Bull 玉米片，这种产品的日均需求为 55 袋，标准差为 30。Hot Bull 包可以堆叠 20 层/饰面（饰面是展示一款产品所需的货架宽度）。在商店经理提交订单两天后，Southern Fresh 的中心仓库才能交货（实际上，在大多数商店里，订单是由与销售点数据相连的中央计算机系统生成的。即使是这样，这些订单在发送后的两天内也会收到）。

a. 需要多少饰面才能达到 98.75％的库存概率？[16.6]

b. 假设 Southern Fresh 为 Hot Bull 玉米片配了 11 个饰面。平均来说，一天结束时货架上有多少个 Hot Bull 包？[16.5]

c. 虽然 Southern Fresh 不想承担库存持有成本，但它确实想给客户留下库存充足的印象。因此，Southern Fresh 的员工不断地在店里的过道里走来走去，调整产品的展示方式。特别是，他们将产品前后移动，以便尽可能在每个面都有一种产品。假设 Southern Fresh 为 Hot Bull 玉米片配了 11 个饰面。一天结束时会出现一个空的饰面，也就是没有任何产品的饰面的概率是多少？[16.5]

第17章
降低和规避不确定性的风险集中策略[①]

　　不确定性是运营问题的祸根。无论以何种形式出现，如不确定的需求、不确定的供应或不确定的质量，经营绩效永远不会从不确定的存在中获益。前面的章节讨论了应对不确定性的模型（如排队模型、报童模型和最大库存水平订货模型），并强调了量化不确定性的必要性。前面已经提出了一些降低和规避不确定性的策略：在排队系统中集中服务者（第10章）；收集数据来减少不确定性，以确保始终实现最佳需求预测（见第14章）；建立按订单生产和投资反应性产能，以更好地响应需求（见第15章）。

　　本章探讨几个基于风险集中概念的补充策略。风险集中的理念是重新设计供应链、生产过程或产品，以降低企业面临的不确定性或规避不确定性，从而使企业处于一个更好的位置以减轻不确定性的后果。风险集中有几种类型（地点集中、虚拟集中、产品集中、提前期集中和产能集中），但这些只是描述同一基本现象的不同名称。对于每一个策略，我们通过一个实例来说明其有效性，并强调在哪些情况下该策略是最合适的。

17.1　地点集中

　　报童模型和最大库存水平订货模型是决定在一个地点放置多少库存以满足需求

---

① 本章中的数据经过了修饰以保护机密性。

的工具。一个同样重要的决定也是我们一直忽略的就是公司应该在多少个不同的地方储存库存来满足需求。要解释这一点，请考虑在第 16 章中讨论的美敦力供应链。在这条供应链中，每个销售代表都管理着一个库存缓冲区，服务于其代表的区域，并且有一个配送中心服务于整个美国市场。应该每个销售代表都有库存，还是应该从一个地点满足多个地区的需求？应该有一个单一的配送中心，还是应该把美国的市场需求划分到多个配送中心？我们将在本节探讨这些问题。

集中美敦力的现场库存

我们从美敦力的现场库存开始。在当前的系统中，每个销售代表管理自己的库存，相邻区域的销售代表也可以共享库存。例如，美敦力可以在中心位置租一个小空间，方便进入（例如，在两条主要高速公路交汇处的一个购物中心的空间），2～5 名销售代表可以在该地点共享他们的库存。共享库存意味着每个销售代表只携带立即所需的库存，也就是说，每个销售代表的后备厢和寄售库存将被转移到这个共享的地点。基于最大库存水平订货模型的自动补货系统将指导集中库存的控制。这个新策略会对库存产生什么影响？

回想一下，在苏珊·玛格诺特的威斯康星州麦迪逊区域，美敦力的 InSync 起搏器的日均需求用泊松分布表示，平均每天 0.29 台。为便于讨论，我们假设有几个邻近苏珊的地区，每个地区都有一个销售代表，每个地区对 InSync 起搏器的日均需求为 0.29 台。现在，他们共享一个共同的集中库存，而不是每个销售代表都携带自己的库存。在这个新系统中，有集中区域（pooled territory），而库存则称为集中库存（pooled inventory）。相比之下，我们将当前系统中的区域称为单个区域（individual territories），将其中一个区域的库存称为单个库存（individual inventory）。我们将来自多个地区/地点的库存集中到一个地点的策略称为地点集中（location pooling）。我们已经用当前的单个区域系统评估了平均库存，所以现在需要评估集中区域的绩效，也就是地点集中的影响。

最大库存水平订货模型用于管理集中区域的库存。在集中区域中使用与在单个区域中使用相同的积极目标库存概率——99.9%。此外，补充集中区域库存的提前期也是 1 天（没有理由认为，集中区域的提前期应该与单个区域的提前期不同）。

如第 16 章所述，如果泊松分布表示 2 个不同区域的需求，那么它们的总需求的泊松分布的均值等于它们的均值之和（见计算步骤 16.1）。例如，假设苏珊与附近的两个销售代表共享库存，他们对 InSync 起搏器的平均需求为每天 0.29 台，那么 3 个区域的总需求为泊松分布，平均为 $3 \times 0.29 = 0.87$ 台/天。然后，我们可以将最大库存水平订货模型应用到该集中区域，假设提前期为 1 天，平均需求为每天 0.87 台。

表 17-1 显示了集中销售代表区域的影响数据。为了实现三个销售代表 99.9% 的库存概率，需要 $S = 7$，其中 S 是最大库存水平。如果苏珊的库存没有和其他代表的集中在一起，那么（我们在第 16 章中评估）需要 $S = 4$ 来达到目标库存

概率。地点集中的平均库存为 5.3 台，而单个地点的库存为 3.4 台。三个单个地点的总库存是 3 × 3.4＝10.2 台。因此，三个地点集中在一起可以减少约 48％ 的平均库存 [(10.2－5.3)/10.2]，而没有降低服务水平！

表 17 - 1　InSync 起搏器的库存受到销售代表区域集中的影响

集中区域数量（个）	集中区域的日均需求（a）（台）	S	平均期望库存		渠道库存	
			单位数（b）	需求天数（b/a）	单位数（c）（台）	需求天数（c/a）
1	0.29	4	3.4	11.7	0.29	1.0
2	0.58	6	4.8	8.3	0.58	1.0
3	0.87	7	5.3	6.1	0.87	1.0
4	1.16	8	5.7	4.9	1.16	1.0
5	1.45	9	6.1	4.2	1.45	1.0
6	1.74	10	6.5	3.7	1.74	1.0
7	2.03	12	7.9	3.9	2.03	1.0
8	2.32	13	8.4	3.6	2.32	1.0

注：每个区域的需求为泊松分布，日均需求为 0.29 台，目标库存概率为 99.9％，提前期为 1 天。

还有另一种方法来比较集中区域和单个区域：评估库存数量相对于其服务的需求，也就是说，计算以需求天数计而不是单位数计的平均库存：

$$以需求天数计的平均库存＝\frac{期望库存单位数}{期望日需求}$$

表 17 - 1 也提供了平均期望库存的度量。我们看到一个区域的库存等于 3.4/0.29＝11.7 天的需求，而 3 个区域集中的库存只等于 5.3/0.87＝6.1 天的需求。使用需求天数度量方法，我们发现集中 3 个区域可以减少 48％ [(11.7－6.1)/11.7] 的库存投资。我们获得相同的库存减少（48％），因为库存的两个度量指标——单位数和需求天数——只相差一个常数因子（期望日需求）。因此，我们可以使用任一种方法。

虽然集中 2 个或 3 个区域对库存有显著影响，但表 17 - 1 表明，集中区域的边际收益在减少，也就是说，每增加一个新的区域到集中点，所带来的库存减少比之前的要少。例如，再添加 2 个区域到 6 个区域的集中点（共有 8 个区域集中）对库存投资的影响很小（3.6 天的需求与 3.7 天的需求），而将 2 个区域和 1 个区域集中起来（总共 3 个区域集中），对库存有显著影响（6.1 天的需求而不是原有的 11.7 天的需求）。这是一个好消息：集中区域的大多数好处来自前两个区域的集中，所以尝试将多个区域集中在一起没有什么价值。

尽管地点集中通常会减少库存，但仔细观察表 17 - 1 中的数据会发现情况并不总是如此：将第 7 个区域集中进来只会略微增加库存（3.9 天的需求而不是 3.7 天的需求）。这是由于最大库存水平必须是整数（0，1，2，……）的限制。结果，库存概率甚至可能比目标还要高：6 个区域集中的库存概率是 99.90％，而 7 个区域集中的库存概率是 99.97％。总的来说，这个问题并没有使地点集中减少库存这一总体趋势失效。

这一讨论显然导致了一个问题：为什么地点集中减少了所需的库存投资？我们将通过查看当地点集中与需求变化叠加时，需求如何随地点而变来找到一个好的答案。正如我们已经讨论过的，变化系数（标准差与均值的比值）是用来测量需求变化性的选择指标。

泊松分布的标准差等于其均值的平方根。因此，有

$$泊松分布的变化系数 = \frac{标准差}{均值} = \frac{\sqrt{均值}}{均值} = \frac{1}{\sqrt{均值}} \tag{17.1}$$

泊松分布的均值越大，其变化系数越小，也就是说，泊松分布的变化小了。对于任何给定服务水平，需求变化越小使库存越小。因此，将地点与泊松需求相结合可减少所需的库存投资，因为较高的需求率意味着较小的需求变化。但是，由于变化系数随均值的平方根而减小，它减小的速度慢。换句话说，均值上每一次增量的增加对变化系数的影响相对较小，因此对期望库存投资的影响也较小。

图 17-1 显示了表 17-1 中数据的库存与变化系数之间的关系。请注意，库存的减少模式与变化系数的减少模式非常相似。

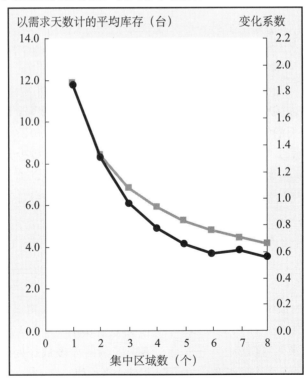

图 17-1　当区域集中时，平均库存（圆形）和变化系数（方形）之间的关系

注：每个区域的需求为泊松分布，平均为 0.29 台/天，目标库存概率为 99.9％，提前期为 1 天。

　　除了期望总现场库存外，我们还对渠道总库存（配送中心和现场之间的在途库存）感兴趣。表 17-1 按单位数和需求天数提供了渠道库存。虽然地点集中减少了以需求天数计的平均库存，但对以需求天数计的渠道库存绝对没有影响！为什么？利特尔法则支配着渠道库存，同时利特尔法则依赖于均值，而不是变化性。因此，由于地点集中减少了需求变化性，它减少了区域的平均库存，但对渠道库存没有影响。正如我们之前提到的，减少渠道库存的唯一方法是获得更短的提前期。

　　我们可以利用地点集中在保持服务水平的同时减少库存，也可以使用地点集中来提高服务水平。例如，我们可以在集中区域中选择一个最大库存水平，它将产生与单个区域相同的库存投资（以需求天数计），并查看我们的现货可能会提高多少。表 17-2 列出了集中 3 个区域的数据。在 3 个区域之外，我们可以用与单个区域相同的库存投资将现货提高到 100%。

表 17-2　在保持相同的库存投资的同时，使用地点集中来提高库存的概率

集中区域数（个）	集中区域的日均需求	平均库存			
		S	单位数（台）	需求天数	库存概率（%）
1	0.29	4	3.4	11.7	99.966 15
2	0.58	8	6.8	11.7	99.999 63
3	0.87	12	10.3	11.8	100.000 00

注：每个区域的需求为泊松分布，日均需求为 0.29 台，提高期为 1 天。

　　由于单个区域的库存概率目标如此之高（99.9%），使用地点集中策略来减少库存投资可能比提高服务水平更有意义。但是，在其他情况下，提高服务水平可能更可取，特别是当目标服务水平被认为太低时。

　　图 17-2 提供了这个问题的另一个视角。它显示了四种不同程度的地点集中的库存-服务水平权衡曲线：单个区域、2 个区域集中、4 个区域集中和 8 个区域集中。如图 17-2 所示，区域集中将使库存-服务水平权衡曲线向下、向右平移。因此，地点集中给了我们很多选择。我们可以选择：（1）保持相同的服务水平，减少库存；（2）保持相同的库存，提高服务水平；（3）减少库存，同时提高服务水平（也就是说，我们可以鱼与熊掌兼得）。在排队系统中集中服务者时，我们看到了类似的效果。在这里，你可以使用集中策略来减少等待时间，而不必增加工作人员，或者你可以在保持相同响应性的同时减少工作人员，或者两者结合。此外，我们应该注意，这些结果不是只适用于最大库存水平订货模型或泊松需求，它们是相当普遍适用的，我们使用这个模型和需求只是为了说明我们的观点。

　　虽然我们的分析强调了地点集中的潜在显著好处，但并不意味着美敦力应该不假思索地将区域集中起来。存放集中库存的空间将有明确的储存成本，而目前的系统没有后备厢和寄售库存的储存成本。库存存放在更少的地点，可能会减少偷窃和损坏的成本。此外，地点集中可能会降低运输成本，因为每次运送的物品数量可能会增加。

　　地点集中最大的问题是对销售代表效率的影响。即使只有几个区域被集中在一

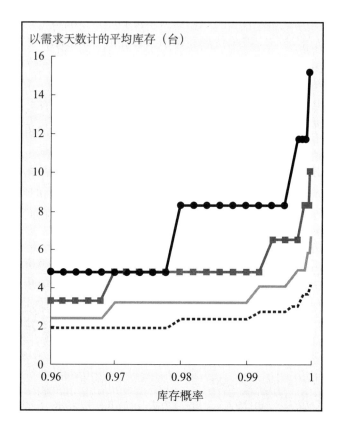

图 17 - 2　不同数量的地点集中的库存-服务水平权衡曲线

注：这条曲线从高到低分别代表了单个区域、2 个区域集中、4 个区域集中和 8 个区域集中。每个区域的需求为泊松分布，平均为 0.29 台/天，提前期为 1 天。

起，对于每个销售代表来说，集中在一起的地点可能不像他们使用自己的单个的库存那样方便。

用户和库存之间的物理分离可以通过虚拟集中（virtual pooling）缓解：销售代表保持对他们库存的控制，但是库存信息在所有销售代表之间共享，以便每个销售代表可以获得中央配送中心的库存信息和其他销售代表的过量库存信息。虽然虚拟集中也有自身的挑战（如维护必要的信息系统的成本，在不同区域间转运库存增加的费用，以及如何决定何时可以从一个销售代表那里提取库存交给另一个销售代表），它仍可能比目前的系统要好，目前的系统孤立了部分库存。

美敦力的配送中心

现在让我们把注意力转到配送中心。对于美国市场，美敦力目前在明尼苏达州芒兹维尤只有一个配送中心。假设美敦力将美国划分为两个或更多的区域，每个区域分配一个配送中心。这个想法与地点集中相反。因此，总库存投资有可能增加，让我们看看会导致增加多少。

回想一下，芒兹维尤配送中心的 InSync 起搏器每周需求呈正态分布，均值为 80.6，标准差为 58.81。有一个 3 周的提前期和目标库存概率是 99.9％。表 17－3 提供了美敦力配送中心所需的平均库存数据。

如表 17－3 所示，多个配送中心的确成本高昂：8 个配送中心需要比单个配送中心多近 3 倍的库存才能达到相同的服务水平！（准确地说，它需要 12.8/4.5＝2.84 倍的库存。）

表 17－3　随着更多配送中心的运营，库存投资在增加

配送中心数（个）	每个配送中心的周需求参数		变化系数	每个配送中心的平均库存	
	均值	标准差		单位数（台）	需求周数
1	80.6	58.8	0.73	364	4.5
2	40.3	41.6	1.03	257	6.4
3	26.9	34.0	1.26	210	7.8
4	20.2	29.4	1.46	182	9.0
5	16.1	26.3	1.63	163	10.1
6	13.4	24.0	1.79	148	11.0
7	11.5	22.2	1.93	137	11.9
8	10.1	20.8	2.06	127	12.8

注：假设需求在配送中心之间平均分配，配送中心之间的需求是独立的，总需求是正态分布的，均值为 80.6，标准差为 58.8，所有情况下提前期都为 3 周。

在这种情况下，变化系数和来自地点集中的平均库存节省（或来自地点分散的"多余支出"，如本例所示）之间的联系甚至比我们在实地库存中看到的更紧密，如图 17－3 所示。事实上，在这种情形下，平均库存和变化系数是成比例的（无论配送中心的数量如何，它们的比例都是恒定的常数）。

电子商务

如果不讨论电子商务，关于地点集中的讨论就不完整。电子商务模式的一个众所周知的优势，特别是对于电子零售商来说，就是能够在低库存的情况下运营。正如我们的分析所表明的，将库存保持在更少的地点可以让电子零售商比实体零售商更快地周转库存。然而，将库存放在仓库而不是附近的商店会产生额外的成本，将单个商品运送到消费者手中远比批量运送到零售店昂贵，虽然不需要建立实体商店，但电子零售商需要在创建电子商店的技术上进行投资（用户界面、物流管理等）。

我们也看到了地点集中的收益在下降。毫不奇怪，许多电子零售商，比如亚马逊，一开始只有一个配送中心，现在它们在美国经营着几个配送中心。这要求一些产品储存在多个地点，这也意味着大多数客户更靠近配送中心，这减少了平均配送

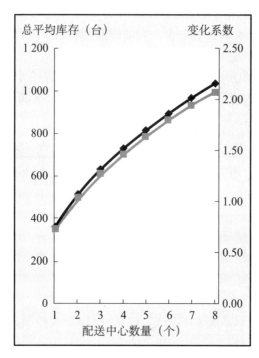

图 17 - 3 平均库存的单位（菱形）和变化系数
（方形）取决于美敦力运营的配送中心的数量

注：需求在各配送中心之间平均分配并且相互独立。目标库存概率是 99.9%，所有情况下的提前期都是 3 周。

时间并降低了运输成本。

能够为客户提供大量的产品选择是电子商务模式的一个优势，可能是最重要的优势。我们专注于使用地点集中来减少库存，但地点集中也可以应用于广泛的产品类别。考虑一种有销路但卖得很慢的产品。遗憾的是，对大多数企业来说，大多数产品都属于这一类。要在产品分类中包含这种品类。在数百个地点的每个地点放置一个单位可能不经济，而放置几个单位在一个地点可能比较经济。

为了说明这一点，考虑一种可能由拥有 200 个商店的零售商销售的慢速产品。该产品将在每个商店以每周 0.01 件的平均速度销售。因此，零售商在所有商店的总需求为 0.01 × 200＝2 件/周。你可能会觉得这个速度慢得离谱，但事实上有很多产品以这个速度销售。例如，Brynjolfsson、Hu 和 Smith（2003）估计亚马逊 40% 的销售额来自每周销售不超过 1.5 件的产品。回到我们的实例，假设该零售商必须在每个商店中至少储存一件（产品必须在商店中可用）。根据每个商店的销售率，零售商将只储存一件产品，每件产品将在货架上停留近两年（1/0.01＝100 周）。这个销售额意味着库存周转次数仅为 0.5 次（库存每两年周转一次）。如果库存成本每年为 20%（资金成本，更重要的是货架空间成本），那么该产品将产生 2×20%＝40% 的库存成本。大多数零售商都没有接近 40% 的毛利率，所以这种产品是不可能盈利的——零售商无法盈利，因为它的周转不够快。现在把这些与只有一个仓库的电子零售商进行经济学比较。如果电子零售商面临的需求服从泊松分布，周均值为 2，补货提前期是 2 周，目标库存概率是 99%，我们可以使用最大库存水平订货模型来确定零售商将有平均约 6 件库存。如果每年的总需求是 104 件（52 周，每周 2 件），那么我们的电子零售商每年将库存周转 104/6＝17.3 次。电子零售商有机会通过囤积这种产品来赚钱，而实体零售商则不然。总而言之，这个世界上有很多销售慢的产品（可以汇总很高销量，正如亚马逊网站所证明的那样）。但是，对于零售商来说，要想在产品组合中包括这些产品并从中获利，地点集中可能是必要的。

17.2　产品集中

上一节考虑了用更少的库存地点满足需求。一个密切相关的理念是用更少的产品满足需求。要解释这一点，请参考第 14 章和第 15 章中讨论的奥尼尔公司的 Hammer 3/2 潜水服。我们研究的 Hammer 3/2 是针对冲浪者市场的，奥尼尔出售的另一款 Hammer 3/2 服务于休闲潜水者市场。这两款潜水服完全相同，除了冲浪 Hammer 的胸前有"波浪"标志（见图 14-1），而潜水 Hammer 的胸前有奥尼尔的潜水标志（见图 17-4）。奥尼尔目前的产品线有两种产品来满足 Hammer 3/2 潜水服的需求，一部分来自冲浪者，另一部分来自潜水者。还有一种选择是将这些产品组合成单一产品，以满足所有 Hammer 3/2 潜水服的需求，即通用设计（universal design）。使用通用设计的策略被称为产品集中（product pooling）。本节重点介绍具有通用设计的产品集中策略的优点。

图 17-4　奥尼尔潜水服的标志

回想一下，冲浪 Hammer 的需求呈正态分布，均值为 3 192，标准差为 1 181。为简单起见，我们假设对潜水 Hammer 的需求也呈正态分布，具有相同的均值和标准差。两款潜水服的售价都是 190 美元，从奥尼尔的供应商处购买的价格是 110 美元，在季末以 90 美元的价格打折促销。

我们已经评估了冲浪 Hammer 的最优订货批量和期望利润：订购 4 196 套可以

获得 222 280 美元的期望利润（见表 15 - 1）。由于潜水 Hammer 与冲浪 Hammer 相同，因此具有相同的最优订货批量和期望利润。Hammer 两款潜水服的总利润为 2 × 222 280＝444 560 美元。

现在让我们考虑一下，如果奥尼尔只卖一款 Hammer 潜水服，我们称之为通用 Hammer，该怎么做。我们需要一个分布来代表通用 Hammer 的需求，然后需要确定一个订货批量。通用 Hammer 的平均需求为 3 192×2＝6 384 套。如果潜水市场的需求独立于冲浪市场的需求，那么通用 Hammer 的标准差为 1 181×$\sqrt{2}$＝1 670（见计算步骤 16.1）。通用 Hammer 的欠储成本仍为 $C_u＝190－110＝80$ 美元，超储成本仍为 $C_o＝110－90＝20$ 美元。因此临界比率没有改变：

$$\frac{C_u}{C_o+C_u}=\frac{80}{20+80}=0.8$$

对应的 z 统计量仍为 0.85，因此最优订货批量为：

$$Q=\mu+\sigma\times z=6\,384+1\,670\times0.85=7\,804\ （套）$$

通用 Hammer 的期望利润是：

期望利润＝C_u×期望销量－C_o×期望剩余库存
＝80×6 200－20×1 604＝463 920（美元）

因此，把冲浪 Hammer 和潜水 Hammer 放在一起可以潜在地增加 4.4%（＝(463 920－444 560)/444 560）的利润。当奥尼尔销售两款潜水服时，这一利润增长是期望收入的 1.4%。鉴于该行业的净利润率为 2%～5%，这一潜在改善并非微不足道。

就像美敦力的地点集中例子一样，奥尼尔从产品集中策略中获得的好处是减少了需求变化性。奥尼尔有两款 Hammer 潜水服，每款潜水服的变化系数约为 0.37。对于通用 Hammer，变化系数约为 1 670/6 384＝0.26。在第 15 章，报童模型中的错配成本与变化系数成正比，因此变化系数越小，期望利润越高。

鉴于变化系数与产品集中益处之间的这种联系，理解产品集中如何影响变化系数对我们来说很重要。在本例中以及前两节的美敦力的例子中，我们做了一个关键的假设，即我们集中的需求是独立的。回想一下，独立性意味着一个需求的结果不提供关于另一个需求的结果的信息。在许多情况下，需求确实是独立的，但也有一些情况，需求不是独立的。

两个随机事件之间的联系可以通过它们的相关性来衡量，其范围为－1 ～ 1。独立随机事件的相关性为零。正相关意味着两个随机事件倾向于同步移动，也就是说，当一个高时，另一个也会高，当一个低时，另一个也会低。相反，负相关意味着两个随机事件倾向于向相反的方向移动，也就是说，当一个高时另一个趋向低，当一个低时另一个趋向高。

我们可以用图说明两种产品相关性的效果。图 17 - 5 显示了两种产品在三种情景下的 100 个随机需求实现的结果（例如如果两种产品的随机需求分别为 5 和 7，那么在（5，7）处绘制一个点）。在第一种情景下，产品需求是负相关的；在第二种情景下，它们是独立的；在第三种情景下，它们是正相关的。在独立的情景（情景 2）中，我们看到结果形成了一个大致圆形的"云"，也就是说，一个需求的结果与另一个需求的结果无关。在负相关情景（情景 1）中，结果云是一个向下倾斜的椭圆：对一种产品的高需求意味着对另一种产品的低需求。正相关情景（情景 3）也有一个椭圆形状的结果云，但现在它是向上倾斜的：对一种产品的高需求意味着对另一种产品的高需求。

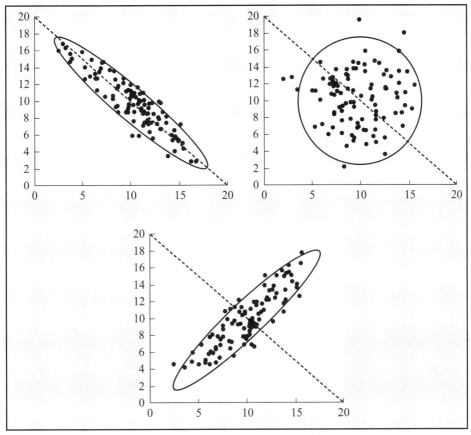

图 17 - 5　两种产品的随机需求

　注：在图中，x 轴是产品 1，y 轴是产品 2。在情景 1 中（左上图），相关性为 -0.90；在情景 2 中（右上图），相关性为 0；在情景 3 中（下图），相关性为 0.90。在所有的情景下，需求是正态分布的，每种产品的均值为 10、标准差为 3。

　　许多不同的需求结果导致相同的总需求。例如，在图 17 - 5 中，如果产品需求为 (0，20)，(1，19)，…，(19，1)，(20，0)，则总需求为 20 个单位。换句话说，每个图中虚线上的所有点都有 20 个单位的总需求。一般来说，沿同一条向下倾斜的 45°线的所有点的总需求是相同的。由于负相关情景下的结果椭圆沿 45°线向下倾斜，这些结果的总需求几乎是相同的。相反，由于正相关情景下的结果椭圆是向上（upward）倾斜的，这些结果的总和通常是不同的总需求。换句话说，我们预计正相关的总需求变化比负相关的更大。

　　我们现在可以更精确地了解相关性的影响。如果我们将均值 μ 和标准差 σ 相同的两个需求合并，则合并后的需求具有以下参数：

$$期望合并需求 = 2 \times \mu$$
$$合并需求的标准差 = \sqrt{2 \times (1 + 相关性) \times \sigma}$$

请注意，相关性对平均需求没有影响，但它确实会影响标准差。此外，当相关性为零时，上述公式等价于我们一直使用的公式（见计算步骤 16.1），也就是说，这两个需求是相互独立的。

那么，合并需求的变化系数为：

$$合并需求的变化系数 = \sqrt{\frac{1}{2}(1 + 相关性)} \times \left(\frac{\sigma}{\mu}\right)$$

随着相关性的增加，合并需求的变化系数也会增加，如图 17-5 所示。

现在想象一下当我们为潜水服和冲浪服选择数量时会发生什么。图 17-6 显示了我们对不同需求结果的数量选择情况。例如，如果需求结果在图左下角的"方框"中，那么我们有剩余的冲浪服和潜水服。理想的结果是，如果每种类别的需求刚好等于它的订货批量，这个结果在图中用一个圆圈标记。随着需求结果从理想点向任何方向移动得更远，供需错配惩罚就会增加。

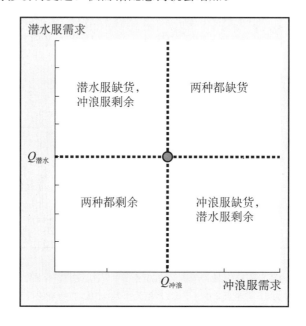

图 17-6　给定冲浪服和潜水服订货批量 $Q_{冲浪}$ 和 $Q_{潜水}$ 的库存/缺货结果

通用 Hammer 的比较图是不同的，如图 17-7 所示。现在，沿着向下倾斜的 45°线（圆形）的任何需求结果都是理想的结果，因为总需求等于通用型的数量。换句话说，具有通用型的理想需求结果的数量相对于两种类别的单一理想需求结果大大增加。我们接近这些理想点的可能性有多大？图 17-7 还叠加了图 17-5 中的三个"结果云"。显然，当负相关时，我们更有可能接近理想点（向下倾斜的椭圆）；当正相关时，我们最不可能接近理想点。

我们可以通过实际评估奥尼尔通用 Hammer 3/2 的最优订货批量和整个相关范

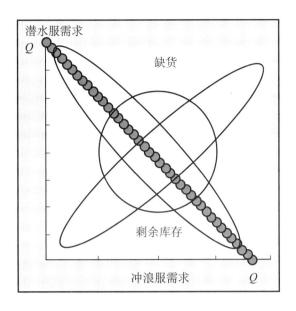

图 17 - 7 购买 *Q* 套通用 Hammer 的结果

注：在圆的对角线上的结果是理想的，没有剩余库存，也没有缺货。这条线下面和左边的结果有剩余库存；右边和以上的结果会导致缺货。椭圆识别不同相关性下可能的结果。

围的期望利润来证实如图 17 - 7 所示的结果。我们首先注意到 Hammer 3/2 的最优订货批量一般不是两款潜水服的最优订货批量之和。例如，奥尼尔的两款潜水服总订货批量为 4 196 × 2＝8 392 套，但在相关性为 0.2 的条件下，通用 Hammer 的最优订货批量为 7 929 套，在相关性为－0.7 的条件下，最优订货批量为 7 162 套。

关于期望利润的结果如图 17 - 8 所示。我们确实看到，随着冲浪服需求和潜水服需求变得正相关，通用 Hammer 的期望利润下降。

图 17 - 8 中的极端情况很有趣。当完全正相关（相关性＝1）时，库存集中绝对没有收益：通用 Hammer 的期望利润是 444 560 美元，这也是两款 Hammer 潜水服的利润！在相关性＝－1 的另一端，Hammer 总需求的变化系数为 0，因此获得了最大利润，即 510 720 美元！实际上，在这种情况下，通用 Hammer 的最优订货批量只有 6 384 套，这也恰好是通用潜水服的平均需求。（这是有道理的，只有平均地销售了平均需求并且从来没有剩余库存，我们才能获得最大利润。）

我们已经讨论了需求相关性对产品集中有效性的影响，这个问题还适用于地点集中策略。如果两个地点的需求负相关，那么地点集中甚至比需求仅仅是独立的更有效。如果不同地点的需求正相关，那么根据独立假设，地点集中比我们评估的要低效。

我们还应该讨论当需求具有特定类型的相关性时可以期待的条件。如果产品与一些常见的不确定性来源（如一般经济状况）有关，则可能出现正相关。例如一家公司的所有产品在萧条的经济中表现不佳，而在强劲的经济中表现良好，则可能存在正相关。当总体类别销量的不确定性相对较小，但在整个产品线中分配这些销量

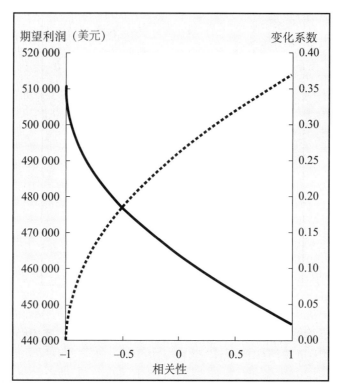

图 17－8　Hammer 3/2 的冲浪服和潜水服需求与通用 Hammer
潜水服的期望利润（递减曲线）和总需求变化系数
（递增曲线）的相关性

的不确定性较大时，就出现了负相关。例如，一家销售时尚夹克的公司可能对夹克的总销量了如指掌，但对当季流行的颜色有相当大的不确定性。

综上，通用设计的一个关键好处是减少需求变化性，这将在供需匹配方面带来更好绩效（如在一定目标服务水平下，更高的利润或更少的库存）。但通用设计策略也有缺点：通用设计可能无法为有特殊需求的消费者提供所需的功能。例如，大多数自行车制造商生产的公路自行车是专为在铺得很好的道路上快速行驶而设计的，山地车是为在崎岖不平的道路上快速行驶而设计的。这些制造商甚至出售混合动力自行车，兼有公路自行车和山地车的一些特点。但是仅仅销售一辆混合动力自行车是不够的，因为它不能满足公路自行车和山地车的高性能要求。通用设计在某些细分市场的功能性较低，这意味着它可能无法满足有针对性设计的需求。

● 通用设计可能比有针对性的产品更贵，或者生产成本更低。因为一个通用设计针对许多不同的用途，它要么具有某些消费者不需要的部件，要么具有某些消费者需要的质量更好的部件，这些额外的部件或额外的质量增加了通用设计相对于有针对性设计的成本。然而，大批量生产或采购单个部件往往比少量采购一堆部件便宜，也就是说，在生产和采购方面存在规模经济。从这个意义上说，通用设计可能更便宜。

● 通用设计可能会消除一些品牌/价格细分的机会。根据定义，通用设计具有单一的品牌/价格，但公司可能希望保持不同的品牌/价格。就功能而言，单个品牌/价格可能无法满足多个品牌/价格的需求。

对于奥尼尔的 Hammer 3/2 潜水服，鉴于冲浪和潜水 Hammer 除了标志之外都是相同的，它们的功能应该是相同的，没有理由认为它们的生产成本会有很大不同。然而，通用 Hammer 潜水服确实消除了保留两个不同的奥尼尔标志的机会，一个面向冲浪者市场，一个面向潜水者市场。如果保持这些不同的身份是很重要的（例如你可能不希望真正的冲浪者认为他们购买的是同休闲潜水者一样的产品），那么可能需要两种 Hammer。另外，如果想为奥尼尔塑造一个形象，那么也许只有一个标志更好，这样两种不同的潜水服就完全没有意义了。

当我们把注意力集中在用通用设计满足需求的好处上时，这个讨论对产品过度分散的公司提出了一个警告。每个公司都希望成为"以客户为中心"或"以客户为导向"的公司，这就意味着公司应该开发产品来满足潜在客户的需求。真正能加强公司的客户基础的创新产品应该纳入公司的产品种类中。如果额外的产品种类只是将一个固定的客户群分割成更小的部分，那么每个产品的供需错配成本将会增加。考虑到一些供需错配成本是间接的（如劣质的服务造成的商誉损失），公司可能没有意识到由于产品分散而承担的额外成本。每隔一段时间，一个公司就会意识到它的产品种类已经失控，产品线合理化（product line rationalization）成为迫切需要。减少种类的诀窍是"减掉脂肪，但留下肉（当然还有骨头）"，也就是说，只有当这些产品仅仅蚕食了公司其他产品的需求时，它们才应该被丢弃。

17.3　提前期集中：统一配送和延迟差异化

前两节讨论的地点集中和产品集中有局限性：地点集中会产生库存和客户之间的距离，产品集中可能会降低产品功能。本节研究处理这些局限性的两种策略：统一配送和延迟差异化。这两种策略都使用了一种风险集中的形式，我们称之为提前期集中。

统一配送

地点集中的关键缺点是，库存远离客户，客户在购买前无法亲眼看到产品，增加了客户必须等待收到产品的时间，常常还增加了配送成本。然而，正如我们所了解到的，在每个客户附近放置库存也可能是昂贵的。造成这种成本的一个主要原因是把产品放在错误的地方。例如，美敦力大约有 500 个销售区域，这 500 个区域同时缺货的可能性非常小。如果一个区域缺货，那么很可能还有其他区域拥有剩余库存，甚至可能是附近的区域。这种库存不平衡的发生是因为即使是单一的产品，公司面临两种不同的不确定性：总需求不确定性（如美国某一天需要多少台 InSync 起搏器）和需求分布不确定性（如美国每个区域在某一天需要多少台 InSync 起搏器）。统一配送策略试图将库存靠近客户，同时规避第二种不确定性。

我们将通过一个零售例子来演示统一配送策略。假设对单一产品的需求出现在 100 个商店中，每个商店平均每周的需求遵循泊松分布，平均每周 0.5 个单位。每个商店都直接从供应商处进货，提前期为 8 周。为了提供良好的客户服务，零售商使用最大库存水平订货模型，并以 99.5% 的库存概率为目标。图 17 - 9 的上部显示了此供应链的示意图。让我们评估一下零售商需要的库存数量。

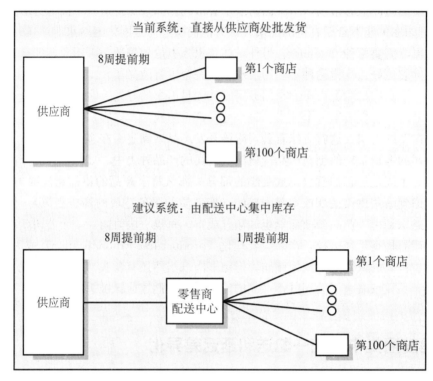

图 17 - 9　两条零售商供应链，一条是直接从供应商处发货，另一条是由配送中心统一配送

注：每个商店的期望周需求为 0.5 个单位，目标库存概率为 99.5%。

提前期为 8 周，平均需求为 0.5 个单位/周，$l+1$ 期的平均需求为 $(8+1) \times 0.5 = 4.5$ 个单位。从附录 B 的泊松分布函数表中我们看到均值为 4.5，最大库存水平 $S=10$ 产生 99.33% 的库存概率和 $S=11$ 产生 99.76% 的库存概率，所以我们需要为每个商店选择 $S=11$。根据附录 B 中的泊松分布函数表，$l+1$ 期的平均需求为 4.5 个单位，$S=11$，则平均库存为 6.50 个单位，那么 100 个商店的总库存为 $6.50 \times 100 = 650$ 个单位。

现在假设零售商建立了一个配送中心来提供统一配送。配送中心接收来自供应商的所有货物，然后补充到每个零售店。从供应商到配送中心的提前期仍然是 8 周。每个零售店的进货提前期为 1 周。为确保可靠地配送到零售店，配送中心以 99.5% 的高库存概率运作。图 17 - 9 中的下部显示了建议的带有配送中心的供应链。

配送中心为零售商提供了一个集中的库存地点，同时仍然允许零售商将库存放置在离客户较近的地方。相比之下，地点集中策略会创建一个集中库存的地点，从而淘汰接近客户的 100 个商店。因此，集中库存策略类似于地点集中，而没有地点集中的主要缺点。这对总库存投资有什么影响呢？

我们可以再次评估每个商店的库存投资。假设目标库存概率为 99.5%，现在是 1 周的提前期。从泊松分布函数表来看，给定 $l+1$ 期的平均需求为 1 个单位，最大库存水平 $S=4$ 的订单产生的库存概率为 99.63%。最终每个商店的平均库存是 3 个单位，比直接供应模式减少了近 54% 的库存（3 个单位比 6.5 个单位）！因为每个商店现在的提前期都是 1 周而不是 8 周，所以零售商店的库存大幅减少。

现在我们需要评估配送中心的库存。配送中心的需求等于来自零售店的订单。零售店平均每周订购 0.5 个单位，也就是说，商店的平均流入（订单）必须等于平均流出（需求），否则库存要么不断增加（如果流入超过流出），要么减少到零（如果流出超过流入）。因为零售店的总需求是 $100 \times 0.5 = 50$ 个单位/周，配送中心的平均需求也必须是 50 个单位/周。

虽然我们可以非常确定对配送中心的平均需求的估计，但配送中心的需求标准差不是立即显现的。各零售店的需求标准差为 $\sqrt{0.50} = 0.707$（在泊松分布中，标准差等于均值的平方根）。因此，如果所有商店的需求是独立的，则总需求的标准差为 $0.707 \times \sqrt{100} = 7.07$。如果各商店之间存在正相关关系，则标准差越大，反之，则标准差越小。解决这个问题的唯一方法是根据历史销售数据（我们用来估计每个商店每周 0.5 个单位的需求的相同数据）实际评估总需求的标准差。假设我们观察到每周总需求的标准差为 15。证据表明，所有零售店的需求存在正相关关系。

我们现在需要选择一个分布来代表配送中心的需求。在这种情况下，泊松分布不是最佳选择。泊松分布的标准差是其均值的平方根，在这种情况下是 $\sqrt{50} = 7.07$。我们已经观察到标准差明显更高，泊松分布将不能提供一个很好的拟合数据。另一种合理的选择是均值为 50、标准差为 15 的正态分布。采用第 16 章的做法，如果配送中心的目标库存概率是 99.5%，提前期是 8 周，并且周需求呈正态分布，均值为 50，标准差为 15，那么我们可以确定配送中心的平均库存约为 116 台。

到目前为止，我们唯一没有统计的库存是渠道库存。在直接配送模式中，供应商和零售店之间存在渠道库存。根据利特尔法则，渠道库存等于 $0.5 \times 100 \times 8 = 400$ 个单位。统一配送模式在供应商和配送中心之间具有相同数量的库存。然而，对于这两个模式，让我们假设渠道库存实际上是由供应商拥有的（零售商直到收到库存后才开始为库存付款）。因此，从零售商的角度来看，库存不是问题。另外，在统一配送模式中，零售商拥有配送中心和零售店之间的库存。再次使用利特尔法则，在渠道中有 $0.5 \times 100 \times 1 = 50$ 个单位。

表 17-4 总结了零售商在两种供应链结构中的库存情况。为了进行比较，地点集中策略也包括其中。通过地点集中，所有的商店都被淘汰了，零售商从一个中央配送中心向客户配送。由于该配送中心有 8 周的提前期，并且在统一配送策略中面临与配送中心相同的需求分布，其平均库存也为 116 台。

表 17 - 4　零售库存具有三种供应链结构

	直接配送供应链	统一配送供应链	地点集中
各商店的期望总库存	650	300	0
配送中心的平均库存	0	116	116
配送中心和商店之间的渠道库存	0	50	0
合计	650	466	116

我们从表 17 - 4 中可以看到，与原来的直接配送模式相比，统一配送策略能减少 28%（＝(650－466)/650）的期望库存投资。事实上，统一配送策略的优势甚至比这一分析所表明的还要多。在零售店中持有一个库存单位的成本肯定比在配送中心持有一个库存单位的成本要高得多：零售货架空间比配送中心空间更贵，库存损耗是一个更大的问题，等等。统一配送模式减少了 50% 以上的零售库存，而仅仅将系统中的总库存相加低估了统一配送模式的价值。

有趣的是，尽管由于所有库存通过配送中心，供应商到零售店的总提前期增加了 1 周，但统一配送模式的表现优于直接配送模式。总提前期更长，为什么库存减少了？如前所述，在这个系统中有两种不确定性：给定 1 周的总需求不确定性和在零售店中的需求分配不确定性。当库存离开供应商时，零售商实际上是在赌 8 周后需要多少库存。然而，在直接配送模式中，零售商还必须预测哪里需要库存，也就是说，零售商必须在总批量和批量在零售店之间的分配上赌一把。需要的总库存是不确定的，而需要库存的地点则更不确定。统一配送模式可以让零售商避免第二次下注：零售商只需要押注于配送中心所需的库存数量。换句话说，在直接配送模式中，零售商必须承诺一个单位的最终目的地，而在统一配送模式中，零售商推迟服务承诺，直到库存到达配送中心。正是因为配送中心模式让零售商避免了第一个不确定性，所以统一配送模式才能比直接配送模式表现更好。

统一配送模式利用了通常被称为提前期集中（lead time pooling）的策略。提前期集中策略可以被认为是协调了多个库存地点的提前期。其实图形解释更容易，在图 17 - 9 中我们可以看到，直接配送模式中供应商和零售店之间有 100 个连接（图中已画出 2 个），统一配送模式中供应商和配送中心之间有单一的联系。

我们发现需求相关性影响了产品集中和地点集中的有效性。需求相关性在这里也有同样的效果，这并不让人感到奇怪。相关性越大，配送中心的需求标准差越高。图17 - 10显示了在配送中心的需求变化范围内使用统一配送模式的供应链库存。随着零售需求变得更加负相关，在统一配送模式下的库存下降。然而，我们已经看到，即使存在一些正相关关系，库存也可以减少：如果配送中心的标准差约为 40 或更小，统一配送模式的表现优于直接配送模式。

相对于直接配送模式，另一个决定统一配送模式吸引力的因素是供应商的提前期。图 17 - 11 显示了不同供应商提前期的两个模式的总供应链库存。如果供应商的提前期为 3 周或更短，直接配送模式比统一配送模式表现更好，否则，统一配送模式会做得更好。这是因为提前期集中策略在提前期增加时最为有效。特别是，从

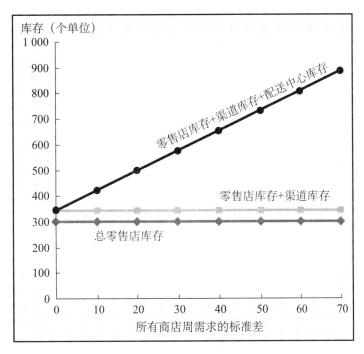

图 17 - 10 统一配送供应链的库存

注：菱形——总零售店库存；方形——零售店库存＋渠道库存；圆形——零售店库存＋渠道库存＋配送中心库存。

供应商到配送中心的提前期比从配送中心到零售店的提前期应该更长。

综上所述，供应链中的中央库存地点（配送中心）可以利用提前期集中策略来减少供应链的库存投资，同时仍然保持库存接近客户。如果总需求的变化小于单个商店的需求，并且配送中心之前的提前期比配送中心之后的提前期长得多，那么这种策略是最有效的。

虽然我们集中讨论了统一配送策略对库存的影响，该策略对供应链还有其他影响。我们提到了配送中心的每个库存单位的持有成本可能比零售店的要低，但没有包括运营配送中心的额外成本。另外，我们没有将配送中心到零售商的额外运输成本计算在内。对这类供应链的一个常见批评是，它明显增加了一个单位从供应商到零售商必须走的距离。然而，我们还没有将配送中心一些其他好处包括在内。

配送中心使零售商能更好地利用供应商提供的价格折扣，也就是说，在配送中心存放大宗商品比在零售店更容易（关于这个问题的分析模型，请参见第 19 章 19.1 节的交易促销和提前购买部分）。此外，配送中心亦会为零售店提供更频繁的送货服务。使用直接配送模式，每个商店从每个供应商处接收货物。部分卡车装运（partial truckload shipments），又称为"零担装运"（less-than-load）或 LTL 装运，通常是不经济的。在我们的示例中，因为零售商不能更频繁地为每个商店订购整车货，所以零售商每周从供应商处收到货物。

有了配送中心，更频繁的发货是经济的。配送中心允许零售商将来自多个供应商的产品放入送往商店的卡车中。现在一辆卡车装满了来自多个供应商的产品，它

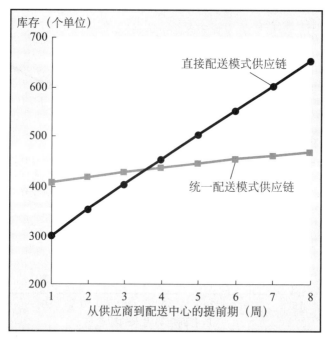

图 17 - 11　具有不同供应商提前期的统一配送模式供应链
（方形）和直接配送模式供应链（圆形）的库存

可以更频繁地装满。因此，在供应链中有了配送中心，每个商店可能每天都能收到一整车货，而没有配送中心，每个商店只能每周收到一批货。（这个论点也被用来证明航空公司的"轮辐式"系统是正确的：每天从盖恩斯维尔飞往洛杉矶的航班可能很难一直坐满乘客，但达美航空通过其亚特兰大枢纽提供这两个城市之间的航班，因为亚特兰大—洛杉矶这一段可以坐满从其他东南部城市飞来的乘客。）配送中心也可以比每周一次更频繁地从供应商处订购，因为配送中心集中了来自所有零售商的订单。事实上，虽然本例中配送中心的提前期集中好处是显著的，但很有可能运营配送中心的其他一些原因更为重要。

延迟差异化

统一配送是一种使用提前期集中的策略，以提供一些地点集中的好处，而无须将库存移到远离客户的地方。延迟差异化则是与产品集中类似的策略，也就是说，延迟差异化规避了与产品品种相关的不确定性，而没有减少客户所需的产品品种。我们将用奥尼尔公司的 Hammer 3/2 例子来说明延迟差异化。

回想一下，Hammer 3/2 有两个版本：一个传统的波浪标志印在胸前的冲浪型潜水服与和一个潜水标志印在同一个地方的潜水型潜水服。产品集中的方法是消除差异：只卖带有单一标志的 Hammer 3/2 潜水服。然而，这是一种极端的解决方案。

两种产品的问题是，我们可能售完了冲浪 Hammer，而潜水 Hammer 有剩余。

在这种情况下，我们如果将潜水标志换为冲浪标志就太好了，因为潜水服都是一样的。更好的是，我们如果只储备"无标志"或普通的潜水服，那么可以在需求到来时印上适当的标志，这种策略被称为延迟差异化（delayed differentiation），因为我们将潜水服的差异化推迟到出现需求之后。

要使延迟差异化策略奏效，有几件事是必要的。我们需要先把标志印在普通潜水服上。这不是一个微不足道的问题。目前，标志是丝网印刷在胸前，然后再缝进潜水服里。将标志丝网印刷到一套完整的潜水服上是相当困难的，需要设计丝网印刷过程。假设能够克服技术上的困难，我们仍然需要能够快速地丝网印刷，这样在潜水服的需求时间和装运时间之间不会有太多的延迟。因此，我们需要在该过程中有足够的闲置产能，以确保快速交付，即使整个季节的需求可能会波动。

如果这些挑战得到解决，我们就要决定订购多少套普通潜水服，并评估由此节省的成本。事实上，我们已经完成了这些步骤。如果我们认为只有当收到对冲浪型或潜水型潜水服的明确需求时，我们才会把标志丝网印刷在潜水服上，我们就永远不会有成品库存，也就是说，我们只需要担心普通潜水服的库存。普通潜水服的总需求与通用潜水服的需求是一致的，即冲浪 Hammer 需求与潜水 Hammer 需求之和。普通潜水服的经济原理也是一样的：它们以相同的价格出售，它们有相同的生产成本，我们假设它们有相同的残值（在某些情况下，普通潜水服的残值可能高于或低于成品的残值，但在这种情况下，它似乎是相同的）。根据通用设计分析，我们需要决定订购多少套普通潜水服，它们每件售价为 190 美元，每件成本为 110 美元，剩余的将以每件 90 美元的价格被打折处理掉，并且需求服从均值为 6 384 和标准差为 1 670 的正态分布。

以我们在产品集中部分的分析，在延迟差异化策略下的最优订货批量是 7 840 套，期望利润增加到 463 920 美元。虽然产品集中和延迟差异化的结果是相同的数值，但两种策略是不同的。延迟差异化仍然为消费者提供多种潜水服，因此他们的需求并没有像通用设计那样集中在一起。相反，延迟差异化的工作原理类似于统一配送的提前期集中策略：产品的一个关键差异化特征被延迟到观察到更明确的需求信息之后；地点集中策略的特性是产品的最终目的地（商店），而延迟差异化的特性则是产品的标志。此外，产品集中不需要对生产流程进行重大改变，而延迟差异化确实需要改变丝网印刷生产流程。在其他应用中，延迟差异化可能需要对流程和/或产品设计进行更显著的改变。

总的来说，在下列情形下延迟差异化是一种理想的策略：

1. 客户需要很多品种，也就是说，多样性很重要。
2. 与个体相比，总需求的不确定性更小。
3. 品种是在生产流程的后期产生的。
4. 品种多样性可以快速和便宜地添加。
5. 创建多样性所需的部件相对于通用部件（产品的主体）是便宜的。

让我们进一步解释刚才提到的五点。（1）如果多样性不重要，那么公司应该提供更少的品种或仅仅提供通用设计。（2）总需求不确定性较小，因此与通用部件的供需错配较少。一般来说，不同产品类别之间的负相关越大越好，因为负相关减少了总需求不确定性。（3）正如我们所看到的，如果供应商到配送中心的提前期相对于从配送中心到零售店的提前期较长，那么统一配送效果最好。如果生产通用部件的提前期较长，而将通用部件转换为成品的提前期较短，则延迟差异化最有价值。（4）如果在通用部件上增加品种的速度太慢，那么客户的等待时间可能是不可接受的，从而导致延迟差异化难以被接受。此外，如果在流程的最后增加品种成本很高，那么从延迟差异化中节省下来的成本可能无法抵消额外的生产成本。（5）最后，延迟差异化节省了通用部件（如普通潜水衣）的库存，但不节省差异化部件的库存。因此，如果产品的大部分价值都在通用部件中，延迟差异化最有用。

当多样性与产品的外观特征（例如颜色、标签和包装）相关联时，延迟差异化特别合适。例如，假设百得（Black and Decker）这样的公司同时向家得宝（Home Depot）和沃尔玛出售电钻，这是两家有影响力的零售商，它们可能希望有略微不同的包装，特别是，它们可能希望在包装上有不同的产品代码，这样消费者就不能进行直接的价格比较。电钻公司可以将电钻储存在两种不同的包装中，但这就产生了在家得宝有电钻卖而沃尔玛的电钻已经缺货的可能性。由于最终包装相对容易完成，在延迟差异化策略下只有在收到零售商的确定订单后才完成电钻的包装。此外，包装材料比电钻便宜，虽然公司不想有过多的电钻库存，但有足够的包装并不太昂贵。

零售涂料为延迟差异化的应用提供了另一个很好的例子。尽管亨利·福特有著名的产品分类理论，但谈到涂料颜色，消费者肯定不想要通用设计。与此同时，一个商店也不能提供所有可能的色度、色相、色调、光泽和色彩的涂料。一种替代方案是将涂料保存在中心仓库，然后根据需要运送给客户，这就是地点集中策略。考虑到颜色的多样性，即使做到地点集中也不清楚是否经济。此外，把涂料直接运送给消费者的成本非常高，所以几乎扼杀了这个想法。相反，涂料行业已经开发了设备以便零售商可用通用材料混合成任何颜色。最终的生产流程需要一些时间，但对消费者来说是可以接受的时间（5～15 分钟）。店内的生产设备可能比在工厂混合涂料更贵，但这里的额外成本是值得的。因此，通过重新设计产品，在生产流程的最后添加多样性（甚至在交付到零售店后），涂料公司能够经济地为消费者提供广泛的品种多样性。

如果"通用部件"可在不经过额外处理的情况下卖给一些客户，那么延迟差异化甚至可以被使用。解释一下，假设一个公司销售两种不同质量等级的产品，例如，一种快速打印机和一种慢速打印机、一种快微处理器和一种慢微处理器。这些质量上的差异可能会在价格上有所区别，从而提高整体利润率。然而，质量的差异并不意味着成本或设计的根本不同。例如，可以设计快速打印机和慢速打印机，这样快速打印机只需添加一个芯片或扳动一个开关就可以转换成慢速打印机。因此，该公司可能只持有快速打印机，便可以立即满足快速打印机的需求，当需要一台慢速打印机时，该公司从库存中拿出一台快速打印机，将开关翻转成慢速打印机，然后作为慢速打印机发货。

延迟差异化确实是一种强大的策略。事实上,它与另一种强大的策略——按订单生产(见第 15 章)有着惊人的相似之处。对于按订单生产,公司只有在收到客户的确定订单后才开始生产产品。戴尔在个人电脑行业中使用按订单生产产生了卓越的效果。对于延迟差异化,只有在收到对最终产品的需求后,才将通用部件区分为最终产品。这两种方法有什么区别呢?事实上,它们在概念上非常相似,它们的不同只是程度上的不同。延迟差异化是这样一种策略:公司储存接近完成的产品,基本上没有延迟完成剩下的几个生产步骤。按订单生产通常适用于这样一种情况,即从部件到成品的剩余生产步骤更加重要,因此涉及的是一些重要生产步骤的延迟。因此,延迟差异化和按订单生产是同一范围的两端,两者之间没有明确的边界。

17.4　柔性制造的产能[①]

延迟差异化利用制造流程末端的完全柔性产能,也就是说,最终的生产步骤能够将通用部件转换为任何最终产品。遗憾的是,对于一个公司来说,完全的柔性并不总是可用的或负担得起的,特别是当一个公司考虑到生产流程中更大的一部分需要变化时。本节研究公司如何利用柔性产能,但不一定是完全柔性产能的风险集中策略。关于产能柔性的其他讨论见第 8 章 8.7 节。

考虑一下通用汽车等汽车制造商的制造挑战。通用汽车运营着许多装配厂,生产不同的汽车。由于严格的劳动合同和装配工厂大量的资金需求,装配能力在这个行业中基本上是固定的。然而,对不同车型的需求可能会有很大的变化:一些产品的生产长期缺乏产能,而另一些产品似乎总是产能过剩。为缓解由此造成的供需错配,汽车制造商不断追求更大的制造柔性,也就是说,能够以相同的产能生产多种车型的能力。通用汽车可以利用柔性制造方式实现更高的销量和更高的产能利用率。但柔性不是免费的:能够制造一种以上车型的装备和组装设备比专用设备更昂贵,能够制造任何车辆的设备(完全柔性)是极其昂贵的。通用汽车需要多大的柔性?这种柔性应该放在哪里?

让我们定义一个能够代表通用汽车面临的挑战的具体问题。现有 10 家制造工厂和 10 种汽车(如雪佛兰迈锐宝、GMC Yukon XL 等),每家工厂只能生产一种汽车,也就是说,制造网络没有柔性。每种车的产能是在通用汽车观察到市场需求之前建立的。需求不确定:服从均值为 100、标准差为 40 的正态分布。稍微改变一下分布,我们假设最小需求是 20,最大需求是 180,也就是说,正态分布被截断,因此不可能出现过于极端的结果[②]。尽管我们对需求设定了上限和下限,但需

[①]　这部分内容基于 Jordon 和 Graves(1995)的研究。
[②]　换句话说,任何低于 20 或高于 180 的正态分布结果都将被忽略,并进行额外的随机抽取,直到在 20~180 区间得到结果。在这种情况下,正态分布大于均值两个标准差的概率只有 4.6%。

求仍然相当不确定，这是汽车行业典型的不确定性。关于需求的最后一点：我们假设每种车的需求都是独立的，因此，任意两种车的需求之间的相关性为零。

　　每家工厂有生产100辆的能力。如果需求超过了一种车的产能，那么多余的部分就会损失；如果需求小于产能，那么需求得到满足，而产能存在闲置。图17-12显示了这种情况：图的左边代表10家生产工厂，右边表示10种车型，线是"链路"，表明哪家工厂能够生产哪种车型。在没有柔性的情况下，每家工厂只能生产一种车，所以总共有10个连接。具有最小柔性的配置有11个连接，图17-12的右边显示了有11个连接的示例，其中一家工厂可以生产两种不同的汽车。当添加更多的连接时，我们就添加了更多柔性，当我们有100个连接时，就达到了完全柔性，也就是说，每家工厂都能生产每种产品。图17-13显示了完全柔性配置以及20个连接的可能配置之一。

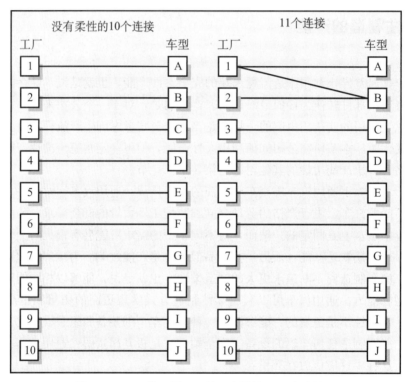

**图17-12　两种配置：一种没有柔性（10个连接），
另一种有一定的柔性（11个连接）**

　　对于每种配置，我们都有兴趣评估期望销量和期望产能利用率。遗憾的是，对于大多数配置，分析评估这些绩效度量指标是具有挑战性的。我们可以通过模拟得到这些绩效指标的准确估计。模拟的每一次迭代都随机抽取每一种产品的需求，然后在可行连接的约束下分配产能，使单位销量最大化。例如，在图17-12的具有11个连接的配置中，假设在一个迭代中，对车辆A的需求是85辆，对车辆B的需求是125辆。在这种情况下，工厂2用全部100辆的产能生产车辆B，工厂1用全部100辆的产能生产85辆的车辆A和15辆的车辆B，因此只损失10辆的潜在车

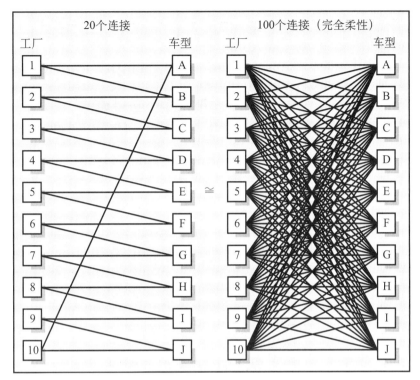

图 17 - 13　对不确定性需求的响应能力近似相等的柔性配置

辆 B 销量。我们对每个绩效度量指标的估计只是它在迭代中的均值。经过多次迭代，我们的估计将是相当准确的。

　　通过模拟，我们发现在没有柔性的情况下，期望销量为 853 辆，期望产能利用率为 85.3%。11 个连接的期望销量增至 858 辆，产能利用率增至 85.8%。当对车辆 B 的需求超过工厂 2 产能而对车辆 A 的需求低于工厂 1 产能时，我们使用这种额外的柔性做得稍微好一些，因为工厂 1 可以使用它的产能同时生产车辆 A 和车辆 B。图 17 - 14 提供了配置 10~20 个连接时的绩效数据。

　　图 17 - 14 显示，完全柔性能够显著提高绩效度量指标：产能利用率跃升到 95.4%，期望销量增加到 954 辆。更值得注意的是，仅增加 10 个连接就能产生几乎与完全柔性（增加 90 个连接）相同的结果：20 个连接的产能利用率为 94.9%，期望销量为 949 辆。显然，通过向无柔性配置添加第 11~90 个额外连接而实现的柔性几乎没有增量价值。换句话说，考虑到建立柔性很昂贵，完全柔性不太可能在经济上合理。这个结果与我们的发现有相似之处，即使用地点集中策略，大部分收益是通过集中少数地点获得的。

　　产能集中提高利用率似乎令人惊讶，因为排队系统中的服务器能力集中对利用率没有影响，如第 10 章所述。关键的区别在于：在排队系统中，需求永远不会消失，只是等的时间比想要的时间长，因此，服务的需求与产能结构无关。在这里，如果没有足够的产能，需求就会减少。因此，更多的柔性增加了服务的需求，从而提高了产能利用率。

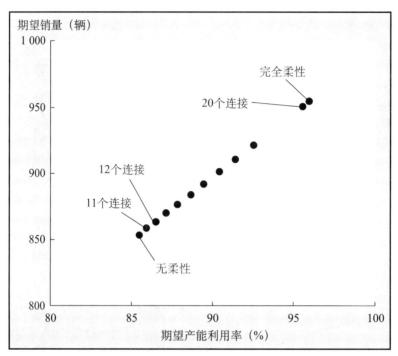

图 17-14　逐步增加的柔性对期望销量和产能利用率的影响

　　尽管拥有 20 个连接的柔性几乎可以与拥有 100 个连接的完全柔性表现得一样好，但并不是每一种配置拥有 20 个连接的绩效都那么好。图 17-13 显示了特殊的 20 个连接配置，几乎等于完全柔性。这种配置的有效性可以用链路（chaining）的概念来解释。链路是一组通过连接结合起来的工厂和车型。例如，在图 17-12 的 11 个连接配置中，前两家工厂和车型形成一条链路，其余的工厂与车型形成 8 条额外的链路。在图 17-13 的 20 个连接配置中，只有一条链路，总柔性配置也是如此。

　　一般来说，对于给定数量的连接，具有最长和最少链路的柔性配置表现最好。图 17-15 显示了两种 20 个连接的配置，一种是单链路配置（见图 17-13），另一种是五链路配置。我们已经知道，单链配置的期望销量为 949 辆。再次通过模拟，我们发现五链路配置的 20 个连接配置仅产生 896 辆的期望销量，而无柔性链路的期望销量是 853 辆。

　　长链路是有益的，因为它有助于重新分配产能以应对需求。例如，假设对车辆 A 的需求低于预期，但对车辆 G 的需求非常强劲。如果两款车都在同一条链路上，那么工厂 1 的闲置产能可以沿链路移动，帮助满足对车辆 G 的需求：工厂 1 生产一些车辆 B，工厂 2 生产一些车辆 B 和车辆 C，等等，这样两家工厂即工厂 6 和工厂 7 可以生产一些车辆 G。如果这两款车不是同一条链路的一部分（就像在五链路配置中一样），那么这种产能交换是不可能实现的。

　　除了如何配置柔性外，还有两个影响柔性价值的问题值得一提：相关性和总产能。到目前为止，我们假设跨车型的需求是独立的。我们从其他风险集中策略中学到，当需求变得负相关时，风险集中策略会更有效。这里也一样：当产能集中时，

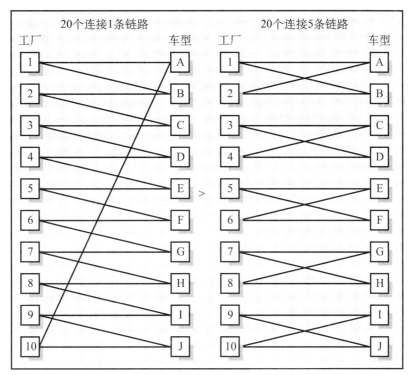

图 17 - 15　具有相同连接数但不同链路数的柔性配置

总需求的不确定性比单个产品的不确定性更重要，因此，负相关更有利于柔性配置。然而，这并不意味着在同一家工厂里必须有两种负相关的产品。相反，在同一条链路上有两种负相关的产品就足够了。一个有价值的洞见是：如果产品之间负相关，那么它们在物理上完全不同（如一辆全尺寸卡车和一辆紧凑型轿车），在同一条链路上生产它们可能比在同一家工厂生产它们要便宜得多。

总可用产能也影响柔性的有效性。假设每家工厂的产能只有 20 辆。在这种情况下，每家工厂总是以 100% 的利用率运行，因此柔性没有价值。另一种极端情况是，如果每家工厂都能生产 180 辆，那么柔性就不再需要了，因为每家工厂肯定都有闲置产能。换句话说，当产能和需求近似相等时，柔性更有价值，如我们的实例中所示。

图 17 - 16 进一步强调，在产能中等的情况下，柔性是最有价值的：当总产能等于平均总需求即 1 000 辆时，无柔性权衡曲线和 20 个连接权衡曲线之间的最大差距出现。

图 17 - 16 说明了一个观察结果：柔性和产能是可替代的。例如，要达到 950 辆的期望销量，通用汽车可以选择无柔性的总产能 1 250 辆，也可以选择 20 个连接柔性的总产能 1 000 辆。如果产能相对于柔性来说成本便宜，那么高产能无柔性选项可能是更好的。但是，如果产能相对于柔性来说成本昂贵（特别是考虑到我们只需要额外的 10 个柔性连接），那么低产能有柔性选项可能会更好。

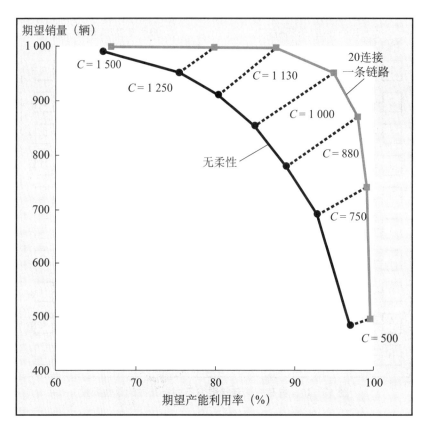

图 17 - 16　期望销量和产能利用率

　　注：图中显示了 7 种不同的产能（C）和两种配置（一种无柔性（10 个连接），另一种有 20 个连接和一条链路（见图 17 - 15））。在每种情况下，总产能在 10 种产品中平均分配，平均总需求为 1 000 辆。

　　到目前为止，我们的讨论主要集中在一个公司及其自身资源网络的柔性上。然而，如果一个公司不能自己实现柔性产能，另一个选择是雇用一个为它提供这种服务的公司。事实上，有整个行业正在这样做——合同制造业。这些公司通常没有自己的产品或品牌，它们提供的是供客户使用的产能-柔性产能。例如鸿海精密工业股份有限公司（Hon Hai Precision Industries，鸿海精密）可以为苹果和其他公司生产手机。这几家企业使用的设备和部件往往是相同的，因此，鸿海精密将它们的需求集中起来，而不用每家都投资于自己的产能和部件库存。换句话说，虽然这些公司都可以自己生产手机，但由于产能集中，鸿海精密能够以更高的利用率生产手机，从而降低成本。尽管利润非常微薄（一般为 5%～8%），但这种额外的效率还是使得鸿海精密可以获取一定的利润。此外，毫无疑问，鸿海精密已经快速增长，如图 17 - 17 所示。

　　综上所述，本节考虑通过制造柔性集中产能。主要的观点是：

　　● 只要将柔性配置成长链路，那么有限的柔性几乎可以与完全柔性一样适应需求的不确定性。

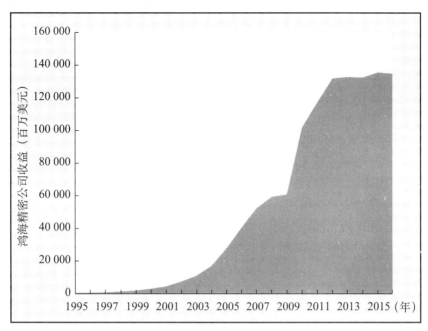

图 17 – 17 鸿海精密的收入增长

● 应配置柔性，使负相关产品属于同一条链路的一部分，不必在同一家工厂
生产。

● 当总产能大致等于平均期望需求时，柔性是最有价值的。

● 与合同制造商合作，可以获得柔性。

一般来说，公司投入巨额资金来实现完全柔性既没有必要，也不符合经济理
性。柔性当然是有价值的，但它不应该随意建立。虽然我们使用汽车制造的例子来
说明这些观点，但它也适用于服务环境中的工人。例如，没有必要对工人进行交叉
培训，使他们能够处理每一项任务（完全柔性），相反，对工人进行培训就足够了，
这样组织中就有了长技能链路。

17.5 小 结

本章描述并探讨了几种利用风险集中策略来更好地匹配供需关系的不同策略。
每一种都有其长处和局限性。例如，地点集中在减少库存方面非常有效，但将库存
从客户身边移走了。在减少库存方面，统一配送不如地点集中好，但它可以将库存
保持在客户附近。具有通用设计的产品集中也非常有用，但可能会限制所提供的产
品的功能。延迟差异化解决了这个局限性问题，但可能需要重新设计产品/流程，
引入轻微延迟可以满足需求。产能集中可增加销量和提高产能利用率，但需要柔性
产能，这可能不便宜，甚至非常昂贵。因此，只要在适当的环境中应用，这些策略
都是有效的。

我们考虑了各种情况和模型（例如最大库存水平订货模型和报童模型），得出了一些一致的结论：

- 一点点的风险集中会有很大的帮助。使用地点集中策略，通常只需要集中几个地点，而不是所有地点。对于产能集中策略，只要设计得当（长链路），一点点的柔性就能产生几乎与完全柔性相同的结果。
- 当需求呈负相关时，风险集中策略最为有效，因为总需求的不确定性远小于单个项目/地点的不确定性。当需求变得正相关时，这些策略就会变得不那么有效。
- 风险集中策略无助于减少渠道库存。只有通过更快地在系统中移动库存，才能减少库存。
- 风险集中策略可用于在保持相同服务水平（库存概率）的同时减少库存，或者可用于在保持相同库存的同时提高服务水平，或者将这些改进结合起来。

表 17-5 总结了本章的主要符号和公式。

表 17-5　第 17 章的主要符号和公式的总结

具有相同的均值和标准差的两种需求的组合

$$期望合并需求 = 2 \times \mu$$

$$合并需求的标准差 = \sqrt{2 \times (1 + 相关性) \times \sigma}$$

$$合并需求的变化系数 = \sqrt{\frac{1}{2} \times (1 + 相关性)} \times \left(\frac{\sigma}{\mu}\right)$$

17.6　延伸阅读

近年来，风险集中策略在学术界和实践中受到了相当大的关注。

Lee（1996）提供了延迟差异化策略的技术处理。在 Feitzinger 和 Lee（1997）的文献中可以找到对延迟差异化更有管理意义的描述。Brown、Lee 和 Petrakian（2000）描述了延迟差异化在半导体公司的应用。Simchi-Levi、Kaminsky 和 Simchi-Levi（2003）以及 Chopra 和 Meindl（2004）研究了供应链管理背景下的风险集中策略。

Ulrich 和 Eppinger（2011）从产品开发团队的角度讨论了延迟差异化和产品架构的问题。

Upton（1994，1995）提供了制造柔性问题的广泛讨论。

17.7　实战练习

下面的问题将有助于测试你对本章的理解。在每个问题之后，我们在方括号中

显示相关章节信息。

附录 E 中有带"﹡"标记的问题的答案。

Q17.1﹡（Egghead）1997 年 Egghead Computers 在全美经营 50 家连锁零售店。考虑 Egghead 出售的一种电脑。在任何给定的 1 周内，每个商店对电脑的需求都是独立且正态分布的，平均需求为 200 台，标准差为 30。每个商店的库存都直接从供应商处补充，提前期为 10 周。1997 年底 Egghead 决定是时候关闭零售店，建立一个网站，从一个仓库开始处理客户订单了。

a. 通过将需求集中到一个仓库中，Egghead 所面对的电脑的每周需求标准差是多少？假设 Egghead 在集中前后的需求特征相同。[17.1]

b. 当 Egghead 的订货离开供应商时，它拥有实物库存；当电脑离开 Egghead 的装运码头时，它将库存的所有权转移给客户。在统一配送情景中，渠道库存是多少？[17.1]

Q17.2﹡（两种产品）考虑两种产品——A 和 B。两种产品的需求均为正态分布，且具有相同的均值和标准差。每种产品的需求变化系数是 0.6。估计两种产品的需求相关性为−0.7。这两种产品的总需求的变化系数是多少？[17.2]

Q17.3﹡（Fancy Paints）Fancy Paints 是一家小型涂料店。Fancy Paints 有 200 个不同 SKU 的库存单位，每周进行补货。订货在一个月（比如 4 周）后到达。为了简单起见，我们假设每个 SKU 的周需求呈泊松分布，均值为 1.25。Fancy Paints 保持 95％的库存概率。

a. 商店每周末的平均库存是多少？[17.3]

b. 现在假设 Fancy Paints 购买了一台调色机。这台机器价格昂贵，但它不需要储存 200 个不同的 SKU 颜色，而是允许 Fancy Paints 只储存 5 个基本 SKU，并通过混合获得所有其他 SKU。每个 SKU 的周需求呈正态分布，均值为 50，标准差为 8。假设 Fancy Paints 对这五个颜色中的每一个都保持 95％的库存概率。1 周结束时商店平均有多少库存？[17.3]

c. 在测试了调色机一段时间后，决策者意识到每一个基本颜色 95％的库存概率是不够的：由于混合需要多个单元存在，因此需要更高的单元库存概率，以保持单个 SKU 95％的库存概率。决策者决定，对于这 5 个基本 SKU 中的每一个，98％的库存概率应该足够了。假设每个罐每年的成本为 14 美元，每年收取 20％的库存费用（假设每年 50 周）。相对于所有涂料单独储存的原始情况，商店的持有成本有什么变化？[17.3]

Q17.4﹡（汉堡王）看看以下摘自《华尔街日报》（Wall Street Journal）一篇关于汉堡王（Burger King）的文章（Beatty，1996）：

汉堡王打算在这个假期通过"玩具总动员"的促销活动让数百万父母和孩子开心。有些人对此表示强烈抗议，因为当地餐馆的流行玩具都卖光了……一年中每天售出的每一份儿童套餐都有一个赠品，这个计划已经实施了大约 6 年，帮助 Grand Metropolitan PLC 旗下汉堡王提高了市场份额。在美国的 7 000 家汉堡王门店几乎都参加了"玩具总动员"的促销活动…… 然而，如何满足消费者的需求仍然是汉堡王面临的难题。这在一定程度上是因为个别汉堡王餐厅的经理在促销开始前6个月就做出了狡猾的预测。汉堡王的营销总监理查德·泰勒说："这就像是让你拿出一个水晶球，准确预测未来的消费者需求。""这只是一个消费者需求超过供应的例子。"较长的提前期是必要的，因为这些玩具是在海外生产的，以利用较低的成本优势……在休斯敦和亚特兰大的汉堡王经理说，免费的玩具还有很多……订购了近5 000万个塑料小玩偶的汉堡王，"在全国范围内玩具还远远没有售完"。

让我们对汉堡王的情况做一个简单的分析。假设一个地区有200家餐厅，由一个配送中心提供服务。在必须向亚洲工厂下订单的时候，每家餐厅促销的需求（玩具数量）预计将以伽马分布，均值为2 251，标准差为1 600。下面提供了该伽马分布的离散版本的表以及密度函数的图：

Q	F(Q)	I(Q)	Q	F(Q)	I(Q)
0	0.000 0	0	6 500	0.980 7	4 280.0
500	0.131 2	0	7 000	0.986 5	4 770.4
1 000	0.310 1	65.6	7 500	0.990 6	5 263.6
1 500	0.472 8	220.6	8 000	0.993 4	5 758.9
2 000	0.606 2	457.0	8 500	0.995 4	6 255.6
2 500	0.710 4	760.1	9 000	0.996 8	6 753.3
3 000	0.789 3	1 115.3	9 500	0.997 8	7 251.7
3 500	0.848 0	1 510.0	10 000	0.998 5	7 750.6
4 000	0.891 1	1 934.0	10 500	0.998 9	8 249.8
4 500	0.922 4	2 379.5	11 000	0.999 3	8 749.3
5 000	0.944 9	2 840.7	11 500	0.999 5	9 248.9
5 500	0.961 1	3 313.2	12 000	1.000 0	9 748.7
6 000	0.972 6	3 793.7			

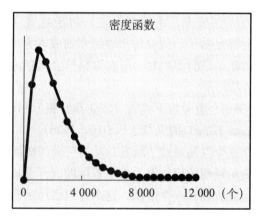

假设在促销活动的6个月前，汉堡王必须为每家餐厅下订单。此外，汉堡王希

望有至少 85% 的库存概率。

a. 根据这些要求，每家餐厅必须订购多少个玩具？[17.2]

b. 促销结束时，汉堡王预计剩余多少个玩具？[17.2]

现在假设汉堡王为所有 200 家餐厅下订单。订货将被送到配送中心，每家餐厅将在需要时从库存中收到货物。如果所有餐厅的需求是独立的，总需求将是 $200 \times 2\ 251 = 450\ 200$ 个，标准差为 $\sqrt{200} \times 1\ 600 = 22\ 627$。但是，各餐厅的需求不太可能相互独立。换句话说，很可能存在正相关关系。尽管如此，汉堡王还是根据历史数据估算了总体的变化系数将是一家餐厅的一半。因此，正态分布将适用于总需求预测。

c. 汉堡王需要为配送中心订购多少个玩具才会有 85% 的库存概率？[17.3]

d. 如果订购了 c 问题中的数量，那么汉堡王在促销结束时预计剩余多少个玩具？[17.3]

e. 如果汉堡王订购了 a 问题中评估的数量（每家餐厅都有自己的库存并产生 85% 的库存概率的数量），但是储存在配送中心，只在需要的时候送到每家餐厅，那么库存概率是多少？[17.3]

Q17.5[*]（Livingston Tools）Livingston Tools 是一家为消费者市场生产装电池的手持式电动工具（如螺丝刀和电钻）的制造商，该公司遇到了一个问题。它最大的两个客户是两家大型折扣店。因为客户存在激烈的价格竞争，每家都想要独家产品，从而阻止消费者进行价格比较。例如，公司将向每个零售商出售完全相同的电动螺丝刀，但使用为每个零售商定制的包装（包括两个不同的产品标识号）。假设每个零售商对每种产品的周需求是正态分布，均值为 5 200，标准差为 3 800。公司每周做出生产决定，并有 3 周的补货提前期。由于这两个零售商对公司非常重要，公司将目标库存概率设为 99.9%。

a. 根据最大库存水平订货模型，公司的这两种型号的电动螺丝刀的平均库存是多少？[17.3]

b. 有人对公司建议，公司储存电动螺丝刀，而不是把它们放入专门的包装。由于从两个零售商处收到订单，公司将从相同的库存中完成这些订单，因为实际上打包每个工具并不需要太多时间。有趣的是，两个零售商的需求有轻微的负相关，即 -0.20。这个新系统大约会减少多少公司的库存投资？[17.3]

Q17.6（Restoration Hardware）以下节选自《纽约时报》（*New York Times*）的一篇文章（Kaufman, 2000）：

> 由于它的早期承诺……Restoration Hardware 在成为大众市场参与者方面遇到了困难……到底是哪里出了错？该公司以惊人的速度扩张，在……上市后的一年半时间里，门店数量增加了一倍多，达到 94 个。公司管理人员认为，Restoration Hardware 最初的库存系统要求所有家具都存放在商店里，而不是存放在中心仓库，这是一场灾难。

让我们看看 Restoration Hardware 的一款产品——皮椅。这款椅子在每个商店的平均周销量服从泊松分布，均值为 1.25。补货提前期是 12 周（此问题要求使用 Excel 创建附录中没有包含的泊松分布函数和损失函数表。请参见附录 C，以评估损失函数表）。

a. 假设每个商店都有自己的库存，如果公司的政策目标是 99.25％的库存概率，那么公司的年库存周转次数是多少？[17.3]

b. 假设 Restoration Hardware 建立了一个中心仓库来为 94 个商店服务。从供应商到中心仓库的提前期为 12 周。从中心仓库到每个商店的提前期为 1 周。假设仓库以 99％的库存概率运行，但是商店保持 99.25％的库存概率。如果只考虑零售店的库存，Restoration Hardware 的年库存周转次数是多少？[17.3]

Q17.7（书桌）你负责设计家具分销的供应链。你们的产品之一是书桌。这款书桌有两种颜色：黑色和樱桃色。每种书桌每周需求呈正态分布，均值为 100，标准差为 65（两种颜色的需求是独立的）。从装配厂到零售店的提前期是 2 周，你每周订购一次补充库存。工厂没有成品库存（书桌是按订单装配后送到商店的）。

a. 如果每一种颜色的书桌都保持 97％的库存概率，那么商店的平均库存（黑色和樱桃色一起）是多少？[17.3]

你会注意到只有书桌桌面是黑色或樱桃色的，其余部分（底座）由标准的灰色金属制成。因此，你建议商店将黑色和樱桃色的桌面与灰色的底座分开存放，并在需求出现时组装它们。部件的补货提前期仍然是 2 周。此外，你为每种桌面选择一个最大库存水平，以生成 97％的库存概率。

b. 黑色桌面的期望在库库存是多少？[17.3]

c. 在新的店内装配方案下，相对于初始系统（在初始系统中，书桌是完全组装好的），你在店内平均减少了多少个灰色底座库存？（提示：记住，每个组装的书桌需要一个桌面和一个底座。）[17.3]

Q17.8（奥尼尔）奥尼尔公司的一款高端潜水服叫作 Animal。这款潜水服的总需求呈正态分布，均值为 200，标准差为 130。为了确保完美的合身度，这款 Animal 有 16 种尺寸。此外，它有 4 种颜色，所以实际上有 64 个不同的 Animal SKU（库存单位）。奥尼尔以 350 美元的价格出售 Animal，其生产成本是 269 美元。Animal 将在这个季节重新设计，所以在这个季节结束时，剩余库存将被大幅降价出售。因为这是一款利基产品，奥尼尔预计每套剩下的潜水服只能以 100 美元销售。最后，为了控制生产成本，奥尼尔的政策是，一次必须生产至少 5 套任何尺码/颜色的潜水服。对最小尺寸的总需求预测是均值为 2.00 的泊松分布。4 种颜色的平均需求是黑色＝ 0.90，蓝色＝ 0.50，绿色＝ 0.40，黄色＝ 0.20。

a. 假设奥尼尔已经没有额外的最小尺寸的 Animal 了。奥尼尔如果生产一批（5 套）最小尺寸的黑色 Animal 的期望利润是多少？[17.2]

b. 假设奥尼尔宣布只出售黑色的 Animal。如果奥尼尔估计这一举措将使总需求减少 12.5％，那么它从黑色 Animal 上赚取的期望利润是多少？[17.2]

Q17.9*（咨询服务）一家小型经济咨询公司有 4 名雇员：艾丽斯、鲍勃、凯西和道格。该公司在 4 个不同的领域提供服务：配额咨询、合规管理、战略咨询和

税收管理。目前艾丽斯有资格做配额管理，鲍勃做合规管理，等等。但这并不是很
有效：公司经常发现无法在一个领域竞争业务，因为它已经在那个领域有大量工
作，而在另一个领域却闲置着。因此，该公司希望培训顾问在不止一个领域拥有资
格。下列哪项任务分配可能对公司最有利？[17.4]

a.

	艾丽斯	鲍勃	凯西	道格
认证领域：	配额管理	合规管理	战略咨询	税收咨询
	合规管理	税收咨询	配额管理	战略咨询

b.

	艾丽斯	鲍勃	凯西	道格
认证领域：	配额管理	合规管理	战略咨询	税收咨询
	合规管理	配额管理	税收咨询	战略咨询

c.

	艾丽斯	鲍勃	凯西	道格
认证领域：	配额管理	合规管理	战略咨询	税收咨询
	合规管理	配额管理	合规管理	配额管理

d.

	艾丽斯	鲍勃	凯西	道格
认证领域：	配额管理	合规管理	战略咨询	税收咨询
	战略咨询	税收咨询	配额管理	合规管理

e.

	Alice	鲍勃	凯西	道格
认证领域：	配额管理	合规管理	战略咨询	税收咨询
	战略咨询	税收咨询	配额管理	合规管理

第 18 章
基于产能控制的收益管理

运营管理者不断与公司的供应流程斗争，以更好地满足需求。事实上，我们在本章的大部分讨论集中在如何能更好地组织、架构和设法使供应过程具有更高的生产率和更好的响应性。如果供应缺乏弹性，无法调整以满足需求，就需要另一种方法。特别是，本章采取了相反的方法：我们探索如何调整需求来匹配供应，而不是供应匹配需求。实现这一目标的各种技术都集中在收益管理（revenue management）这一总称下，也称为收入管理（yield management）。广义来说，收益管理是一门从固定供应中获得最大化收益的科学。

本章讨论收益管理中的两种特定技术：保护水平/预订限制和超额预订（我们将看到保护水平和预订限制实际上是实现相同技术的两个不同概念）。这些技术通过产能控制实现收益管理，也就是说，它们会随着时间的推移调整可用产能。价格被认为是固定的，保护水平和超额预订试图在不改变价格的情况下实现收益最大化。

我们以收益管理的简要介绍开始这一章：它的历史和成功故事，以及一些"利润计算"来解释为什么它可以如此强大。接下来，我们将通过一个来自酒店行业的例子说明保护水平和超额预订的应用。最后一部分讨论了这些技术在实践中的实现，并给出了总结观点。

18.1 收益管理和利润计算

收益管理技术最早于 20 世纪 80 年代早期在航空业发展起来。每个航班都是一项易逝资产（一旦某个航班离开登机口，就没有机会在这个航班上再赚取额外的收入），航空公司想要最大化每个航班获得的收益，这是利润微薄的航空业考虑的最重要问题。例如，一个典型的航空公司在运营时，大约 73% 的航班满座，要达到盈亏平衡，需要达到 70% 的座位被乘坐的目标：在 100 座的飞机上，盈利和亏损的区别是通过增减少数乘客来达到的。

采用收益管理技术的公司通常报告收益增长在 3%~7%，额外的资本投资相对较少。增量收益的重要性可以通过使用"利润计算"来理解。一个公司的净利润方程很简单：

$$利润 = R \times M - F = 净利润率 \times R$$

式中：

R——收益；

M——毛利占收益的百分比；

F——固定成本

净利润率——净利润占收益的百分比。

一个公司的净利润占收益的百分比（净利润率）一般为 1%~10%。

现在让我们假设实现收益管理并增加收益。假设收益增长通常是在 3%~7%。利润变化百分比是：

$$利润变化百分比 = \frac{[(100\% + 收益增加) \times R \times M - F] - [R \times M - F]}{R \times M - F}$$

$$= \frac{收益增加 \times R \times M}{R \times M - F}$$

$$= \frac{收益增加 \times M}{净利润率}$$

表 18-1 给出了用上述公式评估的多个毛利率、收益增加和净利润占收益的百分比的数据。这个表说明了看似很小的收益增加可以对利润产生重大影响，特别是当毛利率很高的时候。因此，3%~7% 的收益增加很容易带来 50%~100% 的利润增长，特别是在高毛利率的情况下，收益管理确实是一套重要的工具。接下来，我们将通过一个来自酒店行业的示例详细说明保护水平和超额预订。

表 18-1 不同毛利率的利润变化百分比、收益增加、净利润占收益的百分比

净利润率=2%					净利润率=6%				
毛利率（%）	收益增加（%）				毛利率（%）	收益增加（%）			
	1%	2%	5%	8%		1%	2%	5%	8%
100	50	100	250	400	100	17	33	83	133
90	45	90	225	360	90	15	30	75	120
75	38	75	188	300	75	13	25	63	100
50	25	50	125	200	50	8	17	42	67
25	13	25	63	100	25	4	8	21	33
15	8	15	38	60	15	3	5	13	20

18.2　保护水平和预订限制

　　费城贝尔维尤的柏悦酒店（Park Hyatt Philadelphia）位于费城市中心的百老街和胡桃木街（Walnut and Broad）交界处，为休闲旅客和商务旅客提供 118 个特大床房/大床房①。休闲旅客对价格更敏感，倾向于提前预订房间。商务旅客通常愿意为一个房间支付更多的费用，一部分原因是他们倾向于在更接近他们行程的时间预订，另一部分原因是他们希望避免与折扣票价相关的额外限制（如要求提前购买和更加严格的取消政策）。考虑到休闲旅客的需求，柏悦提供 159 美元的周中住宿折扣价格，而常规价格为 225 美元。我们把这些称为低价和高价，并使用 $r_l =$ 159 美元和 $r_h =$ 225 美元（r 代表收益，下标 l 代表低价，下标 h 代表高价）。

　　假设今天是 4 月 1 日，我们对柏悦 5 月 29 日的预订感兴趣，那是周中晚上。柏悦知道，将有很多旅客愿意支付低价，所以在 5 月 29 日之前销售所有 118 个房间不是问题。然而，在其他条件相同的情况下，柏悦希望房间住满了高价旅客，而不是低价旅客。遗憾的是，酒店不太可能有足够的高价需求，空房间带来的收益损失是显著的：一旦 5 月 29 日过去，柏悦就再也无法从这一产能中获得收益。因此，柏悦面临的挑战是为其 5 月 29 日的房间从这两个客户群体中尽可能多地获得收益，也就是说，希望收益最大化。

　　最大化收益的目标隐含地假设一个被占用的房间的可变成本是无关紧要的。零可变成本假设对航空公司来说是合理的，但这可能不太适合酒店，因为一个被占用的房间需要额外的公用设施和清洁人员的劳动。然而，在本章，我们坚持传统的收益最大化目标。如果客户的可变成本显著，那么我们提供的技术可以很容易地修改，以实现利润最大化的目标（例如，参见习题 Q18.8 和 Q18.10）。

　　回到我们的例子，柏悦可以只接受两种价位的预订，直到有 118 位旅客预订或 5 月 29 日到达，先到先服务的制度当然是公平的。按照这个流程，柏悦有可能在 5 月 29 日前 1 周预订完 118 个房间。遗憾的是，由于商务旅客通常预订较晚，在这种情况下，一些高价旅客很可能会在最后 1 周被拒绝。柏悦不允许取消低价预订而为高价旅客腾出房间。拒绝高价预订肯定会失去增加收益的机会。

　　有一种比先到先服务更好的方法。柏悦为高价旅客保留一定数量的房间，也就是说，保留一些房间只为最后一刻的预订。这是通过保护水平和预订限制的概念来实现的。

　　保护水平（protection level）是为更高价预留的房间数量。我们让 Q 代表对高价的保护水平。如果 $Q=35$，那么我们为高价保护 35 个房间。"保护" 35 个房间是什么意思？这意味着在任何时候都必须至少有 35 个房间可以被高价预订。例如，

---

　　① 费城柏悦酒店确实有 118 个特大床房/大床房，但本章中的需求和房价数据是不真实的。此外，本章描述的收益管理技术是柏悦如何进行收益管理的代表，但不应被视为柏悦实际运营程序。

假设有 83 个房间以低价预订，30 个房间以高价预订，5 个未预订房间。因为有足够多的未预订房间，所以我们可能有 35 个高价房间，我们没有违反保护水平规定。

现在假设下一位旅客要求预订低价房间。如果允许这种预订，那么我们将不再有足够的未预订房间即至少 35 个高价房间。因此，根据保护水平规定，我们不会接受这种低价预订。实际上，83 个房间的极限有一个名称，这被称为预订限制（booking limit）。预订限制是低价允许预订的最大数量。高价保护水平与低价预订限制之间存在关系：

$$高价保护水平＝产能－低价预订限制 \tag{18.1}$$

为了至少有 35 个高价房间（保护水平）可用，只要允许的预订总数（产能）为 118 个，柏悦就不允许超过 83 个房间低价预订（预订限制）。

你现在可能想知道低价保护水平和高价预订限制。没有必要保护任何低价房间，因为下一个最佳选择是房间空了，所以低价保护水平是 0。类似地，我们愿意以高价预订尽可能多的房间，因为没有更好的选择，所以高价预订限制应该设置为至少 118 个（正如将在下一节看到的，我们甚至希望允许超过 118 个预订）。

我们既然将预订限制定义为一个更低的等级所允许的最大预订数量，就隐含地假设预订限制是嵌套（nested）的。由于嵌套预订限制（nested booking limits），如果某个特定的票价等级是开放的（我们愿意接受该票价等级的预订），那么我们也愿意接受所有更高的票价等级。如果一个特定的票价等级关闭，那么所有比这个票价等级低的等级也关闭，这也是事实。由于超出本章讨论范围，嵌套预订限制可能不是最优的。然而，由于嵌套预订限制具有直观的意义，大多数收益管理系统都使用嵌套预订限制，因此，在讨论中，我们将假设嵌套预订限制。

现在让我们转到为低价选择预订限制的问题，或者等价地，为高价选择一个保护水平。在许多业务决策中，我们再次面临"太多太少"的问题。如果我们为高价等级保护了过多房间，那么 5 月 29 日可能会有一些房间空置。比如，假设在 5 月 29 日前 1 周，我们有 83 个低价预订，而只有 10 个高价预订，因为已经达到了低价预订限制，我们"关闭"了该价格的预订，仅在最后 1 周接受高价预订。如果只有 20 个额外的高价预订到达，那么在 5 月 29 日就有 5 个未预订房间，我们原本可以低价出售这 5 个房间，而那时那 5 个房间还是空着。因此，为一个房价等级保护太多的房间可能会导致房间空耗。

但柏悦也可能保护的房间太少。假设在 5 月 29 日前，我们有 80 个低价预订，35 个高价预订。因为只有 35 个房间被保护为高价，剩下的 3 个未预订房间可以用低价预订。如果它们以低价预订，那么一些高价旅客可能会被拒绝，也就是说，柏悦可能最终以低价出售原本可以高价出售的房间。如果保护水平多 3 个房间，那么这 3 个未预订房间只能以高价出售。因此，由于低价预订往往出现在高价预订之前，这可能会为高价保护太少的房间。

到目前为止，我们的讨论表明，柏悦可以使用报童模型逻辑来选择一个保护水平。（麻省理工学院的彼得·贝罗巴巴（Peter Belobaba）首先开发了这种方法，并将其称为"期望边际座位收益"（Expected Marginal Seat Revenue）分析。参见

Belobaba（1989）。）为了实施该模型，我们需要对高价需求进行预测，并对欠储成本和超储成本进行评估。假设柏悦认为 5 月 29 日的高价旅客人数是均值为 27.3 的泊松分布（这个预测可以用类似晚上、一年中类似时间的预订数据和管理者的直觉来构建）。表 18 - 2 给出了泊松分布的部分分布函数。

表 18 - 2 均值为 27.3 的泊松分布的分布函数和库存函数

Q	F(Q)	I(Q)	Q	F(Q)	I(Q)	Q	F(Q)	I(Q)
10	0.000 1	0	20	0.092 0	0.15	30	0.736 5	3.73
11	0.000 4	0	21	0.131 4	0.25	31	0.792 7	4.47
12	0.000 9	0	22	0.180 2	0.38	32	0.840 6	5.26
13	0.001 9	0	23	0.238 1	0.56	33	0.880 3	6.10
14	0.003 9	0	24	0.304 0	0.80	34	0.912 1	6.98
15	0.007 7	0.01	25	0.376 0	1.10	35	0.937 0	7.89
16	0.014 0	0.01	26	0.451 6	1.48	36	0.955 8	8.83
17	0.024 2	0.03	27	0.528 0	1.93	37	0.969 7	9.79
18	0.039 6	0.05	28	0.602 5	2.46	38	0.979 7	10.76
19	0.061 8	0.09	29	0.672 6	3.06	39	0.986 7	11.74

现在我们需要一个超储成本 C_o 和一个欠储成本 C_u。欠储成本是将保护水平设定过低（"欠"保护状态）的单位成本。我们如果没有为高价保护足够的房间，就会以低价出售原本可以高价出售的房间。损失收益是两种房价之间的差额，即 $C_u = r_h - r_l$。

超储成本是将保护水平设定过高（"过"保护状态）的单位成本。如果我们设定的保护水平过高，就意味着我们不需要为高价的客户保护这么多房间。换句话说，高价的需求低于我们的保护水平 Q。如果 Q 值更小，我们就可以更低的价格出售另一个房间。因此，超储成本就是以低价出售房间的增量收益：$C_o = r_l$。根据报童模型，最优保护水平（最大化收益水平，也就是最小化超储成本和欠储成本之和的水平）为 Q，使高价需求小于或等于 Q 的概率等于临界比率，即：

$$\frac{C_u}{C_o + C_u} = \frac{r_h - r_l}{r_l + (r_h - r_l)} = \frac{r_h - r_l}{r_h} = \frac{225 - 159}{225} = 0.293\ 3$$

换句话说，我们想找到 Q，有 29.33% 的可能性高价需求是 Q 或更小。由表 18 - 2 可知，$F(23) = 0.238\ 1$，$F(24) = 0.304\ 0$，因此最优保护水平为 $Q = 24$ 个房间（回想一下上舍入规则：当临界比率落在分布函数表中的两个值之间时，选择导致更高决策变量的条目）。相应的低价预订限制是 $118 - 24 = 94$ 个房间。

在某些情况下，将预订限制表示为授权水平（authorization level）会更方便：价格等级的授权水平是可以该票价或更低价保留的可用产能的百分比。例如，94 个房间的预订限制相当于 80%（94/118）的授权水平，因为柏悦 80% 的房间可以低价预订。计算步骤 18.1 总结了评估保护水平和预订限制的过程。

计算步骤 18.1

以收益最大化为目标，评估两种价格组合下最优高价保护水平或最优低价预订限制。

步骤 1：评估临界比率：

$$临界比率 = \frac{C_u}{C_o + C_u} = \frac{r_h - r_l}{r_h}$$

步骤 2：求出使 $F(Q)$ ＝临界比率的 Q，其中 $F(Q)$ 为高价需求的分布函数：

a. 如果 $F(Q)$ 以表的形式给出，那么找出表中的 Q，使 $F(Q)$ 等于临界比率。如果临界比率在表中两个条目之间，则选择 Q 较高的条目。

b. 如果高价需求是正态分布的，均值为 μ 和标准差为 σ，则求标准正态分布函数表中的 z 统计量 $\Phi(z)$ ＝临界比率。如果临界比率在表中两个条目之间，选择 z 较大的条目，最后将 z 转换为 Q：$Q = \mu + z \times \sigma$。

步骤 3：最优高价保护水平为步骤 2 中求出的 Q。最优低价预订限制是产能－Q，其中产能是允许的预订数量。

如果柏悦使用 24 个房间的保护水平，那么柏悦的期望收益将高于不使用保护水平的情况。高了多少？为了回答这个问题，我们需要做更多的假设。首先，让我们假设有充足的低价需求。换句话说，我们可以很容易地以低价预订所有 118 个房间。其次，让我们假设低价需求先于高价预订。因此，如果我们不为高价保护任何房间，那么低价客户将在任何高价客户请求预订之前预订所有 118 个房间。

根据我们的假设，在没有任何保护水平的情况下，柏悦的收益为 118×159＝18 762 美元：118 个房间全部以低价入住。如果保护 24 个房间，那么肯定会以较低的价格销售 94 个房间，其期望收益为 94×159＝14 946 美元。24 个受保护的房间的期望收益是多少？考虑到高价需求是均值为 27.3 的泊松分布，根据表 18-2，我们可以期望只有 $I(24)$ ＝0.80 个空房间。这意味着 24－0.80＝23.2 个房间将有高价客户。如果柏悦预计以高价出售 23.2 个房间，那么这些房间的收益为 23.2×225＝5 220 美元。保护 24 个房间的总收益为 14 946＋5 220＝20 166 美元。因此，我们的期望收益增加了 (20 166－18 762)/18 762＝7.5％。作为一个参照点，我们可以评估最大期望收益（maximum expected revenue），如果向每个高价客户销售，并以低价出售所有剩余房间，就可以实现最大期望收益：

最大期望收益＝27.3×225＋（118－27.3）×159＝20 564（美元）

因此，最大期望收益和仅以低价销售所获得的收益之间的差额是 20 564－18 762＝1 802 美元。在保护水平下，柏悦的收益仅比最高期望收益低了 20 564－20 166＝398 美元。因此，对高价的保护水平可以让柏悦获得 78％（＝1－398/1 802）的潜在收益改善。

7.5％的收益增长肯定是可观的，因为这是在不增加产能的情况下实现的。然而，我们必须记住这些假设。我们以为对低价房间有足够的需求。如果低价需求是有限的，那么对高价的保护水平就不那么有价值，增量收益也就更小。例如，如果低价和高价需求的总和本质上总是低于 118 个房间，就没有必要保护高价。更广泛地说，具有保护水平的收益管理在存在运营约束能力时最有价值。

第二个关键假设是，低价需求先于高价需求到达。如果在低价需求占据所有 118 个房间之前，一些高价需求"溜进来"，那么在没有保护水平的情况下，18 762 美元的收益估计就太低了。换句话说，即使不保护任何高价房间，我们仍然有可能获得一些高价预订。

虽然我们需要查看实际数据，以更准确地了解使用保护水平可能带来的收益改善，但我们的估计与实际报告的收益增长是一致的，由于收益管理，通常收益增长 3%～7%。

我们已经举了一个酒店预订限制的具体例子，因此有必要列举一些有利于应用预订限制的公司特征。

相同的产能可以用于销售给不同的客户群体。当销售的产能不同时，比如经济舱座位和头等舱座位，航空公司很容易对休闲旅客和商务旅客进行价格区分。这些都是明显不同的产品/服务。当销售给不同细分市场的产能相同时，将应用预订限制，例如，飞机上的经济舱座位或柏悦的特大床房/大床房有两种不同的价格。

- 不同的客户群体具有不同的价格敏感性。如果价格是单一的，当从所有客户处获得的收益都相同时，就不需要保护水平。如果公司能够用相同产能从不同客户群体中获得不同的收益，那么预订限制是值得的。因为销售的是同一单位的产能，所以有必要区分不同的客户群体。这是通过隔离限制（fences）实现的：对低价施加额外的限制，阻止高价客户以低价购买。典型的隔离限制包括高级购买要求、周六晚上的住宿需求、取消费用、更改费用等。当然，有人可能会说，这些隔离限制使低价和高价不同。例如，一张全价经济舱票和一张超级优惠经济舱票不是同一种产品，即使它们都提供经济舱座位。的确，从广义上讲，这些是不同的产品，但就其使用性而言，它们是相同的产品。

- 产能易逝。5 月 29 日的一个未使用的房间的价值将永远消失，就像一个航班中未使用的座位不能保存到下一个航班一样。相比之下，生产设施中的产能超过当前需求时可用来制造库存，库存就可以在以后出售。

- 产能有限。如果休闲和商务旅客的总需求很少超过 118 个房间，那么柏悦就没有必要建立保护水平或预订限制。因为创建产能和随时间改变产能都很昂贵，所以服务提供商不可能总是有足够的产能（利用率会如此之低，以至于公司肯定没有竞争力，也可能无法生存）。由于季节性的影响，柏悦有可能在一年中的某些时候有充足的产能，而在其他时候产能不足。预订限制在淡季是没有必要的，但在需求高峰时期非常有用。

- 提前销售产能。如果每当有人要求高价预订时，我们被允许取消低价预订（比如将一个低价乘客撵下飞机没有惩罚），就不需要保护高价：我们会取消低价预订以容纳更多的高价乘客。同样，如果要在航班起飞前进行竞拍，我们也不需要保护水平。例如，设想这样一种情况，所有潜在的需求将在航班起飞前一小时左右到达，然后进行竞拍，以确定谁将获得该航班的座位。这是一种相当愚蠢的出售机票的方式，但在有些情况下，显然有一种向类似拍卖的出售机制发展的趋势。因为拍卖确保产能卖给出价最高的竞标者，所以不需要设定保护水平。

● 一个公司希望最大限度地增加收益，有售卖不同价格的服务柔性，并可能为某些细分市场保留产能。酒店可以提供多种房价，也可以保留房价。换句话说，尽管关闭折扣价的做法意味着违反了先到先服务的原则，但这种做法通常并不被视为不道德或不公正。然而，在某些情况下，违反先到先服务，或收取不同的价格，或使用某些隔离限制是不能被消费者接受的，例如获得医疗保健的服务。

公司面临来自"折扣竞争者"的竞争。人民捷运（People Express）是一家在放松管制后成立的廉价航空公司，它收取的低价是美国航空公司（American Airlines）发展收益管理技术的主要动力。为了在低价领域竞争，美国航空公司被迫与人民捷运的票价一致。但是美国航空公司不希望高价客户支付低价。预订限制和低价隔离限制是解决此类问题的办法：美国航空公司可以在低价领域竞争，而不破坏其利润丰厚的高价客户的收益。人民捷运由于没有实施收益管理，在美国航空公司做出回应后很快破产。

18.3　超额预订

在许多服务情境下，客户被允许提前预订，然后可以在相对较短的时间内取消预订，或者干脆不来接受他们预订的服务。例如，在 5 月 28 日，柏悦 5 月 29 日的所有 118 个房间可能都被预订，但实际上可能只有 110 位客人会来，留下 8 个空房间，没有产生任何收益。本节描述的超额预订是对预约未到问题的一种解决方案。如果柏悦选择超额预订，就意味着柏悦接受超过 118 位预订，尽管最多可以容纳 118 位客人。超额预订在航空业很常见，在美国，航空公司每年拒绝约 100 万乘客登机（Stringer，2002）。此外，据估计，禁止超额预订每年将使世界各航空公司因预约未到而损失 30 亿美元（Cross，1995）。

设变量 Y 为柏悦愿意接受的超出产能的额外预订数量，即接受的预订数量为 $118+Y$。超额预订可能导致两种结果。从积极方面看，预约未到的数量可能大于超额预订的数量，因此所有实际到来的客人都可以被接待，并且比没有超额预订的情况下实际接待更多的客人。例如，假设柏悦接受 122 个预订，但有 6 位客人没有来。结果，116 个房间被占用，只剩下 2 个空房间，这几乎肯定比柏悦只接受 118 个预订的空房间要少。

从消极方面看，柏悦可能会被发现超额预订。例如，如果接受了 122 个预订，但只有 2 位客人未到，那么 120 位客人只有 118 个房间。在这种情况下，2 位客人需要入住其他酒店，柏悦可能必须给予一些额外的补偿（如现金或未来免费住宿），以减少拒绝这些客人造成的酒店商誉损失。

在确定超额预订的适当数量时，有一个"太多太少"的权衡：超额预订太多会让一些客人感到愤怒，但超额预订太少则会让酒店失去与空房间相关的收入。因此，我们可以应用报童模型来选择合适的 Y。我们首先需要根据历史数据预测不会出现的客人数量。假设柏悦认为 5 月 29 日晚上的预约未到服从泊松分布，均值为 8.5。表 18-3 提供了分布函数[①]。

表 18-3　均值为 8.5 的泊松分布函数

Q	$F(Q)$	Q	$F(Q)$
0	0.000 2	10	0.763 4
1	0.001 9	11	0.848 7
2	0.009 3	12	0.909 1
3	0.030 1	13	0.948 6
4	0.074 4	14	0.972 6
5	0.149 6	15	0.986 2
6	0.256 2	16	0.993 4
7	0.385 6	17	0.997 0
8	0.523 1	18	0.998 7
9	0.653 0	19	0.999 5

接下来，我们需要知道欠储成本和超储成本。如果柏悦选择的 Y 太小，那么 5 月 29 日当天会有空房间（柏悦"低"超额预订）。如果柏悦确实有大量的低价需求，那么这些空房间至少可以 159 美元（$r_l=159$ 美元）的价格出售，因此欠储成本是 $C_u=r_l=159$ 美元。令人惊讶的是，欠储成本并不取决于客人是否被允许取消而不受处罚。解释一下，假设我们接受了 120 个预订，但有 3 个客人预约未到。如果预订可以退款，我们从 117 个客人那里获得了收益（因为 3 个预约未到的客人得到了退款），但是本来可以从一个空房间获得收益但未获得。如果预订不能退款，我们将从 120 个客人那里获得收益，但同样，我们本来也可以从一个空房间那里获得收益。在每一种情况下，增量收益都是 159 美元，因为如果多接受 1 个预订，我们就可以多卖出 1 个房间。

如果柏悦选择的 Y 太大，那么客人就会比房间多。被拒绝的客人需要安置在其他的酒店，柏悦要提供其他补偿。柏悦给这些客人的总成本估计在 350 美元左右，所以超额成本是 $C_o=350$ 美元。注意：此成本是扣除从客人处收取的任何收益后的净额。例如，如果预订不能退款，那么柏悦因拒绝服务而产生的总成本为 509 美元，净成本为 350 美元（509-159），而如果预订可以退款，则柏悦产生的总成本为 350 美

---

① 细心的读者会注意到，我们的预约未到分布函数独立于预订数量。换句话说，我们假设无论预订 118 个还是 150 个，平均预约未到人数都是 8.5。因此，选择超额预订数量的更复杂的方法应该考虑允许的预订数量和预约未到的分布函数之间的关系。虽然这个更复杂的方法在概念上与我们的过程相似，但它在计算上很麻烦。因此，我们将坚持使用启发式方法。幸运的是，与更复杂的方法相比，我们的启发式方法表现良好。

元。不管是哪种情况，柏悦每拒绝一个房间的服务，就要多付 350 美元。

临界比率是：

$$\frac{C_u}{C_o+C_u}=\frac{159}{350+159}=0.312\,4$$

由表 18-3 可知，$F(6)=0.256\,2$，$F(7)=0.385\,6$，所以最优超额预订数量是 $Y=7$。换句话说，在 5 月 29 日，柏悦应该允许最多 $118+7=125$ 个预订。计算步骤 18.2 总结了评估最优超额预订数量的过程。

计算步骤 18.2

评估最优超额预订数量的过程。

步骤 1：评估临界比率：

$$临界比率=\frac{C_u}{C_o+C_u}=\frac{r_l}{每个流失客户成本+r_l}$$

步骤 2：求出 Y，使 $F(Y)=$ 临界比率，其中 $F(Y)$ 为预约未到的分布函数：

a. 如果 $F(Y)$ 以表的形式给出，那么找出表中的 Y，使 $F(Y)$ 等于临界比率。如果临界比率在表中两个条目之间，选择 Y 较高的条目。

b. 如果预约未到呈现均值为 μ 和标准差为 σ 的正态分布，则在标准正态分布函数表中查找 z 统计量，使 $\Phi(z)=$ 临界比率。如果临界比率位于表中两个条目之间，请选择 z 较高的条目。最后，将所选 z 转换为 Y：$Y=\mu+z\times\sigma$。

步骤 3：Y 是最优超额预订数量，也就是说，允许的预订数量是 $Y+$ 产能，其中产能是实际可以服务的最大客户数量。

如果柏悦选择 7 个超额预订，也确实收到 125 个预订，那么在 5 月 29 日，柏悦发现自己超额预订的概率约为 26%（$F(6)=0.256\,2$）。因为不能保证柏悦会收到那么多预订，所以超额预订的实际频率会更低。

一个很自然的问题是，柏悦应该如何将其保护水平/预订限制决策与超额预订决策结合起来。下面介绍一种合理的启发式算法。如果柏悦愿意超额预订 7 个房间，即 $Y=7$，则其有效产能为 $118+7=125$ 个房间。基于对高价需求的预测，以及与保护高价旅客的房间相关的欠储成本和超储成本，我们决定柏悦应该为高价保护 24 个房间。利用式（18.1），可以得出低价预订限制应该是：

$$低价预订限制=产能-高价保护水平=125-24=101$$

高价预订的上限是 125 个，也就是说，柏悦总共接受 101 个低价预订和 125 个总预订。

18.4　实施收益管理

虽然本章描述的收益管理的应用提供了相当直接的分析，但在实践中，收益管理的实施还会遇到许多其他复杂问题。下面将讨论一些更重要的问题。

需求预测

我们看到，预测是选择保护水平和超额预订数量的必要前提。因此预测做得好，所做的选择就好。幸运的是，预订系统通常提供丰富的信息来完成这些预测。然而，预测工作由于季节性、特殊事件（如镇上的一个会议）、价格变化（包括公司自己的价格和竞争对手的价格）和部分截取（一旦达到预订限制，大多数系统再也不会捕捉到在该价格水平上失去的需求信息）等的存在而变得复杂。此外，收益管理决策本身可能会影响需求，从而影响用于做出这些决策的预测。因此，对于任何成功的收益管理系统，都要在需求预测工作上投入相当多的关注和努力。

动态决策

我们的分析提供了一个单一时刻的决定，但是票价和预测会随着时间而变化，因此，预订限制需要经常审视（通常是每天）。事实上，复杂的系统在设定当前预订限制时，会考虑到未来的调整。

可用产能的可变性

酒店是服务公司的一个很好的例子，它的产能通常没有太大的变化：为酒店增加 1 个房间肯定是困难的，空房间的数量通常很少。航空公司的航班产能也是刚性的，但可能不如酒店的产能那么难以调整，因为航空公司可以选择改变航线上使用的飞机类型。然而，汽车租赁公司在任何特定地点的产能肯定是可变的，甚至不能完全由公司控制。因此，这些公司必须预测它们认为在任何给定的时间内可用的产能。

团体预订

如果 5 月 29 日在镇上有一个会议，那么柏悦可能会收到 110 个房间的低价请求。尽管此请求违反了预订限制，但预订限制是在每次只有一个预订的情况下建立的。拒绝一个 110 个房间的团体预订，显然比拒绝一个休闲旅客预订的成本更高。

有效客户细分

我们假设有两种类型的客户：低价客户和高价客户。实际上，这太简单化了。肯定有客户愿意支付高价，但如果有机会，他们也更愿意以低价预订。因此，隔离限制被用来根据客户的付费意愿将他们分隔开来。众所周知的隔离限制包括预订要求、取消费用、变更费用、周六晚上住宿要求等。但这些隔离限制并不完美，也就是说，它们并没有完美地分隔开客户。因此，从一个价格到另一个价格往往存在溢出需求。可能存在更有效的隔离限制，但一些隔离限制可能会使客户产生强烈抵制。例如，公司可以根据客户的年收入，或者客户在过去的服务中所支付的平均价格来调整客户的各种价格等级，但这些方案肯定不会受到热烈欢迎。

多个价格等级

在收益管理应用中，我们有两个价格等级：低价和高价。实际上可以有更多的价格等级。对于多个价格等级，有必要预测每个价格等级的需求，并建立多个预订限制。

软件实现

虽然对收益管理软件的投资相对于潜在收益来说通常是合理的，但它不可忽视。此外，收益管理系统经常受到它们必须使用的预订系统能力的限制。换句话说，收益管理软件可以决定价格等级是否应该开放或关闭（如是否接受特定价格的预订请求），它还必须能够沟通，通过预订系统将决策传达给旅游代理商或客户。最后，就像美国航空公司发现的那样，收益管理软件甚至可能存在小故障。它最初的软件有一个错误，在有很多空座的航班上过早地关闭了低价舱（也就是说，它将低价舱的预订限制设定得太低）。美国航空公司在意识到这些航班的载客量过低时才发现了这个错误（载客量是座位占用数，它是飞机的利用率），到那时，估计损失了 5 000 万美元的收益。选择正确的预订限制可以增加收益，但选择不当的预订限制会减少收益。因此，仔细观察收益管理系统总是必要的。

运力购买上的变化：不是所有的客户都只订购一个单位运力

即使两个客户支付相同的费用，从公司的角度来看，他们也可能是不同的。例如，假设一个休闲旅客要求一晚的低价，而另一个要求五晚的低价。虽然这些客户为每晚支付的费用相同，但直觉告诉我们，拒绝第二个客户的成本更高，事实上，这甚至可能比拒绝一个高价预订还要昂贵。

航空公司的挑战类似于酒店的多晚（multinight）预订客户。考虑两名从芝加哥（奥黑尔国际机场）前往纽约（肯尼迪机场）的乘客支付的折扣票价。一名乘客的最终目的地是肯尼迪机场，而另一名乘客将乘坐同一航空公司的另一航班从肯尼迪机场飞往伦敦（希思罗机场）。收益管理系统应该认识到多程乘客比单程乘客更有价值。但是，在奥黑尔—肯尼迪的航班上，针对每个票价等级定义的预订限制并没有区分这两名乘客。换句话说，最简单的收益管理方式是单线路（single-leg）

或单航段控制（single-segment control），因为决策规则关注的是航空公司网络中特定航段的票价。柏悦的例子可以被描述为单晚控制（single-night control），因为焦点是一个房间的一个晚上。

解决多航线问题的一种方法是为每个票价等级-行程组合设定预订限制，而不仅仅是为每个航段的每个票价等级设定预订限制，这被称为起讫点控制（origin-destination control），或简称为 O-D 控制（O-D. control）。例如，假设在奥黑尔—肯尼迪和奥黑尔—希思罗（经肯尼迪）两个航线上有三个票价等级——Y，M，Q（由高到低）（见表 18 - 4）：

表 18 - 4

票价等级	奥黑尔—肯尼迪（美元）	奥黑尔—希思罗（美元）
Y	724	1`610
M	475	829
Q	275	525

可以构建 6 个预订限制，以管理奥黑尔—肯尼迪航班的座位库存。例如表 18 - 5 所示。

表 18 - 5

票价等级	奥黑尔—肯尼迪（个）	奥黑尔—希思罗（个）
Y		100
M		68
Y	60	
Q		40
M	35	
Q	20	

因此，它可能拒绝一个奥黑尔—肯尼迪乘客的 Q 票价请求而接受一个奥黑尔—希思罗乘客的 Q 票价请求：可能有 20 个 Q 票价的奥黑尔—肯尼迪行程的机票预订，但少于 40 个 M 和 Q 之间票价的奥黑尔—肯尼迪行程的预订，以及 Q 票价的奥黑尔—希思罗行程预订。如果线路只有 3 个预订限制，那么所有的 Q 票价请求要么被接受，要么被拒绝，但不可能在拒绝其他票价请求的同时接受某些 Q 票价请求。

虽然为每个票价等级-行程组合创建预订限制听起来是个好主意，但遗憾的是，对于大多数收益管理应用程序来说，这并不实用。例如，可能有上千条线路使用奥黑尔—肯尼迪线路。在每个可能的航班上得出如此多行程的预订限制将是一个计算上的噩梦，更不用说实践上的挑战了。这个问题的一个解决方案是虚拟嵌套（virtual nesting）。虚拟嵌套可以创建有限数量的组合（buckets），每个组合都有自己的预订限制，每个组合都有自己的一组票价等级-行程组合。将票价等级-行程组合分配到各个组合中，同一组合内的票价等级-行程组合对公司具有相似的价值，而不同组合内的票价等级-行程组合具有显著不同的价值。

例如，可以为我们的示例创建 4 个组合，标记为 0～3（见表 18 - 6）：

表 18 - 6

组合	行程	票价等级
0	奥黑尔—希思罗	Y
1	奥黑尔—希思罗	M
	奥黑尔—肯尼迪	Y
2	奥黑尔—希思罗	Q
	奥黑尔—肯尼迪	M
3	奥黑尔—肯尼迪	Q

奥黑尔—肯尼迪 Y 票价和奥黑尔—希思罗 M 票价被组合在一起，因为它们产生的收益差不多（724 美元和 829 美元），而奥黑尔—希思罗 Y 票价的收益则要高得多（1 610 美元）。因此，虚拟嵌套可以区分愿意支付相同费用的同一线路的客户。此外，如果有许多不同的票价等级和许多不同类型的客户（例如不同行程的客户或在不同的地方住不同天数的客户），虚拟嵌套提供了一个可管理的解决方案。

虚拟嵌套虽然是针对这个问题实行的第一个解决方案，但不是唯一的解决方案。一个更新颖、更复杂的解决方案叫作投标价格控制（bid-price control）。让我们用航空公司的例子来解释投标价格控制。奥黑尔—肯尼迪的许多不同航线给航空公司带来了不同的收益，但它们都使用相同的产能单位，即奥黑尔—肯尼迪航班的经济舱座位。通过投标价格控制，每个航班的每一种产能都被分配一个投标价格（bid price）。如果票价超过其行程中各航班段的投标价格之和，那么票价等级-行程组合是可以接受的。例如，投标价格可以如表 18 - 7 所示。

表 18 - 7

	奥黑尔—肯尼迪	肯尼迪—希思罗
投标价格	290 美元	170 美元

因此，只要票价超过 290 美元，奥黑尔—肯尼迪的行程就是可行的；只要票价超过 290+170=460 美元，奥黑尔—希思罗（经肯尼迪）的行程就是可行的。因此，在奥黑尔—肯尼迪的行程中，Y 类和 M 类票价将开放（票价分别为 724 美元和 475 美元），而在奥黑尔—希思罗的行程中，所有票价都是可选的（因为最低 Q 票价 525 美元高于 460 美元的总价）。

在投标价格控制下，每个航段都有一个投标价格，这是一种相对直观和直接的技术。投标价格控制的挑战是找到正确的投标价格。这个挑战需要使用复杂的优化技术。

18.5　小　结

收益管理是在相对固定的供应/产能下，利用定价和产能控制来最大化收益的科学。本章重点介绍收益管理的产能控制工具：保护水平/预订限制和超额预订。保护水平/预订限制利用票价之间的差异和需求到达的常见交错特性，也就是说，休闲旅客的低价预订通常先于商务旅客的高价预订。为低价设定预订限制，可以为晚到的高价保护足够的能力。当客户的预订不确定时，超额预订是有用的；如果有一部分客户可能不会使用他们预订的产能，那么明智的做法是接受比可用产能更多的预订。

收益管理确实是相当复杂的，仍然是一个非常活跃的研究领域。尽管存在这些挑战，但收益管理已被证明是一种强大且有利可图的工具，正如 AMR 和美国航空公司前首席执行官罗伯特·克兰德尔（Robert Crandall）所说（Smith，Leimkuhler，Darrow，1992）：

> 我相信自从我们在 1979 年进入放松航空管制的时代，收益管理是交通运输管理中最重要的技术发展……收益管理模式的发展是美国航空公司在放松管制后生存的关键。在价格竞争激烈的市场上，如果没有收益管理，我们经常面临两种令人不满意的反应，即我们可能会冒着贱卖产能的风险来匹配折扣票价，或者我们无法匹配需求，自然就失去市场份额。收益管理为我们提供了第三种选择——对部分库存进行深度折扣的价格匹配，当为后到预订的更高价值的客户保有产能有利可图时，就关闭深度折扣的预订。通过调整这些折扣可用的预订数量，我们可以调整最低可用票价来考虑需求的差异。这就形成了一种以每个航班为基础来响应需求的定价结构。因此，我们可以更有效地让需求匹配供应。

表 18-8 总结了本章的主要符号和公式。

表 18-8　第 18 章的主要符号和公式的总结

选择保护水平和预订限制：

在两种票价条件下，r_h＝高价，r_l＝低价，高价保护水平 Q 具有如下临界比率：

$$临界比率=\frac{C_u}{C_o+C_u}=\frac{r_h-r_l}{r_h}$$

（求出临界比率 Q，使高价需求概率小于或等于 Q。）

低价预订限制＝产能－Q

选择超额预订数量 Y：

设 r_l 为低价。最优超额预订数量 Y 具有以下临界比率：

$$临界比率=\frac{C_u}{C_o+C_u}=\frac{r_l}{每个流失客户成本+r_l}$$

18.6　延伸阅读

关于收益管理发展的简史，参见 Cross（1995）。更广泛的历史，参见 Cross

(1997)。Cross（1997）也提供了收益管理技术的详细概述。

参见 Talluri、van Ryzin（2004）关于收益管理理论和实践的最新进展的广泛论述。两个已经发表的关于收益管理理论的评论参见 McGill、van Ryzin（1999）和 Weatherford、Bodily（1992）。

在 Geraghty 和 Johnson（1997）的文献中可以找到收益管理在汽车租赁、高尔夫球场和餐馆中的应用；也可参见 Kimes（2000）和 Kimes、Chase、Choi、Lee、Ngonzi（1998）。

18.7　实战练习

下面的问题将有助于测试你对本章的理解。在每个问题之后，我们在方括号中显示相关章节信息。

附录 E 中有带"＊"标记的问题的答案。

Q18.1＊（The Inn at Penn）The Inn at Penn 有 150 个标准大床房，分两种价格：全价 200 美元，折扣价 120 美元。为了获得折扣价，客户必须至少提前 2 周预订房间（这有助于区分倾向于提前预订的休闲旅客和看重晚预订灵活性的商务旅客）。酒店估计，在某一特定的周二晚上，休闲旅客的需求可以填满整个酒店，而商务旅客的需求呈正态分布，均值为 70，标准差为 29。

a. 假设 50 个房间被保护为全价房。折扣房的预订限制是多少？[18.2]

b. 找到全价房的最优保护水平（以折扣价出售的受保护房间数量）。[18.2]

c. 喜来登宣布将商务旅客的预订价格降至 150 美元，展开了一场价格战。酒店不得不将价格保持在同样的水平。最优保护水平是提高、降低还是保持不变？解释你的答案。[18.2]

d. 如果我们把全价房的保护水平定为 61，那么还有多少个房间（平均）空置？[18.2]

e. 如果酒店能够确保每个全价客户都能入住，那么酒店的期望收益是多少？[18.2]

f. 如果酒店不选择以全价保护任何房间，休闲旅客先于商务旅客预订，那么酒店的期望收益是多少？[18.2]

g. 根据 f 问题的假设，假设酒店以全价保护 50 个房间，酒店的期望收益是多少？[18.2]

Q18.2＊（The Inn at Penn 超额预订）由于客户预约未到，酒店正在考虑实行超额预订。从 Q18.1 中可以看到，酒店有 150 个房间，全价是 200 美元，折扣价是 120 美元。预测的预约未到人数服从泊松分布，均值为 15.5。该泊松分布的分布函数和损失函数如下：

Y	F(Y)	I(Y)	Y	F(Y)	I(Y)	Y	F(Y)	I(Y)
8	0.028 8	0.02	14	0.415 4	0.90	20	0.894 4	4.78
9	0.055 2	0.05	15	0.517 0	1.32	21	0.930 4	5.68
10	0.096 1	0.11	16	0.615 4	1.83	22	0.955 8	6.61
11	0.153 8	0.20	17	0.705 2	2.45	23	0.973 0	7.56
12	0.228 3	0.36	18	0.782 5	3.15	24	0.984 0	8.54
13	0.317 1	0.58	19	0.845 5	3.94	25	0.990 9	9.52

酒店对其为毕业生提供的服务质量很敏感，因此它估计，未能兑现预订的成本是 325 美元的商誉损失和显性费用。

a. 最优超额预订数量是多少？也就是说，在酒店应该接受的超过 150 个房间的最大预订数量是多少？[18.3]

b. 如果酒店接受 160 个预订，无法兑现预订的概率是多少？[18.3]

c. 如果酒店接受 165 个预订，满员的概率是多少？[18.3]

d. 如果酒店接受 170 个预订，预计因客户流失而产生的总成本是多少？[18.3]

Q18.3* （WAMB）WAMB 是一家电视台，每晚有 25 个 32 秒的广告时段。现在是 1 月初，电视台正在出售 3 月 24 日星期日的广告时段。它现在可以每个时段 4 000 美元的价格出售所有的广告时段，但是，因为在这个特殊的周日，电视台转播奥斯卡颁奖典礼，在 3 月 24 日前 1 周将有机会以 10 000 美元的价格出售广告时段。现在，假设一个没有提前销售、在上周也没有销售的广告时段对 WAMB 来说毫无价值。为了帮助做出这个决定，营销团队创建了以下最后一分钟销售的概率分布：

时段数量（x）	卖出 x 个时段的概率
8	0.00
9	0.05
10	0.10
11	0.15
12	0.20
13	0.10
14	0.10
15	0.10
16	0.10
17	0.05
18	0.05
19	0.00

a. WAMB 应该提前销售多少个时段？［18.2］

b. 在实践中，有一些公司愿意放置备用广告信息：如果有一个空时段可用（这个空时段既没有提前销售，也没有在最近 1 周销售），备用广告就被放置到这个空时段中。由于不能保证这样的时段是可用的，备用广告可以低得多的成本放置。现在假设，如果一个时段没有提前销售，也没有在最后 1 周销售，它将被用于一个备用促销信息，花费广告主 2 500 美元。WAMB 应该提前销售多少个时段？［18.2］

c. 假设 WAMB 在提前销售中选择了 10 个时段的预订限制。在这种情况下，为备用广告留出时段的概率是多少？［18.2］

d. 1 月初预订 3 月 24 日的广告有一个问题，就是广告主经常会取消投放广告的承诺（通常这是由于促销策略的改变，如一个产品可能被发现是劣质的或一个广告可能是无效的）。由于广告主的这种机会主义行为，媒体公司经常超额预订广告时段。WAMB 估计，过去被撤回广告的数量呈均值为 9 的泊松分布。假设每个撤回的广告时段仍然可以 2 500 美元的备用价格销售，该公司错过了以每个 4 000 美元销售这些时段的机会。任何被 WAMB 接受但由于没有空闲时段无法播放的广告，都将面临 10 000 美元的罚款。应该销售多少个时段（最多多少）？［18.3］

e. 随着时间的推移，WAMB 发现撤回广告的数量在稳步增加，于是决定对撤回广告的广告主处以 1 000 美元的罚款（实际上，该公司现在要求在任何时段都要支付 1 000 美元的押金。只有在 WAMB 因超额预订无法提供时段时，才会退回押金）。预计撤回广告的数量将减少一半（减少到只有 4.5 个）。现在应该销售多少个时段（最多）？［18.3］

Q18.4* （设计师裙子）加利福尼亚州圣巴巴拉的一家时装零售商在一场"仅限受邀"的时装秀上展示了一款新的设计师裙子。时装秀结束后，这条裙子将在该公司的精品店以 10 000 美元的价格出售。在精品店的需求是有限的，因为裙子只在短时间内才保有时尚性，估计需求服从均值为 70 和标准差为 40 的正态分布。为保持独家和高价，公司只生产了 100 条裙子。所有未出售的裙子都要销毁，这是公司的政策。

a. 在季末，平均有多少条裙子还未出售？［18.2］

b. 零售商的期望收益是多少？［18.2］

c. 时装公司经常在展览会上打折出售一部分新产品，而这些产品在观众的心目中仍是"新颖"的。该公司决定通过在时装秀期间以 6 000 美元的大幅折扣销售一定数量的裙子来增加收益。随后，剩下的裙子将在精品店以 10 000 美元的正常价格出售。通常情况下，时装秀上提供的所有裙子都会被出售，这当然会减少商店的需求：现在需求服从均值为 40、标准差为 25 的正态分布。时装秀要出售多少条裙子？［18.2］

d. 根据 c 问题中的决定，期望收益是多少？［18.2］

e. 根据 c 问题中的决定，预计有多少条裙子还未出售？［18.2］

Q18.5* （费城—洛杉矶航班超额预订）费城—洛杉矶航班有 200 个座位。假设机票价格平均为 475 美元，预订座位但出发时未到的乘客数量呈正态分布，均值为 30，标准差为 15。你决定超额预订该航班，并估计流失乘客（如果乘客数量超过座位数量）造成的平均损失为 800 美元。

    a. 应该接受的最大预订数量是多少？[18.3]

    b. 假设你允许 220 个预订。你打算支付多少钱来补偿流失乘客？[18.3]

    c. 假设你允许 220 个预订。你将不得不处理流失乘客的概率是多少？[18.3]

    Q18.6（费城—洛杉矶航班）以 Q18.5 中讨论的费城—洛杉矶航班为例。假设有 200 个座位，没有超额预订。高价是 675 美元，低价是 375 美元。对低价的需求很多，而对高价的需求呈正态分布，均值为 80，标准差为 35。

    a. 如果你为全价设定一个最优保护水平，出售 200 张预订机票的概率是多少？[18.2]

    b. 假设保护水平为 85。损失高价乘客的平均人数是多少？[18.2]

    c. 继续假定保护水平为 85。预计空座数量是多少？[18.2]

    d. 再次假设保护水平为 85。该航班的期望收益是多少？[18.2]

    Q18.7（安奈伯格）安奈伯格中心的导演罗恩正在为一部音乐剧制定定价策略，这部音乐剧将在一个有 100 个座位的剧院举行。他将全价票定为 80 美元，并估计在这个价格下的需求服从均值为 40 和标准差为 30 的正态分布。罗恩还决定为学生提供 5 折的预售票。学生折扣票的需求通常很旺盛，而且出现在全价票销售之前。

    a. 假设罗恩为学生票设定了 50 个座位的预订限制。罗恩希望销售多少张全价票？[18.2]

    b. 基于对另一个城市的演出的回顾，罗恩更新了他对全价票的需求预测，即均值为 60、标准差为 40 的正态分布，但他没有改变价格。全价座位的最优保护水平是多少？[18.2]

    c. 罗恩意识到很多空座位会对观众的观感产生负面影响。因此，他决定将学生票的折扣从全价的 50% 改为全价的 55%，并继续将他的保护水平设为最优（对全价票的需求预测与 b 问题一样，即均值为 60、标准差为 40 的正态分布）。学生折扣价格的变化会如何影响期望空座数量？（数量是增加、减少还是保持不变，或是无法确定将会发生什么？）[18.2]

    d. 罗恩知道平均有 8 个座位（泊松分布）因为没有人来而空着。罗恩还估计，多一个观众比空一个座位的成本要高 10 倍。超额销售的最大座位数是多少？[18.3]

    Q18.8（柏悦酒店）以本章讨论的费城柏悦酒店为例。回想一下，全价是 225 美元，预计全价需求呈均值为 27.3 的泊松分布，折扣价是 159 美元，有 118 个特大床房/大床房。现在假设一个被占用房间的成本是每晚 45 美元。这些成本包括准备和清洁房间的劳动，额外使用的公用设施，以及家具和固定装置的磨损。假设柏悦希望最大化期望利润而不是期望收益。全价的最优保护水平是多少？[18.2]

    Q18.9（MBA 招生）每年一所顶尖商学院的招生委员会都会收到大量的 MBA 入学申请，它必须决定发出多少份录取通知书。由于一些被录取的学生可能会决定追求其他机会，因此招生委员会通常会录取比理想的 720 人更多的学生。你被要求帮助招生委员会估计应该录取的合适人数。据估计，来年不接受录取通知书的人数呈均值为 50、标准差为 21 的正态分布。假设现在学校没有一个候补名单，也就是说，所有学生要么被接受，要么被拒绝。

a. 假设录取了 750 名学生。班级人数至少为 720 名学生的概率是多少？[18.2]

b. 很难将金钱价值与招收太多学生或招收太少学生联系起来。然而，一个共识是，一个班级的学生人数超过理想的 720 人的费用大约是一个班级的学生人数少于理想的 720 人的费用的两倍。合适的招生人数是多少？[18.3]

c. 候补名单缓解了学生太少的问题，因为在最后一刻，有机会从候补名单中录取一些学生。因此，招生委员会修正了它的估计，它声称，让 720 名以上的学生入学的费用比最初录取的学生的费用要贵 5 倍。你的修改建议是什么？[18.3]

Q18.10（航空货运）航空货运公司必须决定如何销售其运力。它可以通过签订长期合同出售部分运力。长期合同规定买方（航空货运公司的客户）将以一定的价格购买一定数量的货位。长期合同费目前是每标准空间单位 1 875 美元。如果不签订长期合同，那么该公司可以在现货市场上出售其空间。现货市场价格波动较大，预计未来现货价格在 2 100 美元左右。此外，现货市场需求波动较大，有时公司能找到客户，其他时候，在短期内不可能找到客户。让我们考虑一个特定日期的特定航班。该公司的运力是 58 个单位。此外，公司预计现货市场需求呈均值为 65、标准差为 45 的正态分布。平均而言，该公司空运一个单位的货物需要花费 330 美元的燃料、装卸和维护费用。

a. 假设公司完全依赖现货市场，也就是说，它没有签订长期合同。公司的期望利润是多少？[18.2]

b. 假设公司完全依赖长期合同，公司的期望利润是多少？[18.2]

c. 假设公司愿意同时依赖长期合同和现货市场。为了最大化收益，公司应该在长期合同下销售多少个单位的运力？[18.2]

d. 假设公司愿意同时依赖长期合同和现货市场。为了使利润最大化，公司应该在长期合同下销售多少个单位的运力？[18.2]

第 19 章
供应链协调

供应链绩效取决于供应链中所有组织所采取的行动，一个薄弱环节会对链条中的其他环节产生负面影响。虽然原则上每个人都支持优化供应链绩效的目标，但每家企业的首要目标是优化自己的绩效。遗憾的是，正如本章所示，供应链中每个成员的自我服务行为会导致供应链绩效低于最优。在这种情况下，供应链中的企业可从更好的运作协调中获益。

在本章，我们探讨了供应链协调面临的几个挑战。第一个挑战是牛鞭效应（bullwhip effect）：当你逆着供应链（从零售商到分销商、到工厂、到原材料供应商等）向上游移动时，需求变化往往会显著增加。考虑到任何形式的变化对于有效运营都是有问题的，很明显牛鞭效应不是一个理想的现象。我们识别了牛鞭效应的原因，并提出了几个策略来应对它。

供应链协调的第二个挑战来自供应链中独立企业之间的激励冲突（incentive conflicts）：使一家企业的利润最大化的行为可能不会使另一家企业的利润最大化。例如，一家企业增加库存、增加产能或提供更快的客户服务的动机可能与另一家企业的动机不同，因此两者之间产生了一些冲突。我们用一个销售太阳镜的供应链的例子来说明激励冲突的存在和后果。此外，我们提供了几个解决该问题的方法。

19.1 牛鞭效应：原因和结果

百味来（Barilla）是意大利面的主要生产商。图 19 - 1 描绘了柯蒂斯配送中心（Cortese）在一年内的意大利面发货量，以及柯蒂斯在百味来上游工厂的订货量情况。把出库的货物（发货量）看作下游客户对柯蒂斯的需求，而订货量则是柯蒂斯对上游供应商的需求。显然，柯蒂斯对上游供应商的需求比柯蒂斯面临的客户需求更具变化性。

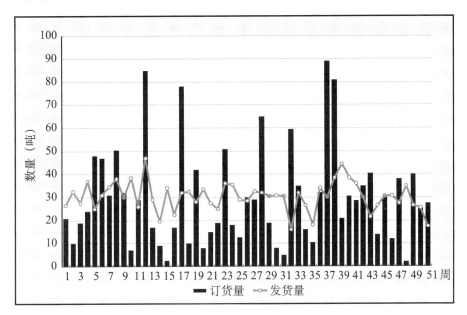

图 19-1　百味来的柯蒂斯配送中心的订货量和发货量情况

资料来源：Harvard Business School，Barilla Spa case.

　　在这种模式中，供应链中某个层级放大了订单相对于需求的波动性，这种模式被称为牛鞭效应。如果供应链中有几个层级（或层次）（如零售商、批发商、分销商、工厂），那么这种放大就会增强——一个层级进一步放大了下游客户已被放大的波动性。这种波动性的增强类似于人们观察到的鞭子噼啪作响时振幅的增加——因此得名牛鞭效应。事实上，宝洁创造了这个术语来描述它在尿片供应链上观察到的情况：尿片的最终需求是相当稳定的（婴儿消费的尿片数），但是尿片工厂面临的需求非常多变。以某种方式，变化性逆着供应链扩散。

　　牛鞭效应并不会提高供应链的绩效，供应链中任何环节的波动性增加都可能导致产品短缺、过剩库存、产能利用率低和/或质量差。这影响供应链的上游，使其必须直面需求变化的影响，也间接影响供应链的下游，使其必须应对上游更不可靠的补货。因此，查明原因是极其重要的，以便找到消除方法，或者至少是缓解策略。

　　图 19-1 提供了牛鞭效应的一个真实例子，但要了解牛鞭效应的原因，将其带入实验室是有帮助的，也就是说，在受控的环境中进行研究。我们的受控环境是一个简单的供应链，有两个层次。顶层只有 1 个供应商，下一层有 20 家零售商，每家零售商都有一个商店。让我们关注一个单一产品，该产品的日需求在每个零售商中遵循均值为 1.0 个单位的泊松分布。因此，消费者总需求遵循均值为 20.0 个单位的泊松分布（提醒：泊松分布之和也是泊松分布）。图 19-2 显示了此供应链。

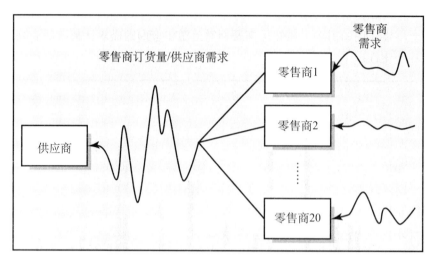

图 19 - 2 由 1 个供应商和 20 家零售商组成的供应链

注：每家零售商的日需求遵循均值为 1.0 个单位的泊松分布。

在确定牛鞭效应的原因之前，我们必须就如何测量和识别它达成一致。我们使用以下定义：

如果供应链某一层次的需求变化性大于供应链下一层次的需求变化性，则供应链存在牛鞭效应，其中变化性是用变化系数来衡量的。

例如，如果供应商需求的变化系数（零售商订货量之和）大于零售商总需求的变化系数，则在我们的供应链中存在牛鞭效应。

我们已经知道如何评估零售商总需求的变化系数：总需求呈均值为 20 的泊松分布，所以需求标准差为 $\sqrt{20}=4.47$，变化系数为 $4.47/20=0.22$。供应商需求的变化系数（零售商订货量的变化系数）取决于零售商如何向供应商下订单。

有趣的是，零售商向供应商提交订单的方式可以影响零售商订货量的标准差，但不能影响零售商订货量的均值。为了解释这一点，根据物质守恒定律，零售商的平均输入必须等于零售商的平均输出，否则，零售商的库存就不会稳定：如果进的比出的多，那么该零售商的库存就会持续增长，而如果进的比出的少，那么该零售商的库存就会持续下降。因此，无论零售商如何选择向供应商订货，供应商的需求均值（零售商的总订货量）等于零售商的总需求均值。在这种情况下，供应商的平均需求是 20 个单位/天，正如消费者的平均需求是 20 个单位/天。我们也可以在图 19 - 1 中观察到这一点：柯蒂斯的平均发货量约为 30 吨，平均订货量也约为 30 吨。

为了评估供应商需求的变化系数，我们还需要评估供应商需求的标准差，它确实取决于零售商如何提交订单。让我们首先假设零售商使用最大库存水平策略向供应商订购补货。

最大库存水平策略的一个关键特征是，任何周期的订购数量都等于前一个周期的需求数量（见第 16 章）。因此，如果所有的零售商都在每日回顾基础上采用最大库存水平策略，那么日订货将与日需求相匹配。换句话说，没有牛鞭效应！

如果所有零售商都采用最大库存水平策略（最大库存水平 S 不变），则一个周期内零售商订货量的标准差等于一个周期内消费者需求的标准差，也就是说，没有牛鞭效应。

因此，我们实验的目的是寻找牛鞭效应的原因，并发现牛鞭效应在实践中不一定发生。当供应链同一层次上的每个成员在每一周期都实行"需求拉动"（demand-pull）的库存策略时，并不会发生牛鞭效应这种情况，也就是说，每个周期的订货量都完全符合需求。遗憾的是，企业并不总是采用这种"无扭曲"的库存管理。事实上，它们可能有充分的理由偏离这种行为，正是这些偏离导致了牛鞭效应。接下来我们要找出其中的五个。

订单同步

假设零售商使用最大库存水平策略，但每周只订购一次。它们可以选择每周订购而不是每天订购，因为每个订单产生固定成本，所以希望减少订购的次数（见 16 章 16.8 节）。如此一来，在每周开始，零售商向供应商提交与前 1 周零售商需求相等的订单。但是因为我们对供应商的每日需求感兴趣，所以需要知道每家零售商的 1 周从哪一天开始。为简单起见，让我们假设 1 周有 5 天，零售商在 1 周内是均匀分布的，也就是说，20 家零售商中有 4 家在周一提交订单，4 家在周二提交订单，以此类推。图 19-3 显示了该场景的模拟结果。从图中可以看出，消费者需求的变化性与供应商需求的变化性大致相同。事实上，如果模拟更多的周期并评估这两个数据序列的标准差，我们会发现实际上消费者需求的标准差等于供应商需求的标准差。换句话说，我们还没有发现牛鞭效应。

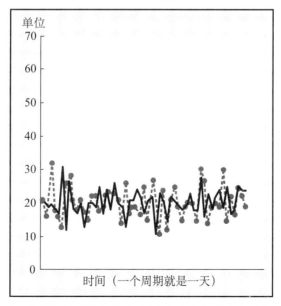

图 19-3　模拟每日消费者需求（实线）和每日供应商需求（圆点）

注：供应商的需求等于零售商的订货量之和。

我们在模拟中做了一个关键的假设。我们假设零售商的订单周期在 1 周内是均匀间隔的：零售商在周一、周三和周五的订货量相同。但实际情况不太可能是这样：公司倾向于在 1 周或 1 个月的某一天提交订单。为了说明这种偏好的结果，让我们假设零售商倾向于在 1 周的开始和结束时下单：9 家零售商在周一下单，5 家在周二，1 家在周三，2 家在周四，3 家在周五。图 19 - 4 显示了该场景的模拟结果。

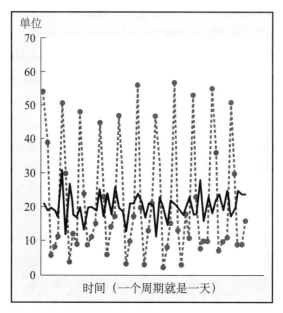

**图 19 - 4 当每周零售商订货时，模拟每日消费者需求（实线）
和供应商需求（圆点）**

注：周一有 9 家零售商订购，周二有 5 家，周三有 1 家，周四有 2 家，周五有 3 家。

我们发现了牛鞭效应！供应商的每日需求显然比消费者的需求变化更大。对于这个特定的样本，供应商需求的变化系数为 0.78，尽管消费者需求的变化系数只有 0.19，供应商需求的变化系数大约是消费者需求的变化系数的 4 倍！这并不是一个特别奇怪的需求模式的结果，也就是说，如果模拟的时间间隔很长，也会得到相同的定性结果。实际上，为了进行比较，你可以注意到图 19 - 4 中的消费者需求与图 19 - 3 中的消费者需求是相同的。

我们现在不仅观察到了牛鞭效应，而且发现了其原因之一，即订单同步（order synchronization）：如果零售商的订货周期变得哪怕有一点点同步，也就是说，倾向于集中在同一时间段，牛鞭效应就出现了。当零售商平均订货量匹配消费者平均需求时，由于订单同步，会有一些周期订货量远远超过平均需求，而在另一些周期订货量远远低于平均需求，从而给供应商带来额外的需求波动。

订单同步也可以在供应链的上层观察到。假设供应商实施了 MRP 系统来管理零部件库存的补充（这是一个计算机系统，根据未来的需求预测和生产计划，决定零部件库存补充的数量和时间）。许多公司按月实施 MRP 系统。此外，许多公司在每月的第 1 周通过订单系统执行补货。因此，供应商的供应商可能会在每月的第

1 周收到大量订单，而在当月的晚些时候，需求相对较少，这被称为 MRP 紧张（MRP jitters）或冰球棒现象（hockey stick phenomenon）（一个月的需求曲线看起来像一系列冰球棒，先是一个平坦的部分，然后是一个峰值）。

订货批量

我们认为，零售商可能希望每周而不是每天订购，以避免产生过多的订货成本。这种订货成本的节约可以通过批量订货（order batching）来实现：每个零售商的订单都是某个批量大小的整数倍。例如，现在让我们考虑这样一个场景：每家零售商采用 15 个单位的批量订货。批量大小可以代表 1 个箱子或 1 个托盘或一整车。我们暂且称它托盘。通过仅以 15 个单位的增量订购，即 1 个托盘的数量，零售商可以很方便地在仓库周围搬运和装载产品到卡车上。零售商如何决定何时订购1 个托盘？一个自然的规则是，每当自上一个订单以来累积的需求超过批量大小时，就订购一批。因此，在本例中，每 15 个需求触发 1 个托盘订单。当然，批量订货可以节省零售商的必要订货次数：

$$两次相邻订货间的周期数 = \frac{批量大小}{每周期平均需求}$$

在这种情况下，零售商平均每 15/1＝15 个周期下订单。

图 19-5 显示了批量订货的模拟结果。因为零售商只订购托盘数量，供应商的需求等于 15 的倍数。有的日子里不下订单，大多数日子里，一些零售商订购 1 个托盘，还有些日子里，有多达 4 个托盘的订单。

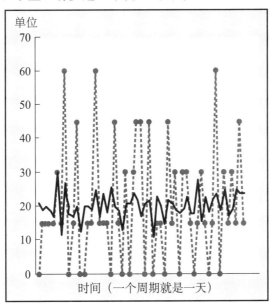

图 19-5　模拟零售商批量订购 15 个单位时的每日消费者需求（实线）和供应商需求（圆点）

注：每第 15 个需求，零售商就会从供应商那里订购一批包含 15 个单位的产品。

　　我们再次观察到牛鞭效应：供应商需求的变化性远大于消费者需求的变化性。具体来说，在这个例子中，供应商需求的变化系数为 0.87，而消费者需求的变化系数为 0.19。因此，我们确定了牛鞭效应的第二个原因，即批量订货：当零售商批量订购多个单位（如托盘数量或整车数量）时，就会出现牛鞭效应。同样，零售商的平均总订货量等于消费者平均需求，而不是订货的变化性。这是因为，由于批量的要求，零售商在一个周期的订货批量通常和在此周期的需求不匹配，它往往大于或小于消费者的需求。换句话说，批量要求迫使零售商以一种比消费者需求更容易变化的方式订货，尽管平均来说，订货量等于消费者需求。

交易促销和提前购买

　　某些行业的供应商为零售商提供交易促销活动：在批发价的基础上打折，但只在很短的一段时间内有效。交易促销促使零售商按折扣数量（on-deal）购买商品，也被称为提前购买，这意味着购买的商品远远超过所需要的短期需求。当供应商想要进行渠道铺货（channel stuffing）时，交易促销是一个关键的工具：提供激励来诱导零售商（渠道）持有比短期需求更多的库存。因为有了交易促销，许多零售商同时购买（订单同步），又因为订购的数量大（批量订货），交易促销能够产生巨大的牛鞭效应。让我们用另一个简单的场景来说明这一点。

　　假设 1 个供应商出售鸡肉面条浓汤，让我们考虑供应商的零售商之一。供应商的鸡肉面条浓汤的常规价格是每箱 20 美元，但每年供应商会提供两次为期 1 周 8% 的鸡肉面条浓汤折扣，比如 1 月的第 1 周和 7 月的第 1 周。这家零售商平均每周卖出 100 箱，并偏好随时准备 1 周的安全库存，也就是说，该零售商不会让其库存低于 100 箱。为避免不必要的复杂情况，让我们进一步假设零售商在 1 周初的订单是立即交付的，需求基本上以恒定的速率发生。该零售商的年持有成本是其库存价值的 24%。

　　现在我们用两种不同的订货策略来比较零售商的利润。第一种策略，零售商全年每周都有订单；第二种策略，零售商每年只下两次订单——在交易促销（trade promotion）期间。我们称第一种策略为需求拉动，因为零售商将订货量与当前需求相匹配。第二种策略称为提前购买（forward buying），因为每一个订单都涵盖了未来需求的很大一部分。图 19 - 6 显示了使用这两种订货策略的零售商在一年内的在库库存情况。

　　在需求拉动下，零售商的库存"锯齿"为 100～200 箱，平均为 150 箱。由于有了提前购买，该零售商的库存也出现了"锯齿"，但目前为 100～2 700 箱，平均为 1 400 箱。注意，尽管在本书中，我们在每个周期末测量库存，但在这里，我们测量的是整个周期的平均库存，也就是说，我们取平均库存为每个锯齿的峰值和每个锯齿的低谷之间的中点。这种方法更容易计算，并得出相同的定性结果（从实际的角度来看，也得出几乎相同的定量结果）。

　　现在让我们评估零售商使用每种策略的总成本。在需求拉动下，该零售商的平

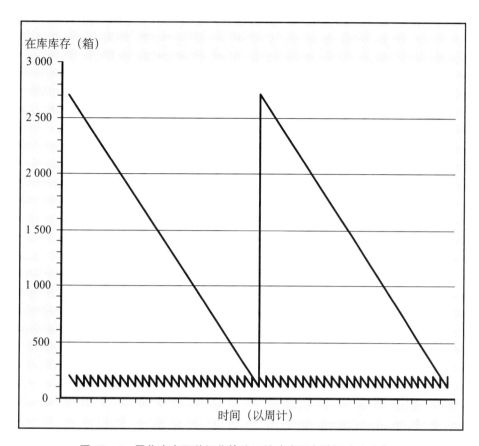

图 19 - 6　零售商在两种订货策略下的鸡肉面条浓汤在库库存

注：第一种策略称为需求拉动（下锯齿），零售商每周订购 100 箱。第二种策略称为提前购买（上锯齿），零售商每年订货两次，每次订购 2 600 箱。

均库存为 150 箱。在两个促销周中，以美元计算的平均库存是 $150 \times 18.4 = 2\,760$ 美元，因为促销价格是 $20 \times (1 - 0.08) = 18.40$ 美元。在一年剩余的 50 周内，以美元计算的平均库存是 $150 \times 20 = 3\,000$ 美元。以美元计算的加权平均库存为：

$$\frac{(2\,760 \times 2) + (3\,000 \times 50)}{52} = 2\,991 （美元）$$

该库存的年持有成本为：

$$2\,991 \times 24\% = 718 （美元）$$

全年采购成本为：

$$(20 \times 100 \times 50) + (18.40 \times 100 \times 2) = 103\,680 （美元）$$

因为在一年 50 周内以正常价格购买 100 箱，而在一年的两个促销周按折扣价格购买 100 箱。需求拉动策略的总成本是 $718 + 103\,680 = 104\,398$ 美元。

对提前购买策略的分析类似于需求拉动策略。表 19 - 1 提供了一个小结。

表 19 - 1　两种订货策略下的总持有成本和采购成本分析

	需求拉动	提前购买
年采购量（箱）	5 200	5 200
平均库存（箱）	150	1 400
平均库存（美元）	2 991	25 760
库存持有成本（平均库存成本的 24%）（美元）	718	6 182
正常价格下的采购数量（箱）	5 000	0
折扣价格下的采购数量（箱）	200	5 200
总采购成本（美元）	103 680	95 680
总持有成本和采购成本（美元）	104 398	101 862

注：在需求拉动下，零售商每周下单；在提前购买下，零售商每年在供应商的交易促销期间下两次订单。

从表 19-1 中我们可以看到，对于零售商来说，提前购买比需求拉动的每周订购更有利可图。提前购买策略的总成本比需求拉动的低 2.4%，这在食品杂货行业是一个相当大的数字。我们可以得出结论，一次相对较小的交易促销可以合理地促使零售商购买大量的产品。事实上，零售商可能希望购买足够的产品，以满足其需求，直到供应商的下一次促销。相比之下，8% 的折扣几乎不可能诱使消费者购买6 个月的鸡肉面条浓汤，理性的零售商比消费者对价格更敏感。

交易促销对供应商的影响不是很好。想象一下，供应商向许多零售商销售产品，这些零售商都利用供应商的交易促销活动。因此，零售商的订单变得同步（在一年的同一交易促销周内订购），而且订购的数量非常大（远远超过了满足眼前需要的数量）。换句话说，交易促销使订单同步和批量订货叠加从而产生了显著的牛鞭效应。

有趣的是，在提前购买策略下，零售商不会以正常价格购买。因此，如果供应商在全年向零售商提供 18.40 美元的价格（而不是仅仅在 2 周的交易促销期间），那么供应商的收入将是相同的。然而，零售商可以每周订购，从而降低零售商的持有成本。在这个价格不变的情况下，不难计算出零售商的总成本是 96 342 美元，比提前购买策略的成本低 5.4%，比最初的需求拉动策略的成本低 7.7%。因此，由于提前购买，供应链的成本比必要的要高 5%，而没有为供应链中的公司提供任何利益（零售商肯定不会从持有额外的库存中受益，供应商也不会获得更高的收益）。

虽然我们的分析基于鸡肉面条浓汤的理论供应链，但金宝汤同意这一分析与它的经验相符。例如，图 19-7 显示了一家零售商在一年内购买金宝汤鸡肉面条浓汤的数据。消费者主要在冬季喝汤，该产品传统上在 1 月和 6 月促销[①]。因此，这家

[①]　金宝汤通常会在夏季上调鸡肉面条浓汤的价格，因此 6 月的买入避免了即将到来的价格上涨。虽然这在技术上不是一种促销，但分析结果非常相似，其效果基本上与交易促销相同。

零售商需要大量的储存空间来持有其提前购买的鸡肉面条浓汤。其他零售商可能缺乏财务和实体能力，无法如此积极地提前购买，但仍会在某种程度上利用交易促销活动。这可以通过图 19-8 得到证实，图中显示了一年内金宝汤鸡肉面条浓汤的总消费量和发货量：发货量明显比消费量更不稳定，从而表明了牛鞭效应的存在。

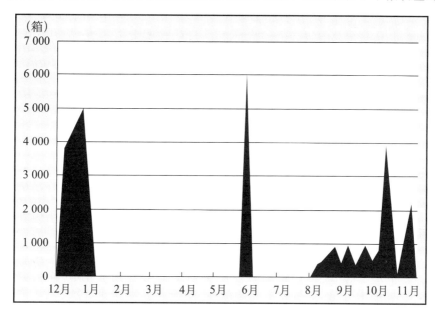

图 19-7　一家零售商一年内购买金宝汤鸡肉面条浓汤的情况

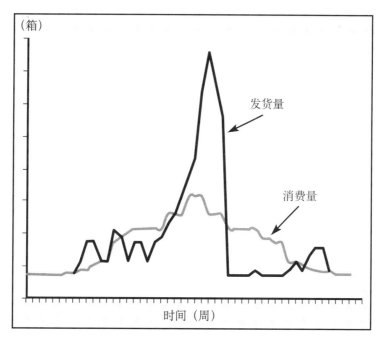

图 19-8　金宝汤鸡肉面条浓汤一年内（约上年 7 月至第二年 7 月）对零售商的
总发货量及消费者消费量

鉴于每年 1 月的交易促销使得需求激增，金宝汤必须让其鸡肉去骨工厂从 9 月到 10 月加班，让其罐工厂从 11 月到 12 月加班，让其运输设施在 1 月加班。所有这些活动都增加了生产成本，这一切都是因为公司的定价导致需求激增。

提前购买的负面影响不仅限于供应商的运营效率。一些零售商按折扣数量购买，并不打算把这些产品卖给消费者，相反，它们打算把产品卖给其他零售商，因为物理的或资金的限制，这些零售商无法利用交易促销活动。那些卖给其他零售商的零售商被称为分流者（diverters），这种行为被称为分流（diversion）。除了额外的处理成本（防止质量降低和损坏），分流不必要地增加了运输成本。还应该提到的是，当 1 个供应商企图在该国一个区域降低其价格而在另一个区域维持较高的价格时，就发生了分流，这可能是因为供应商在前一个区域面临一个区域竞争对手。20 世纪 80 年代末和 90 年代初，当几家全国性的食品杂货连锁店（Kroger、Safeway 等）出现时，这种形式的分流在食品杂货行业大大减少了。这些全国连锁店坚持要求，它们应从供应商那里获得单一的低价，从而防止区域价格歧视。

反应性订购和过度反应性订购

到目前为止，在供应链实验中，我们假设零售商知道每个周期的平均需求是多少，尽管需求可能是随机的。对于像鸡肉面条浓汤这样的知名产品，这是一个合理的假设。但对于许多其他产品，零售商可能无法确定地知道平均需求，这种不确定性给零售商的库存管理带来了复杂性。

假设零售商观察到某一周期的需求高于正常水平，零售商该如何应对这一现象？对这个异常值的一种解释是，它仅仅是由于随机波动而发生的。在这种情况下，零售商可能不应该改变对未来需求的预期，因此也不应该改变管理库存的方式。但对于这个异常值，还有另一种解释：它可能是需求发生变化的信号，表明该产品的实际平均需求高于此前的预期。如果这种解释是可信的，那么零售商应该增加订货批量，以满足未来额外的需求，否则很快就会缺货。换句话说，当面对异常高的需求时，零售商增加订货批量是合理的。类似地，当面对一个异常低的需求时，零售商应该减少订货批量，因为未来需求可能比以前认为的更低。当零售商不能确定需求长期稳定时，就应该理性地积极应对可能出现的需求变化问题。

零售商的这些反应导致了牛鞭效应。假设零售商观察到的高需求是源于随机波动，则未来需求不会高于平均需求，而零售商对这一信息的反应是订购更多库存，结果未来零售商将需要减少订单，以使过剩库存能够出售。现在的订货比需要的多、之后的订货比需要的少意味着零售商的订货比需求变化更不稳定，这就是牛鞭效应。

虽然对观察到的极端需求做出反应可能是理性的，但对这种信息做出过度反应（overreact）也是人类的天性，也就是说，行动过于激进。例如，对于一个高需求信号，零售商理性的反应是订货批量增加 125%，但零售商可能会"谨慎行事"，订购 150% 以备不时之需。遗憾的是，零售商可能没有意识到这一行为的后果。假设零售商由批发商补货，批发商由分销商补货，分销商由供应商补货。零售商看到需求的波动，就会做出反应，下更大的订单。零售商的订货量就是批发商的需求，因此批发商看到了更大的需求波动。批发商加以反应增加订货量，这使分销商惊喜。因此，分销商的反应是增加订货量，订货量如此之大，以至于供应商只能得出结论，认为需求大幅增加了。换句话说，过度反应可以传播到供应链的上游，从而产生牛鞭效应。

短缺博弈

一般情况下，零售商只会订购满足短期需求的库存，特别是在下一次可能补货之前所需的库存，但零售商并不总是知道下一次可能的补货何时会发生。如果需求增加而产能受到约束，那么零售商可能要等待很长时间才能得到下一次补货。一个合理的反应是订购大量的库存，而库存可能用于防备未来没有补货机会。

设想一个包含一个供应商、一个热卖产品、有限的产能和多家零售商的供应链。每家零售商都知道产能紧张，供应商可能有足够的产能来满足零售商的所有订单，但也很有可能没有足够的产能。零售商也知道，如果供应商耗尽了产能，那么供应商将把稀缺的产能分配给零售商。供应商可能会按比例分配：零售商的市场份额与零售商的订货批量相对于总订货批量成正比。例如，如果一家零售商订购了10 个单位，而其他零售商总共订购了 40 个单位，那么该零售商将获得 1/5（＝10/(10＋40)）的产能。当这种情况发生在产品上时，通常说产品是配给制（on allocation），也就是说，供应商必须分配产能，因为零售商的总需求超过了可用产能。

知道产品可能采用配给制，零售商的订货策略应该是什么？回到我们的例子，零售商想要 10 个单位，但预计只有 1/5 的订单将被交付，因此，如果订购了 10 个单位，只会收到 2 个单位，远远低于零售商的需求。一个明显的解决方案是订购50 个单位。零售商如果订购了 50 个单位，收到订货的 1/5，那么将收到期望的数量，即 10 个单位。其他零售商可能也在想同样的方法。因此，零售商可能会订购比实际需要多得多的数量，因为预计只会收到一小部分订货。这种由于预期可能出现产能短缺而超额订购的行为被称为短缺博弈（shortage gaming）或订货膨胀（order inflation）。

短缺博弈会导致供应链的混乱。一些零售商可能收到的比能卖出的要少得多（因为订货膨胀得不够多），而另一些零售商可能收到的比能卖出的要多得多（因为订货膨胀得太多）。例如，例子中的零售商订购 50 个单位，实际上收到 12 个单位，这仍然只是零售商订单的一小部分，但比需要的多 2 个单位。此外，订货膨胀会导致牛鞭效应，一旦供应商的客户认为产能可能受到约束，供应商的客户可能会大幅增加订单，从而造成供应商需求的过度波动。有趣的是，即使有足够的产能来满足零售商的需求，这种情况也会发生，造成订货膨胀的唯一原因是零售商认为自己可能不会收到全部订货。

短缺博弈行动会加剧牛鞭效应。假设供应商允许零售商返回未出售的库存。由于拥有过多库存的风险很小，零售商自然会关注库存过少的风险，这导致它们积极参与短缺博弈。

允许零售商返回订货的另一个做法是允许它们取消尚未收到的订单。由于可以免费取消订单，很明显零售商将提交一些订单，"以防"货物发生短缺。在行业中，这些订单有时被称为幽灵订单（phantom orders），因为它们是那些即使可能取消也要提交的订单，就像幽灵一样。

19.2 牛鞭效应：缓解策略

本节讨论公司如何改变商业惯例来对抗牛鞭效应。在食品杂货行业，许多这类变化都是由有效客户响应倡议带来的。

毫不奇怪，有效的改变始于对根本原因的理解。在牛鞭效应的例子中，我们在前一节确定了五个原因：订单同步、批量订货、交易促销、过度反应性订购和短缺博弈。

共享信息

供应链各环节之间共享关于实际需求的更多信息是减少牛鞭效应的直接方法。正如我们在前一节中所看到的，零售订货模式可能与零售需求模式几乎没有相似之处。因此，当零售订单大幅波动时，供应商很难正确预测需求趋势，所以供应商对这些数据反应过度也就不足为奇了。供应商经常了解实际的消费者需求数据，可以更好地评估需求趋势，并据此制订计划。

但共享当前的需求数据往往不足以缓解牛鞭效应，需求也会受到零售商在定价、商品销售、促销、广告和分类计划方面的影响。因此，除非供应商知道该产品将在零售商那里得到什么样的处理，否则供应商就不能准确地预测产品的销量。如果没有这些处理信息，供应商可能无法为零售商想要的产品提供足够产能，或者供应商可能会为很少引起零售商兴趣的产品提供过多产能。如果供应商和零售商彼此分享意图，这两种错误都可以避免。这种共享过程通常称为合作计划、预测和补给（collaborative planning，forecasting，and replenishment，CPFR）。

零售商与其上游供应商共享信息非常有用，供应商与其下游零售商共享可用性信息也很有用。例如，供应商可能意识到部件短缺，这将导致零售商打算推广的产品出现短缺。通过共享这些信息，零售商可以更好地计划促销活动。当供应商知道产能短缺不会发生时，共享信息也会很有用，从而防止出现某些短缺博弈。

平滑产品需求

认识到信息共享对于减少牛鞭效应非常有帮助这一点很重要，但信息共享不太可能消除牛鞭效应。牛鞭效应是供应链中如订单同步和批量订货等实际限制的结果。

可以通过消除零售商在同一时间订购的根源（如交易促销）来减少订单同步。与零售商协调，安排它们在不同的周期订货也有帮助。

减少批量订货意味着更少量、更频繁地补货。遗憾的是，这个目标与控制订货、运输和处理成本的愿望相冲突。使用计算机自动补货系统来决定向供应商何时订货并且订购多少，可以降低与提交给供应商的每一个订单相关的固定成本。此外，还需要某种技术标准，如电子数据交换（electronic data interchange，EDI），以便以供应商可接收的电子格式传送订单。

运输成本与小批量冲突，因为卡车的运输成本几乎不取决于运输货物的数量，所以有强烈的动机来满载运输。在处理库存方面也存在规模经济，这就是集装箱运输比单个运输便宜、托盘运输比单个箱子运输便宜的原因。诀窍是找到一种方法，在更频繁地补货的同时仍然控制处理和运输成本。

一个解决方案是多家零售商通过分销商将其订单合并给供应商。通过分销商而不是直接从供应商处订购，零售商可以更频繁地收到供应商的产品，而且仍然是整车满载订购。不同之处在于：对于直接订购，零售商往往要订购装满一辆卡车的产品，而通过一个分销商，零售商可将来自多个供应商的产品装满一辆卡车，这些供应商通过该分销商销售产品。

消除不良激励

正如我们在前一节所看到的，交易促销为零售商提供了一个非常强烈的提前购买激励，而提前购买产生了实质性的牛鞭效应。固定批发价完全消除了这种激励。固定批发价甚至可能不会让供应商的收益损失太多，特别是如果大多数零售商从未以正常价格采购的时候更是如此。

但是，人们认为取消交易促销活动会带来负面影响。供应商利用交易促销活动来诱导零售商开展消费者促销活动，目的是利用消费者促销活动来增加最终消费者的需求。事实上，交易促销确实在这方面取得了一定的成功：大多数零售商会在交易促销期间降低零售价格，从而将至少一部分折扣传递给消费者。如果交易促销不能再用来诱使零售商进行消费者促销，并且如果消费者促销被认为是必要的，那么供应商必须开发其他工具来进行所需的消费者促销。

丰厚的回报和订单取消政策是另一种供应商自我造成的不良激励措施，因为它们导致了短缺博弈和幽灵订单。一个解决方案是取消这些政策，或者至少让它们变得不那么丰厚。例如，供应商可以对退回的产品仅同意部分退款，或限制可退回产品的数量或限制退货时间，供应商还可以对取消订单罚款或要求在提交订单时支付不可退还的押金。

短缺博弈也可以通过分配零售商订单来消除。解释如下：假设一个供应商知道一个产品将采用配给制，这意味着每家零售商想要的比它能收到的要多，因此，供应商甚至不需要管零售商提交的订单，相反，供应商可以按照零售商过去的销量向每家零售商宣布一个分配方案。在汽车行业，这一方案通常被称为周转收益分配（turn-and-earn）：如果经销商周转一辆车（出售一辆车），那么该经销商就获得了购买另一辆车的权利。周转收益分配实现了几个目标：确保供应商的全部产能得到分配；将更多的产能分配给销量更高的零售商，这在直觉上是有道理的；促使经销商销售更多供应商的产品。在汽车行业，供应商可以利用热销车辆的分配来鼓励经销商加大对所有车辆的销售力度，这样经销商就可以捍卫自己的分配份额。虽然这种强加给经销商的额外动机可能对汽车制造商有利，但是否对经销商有利还存在争议。

采用供应商管理库存

宝洁和沃尔玛属于最早发现牛鞭效应并采取多项措施来缓解其影响的公司（金宝汤是北美地区另一个早期的革新者）。它们发起的一系列变革通常都集中在供应商管理的库存（vendor-managed inventory，VMI）上。许多公司现在已经实现了自己的 VMI。VMI 通常包含以下特性：

● 零售商不再决定何时订购和订购多少库存，相反，供应商决定向零售商发货的时间和数量。双方共同协商，达成供应商将用来指导补货决策的目标（如目标库存概率）。供应商对零售商的影响可能有所不同：在某些实践中，供应商仅仅管理零售商配送中心的产品，而零售商保留从配送中心向商店补货的责任。在其他实践中，供应商管理所有库存直到零售商的货架。供应商的触达范围也因具体情况而异。通常供应商只控制自己产品的决策，但在某些情况下，供应商承担整个类别的管理责任，包括为零售商销售的供应商的竞争对手的产品制定补货决策。

● 如果供应商要对补货决策负责，供应商就需要信息。因此，通过 VMI，零售商与供应商共享需求数据（如配送中心提货和/或零售店销售点数据，简称 POS 数据）。供应商将这些数据作为自动补货系统的输入，这是一种计算机程序，它决定每一个产品的补货时间和数量，并在每个地点进行管理。除了正常的需求变动外，供应商必须意识到可预见的潜在需求变动。如果零售商即将进行消费者促销活动，将基本需求水平提高 20 倍，那么供应商需要知道促销何时会开始。这些计算机引导的补货系统通常被称为连续补货（continuous replenishment）或连续产品补货（continuous product replenishment）。然而，这些用词有些不当，因为产品往往更频繁地补充，但不是连续的。

● 供应商和零售商取消交易促销活动。如果零售商要给予供应商对补货决策的控制权，这是必要的，因为零售商不希望放弃潜在的提前购买利润。采用 VMI 通常包括一些协议，供应商将保持一个稳定的价格，该价格将低于正常价格，以补偿零售商没有打折购买（因供应商取消交易促销活动）的损失。

VMI 中包含的创新是相辅相成的，在减少牛鞭效应方面是有效的。例如，将补货控制从零售商转移到供应商，使供应商能够控制交货时间，从而减少（如果不是消除的话）订单同步效应。VMI 还允许供应商以比零售商订购的更小的数量发货，从而避免批量订货问题。例如，在采用 VMI 之前，金宝汤的许多客户会一次订购每种汤品 3~5 个托盘，1 个托盘通常包含约 200 箱。客户会以多个托盘的批量订货，以避免频繁订货的成本。通过 VMI，金宝汤决定用托盘装运快速售卖的品种和用混合托盘装运缓慢售卖的品种（如一半或 1/4 托盘）配送。对金宝汤来说，频繁订货不是问题，因为它实施了一个自动补货系统。但金宝汤仍然担心处理和运输成本。因此有了 VMI，金宝汤继续满载运输，每辆卡车大约有 20 个托盘。在采用 VMI 之前，每辆卡车上装载的产品少于 20 个（因为每个产品将订购多个托盘）。采用 VMI 后，20 个托盘中的每一个都可能是不同的产品。因此，采用 VMI 可以在更频繁地订购每个产品的同时保持满载，因为每个产品的订购数量更小。

在某些情况下，VMI 还帮助处理批量订货，因为它允许供应商将多家零售商的订货组合起来。在 VMI 出现之前，两家零售商将订单结合起来组装一整车基本上是不可能的。但是，如果供应商与两家零售商都有 VMI 关系，那么只要零售商之间距离很近，供应商就可以将它们的订单合并到卡车上。通过向每家零售商补充少于整车的批量，供应商在保持运输效率的同时减少了牛鞭效应。

VMI 还可以消除因过度反应引起的牛鞭效应。因为需求信息是共享的，供应商不太可能对需求的变化做出过度反应。此外，由于 VMI 是用计算机算法来制定补货策略的，所以 VMI 系统在情感上不像人类那样善变。

虽然 VMI 改变了供应商和零售商之间供应链关系的许多方面，但某些方面通常不会受到干扰。例如，VMI 取消了交易促销活动，但它并不一定寻求取消消费者促销活动。消费者促销活动也可以导致牛鞭效应，但是有几个原因解释了为什么相比交易促销活动，它更少增加波动性：不是每家零售商同时进行消费者促销活动，所以订单同步不像交易促销那么糟糕，而且消费者不像零售商那样提前购买。此外，一些公司愿意放弃交易促销，但很少有公司愿意放弃消费者促销，消费者促销被视为竞争的必要条件。

牛鞭效应的反效果：生产平滑

由于产生牛鞭效应的原因众多，人们可能会认为牛鞭效应几乎是任何供应链中的一个潜在问题。这导致了以下问题：牛鞭效应是否确实存在于每个供应链中？有没有什么自然力可以消除牛鞭效应？简而言之，答案是否定的，牛鞭效应并不是无处不在的，因为确实有一种力量在减少它。

图 19-9 显示了 10 年来美国大型超市（如沃尔玛、Target 和科尔百货）的月度商品流入和流出情况。商品的流出与需求类似——以美元计的大量商品经过大型超市交到最终客户手中。商品流入是指大型超市购买商品的数量。该图显示，流入的商品实际上比流出的商品更加稳定。换句话说，大型超市的供应商所看到的需求（流入序列）比大型超市自身所看到的需求（流出序列）变化更小——我们没有观察到牛鞭效应（至少在整个行业的总体水平上和在每月的水平上）。为什么？

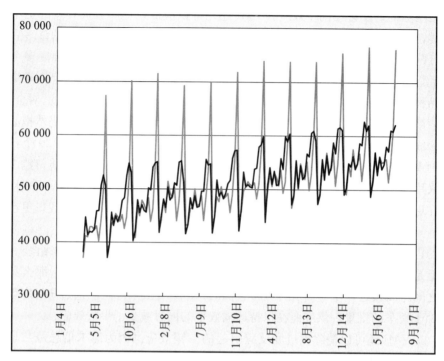

图 19 - 9 美国大型超市的商品流入和流出

资料来源：U. S. Census Bureau，Monthly retail trade data.

从这些零售商的需求来看，每年第四季度都有明显的增长，在 11 月尤其是 12 月尤为强劲。从直觉上看，这是一年一度的假日销售旺季。这一年度高峰给零售商带来了重大的运营挑战——不仅需要满足客户，还需要补充货架。及时补货需要大量的劳动力，但是在这么短的时间内（仅在 11 月和 12 月）雇用这么多季节工是非常昂贵的。为此，零售商在 9 月和 10 月开始将产品转移到仓库和商店。如图 19 - 9 所示，每年零售商在这几个月里有商品的净流入——流入大于流出（增加了库存）。这种库存的预先配置使零售商能够平滑产品的流入，从而减少在一年中最繁忙的时候需要完成的工作量。实际上，零售商从事平稳生产——在淡季时期增加库存，在繁忙时期减少库存，这样劳动力负担就不会太大。显然，预置库存（preposition inventory）比员工数量大幅度波动更便宜。由于这种生产平滑策略，这些零售商的供应商实际上经历更少的波动。

一般来说，当零售商（或任何其他公司）面临高季节性需求（可预测的可变需求）时，零售商将有动机进行生产平滑。正如我们所看到的，这将作为一种消除牛鞭效应的力量。这种力量是否强大到足以消除牛鞭效应取决于需求的季节性和牛鞭力量有多强。对于大型超市来说，节日期间的销售高峰足够大而且可预测，至少从行业层面和月度数据来看，它超过了牛鞭效应。对于个别零售商、个别产品和较短的时间间隔（每周或每天），牛鞭效应可能再次出现。

尽管季节性倾向于抑制（或消除）牛鞭效应，但季节性仍然（几乎是根据定义）是供应链中变化性的来源。它虽然产生了变化性，但并没有促使变化性放大——即使是大型超市的供应商在需求方面也经历了相当大的变化性和季节性，但比下游客户面临的变化性要小。

19.3　太阳镜供应链中的激励冲突

牛鞭效应通过向供应链上游传播需求变化性而恶化供应链绩效，但在没有牛鞭效应的情况下，也不能保证最优供应链绩效。本节考虑在没有牛鞭效应的情况下，供应链中两家公司之间可能发生的激励冲突。我们通过一个太阳镜供应链的示例来说明这些冲突。

Zamatia 是一家意大利高档眼镜制造商。UV 是 Umbra Visage 的缩写，是 Zamatia 在美国的零售商之一。为了配合时尚特性，UV 只在时尚地点开设小型精品店。我们关注 UV 位于佛罗里达州迈阿密滩的一家商店。Zamatia 的太阳镜是在欧洲和亚洲生产的，所以在美国的补货提前期很长。太阳镜的销售季节很短，款式每年都有很大的变化。因此，UV 在每个季节之前只收到一次 Zamatia 眼镜的配送。就像任何时尚产品一样，有些款式很快就会卖光，而有些款式会在季末剩下。

以 Zamatia 为下一季推出的入门级太阳镜 Bassano 为例。UV 从 Zamatia 购买太阳镜的价格是每副 75 美元，零售价格是 115 美元。Zamatia 的生产和运输成本是每副 35 美元。在季末，UV 一般需要提供较大的折扣来销售剩余库存，UV 估计，在迈阿密滩商店，每副剩下的 Bassano 只能卖到 25 美元。UV 的迈阿密滩商店认为，本季度 Bassano 的需求可以用均值为 250 和标准差为 125 的正态分布表示。

UV 的采购数量决策可用报童模型（见第 14 章）。设 Q 为 UV 的订货批量。UV 每单位的欠储成本为 $C_u=115-75=40$ 美元，也就是说，由于订货不足的每笔销售损失都要 UV 花费 40 美元的机会成本。UV 每单位的超储成本为 $C_o=75-25=50$ 美元；剩余库存的后果是严重的。UV 的临界比率为：

$$\frac{C_u}{C_o+C_u}=\frac{40}{50+40}=0.444\ 4$$

为了最大化期望利润，UV 应该选择一个订货批量，44.4% 是有剩余库存的概率，55.6% 是有缺货的概率。

由标准正态分布函数表可知，$\Phi(-0.14)=0.444\ 3$，$\Phi(-0.13)=0.448\ 3$，因此最优 z 统计量为 -0.13，最优订货批量为：

$$Q=\mu+z\times\sigma=250-0.13\times125=234（副）$$

使用第 14 章描述的公式和步骤，我们能够评估 UV 商店的几个绩效度量指标：

期望销量＝192 副

期望剩余库存＝42 副

期望利润＝5 580 美元

Zamatia 在 UV 的迈阿密滩商店出售 Bassano 太阳镜的利润是 234×40＝9 360

美元，其中 234 副是 UV 购买的 Bassano 太阳镜的数量，40 美元（75−35）是 Zamatia 的毛利率。

虽然 Zamatia 可能对这种情况很满意（相对 UV 的期望利润 5 580 美元，它可是赚了 9 360 美元），但不应该是这样的。整个供应链的利润是 14 940 美元，也可能更高。为了说明，假设我们选择一个订货批量来最大化供应链的利润，即 Zamatia 和 UV 的期望利润之和。换句话说，如果一家公司同时拥有 Zamatia 和 UV，它会选择什么样的订货批量？我们称其为供应链最优数量（supply chain optimal quantity），它是使集成供应链（integrated supply chain）最大化的数量。

我们仍然可用报童模型来评估供应链的订货批量决策和绩效度量指标。每一笔销售损失给供应链造成的损失是零售价格和生产成本之间的差额，为 115−35＝80 美元，即供应链的欠储成本为 C_u＝80 美元。每副剩余 Bassano 的成本为生产成本和残值之间的差额，为 35−25＝10 美元，即供应链的超储成本为 C_o＝10 美元。供应链的临界比率为：

$$\frac{C_u}{C_o + C_u} = \frac{80}{10 + 80} = 0.888\ 9$$

这个临界比率的适当 z 统计量是 1.23，因为 $\Phi(1.22) = 0.888\ 8$，$\Phi(1.23) = 0.890\ 7$。供应链的期望利润最大化订货批量为：

$$Q = \mu + z \times \sigma = 250 + 1.23 \times 125 = 404\ （副）$$

这比 UV 的 234 副要多得多。然后，可以在假设供应链最优订货批量（404 副）的情况下评估供应链的绩效度量指标：

期望销量＝243 副

期望剩余库存＝161 副

期望利润＝17 830 美元

因此，虽然 Zamatia 和 UV 目前的期望利润为 14 940 美元，但供应链的期望利润可能会高出约 19%，即 17 830 美元。

为什么当前的供应链表现明显不如预期？显而易见的答案是，UV 没有订购足够的 Bassano：UV 订购了 234 副 Bassano，但供应链的最优订货批量是 404 副。为什么 UV 订货量不够多？因为 UV 是在为自身利益行事，以最大化自己的利润。为了进一步解释，UV 必须向 Zamatia 支付每副太阳镜 75 美元，所以 UV 的行为类似于生产每副 Bassano 太阳镜的成本是 75 美元，而不是实际的 35 美元。从 UV 的角度来看，实际生产成本是 35 美元、55 美元甚至 0 美元都没有关系，它的"生产成本"是 75 美元。UV 正确地认识到，每副太阳镜它只赚 40 美元，但每剩下的一副则损失 50 美元，因此，UV 会谨慎订货。

UV 对订货的恐惧是由于一种叫作双重边际化（double marginalization）的现象。因为 UV 的利润（40 美元）是供应链中两个利润之一，并且必然低于供应链的总利润（80 美元），因此 UV 的订货量低于供应链的最优数量。换句话说，因为 UV 每次销售只获得总收益（80 美元）的一部分（40 美元），所以 UV 不愿意购买供应链最优的库存数。

这个例子说明了一个重要的发现：即使供应链中的每一家企业都选择最大化自己的期望利润，供应链中获得的总利润也可能低于整个供应链的最大利润。

换句话说，供应链中每个成员的理性和自我优化行为并不一定会导致供应链绩效最优。那么我们能做些什么呢？这就是我们接下来要探讨的问题。

有一个明显的解决方案可以让 UV 订购更多 Bassano：Zamatia 可以降低批发价。较低的批发价增加 UV 的欠储成本（毛利）和减少超储成本（剩余库存的损失），从而使缺货代价更大，剩余库存的影响更小。从技术上讲，降低批发价会提高 UV 的临界比率，从而使 UV 的订货量增加。表 19 - 2 提供了不同批发价下供应链绩效的一些数据。

表 19 - 2　UV 的订货批量 Q 和几个可能的批发价合同的绩效度量指标

	批发价			
	35 美元	65 美元	75 美元	85 美元
C_u	80 美元	50 美元	40 美元	30 美元
C_o	10 美元	40 美元	50 美元	60 美元
临界比率	0.888 9	0.555 6	0.444 4	0.333 3
z	1.23	0.14	−0.13	−0.43
Q	404 副	268 副	234 副	196 副
期望销量	243 副	209 副	192 副	169 副
期望剩余库存	161 副	59 副	42 副	27 副
Umbra 的期望利润	17 830 美元	8 090 美元	5 580 美元	3 450 美元
Zamatia 的期望利润	0	8 040 美元	9 360 美元	9 800 美元
供应链利润	17 830 美元	16 130 美元	14 940 美元	13 250 美元

我们确实看到，如果 Zamatia 将批发价从 75 美元降至 65 美元，那么 UV 的订货量将从 234 副增加到 268 副。UV 非常高兴：它的利润从 5 580 美元增加到 8 090 美元。此外，供应链的利润从 14 905 美元增加到 16 130 美元。为什么只降价 10 美元呢？如果 Zamatia 将批发价降低到生产成本 35 美元，那么：（1）UV 订购供应链最优数量，即 404 副；（2）供应链的利润是最优的，17 830 美元！这种策略被称为边际成本定价（marginal cost pricing），因为供应商只向零售商收取边际生产成本。

尽管边际成本定价对 UV 和供应链来说是极好的，但对 Zamatia 来说是灾难性的，根据定义，如果采用边际成本定价，Zamatia 的利润暴跌至零。

我们现在看到供应链中典型的紧张关系：一家公司利润的增加可能以另一家公司利润的减少为代价。有些人可能会将这种分配情况称为零和博弈（zero-sum game），但事实上它更糟糕！在零和博弈中，双方协商如何分配固定奖励（在这里是总利润），但是在本案例中 Zamatia 和 UV 之间分配的总量不是固定的，增加

Zamatia 的利润可能会导致共享的总利润更少。

关于供应链利润的分配，公司应该关注两点：

1. 一家公司在"蛋糕"中所占份额的大小，这个"蛋糕"指的是供应链的总利润。

2. 总"蛋糕"的大小，即供应链的总利润。

第一点很明显，每家公司都想分得更大的蛋糕。第二点就不那么明显了。对于一块固定的"蛋糕"，公司为什么要关心"蛋糕"的大小，也就是其他公司的大小？"嫉妒"不是答案。答案是，分割一个更大的"蛋糕"总是比较容易，如果一个"蛋糕"变得更大，那么每个人可能分到的就更多，也就是说，如果蛋糕做大了，每个人都会更好。在实践中，这通常被称为双赢（win-win）交易，即双方都受益。

回到关于 Zamatia 和 UV 的批发价的讨论，我们发现争论批发价就像争论每家公司的那块蛋糕。在争论如何分配蛋糕的过程中，这些公司很可能以最终会毁掉部分蛋糕结束，从而对任何人没有好处。这些公司需要的是一种工具，首先使蛋糕的尺寸（17 830 美元）最大化，然后允许它们决定如何在不损害任何一部分的情况下分配蛋糕，这样的工具将在下一节讨论。

19.4 回购合同

在不改变批发价的情况下，如果 Zamatia 能够减少 UV 的库存过剩风险，就可以让 UV 订购更多 Bassanos 太阳镜，UV 在季末每副太阳镜会损失相当大的金额（50 美元）。一个解决方案是：Zamatia 从 UV 处回购所有剩余的太阳镜，每副 75 美元全额退款，也就是说，Zamatia 可以为 UV 提供回购合同（buy-back contract），也称为退货政策（returns policy）。

遗憾的是，回购合同给供应链带来了新的成本，特别是，UV 必须将剩余库存运回 Zamatia，该公司估计每副太阳镜的成本约为 1.5 美元。还有一个问题是，Zamatia 收到这些剩余的 Bassano 太阳镜后会怎么处理。一种可能性是，Zamatia 只是把它们扔掉，因此在每副剩余的 Bassano 上"赚"了零残值。Zamatia 也可以将剩余库存的一部分出售给欧洲零售商，后者的销量可能会更高，或者 Zamatia 可以通过一家直销店销售获得一些收益，甚至有可能在季末时，Zamatia 从 Bassano 获得比 UV 更高的残值收益。让我们假设在季末，Zamatia 能够在每副 Bassano 上赚到 26.50 美元。因此，从供应链的角度来看，无论是 UV 在季末折价销售这些太阳镜（赚 25 美元），还是 Zamatia 在季末回收这些太阳镜（也赚 25 美元，扣除运费），都无关紧要。相比之下，Zamatia 和 UV 可能会关心由哪家公司来处理剩余库存。我们以后将详述这个问题。

让我们开始分析给定回购合同下 UV 的最优订货批量。在回购合同下，UV 的欠储成本仍然是销售损失的机会成本，即 $C_u = 115 - 75 = 40$ 美元。然而，UV 的超储成本发生了变化。由于 Zamatia 慷慨的全额退款政策，现在 UV 每副只损失 1.5

美元，C_o=1.50 美元。UV 的临界比率为：

$$\frac{C_u}{C_o+C_u}=\frac{40}{1.5+40}=0.963\,9$$

当临界比率为 0.963 9 时，最优 z 统计量为 1.8（Φ（1.79）＝0.963 3，Φ（1.8）＝0.964 1），此时 UV 的最优订货批量为：

$$Q=\mu+z\times\sigma=250+1.8\times125=475（副）$$

我们可以评估 UV 的期望利润，发现它从 5 580 美元（没有退货退款）增加到 9 580 美元（有退货政策）。此外，UV 的订货批量为 475 副，期望剩余库存为 227 副。

Zamatia 肯定提供了一个激励策略使 UV 增加其订货批量，但这个提议对 Zamatia 也有利吗？Zamatia 的期望利润包含几个部分：在季初，它向 UV 出售 475 副太阳镜，从而产生 475×75＝35 625 美元的收益；其生产成本为 475×35＝16 625美元；预计支付 227×75＝17 025 美元给 UV 以回购期望的 227 副剩余库存；残值收益为 227×26.5＝6 016 美元。将这些部分组合在一起，Zamatia 的期望利润为 7 991 美元，低于没有退货政策时 Zamatia 的利润 9 360 美元。

Zamatia 的回购合同是怎么出问题的？Zamatia 确实鼓励 UV 订购更多的 Bassano 太阳镜，以减少 UV 的剩余库存风险，但 Zamatia 大大降低了这种风险，以至于 UV 实际上订购的数量超过了供应链最优数量，因此当剩余库存被运回时，Zamatia 将面临一大笔账单。库存过少的批发价合同和库存过多的全额退款回购合同之间是否存在妥协？（当然存在。）

Zamatia 可以提供部分退款，而不是对退回的库存给予全额退款。例如，假设 Zamatia 以每副 65 美元的价格从 UV 处回购库存。这对 UV 来说仍然是一笔不错的交易。它的欠储成本仍然是 C_u＝40 美元，但现在它的超储成本是 C_o＝1.50 ＋75－65＝11.50 美元：每副剩余成本为 1.50 美元，由于部分抵扣，每副损失 10 美元。表 19-3 提供了 UV 的最优订货批量、期望销量、期望剩余库存、期望利润的数据。表格还显示，Zamatia 在部分退款后的利润为 9 528 美元，略好于没有回购的利润。此外，供应链的总利润已跃升至 17 600 美元，这相当接近最大利润17 830美元。评价回购合同质量的一种方法是供应链效率（supply chain efficiency），即供应链所获得的最优利润的比例。在本例中，供应链效率为 17 600/17 830＝99%，也就是说，供应链获得了其潜在利润的 99%。

表 19-3 UV 的订货批量 Q 和几个可能的批发价合同的绩效度量指示

批发价	75 美元	75 美元	75 美元	85 美元
回购价	55 美元	65 美元	75 美元	75 美元
C_u	40 美元	40 美元	40 美元	30 美元
C_o	21.50/美元	11.50/美元	1.50/美元	11.50/美元
临界比率	0.650 4	0.776 7	0.963 9	0.722 9

续表

z	0.39	0.77	1.80	0.60
Q	299 副	346 副	475 副	325 副
期望销量	221 副	234 副	248 副	229 副
期望剩余库存	78 副	112 副	227 副	96 副
期望利润：				
Umbra	7 163 美元	8 072 美元	9 580 美元	5 766 美元
Zamatia	9 737 美元	9 528 美元	7 990 美元	11 594 美元
供应链	16 900 美元	17 600 美元	17 570 美元	17 360 美元

Zamatia 与其固定批发价并降低回购价，不如固定回购价并提高批发价。例如，它可以将批发价提高到 85 美元，但仍然同意以 75 美元的价格回购库存。这个合同确实对 Zamatia 很有效，它能赚 11 594 美元。甚至对 UV 来说也不是一笔坏交易，利润是 5 766 美元，仍然比原来的情况好，但整体供应链绩效有所下滑，现在只有 17 360/17 830＝97%。

我们似乎取得了一些进展。批发价和回购价有很多可能的组合，我们应该考虑哪些组合呢？回想前一节，我们的目标应该是最大化"蛋糕"的尺寸，然后考虑如何分它。如果蛋糕做大了，那每家公司都能分到更大的一块。因此，让我们首先寻找批发价/回购价组合，以最大化供应链利润。换句话说，我们正在寻找批发价和回购价，以便 UV 在给定条件下的期望利润最大化订货批量是供应链最优订货数量——404 副 Bassano 太阳镜。如果找到这样一个合同，那么我们说这个合同"协调供应链"，因为供应链达到了 100% 的效率，也就是说，能获得最大的供应链利润。

我们可以在 Excel 中寻找想要的批发价/回购价组合（对于每个批发价，慢慢调整回购价，直到我们找到使 UV 订购 404 副 Bassano 太阳镜的价格），或者我们可以采用更直接的方法，使用以下公式：

$$回购价＝运费＋价格－（价格－批发价）\times \frac{价格－残值}{价格－成本} \qquad (19.1)$$

换句话说，如果我们选择了批发价，那么式（19.1）给出了回购价，这将导致 UV 选择供应链最优订货数量。在这种情况下，"蛋糕"就会最大化，也就是说，我们协调供应链使供应链的效率达到 100%！（如果你想知道如何推导式（19.1），请参见附录 D。）

让我们以 75 美元的批发价来评估式（19.1）：

$$回购价＝1.5＋115－（115－75）\times \left(\frac{115－25}{115－35}\right)＝71.50 \ 美元$$

因此，如果批发价为 75 美元，Zamatia 同意以每副 71.50 美元的价格回购剩余库存，那么 UV 就会订购 404 副 Bassano 太阳镜，供应链获得最大利润 17 830 美元。

表 19-4 提供了几种不同批发价的绩效度量数据，假设使用式（19.1）来选择

回购价。

表 19 - 4　当回购价被选择来协调供应链——以确保 100%的供应链效率时的绩效度量

批发价（美元）	35	45	55	65	75	85	95	105
回购价（美元）	26.50	37.75	49.00	60.25	71.50	82.75	94.00	105.25
C_u（美元）	80	70	60	50	40	30	20	10
C_o（美元）	10.00	8.75	7.50	6.25	5.00	3.75	2.50	1.25
临界比率	0.888 9	0.888 9	0.888 9	0.888 9	0.888 9	0.888 9	0.888 9	0.888 9
z	1.23	1.23	1.23	1.23	1.23	1.23	1.23	1.23
Q（副）	404	404	404	404	404	404	404	404
期望销量（副）	243	243	243	243	243	243	243	243
期望剩余库存（副）	161	161	161	161	161	161	161	161
期望利润：								
Umbra（美元）	17 830	15 601	13 373	11 144	8 915	6 686	4 458	2 229
Zamatia（美元）	0	2 229	4 458	6 686	8 915	11 144	13 373	15 601
供应链（美元）	17 830	17 830	17 830	17 830	17 830	17 830	17 830	17 830

有趣的是，以 75 美元的批发价，这两家公司分享了供应链的利润，也就是说，每家公司赚了 8 915 美元。在这种情况下，UV 比批发价合同做得更好，但 Zamatia 做得更差。然而，这两家公司在 85 美元的批发价和 82.75 美元的回购价上做得明显好于我们考虑的最初合同（只有 75 美元的批发价，没有回购）。

表 19 - 4 显示了一些显著的观察结果：

● 有许多不同的批发价/回购价以最大限度地提高供应链的利润。换句话说，有许多不同的合同可以达到 100%的供应链效率。

● 实际上，供应链利润在两家公司之间的任何分配都是可行的，也就是说，存在将最大份额的利润给供应商的合同、平分利润的合同以及将最大份额的利润给零售商的合同。

● 这些公司现在确实面临着一场零和博弈，也就是说，一家公司利润的增加意味着另一家公司的利润减少。然而，至少现在它们可以争夺的总和存在最大化的可能性。

两家公司最终会达成哪些合同？我们真的不能确定。如果 Zamatia 是更好的谈判者，或者如果它被认为比 UV 有更大的议价能力，那么我们预计 Zamatia 可能会让 UV 同意以较高的批发价达成回购合同。尽管 Zamatia 的利润可以大幅增加，但值得注意的是，UV 的利润也可能相对于现状有所增加，因为回购合同增加了蛋糕的尺寸。然而，如果 UV 有更强的谈判技巧，那么它可能会获得一个它喜欢的合同（一个低批发价的回购合同）。

19.5 更多供应链合同

上一节主要讨论回购合同，这并不是供应链中执行的唯一合同类型。本节简要介绍几种其他类型的合同，以及它们如何缓解供应链激励冲突。这绝不是在实践中所观察到的合同类型的详尽清单。

数量折扣

数量折扣是很常见的，有很多不同的形式。例如，全量折扣（all-unit quantity discount），如果订购的数量超过一个阈值，买家将获得所有单位的折扣；对于增量折扣（incremental quantity discount），买家购买超过阈值的部分能获得折扣。无论哪种形式，数量折扣都鼓励买家订购额外的库存，因为最后一个单位的购买价格会随着购买数量增加而下降（见第 5 章 5.6 节）。在报童模型中，数量折扣增加了欠储成本，从而提高了临界比率。相比之下，回购合同通过降低超储成本来提高临界比率。

期权合同

在期权合同中，买方支付一个价格购买期权，另一个价格执行购买的期权。当买家希望供应商在销售季节之前提供产能时，通常会使用这些合同。那时候买家只有一个不确定的需求预测。随着销售季节的临近，买家预计自己会有一个更好的需求预测，但到那时，如果需求相当高，就来不及获得额外的产能了。如果没有期权合同，供应商将承担整个供应链的风险，因此供应商很可能提供太少的产能。期权合同允许企业分担供需错配的风险：供应商至少可以提前获利（期权价格），而买方不必支付所有未使用的产能（行使价格仅根据实际行使的产能支付）。因此，就像回购合同一样，期权合同在某些情况下能够实现 100% 的供应链效率（供应商提供了适当数量的产能），并在两家公司之间任意分配供应链利润（有多个期权合同来实现供应链协调）。

收益共享

通过收益共享，零售商支付给供应商购买每个单位的批发价，同时也将从该单位中获得的部分收益支付给供应商。与回购合同一样，收益共享允许供应链中的企业之间分担供需错配的风险：零售商预付给供应商一些钱（批发价），但只有该单位真正产生收益时才支付额外的金额（收益共享）。

数量柔性合同

考虑购买者和供应商之间的持续关系。例如，买家是 Sun Microsystems，供应商是索尼（Sony），产品是显示器。该公司的需求随着时间的推移而波动，但它仍然希望索尼有足够的产能来满足自己的所有需求，这可能高于或低于预期。由于该公司很可能不会承担闲置产能的成本，它就偏向于给索尼过于乐观的预测，希望索尼能够通过提供额外的产能来应对这一预测。但索尼不傻，也就是说，索尼知道该公司倾向于乐观的预测，所以可能会以怀疑的眼光看待该公司的预测。遗憾的是，该公司可能确实有一个乐观的预测，但由于其在索尼缺乏信誉，索尼可能不会以额外的产能回应。

这种关系的问题在于：索尼承担了产能过剩的全部风险。因此，该公司倾向于乐观的预测。一个解决方案是实施数量柔性（quantity flexibility，QF）合同。通过 QF 合同，该公司提供一个初始预测，随后必须在该预测的一定百分比内购买一些数量。比如两家公司达成 25% 的 QF 合同，这是第一季度，该公司预测第四季度的需求将达到 2 000 台。到第四季度，该公司承诺至少从索尼购买 1 500 台（预测值的 75%），而索尼承诺如果公司的需求超过预期，将交付 2 500 台（预测值的 125%）。如果需求变少，索尼在某种程度上受到下限的保护，而如果需求变多，该公司可以利用这一优势，知道索尼有一些额外的产能（达到上限）。因此，QF 合同可以表明两家公司都将更好，也就是说，供应链蛋糕变大了，每家公司的份额也变大了。

价格保护

在科技行业，经销商担心持有过多库存，因为库存可能会过时，也就是说，它们必须以极低的折扣价出售剩余库存。还有另一个关于库存过多的担忧。假设一个经销商今天以每个单位 2 000 美元的价格购买 1 000 个单位，但 1 周后供应商将价格降至 1 800 美元。除非经销商在下周卖掉整批 1 000 个单位，否则经销商最好以 2 000 美元的价格购买少量的，然后在 1 周后以 1 800 美元的价格购买剩余的。换句话说，供应商经常有在不事先通知的情况下降低批发价的倾向，导致经销商在购买数量上更加谨慎。如果经销商削减后采购量低于供应链最优数量，那么提供一个激励来增加订货批量是有益的。

允许经销商退回库存有助于鼓励经销商订购更多库存，但这不是唯一的方法。价格保护（price protection）是另一种方式。通过价格保护，供应商补偿经销商在剩余库存上的任何降价。假设在周末，经销商卖出了 700 个单位以 2 000 美元购买的产品，但是还有 300 个单位的剩余。有了价格保护后，供应商就会给经销商寄一张 300×（2 000－1 800）＝60 000 美元的支票。换句话说，现在经销商对于是以 2 000 美元购买 1 000 个单位，还是以 2 000 美元购买 700 个单位和在 1 周后以 1 800 美元购买 300 个单位变得不再关心了。

19.6 小 结

即使供应链中的每家企业都在优化自己的绩效，也不能保证最优的供应链绩效。自利和分散决策不会自然地导致 100% 的供应链效率。因此，供应链中的企业可以从更好地协调行动中获益。

牛鞭效应（需求变化性在供应链上的逆向放大）对供应链运营提出了严峻的挑战。产生牛鞭效应的原因有很多（订单同步、批量订货、交易促销、过度反应性订购、短缺博弈），而且可能同时有多个原因。针对牛鞭效应的解决方案，如共享需求信息、消除不良激励和供应商管理库存，旨在消除这些根源。

牛鞭效应并不是供应链面临的唯一挑战。鉴于供应链成员之间的交易条款，由于激励冲突，供应链行动很可能不会被采取。如对于一个简单的批发价合同，通常会发现零售商控制库存风险的动机导致其订购的库存数低于供应链最优库存数，这种现象称为双重边际化。幸运的是，通过使用精心设计的合同条款（如回购合同），激励冲突可以得到缓解，甚至消除。

19.7 延伸阅读

有关牛鞭效应的原因、后果和解决方案的描述，参见 Lee、Padmanabhan 和 Whang（1997）。

Buzzell、Quelch 和 Salmon（1990）描述了交易促销的历史，并讨论了它的优缺点。

关于回购合同的最初研究，参见 Pasternack（1985）。有关回购合同应用的更多管理方面的说明，参见 Padmanabhan 和 Png（1995）。关于供应链合同的理论文献的综述，参见 Cachon（2004）。

19.8　实战练习

下面的问题将有助于测试你对本章的理解。在每个问题之后，我们在方括号中显示相关章节信息。

附录 E 中有带 "*" 标记的问题的答案。

Q19.1* （购买面巾纸）宝洁是 Puffs 面巾纸的制造商，这种面巾纸的传统售价是每箱 9.40 美元，每箱有 8 盒。零售商的每周需求是平均 25 箱特定的 Puffs SKU（颜色、气味等）。宝洁决定通过提供两种不同的方案来改变其定价策略。一种方案是，零售商可以每箱 9.25 美元的每日低价购买该 SKU。另一种方案是，宝洁在一年中大部分时间里都以每箱 9.40 美元的常规价格销售，但是在每个季度开始时一次性购买会有 5% 的折扣。零售商每周收到发货，订货和交货之间有 1 周的提前期。假设使用任何一种方案，零售商都要管理库存，以便在每周结束时平均有 1 周的库存可用。在每个周末，持有成本是库存价值的 0.4%。假设每年 52 周。

a. 假设零售商选择了第一种方案（全年每箱 9.25 美元）。零售商的期望年采购成本和库存持有成本是多少？[19.1]

b. 假设零售商选择了第二种方案，并且只以折扣价购买（9.40 美元是常规价格，在每个季度开始时有 5% 的折扣）。零售商的期望年采购成本和库存持有成本是多少？[19.1]

c. 考虑第一种方案，并提出新的每日低批发价，这就是第三种方案。设计你的方案，使宝洁和零售商都喜欢它，而不是第二种方案。[19.1]

Q19.2* （退还图书）丹·麦克卢尔正决定在即将到来的书店销售季节开始时，对于一本书订购多少本。这本书零售价为 28 美元，出版商以 20 美元的价格把这本书卖给了丹。在季末时，丹将以零售价的 75% 处理掉所有未出售的书。丹估计这本书在这个季节的需求服从正态分布，均值为 100，标准差为 42。

a. 为了使他的期望利润最大化，丹应该预订多少本书？[19.3]

b. 给定 a 问题的订货批量，丹的期望利润是多少？[19.3]

c. 出版商每本书的可变成本为 7.50 美元。根据 a 问题的订货批量，出版商的期望利润是多少？[19.3]

出版商正考虑向丹提供以下协议：在季末时，出版商将以每本 15 美元的预定价格回购未出售的书。然而，丹将不得不承担以每本 1 美元的价格将未出售的书运回出版商的费用。

d. 在回购协议下，丹应该订购多少本书才能使他的期望利润最大化？[19.4]

e. 给定 d 问题的订货批量，丹的期望利润是多少？[19.4]

f. 假设出版商能从每本退还的书平均赚取 6 美元，去除出版商的处理成本（一些书被销毁，另一些书以折扣价出售，还有一些书以全价出售），根据 d 问题的

订货批量，出版商的期望利润是多少？[19.4]

g. 假设出版商继续对每本书收取 20 美元，而丹将每本书运回出版商的费用仍然是 1 美元。为了使供应链利润最大化（出版商的利润和丹的利润之和），出版商应该向丹支付多少退货费？[19.4]

Q19.3（组件期权）手机制造商汉迪公司（Handi Inc.）通过一份期权合同从 LCD 公司采购标准显示器。在第一季度开始，汉迪支付 LCD 每个期权 4.5 美元。此时，汉迪对第二季度需求的预测是正态分布，均值为 24 000，标准差为 8 000。在第二季度开始时，汉迪了解到第二季度的准确需求，然后以每个期权 3.5 美元的价格行使期权（每行使一个期权，LCD 向汉迪提供一台显示器）。假设汉迪在第二季度开始时没有显示器库存，在第二季度结束时拥有显示器毫无价值。如果汉迪在第二季度的需求大于持有的期权数量，汉迪将在现货市场上以每个期权 9 美元的价格购买额外的显示器。

假设汉迪在第一季度开始购买了 30 000 个期权，但在第二季度开始时汉迪意识到需求将是 35 000 台。然后汉迪行使所有期权，并在现货市场上额外购买 5 000 台。另外，如果汉迪意识到需求只有 27 000 台，那么汉迪仅仅行使 27 000 个期权。

a. 假设汉迪购买了 30 000 个期权，汉迪将行使的期望期权数量是多少？[19.5]

b. 假设汉迪购买了 30 000 个期权，汉迪将在现货市场上期望购买多少台显示器？[19.5]

c. 假设汉迪购买了 30 000 个期权，汉迪的期望总采购成本是多少？[19.5]

d. 汉迪应该从 LCD 处购买多少个期权？[19.5]

e. 给定从 d 问题购买的期权数，汉迪的期望总采购成本是多少？[19.5]

Q19.4（出售烧烤架）Smith and Jackson 公司（SJ）向库萨诺五金店（Cusano's Hardware Store）出售一款户外烧烤架。SJ 的烧烤架的批发价是 185 美元（批发价包括运到库萨诺的运费）。库萨诺的售价是 250 美元，SJ 的可变成本是 100 美元。假设库萨诺对季度销售的预测可以用均值为 8.75 的泊松分布来描述。此外，库萨诺计划这个季节只购买一种烧烤架。这个季末剩下的烧烤架以 75％的折扣出售。

a. 库萨诺应该订购多少个烧烤架？[19.3]

b. 根据库萨诺 a 问题中的订单，库萨诺的期望利润是多少？[19.3]

c. 根据库萨诺 a 问题中的订单，SJ 的期望利润是多少？[19.3]

d. 为了最大化供应链的总利润（SJ 的利润加上库萨诺的利润），需要运送多少个烧烤架到库萨诺？[19.3]

假设 SJ 在季末接受未出售的烧烤架。库萨诺把每个烧烤架运回 SJ 需要 15 美元的运费。在退还的烧烤架中，有 45％已经损坏，SJ 无法在下一季出售，但剩余的 55％可以 185 美元的批发价转售给一些零售商。

e. 考虑到将烧烤架退还 SJ 的可能性，需要运送多少个烧烤架给库萨诺才能使供应链的总利润最大化？[19.4]

假设 SJ 给库萨诺每个退还的烧烤架 90% 的信用，也就是说，SJ 为每个退还的烧烤架支付库萨诺 166.50 美元。库萨诺将每个烧烤架运回 SJ 的费用仍然是 15 美元。

f. 库萨诺需要订购多少个烧烤架才能使利润最大化？[19.4]

g. 根据库萨诺 f 问题中的订单，库萨诺的期望利润是多少？[19.4]

h. 根据库萨诺 f 问题中的订单，SJ 的期望利润是多少？[19.4]

i. 为了使供应链的总利润最大化，SJ 的信用百分比应该是多少？（目前的信用是 90%。）[19.4]

SJ 的营销总监戴夫·卢纳（Dave Luna）提出了另一种安排，他建议 SJ 提供提前购买折扣。他的计划是这样的：在烧烤架旺季开始前购买（预订订单），可以享受 10% 的折扣，零售商可以在旺季期间以常规批发价购买烧烤架（一次性订单）。有了这个计划，零售商就有责任在季末销售多余的烧烤架，也就是说，SJ 不接受退货。假设 SJ 在这个季节生产了足够多的烧烤架来满足库萨诺的需求，任何剩余的烧烤架都可以在下个季节以全价出售。

j. 考虑到这种提前购买折扣计划，库萨诺应该预订多少个烧烤架才能使利润最大化？[19.5]

k. 考虑到库萨诺在 j 问题中的预先订货批量，库萨诺的期望利润是多少？[19.5]

l. 考虑到库萨诺在 j 问题中的预先订货批量，SJ 本季度对库萨诺的期望销售利润是多少？[19.5]

m. 作为一个思维实验，你会向 SJ 推荐哪一种合同安排？[19.5]

附录 A
统计学导读

本附录提供了有关本书中需要的统计知识的简短教程。

统计学是关于理解和量化不确定性（如果你喜欢也可称为变化性）。假设我们对一个随机事件感兴趣，也就是说，它有一个不确定的结果。如一个产品的需求，上午 10 点到 10 点 15 分打电话进来的人数，下一个患者到达急诊室之前的时间长度，等等。在每种情况下，这个随机事件的结果是一些数字（需求单位、到达间隔分钟数等）。随机事件也可称为随机变量。随机变量可代表各种情况。在本教程中，我们给随机变量一个通用名称 X。

所有的随机变量都有一个期望值，也称为均值。根据上下文，我们使用不同的符号来表示均值。例如，我们通常用希腊符号 μ 来表示随机需求的均值，而用 a 来表示客户到排队系统的间隔时间的均值。一个随机变量还具有其标准差的特征，它粗略地描述了分布中的不确定性，或分布的"分散程度"。希腊符号 σ 常被用来描述随机变量的标准差。不确定性也可以用随机变量的方差（Variance）来测量。随机变量的方差与其标准差密切相关，它是标准差的平方：

$$方差 = (标准差)^2 = \sigma^2$$

因此，只处理标准差就足够了。因为知道了标准差，方差总是可以快速得到。

标准差测量一个分布中不确定性的绝对量，但是考虑不确定性的相对量通常是有用的。假设我们有两个随机变量，一个均值为 20，另一个均值为 200。假设它们的标准差都是 10，也就是说，它们的绝对不确定性相同。标准差为 10 意味着有 2/3 的概率随机变量的结果在均值 10 个单位范围内。均值为 20 的 10 个单位标准差与均值为 200 的 10 个单位标准差的相对意义是：在第一种情况下我们有 2/3 的概率在均值水平的 50% 范围内，而在第二种情况下我们有 2/3 的概率在均值水平的 5% 范围内。因此，我们需要一个不确定性的相对度量。我们将使用变化系数，它是一个分布的标准差除以它的均值，例如，σ/μ。在某些情况下，我们将使用显式变量来表示变化系数。例如，在使用排队系统的工作中，我们将 CV_a 作为到达队列时间的变化系数，CV_p 作为服务时间在队列中的变化系数。

每个随机变量都是由其分布函数和密度函数（density function）定义的（实际上这些函数中只有一个足以定义随机变量，但这是一个挑剔点）。假设 $F(Q)$ 是 X 的分布函数，$f(Q)$ 是密度函数。密度函数返回随机事件恰好为 Q 的概率，而分布函数返回随机事件为 Q 或更小的概率：

$F(Q)=\mathrm{Prob}\{X$ 小于或等于 $Q\}$

$f(q)=\mathrm{Prob}\{X$ 等于 $Q\}$

有无数种可能的分布函数和密度函数，但是有一些更有用的已经被命名了。正态分布（normal distribution）可能是最著名的分布，正态分布的密度函数呈钟形。正态分布定义了两个参数，其均值和标准差，即 μ 和 σ。图 A-1 显示了均值为 1 000 和标准差为 300 的正态分布的分布函数和密度函数。

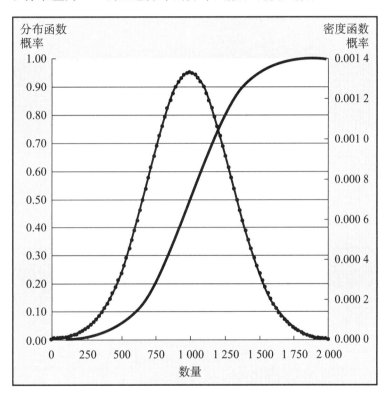

图 A-1　均值为 1 000 和标准差为 300 的正态分布的分布函数（实线）和密度函数（圆）

分布函数总是从 0 增加到 1，通常呈 S 形。密度函数没有一个典型的模式，有些像钟形如正态分布，其他则呈下行曲线。

有无数种正态分布（任何均值和标准差组合），其中有一种正态分布是特别有用的，那就是标准正态分布。标准正态分布的均值为 0，标准差为 1。由于标准正态分布是一种特殊分布，其分布函数用特殊的符号表示，标准正态分布函数为 $\Phi(z)$，也就是说，$\Phi(z)$ 是标准正态分布结果小于或等于 z 的概率。标准正态分布的密度函数是 $\phi(z)$（Φ 和 ϕ 分别为希腊字母 phi 的大写和小写）。

正态分布是一个连续分布，因为所有结果都是可能的，即使是 989.56 这样的小数。泊松分布也很常见，它是一个离散分布，因为泊松随机变量的结果总是一个整数值（0，1，2，…）。泊松分布的特征是一个单一的参数，即它的均值。泊松分布的标准差等于其均值的平方根：

$$泊松分布标准差＝\sqrt{泊松分布均值}$$

泊松分布的结果总是一个整数，泊松分布的均值不需要是一个整数。均值为 1.25 的泊松分布的分布函数和密度函数如表 A - 1 所示。图 A - 2 显示了 6 种不同的泊松分布的密度函数。与熟悉的钟形正态分布不同，我们可以看到泊松分布没有标准形状，由于均值很低，泊松分布呈向下倾斜的曲线，但随着均值的增加，泊松分布开始如钟形。

表 A - 1　均值为 1.25 的泊松分布的密度函数 $f(Q)$ 和分布函数 $F(Q)$

Q	$f(Q)$	$F(Q)$
0	0.286 50	0.286 50
1	0.358 13	0.644 64
2	0.223 83	0.868 47
3	0.093 26	0.961 73
4	0.029 14	0.990 88
5	0.007 29	0.998 16
6	0.001 52	0.999 68
7	0.000 27	0.999 95
8	0.000 04	0.999 99
9	0.000 01	1.000 00

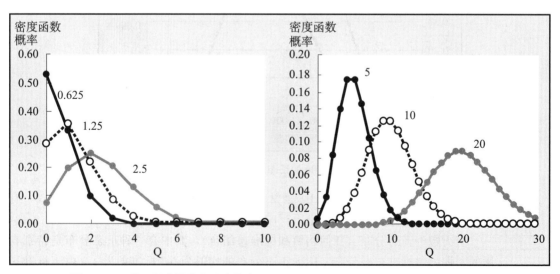

图 A - 2　6 种不同泊松分布（均值为 0.625、1.25、2.5、5、10 和 20）的密度函数

因为泊松分布的结果永远不会是负的，而且总是整数，泊松分布通常能更好地拟合均值较低的数据，比如小于 20。对于较大的均值（比如大于 20），泊松分布通常不像正态分布那样适合数据，原因有二：（1）泊松分布采用钟形，所以它没有提

供一个形状优势；（2）泊松分布标准差必须等于均值的平方根，所以它不允许像正态分布一样灵活地扩展或收缩钟形的宽度（正态分布允许不同的钟形具有相同的均值，但泊松分布只允许一个给定的均值的钟形）。

我们在本书中还广泛使用了指数分布，因为它可以很好地表示客户到达间隔时间（客户到达的时间间隔）。指数分布的特征是只有一个参数，即它的均值。我们将用 a 作为到达间隔时间的均值。如果 X 是客户的到达间隔时间，而且是以均值为 a 的指数分布，则 X 的分布函数为：

$$\text{Prob}\{X\text{ 小于或等于 }t\}=F(X)=1-e^{-t/a}$$

上面公式中的 e 是自然常数，它近似等于 2.718 282。在 Excel 中，你可以用 Exp 函数来得到指数分布函数：$1-\text{Exp}(-t/a)$。注意指数分布函数是一个连续分布，这在我们讨论时间的情况下是有意义的。图 A - 3 显示了均值为 0.8 的指数分布的分布函数和密度函数。

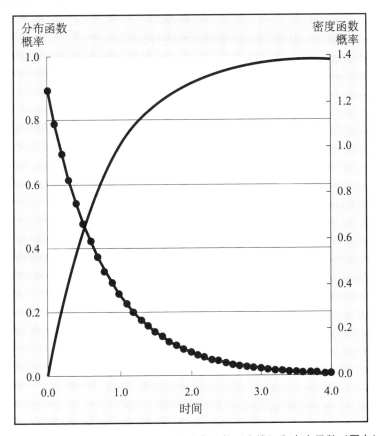

图 A - 3　均值为 0.8 的指数分布的分布函数（实线）和密度函数（圆点）

指数分布和泊松分布实际上是密切相关的。如果客户到达间隔时间呈指数分布，均值为 a，则在一个单位时间内到达的客户数量为均值 $1/a$ 的泊松分布。例如客户的到达间隔时间呈指数分布，均值为 0.8（见图 A - 3），那么在一个单位时间内到达的客户数量呈泊松分布，均值为 $1/0.8=1.25$（见表 A - 1）。

其他常用的分布包括负二项分布和伽马分布，但我们不会在本书中大量使用它们。

找出 X 小于或大于 Q 的概率

当处理一个随机变量时，我们经常需要找到这个随机变量的结果小于或大于某个特定数量的概率。例如，假设 X 有一个均值为 1.25 的泊松分布。X 小于或等于 4 个单位的概率是多少？这可以用分布函数来回答：根据表 A - 1，$F(4) =$ 99.088％。X 大于 4 个单位的概率是多少，大于 5 个单位及更多的概率是多少？X 要么是 Q 或者更少的单位，要么是大于 Q 的单位，所以：

$$\text{Prob}\{X \text{ 小于或等于 } Q\} + \text{Prob}\{X \text{ 大于 } Q\} = 1$$

重新排列上述公式得到：

$$\text{Prob}\{X \text{ 大于 } Q\} = 1 - \text{Prob}\{X \text{ 小于或等于 } Q\} = 1 - F(Q)$$

因此，X 将大于 4 个单位，概率为 $1 - F(4) = 0.009\ 12$。

这些评估中的一个棘手问题是"X 小于 Q 的概率"和"X 小于或等于 Q"之间的差异。第一种情况不包括 X 正好等于 Q，而第二种情况包括。例如，当评估"X 大于 Q 的概率"时，我们不包括 X 等于 Q 的结果。因此，要注意这个问题并记住 $F(Q)$ 是 X 小于或等于 Q 的概率，也就是说，它包含了 X 正好等于 Q 的概率。

我们还需要找到 X 服从正态分布时 X 大于或小于 Q 的概率。处理正态分布并不太难，因为所有正态分布，无论是其均值还是标准差，都与标准正态分布有关，这就是为什么标准正态分布是特殊和重要的。因此，我们可以通过标准正态分布求出 X 大于或小于 Q 的概率。

假设 X 服从正态分布，均值为 1 000，标准差为 300（$\mu = 1\ 000$，$\sigma = 300$），我们想找出 X 小于 $Q = 1\ 600$ 个单位的概率。首先将 Q 转换为等价的订货批量，这样 X 服从标准正态分布。该等价订货批量为 z，称为 z 统计量（z-statistic）：

$$z = \frac{Q - \mu}{\sigma} = \frac{1\ 600 - 1\ 000}{300} = 2.0$$

因此，均值为 1 000 和标准差为 300 的 1 600 个单位相对于标准正态分布对应的 z 是 2.0。因此，我们寻找的概率是 $\Phi(2.0)$，可在附录 B 中的标准正态分布函数表中找到：$\Phi(2.0) = 0.977\ 2$。也就是说，如果 X 服从均值为 1 000 和标准差为 300 的正态分布，X 小于 1 600 个单位的概率是 97.72％。

X 大于 1 600 个单位的概率是多少？这就是 $1 - \Phi(2.0) = 0.022\ 8$，也就是说，X 大于 1 600 个单位的概率等于 1 减去 X 小于 1 600 个单位的概率。

正态分布不同于泊松分布，我们不需要太在意"X 小于 Q 的概率"和"X 小于或等于 Q 的概率"之间的区别。对于泊松分布，结果恰好是 Q 的概率很大，因为泊松分布是一个离散分布，通常有一个较低的均值，这意味着可能的结果相对较少。正态分布是连续的，所以"X 正好是 Q"和"X 只是低于 Q 的一小部分"之间没有区别。

期望值

我们经常需要知道某件事的期望值。例如，假设我们做了一个决定，有两种可能的结果，G 代表好，B 代表坏，也就是说，$X=G$ 或 $X=B$。如果结果是 G，那么我们赚了 100 美元，但如果结果是 B，我们损失了 40 美元。此外，我们知道以下概率：$\text{Prob}\{X=G\}=0.25$ 和 $\text{Prob}\{X=B\}=0.75$（注意，这些概率之和必须为 1，因为它们只能是这两种可能的结果）。这个决定的期望值是：

$$100 \times \text{Prob}\{X=G\} + (-40 \times \text{Prob}\{X=B\})$$
$$= 100 \times 0.25 + (-40 \times 0.75) = -5(\text{美元})$$

换句话说，为了评估期望值，我们将每个结果的概率与每个结果的值相乘，然后将所有计算结果相加。

随机变量的独立性、相关性和组合（或分拆）

我们经常需要把几个随机变量组合起来或者把一个随机变量分开。例如，如果有 5 个随机变量，每个代表一周中某一天的需求，我们可能希望将它们组合成一个代表每周需求的随机变量。也可以用随机变量表示月需求，然后我们想要将其拆分为周需求随机变量。除了跨时间组合和分拆随机变量，我们可能希望跨产品或类别组合或分拆随机变量。

假设你想组合 n 个随机变量，标记为 X_1，X_2，$\cdots$，X_n，成为单个随机变量 X，也就是说，你想要 $X=X_1+X_2+\cdots+X_n$。此外，我们假设 n 个原始随机变量都来自同一族，例如，它们都是正态分布或泊松分布。因此，组合随机变量 X 也属于同一族：两个正态随机变量的和服从正态分布；两个泊松随机变量的和服从泊松分布；等等。我们需要一个均值来描述 X，也许还需要一个标准差。X 的均值很容易计算：

$$\mu = \mu_1 + \mu_2 + \cdots + \mu_n$$

也就是说，X 的均值等于 n 个随机变量的均值之和。

如果需要 X 的标准差，而且 n 个随机变量是独立的，那么 X 的标准差是：

$$\sigma = \sqrt{\sigma_1^2 + \sigma_2^2 + \cdots \sigma_n^2}$$

也就是说，X 的标准差等于 n 个随机变量方差之和的平方根。如果 n 个随机变量具有相同的标准差（$\sigma_1=\sigma_2=\cdots=\sigma_n$），那么上式简化为 $\sigma=\sqrt{n}\sigma_1$。

我们评估 X 的标准差的关键条件是 n 个单个随机变量是独立的。粗略地说，如果一个随机变量的结果对另一个随机变量的结果没有影响，那么两个随机变量就是独立的。例如，如果一个随机变量有一个相当高的需求结果，它就不能提供关于另一个随机变量将是一个高或低结果的信息。

　　如果一个随机变量的结果提供了关于另一个随机变量的结果的信息，则两个随机变量是相关的。如果两个随机变量的结果趋于一致，它们就是正相关的：如果一个高，另一个就高；如果一个低，另一个就低。如果两个随机变量的结果趋于相反的方向，它们就是负相关的：如果一个高，另一个就低；如果一个低，另一个就高。

　　两个随机变量之间的相关性范围为 $-1\sim1$。-1 的相关性意味着两者完全负相关：随着一个随机变量的结果增加，另一个随机变量的结果必然减少。另一个极端是完全正相关，即相关性为 1：随着一个随机变量的结果增加，另一个随机变量的结果必然也会增加。中间是独立性：如果两个随机变量是独立的，那么它们的相关性为 0。

　　当 X 是两个非独立随机变量之和时我们如何计算 X 的标准差呢？使用以下公式：

$$X \text{ 的标准差} = \sigma = \sqrt{\sigma_1^2 + \sigma_2^2 + 2\sigma_1\sigma_2 \times \text{相关性}}$$

式中，相关性为 X_1 和 X_2 之间的相关性。

附录 B
表格

本附录包含了厄兰损失函数表以及标准正态分布和几种泊松分布的分布、库存和损失函数表。

厄兰损失函数表

厄兰损失函数表包括由 m 个并行资源组成的流程步骤包含 m 个流程单元的概率，即 m 个资源全部被利用的概率。流程单元（例如，客户或数据包等）的到达间隔时间呈均值为 a 的指数分布，服务时间有均值 p（服务时间不必遵循指数分布）。

因为没有缓冲空间，如果一个流程单元到达，而所有 m 个服务器都被利用，那么到达的流程单元得不到服务就离开（流程单元丢失）。表中的列对应资源数 m，表中的行对应 $r=p/a$，即服务时间与到达间隔时间之比。表中包括小 r 值和大 r 值。

示例：包括 3 个并行资源的流程步骤必须拒绝新到达单元，计算其概率 $P_m(r)$。流程单元每 $a=3$ 分钟到达一个，到达间隔时间呈指数增长，服务时间为 $p=2$ 分钟。首先，定义 $r=p/a=2/3=0.67$，并找到相应的行标题。其次，找到 $m=3$ 的列标题。这一行和这一列的交点是 $P_m(r)=0.025\ 5$。

注意 $P_m(r)$ 可直接根据下式计算：

$$\text{Prob}\{\text{所有 } m \text{ 个服务器都被利用}\} = P_m(r)$$

$$= \frac{\dfrac{r^m}{m!}}{1 + \dfrac{r^1}{1!} + \dfrac{r^2}{2!} + \cdots + \dfrac{r^m}{m!}} \qquad \text{（厄兰损失函数）}$$

公式中的感叹号（!）指的是一个整数的阶乘。要计算一个整数 x 的阶乘，请写下从 1 到 x 的所有数字，然后将它们相乘。例如，$4!=1\times2\times3\times4=24$。这个计算可以用 Excel 函数 FACT（$x$）来完成。

厄兰损失表

$r=p/a$	m									
	1	2	3	4	5	6	7	8	9	10
0.10	0.0909	0.0045	0.0002	0.0000	0.0000	0.0000	0.0000	0.0000	0.0000	0.0000
0.20	0.1667	0.0164	0.0011	0.0001	0.0000	0.0000	0.0000	0.0000	0.0000	0.0000
0.25	0.2000	0.0244	0.0020	0.0001	0.0000	0.0000	0.0000	0.0000	0.0000	0.0000
0.30	0.2308	0.0335	0.0033	0.0003	0.0000	0.0000	0.0000	0.0000	0.0000	0.0000
0.33	0.2500	0.0400	0.0044	0.0004	0.0000	0.0000	0.0000	0.0000	0.0000	0.0000
0.40	0.2857	0.0541	0.0072	0.0007	0.0001	0.0000	0.0000	0.0000	0.0000	0.0000
0.50	0.3333	0.0769	0.0127	0.0016	0.0002	0.0000	0.0000	0.0000	0.0000	0.0000
0.60	0.3750	0.1011	0.0198	0.0030	0.0004	0.0000	0.0000	0.0000	0.0000	0.0000
0.67	0.4000	0.1176	0.0255	0.0042	0.0006	0.0001	0.0000	0.0000	0.0000	0.0000
0.70	0.4118	0.1260	0.0286	0.0050	0.0007	0.0001	0.0000	0.0000	0.0000	0.0000
0.75	0.4286	0.1385	0.0335	0.0062	0.0009	0.0001	0.0000	0.0000	0.0000	0.0000
0.80	0.4444	0.1509	0.0387	0.0077	0.0012	0.0002	0.0000	0.0000	0.0000	0.0000
0.90	0.4737	0.1757	0.0501	0.0111	0.0020	0.0003	0.0000	0.0000	0.0000	0.0000
1.00	0.5000	0.2000	0.0625	0.0154	0.0031	0.0005	0.0001	0.0000	0.0000	0.0000
1.10	0.5238	0.2237	0.0758	0.0204	0.0045	0.0008	0.0001	0.0000	0.0000	0.0000
1.20	0.5455	0.2466	0.0898	0.0262	0.0063	0.0012	0.0002	0.0000	0.0000	0.0000
1.25	0.5556	0.2577	0.0970	0.0294	0.0073	0.0015	0.0003	0.0000	0.0000	0.0000
1.30	0.5652	0.2687	0.1043	0.0328	0.0085	0.0018	0.0003	0.0001	0.0000	0.0000
1.33	0.5714	0.2759	0.1092	0.0351	0.0093	0.0021	0.0004	0.0001	0.0000	0.0000
1.40	0.5833	0.2899	0.1192	0.0400	0.0111	0.0026	0.0005	0.0001	0.0000	0.0000
1.50	0.6000	0.3103	0.1343	0.0480	0.0142	0.0035	0.0008	0.0001	0.0000	0.0000
1.60	0.6154	0.3299	0.1496	0.0565	0.0177	0.0047	0.0011	0.0002	0.0000	0.0000
1.67	0.6250	0.3425	0.1598	0.0624	0.0204	0.0056	0.0013	0.0003	0.0001	0.0000
1.70	0.6296	0.3486	0.1650	0.0655	0.0218	0.0061	0.0015	0.0003	0.0001	0.0000
1.75	0.6364	0.3577	0.1726	0.0702	0.0240	0.0069	0.0017	0.0004	0.0001	0.0000
1.80	0.6429	0.3665	0.1803	0.0750	0.0263	0.0078	0.0020	0.0005	0.0001	0.0000
1.90	0.6552	0.3836	0.1955	0.0850	0.0313	0.0098	0.0027	0.0006	0.0001	0.0000
2.00	0.6667	0.4000	0.2105	0.0952	0.0367	0.0121	0.0034	0.0009	0.0002	0.0000
2.10	0.6774	0.4156	0.2254	0.1058	0.0425	0.0147	0.0044	0.0011	0.0003	0.0001
2.20	0.6875	0.4306	0.2400	0.1166	0.0488	0.0176	0.0055	0.0015	0.0004	0.0001
2.25	0.6923	0.4378	0.2472	0.1221	0.0521	0.0192	0.0061	0.0017	0.0004	0.0001
2.30	0.6970	0.4449	0.2543	0.1276	0.0554	0.0208	0.0068	0.0019	0.0005	0.0001
2.33	0.7000	0.4495	0.2591	0.1313	0.0577	0.0220	0.0073	0.0021	0.0005	0.0001
2.40	0.7059	0.4586	0.2684	0.1387	0.0624	0.0244	0.0083	0.0025	0.0007	0.0002
2.50	0.7143	0.4717	0.2822	0.1499	0.0697	0.0282	0.0100	0.0031	0.0009	0.0002
2.60	0.7222	0.4842	0.2956	0.1612	0.0773	0.0324	0.0119	0.0039	0.0011	0.0003
2.67	0.7273	0.4923	0.3044	0.1687	0.0825	0.0354	0.0133	0.0044	0.0013	0.0003
2.70	0.7297	0.4963	0.3087	0.1725	0.0852	0.0369	0.0140	0.0047	0.0014	0.0004
2.75	0.7333	0.5021	0.3152	0.1781	0.0892	0.0393	0.0152	0.0052	0.0016	0.0004
2.80	0.7368	0.5078	0.3215	0.1837	0.0933	0.0417	0.0164	0.0057	0.0018	0.0005
2.90	0.7436	0.5188	0.3340	0.1949	0.1016	0.0468	0.0190	0.0068	0.0022	0.0006
3.00	0.7500	0.5294	0.3462	0.2061	0.1101	0.0522	0.0219	0.0081	0.0027	0.0008
3.10	0.7561	0.5396	0.3580	0.2172	0.1187	0.0578	0.0249	0.0096	0.0033	0.0010
3.20	0.7619	0.5494	0.3695	0.2281	0.1274	0.0636	0.0283	0.0112	0.0040	0.0013
3.25	0.7647	0.5541	0.3751	0.2336	0.1318	0.0666	0.0300	0.0120	0.0043	0.0014
3.30	0.7674	0.5587	0.3807	0.2390	0.1362	0.0697	0.0318	0.0130	0.0047	0.0016
3.33	0.7692	0.5618	0.3843	0.2426	0.1392	0.0718	0.0331	0.0136	0.0050	0.0017
3.40	0.7727	0.5678	0.3915	0.2497	0.1452	0.0760	0.0356	0.0149	0.0056	0.0019
3.50	0.7778	0.5765	0.4021	0.2603	0.1541	0.0825	0.0396	0.0170	0.0066	0.0023
3.60	0.7826	0.5848	0.4124	0.2707	0.1631	0.0891	0.0438	0.0193	0.0077	0.0028
3.67	0.7857	0.5902	0.4191	0.2775	0.1691	0.0937	0.0468	0.0210	0.0085	0.0031
3.70	0.7872	0.5929	0.4224	0.2809	0.1721	0.0960	0.0483	0.0218	0.0089	0.0033
3.75	0.7895	0.5968	0.4273	0.2860	0.1766	0.0994	0.0506	0.0232	0.0096	0.0036
3.80	0.7917	0.6007	0.4321	0.2910	0.1811	0.1029	0.0529	0.0245	0.0102	0.0039
3.90	0.7959	0.6082	0.4415	0.3009	0.1901	0.1100	0.0577	0.0274	0.0117	0.0046
4.00	0.8000	0.6154	0.4507	0.3107	0.1991	0.1172	0.0627	0.0304	0.0133	0.0053

续表

r=p/a	m									
	1	2	3	4	5	6	7	8	9	10
1.0	0.5000	0.2000	0.0625	0.0154	0.0031	0.0005	0.0001	0.0000	0.0000	0.0000
1.5	0.6000	0.3103	0.1343	0.0480	0.0142	0.0035	0.0008	0.0001	0.0000	0.0000
2.0	0.6667	0.4000	0.2105	0.0952	0.0367	0.0121	0.0034	0.0009	0.0002	0.0000
2.5	0.7143	0.4717	0.2822	0.1499	0.0697	0.0282	0.0100	0.0031	0.0009	0.0002
3.0	0.7500	0.5294	0.3462	0.2061	0.1101	0.0522	0.0219	0.0081	0.0027	0.0008
3.5	0.7778	0.5765	0.4021	0.2603	0.1541	0.0825	0.0396	0.0170	0.0066	0.0023
4.0	0.8000	0.6154	0.4507	0.3107	0.1991	0.1172	0.0627	0.0304	0.0133	0.0053
4.5	0.8182	0.6480	0.4929	0.3567	0.2430	0.1542	0.0902	0.0483	0.0236	0.0105
5.0	0.8333	0.6757	0.5297	0.3983	0.2849	0.1918	0.1205	0.0700	0.0375	0.0184
5.5	0.8462	0.6994	0.5618	0.4358	0.3241	0.2290	0.1525	0.0949	0.0548	0.0293
6.0	0.8571	0.7200	0.5902	0.4696	0.3604	0.2649	0.1851	0.1219	0.0751	0.0431
6.5	0.8667	0.7380	0.6152	0.4999	0.3939	0.2991	0.2174	0.1501	0.0978	0.0598
7.0	0.8750	0.7538	0.6375	0.5273	0.4247	0.3313	0.2489	0.1788	0.1221	0.0787
7.5	0.8824	0.7679	0.6575	0.5521	0.4530	0.3615	0.2792	0.2075	0.1474	0.0995
8.0	0.8889	0.7805	0.6755	0.5746	0.4790	0.3898	0.3082	0.2356	0.1731	0.1217
8.5	0.8947	0.7918	0.6917	0.5951	0.5029	0.4160	0.3356	0.2629	0.1989	0.1446
9.0	0.9000	0.8020	0.7064	0.6138	0.5249	0.4405	0.3616	0.2892	0.2243	0.1680
9.5	0.9048	0.8112	0.7198	0.6309	0.5452	0.4633	0.3860	0.3143	0.2491	0.1914
10.0	0.9091	0.8197	0.7321	0.6467	0.5640	0.4845	0.4090	0.3383	0.2732	0.2146
10.5	0.9130	0.8274	0.7433	0.6612	0.5813	0.5043	0.4307	0.3611	0.2964	0.2374
11.0	0.9167	0.8345	0.7537	0.6745	0.5974	0.5227	0.4510	0.3828	0.3187	0.2596
11.5	0.9200	0.8410	0.7633	0.6869	0.6124	0.5400	0.4701	0.4033	0.3400	0.2811
12.0	0.9231	0.8471	0.7721	0.6985	0.6264	0.5561	0.4880	0.4227	0.3604	0.3019
12.5	0.9259	0.8527	0.7804	0.7092	0.6394	0.5712	0.5049	0.4410	0.3799	0.3220
13.0	0.9286	0.8579	0.7880	0.7192	0.6516	0.5854	0.5209	0.4584	0.3984	0.3412
13.5	0.9310	0.8627	0.7952	0.7285	0.6630	0.5987	0.5359	0.4749	0.4160	0.3596
14.0	0.9333	0.8673	0.8019	0.7373	0.6737	0.6112	0.5500	0.4905	0.4328	0.3773
14.5	0.9355	0.8715	0.8081	0.7455	0.6837	0.6230	0.5634	0.5052	0.4487	0.3942
15.0	0.9375	0.8755	0.8140	0.7532	0.6932	0.6341	0.5761	0.5193	0.4639	0.4103
15.5	0.9394	0.8792	0.8196	0.7605	0.7022	0.6446	0.5880	0.5326	0.4784	0.4258
16.0	0.9412	0.8828	0.8248	0.7674	0.7106	0.6546	0.5994	0.5452	0.4922	0.4406
16.5	0.9429	0.8861	0.8297	0.7739	0.7186	0.6640	0.6102	0.5572	0.5053	0.4547
17.0	0.9444	0.8892	0.8344	0.7800	0.7262	0.6729	0.6204	0.5687	0.5179	0.4682
17.5	0.9459	0.8922	0.8388	0.7859	0.7334	0.6814	0.6301	0.5795	0.5298	0.4811
18.0	0.9474	0.8950	0.8430	0.7914	0.7402	0.6895	0.6394	0.5899	0.5413	0.4935
18.5	0.9487	0.8977	0.8470	0.7966	0.7467	0.6972	0.6482	0.5998	0.5522	0.5053
19.0	0.9500	0.9002	0.8508	0.8016	0.7529	0.7045	0.6566	0.6093	0.5626	0.5167
19.5	0.9512	0.9027	0.8544	0.8064	0.7587	0.7115	0.6647	0.6183	0.5726	0.5275
20.0	0.9524	0.9050	0.8578	0.8109	0.7644	0.7181	0.6723	0.6270	0.5822	0.5380
20.5	0.9535	0.9072	0.8611	0.8153	0.7697	0.7245	0.6797	0.6353	0.5913	0.5480
21.0	0.9545	0.9093	0.8642	0.8194	0.7749	0.7306	0.6867	0.6432	0.6001	0.5576
21.5	0.9556	0.9113	0.8672	0.8234	0.7798	0.7364	0.6934	0.6508	0.6086	0.5668
22.0	0.9565	0.9132	0.8701	0.8272	0.7845	0.7420	0.6999	0.6581	0.6167	0.5757
22.5	0.9574	0.9150	0.8728	0.8308	0.7890	0.7474	0.7061	0.6651	0.6244	0.5842
23.0	0.9583	0.9168	0.8754	0.8343	0.7933	0.7525	0.7120	0.6718	0.6319	0.5924
23.5	0.9592	0.9185	0.8780	0.8376	0.7974	0.7575	0.7177	0.6783	0.6391	0.6003
24.0	0.9600	0.9201	0.8804	0.8408	0.8014	0.7622	0.7232	0.6845	0.6461	0.6079
24.5	0.9608	0.9217	0.8827	0.8439	0.8053	0.7668	0.7285	0.6905	0.6527	0.6153
25.0	0.9615	0.9232	0.8850	0.8469	0.8090	0.7712	0.7336	0.6963	0.6592	0.6224
25.5	0.9623	0.9246	0.8871	0.8497	0.8125	0.7754	0.7385	0.7019	0.6654	0.6292
26.0	0.9630	0.9260	0.8892	0.8525	0.8159	0.7795	0.7433	0.7072	0.6714	0.6358
26.5	0.9636	0.9274	0.8912	0.8552	0.8192	0.7835	0.7479	0.7124	0.6772	0.6422
27.0	0.9643	0.9287	0.8931	0.8577	0.8224	0.7873	0.7523	0.7174	0.6828	0.6483
27.5	0.9649	0.9299	0.8950	0.8602	0.8255	0.7910	0.7565	0.7223	0.6882	0.6543
28.0	0.9655	0.9311	0.8968	0.8626	0.8285	0.7945	0.7607	0.7269	0.6934	0.6600
28.5	0.9661	0.9323	0.8985	0.8649	0.8314	0.7979	0.7646	0.7315	0.6985	0.6656
29.0	0.9667	0.9334	0.9002	0.8671	0.8341	0.8013	0.7685	0.7359	0.7034	0.6710
29.5	0.9672	0.9345	0.9019	0.8693	0.8368	0.8045	0.7722	0.7401	0.7081	0.6763
30.0	0.9677	0.9356	0.9034	0.8714	0.8394	0.8076	0.7758	0.7442	0.7127	0.6813
30.5	0.9683	0.9366	0.9050	0.8734	0.8420	0.8106	0.7793	0.7482	0.7172	0.6863
31.0	0.9688	0.9376	0.9064	0.8754	0.8444	0.8135	0.7827	0.7521	0.7215	0.6910
31.5	0.9692	0.9385	0.9079	0.8773	0.8468	0.8164	0.7860	0.7558	0.7257	0.6957
32.0	0.9697	0.9394	0.9093	0.8791	0.8491	0.8191	0.7892	0.7594	0.7297	0.7002

分布、库存和损失函数表

标准正态分布函数表包含一个标准正态随机变量的结果为 z 或更小的概率。该表提供最多两个有效数字的 z 值。找到加起来等于所寻找的 z 值的行标题和列标题。这一行和这一列的交点包含了你寻找的概率 $\Phi(z)$。

例 1：找出标准正态随机变量产生 $z = -1.54$ 或更小结果的概率。首先，找到行标题 -1.5。其次，找到列标题 -0.04，因为 $(-1.5) + (-0.04) = -1.54$。这一行和这一列的交点是 $\Phi(-1.54) = 0.061\,8$。

例 2：找出标准正态随机变量产生 $z = 0.52$ 或更小结果的概率。首先，找到行标题 0.5。其次，找到列标题 0.02，因为 $(0.5) + (0.02) = 0.52$。这一行和这一列的交点是 $\Phi(0.52) = 0.698\,5$。

标准正态库存表和标准正态损失函数表的构成方式与标准正态分布函数表相同。

泊松分布函数表给出了给定的均值（列标题）是 S 或更小的泊松分布的概率。

泊松库存函数表给出了给定均值（列标题）的泊松分布需求和 S 的初始库存在一个时期末的库存量。

泊松损失函数表给出了给定均值（列标题）的泊松分布结果超过 S 的期望数值。

例 3：在均值为 2.25 和 $S = 2$ 的情况下，泊松分布的库存函数是 $0.447\,95$；在列标题中寻找均值为 2.25 和 $S = 2$ 的行。

标准正态分布函数表，**Φ**（z）

z	−0.09	−0.08	−0.07	−0.06	−0.05	−0.04	−0.03	−0.02	−0.01	0.00
−4.0	0.0000	0.0000	0.0000	0.0000	0.0000	0.0000	0.0000	0.0000	0.0000	0.0000
−3.9	0.0000	0.0000	0.0000	0.0000	0.0000	0.0000	0.0000	0.0000	0.0000	0.0000
−3.8	0.0001	0.0001	0.0001	0.0001	0.0001	0.0001	0.0001	0.0001	0.0001	0.0001
−3.7	0.0001	0.0001	0.0001	0.0001	0.0001	0.0001	0.0001	0.0001	0.0001	0.0001
−3.6	0.0001	0.0001	0.0001	0.0001	0.0001	0.0001	0.0001	0.0001	0.0002	0.0002
−3.5	0.0002	0.0002	0.0002	0.0002	0.0002	0.0002	0.0002	0.0002	0.0002	0.0002
−3.4	0.0002	0.0003	0.0003	0.0003	0.0003	0.0003	0.0003	0.0003	0.0003	0.0003
−3.3	0.0003	0.0004	0.0004	0.0004	0.0004	0.0004	0.0004	0.0005	0.0005	0.0005
−3.2	0.0005	0.0005	0.0005	0.0006	0.0006	0.0006	0.0006	0.0006	0.0007	0.0007
−3.1	0.0007	0.0007	0.0008	0.0008	0.0008	0.0008	0.0009	0.0009	0.0009	0.0010
−3.0	0.0010	0.0010	0.0011	0.0011	0.0011	0.0012	0.0012	0.0013	0.0013	0.0013
−2.9	0.0014	0.0014	0.0015	0.0015	0.0016	0.0016	0.0017	0.0018	0.0018	0.0019
−2.8	0.0019	0.0020	0.0021	0.0021	0.0022	0.0023	0.0023	0.0024	0.0025	0.0026
−2.7	0.0026	0.0027	0.0028	0.0029	0.0030	0.0031	0.0032	0.0033	0.0034	0.0035
−2.6	0.0036	0.0037	0.0038	0.0039	0.0040	0.0041	0.0043	0.0044	0.0045	0.0047
−2.5	0.0048	0.0049	0.0051	0.0052	0.0054	0.0055	0.0057	0.0059	0.0060	0.0062
−2.4	0.0064	0.0066	0.0068	0.0069	0.0071	0.0073	0.0075	0.0078	0.0080	0.0082
−2.3	0.0084	0.0087	0.0089	0.0091	0.0094	0.0096	0.0099	0.0102	0.0104	0.0107
−2.2	0.0110	0.0113	0.0116	0.0119	0.0122	0.0125	0.0129	0.0132	0.0136	0.0139
−2.1	0.0143	0.0146	0.0150	0.0154	0.0158	0.0162	0.0166	0.0170	0.0174	0.0179
−2.0	0.0183	0.0188	0.0192	0.0197	0.0202	0.0207	0.0212	0.0217	0.0222	0.0228
−1.9	0.0233	0.0239	0.0244	0.0250	0.0256	0.0262	0.0268	0.0274	0.0281	0.0287
−1.8	0.0294	0.0301	0.0307	0.0314	0.0322	0.0329	0.0336	0.0344	0.0351	0.0359
−1.7	0.0367	0.0375	0.0384	0.0392	0.0401	0.0409	0.0418	0.0427	0.0436	0.0446
−1.6	0.0455	0.0465	0.0475	0.0485	0.0495	0.0505	0.0516	0.0526	0.0537	0.0548
−1.5	0.0559	0.0571	0.0582	0.0594	0.0606	0.0618	0.0630	0.0643	0.0655	0.0668
−1.4	0.0681	0.0694	0.0708	0.0721	0.0735	0.0749	0.0764	0.0778	0.0793	0.0808
−1.3	0.0823	0.0838	0.0853	0.0869	0.0885	0.0901	0.0918	0.0934	0.0951	0.0968
−1.2	0.0985	0.1003	0.1020	0.1038	0.1056	0.1075	0.1093	0.1112	0.1131	0.1151
−1.1	0.1170	0.1190	0.1210	0.1230	0.1251	0.1271	0.1292	0.1314	0.1335	0.1357
−1.0	0.1379	0.1401	0.1423	0.1446	0.1469	0.1492	0.1515	0.1539	0.1562	0.1587
−0.9	0.1611	0.1635	0.1660	0.1685	0.1711	0.1736	0.1762	0.1788	0.1814	0.1841
−0.8	0.1867	0.1894	0.1922	0.1949	0.1977	0.2005	0.2033	0.2061	0.2090	0.2119
−0.7	0.2148	0.2177	0.2206	0.2236	0.2266	0.2296	0.2327	0.2358	0.2389	0.2420
−0.6	0.2451	0.2483	0.2514	0.2546	0.2578	0.2611	0.2643	0.2676	0.2709	0.2743
−0.5	0.2776	0.2810	0.2843	0.2877	0.2912	0.2946	0.2981	0.3015	0.3050	0.3085
−0.4	0.3121	0.3156	0.3192	0.3228	0.3264	0.3300	0.3336	0.3372	0.3409	0.3446
−0.3	0.3483	0.3520	0.3557	0.3594	0.3632	0.3669	0.3707	0.3745	0.3783	0.3821
−0.2	0.3859	0.3897	0.3936	0.3974	0.4013	0.4052	0.4090	0.4129	0.4168	0.4207
−0.1	0.4247	0.4286	0.4325	0.4364	0.4404	0.4443	0.4483	0.4522	0.4562	0.4602
0.0	0.4641	0.4681	0.4721	0.4761	0.4801	0.4840	0.4880	0.4920	0.4960	0.5000

续表

z	0.00	0.01	0.02	0.03	0.04	0.05	0.06	0.07	0.08	0.09
0.0	0.5000	0.5040	0.5080	0.5120	0.5160	0.5199	0.5239	0.5279	0.5319	0.5359
0.1	0.5398	0.5438	0.5478	0.5517	0.5557	0.5596	0.5636	0.5675	0.5714	0.5753
0.2	0.5793	0.5832	0.5871	0.5910	0.5948	0.5987	0.6026	0.6064	0.6103	0.6141
0.3	0.6179	0.6217	0.6255	0.6293	0.6331	0.6368	0.6406	0.6443	0.6480	0.6517
0.4	0.6554	0.6591	0.6628	0.6664	0.6700	0.6736	0.6772	0.6808	0.6844	0.6879
0.5	0.6915	0.6950	0.6985	0.7019	0.7054	0.7088	0.7123	0.7157	0.7190	0.7224
0.6	0.7257	0.7291	0.7324	0.7357	0.7389	0.7422	0.7454	0.7486	0.7517	0.7549
0.7	0.7580	0.7611	0.7642	0.7673	0.7704	0.7734	0.7764	0.7794	0.7823	0.7852
0.8	0.7881	0.7910	0.7939	0.7967	0.7995	0.8023	0.8051	0.8078	0.8106	0.8133
0.9	0.8159	0.8186	0.8212	0.8238	0.8264	0.8289	0.8315	0.8340	0.8365	0.8389
1.0	0.8413	0.8438	0.8461	0.8485	0.8508	0.8531	0.8554	0.8577	0.8599	0.8621
1.1	0.8643	0.8665	0.8686	0.8708	0.8729	0.8749	0.8770	0.8790	0.8810	0.8830
1.2	0.8849	0.8869	0.8888	0.8907	0.8925	0.8944	0.8962	0.8980	0.8997	0.9015
1.3	0.9032	0.9049	0.9066	0.9082	0.9099	0.9115	0.9131	0.9147	0.9162	0.9177
1.4	0.9192	0.9207	0.9222	0.9236	0.9251	0.9265	0.9279	0.9292	0.9306	0.9319
1.5	0.9332	0.9345	0.9357	0.9370	0.9382	0.9394	0.9406	0.9418	0.9429	0.9441
1.6	0.9452	0.9463	0.9474	0.9484	0.9495	0.9505	0.9515	0.9525	0.9535	0.9545
1.7	0.9554	0.9564	0.9573	0.9582	0.9591	0.9599	0.9608	0.9616	0.9625	0.9633
1.8	0.9641	0.9649	0.9656	0.9664	0.9671	0.9678	0.9686	0.9693	0.9699	0.9706
1.9	0.9713	0.9719	0.9726	0.9732	0.9738	0.9744	0.9750	0.9756	0.9761	0.9767
2.0	0.9772	0.9778	0.9783	0.9788	0.9793	0.9798	0.9803	0.9808	0.9812	0.9817
2.1	0.9821	0.9826	0.9830	0.9834	0.9838	0.9842	0.9846	0.9850	0.9854	0.9857
2.2	0.9861	0.9864	0.9868	0.9871	0.9875	0.9878	0.9881	0.9884	0.9887	0.9890
2.3	0.9893	0.9896	0.9898	0.9901	0.9904	0.9906	0.9909	0.9911	0.9913	0.9916
2.4	0.9918	0.9920	0.9922	0.9925	0.9927	0.9929	0.9931	0.9932	0.9934	0.9936
2.5	0.9938	0.9940	0.9941	0.9943	0.9945	0.9946	0.9948	0.9949	0.9951	0.9952
2.6	0.9953	0.9955	0.9956	0.9957	0.9959	0.9960	0.9961	0.9962	0.9963	0.9964
2.7	0.9965	0.9966	0.9967	0.9968	0.9969	0.9970	0.9971	0.9972	0.9973	0.9974
2.8	0.9974	0.9975	0.9976	0.9977	0.9977	0.9978	0.9979	0.9979	0.9980	0.9981
2.9	0.9981	0.9982	0.9982	0.9983	0.9984	0.9984	0.9985	0.9985	0.9986	0.9986
3.0	0.9987	0.9987	0.9987	0.9988	0.9988	0.9989	0.9989	0.9989	0.9990	0.9990
3.1	0.9990	0.9991	0.9991	0.9991	0.9992	0.9992	0.9992	0.9992	0.9993	0.9993
3.2	0.9993	0.9993	0.9994	0.9994	0.9994	0.9994	0.9994	0.9995	0.9995	0.9995
3.3	0.9995	0.9995	0.9995	0.9996	0.9996	0.9996	0.9996	0.9996	0.9996	0.9997
3.4	0.9997	0.9997	0.9997	0.9997	0.9997	0.9997	0.9997	0.9997	0.9997	0.9998
3.5	0.9998	0.9998	0.9998	0.9998	0.9998	0.9998	0.9998	0.9998	0.9998	0.9998
3.6	0.9998	0.9998	0.9999	0.9999	0.9999	0.9999	0.9999	0.9999	0.9999	0.9999
3.7	0.9999	0.9999	0.9999	0.9999	0.9999	0.9999	0.9999	0.9999	0.9999	0.9999
3.8	0.9999	0.9999	0.9999	0.9999	0.9999	0.9999	0.9999	0.9999	0.9999	0.9999
3.9	1.0000	1.0000	1.0000	1.0000	1.0000	1.0000	1.0000	1.0000	1.0000	1.0000
4.0	1.0000	1.0000	1.0000	1.0000	1.0000	1.0000	1.0000	1.0000	1.0000	1.0000

标准正态库存函数表，$I(z)$

z	−0.09	−0.08	−0.07	−0.06	−0.05	−0.04	−0.03	−0.02	−0.01	0.00
−4.0	0.0000	0.0000	0.0000	0.0000	0.0000	0.0000	0.0000	0.0000	0.0000	0.0000
−3.9	0.0000	0.0000	0.0000	0.0000	0.0000	0.0000	0.0000	0.0000	0.0000	0.0000
−3.8	0.0000	0.0000	0.0000	0.0000	0.0000	0.0000	0.0000	0.0000	0.0000	0.0000
−3.7	0.0000	0.0000	0.0000	0.0000	0.0000	0.0000	0.0000	0.0000	0.0000	0.0000
−3.6	0.0000	0.0000	0.0000	0.0000	0.0000	0.0000	0.0000	0.0000	0.0000	0.0000
−3.5	0.0000	0.0000	0.0000	0.0000	0.0000	0.0000	0.0001	0.0001	0.0001	0.0001
−3.4	0.0001	0.0001	0.0001	0.0001	0.0001	0.0001	0.0001	0.0001	0.0001	0.0001
−3.3	0.0001	0.0001	0.0001	0.0001	0.0001	0.0001	0.0001	0.0001	0.0001	0.0001
−3.2	0.0001	0.0001	0.0001	0.0001	0.0002	0.0002	0.0002	0.0002	0.0002	0.0002
−3.1	0.0002	0.0002	0.0002	0.0002	0.0002	0.0002	0.0002	0.0002	0.0003	0.0003
−3.0	0.0003	0.0003	0.0003	0.0003	0.0003	0.0003	0.0003	0.0004	0.0004	0.0004
−2.9	0.0004	0.0004	0.0004	0.0004	0.0005	0.0005	0.0005	0.0005	0.0005	0.0005
−2.8	0.0006	0.0006	0.0006	0.0006	0.0006	0.0007	0.0007	0.0007	0.0007	0.0008
−2.7	0.0008	0.0008	0.0008	0.0009	0.0009	0.0009	0.0010	0.0010	0.0010	0.0011
−2.6	0.0011	0.0011	0.0012	0.0012	0.0012	0.0013	0.0013	0.0014	0.0014	0.0015
−2.5	0.0015	0.0016	0.0016	0.0017	0.0017	0.0018	0.0018	0.0019	0.0019	0.0020
−2.4	0.0021	0.0021	0.0022	0.0023	0.0023	0.0024	0.0025	0.0026	0.0026	0.0027
−2.3	0.0028	0.0029	0.0030	0.0031	0.0032	0.0033	0.0034	0.0035	0.0036	0.0037
−2.2	0.0038	0.0039	0.0040	0.0041	0.0042	0.0044	0.0045	0.0046	0.0047	0.0049
−2.1	0.0050	0.0052	0.0053	0.0055	0.0056	0.0058	0.0060	0.0061	0.0063	0.0065
−2.0	0.0066	0.0068	0.0070	0.0072	0.0074	0.0076	0.0078	0.0080	0.0083	0.0085
−1.9	0.0087	0.0090	0.0092	0.0094	0.0097	0.0100	0.0102	0.0105	0.0108	0.0111
−1.8	0.0113	0.0116	0.0119	0.0123	0.0126	0.0129	0.0132	0.0136	0.0139	0.0143
−1.7	0.0146	0.0150	0.0154	0.0158	0.0162	0.0166	0.0170	0.0174	0.0178	0.0183
−1.6	0.0187	0.0192	0.0197	0.0201	0.0206	0.0211	0.0216	0.0222	0.0227	0.0232
−1.5	0.0238	0.0244	0.0249	0.0255	0.0261	0.0267	0.0274	0.0280	0.0286	0.0293
−1.4	0.0300	0.0307	0.0314	0.0321	0.0328	0.0336	0.0343	0.0351	0.0359	0.0367
−1.3	0.0375	0.0383	0.0392	0.0400	0.0409	0.0418	0.0427	0.0436	0.0446	0.0455
−1.2	0.0465	0.0475	0.0485	0.0495	0.0506	0.0517	0.0527	0.0538	0.0550	0.0561
−1.1	0.0573	0.0584	0.0596	0.0609	0.0621	0.0634	0.0646	0.0659	0.0673	0.0686
−1.0	0.0700	0.0714	0.0728	0.0742	0.0757	0.0772	0.0787	0.0802	0.0817	0.0833
−0.9	0.0849	0.0865	0.0882	0.0899	0.0916	0.0933	0.0950	0.0968	0.0986	0.1004
−0.8	0.1023	0.1042	0.1061	0.1080	0.1100	0.1120	0.1140	0.1160	0.1181	0.1202
−0.7	0.1223	0.1245	0.1267	0.1289	0.1312	0.1334	0.1358	0.1381	0.1405	0.1429
−0.6	0.1453	0.1478	0.1503	0.1528	0.1554	0.1580	0.1606	0.1633	0.1659	0.1687
−0.5	0.1714	0.1742	0.1771	0.1799	0.1828	0.1857	0.1887	0.1917	0.1947	0.1978
−0.4	0.2009	0.2040	0.2072	0.2104	0.2137	0.2169	0.2203	0.2236	0.2270	0.2304
−0.3	0.2339	0.2374	0.2409	0.2445	0.2481	0.2518	0.2555	0.2592	0.2630	0.2668
−0.2	0.2706	0.2745	0.2784	0.2824	0.2863	0.2904	0.2944	0.2986	0.3027	0.3069
−0.1	0.3111	0.3154	0.3197	0.3240	0.3284	0.3328	0.3373	0.3418	0.3464	0.3509
0.0	0.3556	0.3602	0.3649	0.3697	0.3744	0.3793	0.3841	0.3890	0.3940	0.3989

续表

z	0.00	0.01	0.02	0.03	0.04	0.05	0.06	0.07	0.08	0.09
0.0	0.3989	0.4040	0.4090	0.4141	0.4193	0.4244	0.4297	0.4349	0.4402	0.4456
0.1	0.4509	0.4564	0.4618	0.4673	0.4728	0.4784	0.4840	0.4897	0.4954	0.5011
0.2	0.5069	0.5127	0.5186	0.5244	0.5304	0.5363	0.5424	0.5484	0.5545	0.5606
0.3	0.5668	0.5730	0.5792	0.5855	0.5918	0.5981	0.6045	0.6109	0.6174	0.6239
0.4	0.6304	0.6370	0.6436	0.6503	0.6569	0.6637	0.6704	0.6772	0.6840	0.6909
0.5	0.6978	0.7047	0.7117	0.7187	0.7257	0.7328	0.7399	0.7471	0.7542	0.7614
0.6	0.7687	0.7759	0.7833	0.7906	0.7980	0.8054	0.8128	0.8203	0.8278	0.8353
0.7	0.8429	0.8505	0.8581	0.8658	0.8734	0.8812	0.8889	0.8967	0.9045	0.9123
0.8	0.9202	0.9281	0.9360	0.9440	0.9520	0.9600	0.9680	0.9761	0.9842	0.9923
0.9	1.0004	1.0086	1.0168	1.0250	1.0333	1.0416	1.0499	1.0582	1.0665	1.0749
1.0	1.0833	1.0917	1.1002	1.1087	1.1172	1.1257	1.1342	1.1428	1.1514	1.1600
1.1	1.1686	1.1773	1.1859	1.1946	1.2034	1.2121	1.2209	1.2296	1.2384	1.2473
1.2	1.2561	1.2650	1.2738	1.2827	1.2917	1.3006	1.3095	1.3185	1.3275	1.3365
1.3	1.3455	1.3546	1.3636	1.3727	1.3818	1.3909	1.4000	1.4092	1.4183	1.4275
1.4	1.4367	1.4459	1.4551	1.4643	1.4736	1.4828	1.4921	1.5014	1.5107	1.5200
1.5	1.5293	1.5386	1.5480	1.5574	1.5667	1.5761	1.5855	1.5949	1.6044	1.6138
1.6	1.6232	1.6327	1.6422	1.6516	1.6611	1.6706	1.6801	1.6897	1.6992	1.7087
1.7	1.7183	1.7278	1.7374	1.7470	1.7566	1.7662	1.7758	1.7854	1.7950	1.8046
1.8	1.8143	1.8239	1.8336	1.8432	1.8529	1.8626	1.8723	1.8819	1.8916	1.9013
1.9	1.9111	1.9208	1.9305	1.9402	1.9500	1.9597	1.9694	1.9792	1.9890	1.9987
2.0	2.0085	2.0183	2.0280	2.0378	2.0476	2.0574	2.0672	2.0770	2.0868	2.0966
2.1	2.1065	2.1163	2.1261	2.1360	2.1458	2.1556	2.1655	2.1753	2.1852	2.1950
2.2	2.2049	2.2147	2.2246	2.2345	2.2444	2.2542	2.2641	2.2740	2.2839	2.2938
2.3	2.3037	2.3136	2.3235	2.3334	2.3433	2.3532	2.3631	2.3730	2.3829	2.3928
2.4	2.4027	2.4126	2.4226	2.4325	2.4424	2.4523	2.4623	2.4722	2.4821	2.4921
2.5	2.5020	2.5119	2.5219	2.5318	2.5418	2.5517	2.5617	2.5716	2.5816	2.5915
2.6	2.6015	2.6114	2.6214	2.6313	2.6413	2.6512	2.6612	2.6712	2.6811	2.6911
2.7	2.7011	2.7110	2.7210	2.7310	2.7409	2.7509	2.7609	2.7708	2.7808	2.7908
2.8	2.8008	2.8107	2.8207	2.8307	2.8407	2.8506	2.8606	2.8706	2.8806	2.8906
2.9	2.9005	2.9105	2.9205	2.9305	2.9405	2.9505	2.9604	2.9704	2.9804	2.9904
3.0	3.0004	3.0104	3.0204	3.0303	3.0403	3.0503	3.0603	3.0703	3.0803	3.0903
3.1	3.1003	3.1103	3.1202	3.1302	3.1402	3.1502	3.1602	3.1702	3.1802	3.1902
3.2	3.2002	3.2102	3.2202	3.2302	3.2402	3.2502	3.2601	3.2701	3.2801	3.2901
3.3	3.3001	3.3101	3.3201	3.3301	3.3401	3.3501	3.3601	3.3701	3.3801	3.3901
3.4	3.4001	3.4101	3.4201	3.4301	3.4401	3.4501	3.4601	3.4701	3.4801	3.4901
3.5	3.5001	3.5101	3.5201	3.5301	3.5400	3.5500	3.5600	3.5700	3.5800	3.5900
3.6	3.6000	3.6100	3.6200	3.6300	3.6400	3.6500	3.6600	3.6700	3.6800	3.6900
3.7	3.7000	3.7100	3.7200	3.7300	3.7400	3.7500	3.7600	3.7700	3.7800	3.7900
3.8	3.8000	3.8100	3.8200	3.8300	3.8400	3.8500	3.8600	3.8700	3.8800	3.8900
3.9	3.9000	3.9100	3.9200	3.9300	3.9400	3.9500	3.9600	3.9700	3.9800	3.9900
4.0	4.0000	4.0100	4.0200	4.0300	4.0400	4.0500	4.0600	4.0700	4.0800	4.0900

标准正态损失函数表，$L(z)$

z	-0.09	-0.08	-0.07	-0.06	-0.05	-0.04	-0.03	-0.02	-0.01	0.00
-4.0	4.0900	4.0800	4.0700	4.0600	4.0500	4.0400	4.0300	4.0200	4.0100	4.0000
-3.9	3.9900	3.9800	3.9700	3.9600	3.9500	3.9400	3.9300	3.9200	3.9100	3.9000
-3.8	3.8900	3.8800	3.8700	3.8600	3.8500	3.8400	3.8300	3.8200	3.8100	3.8000
-3.7	3.7900	3.7800	3.7700	3.7600	3.7500	3.7400	3.7300	3.7200	3.7100	3.7000
-3.6	3.6900	3.6800	3.6700	3.6600	3.6500	3.6400	3.6300	3.6200	3.6100	3.6000
-3.5	3.5900	3.5800	3.5700	3.5600	3.5500	3.5400	3.5301	3.5201	3.5101	3.5001
-3.4	3.4901	3.4801	3.4701	3.4601	3.4501	3.4401	3.4301	3.4201	3.4101	3.4001
-3.3	3.3901	3.3801	3.3701	3.3601	3.3501	3.3401	3.3301	3.3201	3.3101	3.3001
-3.2	3.2901	3.2801	3.2701	3.2601	3.2502	3.2402	3.2302	3.2202	3.2102	3.2002
-3.1	3.1902	3.1802	3.1702	3.1602	3.1502	3.1402	3.1302	3.1202	3.1103	3.1003
-3.0	3.0903	3.0803	3.0703	3.0603	3.0503	3.0403	3.0303	3.0204	3.0104	3.0004
-2.9	2.9904	2.9804	2.9704	2.9604	2.9505	2.9405	2.9305	2.9205	2.9105	2.9005
-2.8	2.8906	2.8806	2.8706	2.8606	2.8506	2.8407	2.8307	2.8207	2.8107	2.8008
-2.7	2.7908	2.7808	2.7708	2.7609	2.7509	2.7409	2.7310	2.7210	2.7110	2.7011
-2.6	2.6911	2.6811	2.6712	2.6612	2.6512	2.6413	2.6313	2.6214	2.6114	2.6015
-2.5	2.5915	2.5816	2.5716	2.5617	2.5517	2.5418	2.5318	2.5219	2.5119	2.5020
-2.4	2.4921	2.4821	2.4722	2.4623	2.4523	2.4424	2.4325	2.4226	2.4126	2.4027
-2.3	2.3928	2.3829	2.3730	2.3631	2.3532	2.3433	2.3334	2.3235	2.3136	2.3037
-2.2	2.2938	2.2839	2.2740	2.2641	2.2542	2.2444	2.2345	2.2246	2.2147	2.2049
-2.1	2.1950	2.1852	2.1753	2.1655	2.1556	2.1458	2.1360	2.1261	2.1163	2.1065
-2.0	2.0966	2.0868	2.0770	2.0672	2.0574	2.0476	2.0378	2.0280	2.0183	2.0085
-1.9	1.9987	1.9890	1.9792	1.9694	1.9597	1.9500	1.9402	1.9305	1.9208	1.9111
-1.8	1.9013	1.8916	1.8819	1.8723	1.8626	1.8529	1.8432	1.8336	1.8239	1.8143
-1.7	1.8046	1.7950	1.7854	1.7758	1.7662	1.7566	1.7470	1.7374	1.7278	1.7183
-1.6	1.7087	1.6992	1.6897	1.6801	1.6706	1.6611	1.6516	1.6422	1.6327	1.6232
-1.5	1.6138	1.6044	1.5949	1.5855	1.5761	1.5667	1.5574	1.5480	1.5386	1.5293
-1.4	1.5200	1.5107	1.5014	1.4921	1.4828	1.4736	1.4643	1.4551	1.4459	1.4367
-1.3	1.4275	1.4183	1.4092	1.4000	1.3909	1.3818	1.3727	1.3636	1.3546	1.3455
-1.2	1.3365	1.3275	1.3185	1.3095	1.3006	1.2917	1.2827	1.2738	1.2650	1.2561
-1.1	1.2473	1.2384	1.2296	1.2209	1.2121	1.2034	1.1946	1.1859	1.1773	1.1686
-1.0	1.1600	1.1514	1.1428	1.1342	1.1257	1.1172	1.1087	1.1002	1.0917	1.0833
-0.9	1.0749	1.0665	1.0582	1.0499	1.0416	1.0333	1.0250	1.0168	1.0086	1.0004
-0.8	0.9923	0.9842	0.9761	0.9680	0.9600	0.9520	0.9440	0.9360	0.9281	0.9202
-0.7	0.9123	0.9045	0.8967	0.8889	0.8812	0.8734	0.8658	0.8581	0.8505	0.8429
-0.6	0.8353	0.8278	0.8203	0.8128	0.8054	0.7980	0.7906	0.7833	0.7759	0.7687
-0.5	0.7614	0.7542	0.7471	0.7399	0.7328	0.7257	0.7187	0.7117	0.7047	0.6978
-0.4	0.6909	0.6840	0.6772	0.6704	0.6637	0.6569	0.6503	0.6436	0.6370	0.6304
-0.3	0.6239	0.6174	0.6109	0.6045	0.5981	0.5918	0.5855	0.5792	0.5730	0.5668
-0.2	0.5606	0.5545	0.5484	0.5424	0.5363	0.5304	0.5244	0.5186	0.5127	0.5069
-0.1	0.5011	0.4954	0.4897	0.4840	0.4784	0.4728	0.4673	0.4618	0.4564	0.4509
0.0	0.4456	0.4402	0.4349	0.4297	0.4244	0.4193	0.4141	0.4090	0.4040	0.3989

续表

z	0.00	0.01	0.02	0.03	0.04	0.05	0.06	0.07	0.08	0.09
0.0	0.3989	0.3940	0.3890	0.3841	0.3793	0.3744	0.3697	0.3649	0.3602	0.3556
0.1	0.3509	0.3464	0.3418	0.3373	0.3328	0.3284	0.3240	0.3197	0.3154	0.3111
0.2	0.3069	0.3027	0.2986	0.2944	0.2904	0.2863	0.2824	0.2784	0.2745	0.2706
0.3	0.2668	0.2630	0.2592	0.2555	0.2518	0.2481	0.2445	0.2409	0.2374	0.2339
0.4	0.2304	0.2270	0.2236	0.2203	0.2169	0.2137	0.2104	0.2072	0.2040	0.2009
0.5	0.1978	0.1947	0.1917	0.1887	0.1857	0.1828	0.1799	0.1771	0.1742	0.1714
0.6	0.1687	0.1659	0.1633	0.1606	0.1580	0.1554	0.1528	0.1503	0.1478	0.1453
0.7	0.1429	0.1405	0.1381	0.1358	0.1334	0.1312	0.1289	0.1267	0.1245	0.1223
0.8	0.1202	0.1181	0.1160	0.1140	0.1120	0.1100	0.1080	0.1061	0.1042	0.1023
0.9	0.1004	0.0986	0.0968	0.0950	0.0933	0.0916	0.0899	0.0882	0.0865	0.0849
1.0	0.0833	0.0817	0.0802	0.0787	0.0772	0.0757	0.0742	0.0728	0.0714	0.0700
1.1	0.0686	0.0673	0.0659	0.0646	0.0634	0.0621	0.0609	0.0596	0.0584	0.0573
1.2	0.0561	0.0550	0.0538	0.0527	0.0517	0.0506	0.0495	0.0485	0.0475	0.0465
1.3	0.0455	0.0446	0.0436	0.0427	0.0418	0.0409	0.0400	0.0392	0.0383	0.0375
1.4	0.0367	0.0359	0.0351	0.0343	0.0336	0.0328	0.0321	0.0314	0.0307	0.0300
1.5	0.0293	0.0286	0.0280	0.0274	0.0267	0.0261	0.0255	0.0249	0.0244	0.0238
1.6	0.0232	0.0227	0.0222	0.0216	0.0211	0.0206	0.0201	0.0197	0.0192	0.0187
1.7	0.0183	0.0178	0.0174	0.0170	0.0166	0.0162	0.0158	0.0154	0.0150	0.0146
1.8	0.0143	0.0139	0.0136	0.0132	0.0129	0.0126	0.0123	0.0119	0.0116	0.0113
1.9	0.0111	0.0108	0.0105	0.0102	0.0100	0.0097	0.0094	0.0092	0.0090	0.0087
2.0	0.0085	0.0083	0.0080	0.0078	0.0076	0.0074	0.0072	0.0070	0.0068	0.0066
2.1	0.0065	0.0063	0.0061	0.0060	0.0058	0.0056	0.0055	0.0053	0.0052	0.0050
2.2	0.0049	0.0047	0.0046	0.0045	0.0044	0.0042	0.0041	0.0040	0.0039	0.0038
2.3	0.0037	0.0036	0.0035	0.0034	0.0033	0.0032	0.0031	0.0030	0.0029	0.0028
2.4	0.0027	0.0026	0.0026	0.0025	0.0024	0.0023	0.0023	0.0022	0.0021	0.0021
2.5	0.0020	0.0019	0.0019	0.0018	0.0018	0.0017	0.0017	0.0016	0.0016	0.0015
2.6	0.0015	0.0014	0.0014	0.0013	0.0013	0.0012	0.0012	0.0012	0.0011	0.0011
2.7	0.0011	0.0010	0.0010	0.0010	0.0009	0.0009	0.0009	0.0008	0.0008	0.0008
2.8	0.0008	0.0007	0.0007	0.0007	0.0007	0.0006	0.0006	0.0006	0.0006	0.0006
2.9	0.0005	0.0005	0.0005	0.0005	0.0005	0.0005	0.0004	0.0004	0.0004	0.0004
3.0	0.0004	0.0004	0.0004	0.0003	0.0003	0.0003	0.0003	0.0003	0.0003	0.0003
3.1	0.0003	0.0003	0.0002	0.0002	0.0002	0.0002	0.0002	0.0002	0.0002	0.0002
3.2	0.0002	0.0002	0.0002	0.0002	0.0002	0.0002	0.0001	0.0001	0.0001	0.0001
3.3	0.0001	0.0001	0.0001	0.0001	0.0001	0.0001	0.0001	0.0001	0.0001	0.0001
3.4	0.0001	0.0001	0.0001	0.0001	0.0001	0.0001	0.0001	0.0001	0.0001	0.0001
3.5	0.0001	0.0001	0.0001	0.0001	0.0000	0.0000	0.0000	0.0000	0.0000	0.0000
3.6	0.0000	0.0000	0.0000	0.0000	0.0000	0.0000	0.0000	0.0000	0.0000	0.0000
3.7	0.0000	0.0000	0.0000	0.0000	0.0000	0.0000	0.0000	0.0000	0.0000	0.0000
3.8	0.0000	0.0000	0.0000	0.0000	0.0000	0.0000	0.0000	0.0000	0.0000	0.0000
3.9	0.0000	0.0000	0.0000	0.0000	0.0000	0.0000	0.0000	0.0000	0.0000	0.0000
4.0	0.0000	0.0000	0.0000	0.0000	0.0000	0.0000	0.0000	0.0000	0.0000	0.0000

泊松分布函数表

S	均值									
	0.05	0.10	0.15	0.20	0.25	0.30	0.35	0.40	0.45	0.50
0	0.95123	0.90484	0.86071	0.81873	0.77880	0.74082	0.70469	0.67032	0.63763	0.60653
1	0.99879	0.99532	0.98981	0.98248	0.97350	0.96306	0.95133	0.93845	0.92456	0.90980
2	0.99998	0.99985	0.99950	0.99885	0.99784	0.99640	0.99449	0.99207	0.98912	0.98561
3	1.00000	1.00000	0.99998	0.99994	0.99987	0.99973	0.99953	0.99922	0.99880	0.99825
4	1.00000	1.00000	1.00000	1.00000	0.99999	0.99998	0.99997	0.99994	0.99989	0.99983
5	1.00000	1.00000	1.00000	1.00000	1.00000	1.00000	1.00000	1.00000	0.99999	0.99999
6	1.00000	1.00000	1.00000	1.00000	1.00000	1.00000	1.00000	1.00000	1.00000	1.00000

S	均值									
	0.55	0.60	0.65	0.70	0.75	0.80	0.85	0.90	0.95	1.00
0	0.57695	0.54881	0.52205	0.49659	0.47237	0.44933	0.42741	0.40657	0.38674	0.36788
1	0.89427	0.87810	0.86138	0.84420	0.82664	0.80879	0.79072	0.77248	0.75414	0.73576
2	0.98154	0.97688	0.97166	0.96586	0.95949	0.95258	0.94512	0.93714	0.92866	0.91970
3	0.99753	0.99664	0.99555	0.99425	0.99271	0.99092	0.98887	0.98654	0.98393	0.98101
4	0.99973	0.99961	0.99944	0.99921	0.99894	0.99859	0.99817	0.99766	0.99705	0.99634
5	0.99998	0.99996	0.99994	0.99991	0.99987	0.99982	0.99975	0.99966	0.99954	0.99941
6	1.00000	1.00000	0.99999	0.99999	0.99999	0.99998	0.99997	0.99996	0.99994	0.99992
7	1.00000	1.00000	1.00000	1.00000	1.00000	1.00000	1.00000	1.00000	0.99999	0.99999
8	1.00000	1.00000	1.00000	1.00000	1.00000	1.00000	1.00000	1.00000	1.00000	1.00000

S	均值									
	1.25	1.50	1.75	2.00	2.25	2.50	2.75	3.00	3.25	3.50
0	0.28650	0.22313	0.17377	0.13534	0.10540	0.08208	0.06393	0.04979	0.03877	0.03020
1	0.64464	0.55783	0.47788	0.40601	0.34255	0.28730	0.23973	0.19915	0.16479	0.13589
2	0.86847	0.80885	0.74397	0.67668	0.60934	0.54381	0.48146	0.42319	0.36957	0.32085
3	0.96173	0.93436	0.89919	0.85712	0.80943	0.75758	0.70304	0.64723	0.59141	0.53663
4	0.99088	0.98142	0.96710	0.94735	0.92199	0.89118	0.85538	0.81526	0.77165	0.72544
·5	0.99816	0.99554	0.99087	0.98344	0.97263	0.95798	0.93916	0.91608	0.88881	0.85761
6	0.99968	0.99907	0.99780	0.99547	0.99163	0.98581	0.97757	0.96649	0.95227	0.93471
7	0.99995	0.99983	0.99953	0.99890	0.99773	0.99575	0.99265	0.98810	0.98174	0.97326
8	0.99999	0.99997	0.99991	0.99976	0.99945	0.99886	0.99784	0.99620	0.99371	0.99013
9	1.00000	1.00000	0.99998	0.99995	0.99988	0.99972	0.99942	0.99890	0.99803	0.99669
10	1.00000	1.00000	1.00000	0.99999	0.99998	0.99994	0.99986	0.99971	0.99944	0.99898
11	1.00000	1.00000	1.00000	1.00000	1.00000	0.99999	0.99997	0.99993	0.99985	0.99971
12	1.00000	1.00000	1.00000	1.00000	1.00000	1.00000	0.99999	0.99998	0.99996	0.99992
13	1.00000	1.00000	1.00000	1.00000	1.00000	1.00000	1.00000	1.00000	0.99999	0.99998
14	1.00000	1.00000	1.00000	1.00000	1.00000	1.00000	1.00000	1.00000	1.00000	1.00000
15	1.00000	1.00000	1.00000	1.00000	1.00000	1.00000	1.00000	1.00000	1.00000	1.00000

续表

S	均值											
	3.75	4.00	4.25	4.50	4.75	5.00	5.25	5.50	5.75	6.00	6.25	6.50
0	0.02352	0.01832	0.01426	0.01111	0.00865	0.00674	0.00525	0.00409	0.00318	0.00248	0.00193	0.00150
1	0.11171	0.09158	0.07489	0.06110	0.04975	0.04043	0.03280	0.02656	0.02148	0.01735	0.01400	0.01128
2	0.27707	0.23810	0.20371	0.17358	0.14735	0.12465	0.10511	0.08838	0.07410	0.06197	0.05170	0.04304
3	0.48377	0.43347	0.38621	0.34230	0.30189	0.26503	0.23167	0.20170	0.17495	0.15120	0.13025	0.11185
4	0.67755	0.62884	0.58012	0.53210	0.48540	0.44049	0.39777	0.35752	0.31991	0.28506	0.25299	0.22367
5	0.82288	0.78513	0.74494	0.70293	0.65973	0.61596	0.57218	0.52892	0.48662	0.44568	0.40640	0.36904
6	0.91372	0.88933	0.86169	0.83105	0.79775	0.76218	0.72479	0.68604	0.64639	0.60630	0.56622	0.52652
7	0.96238	0.94887	0.93257	0.91341	0.89140	0.86663	0.83925	0.80949	0.77762	0.74398	0.70890	0.67276
8	0.98519	0.97864	0.97023	0.95974	0.94701	0.93191	0.91436	0.89436	0.87195	0.84724	0.82038	0.79157
9	0.99469	0.99187	0.98801	0.98291	0.97636	0.96817	0.95817	0.94622	0.93221	0.91608	0.89779	0.87738
10	0.99826	0.99716	0.99557	0.99333	0.99030	0.98630	0.98118	0.97475	0.96686	0.95738	0.94618	0.93316
11	0.99947	0.99908	0.99849	0.99760	0.99632	0.99455	0.99216	0.98901	0.98498	0.97991	0.97367	0.96612
12	0.99985	0.99973	0.99952	0.99919	0.99870	0.99798	0.99696	0.99555	0.99366	0.99117	0.98798	0.98397
13	0.99996	0.99992	0.99986	0.99975	0.99957	0.99930	0.99890	0.99831	0.99749	0.99637	0.99487	0.99290
14	0.99999	0.99998	0.99996	0.99993	0.99987	0.99977	0.99963	0.99940	0.99907	0.99860	0.99794	0.99704
15	1.00000	1.00000	0.99999	0.99998	0.99996	0.99993	0.99988	0.99980	0.99968	0.99949	0.99922	0.99884
16	1.00000	1.00000	1.00000	0.99999	0.99999	0.99998	0.99996	0.99994	0.99989	0.99983	0.99972	0.99957
17	1.00000	1.00000	1.00000	1.00000	1.00000	0.99999	0.99999	0.99998	0.99997	0.99994	0.99991	0.99985
18	1.00000	1.00000	1.00000	1.00000	1.00000	1.00000	1.00000	0.99999	0.99999	0.99998	0.99997	0.99995
19	1.00000	1.00000	1.00000	1.00000	1.00000	1.00000	1.00000	1.00000	1.00000	0.99999	0.99999	0.99998

S	均值											
	6.75	7.00	7.25	7.50	7.75	8.00	8.25	8.50	8.75	9.00	9.25	9.50
0	0.00117	0.00091	0.00071	0.00055	0.00043	0.00034	0.00026	0.00020	0.00016	0.00012	0.00010	0.00007
1	0.00907	0.00730	0.00586	0.00470	0.00377	0.00302	0.00242	0.00193	0.00154	0.00123	0.00099	0.00079
2	0.03575	0.02964	0.02452	0.02026	0.01670	0.01375	0.01131	0.00928	0.00761	0.00623	0.00510	0.00416
3	0.09577	0.08177	0.06963	0.05915	0.05012	0.04238	0.03576	0.03011	0.02530	0.02123	0.01777	0.01486
4	0.19704	0.17299	0.15138	0.13206	0.11487	0.09963	0.08619	0.07436	0.06401	0.05496	0.04709	0.04026
5	0.33377	0.30071	0.26992	0.24144	0.21522	0.19124	0.16939	0.14960	0.13174	0.11569	0.10133	0.08853
6	0.48759	0.44971	0.41316	0.37815	0.34485	0.31337	0.28380	0.25618	0.23051	0.20678	0.18495	0.16495
7	0.63591	0.59871	0.56152	0.52464	0.48837	0.45296	0.41864	0.38560	0.35398	0.32390	0.29544	0.26866
8	0.76106	0.72909	0.69596	0.66197	0.62740	0.59255	0.55770	0.52311	0.48902	0.45565	0.42320	0.39182
9	0.85492	0.83050	0.80427	0.77641	0.74712	0.71662	0.68516	0.65297	0.62031	0.58741	0.55451	0.52183
10	0.91827	0.90148	0.88279	0.86224	0.83990	0.81589	0.79032	0.76336	0.73519	0.70599	0.67597	0.64533
11	0.95715	0.94665	0.93454	0.92076	0.90527	0.88808	0.86919	0.84866	0.82657	0.80301	0.77810	0.75199
12	0.97902	0.97300	0.96581	0.95733	0.94749	0.93620	0.92341	0.90908	0.89320	0.87577	0.85683	0.83643
13	0.99037	0.98719	0.98324	0.97844	0.97266	0.96582	0.95782	0.94859	0.93805	0.92615	0.91285	0.89814
14	0.99585	0.99428	0.99227	0.98974	0.98659	0.98274	0.97810	0.97257	0.96608	0.95853	0.94986	0.94001
15	0.99831	0.99759	0.99664	0.99539	0.99379	0.99177	0.98925	0.98617	0.98243	0.97796	0.97269	0.96653
16	0.99935	0.99904	0.99862	0.99804	0.99728	0.99628	0.99500	0.99339	0.99137	0.98889	0.98588	0.98227
17	0.99976	0.99964	0.99946	0.99921	0.99887	0.99841	0.99779	0.99700	0.99597	0.99468	0.99306	0.99107
18	0.99992	0.99987	0.99980	0.99970	0.99955	0.99935	0.99907	0.99870	0.99821	0.99757	0.99675	0.99572
19	0.99997	0.99996	0.99993	0.99989	0.99983	0.99975	0.99963	0.99947	0.99924	0.99894	0.99855	0.99804
20	0.99999	0.99999	0.99998	0.99996	0.99994	0.99991	0.99986	0.99979	0.99969	0.99956	0.99938	0.99914
21	1.00000	1.00000	0.99999	0.99999	0.99998	0.99997	0.99995	0.99992	0.99988	0.99983	0.99975	0.99964
22	1.00000	1.00000	1.00000	1.00000	0.99999	0.99999	0.99998	0.99997	0.99996	0.99993	0.99990	0.99985
23	1.00000	1.00000	1.00000	1.00000	1.00000	1.00000	0.99999	0.99999	0.99998	0.99998	0.99996	0.99994
24	1.00000	1.00000	1.00000	1.00000	1.00000	1.00000	1.00000	1.00000	0.99999	0.99999	0.99999	0.99998

泊松库存函数表

S	均值									
	0.05	0.10	0.15	0.20	0.25	0.30	0.35	0.40	0.45	0.50
0	0.00000	0.00000	0.00000	0.00000	0.00000	0.00000	0.00000	0.00000	0.00000	0.00000
1	0.95123	0.90484	0.86071	0.81873	0.77880	0.74082	0.70469	0.67032	0.63763	0.60653
2	1.95002	1.90016	1.85052	1.80121	1.75230	1.70388	1.65602	1.60877	1.56219	1.51633
3	2.95000	2.90000	2.85002	2.80006	2.75014	2.70028	2.65051	2.60084	2.55131	2.50194
4	3.95000	3.90000	3.85000	3.80000	3.75001	3.70002	3.65003	3.60007	3.55011	3.50019
5	4.95000	4.90000	4.85000	4.80000	4.75000	4.70000	4.65000	4.60000	4.55001	4.50002
6	5.95000	5.90000	5.85000	5.80000	5.75000	5.70000	5.65000	5.60000	5.55000	5.50000

S	均值									
	0.55	0.60	0.65	0.70	0.75	0.80	0.85	0.90	0.95	1.00
0	0.00000	0.00000	0.00000	0.00000	0.00000	0.00000	0.00000	0.00000	0.00000	0.00000
1	0.57695	0.54881	0.52205	0.49659	0.47237	0.44933	0.42741	0.40657	0.38674	0.36788
2	1.47122	1.42691	1.38342	1.34078	1.29901	1.25812	1.21813	1.17905	1.14089	1.10364
3	2.45276	2.40379	2.35508	2.30664	2.25850	2.21070	2.16325	2.11620	2.06955	2.02334
4	3.45029	3.40044	3.35063	3.30089	3.25121	3.20162	3.15212	3.10274	3.05347	3.00435
5	4.45003	4.40004	4.35007	4.30010	4.25015	4.20021	4.15029	4.10039	4.05052	4.00069
6	5.45000	5.40000	5.35001	5.30001	5.25002	5.20002	5.15003	5.10005	5.05007	5.00009
7	6.45000	6.40000	6.35000	6.30000	6.25000	6.20000	6.15000	6.10001	6.05001	6.00001
8	7.45000	7.40000	7.35000	7.30000	7.25000	7.20000	7.15000	7.10000	7.05000	7.00000

S	均值									
	1.25	1.50	1.75	2.00	2.25	2.50	2.75	3.00	3.25	3.50
0	0.00000	0.00000	0.00000	0.00000	0.00000	0.00000	0.00000	0.00000	0.00000	0.00000
1	0.28650	0.22313	0.17377	0.13534	0.10540	0.08208	0.06393	0.04979	0.03877	0.03020
2	0.93114	0.78096	0.65165	0.54134	0.44795	0.36938	0.30366	0.24894	0.20356	0.16609
3	1.79961	1.58980	1.39562	1.21802	1.05729	0.91320	0.78511	0.67213	0.57313	0.48693
4	2.76134	2.52416	2.29481	2.07514	1.86672	1.67077	1.48815	1.31936	1.16454	1.02357
5	3.75221	3.50558	3.26191	3.02249	2.78870	2.56195	2.34353	2.13462	1.93619	1.74901
6	4.75038	4.50113	4.25278	4.00592	3.76134	3.51993	3.28270	3.05070	2.82501	2.60662
7	5.75006	5.50020	5.25058	5.00139	4.75297	4.50574	4.26026	4.01719	3.77728	3.54134
8	6.75001	6.50003	6.25011	6.00029	5.75070	5.50149	5.25292	5.00529	4.75902	4.51460
9	7.75000	7.50000	7.25002	7.00006	6.75015	6.50035	6.25076	6.00149	5.75273	5.50472
10	8.75000	8.50000	8.25000	8.00001	7.75003	7.50008	7.25018	7.00038	6.75076	6.50141
11	9.75000	9.50000	9.25000	9.00000	8.75001	8.50002	8.25004	8.00009	7.75020	7.50039
12	10.75000	10.50000	10.25000	10.00000	9.75000	9.50000	9.25001	9.00002	8.75005	8.50010
13	11.75000	11.50000	11.25000	11.00000	10.75000	10.50000	10.25000	10.00000	9.75001	9.50002
14	12.75000	12.50000	12.25000	12.00000	11.75000	11.50000	11.25000	11.00000	10.75000	10.50001
15	13.75000	13.50000	13.25000	13.00000	12.75000	12.50000	12.25000	12.00000	11.75000	11.50000

续表

S	均值											
	3.75	4.00	4.25	4.50	4.75	5.00	5.25	5.50	5.75	6.00	6.25	6.50
0	0.00000	0.00000	0.00000	0.00000	0.00000	0.00000	0.00000	0.00000	0.00000	0.00000	0.00000	0.00000
1	0.02352	0.01832	0.01426	0.01111	0.00865	0.00674	0.00525	0.00409	0.00318	0.00248	0.00193	0.00150
2	0.13523	0.10989	0.08915	0.07221	0.05840	0.04717	0.03804	0.03065	0.02467	0.01983	0.01593	0.01278
3	0.41230	0.34800	0.29286	0.24579	0.20575	0.17182	0.14316	0.11903	0.09877	0.08180	0.06763	0.05582
4	0.89606	0.78147	0.67907	0.58808	0.50763	0.43684	0.37483	0.32073	0.27371	0.23300	0.19788	0.16766
5	1.57361	1.41030	1.25919	1.12019	0.99303	0.87734	0.77260	0.67824	0.59362	0.51806	0.45086	0.39134
6	2.39649	2.19543	2.00413	1.82312	1.65277	1.49330	1.34479	1.20716	1.08024	0.96374	0.85727	0.76038
7	3.31021	3.08476	2.86582	2.65417	2.45052	2.25548	2.06958	1.89320	1.72663	1.57004	1.42348	1.28690
8	4.27259	4.03363	3.79839	3.56758	3.34192	3.12211	2.90882	2.70268	2.50426	2.31402	2.13238	1.95966
9	5.25778	5.01226	4.76861	4.52732	4.28893	4.05402	3.82318	3.59704	3.37620	3.16126	2.95276	2.75123
10	6.25247	6.00413	5.75662	5.51023	5.26529	5.02219	4.78136	4.54326	4.30842	4.07733	3.85056	3.62862
11	7.25073	7.00129	6.75219	6.50356	6.25559	6.00849	5.76253	5.51801	5.27528	5.03471	4.79673	4.56178
12	8.25020	8.00038	7.75067	7.50116	7.25191	7.00304	6.75469	6.50702	6.26026	6.01462	5.77040	5.52790
13	9.25005	9.00010	8.75019	8.50035	8.25061	8.00102	7.75165	7.50257	7.25391	7.00579	6.75838	6.51187
14	10.25001	10.00003	9.75005	9.50010	9.25018	9.00032	8.75054	8.50089	8.25141	8.00217	7.75325	7.50477
15	11.25000	11.00001	10.75001	10.50003	10.25005	10.00010	9.75017	9.50029	9.25048	9.00077	8.75119	8.50181
16	12.25000	12.00000	11.75000	11.50001	11.25001	11.00003	10.75005	10.50009	10.25015	10.00026	9.75042	9.50066
17	13.25000	13.00000	12.75000	12.50000	12.25000	12.00001	11.75001	11.50003	11.25005	11.00008	10.75014	10.50022
18	14.25000	14.00000	13.75000	13.50000	13.25000	13.00000	12.75000	12.50001	12.25001	12.00002	11.75004	11.50007
19	15.25000	15.00000	14.75000	14.50000	14.25000	14.00000	13.75000	13.50000	13.25000	13.00001	12.75001	12.50002

S	均值											
	6.75	7.00	7.25	7.50	7.75	8.00	8.25	8.50	8.75	9.00	9.25	9.50
0	0.00000	0.00000	0.00000	0.00000	0.00000	0.00000	0.00000	0.00000	0.00000	0.00000	0.00000	0.00000
1	0.00117	0.00091	0.00071	0.00055	0.00043	0.00034	0.00026	0.00020	0.00016	0.00012	0.00010	0.00007
2	0.01025	0.00821	0.00657	0.00525	0.00420	0.00335	0.00268	0.00214	0.00170	0.00136	0.00108	0.00086
3	0.04599	0.03784	0.03109	0.02551	0.02090	0.01711	0.01399	0.01142	0.00931	0.00759	0.00618	0.00502
4	0.14176	0.11961	0.10072	0.08466	0.07103	0.05949	0.04974	0.04153	0.03462	0.02882	0.02395	0.01988
5	0.33880	0.29260	0.25210	0.21672	0.18589	0.15912	0.13593	0.11589	0.09863	0.08378	0.07105	0.06015
6	0.67257	0.59331	0.52203	0.45815	0.40112	0.35036	0.30532	0.26549	0.23036	0.19947	0.17238	0.14868
7	1.16016	1.04302	0.93519	0.83631	0.74597	0.66373	0.58912	0.52167	0.46087	0.40625	0.35732	0.31362
8	1.79606	1.64173	1.49671	1.36095	1.23434	1.11669	1.00777	0.90726	0.81485	0.73015	0.65277	0.58229
9	2.55712	2.37082	2.19267	2.02292	1.86174	1.70924	1.56546	1.43037	1.30387	1.18580	1.07597	0.97411
10	3.41204	3.20132	2.99694	2.79932	2.60885	2.42586	2.25062	2.08334	1.92418	1.77321	1.63047	1.49594
11	4.33031	4.10280	3.87973	3.66156	3.44876	3.24175	3.04094	2.84671	2.65936	2.47920	2.30644	2.14127
12	5.28746	5.04945	4.81427	4.58232	4.35403	4.12983	3.91013	3.69537	3.48593	3.28221	3.08454	2.89326
13	6.26648	6.02245	5.78007	5.53965	5.30152	5.06603	4.83354	4.60445	4.37913	4.15798	3.94137	3.72968
14	7.25685	7.00964	6.76332	6.51809	6.27418	6.03185	5.79137	5.55304	5.31718	5.08413	4.85422	4.62782
15	8.25270	8.00392	7.75559	7.50783	7.26077	7.01459	6.76947	6.52561	6.28326	6.04266	5.80409	5.56783
16	9.25101	9.00152	8.75223	8.50322	8.25456	8.00636	7.75872	7.51178	7.26569	7.02063	6.77678	6.53436
17	10.25036	10.00056	9.75085	9.50126	9.25184	9.00264	8.75372	8.50517	8.25706	8.00952	7.76266	7.51663
18	11.25012	11.00020	10.75031	10.50047	10.25071	10.00105	9.75152	9.50217	9.25304	9.00420	8.75573	8.50770
19	12.25004	12.00007	11.75011	11.50017	11.25026	11.00040	10.75059	10.50087	10.25125	10.00177	9.75248	9.50342
20	13.25001	13.00002	12.75004	12.50006	12.25009	12.00014	11.75022	11.50033	11.25049	11.00072	10.75103	10.50145
21	14.25000	14.00001	13.75001	13.50002	13.25003	13.00005	12.75008	12.50012	12.25019	12.00028	11.75041	11.50059
22	15.25000	15.00000	14.75000	14.50001	14.25001	14.00002	13.75003	13.50004	13.25007	13.00010	12.75016	12.50023
23	16.25000	16.00000	15.75000	15.50000	15.25000	15.00001	14.75001	14.50001	14.25002	14.00004	13.75006	13.50009
24	17.25000	17.00000	16.75000	16.50000	16.25000	16.00000	15.75000	15.50000	15.25001	15.00001	14.75002	14.50003

泊松损失函数表

S	均值									
	0.05	0.10	0.15	0.20	0.25	0.30	0.35	0.40	0.45	0.50
0	0.05000	0.10000	0.15000	0.20000	0.25000	0.30000	0.35000	0.40000	0.45000	0.50000
1	0.00123	0.00484	0.01071	0.01873	0.02880	0.04082	0.05469	0.07032	0.08763	0.10653
2	0.00002	0.00016	0.00052	0.00121	0.00230	0.00388	0.00602	0.00877	0.01219	0.01633
3	0.00000	0.00000	0.00002	0.00006	0.00014	0.00028	0.00051	0.00084	0.00131	0.00194
4	0.00000	0.00000	0.00000	0.00000	0.00001	0.00002	0.00003	0.00007	0.00011	0.00019
5	0.00000	0.00000	0.00000	0.00000	0.00000	0.00000	0.00000	0.00000	0.00001	0.00002
6	0.00000	0.00000	0.00000	0.00000	0.00000	0.00000	0.00000	0.00000	0.00000	0.00000

S	均值									
	0.55	0.60	0.65	0.70	0.75	0.80	0.85	0.90	0.95	1.00
0	0.55000	0.60000	0.65000	0.70000	0.75000	0.80000	0.85000	0.90000	0.95000	1.00000
1	0.12695	0.14881	0.17205	0.19659	0.22237	0.24933	0.27741	0.30657	0.33674	0.36788
2	0.02122	0.02691	0.03342	0.04078	0.04901	0.05812	0.06813	0.07905	0.09089	0.10364
3	0.00276	0.00379	0.00508	0.00664	0.00850	0.01070	0.01325	0.01620	0.01955	0.02334
4	0.00029	0.00044	0.00063	0.00089	0.00121	0.00162	0.00212	0.00274	0.00347	0.00435
5	0.00003	0.00004	0.00007	0.00010	0.00015	0.00021	0.00029	0.00039	0.00052	0.00069
6	0.00000	0.00000	0.00001	0.00001	0.00002	0.00002	0.00003	0.00005	0.00007	0.00009
7	0.00000	0.00000	0.00001	0.00001	0.00002	0.00002	0.00003	0.00005	0.00007	0.00009
8	0.00000	0.00000	0.00001	0.00001	0.00001	0.00002	0.00003	0.00004	0.00006	0.00008

S	均值									
	1.25	1.50	1.75	2.00	2.25	2.50	2.75	3.00	3.25	3.50
0	1.25000	1.50000	1.75000	2.00000	2.25000	2.50000	2.75000	3.00000	3.25000	3.50000
1	0.53650	0.72313	0.92377	1.13534	1.35540	1.58208	1.81393	2.04979	2.28877	2.53020
2	0.18114	0.28096	0.40165	0.54134	0.69795	0.86938	1.05366	1.24894	1.45356	1.66609
3	0.04961	0.08980	0.14562	0.21802	0.30729	0.41320	0.53511	0.67213	0.82313	0.98693
4	0.01134	0.02416	0.04481	0.07514	0.11672	0.17077	0.23815	0.31936	0.41454	0.52357
5	0.00221	0.00558	0.01191	0.02249	0.03870	0.06195	0.09353	0.13462	0.18619	0.24901
6	0.00038	0.00113	0.00278	0.00592	0.01134	0.01993	0.03270	0.05070	0.07501	0.10662
7	0.00006	0.00020	0.00058	0.00139	0.00297	0.00574	0.01026	0.01719	0.02728	0.04134
8	0.00001	0.00003	0.00011	0.00029	0.00070	0.00149	0.00292	0.00529	0.00902	0.01460
9	0.00000	0.00000	0.00002	0.00006	0.00015	0.00035	0.00076	0.00149	0.00273	0.00472
10	0.00000	0.00000	0.00000	0.00001	0.00003	0.00008	0.00018	0.00038	0.00076	0.00141
11	0.00000	0.00000	0.00000	0.00000	0.00001	0.00002	0.00004	0.00009	0.00020	0.00039
12	0.00000	0.00000	0.00000	0.00000	0.00000	0.00000	0.00001	0.00002	0.00005	0.00010
13	0.00000	0.00000	0.00000	0.00000	0.00000	0.00000	0.00000	0.00000	0.00001	0.00002
14	0.00000	0.00000	0.00000	0.00000	0.00000	0.00000	0.00000	0.00000	0.00000	0.00001
15	0.00000	0.00000	0.00000	0.00000	0.00000	0.00000	0.00000	0.00000	0.00000	0.00000

续表

S	均值											
	3.75	4.00	4.25	4.50	4.75	5.00	5.25	5.50	5.75	6.00	6.25	6.50
0	3.75000	4.00000	4.25000	4.50000	4.75000	5.00000	5.25000	5.50000	5.75000	6.00000	6.25000	6.50000
1	2.77352	3.01832	3.26426	3.51111	3.75865	4.00674	4.25525	4.50409	4.75318	5.00248	5.25193	5.50150
2	1.88523	2.10989	2.33915	2.57221	2.80840	3.04717	3.28804	3.53065	3.77467	4.01983	4.26593	4.51278
3	1.16230	1.34800	1.54286	1.74579	1.95575	2.17182	2.39316	2.61903	2.84877	3.08180	3.31763	3.55582
4	0.64606	0.78147	0.92907	1.08808	1.25763	1.43684	1.62483	1.82073	2.02371	2.23300	2.44788	2.66766
5	0.32361	0.41030	0.50919	0.62019	0.74303	0.87734	1.02260	1.17824	1.34362	1.51806	1.70086	1.89134
6	0.14649	0.19543	0.25413	0.32312	0.40277	0.49330	0.59479	0.70716	0.83024	0.96374	1.10727	1.26038
7	0.06021	0.08476	0.11582	0.15417	0.20052	0.25548	0.31958	0.39320	0.47663	0.57004	0.67348	0.78690
8	0.02259	0.03363	0.04839	0.06758	0.09192	0.12211	0.15882	0.20268	0.25426	0.31402	0.38238	0.45966
9	0.00778	0.01226	0.01861	0.02732	0.03893	0.05402	0.07318	0.09704	0.12620	0.16126	0.20276	0.25123
10	0.00247	0.00413	0.00662	0.01023	0.01529	0.02219	0.03136	0.04326	0.05842	0.07733	0.10056	0.12862
11	0.00073	0.00129	0.00219	0.00356	0.00559	0.00849	0.01253	0.01801	0.02528	0.03471	0.04673	0.06178
12	0.00020	0.00038	0.00067	0.00116	0.00191	0.00304	0.00469	0.00702	0.01026	0.01462	0.02040	0.02790
13	0.00005	0.00010	0.00019	0.00035	0.00061	0.00102	0.00165	0.00257	0.00391	0.00579	0.00838	0.01187
14	0.00001	0.00003	0.00005	0.00010	0.00018	0.00032	0.00054	0.00089	0.00141	0.00217	0.00325	0.00477
15	0.00000	0.00001	0.00001	0.00003	0.00005	0.00010	0.00017	0.00029	0.00048	0.00077	0.00119	0.00181
16	0.00000	0.00000	0.00000	0.00001	0.00001	0.00003	0.00005	0.00009	0.00015	0.00026	0.00042	0.00066
17	0.00000	0.00000	0.00000	0.00000	0.00000	0.00001	0.00001	0.00003	0.00005	0.00008	0.00014	0.00022
18	0.00000	0.00000	0.00000	0.00000	0.00000	0.00000	0.00000	0.00001	0.00001	0.00002	0.00004	0.00007
19	0.00000	0.00000	0.00000	0.00000	0.00000	0.00000	0.00000	0.00000	0.00000	0.00001	0.00001	0.00002

S	均值											
	6.75	7.00	7.25	7.50	7.75	8.00	8.25	8.50	8.75	9.00	9.25	9.50
0	6.75000	7.00000	7.25000	7.50000	7.75000	8.00000	8.25000	8.50000	8.75000	9.00000	9.25000	9.50000
1	5.75117	6.00091	6.25071	6.50055	6.75043	7.00034	7.25026	7.50020	7.75016	8.00012	8.25010	8.50007
2	4.76025	5.00821	5.25657	5.50525	5.75420	6.00335	6.25268	6.50214	6.75170	7.00136	7.25108	7.50086
3	3.79599	4.03784	4.28109	4.52551	4.77090	5.01711	5.26399	5.51142	5.75931	6.00759	6.25618	6.50502
4	2.89176	3.11961	3.35072	3.58466	3.82103	4.05949	4.29974	4.54153	4.78462	5.02882	5.27395	5.51988
5	2.08880	2.29260	2.50210	2.71672	2.93589	3.15912	3.38593	3.61589	3.84863	4.08378	4.32105	4.56015
6	1.42257	1.59331	1.77203	1.95815	2.15112	2.35036	2.55532	2.76549	2.98036	3.19947	3.42238	3.64868
7	0.91016	1.04302	1.18519	1.33631	1.49597	1.66373	1.83912	2.02167	2.21087	2.40625	2.60732	2.81362
8	0.54606	0.64173	0.74671	0.86095	0.98434	1.11669	1.25777	1.40726	1.56485	1.73015	1.90277	2.08229
9	0.30712	0.37082	0.44267	0.52292	0.61174	0.70924	0.81546	0.93037	1.05387	1.18580	1.32597	1.47411
10	0.16204	0.20132	0.24694	0.29932	0.35885	0.42586	0.50062	0.58334	0.67418	0.77321	0.88047	0.99594
11	0.08031	0.10280	0.12973	0.16156	0.19876	0.24175	0.29094	0.34671	0.40936	0.47920	0.55644	0.64127
12	0.03746	0.04945	0.06427	0.08232	0.10403	0.12983	0.16013	0.19537	0.23593	0.28221	0.33454	0.39326
13	0.01648	0.02245	0.03007	0.03965	0.05152	0.06603	0.08354	0.10445	0.12913	0.15798	0.19137	0.22968
14	0.00685	0.00964	0.01332	0.01809	0.02418	0.03185	0.04137	0.05304	0.06718	0.08413	0.10422	0.12782
15	0.00270	0.00392	0.00559	0.00783	0.01077	0.01459	0.01947	0.02561	0.03326	0.04266	0.05409	0.06783
16	0.00101	0.00152	0.00223	0.00322	0.00456	0.00636	0.00872	0.01178	0.01569	0.02063	0.02678	0.03436
17	0.00036	0.00056	0.00085	0.00126	0.00184	0.00264	0.00372	0.00517	0.00706	0.00952	0.01266	0.01663
18	0.00012	0.00020	0.00031	0.00047	0.00071	0.00105	0.00152	0.00217	0.00304	0.00420	0.00573	0.00770
19	0.00004	0.00007	0.00011	0.00017	0.00026	0.00040	0.00059	0.00087	0.00125	0.00177	0.00248	0.00342
20	0.00001	0.00002	0.00004	0.00006	0.00009	0.00014	0.00022	0.00033	0.00049	0.00072	0.00103	0.00145
21	0.00000	0.00001	0.00001	0.00002	0.00003	0.00005	0.00008	0.00012	0.00019	0.00028	0.00041	0.00059
22	0.00000	0.00000	0.00000	0.00001	0.00001	0.00002	0.00003	0.00004	0.00007	0.00010	0.00016	0.00023
23	0.00000	0.00000	0.00000	0.00000	0.00000	0.00001	0.00001	0.00001	0.00002	0.00004	0.00006	0.00009
24	0.00000	0.00000	0.00000	0.00000	0.00000	0.00000	0.00000	0.00000	0.00001	0.00001	0.00002	0.00003

附录 C
平均库存与损失函数的计算

本附录描述了如何有效地计算离散分布函数的平均库存与损失函数。

平均库存函数是季初购买 Q 个单位后的库存剩余。期望损失函数 $L(Q)$ 是一个随机变量超过一个固定值的期望值。例如，如果随机变量是需求，那么 $L(Q)$ 是需求大于 Q 的期望值。

用一个例子来描述如何评估一个平均库存函数是最简单的。考虑以下带有 6 个可能结果和一个期望值的分布函数。

Q	$F(Q)$
0	0.1
1	0.3
2	0.4
3	0.7
4	0.9
5	1.0

注：$F(Q)=$ 需求小于或等于 Q 的概率。

平均库存函数是递归计算的，这意味着我们将从 $I(0)$ 开始，然后计算 $I(1)$，再计算 $I(2)$，等等。首先，如果 $Q=0$ 个单位被订购，那么很明显在季末会有 0 个单位剩余。因此，$I(0)=0$。接下来，我们用以下公式求出平均库存函数的剩余值：

$$I(t)=I(t-1)+F(t-1)$$

例如，$I(1)=I(0)+F(0), I(2)=I(1)+F(1), I(3)=I(2)+F(2)$，等等。利用该公式，我们可以完成平均库存函数表：

Q	$F(Q)$	$I(Q)$
0	0.1	0
1	0.3	$I(0)+F(0)=0.1$

续表

Q	$F(Q)$	$I(Q)$
2	0.4	$I(1)+F(1)=0.4$
3	0.7	$I(2)+F(2)=0.8$
4	0.9	$I(3)+F(3)=1.5$
5	1.0	$I(4)+F(4)=2.4$

例如，在上表中，如果订购了 5 个单位，需求服从分布函数 $F(Q)$，那么平均库存将是 2.4 个单位。

一旦对平均库存函数进行了评估，则可以用以下公式对期望损失函数进行评估：

$$L(Q)=\mu-Q+I(Q)$$

将这个公式应用到表格中就得到了结果。

Q	$F(Q)$	$I(Q)$	$L(Q)$
0	0.1	0	$2.6-0+0=2.6$
1	0.3	0.1	$2.6-1+0.1=1.7$
2	0.4	0.4	$2.6-2+0.4=1$
3	0.7	0.8	$2.6-3+0.8=0.4$
4	0.9	1.5	$2.6-4+1.5=0.1$
5	1.0	2.4	$2.6-5+2.4=0$

附录 D
公式和近似值

本附录详细推导了一些公式并解释了几种近似值。

用微积分推导报童期望利润最大化的订货批量（第 14 章）

设销售价格为 p，单位采购成本为 c，剩余库存剩余收益为 v，则期望利润函数为：

$$\pi(Q) = cQ + p\left(\int_0^Q xf(x)\mathrm{d}x + (1-F(Q))Q\right) + v\int_0^Q (Q-x)f(x)\mathrm{d}x$$

$$= (p-c)Q + \int_0^Q (p-v)xf(x)\mathrm{d}x - (p-v)F(Q)Q$$

式中，$f(x)$ 为密度函数；$F(x)$ 为分布函数（$\mathrm{Prob}(D=x)$，$\mathrm{Prob}(D \leqslant x)$，$D$ 为代表需求的随机变量）。

通过分步积分法，利润函数可以写成：

$$\pi(Q) = (p-c)Q + (p-v)\left(QF(Q) - \int_0^Q F(x)\mathrm{d}x\right) - (p-v)F(Q)Q$$

对利润函数求导，记住分布函数的导数等于密度函数，也就是 $\mathrm{d}F(x)/\mathrm{d}x = f(x)$：

$$\frac{\mathrm{d}\pi(Q)}{\mathrm{d}Q} = (p-c) + (p-v)(F(Q) + Qf(Q) - F(Q)) - (p-v)(f(Q) + f(Q)Q)$$

$$= (p-c) - (p-v)F(Q)$$

$$\frac{\mathrm{d}^2\pi(Q)}{\mathrm{d}Q^2} = -(p-v)f(Q)$$

由于二阶导数为负，利润函数为凹，所以一阶条件的解提供了最优订货批量：

$$\frac{\mathrm{d}\pi(Q)}{\mathrm{d}Q} = (p-c) - (p-v)F(Q) = 0$$

重新排列上述公式中的项，你会得到：

$$F(Q) = \frac{p-c}{p-v}$$

注意 $C_o = c - v$，$C_u = p - c$，所以上面公式可以写成：

$$F(Q) = \frac{C_u}{C_u + C_o}$$

上舍入规则（第 14 章）

为了理解为什么上舍入规则是正确的，我们需要用离散分布函数推导最优订货批量。假设需求是一组有限的结果，即 $D \in \{d_1, d_2, \cdots, d_n\}$。例如，根据 Hammer 3/2 的经验分布函数，可能的需求结果包括 $\{800, 1\,184, \cdots, 5\,120\}$。显然，最优订货批量将等于这些可能的需求结果之一。假设我们已经决定订购 d_i 个单位，而且我们正在决定是否订购 d_{i+1} 个单位。如果从更大的订货批量中获得的期望收益至少与期望成本一样大，那么这样做就是明智的。期望收益为：

$$C_u(d_{i+1} - d_i)(1 - F(d_i))$$

因为如果需求大于 d_i，我们会卖出额外的 $(d_{i+1} - d_i)$ 个单位，这种情况发生的概率是 $1 - F(d_i)$，期望损失为：

$$C_o(d_{i+1} - d_i)F(d_i)$$

因为如果需求是 d_i 或更少，我们需要回收额外的 $(d_{i+1} - d_i)$ 个单位，这种情况发生的概率是 $F(d_i)$。所以我们应该把订货批量从 d_i 增加到 d_{i+1}，当：

$$C_u(d_{i+1} - d_i)(1 - F(d_i)) \geqslant C_o(d_{i+1} - d_i)F(d_i)$$

可以简化为：

$$\frac{C_u}{C_o + C_u} \geq F(d_i)$$

因此，如果临界比率大于 $F(d_i)$，则应从 d_i 增加订货到 d_{i+1}。当临界比率大于 $F(d_i)$ 但小于 $F(d_{i+1})$ 时，即表中两个条目之间，我们应该订购 d_{i+1} 个单位，而不是进一步增加订货批量。换句话说，当临界比率落在表中两个条目之间时，我们选择较大的订货批量。这就是上舍入规则。

常见的错误是想要选择能产生 $F(\ )$ 最接近临界比率的订货批量，但这可能导致次优行动。为了说明这一点，假设需求为泊松分布，均值为 1.0，$C_u = 1$，$C_o = 0.21$。临界比率为 0.83，大约在 $F(1) = 0.74$ 和 $F(2) = 0.92$ 区间。但是，订货批量为 2 个单位的期望利润比订货批量为 1 个单位的利润要高出 20% 左右。也就是说，如果 $F(d_i)$ 和 $F(d_i + 1)$ 相当接近，那么选择较低的订货批量不会引起显著的利润损失。

标准正态库存和损失函数的推导（第 14 章）

我们希望推导出标准正态损失函数的库存和损失函数公式：

$$I(z) = \phi(z) + z\Phi(z)$$

$$L(z) = \phi(z)z(1 - \Phi(z))$$

取标准正态分布的密度函数：

$$\phi(z) = \frac{1}{\sqrt{2\pi}} e^{-z^2/2}$$

求导：

$$\frac{d\phi(z)}{dz} = -z \frac{1}{\sqrt{2\pi}} e^{-z^2/2} = -z\phi(z)$$

平均库存函数为：

$$I(z) = \int_{-\infty}^{z} (z - x)\phi(x)dx = \int_{-\infty}^{z} z\phi(x)dx - \int_{-\infty}^{z} x\phi(x)dx$$

第一个积分是：

$$\int_{-\infty}^{z} z\Phi(x)dx = z\,\Phi(z)$$

第二个积分是：

$$\int_{-\infty}^{z} x\Phi(x)dx = -\phi(x)\mid_{-\infty}^{z} = -\phi(z)$$

因为（接上述）$d\phi(x)/dx = -x\phi(x)$。因此，$I(z) = z\Phi(z) + \phi(z)$。

期望损失函数是 $L(z) = \mu - S(z)$，其中 μ 是标准正态分布的均值，$S(z)$ 是期望销量函数。对于标准正态 $\mu = 0$，期望销量函数与平均库存函数相关：$I(z) = z - S(z)$。因此，$L(z) = -z + I(z)$，简化为：

$$L(z) = \phi(z) - z(1 - \Phi(z))$$

评估供应比率（第 14 章）

供应比率是客户找到可供购买的商品的概率。这与库存概率不同，库存概率是所有需求都得到满足的概率。（为了了解原因，假设有 9 个单位可用，但有 10 个客户来购买。该公司没有库存，将有一个人无法购买。然而，每个客户都有 9 / 10 的机会成为幸运的客户，可以购买商品。）

供应比率的计算公式如下：

$$供应比率 = \frac{期望销量}{平均需求} = \frac{期望销量}{\mu}$$

例如，如果奥尼尔公司订购了 3 500 套 Hammer 3/2 潜水服，我们在第 14 章中评估了它的期望销量 = 2 858 套。平均需求是 3 192 套，所以供应比率是：

$$供应比率 = \frac{2\ 858}{3\ 192} = 89.5\%$$

错配成本占最大利润的百分比（第 15 章）

我们将使用以下符号：

　　μ——平均需求；

　　σ——需求标准差；

　　Q——期望利润最大化的订货批量；

　　$z=(Q-\mu)/\sigma$——正态化订货批量；

　　$\phi(z)$——标准正态分布的密度函数；

　　$\Phi(z)$——标准正态分布函数。

评估 $\phi(z)$ 的最简单方法是使用 Excel 函数 Normdist（z，0，1，0），也可以使用以下函数手动评估它：

$$\phi(z)=e^{-(1/2)z^2}/\sqrt{2\pi}$$

以错配成本占最大利润的百分比开始：

$$错配成本占最大利润的百分比=\frac{C_o\times 期望剩余库存}{\mu\times C_u}+\frac{C_u\times 期望销售损失}{\mu\times C_u} \quad (D.1)$$

我们还知道以下情况：

$$期望剩余库存=(Q-期望销量)=(Q-\mu+期望销售损失) \quad (D.2)$$

将 $Q=\mu+z\times\sigma$ 重新整理为：

$$z\times\sigma=(Q-\mu) \quad (D.3)$$

将式（D.3）代入式（D.2），再将式（D.1）代入，简化为：

$$错配成本占最大利润的百分比=\frac{C_o\times z\times\sigma+(C_o+C_u)\times 期望销售损失}{\mu\times C_\mu} \quad (D.4)$$

回顾一下：

$$期望销售损失=\sigma\times(\phi(z)-z\times(1-\Phi(z)))$$

$$=\sigma\times\left(\phi(z)-z\times\frac{C_o}{C_o+C_u}\right) \quad (D.5)$$

其中，公式的第二行是临界比率 $\Phi(z)=C_u/(C_o+C_u)$。将式（D.5）代入式（D.4），简化得到：

$$错配成本占最大利润的百分比=\left(\frac{\phi(z)}{\Phi(z)}\right)\times\left(\frac{\sigma}{\mu}\right)$$

　　上述公式由 $\phi(z)/\Phi(z)$ 和 σ/μ 两项组成，当这两项乘积高时，错配成本较高。第二项是变化系数，我们在正文中讨论过。第一项是标准正态密度函数与标准正态分布函数在正态化订货批量下的比值。它取决于 z，而 z 取决于临界比率（临界比率越高，最优 z 统计量就越高）。实际上，一个简单的图显示，随着临界比率的增加，$\phi(z)/\Phi(z)$ 减小。因此，错配成本随着临界比率的增加而减小。换句话说，在其他条件相同的情况下，两种产品之间，临界比率较低的产品错配成本较高。

最大库存水平订货模型的精确缺货概率（第 16 章）

　　回想一下我们从第 16 章 16.3 节得到的主要结果，即在 $l+1$ 期内，期末库存水平等于 S 减去需求。如果库存水平在该区间为负，则有一个或多个单位延期交货。如果至少有一个单位延期交货，并且最近的延期交货发生在该周期的最后一段时间，那么延期交货就发生在该周期的最后一段时间。第 16 章中的式（16.1）表明了该陈述的第一部分（至少有一个单位被延期交货），但忽略了第二部分（最近的延期交货必须发生在最后一个周期）。

例如，假设 $l=1$，$S=2$。如果两个周期的需求是 3 个单位，那么在第二个周期结束时就会有 1 个单位延期交货。只要这三个单位中的一个出现在第二个周期，那么第二个周期就会出现缺货。只有当所有三个单位的需求都出现在第一个周期时，第二个周期才不会出现缺货。因此，缺货概率的精确公式为：

$$缺货概率＝Prob\{l+1\ 期需求＞S\}－Prob\{l\ 期需求＞S\}×Prob\{l\ 期需求＝0\}$$

式（14.1）是一个近似值，因为它忽略了上面精确公式中的第二项。第二项是 $l+1$ 期需求只出现在第一个 l 期的概率，也就是说，（$l+1$）期没有需求。如果服务水平高，则第二项应小。注意，这个近似值高估了真正的缺货概率，因为它没有减去第二项。因此，近似值是保守的。

如果每个周期的需求是均值为 0.29 的泊松分布，且存在两个周期的提前期，则近似值和精确的缺货概率为：

S	缺货概率（%）	
	近似值	精确值
0	44.010	25.174
1	11.536	8.937
2	2.119	1.873
3	0.298	0.280
4	0.034	0.033
5	0.003	0.003
6	0.000	0.000

最大库存水平订货模型的供应比率（第 16 章）

供应比率是指客户能够立即购买一个单位的概率（客户没有被延期交货）。供应比率的计算公式为：

$$供应比率＝1－\frac{期望延期交货}{一个周期的平均需求}$$

上述公式背后的逻辑如下：客户在一个周期内的需求数量是一个周期的平均需求，在一个周期内未得到服务的客户数量是期望延期交货，所以期望延期交货与平均需求的比例是未得到服务的部分客户。1 减去未得到服务的客户比例是得到服务的客户比例，这就是供应比率。请注意，这个逻辑不依赖于特定的需求分布（但是期望延期交货的计算确实依赖于需求分布）。

你可能还想知道，为什么供应比率公式的分母是单个周期的平均需求，而不是 $l+1$ 期的平均需求。我们对没有立即从库存中得到服务的客户比例感兴趣（1 减去该比例是期望供应比率）。提前期会影响一个周期内未得到服务的客户比例（期望延期交货），但不会影响我们拥有的客户数量。因此，提前期会影响该比率的分子（未得到服务的客户数量），而不影响分母（到达的客户数量）。

上述供应比率公式实际上是供应比率的近似。如果供应比率相当高（比如 90% 或更高），它恰好是一个极好的近似值。这个公式的优点是它相当容易使用。本节的其余部分推导出精确公式。

供应比率是 1 减去一个周期内未被服务的概率，即：

$$未被服务的概率 = \frac{一个周期的期望延期交货}{一个周期的平均需求}$$

我们知道这个分数的分母，即一个周期的平均需求。我们需要确定分子。在一个周期产生的期望延期交货与在另一个周期产生的期望延期交货并不完全相同。不同之处在于：一些延期交货可能在该期间没有产生（这与缺货概率的评估是同一个问题）。例如，如果一个周期的延期交货是 4 个单位，而该周期的需求是 3 个单位，那么 4 个延期订货中只有 3 个在该周期实际产生，剩余的延期交货是上一期的结转。

我们来定义一些新的符号。设：

$\qquad B(l)$——前期是 l 时的期望延期交货

因此，$B(l)$ 是我们所称的期望延期交货。

在 $l+1$ 期内的第（$l+1$）期结束时的期望延期交货为 $B(l)$。如果从这些延期交货中减去在这个区间的第 l 个周期结束时的延期交货，我们就得到了在这个区间的最后一个周期内产生的延期交货。因此，

$$未被服务的概率 = \frac{B(l) - B(l-1)}{一个周期的平均需求}$$

上述分数的分子，换言之，是期望延期交货减去提前期为快一个周期的期望延期交货。我们的精确供应比率公式是：

$$期望供应比率 = 1 - \frac{期望延期交货 - B(l-1)}{一个周期的平均需求}$$

本节给出的第一个供应比率公式是一个近似，因为它没有从分子上的期望延期交货减去 $B(l-1)$。如果服务水平非常高，那么 $B(l-1)$ 将非常小，这就是为什么本章中的公式是一个很好的近似。

若需求服从每周期均值为 0.29 的泊松分布，且提前期为一个周期，则：

S	期望供应比率（%）	
	近似值	精确值
0	−100.000	0.000
1	51.759	64.954

续表

S	期望供应比率（%）	
	近似值	精确值
2	91.539	92.754
3	98.844	98.930
4	99.871	99.876
5	99.988	99.988
6	99.999	99.999

这个近似低估了供应比率，特别是当供应比率很低时。然而，这个近似对于高供应比率是准确的。

协调回购价格（第 19 章）

如果选择了批发价，那么我们想要找到使零售商订购供应链利润最大化数量的回购价格。如果零售商的临界比率等于供应链的临界比率，这就可以实现，因为正是这个临界比率决定了最优订货批量。

让我们定义一些符号：

p——零售价；

c——生产成本；

v——零售商残值；

t——运输成本；

w——批发价；

b——回购价。

供应链的临界比率为 $(p-c)/(p-v)$，因为 $C_u=p-c$ 和 $C_o=c-v$。零售商回购合同的欠储成本是 $C_u=p-w$，其超储成本是 $C_o=t+w-b$（运费加上供应商退回的库存中未计入的金额——$w-b$）。因此，当零售商的临界比率等于供应链的临界比率时：

$$\frac{(p-c)}{(p-v)}=\frac{(p-w)}{(t+w-b)+p-w}$$

对上述公式重新整理，得到式（19.1）。

附录 E
部分练习题的答案

本附录提供标有"＊"的练习题的答案。

第 2 章

Q2.1（戴尔）

以下直接参考计算步骤 2.1。

步骤 1：2001 年我们找到戴尔的 10 - k 报告：库存＝40 000 万美元。

步骤 2：2001 年我们找到戴尔的 10 - k 报告：销货成本＝2 644 200 万美元。

步骤 3：库存周转次数＝$\dfrac{2\ 644\ 200\ 万美元/年}{40\ 000\ 万美元/次}$＝66.105 次/年。

步骤 4：单位库存成本＝$\dfrac{40\%}{66.105}$＝0.605%。

第 3 章

Q3.1（一种流程单元的流程分析）

以下直接参考计算步骤 3.1。

步骤 1：我们首先计算三种资源的能力：

资源 1：$\dfrac{2}{10}$ 个单位/分钟＝0.2 个单位/分钟。

资源 2：$\dfrac{1}{6}$ 个单位/分钟＝0.166 7 个单位/分钟。

资源 3：$\dfrac{3}{16}$ 个单位/分钟＝0.187 5 个单位/分钟。

步骤 2：资源 2 的能力最低，因此，流程能力是 0.166 7 个单位/分钟，这等于

10 个单位/小时。

步骤 3：

单位时间产出＝Min｛流程能力，需求｝

＝｛8 个单位/小时，10 单位/小时｝＝8 个单位/小时

这等于 0.133 3 个单位/分钟。

步骤 4：我们发现三种资源的利用率为：

资源 1：0.133 3 个单位/分钟÷0.2 个单位/分钟＝66.66％。

资源 2：0.133 3 个单位/分钟÷0.166 7 个单位/分钟＝80％。

资源 3：0.133 3 个单位/分钟÷0.187 5 个单位/分钟＝71.1％。

Q3.2（多种流程单元的流程分析）

以下直接参考计算步骤 3.2。

步骤 1：每种资源的产能为（以每天的工作分钟数计）：

资源	工人人数	分钟/每天
1	2	2×8×60＝960
2	2	2×8×60＝960
3	1	1×8×60＝480
4	1	1×8×60＝480
5	2	2×8×60＝960

步骤 2：流程图：

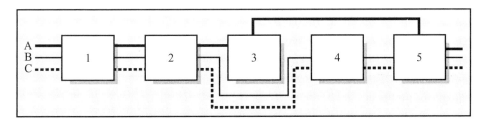

步骤 3：我们创建一个表，说明这三种产品在资源上将消耗多少能力。

资源	A 的能力要求	B 的能力要求	C 的能力要求
1	5×40＝200	5×50＝250	5×60＝300
2	3×40＝120	4×50＝200	5×60＝300
3	15×40＝600	0×50＝0	0×60＝0
4	0×40＝0	3×50＝150	3×60＝180
5	6×40＝240	6×50＝300	6×60＝360

步骤 4：将行相加以获得每种资源的工作负荷：

资源 1 的工作负荷：200＋250＋300＝750。

资源 2 的工作负荷：120＋200＋300＝620。

资源 3 的工作负荷：600＋0＋0＝600。

资源 4 的工作负荷：0＋150＋180＝330。

资源 5 的工作负荷：240＋300＋360＝900。

资源	分钟/天（步骤1）	每天的工作负荷（步骤4）	隐含利用率（步骤4/步骤1）
1	960	750	0.78
2	960	620	0.65
3	480	600	1.25
4	480	330	0.69
5	960	900	0.94

步骤 5：计算隐含利用率水平。资源 3 是瓶颈。如此一来，我们不能以每天 40 个单位的速度生产 A。由于过度利用了 25%，我们可以每天 32 个单位的速度生产 A（每小时 4 个单位）。假设 A、B 和 C 的比率是常数（40∶50∶60），我们将以每小时 5 个单位的速度生产 B，以每小时 6 个单位的速度生产 C。如果 A、B、C 之间的比率不是常数，这个答案就会改变。在本例中，我们将生产 32 个单位的 A，并以需求速率生产产品 B 和产品 C（分别为每天 50 个单位和 60 个单位）。

第4章

Q4.1（空系统，劳动利用率）

a.

下面的计算是基于本书中的计算步骤 4.1。完成 100 个单位的时间：

步骤 1：生产第一个单位需要 10＋6＋16＝32 分钟。

步骤 2：资源 2 是瓶颈，流程能力为 0.166 7 个单位/分钟。

步骤 3：完成 100 个单位的时间＝32 分钟＋$\dfrac{99 \text{个单位}}{0.166\ 7 \text{个单位/分钟}}$＝626 分钟。

b，c，d.

我们通过使用本书中的计算步骤 4.2 一起回答了这三个问题。

步骤 1：能力是：

资源 1：2/10 个单位/分钟＝0.2 个单位/分钟

资源 2：1/6 个单位/分钟＝0.166 7 个单位/分钟

资源 3：3/16 个单位/分钟＝0.187 5 个单位/分钟

资源 2 是瓶颈，流程能力为 0.166 7 个单位/分钟。

步骤 2：由于需求不受限制，单位时间产出由能力决定，为 0.166 7 个单位/分钟，这相当于一个周期时间为 6 分钟/个单位。

步骤 3：直接劳动力成本＝$\dfrac{6 \times 10 \text{美元/小时}}{60 \text{分钟/小时} \times 0.166\ 7 \text{个单位/分钟}}$＝6 美元/个单位。

步骤 4：计算每个单元中每名工人的空闲时间：

　　　资源 1 的工人空闲时间＝6 分钟/个单位×2－10 分钟/个单位＝2 分钟/个单位

　　　资源 2 的工人空闲时间＝6 分钟/个单位×1－6 分钟/个单位＝0 分钟/个单位

　　　资源 3 的工人空闲时间＝6 分钟/个单位×3－16 分钟/个单位＝2 分钟/个单位

步骤 5：劳动量＝10＋6＋16＝32 分钟/个单位。

步骤 6：平均劳动利用率＝$\dfrac{32}{32+4}$＝0.888 9。

第 5 章

Q5.1（窗栏花箱）

下面的计算基于计算步骤 5.1。

a.

步骤 1：由于有足够的需求，决定单位时间产出的步骤（除冲压外）是装配。装配能力为$\dfrac{12}{27}$个/分钟。

步骤 2：生产周期由以下几个部分组成：

● 为零件 A 准备（120 分钟）。

● 生产零件 A（360 个×1 分钟）。

● 为零件 B 准备（120 分钟）。

● 生产零件 B（720 个×0.5 分钟）。

步骤 3：在生产周期中有两个准备，所以准备时间是 240 分钟。

步骤 4：每个完成的窗栏花箱需要零件 A（1 分钟/个）和零件 B（2×0.5 分钟/个）。因此，每个的处理时间是两分钟。

步骤 5：使用公式：

$$给定批量大小的能力＝\frac{360\ 个}{240\ 分钟+360\ 个×2\ 分钟/个}＝0.375\ 个/分钟$$

步骤 6：一般批量大小的冲压容量是：

$$\frac{批量大小}{240\ 分钟+批量大小×2\ 分钟/个}$$

我们需要解这个方程，对于给定批量大小：

$$\frac{批量大小}{240\ 分钟+批量大小×2\ 分钟/个}＝\frac{12}{27}$$

求解此方程，得知批量大小＝960 个。我们可通过使用如下公式直接得到相同的答案：

$$建议批量大小＝\frac{单位时间产出×准备时间}{1-单位时间产出×每单位时间}＝\frac{\dfrac{12}{27}×240}{1-\dfrac{12}{27}×2}＝960（个）$$

Q5.10（猫粮）

$$\frac{7 \times 500}{EOQ} = 1.62$$

a. 持有成本为 0.50 美元×15%/50＝0.001 5 美元。注意，每个罐的购买价格是 0.5 美元，这是与库存挂钩的价值，因此决定了持有成本。然后计算 EOQ。

b. 订货成本是每个订单 7 美元。每年的订货批量为 500/EOQ。因此，订货成本＝美元/周＝81 美元/年。

c. 平均库存水平为 EOQ/2。因此每周的库存成本为 0.5×EOQ×0.001 5＝1.62 美元。假设每年 50 周，每年的库存成本是 81 美元。

d.

库存周转次数＝单位流速/库存

单位时间产出＝500 个罐/周

库存＝0.53EOQ

因此，库存周转次数＝$R/$（0.5×EOQ）＝0.462 次/周＝23.14 次/年

Q5.11（啤酒经销商）

持有成本为 25%/年＝0.5%/周＝8×0.005＝0.04 美元/周。

a. EOQ＝$\sqrt{\dfrac{2 \times 100 \times 10}{0.04}}$＝223.6（箱）。

b. 库存周转次数＝流速/库存＝100×50/（0.5×EOQ）＝5 000/EOQ＝44.7 次/年。

c. 单位库存成本＝$\sqrt{\dfrac{2 \times 0.04 \times 10}{100}}$＝0.089 美元/箱。

d. 你将永远不会订购超过 Q＝600 箱。

当 Q＝600 箱时，我们得到 0.5×600×0.04×0.95＋10×100/600＝13.1。

每单位成本是 13.1/100＝0.131 美元。

数量折扣可以为我们节省 5%，也就是每箱 0.40 美元。但是，我们的运营成本增加了 0.131－0.089＝0.042 美元。因此，节省的钱超过了成本的增加，最好一次订购 600 箱。

第 6 章

Q6.1（Crazy Cab）

a，b.

ROIC 树（见下页图）。

c. 有几个变量可以被归类为运营价值驱动因素，包括每天的出行次数、平均出行长度、司机的时薪和无乘客驾驶的平均行驶距离。其他变量如每英里乘客收入、固定费用和每英里维护/燃料成本则很难受到管理层影响，因为它们要么是通

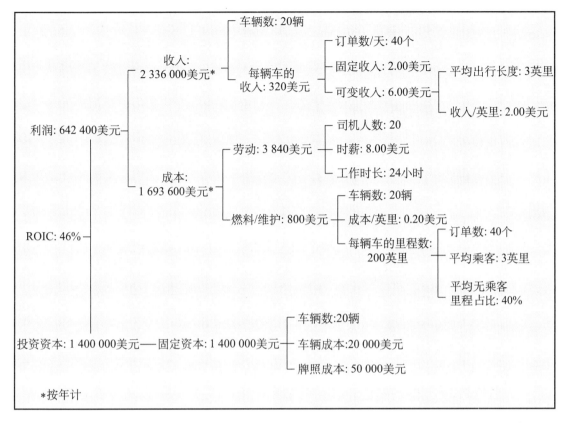

过出租车牌照进行监管，要么是受到燃油价格的影响（然而，管理层可以投资更省油的车以减少成本）。

考虑到与购买出租车和牌照相关的高额资本投资以及固定的劳动力需求，让每辆出租车实现收益最大化是很重要的。增加一次出行几乎是纯粹的利润，特别是如果它取代了乘客之间的空闲驾驶时间。

d.

劳动效率＝收入/劳动力成本

＝收入/里程数×里程数/订单数×订单数/天数×天数/劳动成本

在这个公式中，第一个比率衡量的是公司的运营收益，这在很大程度上反映了公司的定价权。接下来的两个比率是效率的衡量：每次出行的长度和每天出行的次数。最后一个比率是一种资源成本的衡量，在这个例子中是公司的劳动力成本。

可以用一个相似的公式来确定车队内每辆出租车的效率：

出租车效率＝收入/出租车数

＝收入/里程数×里程数/订单数×订单数/出租车数

第9章

Q9.1（在线零售商）

a. 我们按照计算步骤 9.1 进行计算。

步骤 1：我们收集了等待时间公式的基本成分：

活动时间＝4 分钟

$$CV_p = \frac{2}{4}$$

到达间隔时间＝2 分钟

$$CV_a = 1$$

资源数＝3

步骤 2：让我们计算利用率：

$$p/(am) = 4/(2 \times 3) = 0.666\ 7$$

步骤 3：使用等待时间公式：

$$T_q \approx \frac{4}{3}\left(\frac{0.666^{\sqrt{2(3+1)}-1}}{1-0.666}\right) \times \left(\frac{1^2+0.5^2}{2}\right) = 1.19\ （分钟）$$

步骤 4：我们找到了：

服务中的库存：$I_p = m \times u = 3 \times 0.666 = 2$

队列中的库存：$I_q = T_q/a = 1.19/2 = 0.595$

系统中的库存：$I = I_p + I_q = 2.595$

b. 已收到但尚未答复的电子邮件的数量对应于电子邮件的总库存。我们发现这是 2.595 封电子邮件（见上面的步骤 4）。

第 10 章

Q10.1（损失系统）

我们使用计算步骤 10.1 回答 a～c 问题。

步骤 1：到达间隔时间为每小时 60 分钟除以每小时 55 个到达单位，即到达间隔时间 $a = 1.090\ 9$ 分钟/个单位。处理时间 $p = 6$ 分钟/个单位，这样我们就可以计算出 $r = p/a = 6/1.090\ 9 = 5.5$。

步骤 2：当 $r = 5.5$，$m = 7$ 时，我们可以使用厄兰损失公式表查找 $P_7(5.5)$ 为 0.152 5。或者，我们可以使用实际损失公式（见附录 C）来计算所有 7 个服务器都被利用的概率：

$$\text{Prob}\{所有\ 7\ 个服务器都被利用\} = P_7(5.5) = \frac{\dfrac{5.5^7}{7!}}{1+\dfrac{5.5^1}{1!}+\dfrac{5.5^2}{2!}+\cdots+\dfrac{5.5^7}{7!}}$$

$$= 0.152\ 5$$

步骤 3：计算单位时间产出：$R = 1/a \times (1-P_m) = 1/1.090\ 9 \times (1-0.153) = 0.77$ 个单位/分钟或 46.585 个单位/小时。

步骤 4：计算损失客户数：

损失客户数＝$1/a \times P_m$＝1/1.090 9×0.153＝0.14 个单位/分钟

相当于每小时 8.415 个单位。

因此，每小时到达的 55 个单位中，将有 46.585 个单位得到服务，8.415 个单位损失。

第 12 章

Q12.1（创业展会）

a. 依赖矩阵：

		信息提供活动（上游）										
		1	2	3	4	5	6	7	8	9	10	11
信息接收活动（下游）	1 构思	■										
	2 客户访谈	X										
	3 分析竞品	X		■								
	4 用户客户观察		X		■							
	5 电子邮件调查		X			■						
	6 建立目标体系			X	X	X	■					
	7 产品设计						X	■				
	8 得到报价							X	■			
	9 建立原型							X		■		
	10 与客户一起测试原型									X	■	
	11 为创业展会准备信息材料								X		X	■
	活动 天数	$\frac{1}{3}$	$\frac{2}{6}$	$\frac{3}{12}$	$\frac{4}{10}$	$\frac{5}{4}$	$\frac{6}{5}$	$\frac{7}{10}$	$\frac{8}{6}$	$\frac{9}{4}$	$\frac{10}{5}$	$\frac{11}{3}$

b. 关键路径为 A1→A2→A4→A6→A7→A9→A10→A11，总持续时间为 3＋6＋10＋5＋10＋4＋5＋3＝46 天。如果项目团队必须在创业展会的前一天（4 月 17 日）完成材料，那么他们必须在 3 月 3 日之前开始工作（3 月 29 天和 4 月 17 天）。

第 14 章

Q14.1（麦克卢尔书店）

a. 我们首先找到 400 本（丹的爆品的阈值）的 z 统计量：z＝(400－200)/80＝2.50。由标准正态分布函数表可知，Φ(2.50)＝0.993 8。需求小于或等于 400 本的概率是 99.38%。需求大于 400 本的概率为 $1-\Phi$(2.50)＝0.006 2，也就是说，这本书只有 0.62% 的可能性是爆品。

b. 我们首先找到 100 本（丹的瘦狗的阈值）的 z 统计量：z＝(100－200)/80＝－1.25。由标准正态分布函数表可知，Φ(－1.25)＝0.105 6。需求小于或等于 100 本的概率是 10.56%，也就是说，这本书有 10.56% 的可能性是瘦狗。

c. 如果在 $1.2 \times 200 = 240$ 本和 $0.8 \times 200 = 160$ 本区间，需求在均值的 20% 之内。使用计算步骤 14.2，我们首先找到 240 本的 z 统计量（这个范围的上限）：$z = (240 - 200)/80 = 0.5$。由标准正态分布函数表可知，$\Phi(0.5) = 0.691\,5$。对范围的下限重复此过程：$z = (160 - 200)/80 = -0.5$ 和 $\Phi(-0.5) = 0.308\,5$。需求在 $160 \sim 240$ 本区间的概率为 $\Phi(0.5) - \Phi(-0.5) = 0.691\,5 - 0.308\,5 = 0.383\,0$，也就是 38.3%。

d. 欠储成本为 $C_u = 20 - 12 = 8$ 美元。残值是 $12 - 4 = 8$ 美元，因为丹可以退还剩下的书以获得全额退款（12 美元），但需要支付 4 美元的运费和手续费。因此，超储成本为成本减去残值：$C_o = 12 - 8 = 4$ 美元。临界比率为 $C_u/(C_o + C_u) = 8/12 = 0.666\,7$。在标准正态分布函数表中，我们看到 $\Phi(0.43) = 0.666\,4$ 和 $\Phi(0.44) = 0.670\,0$，所以使用取整规则，选择 $z = 0.44$。现将 z 转换为实际需求分布的订货批量：$Q = \mu + z \times \sigma = 200 + 0.44 \times 80 = 235.2$ 本。

e. 我们要找到一个使 $\Phi(z) = 0.95$ 的 z。在标准正态分布函数表中，我们可以看到 $\Phi(1.64) = 0.949\,5$ 和 $\Phi(1.65) = 0.950\,5$，所以应该订 $200 + 1.65 \times 80 = 332$ 本。

f. 如果库存概率是 95%，那么缺货概率（这就是我们想要的）是 1 减去库存概率，也就是说，$1 - 95\% = 5\%$。

g. 300 本的 z 统计量是 $z = (300 - 200)/80 = 1.25$。由标准正态损失函数表可知，$L(1.25) = 0.050\,6$。期望销售损失为 $\sigma \times L(1.25) = 4.05$ 本。期望销量为 $200 - 4.05 = 195.95$ 本，期望剩余库存为 $300 - 195.95 = 104.05$ 本，以及

$$期望利润 = (价格 - 成本) \times 期望销量 (成本 - 残值) \times 期望剩余库存$$
$$= (20 - 12) \times 195.95 - (12 - 8) \times 104.05 = 1\,151.4（美元）$$

Q14.2（EcoTable 茶叶）

a. 我们需要评估 $Q = 3$ 时的缺货概率。根据泊松分布函数表，$F(3) = 0.342\,30$。缺货概率是 $1 - F(3) = 65.8\%$。

b. 如果需求少于 7 篮，它将需要降价 3 篮或更多。根据泊松分布函数表，$F(7) = 0.913\,41$，因此出现这种情况的概率为 91.3%。

c. 首先评估它们的临界比率。欠储成本（销售损失成本）为 $55 - 32 = 23$ 美元。超储成本（剩余单位库存成本）为 $32 - 20 = 12$ 美元。临界比率为 $C_u/(C_o + C_u) = 0.657\,1$。根据泊松分布函数表，均值为 4.5，可以看到 $F(4) = 0.532\,10$，$F(5) = 0.702\,93$，因此我们应用上舍入规则，订购 5 篮。

d. 根据泊松损失函数表，4 篮的期望销售损失为 1.088 08 篮。那么期望销量为 $4.5 - 1.088\,08 = 3.4$ 篮。

e. 根据泊松损失函数表，6 篮的期望销售损失为 0.323 12 篮。那么期望销量为 $4.5 - 0.323\,12 = 4.176\,88$ 篮。期望剩余库存为 $6 - 4.176\,88 \approx 1.8$ 篮。

f. 根据泊松分布函数表，$F(6) = 0.831\,05$，$F(7) = 0.913\,14$。因此，订购 7 篮以达到至少 90% 的库存概率（实际上，库存概率将达到 91.3%）。

g. 如果买了 8 篮，那么期望销售损失为 0.067 58。期望销量为 $4.5 - 0.067\,58 =$

4.432 42 篮。期望剩余库存为 8－4.432 42＝3.567 58 篮。利润是 23×4.432 42－12×3.567 58＝59.13 美元。

Q14.3（Pony Express Creations）

a. 如果公司购买了 40 000 顶，需求是 30 000 顶或更少，需要折扣处理 10 000 顶或更多。从表中可以看出，$F(30\ 000)=0.785\ 2$，所以有 78.52％的可能性公司需要以折扣价卖掉 10 000 顶或更多。

b. 欠储成本为 $C_u=12-6=6$ 美元，超储成本为 $C_o=6-2.5=3.5$ 美元，临界比率为 6/（3.5＋6）＝0.631 6。在需求预测表中，我们看到 $F(25\ 000)=0.628\ 9$，$F(30\ 000)=0.785\ 2$，所以使用上舍入规则订购 30 000 顶猫王假发。

c. 我们要找到一个使 $F(Q)=0.90$ 的 Q。在需求预测表中，我们可以看到 $F(35\ 000)=0.889\ 4$，$F(40\ 000)=0.948\ 9$，所以使用上舍入规则订购 40 000 顶猫王假发。实际的库存概率是 94.89％。

d. 如果 $Q=50\ 000$ 顶，那么从表中期望销售损失只有 61 顶。期望剩余库存＝$Q-\mu+$期望销售损失＝50 000－25 000＋61＝25 061 顶。

e. 100％的库存概率要求订货批量为 75 000 顶。如果 $Q=75\ 000$ 顶，那么期望销售损失就只有 2 顶。参照计算步骤 14.5 计算期望销量、期望剩余库存和期望利润。期望销量为平均需求减去期望销售损失＝25 000－2＝24 998 顶。期望剩余库存为 75 000－24 998＝50 002 顶。

$$期望利润＝（价格－成本）×期望销量－（成本－残值）×期望剩余库存$$
$$＝（12-6）×24\ 998-（6-2.5）×50\ 002=25\ 019 美元$$

所以 100％的库存概率是要赔钱的。

Q14.4（Flextrola）

a. 如果需求大于 750 台、小于 1 250 台，则与预测相差不到 25％。参照计算步骤 14.2。750 台的 z 统计量是 $z=(750-1\ 000)/600=-0.42$，1 250 台的 z 统计量是 $z=(1\ 250-1\ 000)/600=0.42$。由标准正态分布函数表可知，$\Phi(-0.42)=0.337\ 2$，$\Phi(0.42)=0.662\ 8$。所以有 33.72％的概率需求小于 750 台，有 66.28％的概率需求小于 1 250 台。在 750 台和 1 250 台区间的概率是这些概率的差值：0.662 8－0.337 2＝0.325 6。

b. 预测是 1 000 台。如果需求超过 1 400 台，需求将超过期望的 40％。参照计算步骤 14.2。找到对应于 1 400 台的 z 统计量：

$$z=\frac{Q-\mu}{\sigma}=\frac{1\ 400-1\ 000}{600}=0.67$$

由标准正态分布函数表可知，$\Phi(0.67)=0.748\ 6$。因此，几乎有 75％的概率需求小于 1 400 台。需求大于 1 400 台的概率是 $1-\Phi(0.67)=0.251\ 4$，或大约 25％。

c. 为找到利润最大化的订货批量，首先确定欠储成本和超储成本。欠储成本为 $C_u=121-72=49$ 美元，因为每一次销售损失的成本是 Flextrola 的毛利。超储成本为 $C_o=72-50=22$ 美元，因为每单位剩余库存只能卖 50 美元。现在计算临界比率：

$$\frac{C_u}{C_o + C_u} = \frac{49}{22 + 49} = 0.690\ 1$$

在标准正态分布函数表中查找临界比率：$\Phi(0.49) = 0.687\ 9$，$\Phi(0.50) = 0.691\ 5$，因此选择 $z = 0.50$。现在将 z 统计量转换为一个订货批量：$Q = \mu + z \times \sigma = 1\ 000 + 0.5 \times 600 = 1\ 300$ 台。

d. 参照计算步骤 14.4 计算期望销售损失，然后按照计算步骤 14.5 计算期望销售量。如果 $Q = 1\ 200$ 台，则对应的 z 统计量为 $z = (Q - \mu)/\sigma = (1\ 200 - 1\ 000)/600 = 0.33$。由标准正态分布损失表可知，$L(0.33) = 0.255\ 5$。因此，期望销售损失为 $\sigma \times L(z) = 600 \times 0.255\ 5 = 153.3$ 台。最后，回想一下，期望销量等于平均需求减去期望销售损失：期望销量 $= 1\ 000 - 153.3 = 846.7$ 台。

e. Flextrola 在二级市场销售剩余库存，剩余库存等于 Q 减去期望销量：$1\ 200 - 846.7 = 353.3$ 台。

f. 要计算期望毛利率，我们首先要计算：

期望收入 = 价格 × 期望销量 + 残值 × 期望剩余库存

$= 121 \times 846.7 + 50 \times 353.3 = 120\ 116$（美元）

然后计算预期成本 $= Q \times c = 1\ 200 \times 72 = 86\ 400$ 美元。最后，期望毛利率 $= 1 - 86\ 400/120\ 116 = 28.1\%$。

g. 参照计算步骤 14.5 和 d 和 e 问题的结果来计算期望利润：

期望利润 =（价格 - 成本）× 期望销量 -（成本 - 残值）× 期望剩余库存

$= (121 - 72) \times 846.7 - (72 - 50) \times 353.3 = 33\ 716$（美元）

h. Solectrics 的期望利润是 $1\ 200 \times (72 - 52) = 24\ 000$ 美元，因为每个产品卖给 Flextrola 的价格是 72 美元，每个产品的生产成本是 52 美元。

i. 如果需求超过订货批量 400 台或更多，Flextrola 会产生销售损失 400 台或更多，也就是说，如果需求是 1\ 600 台或更多，对应于 1\ 600 台的 z 统计量为 $z = (Q - \mu)/\sigma = (1\ 600 - 1\ 000)/600 = 1$。在标准正态分布函数表中，$\Phi(1) = 0.841\ 3$。需求超过 1\ 600 台的概率是 $1 - \Phi(1) = 15.9\%$。

j. 临界比率为 0.690 1。从分布函数图中，我们看到对应需求小于 1\ 150 台的对数正态分布的概率约为 0.70。因此，对数正态分布的最优订货批量约为 1\ 150 台。

Q14.5（Fashionables）

a. 欠储成本为 $C_u = 70 - 40 = 30$ 美元，超储成本为 $C_o = 40 - 20 = 20$ 美元。临界比率为 $C_u/(C_o + C_u) = 30/50 = 0.6$。根据标准正态分布函数表，$\Phi(0.25) = 0.598\ 7$，$\Phi(0.26) = 0.602\ 6$，所以我们选择 $z = 0.26$。将 z 统计量转换为订货批量 $Q = \mu + z \times \sigma = 500 + 0.26 \times 200 = 552$ 件。请注意，卡车成本对利润最大化的订货批量没有影响。

b. 我们需要在标准正态分布函数表中找到 z，使 $\Phi(z) = 0.975\ 0$，因为 $\Phi(z)$ 是库存概率。我们看到 $\Phi(1.96) = 0.975\ 0$，所以选择 $z = 1.96$。转换为 $Q = \mu +$

$z×\sigma=500+1.96×200=892$ 件。

　　c. 如果订购 725 件，则对应的 z 统计量为 $z=(Q-\mu)/\sigma=(725-500)/200=$ 1.13。在评估期望利润之前，我们需要评估销售损失、期望销量和期望剩余库存。在标准正态情况下的期望销售损失是从标准正态损失函数表中得到的，$L(1.13)=0.0646$。期望销售损失为 $\sigma×L(z)=200×0.0646=12.9$。期望销量为 $500-12.9=487.1$ 件。期望剩余库存为 $725-487.1=237.9$ 件。期望利润为：

$$期望利润=(70-40)×487.1-(40-20)×237.9=9855(美元)$$

所以每款毛衣的期望利润是 9 855 美元。总期望利润是这个数字的 5 倍，减去所需卡车装载重量的 2 000 倍。

　　d. 缺货概率是需求超过订货批量 725 件的概率，即 $1-\Phi(1.13)=12.9\%$。

　　e. 如果我们订购每款毛衣的期望利润最大化的订货批量，就等于 $5×552=2760$ 件毛衣。订货批量为 552 件毛衣，期望销售损失为 56.5 件 $=200×L(0.26)=200×0.2824$，期望销量为 $500-56.5=443.5$ 件，期望剩余库存为 $552-443.5=108.5$ 件。每款毛衣的期望利润是：

$$期望利润=(70-40)×443.5-(40-20)×108.5=11135(美元)$$

因为需要两辆卡车，那么总利润是 $5×11\ 135-2×2\ 000=51\ 675$。如果每款毛衣只订购 500 件，那么我们可以估算每款毛衣的期望利润为 11 010 美元。总利润是 $5×11\ 010-2\ 000=53\ 050$ 美元。因此，我们最好订购一辆卡车，每款 500 件毛衣。

第 15 章

　　Q15.1（Teddy Bower）

　　a. 如果需求超过 1 500 件，Teddy Bower 将从美国供应商那里订货。当 $Q=1\ 500$ 件时，z 统计量为 $z=(1\ 500-2\ 100)/1\ 200=-0.5$。根据标准正态分布函数表，我们可以看到 $\Phi(-0.50)=0.3085$，这是需求为 1 500 件或更少的概率。需求超过 1 500 件的概率是 $1-\Phi(-0.50)=0.6915$，或约 69%。

　　b. 供应商的平均需求等于 Teddy Bower 订货批量为 1 500 件派克大衣时的期望销售损失。根据标准正态损失函数表，$L(-0.50)=0.6978$。期望销售损失为 $\sigma×L(z)=1\ 200×0.6978=837.4$ 件。

　　c. 超储成本是 $C_o=10-0=10$ 美元，因为剩下的派克大衣一定是在第一个订单中以 10 美元的价格购买的，在季末已经没有价值了。欠储成本是 $C_u=15-10=5$ 美元，因为从美国供应商那里订购的产品有 5 美元的溢价。临界比率是 $5/(10+5)=0.3333$。由标准正态分布函数表可知，$\Phi(-0.44)=0.3300$，$\Phi(-0.43)=0.3336$，因此取 $z=-0.43$。$Q=2\ 100-0.43×1\ 200=1\ 584$ 件。

　　d. 首先评估一些绩效度量指标。我们已经知道 $Q=1\ 584$ 件对应的 $z=-0.43$。根据标准正态损失函数表，$L(-0.43)=0.6503$，那么期望销售损失为 $1\ 200×$

0.650 3＝780.4 件，这是给美国供应商的期望订货批量。如果没有美国供应商，那么期望销量将是 2 100－780.4＝1 319.6 件，期望剩余库存为 1 584－1 319.6＝264.4 件。现在在美国供应商可行的情况下计算期望利润。期望收益是 2 100×22＝46 200 美元。第一个订单的成本是 1 584×10＝15 840 美元。剩余库存的残值为 264.4×0＝0 美元。最后，第二个订单的成本为 780.4×15＝11 706 美元。因此，利润是 46 200－15 840－11 706＝18 654 美元。

e. 如果 Teddy Bower 只从美国供应商那里进货，那么期望利润将是（22－15）×2 100＝14 700 美元，因为期望销量将是 2 100 件，每件的毛利是 22－15＝7 美元。

Q15.2（Flextrola）

a. 期望销量＝1 000 个，每笔销售的毛利是 121－83.5＝37.5 美元，那么期望利润是 1 000×37.5＝37 500 美元。

b. C_o＝72－50＝22 美元，C_u＝83.5－72＝11.5 美元，因此，XE 订单的溢价是 11.5 美元。临界比率为 11.5/(22＋11.5)＝0.343 3。由标准正态分布函数表可知，Φ（－0.41）＝0.340 9，Φ（－0.40）＝0.344 6，因此 z＝－0.40。Q＝1 000－0.4×600＝760 个。

c. 期权的欠储成本是指如果额外购买了 1 个可以行使的期权，其利润的变化。例如，如果购买了 700 个期权，但需求是 701 个，那么可以购买 1 个额外的期权。期权成本加上行使期权成本是 25＋50＝75 美元。在没有期权的情况下，获得该组件的成本为 83.5 美元，因此购买期权将节省 C_u＝83.5－75＝8.5 美元。期权的超储成本是指在不需要期权的情况下不购买期权所能获得的额外利润。如果需求是 699 个，那么最后一个期权就不必要了，这个不必要的期权的成本是 C_o＝25 美元。临界比率为 8.5/(25＋8.5)＝0.253 7。由标准正态分布函数表可知，Φ（－0.67）＝0.251 4，Φ（－0.66）＝0.254 6，因此 z＝－0.66。Q＝1 000－0.66×600＝604 个。

d. 评估一些绩效度量指标。在购买期权之外使的期望订货批量（期望销售损失）为 $\sigma \times L$（－0.66）＝600×0.812 8＝487.7 个。期权行使的期望数量（期望销量）是 1 000－487.7＝512.3 个。期望收益是 1 000×121＝121 000 美元。利润是收入减去购买期权的成本（604×25＝15 100 美元），减去行使期权的成本（512.3×50＝25 615美元），再减去不购买期权的单位成本（487.7×83.5＝40 723 美元），因此，利润＝121 000－15 100－25 615－40 723＝39 562 美元。

Q15.3（Wildcat Cellular）

a. 欠储成本为 C_u＝0.4－0.05＝0.35 美元：如果她的使用量超过了她购买的分钟数，那么若她购买了更多的分钟数，她每分钟的成本可以降低 0.35 美元。超储成本为 C_o＝0.05 美元，购买但未使用的每分钟都没有价值。临界比率为 0.35/(0.05＋0.35)＝0.875。根据标准正态分布函数表，Φ（1.15）＝0.874 9，Φ（1.16）＝0.877 0，可知 z＝1.16。Q＝250＋1.16×24＝278 分钟。

b. 我们需要计算超出购买量的使用分钟数（期望销售损失）。z＝(240－250)/24＝

-0.42，$L(-0.42)=0.643\,6$，期望销售损失$=24\times0.643\,6=15.4$分钟。每分钟 0.4 美元，所以总附加费是 $15.4\times0.4=6.16$ 美元。

c. 得到相应的 z 统计量：$z=(280-250)/24=1.25$。现在评估绩效度量指标。$L(1.25)=0.050\,6$，期望销售损失$=24\times0.050\,6=1.2$ 分钟，即购买的 280 分钟以外，平均只需要 1.2 分钟。280 分钟（期望销量）中的使用分钟数为 $250-1.2=248.8$ 分钟。未使用的分钟数（期望剩余库存）为 $280-248.8=31.2$ 分钟。

d. 找到对应的 z 统计量：$z=(260-250)/24=0.42$。超过 260 分钟的时间是期望销售损失：$L(0.42)=0.223\,6$，期望销售损失$=24\times0.223\,6=5.4$ 分钟。总共 $260\times0.05+5.4\times0.4=15.16$ 美元。

e. 根据标准正态分布函数表，$\Phi(1.64)=0.949\,5$ 和 $\Phi(1.65)=0.950\,5$，所以当 $z=1.65$ 时，标准正态分布的结果有 95.05% 的机会小于 z。$Q=250+1.65\times24=290$ 分钟。

f. 当选择"选择你的分钟数"时，最优分钟数是 278 分钟。期望费用是 14.46 美元：$z=(278-250)/24=1.17$，$L(1.17)=0.059\,6$，期望附加费分钟数$=24\times0.059\,6=1.4$ 分钟，期望附加费$=0.4\times1.4=0.56$ 美元，支付成本为 $278\times0.05=13.9$ 美元，所以总共是 13.9 美元＋0.56 美元。如果选择"无最低限度"，总费用是 22.5 美元：$0.07\times250=17.5$ 美元，加上固定费用 5 美元。所以她应该坚持原来的计划。

Q15.9（史蒂夫·史密斯）

史密斯每卖出一辆车赚 350 美元，超过 5 辆车后每辆再多赚 50 美元。查看均值为 5.5 的泊松损失函数表：结果超过 0 的期望量是 $L(0)=5.5$（与均值相同），结果超过 5 的期望量是 $L(5)=1.178$。因此，期望佣金为 $(350\times5.5)+(50\times1.178)=1\,984$ 美元。

第 16 章

Q16.1（家具店）

a. 库存数量＝库存水平＋在途库存$=100+85=185$ 张。足够的订货将库存数量提高到最大库存水平，在这种情况下，为 $220-185=35$ 张书桌。

b. 如 a 问题，库存数量$=160+65=225$ 张。因为库存数量高于最大库存水平 220，所以你不需要额外订货。

c. 参照计算步骤 16.6。由标准正态分布函数表可知：$\Phi(2.05)=0.979\,8$，$\Phi(2.06)=0.980\,3$，因此选择 $z=2.06$。提前期 l 等于 2，所以 $\mu=(2+1)\times40=120$ 和 $\sigma=\sqrt{2+1}\times20=34.64$

$$S=\mu+z\times\sigma=120+2.06\times34.64=191.36$$

d. 参照计算步骤 16.4。对应于 $S=120$ 的 z 统计量是 $S=(120-120)/34.64=0$。期望延期交货为 $\sigma\times L(0)=34.64\times0.398\,9=13.82$ 张。期望在库库存为 $S-$

μ＋期望延期交货＝120－120＋13.82＝13.82 张。

e. 从 d 问题来看，在库库存为 13.82 张，等于 13.82×200＝2 764 美元。资金成本是 15%，所以持有库存成本是 0.15×2 764＝414.60 美元。

Q16.2（校园书店）

a. 参照计算步骤 16.6。l＋1 期的平均需求是 0.5×(4＋1)＝2.5 台。根据泊松分布函数表，均值为 2.5，我们有 $F(6)＝0.985\ 8$ 和 $F(7)＝0.995\ 8$，所以选择 $S＝7$ 来实现 99% 的现货库存。

b. 参照计算步骤 16.4。渠道库存为 l×一个周期的平均需求＝4×0.5＝2 台。最大库存水平对渠道库存没有影响。

c. 参照计算步骤 16.4。从均值为 2.5 的泊松损失函数表来看，期望延期交货＝$L(5)＝0.061\ 95$。期望在库库存＝5－2.5＋0.061 95＝2.56 台。

d. 如果在 l＋1 期内需求为 7 台或更多，即 1 减去在该区间内需求为 6 台或更少的概率，就会出现缺货。由均值为 2.5 的泊松分布函数表可知，$F(6)＝0.985\ 8$，$1－F(6)＝0.014\ 2$，也就是说，出现缺货的概率约为 1.4%。

e. 如果在 l＋1 期内需求是 6 台或更多，那么该书店就没有库存了，也就是 1 减去在该区间内需求是 5 台或更少的概率。由均值为 2.5 的泊松分布函数表可知，$F(5)＝0.958\ 0$，$1－F(5)＝0.042\ 0$，也就是说，在任何一个给定的期末，都有 4.2% 的可能性没有库存。

f. 如果在 l＋1 期内需求少于 5 台，则该书店有一台或多台库存。根据 e 问题，$F(5)＝0.958\ 0$，也就是说，在任何给定的期末，有大约 96% 的可能性有一台或多台库存。

g. 参照计算步骤 16.6。现在提前期是两个周期（每个周期是 2 周，总提前期是 4 周，或两个周期）。一个周期的需求是 1 台。l＋1 期的需求是 (2＋1)×1＝3 台。从均值为 3.0 的泊松分布函数表中，我们有 $F(7)＝0.988\ 1$ 和 $F(8)＝0.996\ 2$，所以选择 $S＝8$ 来实现 99% 的现货库存。

h. 参照计算步骤 16.4。渠道库存是 l 期的平均需求＝2×1＝2.0 台。

Q16.3（Quick Print）

a. 如果 $S＝700$，库存数量为 523＋180＝703 箱，那么由于库存数量超过了最大库存水平，因此应该订购 0 箱。

b. 参照计算步骤 16.6。根据标准正态分布函数表，$\Phi(2.32)＝0.989\ 8$，$\Phi(2.33)＝0.990\ 1$，所以选择 $z＝2.33$。$S＝\mu＋z×\sigma＝600＋2.33×159.22＝971$。

Q16.4（Main Line Auto Distributor）

a. 根据式（16.2）。临界比率为 25/(0.5＋25)＝0.980 39。提前期为 $l＝0$，所以 $(l＋1)$ 期的需求是均值为 1.5 的泊松分布。由均值为 1.5 的泊松分布函数表可知，$F(3)＝0.934\ 4$，$F(4)＝0.981\ 4$，因此选择 $S＝4$。目前没有在途库存，也没有在库库存，所以要将库存数量提高到 4 个：订购 4 个。

b. 库存概率是需求在 1 周内得到满足的概率。在 $S＝3$ 的情况下，库存是 $F(3)＝0.934\ 4$，即 93% 的概率。

c. 如果需求是 5 个或更多，需求无法被满足，这是 $1-[F(4)=0.981\,4]=1-0.981\,4=0.018\,6$，或约 1.9%。

d. 参照计算步骤 16.6。从均值为 1.5 的泊松分布函数表中，$F(4)=0.981\,4$，$F(5)=0.995\,5$，所以选择 $S=5$ 来实现 99.5% 的库存概率。

e. 参照计算步骤 16.4。如果 $S=5$，那么从均值 1.5 的泊松损失函数表中，可看到期望延期交货为 $L(5)=0.005\,6$。期望在库库存为 $S-$ 超过 $(l+1)$ 期的需求=期望延期交货=$5-1.5+0.005\,6=3.51$ 个。持有成本为 $3.51\times0.5=1.76$ 美元。

Q16.5（Hotspices. com）

a. 由标准正态分布函数表可知，$\Phi(2.43)=0.992\,5$，所以 $z=2.43$。$S=\mu+z\times\sigma=159.62+2.43\times95.51=392$。

b. 根据式（16.3）。持有成本为 $h=0.75$ 美元，延期交货惩罚成本为 50 美元。临界比率是 $50/(0.75+50)=0.985\,2$。由标准正态分布函数表可知，$\Phi(2.17)=0.985\,0$，$\Phi(2.18)=0.985\,4$，故选 $z=2.18$。$S=\mu+z\times\sigma=159.62+2.18\times95.51=368$。

c. 根据式（16.3）。持有成本 $h=0.05$ 美元，延期交货惩罚成本为 5 美元。临界比率为 $5/(0.05+5)=0.990\,1$。提前期加上一个需求是均值为 $1\times3=3$ 的泊松分布。由泊松分布函数表可知，当 $\mu=3$，$F(7)=0.988\,1$，$F(8)=0.996\,2$ 时，$S=8$是最优的。

第 17 章

Q17.1（Egghead）

a. 新标准差为 $30\times\sqrt{50}=212$。

b. 渠道库存=每周平均需求×提前期=$200\times50\times10=10\,000$ 台。

Q17.2（两种产品）

总需求（合并需求）的系数是产品需求的系数乘以（1+相关性)/2 的平方根。因此，

$$\sqrt{\frac{(1-0.7)}{2}}\times0.6=0.23$$

Q17.3（Fancy Paints）

a. 假设 Fancy Paints 实施了最大库存水平订货模型。找到合适的最大库存水平。提前期为 4 周，需求为 $4+1=5$ 周，即 $5\times1.25=6.25$ 个。根据泊松分布函数表，$F(10)=0.946$ 和 $F(11)=0.974$，一个基础库存水平 $S=11$ 需要达到至少 95% 的库存概率。周末的库存为 $S-6.25-$期望延期交货。从泊松分布函数损失函数表可知，期望延期交货为 $L(11)=0.046\,73$。因此，一个 SKU 的在库库存为 $11-6.25+0.046\,73=4.8$ 个。有 200 个 SKU，所以总库存是 $200\times4.8=960$ 个。

b. （4+1）周的标准差为 $\sigma=\sqrt{5}\times 8=17.89$ 且 $\mu=5\times 50=250$。从标准正态分布函数表中，我们可以看到 $\varPhi(1.64)=0.9495$，$\varPhi(1.65)=0.9505$，所以选择 $z=1.65$ 来实现 95% 的库存概率。此时的基础库存水平为 $S=\mu+z\times\sigma=250+1.65\times 17.89=279.5$。根据标准正态损失函数表，$L(1.65)=0.0206$。因此，一种产品的在库库存为 $S-250+$ 期望延期交货 $=279.5-250+17.89\times 0.0206=29.9$ 个。有 5 个基本 SKU，所以商店中的总库存是 $29.9\times 5=149.5$ 个。

c. 初始库存投资为 $960\times 14=13\,440$ 美元，持有成本为 $13\,440\times 0.20=2\,688$ 美元。重复 b 问题，但现在目标库存概率是 98%。从标准正态分布函数表中，我们可以看到 $F(2.05)=0.9798$，$F(2.06)=0.9803$，所以我们选择 $z=2.06$ 来实现 98% 的库存概率。此时的基础库存水平为 $S=\mu+z\times\sigma=250+2.06\times 17.89=286.9$。从标准正态损失函数表来看，$L(2.06)=0.0072$。因此，一种产品的在库库存为 $S-250+$ 期望延期交货 $=286.9-250+17.89\times 0.0072=37.0$ 个。有 5 个基本 SKU，所以商店中的总库存是 $37.0\times 5=185$ 个。使用混合机器，总库存投资为 $185\times 14=2\,590$ 美元。持有成本为 $2\,590\times 0.2=518$ 美元，这仅仅是初始库存持有成本的 19%（$=518/2\,688$）。

Q17.4（汉堡王）

a. 使用报童模型来确定订货批量。参照计算步骤 14.6。从表中可以看出，$F(3\,500)=0.8480$，$F(4\,000)=0.8911$，所以每家餐厅订购 4\,000 个。

b. 参照计算步骤 14.4 计算期望销售损失和期望剩余库存。期望销售损失来自表格，$L(4\,000)=185.3$。期望销量为 $\mu-185.3=2\,251-185.3=2\,065.7$ 个。期望剩余库存为 $Q-$ 期望销量，即 $4\,000-2\,065.7=1\,934.3$ 个。在 200 家餐厅中，将会有 $200\times 1\,934.3=386\,860$ 个剩余玩具。

c. 均值为 450\,200。一家餐厅的变化系数为 $1\,600/2\,251=0.7108$。总需求的变化系数是它的一半，即 $0.7108/2=0.3554$。因此，总需求标准差为 $450\,200\times 0.3554=160\,001$。要找到达到 85% 库存概率的最优订货批量，请使用计算步骤 14.6。由标准正态分布函数表可知，$\varPhi(1.03)=0.8485$，$\varPhi(1.04)=0.8508$，因此选择 $z=1.04$。$Q=450\,200+1.04\times 160\,001=616\,601$ 个。

d. 期望销售损失 $=160\,001\times L(z)=160\,001\times 0.0772=12\,352$ 个。期望销量 $=450\,200-12\,352=437\,848$ 个。期望剩余库存 $=616\,601-437\,848=178\,753$ 个，这仅是一家餐厅拥有自己库存时剩余库存的 46%。

e. 总订货批量为 $4\,000\times 200=800\,000$ 个。均值为 450\,200，标准差为 160\,001（来自 c 问题），对应的 z 是 $(800\,000-450\,200)/160\,001=2.19$。从标准正态分布函数表中，我们可以看到 $\varPhi(2.19)=0.9857$，所以如果每家餐厅都有库存，那么库存概率将是 98.57% 而不是 89.11%。

Q17.5（Livingston Tools）

a. 提前期为 3 周，$\mu=(3+1)\times 5\,200=20\,800$ 和 $\sigma=\sqrt{3+1}\times 3\,800=7\,600$。目标期望延期交货为 $(5\,200/7\,600)\times(1-0.999)=0.0007$。从标准正态分布函数表中，我们可以看到 $\varPhi(3.10)=0.9990$，因此选择 $z=3.10$ 来实现 99.9% 的

库存概率。$S=20\ 800+3.10\times7\ 600=44\ 360$。期望延期交货为 $7\ 600\times0.000\ 3=2.28$ 个。每种产品的期望在库库存为 $44\ 360-20\ 800+2.28=23\ 562$ 个。两者的总库存为 $2\times23\ 562=47\ 124$ 个。

b. 这两种产品的周需求为 $5\ 200\times2=10\ 400$ 个。这两种产品的标准差为：

$$\sqrt{2\times（1-相关性）}\times一种产品标准差=\sqrt{2\times（1-0.20）}\times3\ 800=4\ 806.66$$

提前期加上一个平均需求是 $10\ 400\times4=41\ 600$。标准差（$l+1$）期内为 $\sqrt{（3+1）}\times4\ 806.66=9\ 613$。现在用新的需求参数重复 a 问题中的过程。$S=41\ 600+3.10\times9\ 613=71\ 400$。期望延期交货为 $9\ 613\times0.000\ 3=2.88$ 个。期望在库库存为 $71\ 400-41\ 600+2.88=29\ 803$ 个。库存投资减少 $（47\ 124-29\ 803）/47\ 124=37\%$。

Q17.9（咨询服务）

选项 a 提供最长的链路，覆盖所有 4 个领域，这给了公司最大的柔性，所以这是应该选择的分配。为了看到它形成一个长链路，艾丽斯可以做合规管理，鲍勃也可以。鲍勃能像道格一样做税收咨询。道格会做战略咨询，和凯西一样。凯西和艾丽斯一样会做配额管理。因此，在所有 4 个顾问中存在一个单一链路。其他选项不会形成单一链路。

第 18 章

Q18.1（The Inn at Penn）

a. 预订限制为产能减去保护水平，即 $150-50=100$，也就是说，最多允许 100 个低价预订。

b. 参照计算步骤 18.1。欠储成本为 $C_u=200-120=80$ 美元，超储成本为 $C_o=120$ 美元。临界比率为 $80/（120+80）=0.4$。由标准正态分布函数表可知，$\Phi（-0.26）=0.397\ 4$，$\Phi（-0.25）=0.401\ 3$，所以选 $z=-0.25$。计算 Q：$Q=70-0.25\times29=63$ 个。

c. 降低。商务旅客的预订价格越低，临界比率越低，保护水平也就越低，也就是说，保护全价房不那么有价值。

d. 保护水平为 61 的未预订房间数量与期望剩余库存数量相同。计算临界比率，$z=（61-70）/29=-0.31$。根据标准正态损失函数表，$L（z）=0.573\ 0$。期望销售损失为 $29\times0.573\ 0=16.62$ 个，期望剩余库存为 $61-70+16.62=7.62$ 个。所以我们预计有 7.62 个房间是空的。

e. $70\times200+（150-70）\times120=23\ 600$ 美元，平均来说，70 个房间以高价出售，$150-70=80$ 个房间以低价出售。

f. $150\times120=18\ 000$ 美元。

g. 如果有 50 个房间受保护，我们需要确定以高价出售的房间数量。z 统计量 $=（50-70）/29=-0.69$。期望销售损失为 $29\times L（-0.69）=24.22$ 个。期望销量为

70-24.22=45.78 个。收益为（150-50）×120+45.78×200=21 156 美元。

Q18.2（The Inn at Penn 超额预订）

a. 参照计算步骤 18.2。欠储成本是 120 美元，超储成本是 325 美元。临界比率为 120/（325+120）=0.269 7。由表可知，$F(12)=0.228\ 3$，$F(13)=0.317\ 1$，则最优超额预订数量为 13 个。

b. 如果预约未到者不超过 9 人，预订将不能兑现。$F(9)=0.055\ 2$，因此该酒店将有 5.5% 的概率被超额预订。

c. 如果有 15 人或更少的人预约未到，则称为满员，概率 $F(15)=0.517\ 0$。

d. 流失客户等于 20 减去预约未到数量，所以等于剩余库存。销售损失为 $L(20)=0.28$，期望销量为 15.5-0.28=15.22 个，期望剩余库存/流失客户=20-15.22=4.78 个。每一个的成本为 325 美元，所以总成本是 325×4.78=1 554 美元。

Q18.3（WAMB）

a. 首先根据表中提供的密度函数计算分布函数：$F(8)=0$，$F(9)=F(8)+0.05=0.05$，$F(10)=F(9)+0.10=0.15$，以此类推。设 Q 为被保护待后续销售的时段数量，D 表示每个时段 10 000 美元的需求。如果 $D>Q$，我们预留的时段太少，欠储惩罚成本是 $C_u=10\ 000-4\ 000=6\ 000$ 美元。如果 $D<Q$，我们预留了太多时段，超储惩罚成本是 $C_o=4\ 000$ 美元。临界比率为 6 000/（4 000+6 000）=0.6。由表可知，$F(13)=0.6$，则最优保护数量为 13 个。因此，WAMB 应该提前销售25-13=12 个时段。

b. 欠储惩罚成本保持不变。超储惩罚成本为 $C_o=4\ 000-2\ 500=1\ 500$ 美元。之前设定的保护水平过高意味着在时段上的收益损失，但现在至少可以从时段中获得 2 500 美元，所以损失只有 1 500 美元。临界比率为 6 000/（1 500+6 000）=0.8。从表中可以看出，$F(15)=0.8$，所以保护 15 个时段，提前销售 25-15=10 个时段。

c. 如果预订限制为 10 个时段，那么最后一分钟还有 15 个时段。如果有 14 个或更少时段在最后时刻销售，将会有备用广告，概率为 $F(14)=0.70$。

d. 过多超额预订意味着该公司将被罚款 10 000 美元，因此 $C_o=10\ 000$ 美元。超额预订不足意味着原本可以销售 4 000 美元的时段实际上以 2 500 美元的备用价格销售，所以 $C_u=4\ 000-2\ 500=1\ 500$ 美元。临界比率为 1 500/（10 000+1 500）=0.130 4。由均值为 9.0 的泊松分布函数表可知，$F(5)=0.115\ 7$，$F(6)=0.206\ 8$，因此最优超额预订数量为 6 个，即销售最多 31 个时段。

e. 超储成本保持不变，对每一个流失客户，我们需要支付 10 000 美元的罚款（同时我们退还该客户 1 000 美元押金）。欠储成本也保持不变。解释一下，假设公司超额预订了 2 个时段，但有 3 个时段撤回。因为公司有 1 个空时段，所以以 2 500美元的价格销售。公司如果超额预订了 1 个（3 个时段，那么将在最后一个时段获得 4 000 美元而不是 2 500 美元，所以差值是 $C_u=4\ 000-2\ 500=1\ 500$ 美元）。注意，在任何一种情况下，都是从 3 次撤回中收取的不可退回的 1 000 美元，所以不会因超额预购 1 个时段而计入利润的变化。临界比率为 1 500/（10 000+1 500）=

0.130 4。由均值为 4.5 的泊松分布函数表可知，$F(1)=0.061\ 1$，$F(2)=$ 0.173 58，因此最优超额预订数量为 2 个，即销售最多 27 个时段。

Q18.4（设计师裙子）

a. z 统计量 $=(100-70)/40=0.75$。期望销售损失为 $40\times L(z)=40\times0.131\ 2=5.248$ 条。期望销量为 $70-5.248=64.752$ 条。期望剩余库存为 $100-64.752=35.248$ 条。

b. 期望收益是 $10\ 000\times64.752=647\ 520$ 美元。

c. 参照计算步骤 18.1。欠储成本为 $10\ 000-6\ 000=4\ 000$ 美元，精品店销售保护不足意味着收益损失 4 000 美元。过度保护意味着 6 000 美元的收益损失。临界比率是 $4\ 000/(6\ 000+4\ 000)=0.4$。由标准正态分布函数表可知，$\Phi(-0.26)=0.397\ 4$，$\Phi(-0.25)=0.401\ 3$，所以选 $z=-0.25$。评估 Q：$Q=40-0.25\times25=33.75$ 条。因此，保证在精品店出售 34 条裙子，这意味着在时装秀上出售 $100-34=66$ 条裙子。

d. 如果将 34 条裙子送到精品店，则期望销售损失为：$\sigma\times L(z)=25\times L(-0.25)=25\times0.536\ 3=13.41$。期望销量为 $40-13.41=26.59$ 条。收益是 $26.59\times10\ 000+(100-34)\times6\ 000=661\ 900$ 美元。

e. 由 d 问题可知，期望销量为 26.59 条，因此，期望剩余库存为 $34-26.59=7.41$ 条裙子。

Q18.5（费城—洛杉矶航班超额预订）

a. 参照计算步骤 18.2。超储成本是 800 美元（过多超额预订意味着有流失乘客，成本为 800 美元）。欠储成本是 475 美元（1 个空座）。临界比率 $=475/(800+475)=0.372\ 5$。由标准正态分布函数表可知，$\Phi(-0.33)=0.370\ 7$，$\Phi(-0.32)=0.374\ 5$，所以选 $z=-0.32$。计算 Y：$Y=30-0.32\times15=25.2$。所以接受的最大预订数量是 $200+25=225$ 个。

b. $220-200=20$ 个座位超额预订。流失乘客数量等于 20 减去预约未到的乘客数量，相当于订货批量为 20 的剩余库存。z 统计量为 $(20-30)/15=-0.67$。$L(-0.67)=0.820\ 3$，因此销售损失为 $15\times0.820\ 3=12.3$ 个。销量是 $30-12.3=17.7$，期望剩余库存是 $20-17.7=2.3$ 个。如果 2.3 个乘客流失，那么将支付 $800\times2.3=1\ 840$ 美元。

c. 如果有 19 人或更少的乘客预约未到，你将会有流失乘客。z 统计量是 $(19-30)/15=-0.73$。$\Phi(-0.73)=0.231\ 7$，所以有大约 23% 的概率会有流失乘客。

第 19 章

Q19.1（购买面巾纸）

a. 如果每周都有订单，那么平均订货批量等于 1 周的需求，即 25 箱。如果在周末有 1 周的库存，那么平均库存是 $25/2+25=37.5$ 箱（在这种情况下，库存"锯齿"从 2 周的高库存下降到 1 周，平均为 1.5 周）。平均库存价值为 $37.5\times$

9.25＝346.9 美元。年持有成本为 $52\times0.4\%＝20.8\%$。因此，第一种方案的库存持有成本为 $20.8\%\times346.9＝72$ 美元。采购成本是 $52\times25\times9.25＝12\ 025$ 美元。总成本为 $12\ 025＋72＝12\ 097$ 美元。

b. 每年有 4 个订单，每个订单平均为 $(52/4)\times25＝325$ 箱。那么平均库存是 $325/2＋25＝187.5$ 箱。每箱支付的价格是 $9.40\times0.95＝8.93$ 美元。该库存的价值为 $187.5\times8.93＝1\ 674$ 美元。年持有成本为 $1\ 674\times20.8\%＝348$ 美元。采购成本为 $52\times25\times8.93＝11\ 609$ 美元。总成本为 $348＋11\ 609＝11\ 957$ 美元。

c. 宝洁更喜欢第三种方案，只要价格高于第二种方案，即 8.93 美元。但是零售商需要一个足够低的价格，这样第三种方案的总成本不会比第二种方案的总成本高，即 11 957 美元（来自 b 问题）。在 a 问题中，我们确定每周订货方案的年持有成本约为 72 美元。如果我们降低价格，年持有成本就会低一些，但 72 美元是持有成本的保守近似，所以零售商的采购成本不应该超过 $11\ 957－72＝11\ 885$ 美元。总采购数量为 $25\times52＝1\ 300$ 箱。因此，如果价格是 11 885/ 1 300＝9.14 美元，那么零售商会稍微好过一点（相对于第二种方案），而宝洁则要好得多（收益为 12 012 美元，而不是 11 885 美元）。

Q19.2（退还图书）

a. 使用报童模型。超储成本为 $C_o＝$ 成本－残值＝20－28/4＝13 美元。欠储成本为 $C_u＝$ 价格－成本＝28－20＝8 美元。临界比率为 $8/(13＋8)＝0.381\ 0$。在标准正态分布函数表中查找临界比率，找到合适的 z 统计量＝－0.30。最优订货批量为 $Q＝\mu＋z\times\sigma＝100－0.30\times42＝87$ 本。

b. 期望销售损失＝$L(z)\times\sigma＝0.566\ 8\times42＝23.81$ 本，其中 $L(z)$ 查看标准正态损失函数表，$z＝－0.30$，期望销量＝$\mu－$ 期望销售损失＝100－23.81＝76.2 本。期望剩余库存＝$Q－$ 期望销量＝87－76.2＝10.8 本。利润＝价格×期望销量＋残值×期望剩余库存－$Q\times$ 成本＝$28\times76.2＋7\times10.8－87\times20＝469$ 美元。

c. 出版商的利润＝$Q\times$（批发价－成本）＝$87\times(20－7.5)＝1\ 087.5$ 美元。

d. 欠储成本保持不变，因为销售损失仍然会使丹的毛利率损失，$C_u＝8$ 美元。然而，由于丹现在可以把书退还给出版商，所以超储成本已经改变了。他以 20 美元的价格购买每本书，然后退还剩下的书，净残值为 15－1（由于运费）＝14 美元，所以他的超储成本现在是 $C_o＝$ 成本－残值＝20－14＝6 美元，临界比率为 $8/(6＋8)＝0.571\ 4$。在标准正态分布函数表中查找临界比率，找到合适的 z 统计量＝0.18。最优订货批量为 $Q＝\mu＋z\times\sigma＝100＋0.18\times42＝108$ 本。

e. 期望销售损失＝$L(z)\times\sigma＝0.315\ 4\times42＝13.2$ 本，其中 $L(z)$ 查看标准正态损失函数表，$z＝0.18$。期望销量＝$\mu－$ 期望销售损失＝100－13.2＝86.8 本。期望剩余库存＝$Q－$ 期望销量＝108－86.8＝21.2 本。利润＝价格×期望销量＋残值×期望剩余库存－$Q\times$ 成本＝$28\times86.8＋14\times21.2－108\times20＝567$ 美元。

f. 出版商的销售收益是 $20\times108＝2\ 160$ 美元。生产成本是 $7.5\times108＝810$ 美元。出版商付给丹 $15\times21.2＝318$ 美元。出版商关于退还图书的总残值收益为 $6\times21.2＝127.2$ 美元。利润是 $2\ 160－810－318＋127.2＝1\ 159$ 美元。请注意，出版商和丹都可

以通过这种回购安排获得更好的收益。

　　g. 正文中式（19.1）给出了协调供应链的回购价（供应链利润最大化）。回购价是 $1+28-(28-20)\times(28-6)/(28-7.5)=20.41$ 美元。注意，出版商的回购价实际上高于批发价，因为出版商需要补贴丹退还图书的运费，丹每退还一本书的净损失是 $20-(20.41-1)=0.59$ 美元。

术语表

放弃：由于等待时间过长而离开流程的流程单元。

异常：如果一个波动与过去的数据不一致，那么它就是不正常的。这让我们得出结论，我们正在处理一个系统性波动，而不仅仅是面对偶然性波动。

节点型（AON）网络图：一种以图形方式说明项目依赖关系的方法，图中的节点表示活动。

活动时间：流程单元在资源上的持续时间，不包括任何等待时间。也称为服务时间或处理时间。

A/F 比率：需求实际值（A）与需求预测值（F）之比，用于衡量预测的准确性。

安灯拉绳：在装配线附近安装的一种绳索。如果工人发现了缺陷，就拉动绳索并停止生产，就像自动关闭机器一样。这一操作使制造问题显著化，迫使工艺得以改进。

按订单装配：也称为按订单生产。在这种生产方式中，产品的最终装配只有在收到确定订单后才开始。戴尔对个人电脑采用按订单装配的方式。

系统性波动：由于输入变量或环境变量的特定变化而发生的变化。

特征控制图：一种用于处理计数型结果的特殊控制图。它具有 $\bar{X}$ 图的所有特征，但不需要连续的结果变量。然而，在缺陷很少发生的情况下，特征控制图需要更大的样本量。也称为 p-图。

授权水平：对于某一票价等级，授权水平是指该票价等级或更低的票价等级可使用的载客量的百分比。授权水平相当于以载客量百分比表示的预订限制。

自动预测：由计算机生成的预测，通常不需要人工干预。

平均劳动利用率：跨资源平均利用率。

延期交货惩罚成本：公司每一次延期交货所引起的成本。这种成本可以是显性的，也可以是隐性的（如丧失商誉和未来的业务等）。

基本库存水平：也称为最大库存水平。在实施最大库存水平订货策略时，订购的数量是使库存数量等于基本库存水平。

批量：一批单元集合。

有偏预测：预测整体上是偏离的错误预测，其平均预测误差不等于零。

投标价格：采用投标价格控制时，对每一段容量指定一个投标价格。只有当其票价超过所使用的容量段的投标价格时，才能接受预订。

物料清单：组装项目所需的组件列表。

阻塞：资源已经完成了它在流程单元上的工作，但是由于没有可用的空间，不能将流程单元移动到下游的下一个步骤（资源或库存）的情况。

预订限制：一个票价等级或更低的票价等级所允许的最大预订数量。

瓶颈：流程中容量最小的资源。

组合：包含多个票价等级-行程的组合的预订限制。

缓冲区：库存的另一种说法，当在存在变化性的情况下维持一定的生产率水平时，缓冲区就发挥了作用。

牛鞭效应：需求变化逆着供应链逐级放大传导的现象。

回购合同：供应商同意在销售季节结束时向零售商购买剩余库存的一种合同。

产能：度量资源所能支持的最大单位时间产出。根据使用的语境不同，也称能力、载客量、容量等。

能力约束：需求超过流程能力的流程。

因果图：用一种结构化的方法来头脑风暴潜在的导致结果变量变化的根本原因。这是通过映射所有输入和环境变量来实现的。也称为鱼骨图或石川图。

渠道铺货：诱使零售商持有比短期需求更多的库存的做法。

变化系数：测量可变性。变化系数＝标准差除以均值，即随机变量的标准差与随机变量均值之比。这是对随机变量不确定性的相对测量。

合作计划、预测和补给（CPFR）：旨在改善供应链内信息交换的一套实践方法。

偶然性波动：在一个过程中，由于纯粹的随机性而发生的波动（也称为自然波动）。

控制图：在统计上区分偶然性波动和系统性波动的图形工具。控制图将变化可视化，从而使用户能够判断观察到的变化是由随机原因还是系统原因造成的。

关键路径：一个项目管理术语，指的是如果延迟将会推迟项目的整体完成的那些活动形成的路径。

临界比率：欠储成本与欠储成本和超储成本之和的比值。用在报童模型中以选择利润最大化的期望订货量。

周转库存：在一个订单（批量）中接收（生产）多个流程单元，这些流程单元在没有进一步流程单元流入的一段时间内供使用，从而产生的库存。

周期时间：两个相邻的流程单元离开流程所间隔的时间。周期时间＝1/单位时间产出。

决策树：一种基于场景的决策方法，用于绘制特定不确定性的离散结果。

保险库存：参见缓冲区。

缺陷概率：随机选择的流程单元不满足规格要求的统计概率。

缺陷：与工艺规范要求不相符。

需求预测：创建关于未来需求实现的说明的过程。

需求约束：流程单位时间产出受到需求限制。

需求拉动：一种库存政策，在这种库存政策下，需求触发补给订货。

密度函数：返回的随机变量结果与输入值完全相等的概率的函数。

因变量：我们试图在回归分析中解释的变量。

去季节性：消除过去数据中的季节性影响。

发现导向计划：强调学习与项目相关的未知变量的过程，目的是决定是否在项目中投入更多的资源。

分布函数：返回的随机变量结果等于或低于输入值的概率的函数。

分流：零售商从供应商处购买产品，再转售给另一个零售商的行为。

分流者：实施转售的公司。

双指数平滑法：一种用趋势预测需求的方法，用指数平滑法同时估计需求和趋势。最终的预测是这两个估计的总和。这是一种动态预测。

双重边际化：供应链中的一种现象，由于公司的边际利润小于供应链的总边际利润，公司采取的行动没有使供应链绩效最优化。

最早完成时间（ECT）：项目活动能够完成的最早时间，可以用项目活动最早开始时间和活动持续时间的总和来计算。

最早截止日期（EDD）：将资源上要处理的作业按其截止日期升序排列的一种规则。

最早开始时间（EST）：项目活动可以开始的最早时间，这要求所有提供信息的活动已经完成。

规模经济：在较高的单位时间产出基础上获得较低的单位成本。原因有很多，可以是分摊固定成本、学习、统计原因（合并）或专用资源的使用等。

有效客户响应：食品杂货行业为提高食品杂货供应链的效率而采取的若干举措的总称。

电子数据交换（EDI）：供应链中公司间沟通的技术标准。

急诊严重指数（ESI）：急诊室使用的一种评分规则，用于对患者受伤的严重程度进行评估，然后对他们的护理进行优先排序。

环境变量：流程中不受管理控制但可能影响流程结果的变量。

经济订货批量（EOQ）：库存成本和固定订货成本之和最小的订货量。

厄兰损失公式：计算在一个由多个服务器并行的系统中，因为服务器全部被占用，没有空闲而不得已拒绝新的流程单元进入的时间比例。

$\bar{X}$ 的估计标准差：特定样本均值 $\bar{X}$ 的标准差。

所有零件的估计标准差：计算所有零件的标准差。

期望剩余库存：在销售季结束时的预期库存量。

专家小组预测：利用管理层的主观意见产生的预测。

指数分布：用 Prob $\{x<t\} = 1-\exp(-t/a)$ 表示一个随机变量分布，其中 a 为分布的均值和标准差。如果到达间隔时间服从指数分布，我们称之为泊松到达过程。指数分布因其无记忆性而闻名，也就是说，如果以平均 5 分钟为指数分布的

服务时间，已经持续了 5 分钟，那么预期的剩余时间仍然是 5 分钟。

外部调整准备：当机器在处理流程时，可以执行的调整准备时间元素；减少调整准备时间快速换模法（SMED）的一个重要元素。

外推：通过假设一个范围内的值的某模式在该范围外也会流行，从而估计出超出原始观测范围的值。

隔离限制：为防止高价乘客购买低价机票而对低价舱位施加的限制。例如，提前购买要求。

供应比率：被满足的需求的比率，也就是说，能够购买一个单位库存的比率。

先到先服务（FCFS）：将资源上要处理的作业按它们到达的顺序排列的一种规则。

鱼骨图：用一种结构化的方法来头脑风暴潜在的导致结果变量变化的根本原因。这是通过映射所有输入和环境变量来实现的。也称为因果图或石川图。

五问法：一种帮助员工找到问题根源的头脑风暴技巧。为了避免过早停止工作，也避免没有找到真正的根本原因，公司鼓励员工问"为什么会发生这种情况？"至少五次。

单位时间产出（R）：也称为生产率。生产率测量的是在给定的单位时间内通过流程的流程单元数量。例如，这家工厂以每小时 20 辆滑板车的速度生产。单位时间产出/生产率＝min $\{$需求，能力$\}$。

流程时间（T）：度量流程单元在流程中花费的时间，包括在各种资源上花费的时间以及在库存中花费的时间。例如，一个客户花了 30 分钟的时间电话联系呼叫中心。

流程单元：我们在流程分析中考虑的分析单位。例如，医院里的患者、滑板车工厂里的滑板车、呼叫中心里的呼叫者。

预测组合：将不同预测者生成的多个预测组合成一个值。

预测误差：预测值与实现值之间的差值。

预测博弈：一种有目的的对预测的操作，以使基于预测的决策达成某种决策结果。

建立共识预测：专家就他们的预测和意见进行反复讨论，最后得出一个共同的预测。

预测：对目前不确定且只有在未来才能实现的变量的结果进行陈述的过程。

提前购买：如果零售商在交易促销期间购买了大量商品，那么该零售商的行为被称为提前购买。

甘特图：一种说明活动的持续时间以及活动之间的潜在依赖关系的图形化方式。

平准化：丰田生产方式的一个原理，提出在生产过程中根据客户的需求混合不同的车型进行生产。

冰球棒现象：一种对客户之间有大量的订单同步时，供应商可以接收到的需求特性的描述。

持有成本率：在一段时间内持有一单位库存所发生的成本。

横向合并：将流程单元按顺序访问的队列中的资源序列组合在一起，以此增加控制范围，还与作业单元的界定有关。

空闲时间：资源不处理流程单元的时间。空闲时间只增加了劳动力成本，而不增值，因此应该减少。

一个流：丰田生产方式的一个元素。它提倡逐件转移流程单元（转移批量为一单位）。

隐含利用率：实际需求对能力的占用与可用能力比值。隐含利用率＝需求/能力。

库存概率：所有需求在一段时间内得到满足的概率。

激励冲突：在供应链中，对于应该采取哪些行动，公司可能有相互冲突的动机。

自变量：影响因变量的变量。

信息周转时间（ITAT）：从缺陷出现到缺陷被发现之间的延迟时间。

输入变量：在管理控制下的流程变量。

集成供应链：供应链被认为是单一整合的单位，也就是说，就好像每个公司都属于这个单一的实体一样。

到达间隔时间：两个相邻到达之间的时间。

内部调整准备：那些构成调整准备时间的元素，内部调整准备只能在机器不生产时进行。内部调整准备应尽可能减少和/或转换为外部调整准备。

库存：流程（或特定资源）中的流程单元数量。库存可以用流程单位（如滑板车）、供应天数（如三天的库存）或货币单位（100 万美元的库存）来表示。

库存周转次数：一个公司能够周转完库存的频率。库存周转次数＝1/流程时间（基于利特尔法则），即销货成本/库存。

石川图：用一种结构化的方法来头脑风暴潜在的导致结果变量变化的根本原因。这是通过映射所有输入和环境变量来实现的。也称为鱼骨图或因果图。

自动化：狭义上讲，指一种能够自动检测缺陷并自动关机的机器。其基本思想是，关闭闭机器迫使人工干预过程，从而触发过程改进。

作业：需要一个或多个资源进行处理的流程单元。

持续改进：流程的持续改进，通常由每天直接参与流程的人员驱动。

看板：一种生产和库存控制系统，其中零件的生产和交付是由下游零件的消耗触发的（拉动式系统）。

劳动量：在一个流程单元上从流程开始到结束所花费的劳动量。在纯手工流程中，劳动量就是所有活动时间的总和。

延误：作业完成时间和截止日期之间的差值。当作业在截止日期前完成（提前完成）时，延误为负。

最迟完成时间（LCT）：为避免延误项目的整体完成时间，项目活动必须完成的最迟时间。

最迟开始时间（LST）：项目活动可以在不延误项目总体完成时间的情况下开始的最迟时间。

提前期：从下订单到收到订单之间的时间。流程前置期经常被用作流程时间的替代词。

生产线平衡：在一个流程的资源中均匀分配工作的过程。生产线平衡减少了空闲时间，可以减少周期时间或减少支持给定单位时间产出所需的工人数量。

地点集中：将多个地点的库存组合到一个地点。

长期预测：用于支撑时间范围是多年的战略决策的预测。

最长处理时间（LPT）：将资源要处理的作业按处理时间降序排列的一种规则。

控制下限（LCL）：在控制图中提供仍可接受的最小值而不被标记为异常变化的线。

规格下限（LSL）：不触发缺陷单元的最小结果值。

按订单生产：一种生产方式，也称为按订单装配。在这种生产方式中，只有在收到客户对流程单元的订单后才生产该流程单元。按订单生产通常需要客户等待一段时间，这就是为什么它与服务运营有许多相似之处。戴尔对个人电脑采用按订单生产的方式。

备货型生产：一种生产方式，在这种生产方式中，流程单元根据预期需求（预测）生产，然后保存在成品库存中。

加工周期：处理一组作业的总时间。

边际成本定价：把批发价格设定为生产的边际成本的做法。

物料需求计划（MRP）：一种计划系统，生产过程所需部件按计划交付以便在需要的时候提供部件，不会太早造成多余的库存。

最大利润：在报童模型中，批量大小可以在观察需求后再选择时所赚取的预期利润。因此，没有销售损失，也没有库存积压。

均值：随机变量的期望值。

平均绝对误差（MAE）：通过观察预测误差的平均绝对值来评估预测质量的一种度量方法。

均方误差（MSE）：通过观察预测误差的平方的算术平均数来评估预测质量的一种度量方法。

中期预测：用于支持产能规划和财务核算的预测，其典型时间范围从几周到一年不等。

错配成本：欠储成本和超储成本之和。在报童模型中，错配成本是由于滞销而损失的利润和剩余库存的总损失之和。

基于势能的预测：假定未来的趋势与过去的趋势相似的一种预测方法。

MRP 紧张：多家公司在同一周期内操作它们的 MRP 系统，从而产生订单同步的现象。

浪费：一种特定形式的废物，即以非增值活动形式出现的废物。也指非必要库存（被认为是最糟糕的一种浪费形式），因为非必要库存在没有增加价值的情况下消耗金钱，并且会掩盖流程中的缺陷和其他问题。

朴素预测法：将下一期预测值大抵相等于上一期实际值的一种预测方法。

自然波动：在一个过程中，由于纯粹的随机性而发生的变化（也称为偶然性波动）。

嵌套预订限制：如果每个预订限额是针对一个票价等级或更低票价等级定义的，那么多个票价等级的预订限额是嵌套的。由于有嵌套预订限制，通常情况下，公开票价等级意味着所有较高票价等级都是公开的，而封闭票价等级意味着所有较低票价等级都是封闭的。

报童模型：在一个随机需求的销售季节之前选择一

个订单量的模型。

预约未到：没有赴约或按照预约到达的顾客。

正态分布：大家熟知的，密度函数呈现钟形的连续分布函数。

一对一订货策略：最大库存水平策略的另一个名称。（在此策略下，每单位需求只订购一个单位。）

开放式预约系统：一种预约制度，预约仅仅提前一天开放，且先到先服务。

订货批量：牛鞭效应的原因之一。当一个确定的订单只以某个批量数量的整数倍订购时，它就会产生订货批量。

订货膨胀：由于上游产能的限制，订购的数量超过预期，但预期只能收到订单的一小部分的做法。

订单同步：牛鞭效应的原因之一，即两家或多家公司同时提交订单的情况。

最大库存水平订货模型：一个用于管理随机需求、有订货提前期和多次补货的库存模型。

起讫点控制：航空业的收益管理系统可以识别在某一特定航班要求相同票价的乘客，但这对公司来说可能不是同等价值的，因为他们的行程不同，因而总收入也不同。

结果变量：描述流程输出质量的度量。

超储成本：在报童模型中，购买一个多余的单位的成本。换句话说，如果公司少买一单位而不造成销售损失（也就是说，因此避免了额外的一单位剩余库存），它就是增加的利润。

超额预订：接受比现有能力所能容纳的更多的预订策略。

***p*-图**：一种用于处理计数型结果的特殊控制图。它具有 X 图的所有特征，但不需要连续的结果变量。然而，在缺陷很少发生的情况下，p-图需要更大的样本量。也称为特征控制图。

标准库存水平：最大库存水平订货模型中库存水平的另一个名称。

帕累托图：一种识别过程缺陷最重要原因的图形化方法。为了创建一个帕累托图，我们需要收集关于缺陷出现数量以及相关缺陷类型的数据。然后，我们可以绘制简单的条形图，其高度表示缺陷类型相对出现情况。也常用于绘制各类缺陷的累积量。

百万分之：在随机抽样的 100 万个单位中，有缺陷单位的预期数量。

准时交货率：在截止日期或截止日期前完成作业的比例。

幽灵订单：在收货前被取消的订单。

渠道库存：运营一个流程所需的最小库存。因为有一个最小的流程时间（活动时间的总和），所以根据利特尔法则，在这个流程中也有一个最小所需库存。也称为在途库存，它是已订购但尚未收到的库存单位数。

泊松分布：一种离散分布函数。当事件的发生彼此独立时，它通常能准确地表示一段时间内事件的数量。换句话说，这是一种很好的模型化慢速移动品类的分布。

泊松过程：到达间隔时间服从指数分布的到达过程。

防呆法：丰田的"防呆"技术，即在装配操作中不可能犯物理上的错误。

合并：将多个资源（包括它们的缓冲区和到达过程）组合成一个联合资源的概念。在等待时间问题中，合并减少了预期等待时间。

预测市场：一种打赌游戏，预测者可以对他们的预测进行下注。

价格保护：由于供应商的批发价格降低而对分销商进行补偿的行业做法。作为价格保护的结果，分销商为购买库存所支付的价格实际上总是当前价格，也就是说，当经销商库存的每一件商品降价时，供应商就会返还经销商价差。

工序能力指数：结果变量的规格区间的宽度与结果变量的变化之间的比率（用其估计标准差的六倍测量）。它告诉我们，在造成缺陷之前，距离统计均值相差多少个标准差。

流程能力：整个流程的能力，即在该流程中所能达到的最大单位时间产出。流程能力取决于瓶颈的能力。

流程图：绘制资源和库存的图，并以图形方式显示流程单元在从输入到输出的转换过程中是如何运行的。

处理时间：流程单元在资源上的持续时间，不包括任何等待时间，也称为活动时间或服务时间。

产品集中：使用单一产品服务于两个需求细分市场的做法，这两个需求细分市场以前有各自的产品型号。

生产周期：在资源开始重复运行前，所有流程单元的处理和设置时间。

保护水平：必须总是可以预订一个票价等级或更高票价等级的座位的数量。例如，如果一个航班有 120 个座位，而高票价等级的保护级别是 40，那么必须始终有 40 个高票价等级的座位待售。

拉动式系统：一种生产由需求引起的生产系统。

推动式系统：一种生产是根据预期的需求而开始的生产系统。

数量折扣：由于订单数量大，降低了采购成本。享受数量折扣，必须与库存成本的增加进行权衡。

数量柔性（QF）合同：根据这份合同，买方向供应商提供初步预测值。随后，买方被要求购买最初预测值的至少一定百分比（如 75%），但也允许购买高于最初预测值的一定百分比（如 125%）。为此，供应商必须拥有足够的产能以保证上限供应。

快速响应：一系列运用在服装行业中的实践来提高服装供应链效率。

随机变量：表示随机事件的变量。例如，随机变量 X 可以表示掷两个骰子 100 次而得到 7 的次数。

反应性产能：在了解有关需求的有用信息后可使用的能力，也就是说，这种能力可以用来对已经明确的需求信息做出反应。

回归分析：一种估计一个变量与影响该变量的多个变量之间关系的统计过程。

再季节化：在预测结果中再重新引入季节性影响。

资源：流程单元在从输入到输出转换过程中必须经过的流程实体。

退货政策：参见回购合同。

收益管理：也称为收入管理。在供给固定的情况下，用来最大化收益的一组工具。

返工：一种处理有缺陷的流程单元的方法，它试图继续投入资源和时间到流程单元中，以使其转换为一个合格的（无缺陷的）流程单元。

返工循环：通常由于质量问题而进行的项目或流程活动的迭代或重复。

稳健：流程能够容忍输入和环境变量的变化而不导致结果有缺陷的能力。

根本原因：引起缺陷的一个根本原因是输入或环境变量的变化。

上舍入规则：当在表中查找值时，通常会发现所需的值位于表中的两个条目之间。上舍入规则要求选择导致较大数量的那个条目。

安全库存：公司为保护自身免受需求随机波动的影响而持有的库存。

残值：报童模型中在销售季节结束时剩余库存的价值。

排程：决定将什么工作分配给什么资源以及何时分配工作的过程。

季节性：构成随时间重复波动的较大需求变化。

季节性指数（SI）：估计的乘数调整因子，使我们从平均总需求转化成某一特定季节的平均需求。

服务水平：一个单位即将到达的需求将按照计划接受服务的概率。在等待时间问题中，这意味着等待时间小于指定的目标等待时间；在其他情况下，也可以指产品的可用性。

服务时间：流程单元在资源上的持续时间，不包括任何等待时间，也称为活动时间或处理时间。

一套规范：用来决定一个单位的结果变量是否有缺陷的一组规则。

短期预测：用于支持战术决策的预测，时间跨度通常在数小时到数周之间。

短缺博弈：牛鞭效应的原因。在产能有限的情况下，零售商可能会因为预期只能收到一部分订单而增加订单数量。

最短处理时间（SPT）：将资源要处理的作业按处理时间升序排列的一种规则。

六西格玛流程：在均值或者规格限制两边各有 6 个标准差的流程。

松弛时间：最早完成时间与最迟完成时间的差异；常用在不耽误整个项目的前提下，活动可以延迟多少时间来衡量。

平滑参数：在用指数平滑进行下一个预测时确定新权重的参数。

控制范围：一个工人或资源的活动范围。如果资源是劳动力，那么拥有高的控制范围就需要广泛的培训。在一个工作单元格中，控制范围取最大值。

标准差：在均值附近的绝对变化量度。标准差的平方等于方差。

标准正态分布：均值为 0，标准差为 1 的正态分布。

待料（断流）：由于上游的步骤（库存、资源）中没有完成流程单元，资源只能处于空闲状态的情况。

平稳到达：当到达过程不随时间发生系统变化时，与季节性到达相反的状态。

统计噪声：变量以不可预知的方式影响结果。

统计过程控制（SPC）：一个建立在投入、环境和结果变量的实证测量和统计分析基础上的运营管理框架。

缺货：当客户需要一个单位，但没有一个单位的库存时发生的状况。这与"脱销"不同，"脱销"只要求没有可用的库存。

缺货概率：在确定的一段时间间隔内发生缺货的概率。

供应链效率：供应链的实际利润与供应链的最优利润之比。

供应约束：单位时间产出受能力或输入可用性限制的一种流程。

多线程工作：丰田减少工人空闲时间的技术。其基本思想是，一个工人可以操作一台机器，当这台机器运行时，工人不是闲着，而是在流程中操作另一台机器。

串联队列：一组依次排列的布局，以便一个服务器的输出只流向另一个服务器。

延迟：如果一个作业是在截止日期后完成，那么延迟就是它的完成时间和截止日期之间的差值。如果工作在截止日期前完成，则延迟为 0。延迟总是正值。

目标变化量：流程中不超过给定缺陷概率的最大变化量。

目标等待时间（TWT）：用于定义与流程响应性相关的服务水平的等待时间。

任务：一起构成活动的工作单位单元。可以将任务从一个活动/资源转移到另一个活动/资源，以改善生产线平衡。

约束理论：一种运营指南，建议管理人员将注意力集中在流程瓶颈上。

时间序列分析：旧有需求数据的分析。

时间序列预测：一种只使用旧有需求数据的预测方法。

交易促销：供应商向零售客户提供的暂时批发价折扣。

趋势：一个变量在很长一段时间内持续增加或减少。

造边：丰田的理念是将质量检查贯穿于整个过程。因此，这是"从根本上提高质量"这一理念的重要促成因素。

周转获益：一种分配方案，将稀缺的生产能力按下游客户过去的销售额比例分配给他们。

无偏预测：预测误差均值为零的预测。

欠储成本：在报童模型中，利润损失与订购数量不足相关。换句话说，如果增加了一个单位被订购，并且该单位被出售，那么利润将增加。

通用设计产品：为多种功能和/或多类客户群体服务的产品。

未知的未知（unk-unks）：项目管理术语，指在项目开始时还不知道的项目中的不确定性。

控制上限（UCL）：在控制图中提供仍可接受的最大值而不被标记为异常变化的线。

规格上限（USL）：不触发缺陷单元的最大结果值。

利用率：当支持给定的单位时间产出时，资源使用其能力的程度。利用率＝单位时间产出/能力。

方差：围绕均值的绝对变化的量度。方差的平方根等于标准差。

供应商管理库存（VMI）：将库存管理的控制从零售商转移到供应商的做法。

虚拟嵌套：航空公司的一种收益管理系统。在该系统中，不同行程和支付不同票价等级的乘客可能被包括在同一能力控制采购组合中。

虚拟合并：将库存存放在多个实体位置，共享库存信息数据的做法，以便在需要时将库存从一个位置转移到另一个位置。

加权最短处理时间（WSPT）：将资源要处理的作业按其权重与其处理时间的比例降序排列的一种规则。具有高权重和低处理时间的工作往往排序较靠前。

在制品（WIP）：当前在生产过程中的库存（相对于产成品库存或原材料库存）。

工人控制节奏的生产线：工人在完成处理后将流程单元移动到下一个资源或缓冲区的一种流程布局；与机器控制节奏的生产线相反，在机器控制节奏的生产线中，流程单元是在传送带上移动的。

工作负荷：由满足需求而产生的能力要求。由工作负荷产生隐含利用率。

$\bar{X}$：样本均值。

$\bar{X}$ 图：我们跟踪样本均值的特殊控制图（也称为 X）。

$\bar{\bar{X}}$：一组样本均值的均值。

收入管理：也称为收益管理。在供给固定的情况下，用来最大化收益的一组工具。

z **统计量**：给定数量和任一正态分布，该数量具有唯一的 z 统计量，使得正态分布的结果概率小于或等于该数量在标准正态分布下的结果等于 z 统计量的概率。

零和博弈：一种无论结果如何，所有玩家的总收益等于一个常数的游戏。

参考文献

Abernathy, F. H., J.T. Dunlop, J. Hammond, and D. Weil. *A Stitch in Time: Lean Retailing and the Transformation of Manufacturing—Lessons from the Apparel and Textile Industries.* New York: Oxford University Press, 1999.

Anupindi, R., S. Chopra, S. D. Deshmukh, J. A. Van Mieghem, and E. Zemel. *Managing Business Process Flows.* Upper Saddle River, NJ: Prentice Hall, 1999.

Bartholdi, J. J., and D. D. Eisenstein. "A Production Line That Balances Itself." *Operations Research* 44, no. 1 (1996), pp. 21–34.

Beatty, S. "Advertising: Infinity and Beyond? No Supply of Toys at Some Burger Kings." *The Wall Street Journal,* November 25, 1996, p. B-10.

Belobaba, P. "Application of a Probabilistic Decision Model to Airline Seat Inventory Control." *Operations Research* 37, no. 2 (1989), pp. 183–97.

Bohn, R. E., and R. Jaikumar. "A Dynamic Approach to Operations Management: An Alternative to Static Optimization." *International Journal of Production Economics* 27, no. 3 (1992), pp. 265–82.

Bohn, R. E., and C. Terwiesch. "The Economics of Yield-Driven Processes." *Journal of Operations Management* 18 (December 1999), pp. 41–59.

Breyfogle, F. W. *Implementing Six Sigma.* New York: John Wiley & Sons, 1999.

Brown, A., H. Lee, and R. Petrakian. "Xilinx Improves Its Semiconductor Supply Chain Using Product and Process Postponement." *Interfaces* 30, no. 4 (2000), p. 65.

Brynjolfsson, E., Y. Hu, and M. D. Smith. "Consumer Surplus in the Digital Economy: Estimating the Value of Increased Product Variety." *Management Science* 49, no. 11 (2003), pp. 1580–96.

Buzzell, R., J. Quelch, and W. Salmon. "The Costly Bargain of Trade Promotion." *Harvard Business Review* 68, no. 2 (1990), pp. 141–49.

Cachon, G. "Supply Chain Coordination with Contracts." In *Handbooks in Operations Research and Management Science: Vol. 11. Supply Chain Management, I: Design, Coordination, and Operation,* ed. T. Kok and S. Graves. Amsterdam: North-Holland, 2004.

Cannon, J., T. Randall, and C. Terwiesch. "Improving Earnings Prediction Based on Operational Variables: A Study of the U.S. Airline Industry." Working paper, The Wharton School and The Eccles School of Business, 2007.

W. Chan Kim and Renée Mauborgne. *Blue Ocean Strategy.* Harvard Business School Press. 2005.

Chase, R. B., and N. J. Aquilano. *Production and Operations Management: Manufacturing and Services.* 7th ed. New York: Irwin, 1995.

Chopra, S., and P. Meindl. *Supply Chain Management: Strategy, Planning and Operation.* 2nd ed. Upper Saddle River, NJ: Pearson Prentice Hall, 2004.

Cross, R. "An Introduction to Revenue Management." In *Handbook of Airline Economics,* ed. D. Jenkins, pp. 453–58. New York: McGraw-Hill, 1995.

Cross, R. *Revenue Management: Hard-Core Tactics for Market Domination.* New York: Broadway Books, 1997.

De Groote, X. Inventory Theory: A Road Map. Unpublished teaching note. INSEAD. March 1994.

Diwas Singh KC, Christian Terwiesch, (2012) An Econometric Analysis of Patient Flows in the Cardiac Intensive Care Unit. Manufacturing & Service Operations Management 14(1):50-65. https://doi.org/10.1287/msom.1110.0341

Drew, J., B. McCallum, and S. Roggenhofer. *Journey to Lean: Making Operational Change Stick.* New York: Palgrave Macmillan, 2004.

Feitzinger, E., and H. Lee. "Mass Customization at Hewlett-Packard: The Power of Postponement." *Harvard Business Review* 75 (January–February 1997), pp. 116–21.

Fisher, M. "What Is the Right Supply Chain for Your Product?" *Harvard Business Review* 75 (March–April) 1997, pp. 105–16.

Fisher, M., K. Rajaram, and A. Raman. "Optimizing Inventory Replenishment of Retail Fashion Products." *Manufacturing and Service Operations Management* 3, no. 3 (2001), pp. 230–41.

Fisher, M., and A. Raman. "Reducing the Cost of Demand Uncertainty through Accurate Response to Early Sales." *Operations Research* 44 (1996), pp. 87–99.

Fujimoto, T. *The Evolution of a Manufacturing System at Toyota.* New York: Oxford University Press, 1999.

Gans, N., G. Koole, and A. Mandelbaum. "Telephone Call Centers: Tutorial, Review, and Research Prospects." *Manufacturing & Service Operations Management* 5 (2003), pp. 79–141.

Gaur, V., M. Fisher, and A. Raman. "An Econometric Analysis of Inventory Turnover Performance in Retail Services." *Management Science* 51 (2005), pp. 181–94.

Geraghty, M., and E. Johnson. "Revenue Management Saves National Rental Car." *Interfaces* 27, no. 1 (1997), pp. 107–27.

Hall, R. W. *Queuing Methods for Services and Manufacturing.* Upper Saddle River, NJ: Prentice Hall, 1997.

Hansell, S. "Is This the Factory of the Future?" *New York Times,* July 26, 1998.

Harrison, M. J., and C. H. Loch. "Operations Management and Reengineering." Working paper, Stanford University, 1995.

Hayes, R. H., and S. C. Wheelwright. "Link Manufacturing Process and Product Life Cycles." *Harvard Business Review,* January–February 1979, pp. 133–40.

Hayes, R. H., S. C. Wheelwright, and K. B. Clark. *Dynamic Manufacturing: Creating the Learning Organization.* New York: Free Press, 1988.

Hillier, F. S., and G. J. Lieberman. *Introduction to Operations Research.* 7th ed. New York: McGraw-Hill, 2002.

Holweg, M., and F. K. Pil. *The Second Century: Reconnecting Customer and Value Chain through Build-to-Order, Moving beyond Mass and Lean Production in the Auto Industry.* New ed. Cambridge, MA: MIT Press, 2005.

Hopp, W. J., and M. L. Spearman. *Factory Physics I: Foundations of Manufacturing Management.* New York: Irwin/McGraw-Hill, 1996.

Jordon, W., and S. Graves. "Principles on the Benefits of Manufacturing Process Flexibility." *Management Science* 41 (1995), pp. 577–94.

Juran, J. *The Quality Control Handbook.* 4th ed. New York: McGraw-Hill, 1951.

Juran, J. *Juran on Planning for Quality.* New York: Free Press, 1989.

Karmarkar, U. "Getting Control of Just-in-Time." *Harvard Business Review* 67 (September–October 1989), pp. 122–31.

Kaufman, L. "Restoration Hardware in Search of a Revival." *New York Times,* March 21, 2000.

Kavadias, S., C. H. Loch, and A. DeMeyer, "DragonFly: Developing a Proposal for an Uninhabited Aerial Vehicle (UAV)." Insead case 600-003-1.

Kimes, S. "Revenue Management on the Links I: Applying Yield Management to the Golf-Course Industry." *Cornell Hotel and Restaurant Administration Quarterly* 41, no. 1 (February 2000), pp. 120–27.

Kimes, S., R. Chase, S. Choi, P. Lee, and E. Ngonzi. "Restaurant Revenue Management: Applying Yield Management to the Restaurant Industry." *Cornell Hotel and Restaurant Administration Quarterly* 39, no. 3 (1998), pp. 32–39.

Koller, T., M. Goedhart, and D. Wessels. *Valuation.* 4th ed. New York: John Wiley & Sons, 2005.

Lee, H. "Effective Inventory and Service Management through Product and Process Redesign." *Operations Research* 44, no. 1 (1996), pp. 151–59.

Lee, H., V. Padmanabhan, and S. Whang. "The Bullwhip Effect in Supply Chains." *MIT Sloan Management Review* 38, no. 3 (1997), pp. 93–102.

Loch C. H., A. DeMeyer, and M. T. Pich, *Managing the Unknown: A New Approach to Managing High Uncertainty and Risk in Projects.* John Wiley & Sons, 2006.

Magretta, J. 1998. "The Power of Virtual Integration: An Interview with Dell Computer's Michael Dell." *Harvard Business Review* 76 (March–April 1998), pp. 72–84.

McGill, J., and G. van Ryzin. "Revenue Management: Research Overview and Prospects." *Transportation Science* 33, no. 2 (1999), pp. 233–56.

McWilliams, G., and J. White. "Others Want to Figure Out How to Adopt Dell Model." *The Wall Street Journal,* December 1, 1999.

Antonio Moreno, Christian Terwiesch (2015) Pricing and Production Flexibility: An Empirical Analysis of the U.S. Automotive Industry. Manufacturing & Service Operations Management 17(4):428-444. https://doi.org/10.1287/msom.2015.0534

Motorola. "What Is Six Sigma?" Summary of Bill Weisz's videotape message, 1987.

Nahmias, S. *Production and Operations Analysis.* 5th ed. New York: McGraw-Hill, 2005.

Ohno, T. *Toyota Production System: Beyond Large-Scale Production.* Productivity Press, March 1, 1988.

Olivares, Marcelo, Christian Terwiesch, and Lydia Cassorla, "Structural Estimation of the Newsvendor Model: An Application to Reserving Operating Room Time," *Management Science,* Vol. 54, No. 1, 2008 (pp. 45–55).

Padmanabhan, V., and I. P. L. Png. "Returns Policies: Make Money by Making Good." *Sloan Management Review,* Fall 1995, pp. 65–72.

Papadakis, Y. "Operations Risk and Supply Chain Design." Working paper. The Wharton Risk Center, 2002.

Pasternack, B. "Optimal Pricing and Returns Policies for Perishable Commodities." *Marketing Science* 4, no. 2 (1985), pp. 166–76.

Petruzzi, N., and M. Dada. "Pricing and the Newsvendor Problem: A Review with Extensions." *Operations Research* 47 (1999), pp. 183–94.

Porter, M., M. Kramer. "Creating Shared Value: How to Reinvent Capitalism and Unleash a Wave of Innovation and Growth." *Harvard Business Review.* Jan–Feb, 2011.

Porteus, E. *Stochastic Inventory Theory.* Palo Alto, CA: Stanford University Press, 2002.

Ramstad, E. "Koss CEO Gambles on Inventory Buildup: Just-in-Time Production Doesn't Always Work." *The Wall Street Journal,* March 15, 1999.

Sakasegawa, H. "An Approximation Formula $L_q = \alpha\beta^\rho(1 - \rho)$." *Annals of the Institute of Statistical Mathematics* 29, no. 1 (1977), pp. 67–75.

Sechler, B. "Special Report: E-commerce, behind the Curtain." *The Wall Street Journal,* July 15, 2002.

Silver, E., D. Pyke, and R. Peterson. *Inventory Management and Production Planning and Scheduling.* New York: John Wiley & Sons, 1998.

Simchi-Levi, D., P. Kaminsky, and E. Simchi-Levi. *Designing and Managing the Supply Chain: Concepts, Strategies, and Case Studies.* 2nd ed. New York: McGraw-Hill, 2003.

Simison, R. "Toyota Unveils System to Custom-Build Cars in Five Days." *The Wall Street Journal,* August 6, 1999.

Smith, B., J. Leimkuhler, and R. Darrow. "Yield Management at American Airlines." *Interfaces* 22, no. 1 (1992), pp. 8–31.

Stevenson, W. *Operations Management.* 8th ed. McGraw-Hill/ Irwin, 2006.

Stringer, K. "As Planes Become More Crowded, Travelers Perfect Getting 'Bumped.'" *The Wall Street Journal,* March 21, 2002.

Talluri, K., and G. van Ryzin. *The Theory and Practice of Revenue Management.* Boston: Kluwer Academic Publishers, 2004.

Terwiesch, Christian, and Karl T. Ulrich, *Innovation Tournaments: Creating and Selecting Exceptional Opportunities,* Harvard Business School Press, 2009.

Terwiesch, C. "Paul Downs Cabinet Maker." Teaching case at The Wharton School, 2004.

Terwiesch, C., and C. H. Loch. "Pumping Iron at Cliffs and Associates I: The Cicored Iron Ore Reduction Plant in Trinidad." Wharton-INSEAD Alliance case, 2002.

Tucker, A. L. "The Impact of Operational Failures on Hospital Nurses and Their Patients." *Journal of Operations Management* 22, no. 2 (April 2004), pp. 151–69.

Ulrich, K. T., and S. Eppinger. *Product Design and Development.* 5th ed. McGraw Hill Irwin, 2011.

Upton, D. "The Management of Manufacturing Flexibility." *California Management Review* 36 (Winter 1994), pp. 72–89.

Upton, D. "What Really Makes Factories Flexible." *Harvard Business Review* 73 (July–August 1995), pp. 74–84.

Vitzthum, C. "Spain's Zara Cuts a Dash with 'Fashion on Demand.'" *The Wall Street Journal,* May 29, 1998.

Wadsworth, H. M., K. S. Stephens, and A. B. Godfrey. *Modern Methods for Quality Control and Improvement.* New York: John Wiley & Sons, 1986.

Weatherford, L. R., and S. E. Bodily. "A Taxonomy and Research Overview of Perishable-Asset Revenue Management: Yield Management, Overbooking and Pricing." *Operations Research* 40, no. 5 (1992), pp. 831–43.

Whitney, D. *Mechanical Assemblies: Their Design, Manufacture, and Role in Product Development.* New York: Oxford University Press, 2004.

Whitt, W. "The Queuing Network Analyzer." *Bell System Technology Journal* 62, no. 9 (1983).

Womack, J. P., D. T. Jones, and D. Roos. *The Machine That Changed the World: The Story of Lean Production.* Reprint edition. New York: Harper Perennial, 1991.

Zipkin, P. *Foundations of Inventory Management.* New York: McGraw-Hill, 2000.

Zipkin, P. "The Limits of Mass Customization." *Sloan Management Review,* Spring 2001, pp. 81–87.

图书在版编目（CIP）数据

运营管理：供需匹配的视角：第 4 版/（美）杰拉
德·卡桑，（美）克里斯蒂安·特维施著；许淑君译. --
北京：中国人民大学出版社，2023.9
　（工商管理经典译丛. 运营管理系列）
　ISBN 978-7-300-31440-2

　Ⅰ.①运… Ⅱ.①杰… ②克… ③许… Ⅲ.①企业管
理-运营管理 Ⅳ.①F273

中国国家版本馆 CIP 数据核字（2023）第 031886 号

工商管理经典译丛·运营管理系列
运营管理：供需匹配的视角（第 4 版）
［美］ 杰拉德·卡桑
　　　克里斯蒂安·特维施　　　著
许淑君　译
Yunying Guanli：Gongxu Pipei de Shijiao

出版发行	中国人民大学出版社			
社　　址	北京中关村大街 31 号		**邮政编码**	100080
电　　话	010 - 62511242（总编室）		010 - 62511770（质管部）	
	010 - 82501766（邮购部）		010 - 62514148（门市部）	
	010 - 62515195（发行公司）		010 - 62515275（盗版举报）	
网　　址	http://www.crup.com.cn			
经　　销	新华书店			
印　　刷	天津鑫丰华印务有限公司			
开　　本	787 mm×1092 mm　1/16		**版　　次**	2023 年 9 月第 1 版
印　　张	34.75 插页 1		**印　　次**	2023 年 9 月第 1 次印刷
字　　数	755 000		**定　　价**	89.00 元

教师反馈表

麦格劳-希尔教育集团（McGraw-Hill Education）是全球领先的教育资源与数字化解决方案提供商。为了更好地提供教学服务，提升教学质量，麦格劳-希尔教师服务中心于 2003 年在京成立。在您确认将本书作为指定教材后，请填好以下表格并经系主任签字盖章后返回我们（或联系我们索要电子版），**我们将免费向您提供相应的教学辅助资源。如果您需要订购或参阅本书的英文原版，我们也将竭诚为您服务**。您也可以扫描下面二维码，直接在网上提交您的需求。

★ 基本信息

姓		名		性别	
学校		院系			
职称		职务			
办公电话		家庭电话			
手机		电子邮箱			
通信地址及邮编					

★ 课程信息

主讲课程		原版书书号		中文书号	
学生人数		学生年级		课程性质	
开课日期		学期数		教材决策者	
教材名称、作者、出版社					

★ 教师需求及建议

提供配套教学课件（请注明作者 / 书名 / 版次）		
推荐教材（请注明感兴趣领域或相关信息）		
其他需求		
意见和建议（图书和服务）		
是否需要最新图书信息	是、否	系主任签字/盖章
是否有翻译意愿	是、否	

麦格劳-希尔教育教师服务中心

地址：北京市东城区北三环东路 36 号环球贸易中心 A 座 702 室 教师服务中心 100013

电话：010-57997618/57997600

传真：010 59575582

教师服务信箱：instructorchina@mheducation.com

网址：www.mheducation.com

中国人民大学出版社　管理分社

教师教学服务说明

中国人民大学出版社管理分社以出版工商管理和公共管理类精品图书为宗旨。为更好地服务一线教师，我们着力建设了一批数字化、立体化的网络教学资源。教师可以通过以下方式获得免费下载教学资源的权限：

★ 在中国人民大学出版社网站 www.crup.com.cn 进行注册，注册后进入"会员中心"，在左侧点击"我的教师认证"，填写相关信息，提交后等待审核。我们将在一个工作日内为您开通相关资源的下载权限。

★ 如您急需教学资源或需要其他帮助，请加入教师 QQ 群或在工作时间与我们联络。

中国人民大学出版社　管理分社

🔔 **教师 QQ 群：** 648333426(工商管理)　114970332(财会)　648117133(公共管理)
　　教师群仅限教师加入，入群请备注 (学校 + 姓名)

☎ **联系电话：** 010-62515735，62515987，62515782，82501048，62514760

✉ **电子邮箱：** glcbfs@crup.com.cn

📍 **通讯地址：** 北京市海淀区中关村大街甲 59 号文化大厦 1501 室（100872）

管理书社

人大社财会

公共管理与政治学悦读坊